Karl-Wilhelm Dahm

Evangelische Kirche im gesellschaftlichen Wandel

Herausforderungen an

Kirchenverständnis
Pfarrberuf
Christliche Ethik

Bibliografische Information der Deutschen Nationalbibliothek

Die Deutsche Bibliothek verzeichnet diese Publikation in der Deutschen Nationalbibliografie.
Detaillierte bibliografische Daten sind im Internet unter http://dnb.dnb.de abrufbar.

Untermainkai 20, D-60329 Frankfurt
Internet: www.aim-verlagshaus.de
Bestellungen und Anfragen an: info@aim-verlagshaus.de

Evtl. Quellennachweise finden sich beim jeweiligen Beitrag.

Einband, Layout und Satz: AIM • Verlagshaus
ISBN 978-3-936985-34-4 (Gebunden)
ISBN 978-3-936985-35-1 (Paperback)

Inhaltsverzeichnis

Hinweis bei Wiederabdruck:
Die Seitenangaben aus der genannten Erstveröffentlichung des jeweiligen Buchabschnitts, Artikels oder Beitrags wurden beim Wiederabdruck in eckigen Klammern [ ] eingefügt.
Inhalte wurden vom Autor - sofern erforderlich - moderat aktualisiert.
Die ursprüngliche Rechtschreibung wurde überwiegend beibehalten.

Vorwort

Seit bald 60 Jahren beschäftigen mich die Auswirkungen des gesellschaftlichen Wandels auf die Funktionen von Religion, von Kirche, von Ethik und vor allem auf die des Pfarrberufes. Strukturelle und inhaltliche Phänomene ähnlicher Art sind nicht nur im evangelischen Deutschland, sondern vielfältig auch in anderen Religionskulturen weltweit zu beobachten.
Unter sowohl empirisch-soziologischen als auch theologischen Blickwinkeln habe ich mich zu einigen, wie ich denke, gravierenden dieser Entwicklungen pointiert geäußert; so insbesondere

- zu den durchgreifenden Veränderungen in der politischen Mentalität der protestantischen Pfarrerschaft im 20. Jahrhundert;
- zu den Verstrickungen von Theologiestudenten und Vikaren in die „1968er-Bewegungen";
- zur gesellschaftlichen Funktion der pfarrberuflichen Arbeitsfelder;
- zu einem empirischen Hinblick auf die Institution Kirche und auf das Verständnis von Religion;
- zu den mit einem tiefgehenden Wertewandel korrespondierenden Herausforderungen der Christlichen Ethik;
- zu dem seit 1985 aufgekommenen Boom der Wirtschaftsethik und besonders der Unternehmensethik;
- zur sozialethischen Verantwortung in den „Jungen Kirchen" der südlichen Welt.

Da viele dieser Arbeiten inzwischen vergriffen oder in Festschriften, Fachzeitschriften oder Jahrbüchern schwer zugänglich sind, bin ich den Anregungen gefolgt, einige der mir nach wie vor wichtigen Beiträge erneut zu veröffentlichen. Im Rückblick auf die unterschiedlichen Kontexte ihrer Entstehung handelt es sich hauptsächlich um Antwortversuche auf die zeitgeschichtlich wechselnden theologischen und kirchlichen Herausforderungen - so wie ich sie subjektiv empfunden habe. Dem deutlichen Wechsel der Kontexte entsprechend sind sie inhaltlich durchaus unterschiedlich akzentuiert.

Teilweise überarbeitet und modifiziert, werden sie in diesem Sammelband in einer inhaltlichen Ordnung vorgelegt, die ihren inneren Zusammenhang erkennbar machen soll.
So unterscheide ich, ungefähr meiner Berufsbiographie folgend, drei Phasen meiner wissenschaftlichen Schwerpunkt-Interessen:

Phase 1: Orientierung im zeitgeschichtlichen und im theologischen Kontext

Von der Schulzeit an war ich engagiert daran interessiert, die eigenen kirchlichen und politischen Erfahrungen in der NS-Zeit und der Nachkriegszeit im Bezugsrahmen sowohl der familiären wie der pfarrständischen politisch-gesellschaftlichen Vergangenheit aufzuarbeiten - um sie dann später mit der Motivation zum theologischen Beruf zu verbinden.

Schon in meiner Dissertation („Pfarrer und Politik in der Weimarer Republik“) suchte ich um 1960 etwas Klarheit darüber zu gewinnen, welche Ursachen der teils problematische Einfluss der Evangelischen Kirche und ihrer Pfarrerschaft auf die verhängnisvolle Entwicklung der deutschen Politik in den 1930er Jahren gehabt haben könnte. In wissenssoziologischer Perspektive schien mir, dass die Verquickungen zwischen früher NS-Ideologie und völkischer Pfarrer-Mentalität zwischen 1918 und 1933 zurückzuführen sind auf eine Mischung von verschiedenen heterogenen Ursachen; dass sie also nicht isoliert zu suchen sind entweder in theologischen Defiziten oder in berufsständischen Traditionen, in politischen Krisen oder in sozialen Verunsicherungen, sondern in deren komplexen Zusammenhängen. Diese polykausale Betrachtungsweise hat mich in all meinen späteren Arbeitsgebieten begleitet.

Auch emotional ist mir die spannungsreiche Zeit „als Pfarrerssohn zwischen gymnasialer NS- Indoktrination und widerständigem BK-Elternhaus“ (Bericht in „Zeitzeichen“, 2013) in Erinnerung als Empfindung von Vielschichtigkeit, Heterogenität und besonders von Ambivalenz. So hatte ich wie meine Altersgenossen den Eindruck, es gibt unter den Nazis „böse und gute“ Menschen; in dem Sinne, dass wir unter den nationalsozialistischen Parteigenossen in unserem Dorf die einen als fanatisch und brutal und andere als menschenfreundlich und selbstlos-hilfsbereit erlebten. Anscheinend hatten deren j eweilige Einstellungen und ihr Verhalten viel zu tun mit ihren Freundeskreisen sowie mit ihren familiären, ihren örtlichen oder ihren beruflichen Referenzgruppen; in deren Denken und Tun sie gewöhnlich eingebunden waren und blieben.
Diese Erfahrungen mit Ambivalenz haben mich vorsichtig gemacht gegenüber der später, im Pfarrberuf wie an der Universität, nicht selten erlebten einfachen Identifizierung von Individuen mit ihren Parteiabzeichen oder mit anderen ideologischen und auch theologischen Etiketten, die ihnen oder ihrer Bezugsgruppe angeheftet waren. Sie haben mich ebenfalls vorsichtig gemacht gegenüber schnellen Beurteilungen oder Verurteilungen, die ihren Ursprung in solchen Etiketten hatten.

Phase 2: Versuche einer positiveren Strukturierung der pfarrberuflichen Perspektiven:

Der Pfarrdienst in „der Volkskirche" wurde in den 1960er und 1970er Jahren aufgrund mehrerer und ganz unterschiedlicher, theologischer wie gesellschaftspolitischer Gründe heftig kritisiert und problematisiert. Insbesondere Theologiestudierende und Pfarramtskandidaten waren deshalb vielfach verunsichert über ihre Berufsperspektiven. Diesen Verunsicherungen entgegenzuwirken gelang nach meiner Beobachtung am ehesten durch einen wissenschaftlich fundierten empirisch¬soziologischen Hinblick auf die zeitbezogenen gesellschaftlichen Funktionen der Kirchen und die diesen entsprechenden Arbeitsmöglichkeiten in den Gemeinden. Letztere bezogen sich nach allen Umfragen unter der Gesamtheit der Kirchenmitglieder in erster Linie einerseits auf die seelsorgerliche Begleitung der Übergangsstationen des Lebens („Kasualien") und andererseits auf die weiten Bereiche von Sinn- und Wertevermittlung (Alltagsmoral).

In der Pfarrerausbildung am Theologischen Seminar Herborn, wo ich ab 1967 tätig war, standen damals heftige Auseinandersetzungen über die künftige Rolle der Kirche in der Gesellschaft und damit die des Pfarrberufes im Vordergrund der Diskussionen. Noch waren die in ihrem Studium durch die historisch-kritische Methode ausgelösten Glaubensprobleme kaum einigermaßen bewältigt, als sich die Pfarramtskandidaten massiven kritischen Anfragen an die kirchliche Praxis und damit an ihr künftiges Arbeitsfeld gegenübergestellt sahen. Solche Anfragen kamen aus unterschiedlichen und heterogenen Richtungen: Von der dialektischen Theologie wurde oft bezweifelt, ob die Volkskirche angesichts einer zunehmenden Reduktion ihrer Funktionen auf den feierlichen Rahmen (als häufig sogenannter „Palmkübel") bei biografisch exponierten Stationen wie Geburt, Hochzeit und Tod dem „eigentlichen" geistlichen und prophetischen Auftrag der Gemeinde Jesu noch weiterhin gerecht werden könne. Noch schärfere Attacken kamen aus der neomarxistischen Gesellschaftskritik der 1968er-Studentenbewegung; etwa die, dass die Kirche de facto das inhumane kapitalistische System stabilisiere, dass ihre Religionspraxis eine wirklich redliche „Aufklärung" be- oder verhindere und dass sie darum auf dem revolutionären „Marsch durch die Institutionen" aufgelöst werden müsse. Dies alles und manch weitere Infragestellung machten viele damalige Theologiestudierende ebenso wie die Vikare und die noch wenigen Vikarinnen unsicher darüber, ob und wie man in einer so beschriebenen „Volkskirche" als Pfarrer oder sogar, was bis dahin noch kaum möglich gewesen war, als Pfarrerin arbeiten könne.

Zusammen mit den Vikaren versuchten wir Herborner Dozenten (wie ähnlich andere Predigerseminare) zunächst vorrangig die erfassbar tatsächliche „Realität" von kirchlichem Gemeindeleben mithilfe empirisch-soziologischer Methoden wahrzunehmen, sie zu analysieren und darüber miteinander zu diskutieren. Während der ersten Schritte einer solchen, auch methodisch sachgerechten Erkundung sollten die theologischen Streitigkeiten zwischen den Vertretern von barthianischen oder existenztheologischen, von lutherischen oder reformierten, von pietistischen oder neomarxistischen Interpretationstendenzen und Positionen möglichst ausgeklammert bleiben. Zu häufig wurden durch diesen Streit die empirischen Wahrnehmungen der kirchlichen Wirklichkeit von vornherein überlagert oder ideologisch verzerrt.

Was sich dann bei einem sorgfältigen empirischen Hinblick auf die von der Mehrheit der Kirchenmitglieder (nicht unbedingt der Kerngemeinde) am häufigsten erwarteten und meist auch in Anspruch genommenen kirchlichen Aufgaben in den Pfarrgemeinden ergab, waren vor allem die Arbeitsfelder der Lebensbegleitung und der Wertevermittlung. Die tendenziell seelsorgerliche Lebensbegleitung bezog sich sowohl auf die „Passageriten" (bei Geburt, Hochzeit, Tod usw) als auch auf das persönliche Beratungsgespräch mit einer Pfarrperson, etwa beim Hausbesuch. Wertevermittlung wurde oft ausgedrückt als Hilfe dabei, dass „unser Kind ein guter Mensch werden soll" und bezog sich explizit oft auf die „10 Gebote" und auf die Nächstenliebe, also auf Alltagsethik, meist begrenzt auf die sozialen Nahbereiche; seltener ausgeweitet auf Gesellschaftspolitik.
Diese und ähnliche Erwartungen an die Kirche und die ihnen entsprechenden Aufgaben betrachteten wir in Anlehnung an die damals in der Soziologie aktuelle „struktur-funktionale Betrachtungsweise" (T.Parsons, M.Weber) als wichtige „gesellschaftliche Funktionen". Solche „Funktionen" sollten unserer Meinung nach theologisch ernst genommen - und nicht, wie es weithin üblich war, als „oberflächliche religiöse Bedürfnisbefriedigung" disqualifiziert werden. Sie sollten vielmehr im Sinne des Evangeliums zwar kritisch, aber als in jeder Kultur erkennbare wichtige berufliche Tätigkeiten konstruktiv wahrgenommen werden. Sie sollten zugleich eine Art Brücke dafür sein, mit den Gemeindegliedern über die jeweils implizierten theologischen Inhalte ins Gespräch zu kommen. Immer wieder und bis heute war und ist zu beobachten, dass das Evangelium am ehesten Resonanz und Verarbeitung findet, wenn es „in, mit und unter" dem Vollzug solcher Aktivitäten („Funktionen") weitergesagt wird.
Mit dem empirischen Hinblick auf die Funktionen von Kirche und Pfarrberuf im pastoralen Alltag verband sich die Frage, ob all das wirklich „Religionsdienst" in dem angedeuteten, damals viel diskutierten pejorativem (abwertenden) Sinne sei. „Pejorativ" interpretiert wurde Religion von der einen Gruppe „theologisch", nämlich als eine vom Menschen, also „von unten" ausgehende Bemühung um das göttliche Heil - als Gegensatz zu

der Offenbarung, die „von oben“ die Zuwendung des Heils als Geschenk Gottes aufgrund der Erlösungstat Christi proklamierte. Anderen Gruppen galt Religion im Sinne von damals unter Studenten und Jungakademikern verbreiteten marxistischen Anschauungen als „Opium des Volkes“ oder allenfalls als „Seufzer der bedrängten Kreatur“. Für diese und ähnliche pejorativen Auffassungen oder auch Begründungen von Religion hatten sich jedoch in den empirisch erhobenen Vorstellungen des Kirchenvolkes kaum Anhaltspunkte gefunden. Was dort zu erfahren war und großenteils auch den Primärerfahrungen vieler Vikare entsprach, ließ sich vielmehr eher beschreiben mit Vokabeln einer neu ins Gespräch gekommenen Variante der Religionssoziologie, beispielsweise als „Kontingenzbewältigung“ oder als Transzendierung der Gefühle von tiefgehender Dankbarkeit, von Glück, von Traurigkeit über schweres Leid, von der Frage nach dem „Warum“ eines unverstandenen Geschickes. Daneben ging es um die Reformulierung, die Interpretation und die Vermittlung zentraler menschlicher Wertvorstellungen wie Liebe, Freiheit, Gerechtigkeit, Vergebung usw.; also von Werten, die für eine Gesellschaft konstitutiv sind - und die der Staat, aufgrund von Gewaltenteilung sowie des häufigen Wechsels von Regierungen und ihren politischen Programmen, sich nicht einfach selbst geben oder anordnen kann.
Die mit diesen Vokabeln angedeuteten Funktionen von Religion sowie die entsprechenden Aufgaben für (horribile dictu:) „religiöse Funktionsträger“ ließen sich, so meinten wir, nicht nur mit dem Evangelium verknüpfen, sondern sie konnten allererst auf dessen Boden eine tragfähige Fundierung erfahren. Gefordert schien uns damit allerdings zugleich eine Reformulierung zentraler theologisch-dogmatischer Lehrbestände.
Auch wenn manche der mit dieser Betrachtungsweise verbundenen theologischen und gesellschaftskritischen Fragen noch nicht ausreichend geklärt und erst recht nicht einheitlich beantwortet wurden, machten die auf Lebensbegleitung, Kontingenzbearbeitung und „Wertevermittlung in den sozialen Nahbereichen“ gerichteten Alltagsaufgaben des Pfarrberufes offenkundig Sinn; auch für eine gerade in der 68er Zeit oft geforderte anthropologische oder „profanwissenschaftliche“ Begründung Auf dieser Basis ließen sich unseres Erachtens durchaus konstruktive Perspektiven für das pfarrberufliche Handeln entwickeln und ließen sich damit auch Widerstandskräfte gegen die oben angedeutete Verunsicherung vieler Theolo giestudenten und Vikare gewinnen.
Die in dieser Perspektive während meiner Herborner Zeit (1968 bis1975) entstandenen Arbeiten habe ich in Kurzfassung in dem Buch „Beruf: Pfarrer“ (1971) zusammengefasst. Seine weite Resonanz vermittelte den Eindruck einer Fruchtbarkeit von empirischen Analysen, die „Das Vernünftige im Wirklichen“ (Hegel) zu suchen bemüht waren. Ausgehen von solchen

Beobachtungen konnte dann, statt dass man sich auf eine popularisierte „negative Dialektik“ focussierte, eine konstruktive, auf das Gestalten gerichtete Herangehensweise an die kirchlichen und pfarrberuflichen „Funktionen“ gesucht werden. Das Buch „Beruf: Pfarrer“ wurde so, wie oft zu lesen war, zu einem der Anstöße für die „empirische Wende“ in der Praktischen Theologie.

Phase 3: Reflexionen und Versuche zur Transformation christlicher Ethik in konkrete Gestaltung.

Nach der beruflichen Veränderung (1975) zum Hochschullehrer für „Christliche Gesellschaftswissenschaften also für Evangelische Sozialethik und für Kirchensoziologie, an der Universität Münster versuchte ich hochschuldidaktisch an positive Herborner Erfahrungen mit gruppenpädagogischer Erwachsenenbildung anzuknüpfen. Diese Arbeitsformen habe ich später über den Hochschulbereich hinaus in Ethikseminaren für Pastoralkollegs (in Deutschland und Südostasien) sowie für Wirtschaftsunternehmen modifiziert angewendet. Inhaltlich beschäftigten mich von Anfang an insbesondere die Auswirkungen des gravierenden gesellschaftlichen Wertewandels: einerseits generell auf die Bestimmung und die Auslegung von „essentials der christlichen Ethik“ und zum andern speziell auf deren kontextgerechte Transformation in die Arbeitswelt moderner Industrieunternehmen.

Anfangs der 70er Jahre hatte ich, u.a. in den USA, in eigener Erfahrung gelernt, dass und wie neuere lerntheoretische Erkenntnisse, besonders hinsichtlich des „living learning“, etwa durch die Bearbeitung von konkreten Fallbeispielen in Kleingruppen oder Rollenspielen, für die Hochschuldidaktik fruchtbar gemacht werden können. Nach meiner Berufung an die evangelisch-theologische Fakultät in Münster versuchte ich, solche Arbeitsformen in die dortigen Lehrveranstaltungen zu integrieren. Konkret bedeutete das etwa, ethisch relevante Fragestellungen in Projektgruppen oder Rollenspielen mit gründlicher Auswertung (beispielsweise u.a. in geregeltem „Reihum-Feedback“) zu bearbeiten. Eine fruchtbare Durchführung dieser Arbeitsformen verlangte allerdings eine Zeitorganisation von mindestens Halbtagsseminaren, besser noch von mehrtägigen Klausuren. Ein solcher Zeitrahmen passte aber während der 70er und 80er Jahre schlecht in die an der Universität übliche Veranstaltungsstruktur mit ihrem Wechsel von ein- oder zweistündigen Vorlesungen bzw. Seminaren und deren meist heterogenen Inhalten. So fand diese neue Form von Lehrveranstaltungen zwar bei einem Großteil der Studierenden viel Anklang; fruchtbar jedoch konnte sie nur in vorlesungsfreien Zeiten durchgeführt werden. Im Laufe der folgenden Jahrzehnte haben sich dann wichtige Arbeitsformen des living learning auch im alltäglichen akademischen Lehrbetrieb durchgesetzt.

Hingegen war es schon seit ca. 1975 anders mit akademischen Fortbildungsmaßnahmen außerhalb des Lehrbetriebes der Universität, etwa in Pastoralkollegs, Evangelischen Akademien oder auch in sogenannten Führungsseminaren von Wirtschaftsunternehmen. Dort wurden vielerorts, wenn es um die Verbindung zwischen der Aufarbeitung eigener Erfahrungen und der Vermittlung sachbezogener Informationen ging, zunehmend solche mehrtägigen Seminare mit Elementen des „living learning" ausdrücklich bevorzugt.

In den 1980er Jahren verstärkte sich das Interesse an Wirtschaftsethik und damit auch an Unternehmensethik sowohl in der Öffentlichkeit als auch in vielen Unternehmungen selbst. Dieses für viele erstaunliche Interesse entwickelte sich aus dem Zusammenwirken von unterschiedlichen Beweggründen: Es hing einerseits zusammen mit gewerkschaftlichen Forderungen nach einer Humanisierung der Arbeitswelt. Zum andern ging es um die Umsetzung von wirtschaftswissenschaftlichen Forschungsergebnissen zum Thema „Faktor Mensch" (auch:"Human- Kapital"). Danach können Produktivitätssteigerungen abhängen sowohl von einem Führungsstil der via-positiva-Motivierung als auch von Teamwork statt von einer tayloristisch-arbeitsteiligen Vereinzelung der Fliessband-Arbeiter als insbesondere auch von einer verantwortlichen Beteiligung der Mitarbeiter an der Arbeitsorganisation, etwa durch sogenannte Zielvereinbarungen. Einiges davon oder all das sollte in sogenannten Führungsseminaren diskutiert und eingeübt werden.- Gleichzeitig war man in Deutschland darauf aufmerksam geworden, dass im Rahmen der US- amerikanischen Business-Ethics-Bewegung schon seit einigen Jahren vielfältige „programs in corporate ethics" veranstaltet und stark nachgefragt wurden. Zu den Protagonisten dieser „programs" gehörte der US-amerikanische methodistische Theologe Charles McCoy in Berkeley¬Kalifornien, Professor für „ethics and social policy" (ähnlich wie „Christliche Gesellschaftswissenschaften"), ein mir eng befreundeter Fachkollege. Bei mehreren Forschungsaufenthalten an der Universität Berkeley hatte ich Gelegenheit, ihn auf seinen corporate ethics-Seminaren und Beratungsgesprächen mit Führungskräften der Wirtschaft zu begleiten, seine Methoden genauer kennenzulernen und darüber mit ihm zu diskutieren; seine Arbeitsweise verband Elemente von seelsorgerlicher Beratung mit gründlicher berufsbezogener Erfahrungsverarbeitung sowie Impulsen aus einer bundestheologisch begründeten (damit auch antihierarchischen) Christlichen Ethik.

Mehrfach von deutschen Firmen auf solche Veranstaltungen angesprochen habe ich versucht, vergleichbare, auf den deutschen Kontext bezogene „unternehmensbezogene Ethikseminare" zu konzipieren und durchzuführen. Das fand bald Resonanz. Die Idee solcher Seminare, deren Impulse ähnlich auch aus anderen Richtungen kamen, breitete sich schnell

aus und wird bis heute von einer ganzen Reihe spezialisierter Agenturen modifiziert fortgeführt, so u.a. in den häufig in Anspruch genommenen Weiterentwicklungen unseres früheren Instituts-Mitarbeiters Professor Josef Wieland.
In der Praxis der Seminare war für mich oft erstaunlich, wie engagiert viele Führungskräfte der Wirtschaft an dem Thema „Ethik" unter unterschiedlichen Aspekten (wie Redlichkeit, „anständige Menschenführung", Umweltverantwortung usw.) interessiert waren. Unter theologischem Blickwinkel freilich habe ich es immer wieder als schwierig empfunden, die technisch oder betriebswirtschaftlich ausgebildeten und in den entsprechenden Denkmustern arbeitenden Führungskräfte mit Grundgedanken der evangelischen Ethik vertraut zu machen. Selbst das in kirchlichen Kreisen als besonders sachkundig und verständlich geltende Standardwerk „Wirtschaftsethik"(1984/1990) des Schweizer Sozialethikers Artur Rich erschien den beruflich in Kategorien von Messbarkeit, Prozessmodellen und ISO-Normen denkenden Managern „zu abstrakt" oder „kaum anschlußfähig" für ihre unternehmensethischen Alltagsprobleme.

In dem Aufsatz „Gesellschaftlicher Ethikbedarf und theologisches Angebot" (2000) habe ich aus der Sicht eigener Beobachtungen einige mögliche Ursachen für diese Schwierigkeiten aufgezeigt und nach deren Überwindung gesucht. So lag und liegt m.E. eine wichtige Ursache immer noch darin, dass die Hauptkriterien („essentials") der biblischen Ethik (wie Nächstenliebe, Freiheit, Gerechtigkeit, „Shalom" etc) in Seminarvorträgen wie in theologischen essays oder Predigten meist deduktiv, „von oben" begründet - und dann postulativ auf die konkreten Probleme, auch von Wirtschaftsunternehmen angewendet werden. Weit fruchtbarer aber erscheint es, wenn diese essentials von den dafür (etwa in solchen Ethikseminaren) sensibilisierten Führungskräften selbst in ihre Berufswirklichkeit transformiert werden. In vieler Hinsicht war es eine vergleichbare Erfahrung mit der, die wir früher in Vikarskursen und mit Theologiestudierenden gemacht hatten.

Ab 1985 und besonders nach der Emeritierung 1996 hat ein weiteres kirchliches Arbeitsfeld mein Interesse und meine Aktivität in Anspruch genommen: die Diskussion über Sozialethik mit Theologen der „Kirchen des Südens", besonders in Indonesien und auf den Philippinen. In den dort durchgeführten Seminaren ging es nicht zuletzt darum, ob Sozialethik als biblisch begründete Aufgabe der Kirche zu gelten habe; das nämlich hätte man von den Missionaren nicht gelernt. Konkret wurden solche Fragen darin, ob zu den Aufgaben der Kirche und ihren Einzelgemeinden eine christlich begründete „Soziale Verantwortung" gehört, die über die sozialen Nahbereiche (Familie, Clan, Dorf) hinausgeht und die größeren Ge-

meinwesen wie die Stadt, das örtliche Wirtschaftsunternehmen oder die Gesellschaft als Ganzes betrifft. Darüber hinaus reichte der dort behandelte „ethische“ Fragenkreis bis hin zu Phänomenen, die gewöhnlich als „Korruption in der Kirche“ bezeichnet werden: beispielsweise zu solchen Fällen, dass ein Bischof von den für ein Kinderheim bestimmten Geldern der Entwicklungshilfe die Hälfte abzweigt, damit sein Sohn in Europa studieren kann. Sprach man mit ihm darüber, war sein Argument stets: seine primäre Verantwortung gelte seiner Familie, denn seine Angehörigen seien nach Gottes Gebot seine eigentlichen „Nächsten“; sein Handeln für die Familie sei darum recht verstandene Nächstenliebe.
Ein solches Denken lässt sich kaum von aussen verändern, weder durch Appelle westlicher Kirchenleute noch durch Strafen oder Anweisungen von Organisationen der Entwicklungshilfe. Vielmehr kommen meiner Beobachtung nach auch hier die stärkeren Impulse zu eigenem Überdenken und vielleicht zur Änderung solcher Auffassungen aus einem „living learning“-Prozess und durch eigene Betroffenheit. Ein Beispiel dafür ist der Perspektivenwechsel in der Übung eines realitätsnahen Rollentausches, also durch Einübung in das „audiatur et altera pars“: Der Bischof muss dabei die Rolle der für die Ernährung der hungernden Kinder zuständigen Heimleiterin übernehmen und dann „als Heimleiterin“ ihrem Vorgesetzten (eben dem Bischof!) die bedrängende Lage im Umgang mit hungrigen Kinder realitätsnah darstellen.
Blicke ich auf die Gesamtheit der in dieser Anthologie gesammelten Aufsätze aus über 50 Berufsjahren, so ergibt sich als latenter Leitfaden durch fast alle Arbeiten die Intention einer Umsetzung ethischer Überlegungen in konkretes Handeln und positives Gestalten: Sei es in den Berufsfeldern der Kirche, sei es im Blick auf moralische Verantwortung in anderen Gesellschaftsbereichen. „Latent“ ist dieser Leitfaden deshalb, weil die einzelnen Beiträge nicht ausdrücklich als systematische Entfaltung dieser Intention entstanden sind, sondern situations- und kontextbezogen, auf Anfrage oder aus Seminar-Diskussionen. Aus diesem Grunde sind weitere Fragen, die durch den „rapid social change“ und den damit verbundenen Wertewandel der Christlichen Ethik aufgegeben werden, hier nicht thematisiert. Als besonders bearbeitungsbedürftig erscheint mir beispielsweise heute die Aufgabe, die Beziehungsprobleme zwischen Individual- und Sozialethik neu zu justieren, wenn und weil das Individuum im Zuge der sozioökonomischen Entwicklung in vielen dominierenden Strukturen kaum noch als ethisches Subjekt eindeutig erfassbar ist. Ansatzweise empfunden habe ich das bereits in der Auseinandersetzung mit dem Nationalsozialismus; in ganz anderer Weise auffällig sind solche Probleme jüngstens in Erscheinung getreten im Zuge der durch die Finanzwirtschaft ausgelösten sozialen Krisen: um 1995 in Asien, seit 2008 weltweit.

Inhaltlich wird jedoch, so hoffe ich, der intendierte Leitfaden erkennbar: auf der „via positiva" soll nach Möglichkeiten einer ethisch reflektierter Gestaltung in den jeweils gegebenen Verhältnissen gesucht werden. Ein immer neuer Impuls kam dafür aus der andauernden Auseinandersetzung mit der verbreiteten Gesellschaftsphilosophie der „negativen Dialektik" und ihren theologischen Derivaten, aus ihrer verkürzten Rezeption sowie ihren vereinfachend propagierten gesellschaftspolitischen Konzepten. Ihre oft negativ-kritischen Annäherungen an die Folgeprobleme des Wertewandels verursachten m.E. nicht selten eine Demotivierung für konstruktives Handeln, damals gerade auch im Blick auf Kandidaten für den Pfarrberuf. Worum es mir deshalb ging, war: mit verstärkter Bemühung Ausschau zu halten nach dem erwähnten „Vernünftigen im Wirklichen" und dort, in der Ausrichtung an den ethischen essentials des Evangeliums, mit „konstruktiver Gestaltung" anzusetzen.-
Der Großteil der hiermit erneut vorgelegten Aufsätze wurde nach der Publikation meines Buches „Beruf:Pfarrer" (1971) erarbeitet; zum Verständnis der in manchen Beiträgen vertretenen Thesen und Schlüsselbegriffe habe ich aber einige diesbezügliche Abschnitte aus „Beruf: Pfarrer" noch einmal aufgenommen.-
Insgesamt richten sich die Aufsätze in methodisch unterschiedlichen Annäherungen auf zentrale, empirisch fassbare Lebensbereiche der Evangelischen Kirche: teils mehr als Beiträge zum theologischen oder religionssoziologischen Diskurs über diese Lebensbereiche, teils unmittelbar praxisbezogen auf die Arbeitsfelder von deren Akteuren, vor allem der Pfarrpersonen. Da sich die Texte zu unterschiedlichen Zeiten und in unterschiedlichen Kontexten an unterschiedliche Zielgruppen wenden, waren inhaltliche Überschneidungen schwer zu vermeiden.
Bei der Planung und der publikationstechnischen Umsetzung des Sammelbandes hat mich mein Kollege und Freund Dr. Dieter Becker entscheidend unterstützt. Ohne sein drängendes Engagement und ohne die inhaltlich durchaus herausfordernd geführten Gespräche mit ihm wäre das Buch nicht zustande gekommen.
Ausser ihm danke ich den Verlagen der jeweiligen Erstpublikation für die Genehmigung zur Wiederveröffentlichung sowie vor allem erneut den Mitarbeitern und Freunden aus meinen so verschiedenen (Zeit- und Arbeits-)Kontexten für den intensiven Austausch während der Ersterarbeitung der Texte.

Im Advent 2014
Karl-Wilhelm Dahm

Kapitel I - Entwicklungen im Verständnis von Kirche im Gegenüber zu Politik und Gesellschaftsprozess

Die protestantischen Pastoren und der Staat*

„Der evangelische Priester ist, sobald er sich stark genug dazu fühlt, zur Theokratie ebenso geneigt wie der katholische, und dabei ist schwerer mit ihm fertig zu werden, weil er keinen Papst über sich hat." Würde man heute Pfarrer oder Lehrer nach dem historischen Ort dieses Zitates befragen, dann würde wahrscheinlich von den meisten auf die Gegenwart, kaum aber auf Bismarck verwiesen werden, der nach 25jähriger Kanzlerschaft zu diesem Urteil gelangte[1]. Wem die kirchliche Situation der Bismarck-Ära auch nur im Umriß vertraut ist, wem bekannt ist, daß Bismarck die beamtete Geistlichkeit gewöhnlich als quantité negligeable behandelte und die Kirchenpolitik souverän seinen Staatsnotwendigkeiten unterordnete[2], dem muß in der Tat dieses Urteil verblüffend erscheinen.

Heute, hundert Jahre nachdem Bismarck die Richtung der deutschen Geschichte für lange Zeit festlegte und damit auch das Verhältnis von Staat und Pastoren entscheidend beeinflußte, wird erneut das Thema der Theokratie leidenschaftlich diskutiert. In Öffentlichkeit und Profanwissenschaften spricht man von „Klerikalismus"[3] und „Konfessionalisierung"[4]; in Kirche und Theologie geht es um das Problem der „Christokratie"[5]. So verschieden die soziologischen und theologischen Implikationen dieser drei Vokabeln sein mögen, so ist ihnen doch die Feststellung theokratischer Tendenzen gemein — so sehr diese Feststellung von den jeweils gemeinten oder angegriffenen Positionen aus auch als Mißverständnis oder Unterstellung bestritten werden mag. [14]

Die erstaunliche Parallelität von Beurteilungen am Beginn und am Ende des hier zu betrachtenden Zeitraumes darf gewiß nicht als Zufall leichtfertig abgetan werden. Sie darf aber auch nicht die Erkenntnis verstellen, daß der deutsche Protestantismus in seiner Geschichte weit mehr durch das Gegenteil von theokratischen Neigungen, nämlich durch kirchliche Übergriffe des Staates und durch unkritische „Staatsfrömmigkeit" der Pastoren,

* Erstveröffentlicht in: Karl-Wilhelm Dahm, Beruf: Pfarrer, München 1971, S. 13-47

1 Brief an Prinz Wilhelm, den späteren Kaiser Wilhelm II., vom 6. 1. 1888, in: Bismarck, - Gedanken und Erinnerungen, Bd III,,Kap. I.

2 Vgl. etwa O. Dibelius, Das Jahrhundert der Kirche, Berlin 1926, S. 64 f.

3 Vgl. T. Ellwein, Klerikalismus in der deutschen Politik, München 1955. — E. Müller und B Hanssler, Klerikalisierung des öffentlichen Lebens?, Osnabrück 1963.

4 J. Matthes, Religionszugehörigkeit und Gesellschaflspolitik, in: Internationales Jahrbuch für Religionssoziologie, 1965, S. 43-66.

5 Vgl. W. Schmauch und Ernst Wolf, Königsherrschaft Christi, München 1958 (Theol. Existenz Heute, N. F. 64). Zur Diskussion vgl. W. Schweitzer, Sozialethik, in: Die Religion in Geschichte und Gegenwart, Bd. VI, 3. Aufl. 1962.

gefährdet war. Im Spannungsfeld theokratischer und cäsaropapaler Tendenzen hat die Beziehung zwischen dem Staat und den Pastoren während der letzten hundert Jahre ganz unterschiedliche Gestaltungen und auf den ersten Blick paradox erscheinende Wandlungen erfahren. So hingen die Pastoren dem Wilhelminischen Staat und seiner Obrigkeit in gläubiger Verehrung und bedingungsloser Treue an, sanktionierten sie ihm, was er von ihnen forderte, sei es die Einsegnung der Waffen, sei es der Kampf gegen die „gottlose" Sozialdemokratie — und das alles, obgleich dieser Staat sie in oft entwürdigender Abhängigkeit hielt, sie als „Schwarze Polizei" in Anspruch nahm und obgleich sie von dessen führenden Gesellschaftskreisen nie recht ernst genommen wurden. Ein halbes Jahrhundert später ist das Bild gleichsam umgedreht: Dem von der CDU geführten Staat, der ihnen die Unabhängigkeit ihres Amtes garantiert, der ihre Arbeit großzügig unterstützt, der in seinen führenden politischen Repräsentanten nachgerade um ihr Vertrauen wirbt, diesem Staat stehen die Pastoren vielfach in kritischer Wachsamkeit, der regierenden Partei und ihrer Politik sogar in unverhohlener Skepsis oder Ablehnung gegenüber.
Dennoch lassen sich in diesen grundlegenden Veränderungen unschwer kontinuierliche Entwicklungen beobachten. Diese Entwicklungen zeigen einen je unterschiedlichen Verlauf in den Teilbereichen, die das Gesamtverhältnis zwischen Staat und Pastoren konstituieren und bestimmen. Wir unterscheiden fünf solcher (untereinander vielfach verflochtener) Teilbereiche: die theologische Staatsauffassung; das organisatorische Verhältnis von Staat und Kirche; die Dichotomie von Staat und Gesellschaft; die soziale Sicherheit der Pastoren; die Dialektik von Staat und Nation. Es erscheint ratsam, die ihrerseits unter je eigenen Bedingungen stehenden Zeitabschnitte des Kaiserreichs, der Weimarer Republik, des NS-Staates und der Bundesrepublik nach den Gesichtspunkten dieser sie sämtlich durchziehenden Teilprobleme zu gliedern. Vorweg [15] müssen jedoch die in den einzelnen Teilbereichen wirksamen Traditionen, zum Teil in Auseinandersetzung mit gegenwärtig vorherrschenden Meinungen, herausgearbeitet werden.

Traditionen

1. Zur Erklärung der Katastrophe von 1945 wird heute gerne auf eine Genealogie der politischen Moral von Luther über Friedrich II. und Bismarck zu Hindenburg und Hitler verwiesen. Diese Genealogie war ursprünglich (1933) von (damals) pronationalsozialistischen Theologen und Historikern konstruiert worden[6]. Unter den zahlreichen Verbindungslinien zwischen

6 Vgl. Ernst Wolf, Zur Selbstkritik des Luthertums, in: Evang. Selbstprüfung, hrsg. von P. Schempp, Stuttgart 1947, S. 113-135.

lutherischer Tradition und nationalsozialistischem Programm (wie etwa der Reichsidee, dem gottesdienstlichen Charakter des Dienstes am Vaterland oder auch der Ablehnung westlich-liberalistischen „Mammonsgeistes") wurde insbesondere die gemeinsame Forderung nach einer starken Staatsmacht hervorgehoben. In der Macht des Staates sah man übereinstimmend das wirksamste Ordnungselement gegenüber den auseinanderstrebenden Egoismen von Individuen und Gruppen. Karl Barths Kritik an der zeitgenössischen lutherischen Ethik nahm den Gedanken dieser Genealogie auf, versah ihn jedoch mit einem negativen Vorzeichen. Für Barth schien in der traditionellen lutherischen Staatsmoral die verhängnisvolle Tendenz angelegt, die Macht dem Recht vor- oder überzuordnen. Deutliche Ausprägungen dieser Tendenz fand er in der Außenpolitik Friedrichs II. und Bismarcks. Ihr entspreche innenpolitisch, daß „die Verantwortlichkeit des einzelnen Bürgers so bewußt, so grundsätzlich vernachlässigt, ja unterdrückt wurde"[7]. Diese Perspektive, von Barth offenbar als Herausforderung der lutherischen Theologie zur Überprüfung ihrer Staatslehre polemisch zugespitzt, ist in den letzten zwanzig Jahren in stark vereinfachter Form unter Theologen und Historikern so allgemein geworden, als handele es sich um ein historiographisch gesichertes Forschungsergebnis. Charakteristisch für diese Vereinfachung ist etwa die Rahmenthese in Fritz Fischers vielzitiertem Aufsatz „Der deutsche Protestantismus und die Politik [16] im 19. Jahrhundert". Fischer zeichnet als allgemeinen Bezugsrahmen folgendes Polaritätsprofil: „Für die westlich-calvinistische Welt liegt die sündhafte Möglichkeit des Menschen im Mißbrauch der Macht, während für die deutsch-lutherische Welt die sündhafte Möglichkeit des Menschen in der Auflehnung gegen die Macht liegt."[8] Die Isolierung des Machtbegriffes ist in diesem Zusammenhang zumindest mißverständlich. Sie ermöglicht, ja vom Kontext her suggeriert sie sogar die Vorstellung von einer heimlichen Kongruenz zwischen den machiavellistischen Strömungen einer Verabsolutierung des Machtprinzips und den lutherischen Traditionen des Gehorsams gegen die gottgesetzte Obrigkeit.

Eine solche Vorstellung aber läßt sich weder bei den Reformatoren noch für die Zeit des Absolutismus noch für die christlichen Konservativen im vorbismarckischen Preußen verifizieren. Und wo mit Berufung auf die „Staatsnotwendigkeiten" die Macht vor das Recht, der Zweck vor die Mittel gesetzt wird, kann das nicht als typisches Handeln eines genuin „lutherischen Christen" qualifiziert werden (gegen Fischers Bismarck-Interpretation — S. 493).

---

7 K. Barth, Eine Schweizer Stimme 1938-1945, Zollikon 1945. Zitat bei Wolf, a.a.O., S. 115 f.

8 In: Historische Zeitschrift, Bd. 171; 1951, S.473-518. Zitat: S. 475 und 517.

Die lutherische Staatslehre hat vielmehr in allen ihren Variationen bis Ende des 19. Jahrhunderts an dem der Macht vorgeordneten Rechtsprinzip festgehalten[9]. Das Rechtsprinzip war für sie in den Geboten Gottes enthalten, aus deren Verpflichtungsanspruch der Staatsmann keinesfalls entlassen werden konnte. Das gilt insbesondere für die reformatorisdie Zweireichelehre, nach der Staat und Kirche in ihren Funktionen zwar streng unterschieden, aber doch durch das in beiden Bereichen wirkende Regiment und Gebot Gottes unauflöslich aneinander gebunden sind. Zwar hat sich diese Bindung in der durch Melanchthon eingeleiteten und geprägten lutherischen Orthodoxie zugunsten einer relativen Eigenständigkeit der drei „Stände" (Kirche, Staat, Wirtschaft) gelockert. Doch bleiben auch jetzt für die „weltlichen" Bereiche der Politik die naturrechtlich-christlichen Sittlichkeitsgebote durchaus in Geltung. Die [17] These Ernst Wolfs (S. 131), daß mit der orthodoxen Auffassung von der relativen Eigenständigkeit „prinzipiell dem Weg zur Theorie der ‚Eigengesetzlichkeit' Raum gegeben" sei, muß darum problematisch erscheinen. Denn „Eigengesetzlichkeit", wie sie etwa von F. Naumann theoretisiert wurde, bedeutet die grundsätzliche Loslösung des zweckbezogenen politischen Handelns von dem vorgegebenen System ethischer Normen. Der Weg von der „Eigenständigkeit" führt über eine Kluft, die nur durch einen qualitativen Sprung überwunden werden kann. Die Antriebskräfte zu diesem Sprung aber scheinen uns nicht als immanente Konsequenz in der lutherischen Tradition zu liegen, sondern von außen zu kommen: generell aus den umfassenden gesellschaftlichen Wandlungsprozessen der Neuzeit, die gegen Ende des 19. Jahrhunderts zu einer nicht mehr zu ignorierenden Zuspitzung der nationalen und sozialen Problematik führten, und speziell aus den „realpolitischen" Kristallisationen der neuen sozialen Wirklichkeit, besonders aus der von Bismarck erfolgreich praktizierten Moral der Staatsnotwendigkeiten und aus dem Phänomen des Imperialismus. Diese Herausforderungen stellten die Theologie vor Aufgaben, für deren Bewältigung die überkommenen Kategorien nicht auszureichen schienen. Freilich hat auch die neue Kategorie der „Eigengesetzlichkeit" diese Aufgaben nicht gelöst, sondern eher erschwert, wie die verhängnisvolle Geschichte dieses Begriffes im 20. Jahrhundert zeigt.

Einstweilen, in der Zeit Melanchthoas und für die nächsten drei Jahrhunderte, war jedoch von „Eigengesetzlichkeit" keine Rede. Jetzt bildete sich vielmehr langsam jener „protestantische Humanismus" heraus, der die in

9 Vgl. W. Elert, Morphologie des Luthertums, Bd. II, München 1932, bes. 4. Kap.: „Der Staat", S. 298 ff. und S. 387ff. Das große Werk Elerts dürfte für die Zeit bis etwa 1850 immer noch die überzeugendste Gesamtanalyse bieten. Die Analysen der späteren Zeit (Bismarckbild, Eigengesetzlichkeit, Führertum, Sozialismus, Wirtschaft u.a.) bleiben dagegen vielfach unbefriedigend.

der Reformationszeit entwickelten, aber durch apokalyptische Erwartungen bruchstückhaft gebliebenen ethischen Impulse der Reformatoren aufnahm und später mit Gedanken des rationalen Naturrechts verband[10]. In seiner Staatslehre hält der protestantische Humanismus gegen die absolutistische Überordnung des Staates über das Recht am Vorrang der Rechtsordnung fest. In seinen pietistischen und aufklärerischen Varianten kollidiert er mit der machiavellistischen Interpretation der Staatsräson [18] und mit der Praxis des Polizeistaates (gegen Fischers Behauptung von „völliger Einfügung" und „Sanktionierung" — S. 475). Und wenn Barth auf Friedrich II. verweist, dann wäre zu fragen, ob dieser nicht eher in seiner Dienst- und Pflichtauffassung lutherisch geprägt war als in seiner machiavellistischen Außenpolitik; denn in der Dienstauffassung unterscheidet er sich von dem „westlich" geprägten Louis XIV., nicht aber in seinem „Machiavellismus".

Schließlich zeigt sich das Erbe des protestantischen Humanismus in der Staatsauffassung der „Christlichen Konservativen" im Preußen der vorigen Jahrhundertmitte. Gewiß haben F. J. Stahl, die Gebrüder von Gerlach und ihre politischen Freunde die Zeichen der neuen Zeit wie etwa die soziale Frage nicht richtig erkannt, waren sie antidemokratisch, antirevolutionär; gewiß sahen sie die Autorität, ja „Majestät und Heiligkeit der Gewalt" allein in jener Obrigkeit, die „von Gottes Gnaden und nach Gottes Gebot und nicht durch und nach dem Willen des Volkes herrschen"[11]. Doch war es eben „Gottes Gebot", war es der Gerlachsche Grundsatz „iustitia fundamentum regnorum", war es der Rechtsgedanke, der sie schon in den 60er Jahren in Gegensatz zu Bismarck brachte. Freilich gab es für ihren anhaltenden Konflikt mit dem Kanzler auch andere, scheinbar vordergründige Anlässe: etwa die von den Konservativen als Verletzung des Fürstenstandes interpretierten bismarckischen Annexionen, ihre Ablehnung des „liberalen Nationalitätengötzentums" und nicht zuletzt ihre theokratischen Ideen, die gelegentlich in klerikale Machenschaften umschlugen und zu dem eingangs zitierten Urteil Bismarcks über theokratische Tendenzen im Protestantismus beigetragen haben dürften. Aber in und hinter diesen Anlässen ging es grundsätzlich eher um die „Christlichkeit" des Staates, um den Rechtsgedanken. Eine stringente Kontinuität zwischen Stahl und Bis-

10 Diesen Hinweis verdanke ich Prof. Dr. Dr. Theodor Strohm, Berlin, der in seiner Untersuchung über „Wohlfahrtszweck und sozialer Rechtsstaat" (in Vorb.) die ethischen Strukturen des „protestantischen Humanismus" herausarbeitet.

11 Zit. bei Fischer, a.a.O., S. 483; zur Theorie der christlichen Konservativen vgl. H. Hermelink, Das Christentum in der Menschheitsgeschichte, Bd. II, Stuttgart 1954, S. 340ff. und S. 588ff. Zum Konflikt zwischen den christlichen Konservativen und Bismarck vgl. auch: W. O. Shanahan, Der deutsche Protestantismus vor der sozialen Frage, München 1962, S. 358ff.

marck nachzuweisen, dürfte daher weit größere Schwierigkeiten bereiten, als es Fischer (S. 483) wahrhaben will.
Bismarcks zweckbetonter Dezisionismus, der die ratio status über [19] die ratio hominum stellt, ist den Prinzipien des protestantischen Humanismus entgegengesetzt. Er findet seine Rechtfertigung erst in der erwähnten neuprotestantischen Theorie der Eigengesetzlichkeiten, die durch Rudolf Sohms Interpretation der „Scheidung von Geistlichem und Weltlichem" folgendermaßen charakterisiert ist: Da „das Christentum keinerlei Antwort auf politische Fragen zu geben vermöge", müsse politische Tätigkeit weltlich, als „Kampf für die Macht des Daseins unseres Volkes" begründet werden[12]. Es dürften diese neuprotestantischen Ideen und ihre Substitutionen durch die sogenannte „Lutherrenaissance" nach dem Ersten Weltkrieg sein[13], die die Perspektive Fischers und die von ihr repräsentierte allgemeinere Vorstellung von der lutherischen Genealogie des verabsolutierten Machtprinzips bedingen und verzerren.
Versteht man die lutherische Staatslehre im Sinne des Rechtsprimates, wie er vom protestantischen Humanismus festgehalten und durchgebildet wurde, dann gewinnt man eine erste Erklärung für die oft genug naiv erscheinende „Staatsfrömmigkeit" der lutherischen Pastoren in der deutschen Geschichte. Sie konnten und wollten der den Staat repräsentierenden Obrigkeit in Treue untertan sein, weil sie der Treue der Obrigkeit gegen Gottes Gebot gewiß zu sein glaubten.
2. Doch sahen die Pastoren in der Obrigkeit nicht nur das weltliche Regiment, dem sie wie jeder Untertan Gehorsam, als Pfarrer sogar beispielhaften Gehorsam schuldeten. Sie sahen vielmehr gleichzeitig [20] und darüber hinaus in ihrem Landesherrn den summus episcopus, die von Gott verordnete Autorität des Kirchenregimentes. Der protestantische „Cäsaropapismus" entsprach, wie selbst Karl Barth für das 18. Jahrhundert feststellt, dem „auch von bewußten und ernsten Christen geteilten Rechts-

12 Vgl. besonders die Berichte und Kommentare von F. Naumann, in: Die Hilfe, Jg. 1896ff. Die Formulierung Sohms findet sich in einer Rede vor dem National-Sozialen Verein in Erfurt 1896. — Freilich handelt es sich bei dem Neu- oder Kulturprotestantismus um ein sehr differenziertes Phänomen, das keineswegs pauschal auf eine undynamische Anpassungsethik festzulegen ist. So hat Naumann bekanntlich später durchaus die Intentionen des protestantischen Humanismus wieder aufgenommen und für die Demokratie in Deutschland fruchtbar zu machen gesucht. Und Ernst Troeltsch, „Neuprotestant letzter Generation“, hat (besonders in seiner Auseinandersetzung mit Max Weber) nachdrücklich die Aporien einer These der Irrationalität der Werte herausgearbeitet. Troeltsch forderte, daß eine in der christlichen Tradition stehende Sittlichkeit die „vernunftlosen Kräfte in der Politik“ bändigen solle. — Zu Troeltsch vgl. zuletzt: H. E. Tödt, E. Troeltschs Bedeutung für die evang. Sozialethik, in: Zeitschrift für Evang. Ethik, Jg. 1966, S. 227-236.

13 Vgl. dazu die Belege bei Ernst Wolf, a.a.O. (siehe Anm. 6)

und Ordnungsempfinden"; er galt ihnen nicht als „Ausdruck fürstlichen Übermutes"[14]. Als problematisch wurde der Cäsaropapismus erst empfunden, als die regionale Kongruenz von Staat und Konfession verlorenging und als die Toleranzvorstellungen der Aufklärung ihre soziale Gestalt im „paritätischen Staat" fanden, d.h. als die verschiedenen Konfessionen, Freikirchen und selbst das „dezidierte Nichtchristentum" vom Staat als grundsätzlich gleichberechtigt anerkannt und behandelt wurden. Seit Schleiermachers um 1800 vorgetragener Forderung „Hinweg mit jeder Verbindung zwischen Kirche und Staat" breiteten sich auch in Pfarrerkreisen der Wunsch und die Forderung nach institutioneller Selbständigkeit der Kirche, vor allem nach Unabhängigkeit von der Staatsbürokratie aus[15]. Freilich hat dieser Drang vorerst die grundsätzliche Bejahung der gegebenen Staatsform in Hinsicht auf deren politische Funktion nicht beeinträchtigt. Daß er sich später zu einem prinzipiell eigenständigen, in unserer Übersicht also einem zweiten Bestimmungsfaktor des Verhältnisses zwischen Staat und Geistlichkeit entwickeln konnte, hat zur Voraussetzung, daß die als selbstverständlich geltende Identität von Obrigkeit und Staat zweifelhaft wurde. Vorerst jedoch blieb (im Grunde bis 1918) die religiös begründete und der gegenseitigen Rechtsverpflichtungen gewisse Treue zur Obrigkeit allen kirchlichen Selbständigkeitsbestrebungen vorgeordnet und für die Staatsauffassung der Pastoren maßgeblich.

3. Auch die vielbeklagte eigentümliche Verständnislosigkeit protestantischer Theologen gegenüber den gesellschaftlichen Wandlungsprozessen scheint vor allem auf die beharrlich festgehaltene Identifizierung von Obrigkeit und Staat zurückzugehen. Die lutherische Obrigkeitsauffassung war ursprünglich als eine Theorie der Bewahrung und des Schutzes der Menschen durchaus auf die gesellschaftliche [21] Gesamtwirklichkeit bezogen. Wie die traditionelle Dreiständelehre enthielt sie jedoch kein aktives Prinzip zur Umgestaltung der sozialen Welt. Als die gesellschaftlichen Gegebenheiten sich wandelten, konnte die Obrigkeitslehre daher gleichsam aus ihrem konkreten sozialen Kontext heraustreten und zu einer abstrakten Staatslehre erstarren. Aus der Funktion des Staates, die sittliche Ordnung zu erhalten, entwickelte sich der Gedanke, der Staat selbst sei, unbedingt, diese sittliche Ordnung. Die Folge war eine soziale Isolierung der Obrigkeitslehre, die die außerhalb des Staates sich bildenden politischen und sozialen Kräfte vernachlässigte oder sie, wie etwa den aufklärerisch-bürgerlichen Gesellschaftsbegriff, auf den Aspekt des Gegensatzes zum

14 K. Barth, Die protestantische Theologie im 19. Jh., Zollikon-Zürich 1952, S. 69. — Ob und wieweit damit die „Sache der Kirche" (Barth) vertremdet wurde, ist hier nicht zu erörtern.

15 Belege bei K. W. Dahm, Pfarrer und Politik, Köln-Opladen 1965, S. 61. Vgl. ferner H. Hermelink, a.a.O., Bd. I, S. 372ff.

bestehenden Staat reduzierte[16]. Diese Tendenz wurde im 19. Jahrhundert verstärkt durch die pietistisch-idealistische Betonung der individuellen Gläubigkeit und die ihr entsprechende Abwertung der „weltlich"-politischen Geschäfte. Der Verständnismangel gegenüber den konkreten Problemen der gesellschaftlichen Wirklichkeit ist insbesondere in der Einstellung zur sozialen Frage des 19. Jahrhunderts manifest geworden. Die große Mehrzahl der Geistlichen betrachtete, bei aller Hilfsbereitschaft im Einzelfall, die vorliegende sozialstrukturelle Problematik mit den Augen der Konservativen oder verhielt sich ganz passiv[17]. Auch wo sich Theologen, vor allem die „Christlich-Sozialen" dieser Not gründlicher anzunehmen suchten, blieben sie fast durchweg dem „frommen Kurzschluß" verhaftet, daß die sittliche Verwahrlosung im Einzelfall wie die gesellschaftliche „Entordnung" im ganzen aus dem Abfall vom Glauben, gleichsam als Strafe Gottes, zu erklären und letztlich nur durch eine christliche Regeneration des gesamten Volkslebens" (Wichern) aufzuheben sei[18]. Diese etwas eilige und einseitige religiöse Analyse verstellte ihnen weithin den Zugang zu einer radikaleren Analyse der technischen und ökonomischen Gründe des Pauperismus. Insgesamt verstanden die Pastoren kaum, daß Atheismus und Materialismus eher als Folge denn als Ursache der sozialen Not gedeutet werden mußten, beharrten sie auf ihrer Perspektive, betrachteten [22] auch später die SPD als „Systematisierung der sündlichen Gelüste des Menschen" (Wichern) und stellten sich um so entschlossener gegen alle sozialrevolutionaren Strömungen auf die Seite der die bestehende Staatsordnung reprasentierenden Kräfte.

4. Die antirevolutionäre und antisozialistische Position war zusätzlich in einem Faktor begründet, der insbesondere nach 1918 das Staatsverhältnis der Pastoren wesentlich beeinflußt hat: Die Pastoren sahen weithin in der bestehenden Gesellschaftsordnung den Garanten ihrer sozialen Sicherheit. Schon als durch die aufklärerische Religionskritik viele Pfarrer ihres theologischen und pfarramtlichen Auftrages unsicher geworden waren, hatte ihnen der Staat mit dem Ausbau der seit jeher beiläufig wahrgenommenen „sekundären Berufsfunktionen" eine neue Statussicherheit angeboten. Sie wurden „Offiziere der Moral", die das Volk im Sinne des Staates zu erziehen hatten, wurden „Sittenprediger, Landwirte, Listenmacher und geheime Polizeidiener" (J. G. Herder)[19]. Gewiß kann man, wie Barth, diese Funktionen von einem strengen Amtsverständnis aus als „Allotria" kritisieren

16 Vgl. T. Rendtorff, Zum sozialethischen Problem der Institutionen, besonders im Verhältnis von Staat und Gesellschaft, in: Glaube und Gesellschaft, o. Hrsg., Kreuz-Verlag, Stuttgart 1966, S. 42-58.

17 Vgl. W. O. Shanahan, a.a.O., S. 181, 235, 413, 438, 469 ff. und passim.

18 Vgl. H. D. Wendland, Der Begriff Christlich-sozial, Köln-Opladen 1962, S. 11 ff.

19 Beleghinweise bei K. W. Dahm, a.a.O., S. 46 ff., und Hermelink, I, S. 140 f.

und karikieren; man sollte jedoch die bestehenden Verlegenheiten nicht vorschnell aus der Sicht einer inzwischen ihrer Eigentlichkeit sicherer gewordenen Theologie verharmlosen — und sollte auch nicht den allgemeinen kulturellen Ertrag dieser „sekundären" Berufstätigkeiten der Pfarrer übersehen. Die Pastoren der Aufklärungszeit jedenfalls konnten auch dann eine Existenzberechtigung in ihrer Arbeit finden, wenn deren theologische Begründung ihnen zweifelhaft wurde. Mochte der paritätische Staat ihnen im Verlauf des 19. Jahrhunderts wichtige Funktionen wie Wohlfahrtspflege und Schulwesen auch wieder wegnehmen, so blieb doch die Gewißheit, in einer auf die Verbindung von Thron und Altar sich stützenden Gesellschaftsordnung grundsätzlich in Position und Prestige gesichert zu sein. Daß im christlichen Abendland auch andere, die soziale Position des Pfarrers grundsätzlich bestreitende und faktisch auflösende Entwicklungen möglich wären, hatte man am französischen Beispiel deutlich genug vor Augen. Um so stärker hielt man in Deutschland an der bestehenden Ordnung fest und lehnte man revolutionäre Bestrebungen als Teufelswerk ab.

5. Ein letzter Traditionsstrang betrifft den nationalen Gedanken. [23] Auch hier lassen sich Linien bis in die Reformationszeit, etwa zu Luthers berühmter Schrift „An den christlichen Adel deutscher Nation" zurückverfolgen. Doch bleibt Luther frei von übersteigertem Patriotismus und bleibt der Topos „Nation" in den lutherischen Ethiken bis zu den Befreiungskriegen zweitrangig oder ganz außer Betracht. Erst zu Beginn des 19. Jahrhunderts scheinen auch nationalistische Vorstellungen zu einer Art Kompensation theologischer Verlegenheiten zu werden. Wie G. Kaiser nachgewiesen hat, sind die Denk- und Gefühlsstrukturen des deutschen Patriotismus nicht unerheblich von den Frömmigkeitsstrukturen des Pietismus beeinflußt. Die Übertragungen reichen vom Gedanken der Liebes- und Glaubensgemeinschaft, von Subjektivismus, Emotionalismus und Irrationalität bis zur Idee des Erlösungsopfers: „Wie Blut und Wunden Christi sind auch Blut und Wunden des Patrioten sieg- und heilbringend und wie der sterbende Christus, so erlöst der sterbende Patriot das Vaterland."[20]

Während der „napoleonischen Kriege" ist dieser religiöse Patriotismus von ungezählten Kanzeln ins Volk getragen worden, hat „die Zukunft unseres Vaterlandes im evangelischen Pfarrhaus gelegen" (Bismarck)[21]. Aus diesen Wurzeln entwickelte sich eine nationalprotestantische Religiosität mit ihren spezifischen Vorstellungen vom „Deutschen Gott" und dem deutschen Volk als dem „auserwählten Gottesvolk". In jüngster Zeit hat K. Scholder mit Berufung auf empirische Untersuchungen die These vertreten, daß das nationalprotestantische Ideengut zwar die Theologie „merkwürdig unbe-

20 G. Kaiser, Pietismus und Patriotismus ..., Wiesbaden 1961, besonders S. 224 ff.

21 bei Dahm, a.a.O., S. 163 und passim.

rührt" gelassen, dafür aber von Kanzeln und Kathedern aus „um so nachhaltiger gewirkt" habe[22]. Doch scheint diese Beobachtung nicht auf das gesamte 19. Jahrhundert gleichmäßig zuzutreffen. In der Zeit von 1820-1870 etwa dürften von der Masse der Pfarrerschaft eher konservative als nationale Ideen und Haltungen vertreten worden sein. Jedenfalls hat der liberale Nationalismus der Paulskirche im Pfarrerstand wenig Resonanz [24] gefunden[23], hat die protestantische Kriegspredigt von 1870/71 in weit geringerem Maße nationale Töne angeschlagen als 1813 oder 1914; und jedenfalls dürfte die Mehrheit der Pfarrer in den Konflikten zwischen der altkonservativen „Kreuzzeitung" und der „nationalen" Politik Bismarcks noch 1875 auf seiten der Konservativen gestanden haben[24].

Die fünf Faktoren, die das Verständnis zwischen Staat und protestantischer Geistlichkeit seit der Gründung des zweiten Deutschen Reiches in wechselnder Aktualität bis heute bestimmen sollten, waren also in teils sehr bestimmten, teils unscharfen Ausprägungen diesem Verhältnis aus seiner Geschichte bereits vorgegeben. Die den Faktoren im einzelnen entsprechenden Denkweisen waren in Jahrzehnten oder sogar in Jahrhunderten so tief im Pfarrerstand eingewurzelt, daß es zu schweren Krisen kommen mußte, als die Bedingungen ihrer Voraussetzung sich grundlegend änderten. Die Geschichte des Verhältnisses zwischen Staat und Pastoren in den letzten hundert Jahren ist die Geschichte der Krisen seiner Traditionen.

I. Das heilige evangelische Reich deutscher Nation

1. Was sich in den Jahren unmittelbar vor und nach der Reichsgründung zutrug, schien freilich alles andere als eine Krisenentwicklung einzuleiten. Schon seit 1866 war abzusehen, daß Deutschland unter einer gottesfürchtigen Dynastie, einer Obrigkeit gleichsam nach dem Herzen der Pastoren geeinigt werden würde. Die Gefahr einer Ausweitung des westlichen Parlamentarismus mit seinen potentiell sozialrevolutionären Tendenzen und seiner Beeinträchtigung der patriarchalischen Autorität des „Königs von Gottesgnaden", vor der die Geistlichkeit schon mehrfach, auch in einer Adresse an Wilhelm I. öffentlich gewarnt hatte, schien gebannt[25]. Zwar gab es, wie wir sahen, Bedenken gegen die Rechtmäßigkeit der bismarckschen Annexions- und Kriegspolitik, blieb man überhaupt dem Kanzler ge-

22 K. Scholder, Die evangelische Kirche und das Jahr 1933, in: Geschichte in Wissenschaft und Unterricht, Jg. 1965, S. 700ff., bes. S. 702. Und: E. Weymar, Das Selbstverständnis der Deutschen. Ein Bericht über den Geist des Geschichtsunterrichtes der höheren Schulen im 19. Jh. Beiheft zu: Die Geschichte in Wissenschaft und Unterricht, Jg. 1962.

23 Vgl. Shanahan, a.a.O., S. 235.

24 Beleg bei Dahm, a.a.O., S. 162ff. Ähnlich übrigens auch Fischer, a.a.O., S. 491 ff.

25 Vgl. Fischer, a.a.O., S. 492.

genüber zurückhaltend und mißtrauisch. Aber über Bismarck stand eben der König, dessen Gottesfurcht [25] und dessen Bindungen an Gottes Gebot man letzten Endes vertraute und zu dem sich die Spitzen der Geistlichkeit notfalls auch hinter dem Rücken Bismarcks Zugang zu verschaffen wußten. 1866 und 1870 predigte man den Gehorsam gegen Gott und den König, weil die von Gott gesetzte Obrigkeit es war, die zu den Waffen rief; beging man den Kriegsausbruch darum auch nicht in nationalem Enthusiasmus, sondern mit Buß- und Bettagen. Und als Adolf Stoecker nach der Kaiserproklamation dem Empfinden der meisten seiner Amtsbrüder mit dem Ruf Ausdruck gab „Das heilige evangelische Reich deutscher Nation vollendet sich«, da gründete sich dieser Enthusiasmus weniger auf den Nationalstaatsgedanken und schon gar nicht auf den Gedanken eines Machtstaates, der sich selbst die Quelle des Rechtes ist, sondern er gründete sich darauf, daß das ganze Deutschland nunmehr von einem bewußt protestantischen Monarchen repräsentiert war und durch ihn im Sinne des lutherischen Verständnisses von Recht und Pflicht regiert werden sollte. Diese Treuebindung an die von Gott gesetzte Obrigkeit dominierte zweifellos, wie in den vorangegangenen Jahrhunderten bis zum Jahr 1918 die Staatsauffassung und das Staatsverhältnis der protestantischen Pastoren. Sie blieb auch dominierend, als Wilhelm II. in den Jahren um die Jahrhundertwende einem großen Teil der Pastoren das Vertrauen in die Obrigkeit schwer machte. Die dominierende Konstante der Bindung an die Obrigkeit kann freilich nicht die Wandlungen verdecken, die sich in den Bereichen der anderen Faktoren zutrugen und die sämtlich ein Gefälle zu jener großen Krise aufweisen, die mit der Abdankung der monarchischen Obrigkeit im Jahr 1918 auf die Pastoren zukam.

2. Der erste ernsthaftere Konflikt mit dem Staate Bismarcks erwuchs aus jener Tradition, die auf größere Selbständigkeit der Kirche gegenüber der Staatsbürokratie drängte. Waren die Anfänge des Kulturkampfes als Sicherungsmaßnahmen gegen ultramontane Ansprüche vom evangelischen Lager noch unterstützt worden, so kam es über den Maigesetzen von 1873, die die Ausbildung und Anstellung der Geistlichen unmittelbar der staatlichen Zuständigkeit unterstellten, zu ersten Protesten. Zwar akzeptierten die protestantischen Kandidaten im Gegensatz zu ihren katholischen Kollegen die neue Regelung ohne nennenswerten Widerstand. Doch sank die Zahl der evangelischen Theologiestudenten im Jahre 1875 auf den absolut und prozentual tiefsten Stand des Jahrhunderts. [26] Die allgemeine Kulturkampfstimmung, die ihren Ausdruck nicht zuletzt in der von der Tagespresse verbreiteten Ansicht vom „Aussterbeetat des Klerus" fand, ließ den Pastorenberuf nicht eben attraktiv erscheinen und mußte schon deshalb

die Besorgnis der Kirchenbehörden herausfordern[26]. Diese Besorgnis weitete sich auf die Gefahr einer allgemeinen Lockerung der christlichen Volkssitte aus, als die Schule dem kirchlichen Einfluß entzogen und die Zivilehe obligatorisch gemacht wurde. Zentrum des Widerstandes waren die Christlichen Konservativen mit ihren prinzipiellen Bedenken gegen den „heidnischen Staatskult", der „den Glauben an seinen Zwecken mißt" und „aller Religion und Freiheit ein Ende macht"[27]. Es waren diese Bedenken, die die Mehrzahl der Geistlichen in die schon erwähnte Opposition gegen Bismarck auf die Seite der Kreuzzeitung trieben.
Andererseits konnten die immerhin von dem liberalen „Kulturkampfminister" Falk gegen den Widerstand der konservativen Legitimisten durchgesetzten quasidemokratischen Synoden (Kirchenparlamente) sich mangels entsprechender Kompetenzen nicht zu einer Gegenkraft gegen die von staatlichen Verwaltungsjuristen beherrschten Kirchenbehörden entwickeln. Die Zentralbehörden der Landeskirchen, vor allem der preußische „Evangelische Oberkirchenrat" (EOK) blieben sorgfältig bemüht, in ihren Anweisungen an die Geistlichkeit der jeweiligen Politik der Staatsregierung Rechnung zu tragen. Bismarck selbst beschied alle Interventionen zugunsten einer größeren Unabhängigkeit von Kirche und Geistlichkeit abschlägig. Auch ein letzter Vorstoß von bewährt kaisertreuen Politikern (Kleist-Retzow, Stoecker u.a.), im Zusammenhang der Bemühungen Bismarcks um einen friedlichen Abschluß des Kulturkampfes („Friedensgesetz" 1887) unternommen, endete mit einer glatten Niederlage und Bismarcks geringschätziger Äußerung: „Was ist denn die evangelische Kirche? — Das sind eben die Geistlichen."[28] Diese Geistlichen verachtete er als Funktionäre einer Organisation, die mit seinen eigenen, vom Pietismus geprägten Vorstellungen von christlicher Gemeinschaft so gut wie gar nichts zu tun hatte. Zugleich aber hielt er, wie unser Eingangszitat zeigte, die theokratischen Neigungen der Pastoren für staatsgefährdend, [27] wobei er unter „theokratisch" offenbar nicht nur die politischen Bestrebungen der Christlichen Konservativen, sondern auch die von ihm als Institutionsegoismus empfundenen Unabhängigkeitsbestrebungen verstand.
Grundsätzlich änderte sich auch nach Bismarcks Entlassung nichts an der Bevormundung von Kirche und Geistlichkeit durch den Staat. Es blieb das Ziel der staatlichen Kulturpolitik, die evangelische Kirche so fest als möglich in der Hand zu behalten. Die Pfarrer empfanden diese Lage als unwürdig. Aber sie waren nicht bereit, das Übel an seiner Wurzel zu bekämpfen. Als Stoecker seit den achtziger Jahren immer wieder die Abschaffung des

26 Vgl. KWDahm, Beruf: Pfarrer, München 1971, S. 48 ff.
27 Vgl. Hermelink, a.a.O., III, S. 56-79, Zitat S. 67 f.
28 Vgl. O. Dibelius, Das Jahrhundert der Kirche, Berlin 1926, S. 68 f.

landesherrlichen Summepiskopates forderte, fand er keine Resonanz in der Pastorenschaft. Die Verbundenheit der Pfarrer mit dem Kaiser als ihrer zugleich weltlichen und geistlichen Obrigkeit war stärker als die Ablehnung der Bevormundung durch die staatskirchliche Bürokratie.
3. Das in erster Linie auf die Staatsnotwendigkeiten bedachte Kirchenregiment war für die Stellung der Geistlichkeit zur sozialen und zur nationalen Frage von verhängnisvoller Konsequenz. Die soziale Frage trat, nachdem der Kulturkampf sie zeitweise in den Hintergrund gedrängt hatte, gegen Ende der siebziger Jahre wieder in den Mittelpunkt der politischen Probleme. 1877 hatte der Pfarrer R. Todt in seinem Buch „Der radikale deutsche Sozialismus und die christliche Gesellschaft" die These vertreten, daß die Arbeiter nicht durch Karitas allein, sondern primär durch Sozialpolitik der Monarchie und der Kirche zurückgewonnen werden könne. In diesem Sinne gründete der Hofprediger A. Stoecker seine „christlich-soziale Arbeiterpartei". Aber die Arbeiter waren inzwischen anderwärts organisiert und sahen in Stoecker den Funktionär des Klassenfeindes. Als seine Partei bei den Reichstagswahlen 1878 scheiterte, zog er sich, vielleicht zu eilig, auf die überkommene anti-sozialistische Position zurück, verstärkte die Agitation gegen die SPD als den antichristlichen Heerbann zum Sturz der gottgesetzten Ordnung und richtete die Agitation in zunehmendem Maße auch gegen den „Vater" des liberalistisch-materialistischen Geistes, nämlich das moderne, von Jehova abgefallene Judentum. Als er mit seinen antisemitischen Parolen Erfolg hatte, änderte er Namen und Zielsetzung seiner Partei; 1881 wurde das Etikett „Arbeiter" gestrichen und die „christlich-soziale Partei" zum kleinbürgerlich [28] antisemitischen Seitensproß der Konservativen. Von den Hallen des Ruhmes als gefeierter Volkstribun und Kaiserfreund ging Stoeckers Weg in den folgenden zwei Jahrzehnten bis hinab in die Ächtung durch Kaiser und Kirche. Den Tiefpunkt kommentierte ein Telegramm Wilhelms II., das von weittragender Bedeutung für den gesamten Pfarrerstand werden sollte. Der Kaiser telegraphierte 1896:„Politische Pastoren sind ein Unding. Wer Christ ist, der ist auch sozial. Christlich-sozial ist Unsinn. Die Herren Pastoren sollen sich um die Seelen ihrer Gemeinden kümmern, die Nächstenliebe pflegen, aber die Politik aus dem Spiele lassen, dieweil sie das gar nichts angeht."
Der EOK beeilte sich, dieser Allerhöchsten Verlautbarung durch die Zustimmung der Generalsynode in der Pfarrerschaft Geltung zu verschaffen. Die Pastoren wurden damit zum fünften Male in zwanzig Jahren zu einem Stellungswechsel in der Frage politischer und besonders sozialpolitischer Tätigkeit aufgefordert. Zuerst war ihnen anläßlich der Publikation Todts Zurückhaltung befohlen worden, da es der Kirche nicht zustehe, dem Evangelium Lösungen für solche politischen Fragen zu entnehmen, die „innerhalb der bestehenden Rechtsordnung des Staates noch strittig" sind.

Schon zwei Jahre später gab der EOK anläßlich des Sozialistengesetzes die eben erst postulierte Zurückhaltung selbst preis und verpflichtete die Pfarrer einseitig auf die Position Bismarcks. Als drittens der neue Kaiser, Wilhelm II., 1890 eine Proklamation des guten Willens an die Arbeiterschaft richtete, rief der EOK die Geistlichen unverzüglich zu tatkräftiger Unterstützung der kaiserlichen Sozialpolitik und darüber hinaus zur aktiven Teilnahme an politischen Versammlungen auf. Schon wenige Jahre später trat an die Stelle des kaiserlichen Optimismus in der Arbeiterfrage der verschärfte Kampf gegen die Sozialdemokratie und also wendete sich der EOK (1895) gegen die Teilnahme der Geistlichen an „Bestrebungen der Weltverbesserung" und gegen „die krankhafte Unruhe vieler Geistlicher, rhetorisch als Weltverbesserer aufzutreten in Dingen, die sie nicht völlig verstehen". Ein Jahr später wurde dann den Pastoren im Sinne des Kaisertelegramms bei Androhung disziplinarischer Maßnahmen politische Tätigkeit untersagt[29]. So blieb es, was die offizielle Stellung der Geistlichkeit betrifft, bei [30] dem traditionellen Bündnis mit der herrschenden „Klasse". Freilich zeigt der Hinweis auf die „krankhafte Unruhe vieler Geistlicher“ im EOK-Erlaß von 1895, daß sich große Teile der jüngeren Pastorengeneration mit den traditionellen Denkweisen in der sozialen Frage nicht mehr zufriedengaben. Sie orientierten sich vielmehr an den Versuchen des Pfarrers Friedrich Naumann, eine Synthese von Christentum und Sozialismus herzustellen. Ehe jedoch Naumann und sein Evangelisch-Sozialer Kongreß ihre Überlegungen zu einem Programm verdichten konnten, wurde ihnen durch die von Max Weber und R. Sohm behauptete Eigengesetzlichkeit auch der Wirtschaftspolitik die Möglichkeit einer Synthese zweifelhaft. Die Krise der traditionellen gesellschaftspolitischen Vorstellungen war im Pfarrerstand offenkundig geworden, aber eine überzeugende oder auch nur befriedigende Neukonzeption war nicht in Sicht.

4. Seit den achtziger Jahren war der Pfarrerstand genötigt, sich außer mit dem sozialen Status der Arbeiterschaft in zunehmendem Maße auch mit den Problemen des eigenen sozialen Status zu beschäftigen. Die überkommene patriarchalische Führungsstellung im örtlichen Gemeinwesen war durch den Funktions- und Prestigegewinn der technischen, ökonomischen und pädagogischen Berufe ausgehöhlt. Die vulgär-materialistische Propaganda hauptsächlich der marxistischen Bewegung hatte ebenso wie die Arbeitsbedingungen in den rapide wachsenden Großstädten, unter denen von einem einzigen Pfarrer bis zu 20 000 Gemeindeglieder betreut werden mußten, zu einer fortschreitenden Auflösung der kirchlichen Sitte geführt. Von der liberalen Presse wurden die alten, aus der Aufklärung stammenden Einwände gegen die Führungsrolle der Geistlichen wieder

29 Vgl. H. Hermelink, a.a.O., III, S. 293-320 und F. Fischer, a.a.O., S. 502-515.

hochgespielt. Im Jahre 1906 wurde in den „leitenden Kreisen Deutschlands" unter dem Thema „Bedürfen wir des Pfarrers noch?" eine Umfrage veranstaltet, die in ihren Ergebnissen wie besonders in der keineswegs als unmöglich empfundenen Fragestellung den Geist der Zeit spiegelt[30]. Daß die Veränderungen in den sozialen Grundlagen ihrer Position nicht zum Gefühl unmittelbarer Existenzbedrohung in der Pastorenschaft führten, dürfte sich vor allem aus der Gewißheit erklären, daß man durch die genuin staatlichen Interessen letzten Endes in der eigenen Autorität gestützt und gesichert war. Mochte der Staat die Pfarrerschaft [30] in Einzelfragen auch verständnis- und oft genug taktlos behandeln, so wußte man doch, daß er letztlich ebenso unabänderlich auf die Verbindung von Thron und Altar festgelegt und angewiesen war wie die Kirche.

5. Auf dieser Grundlage erfuhren die alten, lange Zeit durch konservativ-legitimistische Anschauungen zurückgedrängten patriotisch-nationalen Strömungen eine kräftige Wiederbelebung. Sie entwickelten sich zu einem Staat und Geistlichkeit verbindenden Element, das stärker war als die Differenzen in der sozialen Frage und in der Kirchenpolitik. Die Kritik der älteren Pastorengeneration an der Politik Bismarcks wird mit der zunehmenden Festigung und dem Aufstieg des Reiches zu einer Übertragung der Treuebindung an die Obrigkeit auf den neuen Staat. Die nationalen Feiertage nahmen die kirchliche Predigt in ihren Dienst. Als sich zu Beginn der achtziger Jahre in der Studentenschaft und damit in der künftigen Gebildetengeneration ein Umschwung von demokratisch-liberalen zu nationalen Tendenzen vollzog, waren die Theologiestudenten führend beteiligt (Gründung des Vereins Deutscher Studenten 1881)[31]. Wenige Jahre später (1886) wurde der „Evangelische Bund zur Wahrung der deutsch-protestantischen Interessen" gegründet, der ursprünglich das „Erbe der Reformation" gegen die nach Beendigung des Kulturkampfes erneut auftretenden ultramontanen Ansprüche vertreten sollte, der aber tatsächlich bis zum Ende des Zweiten Weltkrieges zu einem in Pfarrerschaft und Kirche außerordentlich einflußreichen Propagandainstrument nationalprotestantischer Ideen wurde[32]. Im Zentrum dieser Ideen stand die schon im Etikett proklamierte Synthese von deutsch und protestantisch. In Innigkeit und Gläubigkeit, Ernst und Pflichtbewußtsein, Gemeinschaftssinn und Opferbereitschaft sollte sich der aus dieser Synthese erwachsene deutsche Nationalcharakter von dem rationalistischen, destruktiven, egoistischen

30 T. Kappstein, Bedürfen wir des Pfarrers noch?, Berlin 1906. Dazu Dahm, a.a.O., S. 50-56.

31 Vgl. Fischer, a.a.O., S. 498 f. und R. Wittram, Kirche und Nationalismus, in: Das Nationale als europäisches Problem, Göttingen 1954.

32 Vgl. F. v. d. Heydte, Gute Wehr. Werden, Wirken und Wollen des Evangelischen Bundes, Berlin 1936.

und mammonistischen Charakter der „westlichen" (und keineswegs nur der katholischen) Völker unterscheiden.
Der Glaube an diese Synthese, der der Aufstieg des Reiches zu danken und in deren drohender Auflösung durch den Materialismus [31] der Bestand der Nation gefährdet sei, beherrschte Denken und Haltung des Pfarrerstandes in den letzten Jahrzehnten des Kaiserreiches. Das zeigt besonders deutlich die Memoirenliteratur dieser Zeit, die durchweg auf folgenden Ton gestimmt ist: „Es war mir immer, als wenn der tiefste Pulsschlag echten deutschen Wesens, wenn irgendwo, in den deutschen Pfarrhäusern zu spüren wäre ... Frömmigkeit, Liebe zu Jesu und seiner Gemeinde, geistige Regsamkeit und mannigfache Bildung, deutsche Gesinnung und Vaterlandsliebe (werden) nirgends treuer erfunden als dort."[33]
Es liegt in der Konsequenz dieser synthetischen und oft genug synkretistischen Verbindung von deutsch und evangelisch, daß Naumanns Gedanke der Eigengesetzlichkeiten, der die Synthese auflösen und ihre Elemente ethisch isolieren mußte, im Pfarrerstand keine größere Resonanz fand. Freilich vermied die Konzeption Naumanns eine banale und unreflektierte Verkürzung christlicher Gedanken auf nationale Zweckmäßigkeiten. Den Gefahren einer solchen ideologisch verkürzten Identifizierung dürfte aber, was besonders ihre Predigten und Stellungnahmen während des Ersten Weltkrieges anschaulich machen, der größte Teil der Pfarrer erlegen sein[34]. Im Kriege ist nach einem Wort des religiös-sozialen Schweizers L. Ragaz „das Christentum von dem Vater Jesu Christi zu Wotan, Jupiter und Baal abgefallen". Der nationale Enthusiasmus hatte das Verhältnis von Staat und Pastoren usurpiert und seine anderen Komponenten kräftig überwuchert.

II. Die Weimarer Republik[35]

Es war dieser nationale Enthusiasmus, an den man sich klammerte, als durch den Wegfall der Monarchie die Pfarrerschaft einer radikalen und anfänglich existenzbedrohenden Verunsicherung ausgesetzt wurde.
1. Bis 1918 war, wie wir sahen, das Staatsverhältnis der Pastoren [32] in all seinen Teilbereichen durch die Bindung an die als gottgesetzt empfundene Obrigkeit dominiert und abgesehen von einigen nationalistischen Auswüchsen der letzten Jahrzehnte, trotz aller Einseitigkeiten auch ethisch

33 L. Schneller, Allerlei Pfarrherren, Leipzig 1925, S. 5 f. - Zur Übersicht über die Memoirenliteratur vgl. Dahm, a.a.O., S. 217ff.

34 Vgl. B. Doehring (Hrsg.), Ein feste Burg. Predigten und Reden aus eherner Zeit, Berlin 1914/15. Und G. Mehnert, Evangelische Kirche und Politik 1917-1919, Düsseldorf 1959.

35 Die Zeit 1918-1939 habe ich ausführlicher analysiert, in: K. W. Dahm, German Protestantism and Politics, in: Journal of Contemporary History; 1968, London, S. 29-49.

qualifiziert. Eine solche auf der Basis gegenseitiger Rechtsverpflichtungen erwachsende Treuebindung hat die Pastorenschaft zum Weimarer Staat nie zu entwickeln vermocht. Mit Ausnahme einiger, hauptsächlich der Zeitschrift „Die christliche Welt" und der Deutschen Demokratischen Partei nahestehender Theologen vermochte man die republikanische Autorität nicht als Obrigkeit im überkommenen Sinne anzunehmen. Die alte Abneigung gegen Parlamentarismus und Demokratie war durch die Art, in der man die Ereignisse von 1918/19 erfahren und gedeutet hatte, war also durch das „Kainsmal der Novemberrevolution", durch „Verrat", „Dolchstoß" und „Parteiegoismus", und war nicht zuletzt durch die auf „westlich-demokratisch-mammonistischen" Geist zurückgeführte „Versailler Schmach des Jahrhunderts" noch verstärkt worden. Der obrigkeitliche Gedanke blieb darum auf die Heiligkeit der Krone fixiert, wurde in wehmütiger Apotheose der heiligen Vergangenheit verbraucht und diskreditiert. Die Republik selbst erschien als ein Provisorium, das man bestenfalls zu tolerieren bereit war, das aber pauschal mit den Hypotheken des Versagens in staatspolitischen Fragen, insbesondere während der Friedensverhandlungen, der Ziellosigkeit in der Wirtschaftspolitik und der Zerrissenheit der Kulturpolitik belastet wurde. Am Ende des Provisoriums wurde, so hoffte man, entweder die Monarchie wiederhergestellt oder aber ein „gottgesandter Retter, der Führer, den wir brauchen", erscheinen[36].

2. Mit der Monarchie war der landesherrliche Summepiskopat gefallen; die Weimarer Reichsverfassung dekretierte: „Es besteht keine Staatskirche." Damit war die seit Jahrhunderten erstrebte Unabhängigkeit der Kirche vom Staat verwirklicht. Nachdem einige Monate lang eine radikal kirchenfeindliche Politik nach den Vorstellungen des Kultusministers A. Hoffmann zu befürchten stand, mußten selbst republikfeindliche Kirchenführer im Laufe des Jahres 1919 anerkennen, daß sich mit den „neuen [33] Bestimmungen" und ihrer Anwendung durch die Reichsregierung „wohl würde auskommen lassen". Trotzdem behielten die zahlreichen Äußerungen zum Thema „Habemus ecclesiam" auch weiterhin ihre antirepublikanische oder mindestens antirevolutionäre Spitze. Offensichtlich hat man sich in der Pastorenschaft nie von der Enttäuschung darüber frei zu machen vermocht, daß die neugewonnene Freiheit von der staatlichen Vormundschaft ausgerechnet den „widergöttlichen Mächten der Zerstörung" zu verdanken war. Seine großzügige Kirchenpolitik ist dem Weimarer Staat von den Pastoren nicht gedankt worden. Vielmehr wurde der neue Begriff der „Volkskirche", der den der „Staatskirche" abgelöst hatte, von einem

36 So schon ein „Aufruf zur Bildung eines Pressebundes deutscher Gemeinschaftschristen" 1921. Vgl. Kirchl. Jahrbuch (KJ) 1921, S. 305. Vgl. auch KJ 1924, S. 147 und Deutsches Pfarrerblatt (DtPfrBl) 1926, S. 369.

nicht geringen Teil der Geistlichen so ausgelegt, als ob die Kirche die Interessen der Nation gegen die Politik des Staates zu vertreten und zur Geltung zu bringen hätte[37].

3. Die Abneigung gegen die Republik ging zum guten Teil auf die alte Gegnerschaft gegen die SPD zurück. In der SPD sah man den Initiator von Revolution und Dolchstoß, den Repräsentanten des Parteiegoismus und vielfach überhaupt den Repräsentanten des neuen „Systems": „Unser politischer Sturz und unser ganzes wirtschaftliches Elend wurzelt in der Marxschen Theorie und diese wieder auf dem Rousseauschen Wahn von der Edelmütigkeit des menschlichen Geschlechts."[38] Wie zu Wicherns Zeit galt die SPD noch immer als „Systematisierung der sündlichen Gelüste", als eine Partei, die „überschäumt vom Haß gegen alle Besitzenden, die Neid und Mißgunst systematisch züchtet". Das aber widerspreche Christi Ablehnung des Mammonsdienstes: „Mammonsdiener sind nicht nur die reichen Geldsäcke, sondern genau ebenso die Bettelarmen, die sie blutig beneiden und ihren Mammon ergieren."[39] Von diesem Mammonsgeist der antichristlichen SPD versuchte man einen Sozialismus zu unterscheiden, der seit dem Urchristentum „Herzschlag der Kirche" sei. Doch blieb dieser christliche Sozialismus, wie die der sozialen Frage gewidmete Botschaft des Betheler [34] Kirchentages von 1924 zeigt[40], in den alten individualistisch-karitativen Vorstellungen befangen, blieb auch ihm durch die These von der „mammonistischen Vergiftung des Wirtschaftslebens" der Zugang zu den ökonomischen Faktoren der sozialen Frage verstellt, blieb er sogar hinter den konkreten christlich-sozialen Vorstellungen des 19. Jahrhunderts zurück. Zwar galt es unter den gegebenen Bedingungen und den vorherrschenden Denkweisen schon als Fortschritt, daß sich der Erste Deutsche Evangelische Kirchentag überhaupt und primär mit der sozialen Frage beschäftigte. Aber durch seine Botschaft dürfte das erstrebte Ziel, wenigstens einen Teil der sozialistischen Arbeiterschaft der Kirche zurückzugewinnen, kaum erreicht worden sein. Eine gründlichere und verheißungsvollere Diskussion über die soziale Aufgabe der Kirche begann sich, angetrieben durch die kleine und unermüdliche Schar der Religiösen Sozia-

---

37 Dahm, a.a.O., S. 60-69, S. 165-184.

38 So der Herausgeber des offiziösen KJ, der Kirchenrat und Honorarprofessor J. Schneider, dessen jährliche Berichte zur „kirchlichen Zeitlage" die Meinungstendenzen und Stimmungen im Pfarrerstand gut wiedergeben; KJ 1923, S. 351. Vgl. auch F. Büchsel, Kirche und Sozialdemokratie, in: KJ 1920, S. 21 ff.

39 J. Schneider in: KJ 1926, S. 590 ff.

40 Vgl. K. Kupisch (Hrsg.), Quellen zur Geschichte des deutschen Prote-stantismus (1871-1945), Göttingen 1960, S. 155 ff. Zur Kritik an der Betheler Botschaft seitens der liberalen Pfarrer im Freundeskreis der „Christlichen Welt" vgl. J. Rathje, Die Welt des freien Protestantismus, Stuttgart 1952, S. 324ff.

listen, erst gegen Ende der Weimarer Zeit durchzusetzen[41]. Sie wurde allerdings bald durch andere und fürs erste dringlichere Probleme suspendiert.

4. Die Ressentiments gegen die Republik im Allgemeinen und gegen die marxistischen Parteien im Besonderen finden ihre Erklärung nicht nur in traditionellen Denkgewohnheiten, sondern anch in dem Schockerlebnis akuter Existenzbedrohung. Als Vertreter der USPD war am 10.11.1918 der wegen seiner kirchenfeindlichen Publikationen berüchtigte „10-Gebote-Hoffmann"[42] zum Kultusminister im „Revolutionären Rat der Volksbeauftragten" ernannt worden. Zu seinen öffentlich proklamierten Plänen gehörte die Konfiszierung des Kirchenvermögens, die Einstellung der staatlichen Zuschüsse zur Pfarrerbesoldung, die Aberkennung der beamtenrechtlichen Stellung und des passiven Wahlrechtes der Geistlichen. Als Hoffmanns Absichten bekannt wurden, kam es zu einem Entrüstungssturm, der ihn zwang, noch im Januar 1919 sein Amt niederzulegen. Sein Name aber blieb bis in die Zeit des Dritten [35] Reiches das immer, wieder angeprangerte Symbol für die Kirchenfeindschaft der SPD und speziell für die latente Gefährdung der sozialen Sicherheit der Pastoren. Unter das Symbol Hoffmann wurden die zahlreichen Schikanen staatlicher Stellen in sozialdemokratisch oder kommunistisch regierten Ländern des Deutschen Reiches subsumiert: so die Kürzung des Zuschusses für die Pastorengehälter, die bis in die Jahre 1924-1926 Not, Elend und gelegentlich auch den Hungertod in die Pfarrhäuser hineintrug; so aber vor allem die Mißhandlungen und in Einzelfällen auch die Ermordung von Pfarrern während der Kommunistenaufstände in Mitteldeutschland[43]. Die Fixierung auf diese Ereignisse, die freilich oft genug aus parteitaktischen (DNVP-)Gründen hochgespielt wurden, hinderte die Mehrzahl der Pastoren auch dann noch, ihr Verhältnis zur Republik und zur SPD zu korrigieren, als sich die Anlässe längst als Ausnahmen und Mißgriffe untergeordneter Stellen erwiesen hatten.

5. Ein standfester Damm gegen die latenten Gefahren der „roten Sintflut" konnte, so glaubte man im Pfarrerstand, nur auf dem Boden der alten Synthese von Deutschtum und Christentum gebaut werden. Dieser Boden war es auch, auf dem allein eine geistige Erneuerung der Nation und der Aufbau einer besseren Zukunft möglich erschienen. Deutsch und christlich, Nation und Altar, das war die Parole, die vom Zweiten Evangelischen Deutschen Kirchentag (Königsberg 1927) ebenso wie von ungezählten

41 Vgl. H. D. Wendland, Die soziale Aufgabe der Kirche und die sozialethische Diskussion der Gegenwart, in: KJ 1931, S.342 ff. und KJ 1932.

42 So genannt wegen seines Buches: Die Zehn Gebote und die besitzende Klasse, 1891, 2. Aufl. 1922.

43 Belege bei Dahm, a.a.O., S. 134-145.

Kanzeln in Sonntagspredigten, bei Heldengedenkfeiern und sonstigen Anlässen ausgegeben wurde. Die alten nationalprotestantischen Ideen von der Überlegenheit des christlich-deutschen Wesens, an dem die Welt, an dem vor allem Deutschland selbst moralisch und wirtschaftlich genesen solle, wurden vielfach angereichert mit einer sentimental abstrusen Mythologie vom „heiligen Deutschland", wurden in ihren antisemitischen Tendenzen weiterentwickelt, wurden freilich dahin geändert, daß an die Stelle der überkommenen „Staatsfrömmigkeit" entschiedene Kritik am bestehenden Staate trat. In all diesen Anschauungen hat der vielberufene „Pastorennationalismus" gewiß dazu beigetragen, daß die Saat Hitlers einen aufnahmebereiten Boden fand. Doch gebietet die historische Wahrhaftigkeit eine Modifizierung der seit 1945 vielfach vorgetragenen Behauptungen, daß dieser Pastorennationalismus [36] gleichsam zwangsläufig und einlinig in die NS-Ideologie, ja in das „Terrorregiment der NSDAP" einmünden mußte[44]. Der Nationalismus nämlich, wie ihn die Masse der Pastoren verstand und vertrat, wurde nachdrücklich von dem germanischen Heidentum der völkischen Bewegung, von der darwinistischen Rassenmythologie, von den antisemitischen Ausschreitungen und den rücksichtslosen Kampfmethoden der Nationalsozialisten unterschieden; kurz: er sollte an die Synthese christlich-deutsch gebunden bleiben. Jede von der Synthese „Nation und Altar" abgelöste Tendenz zur Verabsolutierung des Nationalismus wurde nachdrücklich abgelehnt[45]. Die Hitlerpartei selbst war in der sonst überaus lebhaften Diskussion der nationalen Frage zunächst als quantité negligeable unbeachtet geblieben. Erst mit ihrem Wahlsieg vom September 1931 setzt in den publizistischen Organen des Pfarrerstandes eine leidenschaftliche Auseinandersetzung über das Für und Wider zur NSDAP ein. Unter den insgesamt 17 000 Pfarrern der Evangelischen Kirchen Deutschlands dürften in dem Jahr vor der NS-Machtergreifung höchstens 250 als rückhaltlose Anhänger oder Mitglieder der NSDAP hervorgetreten sein. Etwa ein Drittel der Gesamtpfarrerschaft dürfte der NS-Bewegung in wohlwollender, wenn auch relativ zurückhaltender Offenheit gegenübergestanden haben. Ein weiteres Drittel dürfte in deutlicher Gegnerschaft den NS abgelehnt haben; in dieser letzten Gruppe kam der quantitativ größte Teil aus dem altkonservativen, der DNVP nahestehenden Lager, während die qualitativ entschiedenste Ablehnung aus dem Kreis der Religiösen Sozialisten und dem Kreis der liberalen „Freunde der Christlichen Welt" vorgetragen wurde. Ein letztes Drittel

44 So vor allem K. Kupisch, z. B. in: Zwischen Idealismus und Massendemokratie, Berlin 1955, S. 189; ferner ders., Protestantische Perspektiven, Berlin 1957, S. 46 ff. — Auch Scholder, a.a.O., S. 709 f. mißt dieser Perspektive m.E. zu großes Gewicht bei.

45 Belege bei Dahm, a.a.O., S. 203.

der Gesamtpfarrerschaft dürfte sich indifferent oder abwartend verhalten haben[46].
Aufs Ganze gesehen sind die von den Pastoren seit 1925 immer wieder vorgebrachten Warnungen vor einem aus der Synthese „Christlich-deutsch" herausgelösten übersteigerten Nationalismus ohne Wirkung geblieben, als der NS-Rausch das deutsche Volk und mit ihm einen Teil der Pastoren erfaßte. Wahrscheinlich mußten [37] sie unwirksam, ja unglaubwürdig bleiben, weil innerhalb der Synthese das christliche Element auf die Aspekte einer individuellen Frömmigkeit und einer in Hinsicht auf die sozialen Institutionen nicht durchreflektierten Nächstenliebe geschrumpft war.

III. Der NS-Staat

Das Verhältnis von Staat und Geistlichkeit hat während des Dritten Reiches einen Bruch erfahren, der die überkommenen Traditionen radikal in Frage stellte oder zerstörte. Dieser Bruch ist zeitlich schwer zu fixieren, weil seine Bedingungen in der staatlichen Politik von den meisten Pastoren erst im Verlauf eines längeren, oft schmerzhaften Prozesses voll erfaßt wurden. Das Regime seinerseits ließ spätestens vom Winter 1937/38 an offen erkennen, daß es mit den überkommenen Rechtsvorstellungen gebrochen hatte und sich als gefestigt genug betrachtete, um auf taktische Rücksichten zu verzichten. Wie in der Militärpolitik (Entlassung des Kriegsministers von Blomberg und des Heeresbefehlshabers von Fritsch), in der Außenpolitik (Anschluß Osterreichs) und in der Politik gegenüber den Juden setzte sich auch in der Kirchenpolitik jetzt eine harte und rücksichtslose Linie durch[47]. Zwar hatte Hitler schon im April 1933 seinem engeren Mitarbeiterkreis angekündigt, daß er „das Christentum in Deutschland mit Stumpf und Stiel, mit all seinen Fasern und Wurzeln auszurotten" beabsichtige[48]. Doch sollten bis zur Festigung seiner Herrschaft die Kirchen für die politischen Ziele der NSDAP eingespannt werden. Nach außen wurde darum wie in der „Kampfzeit" vor 1933 der „Standpunkt eines positiven Christentums" herausgestellt, dem freilich schon im NS-Parteiprogramm das „Sittlichkeits- und Moralgefühl der germanischen Rasse" ausdrücklich übergeordnet war und der trotzdem von zahlreichen Pfarrern und selbst Theologieprofessoren im Sinne der Wunschvorstellungen einer Synthese von Thron und Altar interpretiert und dann als Grundlage gemeinsamer Bestrebungen akzeptiert worden war[49]. In allgemeinen politischen Fragen

46 Vgl. Dahm, a.a.O., S. 202-211.

47 Vgl. F. Zipfel, Kirchenkampf in Deutschland 1933-1945, Berlin 1965, S. 17, S. 244 ff. u.ö.

48 Vgl. H. Rauschning, Gespräche mit Hitler, Zürich 1940, S. 49ff.

49 Vgl. Dahm, a.a.O., S. 205ff.

rechnete das Regime daher mit Resonanz und Unterstützung [38] seitens der Pfarrerschaft; darüber hinaus sollte die evangelische Kirche mit Hilfe nationalsozialistischer Pfarrer und der deutschchristlichen Bewegung (DC), die katholische auf diplomatischem Wege (Konkordat) auch organisatorisch „gleichgeschaltet" werden[50]. Dabei sollte der Schein gewahrt bleiben, daß der Staat selbst den als „innerkirchlich" deklarierten Streitigkeiten zwischen DC and „Bekennender Kirche" (BK) in neutraler Zurückhaltung gegenüberstände und lediglich auf „Entkonfessionalisierung" des öffentlichen Lebens bedacht sei[51]. Als sich das Regime stark genug fühlte, ging es ab 1938 unverhüllt und mit massiven Maßnahmen dazu über, die Kirchen ganz aus dem öffentlichen Leben auszuschalten. Dazu mußte in erster Linie der Einfluß des Pfarrerstandes gebrochen werden. Im März 1938 wurde der seit langem als Haupt der BK befehdete und außerdem wegen direkten Widerspruches gegen Hitler (Gespräch Januar 1934) verhaßte Pfarrer Martin Niemöller in ein KZ eingeliefert. Obgleich er soeben vom Gericht auf freien Fuß gesetzt worden war, hatte die Gestapo ihn noch im Gerichtsgebäude verhaftet und so einer aufmerksamen in- und ausländischen Öffentlichkeit die Außerachtsetzung von Recht und Gesetz dokumentiert. Ebenfalls ab 1938 setzten der administrative Kampf gegen den theologischen Nachwuchs, eine Minderung der staatsbürgerlichen Rechte und erhebliche materielle Benachteiligungen der Pfarrer und ihrer Familien ein. Gleichzeitig begann sich die NSDAP um eine „Umvermittlung" der Geistlichen in andere Berufe zu bemühen. Trotz teilweise attraktiver materieller Angebote sind jedoch nur 2% der evangelischen und der katholischen Geistlichkeit von 1933 bis 1945 aus dem kirchlichen Dienst ausgeschieden. — Während der letzten Kriegsjahre mußte der Kampf gegen Kirchen und Pastoren suspendiert werden. Hitler und Goebbels ließen aber keinen Zweifel daran, daß nach dem Endsieg der Pfarrerstand beseitigt und daß vor allem über diejenigen Pfarrer ein Strafgericht hereinbrechen werde, die sich während des Krieges in zunehmender Zahl mit Wort und Tat gegen Unrecht und Verbrechen gewandt hatten[52].

Die Pfarrerschaft ihrerseits hatte 1933 zweifellos mit großer Mehrheit und „quer durch alle konfessionellen und kirchenpolitischen [39] Gruppierungen hindurch"[53] in die allgemeine und erwartungsvolle Begeisterung über die NS-Machtergreifung eingestimmt. Die durch das ganze Volk gehende Bewegung hatte einen Großteil der vorher geäußerten Bedenken hinweggeschwemmt und übertönte die Warnungen einer nicht unbeachtlichen

50 Vgl. Zipfel, a.a.O., S. 29 und S. 253.

51 Vgl. ebenda, S. 29-59 und S. 82-136.

52 Vgl. Zipfel, a.a.O., S. 244-260.

53 G. E. Stoll, Die evangelische Zeitschriftenpresse im Jahre 1933, Witten 1963, S. 239 f.

Minderheit, die sich ebenfalls aus fast allen kirchenpolitischen Lagern rekrutierte. Die Mehrheit glaubte, die allgemeine Bewegung für die Kirche fruchtbar machen zu müssen und zu können. Sie baute vor allem auf die Proklamation des „positiven Christentums" und erwartete, daß auf dieser Basis die alten nationalprotestantischen Wunschvorstellungen verwirklicht und damit auch der als verhängnisvoll empfundene jüdische Einfluß eingedämmt werde. Sie erhoffte sich von der neuen Führung, daß sie sich als eine starke, an die traditionelle Obrigkeitsauffassung gebundene Staatsautorität erweisen und darum in der Lage sein werde, sowohl die seit Versailles verletzte nationale Ehre wie das in Klassen- und Gruppenkämpfen verlorene Gemeinschaftsbewußtsein wiederherzustellen. Sie sah in dem an Naumann erinnernden Gedanken eines nationalen Sozialismus die bisher vergeblich gesuchte Lösung der sozialen Frage. Sie vertraute darauf, daß die bisherigen Gewaltmaßnahmen und Ausschreitungen der SA und anderer NS-Gliederungen mit der Übernahme der politischen Verantwortung abgestellt würden, und darauf, daß Sauberkeit und Rechtsstaatlichkeit durch den bewußt evangelischen Reichspräsidenten von Hindenburg garantiert seien. So war die Mehrheit des Pfarrerstandes der Überzeugung, daß ihr Verhältnis zu dem neuen Staat stärker von den alten Traditionen bestimmt sein werde als zu dem Staat von Weimar. Gründliche Zweifel an dieser Überzeugung kamen auf, als die Beziehungen zwischen Staat und Kirche sich ganz anders als im Sinne ihrer Tradition entwickelten. Bereits im Frühjahr 1933 mußte man erkennen, daß der Staat die Kirchenpolitik der NS-hörigen DC massiv unterstützte. Der innerkirchliche Widerstand bekenntnistreuer Pastoren gegen die DC-Bewegung und, als diese von der Partei Ende 1933 fallengelassen wurde, gegen das NS-gesteuerte „Reichskirchenregiment" mußte daher zum Konflikt mit dem Staate selbst führen. Im März 1935 kam es zu einer ersten Welle polizeilicher Strafmaßnahmen, als nach einer von der Gestapo verbotenen Kanzelabkündigung [40] 715 Pfarrer vorübergehend verhaftet wurden. Im Jahr 1937 wurden 805 Verhaftungen registriert. Insgesamt wurden von 1935-1942 80 protestantische Geistliche in ein KZ verbracht, 20 von ihnen starben dort oder an den Haftfolgen. Der BK selbst, genauer ihrer wichtigsten organisatorischen Zelle, dem von Niemöller geleiteten „Pfarrernotbund", gehörte im Januar 1934 fast die Hälfte der 17 000 deutschen Pastoren an. Da der Kurs Niemöllers einem Teil der Pfarrer bald als zu radikal und darum die Schwierigkeiten verschärfend erschien, verringerte sich der Anteil der BK-Geistlichen im Laufe des Jahres 1934 und für die Zeit bis 1945 auf etwa ein Drittel der Gesamtpfarrerschaft[54].

54 Vgl. Zipfel, a.a.O., S. 40, 122ff. und das Amtsblatt der EKD vom 15.1.1948.

Der Widerstand der BK richtete sich fast ausschließlich gegen die kirchlichen Übergriffe des Staates und gegen die innerkirchlichen DC-Bestrebungen, die Kirche zu einem Organ der NSDAP zu machen, das Evangelium zugunsten eines „artgemäßen" nordisch-heldischen Christentums zu „entjuden" und die Nichtarier aus der Kirche und zumal aus dem Pfarrerstand auszuschlieflen[55]. Ein über die Kirchenpolitik hinausgehender politischer Widerstand gegen das Regime schien schon aus Gründen der traditionellen Obrigkeitsauffassung undenkbar. So wurde aus Kreisen auch der BK Hitler mehrfach der staatspolitischen Treue der Pastoren versichert; selbst Niemöller betonte noch während seines Prozesses im Februar 1938, daß er seit 1924 stets NSDAP gewählt habe und seine Arbeit keine prinzipiell antinationalsozialistische Tendenz verfolge[56]. Dennoch entwickelte sich in den kirchenpolitischen Auseinandersetzungen ein Widerstand gegen die Staatsgewalt, wie ihn die bisherige Geschichte des deutschen Protestantismus nicht kannte. Für diese Entwicklung war ein großer Teil der Pastoren theologisch völlig unvorbereitet, viele erschraken, als ihnen die Konsequenzen klar wurden, gaben den öffentlichen Protest auf, versuchten sich mit den örtlichen Machthabern zu arrangieren oder, in gleichsam lautloser Opposition, den vom Unrecht unmittelbar Betroffenen (etwa jüdischen Bekannten) individuell zu helfen. Andere suchten, die im Kirchenkampf gewonnene Erkenntnis der Unrechtspolitik [41] des Regimes theologisch zu verarbeiten, und gelangten zum Postulat einer sittlichen Widerstandspflicht, die bis in die Kreise des „20. Juli 1944" wirksam wurde. — Die wichtigsten theologischen Impulse sowohl zur Bekämpfung der DC-Theologie als auch zur Überwindung der nationalprotestantischen Traditionen und der traditionellen Neigung zur Staatsmetaphysik kamen aus der Theologischen Erklärung der Barmer Bekenntnissynode vom Mai 1934. In der 5. These dieser vor allem durch die Theologie Karl Barths geprägten Erklärung hieß es u.a.: „Der Staat hat nach göttlicher Anordnung die Aufgabe..., nach dem Maß menschlichen Vermögens unter Androhung und Ausübung von Gewalt für Recht und Frieden zu sorgen... Wir verwerfen die falsche Lehre, als solle und könne der Staat über seinen besonderen Auftrag hinaus die einzige und totale Ordnung menschlichen Lebens werden...[57]

55 Zur Theologie und Kirchenpolitik der BK vgl. Ernst Wolf, Kirchenkampf, in: Die Religion in Geschichte und Gegenwart, Bd. III, Sp. 1443-1453, Tühringen 1959, 3. Auff. (Lit.).

56 Vgl. D. Schmidt, Martin Niemöller, Hamburg 1959.

57 Vgl. dazu Ernst Wolf, Barmen, München 1957, bes. S. 137ff.

IV. Die Bundesrepublik

Nach dem Zusammenbruch des NS-Staates wurde den Pfarrern ein hohes Maß an politischem Vertrauen im Volk und von den sich neu formierenden politischen Parteien entgegengebracht. Schon die Besatzungsmächte hatten sie vielfach mit kommunalpolitischen Aufgaben betraut; zumal dort, wo alle anderen Persönlichkeiten des öffentlichen Lebens durch ihre NS-Vergangenheit belastet waren. Die Führer der Linksparteien hatten in der Zeit gemeinsamen Widerstandes und gemeinsamen Leidens ihre vor 1933 aus gutem Grund pastorenfeindliche Einstellung revidiert. Die CDU war vielerorts von protestantischen Geistlichen mitbegründet worden[58] und wurde anfänglich als die neue politische Heimat der Pastoren angesehen. Zur Enttäuschung vieler CDU-Mitglieder distanzierte sich jedoch schon bald ein gewichtiger Teil ehemaliger BK-Pastoren demonstrativ von der Partei und trat in heftige und anhaltende Opposition zur Regierungspolitik. In der konservativen Führungsschicht der CDU und in weiten Kreisen der Öffentlichkeit [42] verstand und versteht man weithin heute noch nicht, welch weitreichende Konsequenzen dieser Teil aus den Erfahrungen mit dem totalen Staat gezogen hatte.
Die Mehrzahl der Pastoren ihrerseits durfte nach Kriegsende dem von den Führern aller kirchenpolitischen Richtungen unterzeichneten „Stuttgarter Schuldbekenntnis" (Oktober 1945) zugestimmt haben, in dem es hieß: „... Wir klagen uns an, daß wir nicht mutiger bekannt, nicht treuer gebetet, nicht fröhlicher geglaubt und nicht brennender geliebt haben."[59] Sie war bereit, aus den Fehlern der Vergangenheit zu lernen, ihre traditionellen politischen und sozialethischen Vorstellungen zu revidieren, ein politisches Wächteramt zu übernehmen und ernst zu nehmen. Deshalb stellte sie mit Sorge fest, daß in dem neuen Staat die alten Mächte wieder an Einfluß gewannen, daß das Christentum für partei- und wirtschaftspolitische Interessen mißbraucht wurde, daß die Regierung eilfertig zu den Waffen drängte, die Gott selbst den Deutschen gerade erst aus der Hand geschlagen zu haben schien, daß die NS-Diktatur als Unglücksfall der Geschichte verharmlost wurde, daß erste Regungen demokratischer Willensbildung durch taktische Manipulationen überspielt wurden; kurz, daß man nicht bereit war, die alten politischen Verhaltensweisen gründlich zu überprüfen und zu ändern. Der Staat selbst galt, nach einem vielzitierten Wort der fünfziger Jahre, als „Organisation der Unbußfertigkeit". Das Unbehagen

58 Vor allem in den wichtigen rheinischen Gründungszellen der CDU waren ehemalige BK-Pastoren führend an Gründung und ersten Programmentwürfen der CDU beteiligt. Vgl. L. Schwering, Frühgeschichte der Christlich-Demokratischen Union, Recklinghausen 1963, S. 40, 73 ff., 141 und passim.

59 Vgl. Kirchliches Jahrbuch 1945-1948, Gütersloh 1950, S. 26f.

darüber dürfte im größeren Teil der Pfarrerschaft anzutreffen rein. Besonders energisch haben ihren Unmut die „Kirchlichen Bruderschaften", an ihrer Spitze wiederum Martin Niemöller, zum Ausdruck gebracht. Den Bruderschaften, einer politisch leidenschaftlich engagierten, theologisch insbesondere durch Karl Barth beeinflußten Gruppe ehemaliger BK-Pfarrer und jüngerer Geistlicher, dürften knapp 10 % von den insgesamt 12 000 evangelischen Pastoren der BRD zugehören oder nahestehen[60]. Sie sind durch insistierende Kritik an Wiederaufrüstung und einseitiger Westorientierung, an dogmatischem Antikommunismus und Notstandsplänen sowie durch demonstrative Teilnahme an den Ostermärschen der Atomwaffengegner und enge Kontakte zur [43] DFU hervorgetreten. Theologisch verstehen sie ihr Engagement als „politischen Gottesdienst", als Konsequenz der Forderung Luthers nach einem „Gottesdienst des christlichen Lebens" und damit als bewußten Widerspruch gegen diejenigen protestantischen Traditionen, die das „weltliche" Geschäft der Politik in frommer Überheblichkeit ablehnen oder es seinen Eigengesetzlichkeiten anheimgeben[61]. In ihren inhaltlich-politischen Vorstellungen suchen sie an urchristlichen Gedanken über Gewaltverzicht oder tätigen Versöhnungswillen anzuknüpfen und damit diejenigen Traditionen zu überwinden, in denen die christliche Ethik zur ideologischen Hülle machtstaatlicher oder nationalromantischer Zwecke denaturiert war. Seitens der Regierungsparteien ist ihnen darum (oft mit den gleichen Worten wie den BK-Pastoren durch die NS-Behörden) Kanzelmißbrauch, Schwärmerei und Staatsgefährdung vorgeworfen worden; noch im Bundestagswahlkampf 1965 hat der Bundesminister und stellvertretende CDU-Vorsitzende von Hassel, Repräsentant des konservativen CDU-Protestantismus, die Gefahr eines „Bündnisses der Linksprotestanten mit dem Antichrist" öffentlich heraufbeschworen.

Wichtiger als die vielfach verständnislosen Vorwürfe der Parteipolitiker wurde die seit Bestehen der Bundesrepublik vorgetragene theologische Kritik an den Bruderschaften. Sie kam in erster Linie aus dem Lager der orthodoxen Lutheraner, gründete sich auf eine genuin „biblische", von „Entstellungen" gereinigte Zweireichelehre und richtete sich gegen die „Politisierung" der Kirche und dagegen, „die politische Ordnung unmittelbar aus der Herrschaft Jesu Christi abzuleiten", also gegen eine direkte Übertragung christlich-eschatologischer Maximen auf die Politik[62]. Der Konflikt

---

60 Ein aus bruderschaftlichen Kreisen kommender Offener Brief gegen die Notstandsgesetzgebung wurde im Frühjahr 1966 von 650 evangelischen Geistlichen unterzeichnet. Vgl. Der Spiegel, Heft 21/1966, S. 26.

61 Vgl. Ernst Wolf, Politischer Gottesdienst, in: Blätter für deutsche und internationale Politik, Heft 4/1966, S. 3-15.

62 Vgl. die vielzitierte Kundgebung der Bischofskonferenz der Vereinigten Evangelisch-Lutherischen Kirche Deutschlands vom 12. 3. 1952 (KJ 1952, S. 27-33).

zwischen beiden theologischen Richtungen führte bis zu gegenseitiger Verketzerung und zeitweise an den Rand der Kirchenspaltung.
Die Masse der Pfarrer dürfte indessen, teilweise unter bewußtem Verzicht auf theologischen Purismus einen Mittelweg zwischen beiden Positionen gesucht haben. Außer bruderschaftlichen und außer den von einer wenig formierten Minderheit vertretenen betont [44] konservativen Vorstellungen wird man in der gegenwärtigen Pfarrerschaft am häufigsten einen gemäßigten, parteipolitisch nicht festgelegten Linksliberalismus antreffen.
Diese Wandlung der politischen Grundeinstellung stellt zwar den wichtigsten, nicht aber den einzigen Faktor des Verhältnisses von Pastoren und Staat in der BRD dar. Dieses Bündnis wird vielmehr nach wie vor durch jene, mit den politischen Einstellungen verflochtenen Komponenten bestimmt, deren traditionelle Ausprägungen wir ausführlich erörtert haben. Durch die Krise von 1918 und insbesondere durch die Erfahrungen mit der NS-Diktatur haben solche Traditionen zweifellos an Beharrungs- und Prägekraft verloren. Doch sind sie auch in ihren Modifikationen zum Verständnis der neuen Probleme notwendig:

1. An die Stelle der bis in die NS-Zeit vertretenen und verbreiteten Skepsis gegenüber der „westlich"-parlamentarischen Demokratie ist die selbstverständliche Bejahung des demokratischen Rechtsstaates getreten. Diese Selbstverständlichkeit scheint jedoch eher in der Anerkennung der faktischen Entwicklung als in theologisch-sozialethischer Bewußtseinsbildung verankert zu sein. Jedenfalls dürfte, wie etwa die andauernde Debatte über den Obrigkeitsbegriff zeigt[63], die theologische Begründung der Demokratie von vielen Pfarrern längst nicht in dem Maße verarbeitet sein wie vormals die Begründung der monarchischen Obrigkeit oder wie der demokratische Gedanke in der angelsächsischen Geistlichkeit. Aus diesem Mangel sollte nicht zu schnell eine weiterbestehende Anfälligkeit der Pfarrer für antidemokratische Bestrebungen gefolgert werden (wahrscheinlich würden solche Bestrebungen den Widerstand der meisten Pfarrer hervorrufen). Die Gefahr dieses Mangels scheint vielmehr darin zu liegen, daß weite Kreise der Pastoren nicht in der Lage sind, im Sinne der von ihnen selbst vertretenen politischen Diakonie zur „Fundamentaldemokratisierung" (K. Mannheim)[64] unserer Gesellschaft beizutragen, und darin, daß sie ihrer Position im Spannungsfeld von kirchlichen Eigeninteressen und den Interessen des Gemeinwohls theoretisch nicht gewiß sind.

63 Dokumente zur Frage der Obrigkeit. „Violettbuch" zur Obrigkeitsfrage von Bischof Dibelius. Darmstadt 1960 (Stimme-Verlag).

64 K. Mannheim, Mensch und Gesellschaft im Zeitalter des Umbaus, Darmstadt 1958, S. 52ff. u.ö.

2. Die letztgenannte Gefahr kommt deutlich zum Ausdruck in der [45] Hilflosigkeit gegenüber dem Vorwurf klerikaler oder konfessionalistischer Tendenzen. Grundsätzlich werden solche Tendenzen abgelehnt und glaubt man sich selbst frei davon. In der Praxis wird aber sowohl seitens der kirchlichen Verbände wie seitens der Parochialpfarrer das Subsidiaritätsprinzip in der Sozialpolitik wie in der Kulturpolitik so extensiv als möglich angewendet[65]. Daß diese Anwendung auf lange Sicht mit gesamtgesellschaftlichen Interessen kollidieren, die kirchenfreundliche Einstellung des Staates belasten, ja zu antiklerikalen Stimmungen führen kann und muß, ist eine Perspektive, deren Darstellung bei den Pfarrern eher auf bare Verwunderung als auf Widerspruch stößt. Die Vorstellungen über das Verhältnis von Staat und Kirche sind weithin immer noch an den staatskirchlichen Traditionen orientiert, aufgrund deren zwar die Muster des Pastorenverhaltens unter den Bedingungen entwürdigender Abhängigkeit, politischer Verfolgung oder auch großzügiger Förderung entwickelt, nicht aber die Möglichkeiten einer radikalen Trennung etwa nach amerikanischem oder französischem Modell reflektiert sind.

3. Den jahrhundertelang vernachlässigten gesellschaftlichen Wandlungsprozessen und insbesondere den Implikationen der sozialen Frage haben Theologiestudenten und Pastoren seit 1945 viel Aufmerksamkeit zugewendet. Fast jeder jüngere und mancher ältere Geistliche veranstaltet heute Gemeindevorträge und Diskussionen mit soziologischer Thematik. Die prinzipiellen Spannungen zwischen Pastorenschaft und Arbeiterschaft sind ausgeräumt (freilich ohne daß die Beteiligung der Arbeiter am kirchlichen Leben nennenswert gestiegen wäre). Doch wird vor dem Hintergrund des eifrigen soziologischen Interesses die Unsicherheit gegenüber den akuten Problemen des Verbandswesens und des gesellschaftlichen Pluralismus nur um so augenfälliger. Auch die politisch sonst so regsamen Bruderschaften haben die soziale Problematik der sozusagen unbeabsichtigten, im eigenen Hause betriebenen „Konfessionalisierung" bisher großzügig vernachlässigt. Sollte hier die alte Tradition der „Gesellschaftsblindheit" eine moderne Variante erfahren haben?[66] [46]

---

65 Vgl. J. Matthes, Religionszugehörigkeit und Gesellschaftspolitik. Über Konfessionalisierungstendenzen in der BRD, in: Internationales Jahrbuch für Religionssoziologie (hrsg. von J. Matthes), Jg. 1965, S. 43-66.

66 Daß die Probleme der „Evangelischen Willensbildung in der pluralistischen Gesellschaft" (Akademietagung Bad Boll 1962) inzwischen von theologischen Wissenschaftlern und Kirchenführern häufig diskutiert werden, ändert nichts an dem Bewußtseinsrückstand vieler Pastoren. Zu den Tendenzen der Diskussion vgl. Th. Strohm, Die evangelische Kirche in der parlamentarischen Parteiendemokratie, in: Die neue Gesellschaft, Jg. 1964, S. 461-471.

4. Ihre soziale Sicherheit wird gegenwärtig von den Pastoren nicht als Problem empfunden. Doch ist ihnen bewußt, daß eine fortschreitende Trennung von Staat und Kirche auch Konsequenzen für ihre materielle Versorgung, beispielsweise bei Wegfall der staatlichen Einziehung der Kirchensteuern, haben wird. Möglicherweise spielt dieser Aspekt bei den der Konfessionalisierung verdächtigen Bestrebungen zur Institutionssicherung untergründig mit.

5. Unter den fünf in ihrer Vorgeschichte und in ihrer Entwicklung während der letzten hundert Jahre von uns verfolgten Traditionen hat das nationalprotestantische Denken sich am verhängnisvollsten ausgewirkt — und ist es am gründlichsten zerstört worden[67]. Heute wird der Nationalismus, wird auch die Rede von dem christlich-deutschen Wesen, an dem die Welt genesen solle, wie ein Gespenst aus böser Vergangenheit eher verlacht als bekämpft. Wie ein Gespenst aber auch hat der Nationalismus in den fünfziger und sechziger Jahren gelegentlich mehr Aufmerksamkeit, beispielsweise durch die NPD, auf sich gezogen, als es der dahinterstehenden geistigen und politischen Kraft zukam. Vielleicht hat die Beschäftigung mit diesem Gespenst allerdings von anderen Aufgaben und Gefährdungen des neuen Staates abgelenkt. Der Umgang mit den Problemen des Nationalismus wie mit anderen politischen Fragen hat zeitweise den Eindruck erweckt, als ob manche Pastoren, bei dem Bemühen um eine neue ethische Redlichkeit ihrer staatsbürgerlichen Existenz einer ihrer Sache gewissen inneren Sicherheit noch ermangelten. Das ist vor dem Hintergrund der Geschichte der letzten hundert Jahre nur verständlich. Wie sich das Verhältnis zwischen dem Staat und den Pastoren aber zukünftig gestalten wird, scheint, was die Pastoren betrifft, hauptsächlich davon abzuhängen, ob es ihnen gelingt, ihren Willen zu einer neuen politischen Verantwortung durch eine theologisch reflektierte „fundamentaldemokratische" Bewußtseinsbildung zu [47] vertiefen, m. a. W.. ob es ihnen gelingt, großen politischen Fragen der Zeit auf die kleinen, weniger spektakulären, aber langfristig entscheidenden Demokratisierungsprobleme des gesellschaftspolitischen Alltags in Gemeinde und Staat auszuweiten.

67 Vgl. H. D. Wendland, Nationalismus und Patriotismus in der Sicht der christlichen Ethik, Münster 1965.

Als Pfarrerssohn zwischen NS-Ideologie und widerständigem Elternhaus*

Es war im Herbst 1944. Mein Bruder (damals 12) und ich (13 Jahre) hatten heimlich an der durch einen Schrank verdeckten Tür zum Amtszimmer gelauscht und dabei entdeckt, dass unser Vater im Radio den „Feindsender" BBC abhörte. Mit ihm im Zimmer waren zwei NS-kritische Gesinnungsgenossen: der sozialdemokratisch eingestellte Dorflehrer E. und der entschieden katholische Oberförster G.; beide waren nach Einbruch der Dunkelheit ins Pfarrhaus gekommen, um gemeinsam den englischen Sender zu hören und die Nachrichten zu besprechen.

Mein Bruder und ich wussten, dass das streng verboten war. Im Gymnasium und in der Hitlerjugend (HJ) waren wir ständig aufgefordert worden, wachsam zu sein, ob jemand einen feindlichen Rundfunksender hört und das dann sofort bei der Polizei zu melden. Wenn wir das nicht täten, würden wir selbst uns der Beihilfe zur Wehrkraftzersetzung schuldig machen und schwer bestraft werden. Was also sollten wir tun? Müssten wir das wiederholte Abhören des Feindsenders durch unseren Vater nicht der Polizei anzeigen? Wir waren hin und hergerissen:

Einerseits waren wir von der nationalsozialistischen (NS-) Ideologie nicht wenig beeinflusst. Jahrelang hatten sich Lehrer und HJ-Führer bemüht, uns diese Ideologie nahezubringen und darauf einzuschwören. Wir hatten uns begeistern lassen von den drei Jahre anhaltenden Siegesmeldungen der deutschen Wehrmacht, waren unbekümmert engagiert im „Jungvolk" der Hitlerjugend mit seinen Geländespielen, Bastelstunden, Aufmärschen mit Blasmusik und Trommelschlag. Von Judenprogromen hatten wir keine Ahnung: weder in der heimatlichen Wohngemeinde noch in unseren Gymnasialklassen gab es einen einzigen Juden. In der Schule war uns, dem Nachwuchs der arischen Rasse eine glänzende [16] Zukunft prognostiziert worden. Als es dann später ab 1943, nach Stalingrad, im Krieg rückwärts ging, waren wir beschworen worden, unsere eigenen Beiträge zum Sieg im „Schicksalskampf des deutschen Volkes" zu erbringen. Dazu gehörte es, jeder Art von Wehrkraftzersetzung entgegenzuwirken, also defätistische Äußerungen, Beleidigungen der NS-Partei oder gar „des Führers" und insbesondere eben das Abhören feindlicher Sender sofort bei der Polizei oder bei den Funktionären der NSDAP zu melden. War es darum nicht unabdingbar gefordert, auch den eigenen Vater anzuzeigen?

---

* Erstveröffentlicht in: Zeitzeichen, 05/2013, S. 15-17

Auf der anderen Seite erlebten wir, wie unser Vater von dem fanatischen NS-Ortsgruppenleiter schikaniert und öffentlich attackiert wurde. Wenige Tage bevor wir entdeckten, dass er den Feindsender BBC abhörte, hatte der Ortsgruppenleiter ihm auf dem Dorfplatz vor der Kirche lauthals gedroht: „Ich bringe Dich nach Dachau, warte nur ab – spätestens nach dem Sieg!"

Wie der radikale NS-Ortsgruppenleiter wusste jeder im Dorf, dass unser Vater dem Nationalsozialismus von Anbeginn an und von Grund auf ablehnend gegenüber stand. Schon vor der Machtergreifung Hitlers (Januar 1933) hatte er gegen die in der Pfarrkonferenz des Kirchenkreises vorherrschenden Tendenzen zugunsten der nationalsozialistisch infiltrierten „Glaubensbewegung Deutsche Christen" (DC) nachdrücklich opponiert und war dadurch zusammen mit seinem halbjüdischen Amtsbruder N. bis Ende des Jahres 1933 in der Pfarrkonferenz ziemlich isoliert. Im Sommer 1932 hatte er bei der Beerdigung eines von der NS-Kampforganisation „SA" ermordeten jugendlichen Sozialdemokraten aus seiner Gemeinde deren rüde Kampfesmethoden kritisiert und sich so den bleibenden Unmut der SA zugezogen. Nach der „Machtübernahme" hatten sich die Auseinandersetzungen mit den DC und mit den örtlichen NS-Funktionären gesteigert. Schon im August 1933 hatte der örtliche Obmann der DC, der zugleich Vorsitzender des Presbyteriums und NSDAP-Ortsgruppenleiter war, ein „Amtsenthebungsverfahren" gegen unseren Vater beantragt (das von der Kirchenbehörde zurückgewiesen wurde).

Als Heranwachsende erlebten wir Pfarrerskinder immer deutlicher und unmittelbarer, wie Vater von den NS-Behörden, konkret von überörtlichen Polizisten schikaniert und drangsaliert wurde. Besonders in Erinnerung ist mir, wenn nach dem sonntäglichen Gottesdienst häufig ein oder sogar zwei Polizisten in das Studierzimmer des Pfarrhauses vordrangen, „um mich total fertigzumachen" (wie Vater in seinem Lebensbericht schreibt); sie beschimpften und bedrohten ihn, weil er trotz Warnung die NS-kritischen Rundbriefe der Bekennenden Kirche (BK) auf der Kanzel vorgelesen hatte; oder weil er sich in der Predigt „indirekt" gegen die Euthanasie (die „Tötung unwerten Lebens" von Schwerbehinderten) gewendet oder auch andere NS-Maßnahmen versteckt kritisiert habe.

Wenn die Polizisten gegangen waren, kehrte Vater bleich und manchmal zitternd in den Familienkreis zurück, wo wir mit dem Essen auf ihn gewartet hatten. Aber die Stimmung blieb gedrückt. Wir vier Kinder , damals alle unter 8 Jahren, spürten, wie der Vater litt und das übertrug sich auf uns – ohne, dass wir genau wussten, worum es ging. Nach dem Zusammenbruch des NS-Systems erwähnte er oft, dass er sich damals vor 1940, sehr allein gelassen gefühlt habe. Die meisten Presbyter (Kirchenvorsteher), gerade auch die pietistischen, hätten ihn dauernd gemahnt, sich doch stärker an dem Pauluswort zu orientieren: „Jedermann sei untertan der Obrigkeit" – und die NS-Regierung sei nun einmal unsere von Gott eingesetzte Obrigkeit. An seiner Bedrängnis sei er darum selbst schuld. Vater argumentierte dagegen, dass er seinem Gewissen und dem Ordinationsgelübde folgend auch die Rundbriefe der BK vorlesen und wenigstens im Falle von Schwerstbehinderten aus der eigenen Gemeinde andeuten müsse, dass deren „Euthanasie"-Tötung gegen Gottes Gebot „Du sollst nicht töten" verstoße.

Im Frühjahr 1940 änderte sich die Situation schlagartig. Unserem Vater war in einem anonymen Schreiben angeraten worden, sich als Weltkrieg-I-Offizier freiwillig für den Wehrdienst zu melden, andernfalls könne es ihm so ergehen wie seinem Studienkollegen, dem Pfarrer Paul Schneider, der wenige Monate vorher im KZ Buchenwald brutal ermordet worden war. Auf diesen Brief folgten Tage spannungsreicher familiärer Überlegungen, die mir als damals fast Neunjährigem klar in Erinnerung sind. Mein Vater sah im Wehrdienst vor allem die Möglichkeit, freizukommen von der zermürbenden Bedrängnis durch Polizei und NS-Funktionäre; er empfand den Schritt in diese Richtung als eine „Erlösung vom Bösen", wie er schreibt. Meine Mutter hingegen flehte ihn zunächst an, sich nicht freiwillig zu melden; sie war voller Angst, mit ihren vier kleinen Kindern den Unbilden und Ungewissheiten des Krieges allein ausgeliefert zu sein. Schließlich gab das drohende Schicksal von Paul Schneider den Ausschlag: Vater meldete sich freiwillig und war bis Anfang 1943 Soldat, zumeist an der Ostfront.
In den 3 Jahren seiner Abwesenheit gewannen für uns Jungen die positiven Eindrücke von „Nationalsozialismus im Alltag" schnell die Oberhand: etwa die erwähnte Begeisterung anlässlich der „Sondermeldungen" des Rundfunks über den Vormarsch der deutschen Truppen, oder die bündische Romantik von Fahnenweihen bei Fackelschein und feierlichem Gesang von „Heilig Vaterland", bei denen uns „Pimpfen" der Hitlerjugend Schauer von Feierlichkeit über den Rücken liefen.

Doch sollte ich schon als Sextaner auch die andere Seite kennenlernen und erfahren, wie überzeugte oder opportunistische Nazilehrer mit der Prägung durch ein christliches Elternhaus umgingen: In der Adventszeit 1941 hatte der Zeichenlehrer unsere Klasse aufgefordert, den Vätern an der Front als Weihnachtsgruß eine selbstgemalte Postkarte zu senden. Als ich meine Mutter fragte, was man denn da malen könnte, schlug sie vor, einen Tannenzweig zu zeichnen und darunter zu schreiben „Friede auf Erden". Arglos folgte ich diesem Vorschlag. Als der Zeichenlehrer die Postkarte sah, fuhr er auf und schimpfte los: „Das ist Defätismus". Er befahl den Klassenkameraden aufzustehen und, während ich wie bei einem

Spießruten-Laufen nach vorne gehen musste, mir unter rhythmischem Händeklatschen zuzurufen "Defätist, Defätist". Ich fühlte mich bloßgestellt [17] und blamiert, ohne als Zehnjähriger zu verstehen, was denn an der Botschaft „Friede auf Erden" so verkehrt sein sollte.
Wenige Wochen später kam mein Vater zu einem kurzen Weihnachtsurlaub nach Hause. Als ich ihm von diesem Vorfall erzählte, ging er zum Direktor des Gymnasiums und fragte ihn, ob er es für richtig halte, dass Kinder von Frontsoldaten auf diese Weise zugleich gedemütigt und gegen die Überzeugungen ihres Elternhauses aufgebracht würden. Der Direktor seinerseits war zwar überzeugter Nationalsozialist und Träger des Goldenen Parteiabzeichens, wollte aber offenbar faire weltanschauliche Auseinandersetzungen und vor allem keine Kampagne gegen irritierte Sextaner. Als Leiter des Gymnasiums ordnete er an, die kleinen Schikanen und bösartigen Spitzen gegenüber den Schülern, die aus Elternhäusern der Bekennenden Kirche kamen, ab sofort zu unterlassen. In der Unterstufe des Gymnasiums D. waren wir damals ca. 25 Schüler aus BK-Pfarrhäusern der Region. Nach 1945 stimmten alle darin überein, dass sich das Verhalten der fanatischen NS-Lehrer seit diesem Vorfall im Advent 1941 geändert habe und wir fairer behandelt worden seien.
Es war also hin- und hergegangen zwischen positiven und negativen Eindrücken von NS- Denken und Handeln in unserer kleinen Welt – als anfangs 1943 unser Vater aus dem Wehrdienst entlassen wurde. Nun kam es erneut zu Konflikten; jetzt hauptsächlich mit dem neuen Ortsgruppenleiter. Dessen kinderreiche Familie hatte vor seiner NS-Karriere zu den ärmsten des Dorfes gezählt; seine Kinder waren deshalb häufig zu Gast bei dem freien Mittagstisch, den unsere Mutter einmal wöchentlich im Pfarrhaus bereitstellte; die Gleichaltrigen waren zeitweilig Spielgefährten von uns Pfarrerskindern. Doch das alles spielte keine Rolle für den Ortsgruppenleiter. Obwohl dessen ursprünglich kirchlich engagierte Ehefrau ihn zu bremsen suchte, forcierte er die ideologischen und dorfpolitischen Auseinandersetzungen mit dem Vater bis hin zu den Drohungen: „Ich bringe dich nach Dachau". Wiederum aber gab es andererseits NS-Parteimitglieder, die ihn von allzu scharfen Maßnahmen zurückhielten, vor allem mit dem Hinweis darauf, dass der Pfarrer sich als mehrfach verwundeter Soldat im Ersten und im Zweiten Weltkrieg um das Vaterland verdient gemacht habe.
So festigte sich der Eindruck, es gibt auch „anständige" Nationalsozialisten, die es im Grunde gut mit uns meinen und denen es vorwiegend um den Schutz der Heimat vor „dem bolschewistischen Osten" ging. Stets waren dabei die sachlich-inhaltlichen Fragen vermischt und oft überlagert durch Eindrücke von den Personen. Es gab unserem Gefühl nach einerseits die gemeinen, ja bösartigen Nazis wie den Zeichenlehrer oder den 1944

aktuellen Ortsgruppenleiter. Es gab andererseits aber eben auch die „guten" Parteimitglieder wie den Gymnasialdirektor mit dem Goldenen Parteiabzeichen – und sogar „vorbildliche Nationalsozialisten" wie den im Dorf sehr beliebten Vorgänger des Ortsgruppenleiters, der nach seiner freiwilliger Meldung zum Kriegsdienst bald gefallen war.

Dass aber auch die „anständigen", uns Pfarrerskindern sympathischen Parteimitglieder das Abhören von Feindsendern nachdrücklich verurteilten, machte meinen Bruder und mich erst recht unsicher in der quälenden Frage, was denn unsere Verantwortung sei: den „Lebenskampf unseres Volkes" mit der Bekämpfung von „Wehrkraftzersetzung durch die Feindsender" zu unterstützen – oder das Leben des Vaters zu schützen. Einer guten Eingebung folgend haben wir, im wörtlichsten Sinne „Gott sei Dank", den Vater nicht angezeigt. Der Einmarsch der Amerikaner im März 1945 befreite uns dann von allem Hin- und Hergerissensein. Langsam wurde uns deutlich, wie verbrecherisch der Krieg und die nationalsozialistische Politik insgesamt waren und wir erkannten, wie sehr unser Vater im Recht war mit seiner leidvollen und tapferen Widerständigkeit gegen diese Politik. Was mir darüber hinaus besonders im Bewusstsein geblieben ist aus dieser Zeit, ist die Erfahrung von den tiefen Unterschieden in der menschlich-persönlichen Haltung zwischen „anständigen" und „bösartigen" Nazis, also von Vertretern der gleichen Ideologie und Trägern des gleichen Partei-Abzeichens. Diese Unterscheidung zwischen menschlicher Haltung und Ideologie (oder theologischer Theorie!) sollte zu einer der wichtigsten Erfahrungen für mein weiteres Leben werden.

Gruppendynamik und Demokratisierung

Versuch einer Beziehungsklärung für den Zeitraum von 1968 bis 1974*

Gruppendynamik einerseits und kirchliche Praxis andererseits sind noch nicht lange so selbstverständlich und mit einiger Aussicht auf assoziationskräftige Verständlichkeit aufeinander bezogen worden, wie es im Titel dieses Buches geschieht — und wie es in jenen zahllosen kirchlichen Aktivitäten zum Ausdruck kommt, die ihrerseits Titel und Gegenstand des Buches angeregt und ermöglicht haben. Doch stellen sich offensichtlich unterschiedliche und sogar gegensätzliche Assoziationen ein: sowohl wenn von einer Beziehung zwischen Gruppendynamik und kirchlicher Praxis die Rede ist, als auch bei beiden Begriffen, wenn man sie je für sich nimmt.
Neu, faszinierend oder beängstigend, jedenfalls zur Auseinandersetzung herausfordernd war und ist im Raum der Kirche (wie andernorts) zunächst das Reizwort *Gruppendynamik*. Die einen, überzeugte katholische oder evangelische Christen, bezeugen, daß sie im Verlauf von gruppendynamischen Veranstaltungen die Gemeinschaft des Glaubens, die Wirklichkeit des gerechtfertigten Menschen, kurz: wahrhaft christliche Existenz in einer Tiefe und Intensität erfahren haben wie sonst nie in ihrem religiösen Leben[1]. Die andern, engagierte Christen ebenfalls, halten Gruppendynamik expressis verbis für Teufelswerk; sie sei darum »abzulehnen, zu verwerfen und zu bekämpfen, in welcher Gestalt und unter welchem Namen auch immer sie uns in der Gemeinde begegnet«[2]. Auf der einen Seite schreibt ein Theologieprofessor, daß das für die Gruppendynamik charakteristische »wechselseitige, aufmerksame Miteinander, das zugleich freigibt und hält«, auf »Einübung von Nächstenliebe im Sinne der Bergpredigt verweist« und, daß sich in der Gruppendynamik eine Sozialform abbilde, die dem Selbstverständnis der Urgemeinde verwandt sei und die in einer Welt technischer und organisatorischer Zweckrationalität der Menschlichkeit,

---

* Erstveröffentlicht in K.-W. Dahm und H. Stenger (Hrsg.): Gruppendynamik in der kirchlichen Praxis. Erfahrungsberichte, München 1974, S. 11-47 (urspr. Titel. Gruppendynamik und kirchliche Praxis)
Alle Verweise in den Anmerkungen zu diesem Artikel (wie "unten" oder "im vorliegenden Sammelband") beziehen sich auf das Buch der Erstveröffentlichung.

1 Vgl. zB. die Erfahrungsberichte bei S. Polzien, aaO. S. 173 ff und H. Stenger, aaO. S. 99 ff.

2 In: Offensive, Hg.: Christen in der Offensive e. V., Sitz Bensheim, Heft 36, Dezember 1973, 2-8.

der Vernunft [12] und also der Systemveränderung eine Chance biete[3]. Auf der anderen Seite schreibt ein einflußreicher Theologe der Bekenntnisbewegung >Kein anderes Evangelium<: »Gruppendynamik will anpassendes Verhalten. Wo es aber um die Wahrheitsfrage geht, bedeutet Gruppendynamik Relativierung und Demokratisierung der Wahrheit. Jesus Christus aber als die personifizierte Wahrheit gestattet keine gruppendynamische Anpassung. Darum sagen wir ein klares Nein, wenn die Gruppendynamik in den Bereich kirchlicher Veranstaltungen hereingenommen wird.«[4]

Im Spannungsfeld derartig widersprüchlicher Eindrücke und Urteile vollziehen sich gegenwärtig Diskussion und Erprobungen von >Gruppendynamik in der kirchlichen Praxis<. Auf ganz ähnliche Auseinandersetzungen, auf inhaltlich vergleichbare Argumente und ähnlich radikale Frontstellungen trifft man freilich auch außerhalb der Kirche; etwa wenn es um »Gruppendynamik in der Schule«[5] geht oder, worauf ausführlicher zurückzukommen ist, um die »politische Relevanz von Gruppendynamik«. Angesichts solcher Widersprüche wird von unbefangenen, auch einflußreichen Zeitgenossen, innerhalb und außerhalb der Kirche, oft genug festgestellt, daß da nicht durchzublicken und infolgedessen mindestens Zurückhaltung gegenüber >der< Gruppendynamik geboten sei. Wer so unbefangen nicht ist, sondern an der einen oder anderen gruppendynamischen Veranstaltung bereits teilgenommen hat, steht den radikalen Verdikten (>Teufelswerk<) und manchen enthusiastischen Hymnen ebenfalls verständnislos gegenüber: Da muß von ganz etwas anderem die Rede sein als dem, was mir als Gruppendynamik begegnet ist.

Der Sprachgebrauch von >Gruppendynamik< also ist schillernd; vieldeutig nicht nur in der gehobenen Alltagssprache, sondern je unterschiedlich akzentuiert auch in der Fachsprache[6]. Doch [13] scheint mir eine Schlußfolgerung falsch, daß angesichts dieser Lage zunächst einmal per Definition

---

3 D. v. Oppen, Moral, Stuttgart 1973,156-163.

4 G. Bergmann, Gruppendynamik, in: Informationsbrief Nr. 40 der Bekenntnisbewegung »Kein anderes Evangelium«, 1973, 26-30.

5 Vgl. zB. G. Schreiner, Gruppendynamik in die Schule!, in: Schule als sozialer Erfahrungsraum, Frankfurt/M. 1973. — L. L. Herkenrath, Sozialpsychologie and Gruppendynamik im Bildungsbereich, in: Wege zum Menschen 1973, 314-321.

6 Vgl. P. Sbandi, Gruppenpsychologie, Einführung in die Wirklichkeit der Gruppendynamik aus sozialpsychologischer Sicht, München 1973. — Sbandi gibt vier Hauptbedeutungen in den vielfachen Verwendungen des Wortes Gruppendynamik an (91-94):

1. Vorgänge — wie das Kräftespiel innerhalb einer Gruppe oder einer kleinen Ansammlung von Menschen;
2. ein Forschungsgebiet der Sozialpsychologie;
3. Lösungsverfahren für Problematiken zwischenmenschlicher Beziehung;
4. Sammelwort für eine Reihe von Techniken und Methoden.

geklärt werden müsse, was im vorliegenden Buch unter Gruppendynamik verstanden werde. Das würde faktisch nur bedeuten, daß der Reihe von Definitionen[7] sozusagen deduktiv eine weitere hinzugefügt wird. Stattdessen möchte ich einen anderen Weg der Beziehungsklärung versuchen: nämlich einerseits den Prozeß zu beschreiben, in dem sich für meine Wahrnehmung die Beziehung >Gruppendynamik — kirchliche Praxis< in den letzten Jahren (gleichsam vom Nullpunkt an) entwickelt hat, und andererseits diesen Prozeß durch die Ausdifferenzierung von vier Teilbereichen in größere Zusammenhänge kritisch einzuordnen und so seinen theologischen und kirchentheoretischen Ort zu bestimmen.
Bis weit in die sechziger Jahre war >Gruppendynamik< kaum bekannt: weder als Begriff noch als Methode, weder als politisches noch als theologisches Problem. Vielleicht hat, wer vorher häufig mit Gruppen, beispielsweise in der Jugendarbeit, zu tun hatte, zur praktischen Orientierung den seit 1957 vorliegenden, vielfach aufgelegten ro-ro-ro-Band »Gruppendynamik«[8] von P. R. Hofstätter gelegentlich zur Hand genommen; doch mögen ihm dann mit dem Buch auch der Gegenstand Gruppendynamik als so >wissenschaftlich< im Sinne von >praxisfern< erschienen sein, daß damit im alltäglichen Geschäft wohl wenig anzufangen sei. Was darüberhinaus aus Amerika oder aus England gelegentlich berichtet wurde, erschien weithin als eine fremde, etwas spleenige Welt. Den ersten >Missionaren<, meist Studenten, die ein paar Semester drüben (sc. USA) studiert und dabei gruppendynamische Arbeitsformen kennengelernt hatten, gelang es zunächst nicht, in Deutschland eine kräftige, gleichermaßen seriöse und innovatorische Resonanz zu finden.
Etwa ab 1967 begann sich, scheinbar unvermittelt, die Einstellung zur >Gruppendynamik< rapide und durchgreifend zu ändern. In der Rückschau können dabei (unter vielen anderen Faktoren) vier teils ineinander verflochtene, teils voneinander unabhängige [14] Tendenzen als besonders wichtig hervorgehoben werden.
Erstens ist ein zeitlicher und bei näherem Hinblick auch sachlicher Zusammenhang mit der sogenannten Studentenbewegung seit 1968 unverkennbar; in dieser Bewegung ging es nicht zuletzt um die Frage, inwieweit unsere sozialen Lebensformen, so wie sie sind, unseren Vorstellungen von Humanität entsprechen; ob nicht vielmehr neue Formen im Zeichen von »Demokratisierung«, »Emanzipation« und »Kollektivität« erprobt und, so

7 A. Hollweg erwähnt und kommentiert in seinem Beitrag (siehe die eingangs erwähnte Quelle der Erstveröffentlichung, dort S. 239 ff) die wichtigsten Definitionen und die wichtigsten Absichten, die mit Gruppendynamik verbunden werden. Ausführlicher ist diese Thematik behandelt bei ders., Theologie und Empirie, Stuttgart 1971, 15-70.

8 P. R. Hofstätter, Gruppendynamik, Hamburg 1972.

meinten viele jüngere Theologen, auch in kirchlichen Strukturen zur Geltung gebracht werden müßten[9].
Daß die Erprobung oder Verwirklichung derartiger Ziele Umdenken erfordert, war zweitens ein wichtiger Grund dafür, den neuerdings (in den USA durch Rogers 1961; in Deutschland durch Brocher 1967)[10] angeregten Fragen nach dem Zusammenhang von Gruppendynamik und Lernprozeß zumindest experimentell nachzugehen. Neu gegenüber den Erkenntnissen der Gruppenpädagogik war die stärkere Berücksichtigung und Differenzierung von sogenannten emotionalen oder affektiven Faktoren. Gerade weil in dieser neuen Akzentuierung die Beziehungsproblematik zwischen emotionalen und kognitiven Faktoren für Lernprozesse fruchtbar gemacht werden soll, ist dieser Aspekt von Gruppendynamik rasch und intensiv in die Religionspädagogik und in die kirchliche Erwachsenenbildung einbezogen worden[11].
Eng damit zusammen hängt das zunehmende Interesse an Selbsterfahrung und Persönlichkeitsentwicklung, das wir als eine dritte Tendenz ausgrenzen können; als eine Tendenz übrigens, die in bestimmten amerikanischen Ausbildungsmodellen (zB. des Clinical Pastoral Training = CPT) schon früh eine eigenständige und vitale kirchliche Variante hervorgebracht hat. Inzwischen hat sie auch in Deutschland starke Auswirkungen auf pastorales *Kommunikationsverhalten*[12], auf die >pastorale Identität< und damit auf das kirchliche Leben insgesamt.
Von diesen drei Tendenzen, in denen sich politische, sozial-psychologische, psychoanalytische und zunehmend gestaltpsychologische Einflüsse mischen, läßt sich eine vierte Tendenz unterscheiden [15], die lange Zeit streng an der psychoanalytischen Tradition der Freudschule festhielt und den therapeutischen Aspekt stark akzentuierte; kirchlich findet sich eine Variante dieser Tendenz im Programm der »therapeutischen Seelsorge«[13], das inzwischen jedoch von den anderen Einflüssen konstitutiv mitgeprägt wird.

---

9 Vgl. H. Steinkamp, Gruppendynamik und Demokratisierung, München/Mainz 1973.

10 C. Rogers, On Becoming a Person, Boston 1961; T. Brocher, Gruppendynamik und Erwachsenenbildung, Braunschweig 1967.

11 Über erste Ansätze und Erfahrungen vgl. bes. O. Betz / F. Kaspar (Hg.), Die Gruppe als Weg, 1973.

12 K.-W. Dahm, Beruf: Pfarrer, München 2. Auflage 1972, bes. 205-277.

13 Vgl. D. Stollberg, Therapeutische Seelsorge, München ^{2}1970, und ders., Seelsorge durch die Gruppe, Göttingen 1971.

Vgl. »Schule als sozialer Erfahrungsraum«, sowie den Beitrag von L. L. Herkenrath (näheres oben Anm. 5). Speziell zum kirchlichen und religionspädagogischen Bereich vgl. G. Weber, Lernen in Gruppen, München ^{2}1970; — O. Betz / F. Kaspar (Hg.), Die Gruppe als Weg, 1973. — K. Frielingsdorf, Lernen in Gruppen. Gruppendynamische Aspekte der Religionspädagogik und Theologenausbildung, Zürich 1973.

Diese vier Tendenzen sollen als Hilfe zu Übersicht und Bearbeitung abgrenzbare Teilbereiche charakterisieren, in denen das komplexe Beziehungsfeld >Gruppendynamik — kirchliche Praxis< im folgenden beschrieben und problematisiert wird.

1 »Demokratisierung« — Innovation kirchlicher Lebensformen

Von dem zeitlichen und sachlichen Zusammenhang zwischen der studentischen Protestbewegung und dem rapide anwachsenden Interesse an Gruppendynamik gegen Ende der sechziger Jahre auszugehen, nötigt zunächst zu der Überlegung, ob die sogenannte Studentenbewegung nicht als Symptom eines umfassenderen, über die studentische Generation weit hinausgreifenden Gesellschaftsprozesses gedeutet werden muß; vielleicht, wie manche meinen, als Ausdruck eines kulturrevolutionären Wandels von zentralen überkommenen Wertvorstellungen und Ordnungsstrukturen.
Direkt oder indirekt, oft in überpointierter Polemik wurde und wird in dieser >Kulturrevolution< Kritik geübt an jenem überkommenen Wertesyndrom, das mit Worten wie rigider Individualismus, Durchsetzungsfähigkeit des einzelnen Starken gegenüber dem Schwächeren, Verschleierung von Herrschaftsinteressen usw. umschrieben wird. An die Stelle dieses Syndroms soll treten, was als Ruf nach >Demokratisierung<, nach gleichmäßigerer Teilhabe aller Betroffenen an wirtschaftlichen und kulturellen Leistungen und Entscheidungen, nach mehr Transparenz im politischen Handeln, nach Umwandlung von autoritären Strukturen in partnerschaftliche Beziehungen oft nur vage zum Ausdruck gebracht wird und was sich erst in Andeutungen als ein neues Wertsystem zu profilieren beginnt.
[16] Von Anfang an in diesen Prozeß einbezogen, an vielen Stellen in seiner Vorgeschichte seit dem Zweiten Weltkrieg einflußreich beteiligt, war ein Teil der Pfarrerschaft, waren vor allem Studentengemeinden und kirchliche Jugendorganisationen, Theologiestudenten und Vikare: Insbesondere betrifft das eine erste Phase der sogenannten Politisierung, in der es auch auf Kanzeln und in kirchlichen Gruppen um Vietnam und >Atomtod<, um Notstandsgesetze und Wehrdienstverweigerung, um antiautoritäre Erziehung und Demokratisierung ging. Nicht mehr so deutlich und nicht mehr so vielfaltig ist die Verbindung zwischen kirchlichen Aktivitäten und einer zweiten Phase des >kulturrevolutionären< Prozesses, in der sozioökonomische Probleme und weitere Aspekte der marxistischen Theorie stark in den Vordergrund getreten sind; doch scheint diese Prozeßphase noch keineswegs abgeschlossen.

1.1 Wie weit reicht »Autoritätsproblematik«?

Gruppe und Gruppendynamik sind thematisch und experimentell im Zuge dieses Prozesses überall da in den Vordergrund gerückt, wo soziale Be-

wußtheit und >kollektives<, auf den Nächsten, die Gemeinschaft gerichtetes Verhalten an jene Stelle treten soll, die bisher meist unreflektiert (und trotz verbaler Hochschätzung der sozialen Gesinnung) von individualistischen Maßstäben, von internalisiertem Wettbewerbsdenken, von der selbstverständlichen Gültigkeit autoritärer Strukturen, bestimmt ist.
Als Praxisfeld, auf dem zuerst solche Überlegungen in praktische Versuche umgesetzt werden können, erscheint vielen der Bereich der Erziehung, Schulunterricht ebenso wie Jugendarbeit. Bereits die Form von Lehrveranstaltungen, etwa tendentiell partnerschaftliche Gruppenarbeit anstelle frontaler Unterweisung, gilt als wichtig für die ersten Schritte in der angestrebten Richtung[14]. Unter den darauf folgenden Schritten spielt, gerade auch in den Bemühungen jüngerer Pfarrer und kirchlicher Mitarbeiter, der Umgang mit der sogenannten Autoritätsproblematik eine besonders wichtige Rolle. In Schulklassen, bei Freizeiten, in einer Reihe von gruppendynamischen Laboratorien und nicht zuletzt in ad-hoc-Reflexionen des Alltags wurde die Fixierung auf Autorität diskutiert, entlarvt, bearbeitet — oder phantasiert[15].
[17] Zweifellos zeigt die Intensität dieser Bearbeitungsversuche, daß hier tatsächlich schwere Probleme liegen. Andererseits kann die andauernde und ausdauernde Thematisierung von Autoritätsfixierung offensichtlich davon ablenken, daß andere Arten von Beziehungsstörung und andere Schwierigkeiten des eigenen Kommunikationsverhaltens angemessen erkannt und bearbeitet werden. Ob das nicht in gruppendynamischen Trainings ebenso wie in der Analyse der Organisationsschwierigkeiten in Wirtschaft oder Verwaltung, von Lehrverfahren und von politischgesellschaftlichen Strukturen zu oft und zu naiv geschieht, ist eine Frage, die mE. dringend einer gründlicheren und breiteren Bearbeitung bedarf. Möglicherweise sind unter dem Stichwort Autoritätsproblematik mehrere, ursprünglich mit je eigenem Gewicht und je eigener Problematik ausgestattete Stränge (zB. politischer Demokratisierungswille, freudianisches Führerbild und Leiterproblematik im Gruppenprozeß) zu einem zu wuchtigen Bündel zusammengefaßt worden; als Bearbeitungsinstrument kann ein solches Bündel dann gefährlich wirken.
So ist mir beispielsweise innerhalb und außerhalb der kirchlichen Praxis, in Hinsicht auf gruppendynamische Laboratorien und auch in Hinsicht auf die Anwendung gruppendynamischer Verfahren im Schulunterricht oder in Konfirmandenfreizeiten mehrfach folgende Auffassung begegnet: >eigent-

---

14 G. Weber, Lernen in Gruppen.

15 In dem vorliegenden Sammelband wird diese Thematik besonders akzentuiert behandelt im Beitrag von H. Pflüger u.a., Gruppendynamische Prozesse in der Fortbildung von Mitarbeitern in der evangelischen Jugendarbeit, S. 129 ff ; weiterhin bei G. Hartmann (siehe die eingangs erwähnte Quelle der Erstveröffentlichung, dort S. 68 ff).

lich< müsse Autoritätsproblematik in jener Art auftreten, wie sie vermeintlich >klassisch< in Slaters empirischem Bericht beschrieben ist[16]; ein anderer Prozeßablauf sei dementsprechend defizitär und müsse sozusagen künstlich, etwa durch Konfliktverschärfung, erst einmal auf den eigentlich notwendigen Stand gebracht werden. Bei solchen künstlichen Versuchen können jedoch Folgen eintreten, die für die seelische Entwicklung der Kinder außerordentlich gefährlich sind. Im übrigen zeigt der ebenfalls auf breitem empirischem Material basierende Bericht von W. Zijlstra, daß in der Anfangsphase die Autoritätsproblematik durch andere Fragestellungen durchaus relativiert werden kann und daß darum die normative Verallgemeinerung des Slater-Berichtes auch empirisch fragwürdig ist[17].
Kritische Anfragen müssen sich ebenfalls an jene >Praktiker< richten, die (vermeintlich im Anschluß an Slater) eine zu einfache [18] Verknüpfung von Autoritätsproblematik und Religiosität herzustellen versuchen. So gewiß in Gottesbegriff und Gottesbeziehung brisante Autoritätsprobleme impliziert sind, so gewiß erschöpft sich die >Sache mit Gott< nicht in der Sache >Autoritätsproblem<. Jede empirisch-kritische Analyse von Gottesvorstellung und Gottesbegriff wird einen erheblichen Unterschied bereits im Generalisierungsniveau beider Kategorien konstatieren.
Ebenso gefährlich erscheint es mir, die nicht zu bestreitenden Kommunikationsschwierigkeiten innerhalb der kirchlichen Institution rasch und einlinig als Autoritätsprobleme auszumachen und anzugehen: etwa im Verhältnis Pfarrer — Kirchenvorstand, Pfarrer — Konfirmanden, Parochie — Kirchenleitung usw. Hier werden offensichtlich oft Scheingefechte ausgetragen; das Gewicht anderer Faktoren (beispielsweise von Informationsfluß, Organisationsstruktur oder Vielfältigkeitsdruck) wird vernachlässigt; das Ergebnis ist unbefriedigend. Wie eine in gruppendynamischen Prozessen manifest werdende >Autoritätsproblematik< (auch im Anschluß an Slater) mit theologischen Überlegungen und kirchlichen Aufgaben vermittelt werden kann, zeigt andeutungsweise D. Stoodts Erörterung dieser Frage, bezogen auf die religiöse Sozialisation[18]. Insgesamt allerdings scheinen mir gerade auch im Bereich der Kirche durch Mißbrauch von >Autoritätsproblematik< die größten Schwierigkeiten während der Einführungszeit von gruppendynamischen Arbeitsformen entstanden zu sein.

1.2 Was bringt der Verschleierungs-Verdacht?

Je mehr sich mit dem primär politisch-gesellschaftskritischen Ansatz methodisch die Berücksichtigung von emotionalen Vorgängen verband, desto

16 P. E. Slater, Mikrokosmos. Eine Studie über Gruppendynamik, Frankfurt/M. 1970.

17 W. Zijlstra, Seelsorge-Training, München/Mainz 1971.

18 D. Stoodt, Religiöse Sozialisation und emanzipiertes Ich, in: K.-W. Dahm, N. Luhmann, D. Stoodt, Religion — System und Sozialisation, Neuwied 1972, bes. 194-197.

lauter wurden die Vorbehalte gegenüber der Gruppendynamik. Der Ideologieverdacht wurde erhoben, Verschleierung und Pseudo-Kompensation von gesamtgesellschaftlicher Repression wurde ihr vorgeworfen. Nun werden Geborgenheit und Verdichtung von emotionalen Beziehungen auch von solchen Studenten erlebt, die sich selbst als engagiert >kritisch< oder als >revolutionär< empfinden. Offenbar erfahren sie diese emotionale Wärme in der Kleingruppe leicht als Gegensatz zu dem, was man unter politischem Kampf versteht: zu [19] Härte, Kompromißlosigkeit, Verzicht. In dieser (problematischen) Alternative erscheint Gruppendynamik dann entweder als Gefahr, als Ablenkung vom politischen Ziel, als Kastration des Handlungswillens, als Verschleierung; — oder sie erscheint (umgekehrt) als belanglos, als »Spiel ohne Folgen«[19].

Die Diskussion dieses Themas ist bis heute unvermindert stark. Sie wird teils theoretisch geführt; K. Horns Aufsatz über »Politische und methodologische Aspekte gruppendynamischer Verfahren«[20] markiert schon aufgrund seiner außerordentlichen Resonanz die Eröffnung der Theoriedebatte (1969); ihr gegenwärtiger Stand ist in einem breiten Spektrum soziologischer und sozialphilosophischer Ausdifferenzierungen faßbar[21]. Zum anderen Teil wird die politische Diskussion in oft platter Polemik und Vereinseitigung geführt; charakteristisch dafür ist der ebenso generalisierende wie ahnungslos unbefangene Titel eines unter Studenten oft zitierten Aufsatzes: »Ziellosigkeit als Lernziel der Gruppendynamik«[22].

Gerade die letztgenannte Art von Politisierung des Themas Gruppendynamik hat zahllose aufwendige und mühsame Debatten ausgelöst; die dabei von den Gegnern heraufbeschworenen Gefahren und Verdächtigungen sind mit der Wirklichkeit gruppendynamischer Veranstaltungen und deren Auswirkungen allerdings kaum zusammenzubringen.

Fragt man nach der Funktion dieser unter Theologiestudenten und Vikaren genauso leidenschaftlich wie unter Studenten anderer Fachrichtungen geführten Debatte, dann ist vor allem die sogenannte Legitimierungsfrage zu berücksichtigen: Viele, wenn nicht die meisten Angehörigen dieser Gene-

---

19 W. Giere, Gruppendynamik — ein Spiel ohne Folgen, in: Gruppendynamik 3/1970,282-304.

20 K. Horn, Politische und methodologische Aspekte gruppendynamischer Verfahren, in: Das Argument 50/3, Berlin 1969.

21 Vgl. den Sammelband K. Horn (Hg.), Gruppendynamik: Befreiung der Expressivität, Psychotechnik, Dienst an der Organisation, edition suhrkamp 538.

22 Ch. Ohm, Ziellosigkeit als Lernziel der Gruppendynamik, in: Das Argument 78, März 1973. Zwar werden hier mit Recht merkantile Auswüchse gruppendynamischer Veranstaltungen angeprangert; doch scheint der Vf. die Gesamtbewegung der Gruppendynamik (deutlich beispielsweise in seiner Beurteilung des US-amerikanischen Human-Potential-Movement) lediglich unter dem Gesichtspunkt marginaler Perversionen zu betrachten.

ration, bedenken und begründen ihre berufliche Identität ebenso wie andere >Sinnfragen< ihres Lebens und der Welt vorwiegend im Bezugsrahmen ihres politisch-gesellschaftskritischen Ansatzes. Theologisches Engagement ist für viele identisch mit politischem; theologische [20] Leidenschaft manifestiert sich am stärksten in politischen Auseinandersetzungen. Was nach den Maßstäben dieses politisch-gesellschaftskritischen Ansatzes nicht einwandfrei legitimierbar ist, verfällt dem Verdacht der Verschleierung, der Systemstabilisierung, der repressiven Toleranz. Das betrifft Predigt und Konfirmandenunterricht genauso wie gruppendynamische Arbeitsweisen insgesamt.

Für ältere Zeitgenossen und speziell für Gemeindeglieder, die nicht ständig mit Studenten umgehen, ist diese Art der Legitimierung von kirchlichem und speziell pastoralem Handeln oft unbegreiflich — und verwerflich. Doch ist sie dadurch, daß man sie nicht versteht, weder erledigt noch widerlegt. Wer sich mit Studenten über die politische Relevanz ihrer Absichten oder ihrer Praxisversuche auseinandersetzen will, wird vor allem auf die empirische Überprüfung der eigenen Erfahrungen insistieren müssen; erst auf diesem Weg werden Möglichkeiten und Grenzen der eigenen Intention wirklich geklärt, werden gegebenenfalls auch Vorurteile und Ideologieverdacht korrigiert. Das gilt für Gruppendynamik genauso wie für Homiletik oder Religionspädagogik.

Andererseits ist diese Art von politischer Kritik, von Verdacht der Verschleierung zweifellos auch für die Gegenseite, für Trainer, Teilnehmer (und Fans) gruppendynamischer Veranstaltungen nötig, um sich die latenten Gefahren (wie Selbstgenügsamkeit, Flucht aus der Alltagswelt und politisch-naiver Kompensation beruflicher oder familiärer Schwierigkeiten) bewußt zu halten und ihnen zu widerstehen.

1.3 Ansatzpunkte einer empirisch-induktiven Sozialethik

Die politische Relevanz gruppendynamischer Verfahren erschöpft sich jedoch keineswegs im Verdacht einer Verschleierung von gesamtgesellschaftlich repressiven Verhältnissen. Viel wichtiger, für politische und sozialethische Theoriebildung langfristig fruchtbarer und dem Gegenstand selbst angemessener erscheint mir ein anderer Aspekt: nämlich die empirisch-kritische Aufarbeitung von politischen Vorgängen in der Kleingruppe selbst, und zwar unter bewußter Einbeziehung persönlich-emotionaler Betroffenheiten.

Eine solche >induktive Sozialethik< ist bisher leider noch kaum entwickelt, nicht einmal durchgängig als Aufgabe erkannt[23]. [21] Praktisch könnte sie

23 Als einziger wirklich bemerkenswerter und weiterführender Ansatz bekannt ist mir nur: H. Steinkamp, Gruppendynamik und Demokratisierung, 1973.

bereits ansetzen bei einer Reflexion darüber, wie sich Menschen in einer Kleingruppe aufeinander einstellen, wie sie ihre mitgebrachten und im Detail je voneinander verschiedenen >Normen< einbringen, wie sie sie zu denen der anderen in Beziehung setzen, wie sich langsam eine neue Gruppennorm herausbildet. An sich selbst wie an anderen kann man beobachten (und die eigene Beobachtung durch Feedback überprüfen), auf welche Weise eigene Interessen mit denen anderer Gruppenmitglieder abgestimmt werden können, welche Wege zur Koalitionsbildung führen — und welche nicht, wie Konflikte fruchtbar bearbeitet werden und wann sie zu destruktiven Ergebnissen führen. Ziemlich exakt kann man ausmachen, warum dem einen Mitglied Führungsaufgaben von der Gruppe aufgetragen werden, während der (beispielsweise autoritäre oder auch zögernd-skrupulöse) Führungsanspruch des andern abgewiesen wird; gerade für dieses schwierige Problem einer demokratischen Führung, das mit vielen Vorurteilen und traumatischen Erinnerungen aus der jüngsten Vergangenheit belastet ist, können kritisch aufgearbeitete eigene Erfahrungen aus einem Gruppenprozeß am ehesten zur Klärung und zur Überwindung falscher Tabus beitragen.

Diese elementar->politischen< Vorgänge sich als solche bewußt zu machen, sie kritisch durchzuarbeiten und so das eigene Instrumentarium politischer Wahrnehmung und politischen Handelns zu differenzieren, dürfte in jedem Fall ein wichtiger Beitrag auf dem Wege der Demokratisierung und zu politischer Mündigkeit sein.

Nun können die in gruppendynamischen Prozessen erkannten politischen Gesetzmäßgigkeiten weder direkt noch in beliebiger Modifikation auf die Ebene von organisierten Sozialsystemen, etwa der Wirtschaft, der Parteipolitik, der Universität übertragen werden; und schon gar nicht auf die Beziehungen zwischen den Staaten oder auf internationale Konflikte. Auf der Ebene der sozusagen sozialen Makrostrukturen kommen vielmehr Interessen und Machtansprüche ins Spiel, die schlechterdings nicht kompatibel sind mit den im gruppendynamischen Mikrokosmos potentiell entstehenden Verhaltensformen: etwa mit einem persönlichen Vertrauen, das die Sicherungssysteme des eigenen Selbstwertes partiell preiszugeben bereit ist und sich relativ weit für die Interessen und Schwierigkeiten des >Nächsten< öffnet.

Die im vorigen Abschnitt ausführlicher erörterte >linke< Kritik an Gruppendynamik hat mit Recht diese Inkompatibilität immer betont und Tendenzen angeprangert, in denen (vermeintlich [22] oder tatsächlich) wirtschaftliche Interessengegensätze, etwa zwischen Arbeitgeber und Arbeitnehmer, durch gruppendynamische >Manipulation< (zugunsten des Arbeitgebers) verschleiert werden. Andererseits spricht das aber nicht gegen eine gründliche Aufarbeitung der politischen Vorgänge im Gruppenprozeß.

Es besteht also kein Anlaß, eine solche Bemühung als >Spiel ohne Folgen< zu verniedlichen. Eine in der Kleingruppe sensibilisierte und differenzierte politische Bewußtheit wird in jedem Fall besser in der Lage sein, fremde Interessen, aber auch Vorurteile kritisch zu durchschauen, als jene verbreitete Unkenntnis, die das Gegebene entweder als die einzige Art von Möglichkeit begreift— oder es naiv zu überspringen sucht.

1.4 Schwierigkeiten beim Transfer in kirchliche Strukturen

Auf die Schwierigkeiten der Übertragbarkeit von Erfahrungen in der Kleingruppe auf größere soziale Systeme stößt auch, wer Gruppendynamik in den verschiedenen Arbeits- und Lebensformen innerhalb der Kirche fruchtbar machen will. Es ist daher für die Erörterung gruppendynamischer Innovationen in kirchlichen Lebensformen zweckmäßig, Kleingruppenarbeit im engeren Sinn zu unterscheiden von der Anwendung gruppendynamischer Verfahren auf größere Organisationseinheiten in der Kirche.

Kleingruppenarbeit manifestiert sich zunächst auf einer Ebene »einfacher Sozialsysteme«, die man auch in der Kirche von einem »organisierten Sozialsystem« und »gesamtgesellschaftlichen« Teilsystemen deutlich unterscheiden kann[24]. Hier vollzieht sich »elementare Interaktion« in der Anwesenheit und der (etwa durch begrenzte Zahl) als möglich vorausgesetzten wechselseitigen Wahrnehmung der Teilnehmer[25]. Die Anwendung gruppendynamischer Verfahren auf dieser Ebene, also auf >Gruppen< im engeren Sinn[26], hat im Laufe der letzten fünf Jahre ganz rapide zugenommen und fast das gesamte Spektrum kirchlicher Arbeits- und Lebensformen erfaßt. Im Blick auf die Zielgruppen der kirchlichen Arbeit reicht es von Kindern über [23] Schüler und Konfirmanden, Gemeindejugend, Kirchenvorstände, Konfirmandeneltern bis zu Menschen im Ruhestand. Noch breiter gefächert sind Angebot und Inanspruchnahme gruppendynamischer Veranstaltungen in der Aus- und Fortbildung von kirchlichen Mitarbeitern; angefangen bei Studenten, Vikaren und Pfarrern über Jugendleiter, Diakonissen, Sozialsekretäre, Verwaltungsangestellte bis hin zu kirchlichen Führungspersonen; allein die Ev. Landeskirche von Hessen-Nassau bietet in

---

24 Vgl. N. Luhmann, Die Organisierbarkeit von Religionen und Kirchen, in: J. Wössner (Hg.), Religion im Umbruch, Stuttgart 1972, bes. 246 ff und 271 ff.

25 Vgl. N. Luhmann, Einfache Sozialsysteme, in: Zeitschrift für Soziologie, Jg. 1972, 51-65.

26 Vgl. die Definition bei P. Sbandi, Gruppenpsychologie, 100: Gruppe ist ein »soziales Gebilde, in dem sich mehrere Individuen zusammenfinden, die aufgrund der sich untereinander entwickelnden Interaktion eine immer größer werdende Klärung der Beziehung untereinander und zu anderen sozialen Gebilden erreichen«.

ihrem Fortbildungsprogramm für 1974 über 25 Seminare mit gruppendynamischen Akzenten oder gruppendynamischen Arbeitsverfahren an[27].
Während nun die Anwendung von Gruppendynamik in der Aus- und Fortbildung kirchlicher Mitarbeiter im vorliegenden Buch anhand von Erfahrungsberichten ausführlich erörtert wird, liegen empirische Dokumentationen über gruppendynamisch angelegte Gemeindearbeit selbst außer dem Beitrag von P. Stenzel in diesem Buch noch kaum vor. Eine Ausnahme bilden die gruppendynamischen Versuche in der Konfirmandenarbeit[28].
Es sieht so aus, als ob die Möglichkeiten, gruppendynamische Verfahren in der Gemeindearbeit mit Erwachsenen anzuwenden, bisher tatsächlich nur zurückhaltend in Angriff genommen werden; wahrscheinlich zu Recht, weil Pfarrer und andere Mitarbeiter sich erst in eigenen Trainingserfahrungen die notwendigsten Arbeitsinstrumente sowie ein Gespür für das, was möglich ist (und was nicht möglich ist) aneignen müssen. Wo jedoch eine Gruppenarbeit mit Eltern oder mit Kirchenvorstehern nach gründlicher Planung bis zu Ende durchgeführt wurde, hat sie, soweit ich sehe, in den betreffenden Gemeinden tatsächlich eine Art Innovation hervorgebracht: eine Erneuerung von Engagement, von gegenseitiger Zuwendung und gegenseitigem Vertrauen; vielleicht sogar eine Erfahrung jener christlichen Liebe, die die Voraussetzung einer wahrhaftigen Kommunikation und Ziel der kirchlichen Arbeit ist.
Die bisher stärkste Auswirkung auf den kirchlichen Alltag und seine konventionellen Arbeitsstrukturen läßt sich meinem Eindruck nach im Bereich der Kooperation, besonders der Team-Arbeit von Vikaren und Pfarrern feststellen. In Predigerseminaren [24] und in der Gemeinde wird von den Teams auf vielfältige Weise versucht, das Potential der Gruppe (das ja als weit größer gilt als die Summe dessen, was jeder einzelne an Potential einbringt) für die Arbeit aller Beteiligten fruchtbar zu machen. Es wird versucht, dem Gewicht des >emotionalen Faktors< angemessen Rechnung zu tragen. Es wird Feedback gegeben für individuelles Berufsverhalten und für gemeinsam durchgeführte Projekte. Leider gibt es bisher nur wenige Protokolle oder Dokumentationen, die die Geschichte einzelner Teams über eine längere Zeit beschreiben und analysieren[29]. Nach mündlichen

27 Vgl. Beruf und Bildung 74. Fortbildung für Pfarrer und Mitarbeiter im kirchlichen Dienst der Ev. Kirche in Hessen und Nassau, Selbstverlag Darmstadt.

28 Vgl. K. Dienst, Moderne Formen des Konfirmandenunterrichts, Gütersloh 1973; ferner H. G. Berg / U. Frick u.a., Konfirmandenunterricht als Jugendarbeit, in: WuPKG (= Wissenschaft und Praxis in Kirche und Gesellschaft), Jg. 61 (1972), 245-258.

29 Als ausführliche wissenschaftliche Reflexion einer mehrjährigen Teamarbeit ist mir nur bekannt: E. A. Küchler, Teamkooperation in der pfarramtlichen Praxis, Diss. Marburg (in Vorbereitung). Erfahrungen aus einer mehrjährigen Teampraxis liegen auch einem

Berichten aber erweisen sich die >Instrumente< und Verfahren, die man in gruppendynamischen Trainings erlernt hat, als überwiegend hilfreich für die Kooperation. Allerdings reichen sie offenbar nicht aus, um größere Widerstände zu überwinden, mögen diese in der Gruppe selbst, etwa durch das Kommunikationsverhalten eines Gruppenmitgliedes, oder durch exogene Faktoren, wie Zeitmangel oder Probleme mit der eigenen Gemeinde, entstehen.

Weit schwieriger noch als die Anwendung gruppendynamischer Arbeitsweisen auf Zielgruppen in der Gemeinde und auf andere >einfache Sozialsysteme< in den kirchlichen Lebensformen gestaltet sich schon jetzt und offensichtlich in zunehmendem Maße die Aufgabe, gruppendynamische Erkenntnisse auf der Ebene der >organisierten Sozialsysteme<, also etwa der kirchlichen Organisations- und Verwaltungsstruktur, der übergemeindlichen Aktivitäten und Synoden fruchtbar zu machen. Ein Anspruch in dieser Richtung wird seitens der Gruppendynamiker deutlich erhoben. Das geht aus den Zielen der Sektion Gruppendynamik (Sozialpsychologie) in der (unten genauer vorzustellenden) Deutschen Gesellschaft für Pastoralpsychologie (DGfP) ebenso deutlich hervor wie aus zahlreichen Aufsätzen der letzten Jahre[30]. Immer geht es um Intentionen, die mit den gesamtgesellschaftlichen Bestrebungen von Demokratisierung eng zusammenhängen [25]; geht es etwa um intensivere Partizipationen von Gemeindegliedern an den Handlungs- und Entscheidungsprozessen der Kirche. Ganz konkret fordert beispielsweise Stollberg: »Eine Großgruppe (wie Kirche) bedarf der Kleingruppen, damit alle zu ihrem Recht kommen und die Chance der Teilhabe erhalten ... Die Großgruppe (Kirche) müsste ein System lebendiger Kleingruppen, die miteinander in standigem Informationsaustausch stehen, darstellen.«[31]

Mit Recht können sich solche Forderungen auf sehr alte theologische und kirchenstrukturelle Traditionen berufen: schon der Jüngerkreis Jesu läßt sich als Kleingruppe in diesem Sinn begreifen, die Urgemeinde als ein Netz von mehr oder minder lebendigen, einander wechselseitig informierenden Kleingruppen. Die Linie setzt sich fort in bestimmten Formationen des Mönchtums, in Luthers Forderung nach dem allgemeinen Priestertum (und damit Partizipation) der Gläubigen, in den >ecclesiola< des Pietismus, in den verschiedenen kirchlichen Reformversuchen seit den zwanziger Jah-

---

Aufsatz des Kronberger Teams »Überlegungen zum Gruppenpfarramt« zugrunde, in: Ansätze 1973, Nr. 3, hg. vom Theologischen Seminar Herborn.

30 Vgl. beispielsweise die entsprechenden Beiträge in den letzten Jahrgängen der Zeitschriften »Wege zum Menschen« (WzM) und WuPKG; besonders erwähnt sei das Themaheft »Gruppendynamik« in: WuPKG 59 (1970), 355-434 (-468), und zuletzt: D. Stollberg, Gruppendynamik und Gemeinde, in: WuPKG 62 (1973), 519-535.

31 D. Stollberg, aaO., WuPKG 62 (1973), 520 f.

ren unseres Jahrhunderts und bis in die politisch orientierten kirchlichen Gruppen der Gegenwart (zB. Kölner Politisches Nachtgebet)[32].
Daß es trotz solcher immer neuen Forderungen und trotz immer neuer Aufbruchversuche in der gesellschaftlichen Großinstitution >Volkskirche< die von Stollberg geforderte Art eines »Systems lebendiger Kleingruppen, die miteinander in ständigem Informationsaustausch stehen«, nie gegeben hat, sondern daß zu allen Zeiten über Erstarrung, über Bürokratisierung, über Konsumverhalten geklagt wurde, das muß freilich festgestellt werden —und das muß auch seine sozialpsychologisch aufweisbaren Gründe haben. Auf keinen Fall ist es einfach aus der Trägheit von Kirchenvolk oder Pfarrern, sicher auch nicht aus dem hinhaltenden Widerstand von Kirchenleitungen oder Verwaltungen zu erklären. Wahrscheinlich reicht zur Erklärung selbst der Hinweis auf die tief eingelebten und stark nachwirkenden patriarchalisch-autoritären Gesellschaftsstrukturen nicht aus, deren Anordnung nach dem Schema "Obrigkeit-Untertan" sich in der kirchlichen Gliederung zwischen den Priestern und der >grex audiens et oboediens‹ (der hörenden und gehorchenden Herde des Kirchenvolkes) widerspiegelt. Endlich dürfte auch der Vergleich mit der Produzenten-Konsumenten-Struktur [26] unserer Marktgesellschaft, nach dem die Beziehung zwischen Pfarrer und Gemeindeglied einem Dienstleistungsverhältnis entspricht, als Erklärung für unser Problem nicht ausreichen.
Zweifellos spielt all das mit. Aber eine ganze Reihe anderer mitbeteiligter sozialpsychologischer Faktoren haben wir meiner Meinung nach noch nicht zureichend erkannt und identifiziert. Das gilt für Kommunikationsprobleme in der >Großgruppe Kirche< genauso wie für die anderer Institutionen auf der Ebene der >organisierten Sozialsysteme<.
Diese nüchterne Bestandsaufnahme ist notwendig, wenn es um die Frage nach gruppendynamischen Innovationen in den Strukturen der kirchlichen Institution gehen soll. Aus ihr folgt nicht, daß die wichtigen Forderungen nach größerer Transparenz kirchenpolitischer Entscheidungen, nach lebendigem Rollenwechsel, nach Gruppen-Kommunikation anstelle von Einbahn-Monolog, nach Team-Kooperation anstelle von Einmann-Betrieb, — daß all diese Forderungen an Gewicht und Berechtigung verlieren. Es bedeutet aber, daß gleichzeitig genauere Analysen und konkretere Experimente notwendig sind. Gruppendynamische Trainings mit kirchlichen Führungskräften, so notwendig und hilfreich sie sind, werden kaum ausreichen, die kirchlichen Organisationsstrukturen entscheidend zu ändern.

32 H. J. Benedict, Von Hiroshima bis Vietnam, Sammlung Luchterhand 98, 1973. H. E. Bahr, Politisierung des Alltags, Sammlung Luchterhand 88, 1973. D. Sölle / F. Steffensky (Hg.), Politisches Nachtgebet in Köln, 2 Bde. Mainz/Stuttgart 1969/1971.

Ansatzweise scheinen sich in allerjüngster Zeit (seit 1973) Initiativen deutlicher zu kristallisieren, die über das bisher in gruppendynamischen Trainings vorherrschende Interesse an individuellem Kommunikationsverhalten und an Selbsterfahrung hinausgehen und die Erkenntnisse der angewandten Sozialpsychologie auf institutionelle und organisatorische Probleme im Bereich der Kirche zu beziehen versuchen. Gemeint sind die ebenfalls aus den Vereinigten Staaten kommenden Modelle der >Gemeindeberatung< und der Organisationsentwicklung[33], deren Übertragungsversuch auf deutsche Verhältnisse in einigen ersten gruppendynamischen Laboratorien vorbereitet wurde. Die Ergebnisse dieses breit angelegten Versuches werden die Aufgabenstellung einer über die Kleingruppe hinausgreifenden Anwendung gruppendynamischer Verfahren fraglos ein wichtiges Stück weiterführen. [27]

1.5 Zur Organisation von Gruppendynamik in der Kirche

Die Reflexion über das Verhältnis von Gruppendynamik und Organisationsstruktur kann nicht abgeschlossen werden, ohne die Organisation von >Gruppendynamik< innerhalb der Kirche kurz zu bedenken. Gegen Ende der sechziger Jahre stieg, wie erwähnt, die Zahl von gruppendynamischen Trainings und damit die Zahl derjenigen, die über eigene gruppendynamische Erfahrungen verfügen, rapide an. Wenig später wurden die ersten Versuche einer gruppendynamisch angelegten Konfirmandenarbeit bekannt und riefen eine teils massive Kritik hervor. Gleichzeitig kam es zu den ersten methodischen Differenzen; etwa zwischen denen, die stärker von den auf Sympathie und Verstehen ausgerichteten Tendenzen des CPT geprägt waren, und denen, die eine Erprobung ihrer Konfliktfähigkeit im Streß der >Bratkiste< (»Training Group = TG; »Sensitivity Training«) suchten (und gefunden hatten). Darüberhinaus kam es gelegentlich zu Mißverständnissen und Beziehungsproblemen zwischen den sogenannten Tiefenpsychologen und den stärker vom CPT oder der Sozialpsychologie kommenden Gruppendynamikern. Je stärker die Aktivitäten, je dichter damit die Interaktionen wurden, desto dringlicher erschien den Vertretern der verschiedenen Richtungen die Notwendigkeit, die gegenseitigen Beziehungen gründlicher zu klären, Übereinstimmungen und Differenzen genauer zu bestimmen. Diese Absicht führte im Frühjahr 1972 zur Gründung der Deutschen Gesellschaft für Pastoralpsychologie; zu deren Aufgaben gehören die Koordination und Kooperation der verschiedenen pastoralpsychologischen Richtungen und Aktivitäten sowie Entwicklung gemein

33 Vgl. E. R. Schmidt, Überlegungen zur Gemeindeberatung in Hessen, in: Konsultation Gemeindeberatung, als Manuskript vervielfältigter Bericht des Burckhardthaus-Verlags Gelnhausen 1974.

samer Zielvorstellungen und vergleichbarer Ausbildungsstandards. Die Gesellschaft gliedert sich zur Zeit in drei Fachsektionen: >Tiefenpsychologie<, >Klinische Seelsorgeausbildung< (KSA — CPE), >Gruppendynamik/Sozialpsychologie<. Ihr gehören (1974) etwa 120 Mitglieder an; die Mitgliedschaft hängt von bestimmten Voraussetzungen der Ausbildung, der Weiterbildung und des Berufsfeldes ab[34].

Die Sektion Gruppendynamik befand sich ebenso wie die anderen Sektionen 1972 und 1973 im Stadium von Aufbau und Konsolidierung. Ihr gehören 1974 etwa 40 Mitglieder an, die durchweg im Bereich der kirchlichen Ausbildung, Fortbildung [28] und Weiterbildung hauptberuflich tätig sind. Zu ihren Zielen und Aufgaben, die zZ. noch nicht endgültig definiert sind, gehört etwa:

- Gruppendynamische Verfahren für die Arbeit in der Kirche anzuregen, and ihre Anwendung theologisch wie sozialpsychologisch zu reflektieren;
- qualifizierte Leiter gruppendynamischer Veranstaltungen (>Trainer<) aus- und fortzubilden; dazu u. a. ein System gegenseitiger kollegialer Supervision, Kritik und Beratung (Ratingsystem) einzurichten;
- den praktischen und wissenschaftlichen Erfahrungsaustausch unter den Kollegen sowie die berufliche Kooperation zu fördern;
- kirchliche Stellen in Hinsicht auf gruppendynamische Einrichtungen und Aktivitäten zu beraten;
- gruppendynamische Veranstaltungen (Laboratorien, Workshops, Trainings) anzuregen, durchzuführen oder zu koordinieren;
- sozialpsychologisch-methodische Analysen von kirchlichen Veranstaltungen anzuregen oder anzufertigen;
- die >Prozeßbegleitung< größerer kirchlicher Veranstaltungen anzuregen oder zu organisieren;
- die Öffentliche Diskussion über >Gruppendynamik in der kirchlichen Praxis< zu fördern.

2 Lernprozeß — religiöse Einstellung — Religionspädagogik

Wo von >Demokratisierung< der Gesellschaft, von Innovation kirchlicher Lebensformen die Rede ist, da geht es sofort um das Wie des Umdenkens, um Lernprozesse. In der Studentenbewegung wie in davon weit entfernten Kreisen wird gefordert, daß sich im Zuge des gesellschaftlichen Umbruches unserer Zeit auch >Wissen<, Einstellungen und Verhalten der

---

34 Nähere Informationen über die DGfP sind zZ. (1974) erreichbar über den 1. Vorsitzenden: Dr. K. Winkler, 3 Hannover, Wangenheimstr. 15, sowie über den Geschäftsführer: Studiendirektor Dieter Seiler, 2308 Preetz, Kieler Str. 30.

Menschen von Grund auf ändern müßten: berufliche Fertigkeiten (Umschulungen) ebenso wie Alltagswissen im Umgang mit Kindererziehung und Fernsehapparaten, mit Straßenverkehr und mit einer neuen Sexualmoral. Lernprozesse werden also gefordert für den Bereich des relativ leicht erlernbaren und flexiblen »technischen Wissens<[35], ebenso wie für den der resistenteren Grundeinstellungen zu Leben und Wirklichkeit, zu Politik und Religion. [29]

2.1 Zur emotionalen Verankerung kognitiver Einstellungsinhalte

Veränderung aber, ja schon Beeinflussung solcher Grundeinstellungen ist außerordentlich mühsam; das haben nicht nur zahlreiche neuere sozialpsychologische Forschungen ergeben[36], sondern das lehrt auch eine kritische Reflexion der alltäglichen Primärerfahrung. Um die oft hartnäckige Resistenz von Grundeinstellungen zu erklären, bezieht man sie gerne auf eine Art >emotionaler Besetzung<, also auf ihre Verflechtung mit Angst und Hoffnung, mit Identität und Selbstwert, mit Vertrauen und Mißtrauen. Wahrscheinlich hängt die affektive Verankerung eng damit zusammen, daß diese Einstellungen eine wichtige Steuerungsaufgabe für unsere Daseinsorientierung wahrnehmen; sie brauchen schon deshalb eine gewisse Stabilität, weil Entscheidungen für eigenes Handeln nicht heute aus nationalsozialistischen, morgen aus marxistischen und übermorgen vielleicht aus liberalistisch-hedonistischen Prämissen abgeleitet werden können, ohne daß es zu innerer und äußerer Konfusion kommt.

Andererseits müssen diese Grundeinstellungen flexibel genug sein, um neuen Umweltanforderungen gerecht zu werden, um sie bewältigen zu können. Im Zuge des gesellschaftlichen Umbruchs ist aber die Variabilität der Umweltansprüche so sehr gesteigert, daß die Entsprechungsfähigkeit unserer Einstellungen gewissermaßen überfordert ist; auch daraus erklärt sich das immer stärkere Interesse am Hinterfragen überkommener Auffassungen, an Lernprozessen[37].

---

35 J. Habermas, Technik und Wissenschaft als »Ideologie«, edition suhrkamp 287. Habermas stellt dem »technischen Wissen» ein »komunikatives Wissen« gegenüber, doch hat sich letzterer Begriff angesichts der sonst so vielfältigen Verwendung von »Kommunikation« kaum eingebürgert; »Grundeinstellung« dürfte die gemeinte Sache besser kennzeichnen.

36 H. O. Luthe, Interpersonale Kommunikation und Beeinflussung, Stuttgart 1968. - L. Mann, Sozialpsychologie, Weinheim 1972, bes. Kap. 6: Einstellungen. Die Problematik dieser doppelten Funktion von »emotional besetzten« Grundeinstellungen habe ich ausführlicher erörtert in: K.-W. Dahm, Beruf: Pfarrer, (bes. 183 ff, 194 ff, 235 ff, 291 ff, 321 ff).

37 Vgl. K.-W. Dahm / N. Luhmann / D. Stoodt, Religion - System und Sozialisation, 1972; J. Habermas, Legitimationsprobleme im Spätkapitalismus, 1973, W. Pannenberg, Wissenschaftstheorie und Theologie, 1973.

Nun sind zwar die Anordnungs- und Verhältnisprobleme zwischen sogenannten kognitiven und sogenannten emotionalen Bestandteilen des menschlichen Bewußtseins wissenschaftlich noch keineswegs zureichend erforscht; gerade im Blick auf Lernvorgänge und Einstellungsveränderungen wird hier mehr vermutet als belegt. Doch gehen gruppendynamische Veranstaltungen weithin von der Hypothese aus, daß durch Gruppendynamik [30] der (wie immer zu deutende) Zusammenhang von kognitiven und emotionalen Faktoren in Bewegung gebracht und daß diese Bewegung für. den Lernprozeß fruchtbar gemacht werden kann. Diese Hypothese hat, wenn auch auf unterschiedliche Weise, beim Großteil der Teilnehmer an entsprechenden Veranstaltungen offensichtlich zustimmende Resonanz gefunden.
Das Image, emotionale Widerstände überwinden zu helfen und eine begrenzte Flexibilität der Grundeinstellungen zurückzugewinnen, hat der Gruppendynamik zweifellos ganz erheblichen Kredit verschafft und zu ihrer rapiden Verbreitung wesentlich beigetragen. Deutliches Indiz dafür ist die starke Resonanz, die Tobias Brochers Buch »Gruppendynamik und Erwachsenenbildung« (nicht zuletzt wegen der Signalwirkung seines Titels) seit seiner ersten Auflage 1967 gefunden hat[38]. In meiner Berufspraxis, in Kirche, Universität und Schule treffe ich immer wieder auf Leute, die gerade dieses Buch durchgearbeitet haben und darin Anregungen für ihre eigene Tätigkeit zu finden suchen. Vergleichbares kann ich von keinem einzigen anderen Buch der inzwischen zahlreich und für den Laien unübersichtlich gewordenen gruppendynamischen Literatur sagen.

2.2 Das Laboratorium als Übungsraum des Verhaltens

Wie kann man sich den Zusammenhang von Gruppendynamik und Lernprozeß so erklären, daß er auch dem sozialpsychologisch nicht vorgebildeten Laien verständlich wird? Ein amerikanisches Modell spricht im Sinne von >erklärungskräftiger Anschauung< von >gefrorenen< Verhaltensweisen, die während des gruppendynamischen Prozesses gleichsam aufgetaut, im aufgetauten Zustande dann verändert und schließlich in ihrer veränderten Struktur wieder >eingefroren< werden[39]. Wahrscheinlich ist in deutscher Sprache erklärungskräftiger von festen und fliessenden Zuständen der Verhaltensstruktur zu sprechen, statt >frozen<, >unfreezing< und >refreeze< wörtlich zu übersetzen. Der Sache nach geht es um folgendes:
Im Alltag erleben wir, daß jeder Mensch ein für ihn eigentümliches Verhalten aufweist. Wie etwa Herr A. mit andern spricht, wie er sich bewegt, wie

38 T. Brocher, Gruppendynamik und Erwachsenenbildung, 1967.

39 Das Modell ist ausführlich dargestellt und erklärt von E. R. Schmidt, Erfahrungen mit einem Lernprozeß unter Supervision, in: WzM 25 (1973), 371-380. E. R. Schmidt beruft sich dabei auf die amerikanischen Sozialpsychologen R. Blake und P. G. Hanson.

er seine Ziele verfolgt, wie er arbeitet, — das alles hat eine bestimmte unverwechselbare Art: wir fassen [31] sie zusammen als das Verhaltensprofil von A. Dieses Verhaltensprofil hat in der Regel einen bestimmten Festigkeitsgrad; es ist, wie wir sagen, eingeschliffen, eingelebt. Es läßt sich nicht leicht verändern. A. wird zwar oft dazu aufgefordert; möchte sein Verhalten auch selbst ändern. Doch weiß er nicht, wie er es machen soll; er möchte sich keine Blöße geben. Im Alltag hat er kaum Gelegenheit, etwas auszuprobieren, auch einmal linkisch zu erscheinen, sich Zeit zu nehmen zum geduldigen Einüben anderer Verhaltensweisen.

Im gruppendynamischen Laboratorium ist er für eine begrenzte Zeit aus dieser Alltagssituation herausgenommen. Er erfährt, wie in der Gruppe gegenseitiges Vertrauen, gegenseitige Annahme, gegenseitiger >Kredit< wächst. Er sieht sich plötzlich besser als sonst in der Lage, das offene, direkte, vielleicht schmerzhafte Feedback der anderen Gruppenteilnehmer anzunehmen. Der gegenseitige >Kredit< ermöglicht, Kritik anzunehmen und fruchtbar zu machen. Nicht zuletzt besteht Gelegenheit, am eigenen eingeschliffenen Verhalten zu arbeiten. Auch in diesem Versuch erfährt er durch die anderen, wie seine Bemerkungen empfunden werden: als angemessen oder als verkrampft; ob er auf dem intendierten Wege ist, ob er die neuen Formen in sein Verhaltensprofil integrieren kann — oder ob er irregeht. Dabei bleibt die Entscheidung, ob er ein Feedback annehmen will oder nicht, allein ihm überlassen; er wird nicht zu irgendeiner Änderung gezwungen.

Gegen Ende des Laboratoriums muß er sich freilich bewußt machen, daß die Zeit des relativ risikolosen Experimentierens begrenzt ist; daß er in der Alltagswelt wieder mit festeren Verhaltensweisen arbeiten wird und daß darum gerade das Neugelernte in einen festeren Zustand gebracht werden muß (>Refreezing< und Integration).

Was in diesem Modell über Verhaltensänderung im Wege gruppendynamischer Prozesse erklärt wird (und später unter dem Gesichtspunkt >Selbsterfahrung< noch einmal aufzunehmen ist), gilt ähnlich für Lernvorgänge im Bereich von Grundeinstellungen. Auch hier können eingefahrene und vielleicht verhärtete Vorstellungen am ehesten >aufgetaut< werden, wenn eine Atmosphäre grundsätzlichen Vertrauens gegeben ist, wenn also durch emotionale Zuwendung und emotionale Solidarität eine Art Ausgleich für diejenigen Verunsicherungen bereitgestellt wird, die durch Problematisierung und Änderung von den in der eigenen Gefühlswelt verankerten bisherigen Grundeinstellungen entstehen. [32]

2.3 Verkündigung und Gruppenarbeit

In der Kirche, in fast allen ihren Arbeitsbereichen, ging es immer — und geht es heute — fundamental darum, Grundeinstellungen zu beeinflussen:

Umkehr zu fordern, Anschauungen und Verhalten zu ändern; aber auch Glauben zu stärken und zu festigen. Seit zwei Jahrtausenden, besonders aber seit der Reformation, vollzog sich diese kirchliche Grundaufgabe vor allem im Wege des Predigens. Vielfach wurde Verkündigung, wurde sogar das Wort Gottes identifiziert mit der Kommunikationsform der Predigt. Diese Kommunikationsform aber vermag offenbar heute nicht mehr zu leisten, was man Jahrhunderte von ihr erwartet hat: die Verstehensraster (Bezugssysteme) der Hörer sind unterschiedlicher geworden; die Aneignung des Gehörten wird dadurch erschwert, daß kein Rückfragen, keine Diskussion möglich ist; die meisten Hörer sind durch das Fernsehen an eine Informationsvermittlung gewöhnt, in der verbale Mitteilungen mit konkreter visueller Anschauung verbunden sind[40].
Die Frage lautet heute: wie kann die Kommunikationsform der Predigt ergänzt werden, wenn sie ihre Aufgabe nicht mehr zureichend zu erfüllen vermag? Diese Frage ist um so aktueller, als die gegenwärtigen Auseinandersetzungen über bestimmte Glaubensvorstellungen und über Grundeinstellungen zu Leben, Welt und Moral einerseits zu Unsicherheiten führen, andererseits aber zur gründlichen Beschäftigung und genauen Information herausfordern.
Es ist nicht verwunderlich, daß in diesem Zusammenhang immer wieder von Gesprächsgruppen die Rede ist: Hauskreise, Predigtvor- und Predigtnachgespräche sind in fast jeder Gemeinde ausprobiert oder auf Dauer eingerichtet worden; Anregungen der Gruppenpädagogik werden in Konfirmanden- und Religionsunterricht, in Bibelstunden und Frauenhilfen anzuwenden versucht. Das ist nicht prinzipiell neu. In der pietistischen Tradition (schon im Wort >Gemeinschaften< kommt das zum Ausdruck) werden seit Jahrhunderten die heute auch wissenschaftlich [33] formulierten Regeln der Kleingruppe und zum Teil sogar die der Gruppendynamik in einer eigentümlichen Weise berücksichtigt. Wo etwa ein neues Glied der >Gemeinschaft< nach seiner Bekehrung eng in den Kreis der Brüder hineingenommen und die große seelische Erschütterung in ein langsames Lernen der Glaubensauffassungen und Gemeinschaftsregeln übergeführt wird, da ereignet sich, sozialpsychologisch gesehen, ähnliches an Einstellungsver-

40 Ausführlicher analysiert habe ich dieses Problem in: K.-W. Dahm, Hören und Verstehen, in: Predigtstudien (hg. von Lange), Bd. IV, 2, 1970. Im vorliegenden Sammelband erneut ab S. 247 abgedruckt.
Zur sozialpsychologischen Problematik vgl. J. Kleemann, Wiederholung als Verhalten, in: Y. Spiegel (Hg.), Erinnern — Wiederholen — Durcharbeiten. Zur Sozialpsychologie des Gottesdienstes, Stuttgart 1972; T. Stählin, Kommunikationsfördernde und -hindernde Elemente in der Predigt, in: WuPKG 61 (1972). 297 ff.
Zur theologischen Problematik vgl. R. Bohren, Predigtlehre, München 1971; W. Grünberg, Homiletik und Rhetorik, Gütersloh 1973.

änderung und emotionaler Verarbeitung, wie es vorhin für den Lernprozeß im gruppendynamischen Laboratorium beschrieben wurde.
Was heute neu ist, sind die Versuche, gruppendynamische Gesetzmäßigkeiten bewußt mitzubedenken; sie methodisch zu berücksichtigen, wenn Predigtbesprechungsgruppen oder Hauskreise eingerichtet oder durchgeführt werden; zu wissen, daß auch in der Bibelstunde, in der Gebetsstunde, im Gottesdienst die psychosozialen Beziehungen unter den Teilnehmern eine ganz wichtige Rolle spielen, daß also Konflikte, Wettbewerb, emotionale Zuwendung usw. sich unmittelbar auswirken auf den Versuch, die mitgebrachten religiösen Einstellungen im Sinne des Evangeliums zu verändern.

2.4 Anwendungen und Anwendungsschwierigkeiten in der Religionspädagogik

Die weitaus meisten dieser Versuche werden, wie erwähnt, in den Praxisfeldern der Religionspädagogik durchgeführt. Eine kaum mehr übersehbare Literatur, vor allem von Aufsätzen und >grauen< papers, gibt Aufschluß über theoretische und praktische Ansätze[41], theoretische Auseinandersetzungen[42], praktische Unterrichtsmodelle und (leider noch relativ selten) über durchgeführte [34] und kritisch analysierte Projekte[43]. Obwohl aber in diesem Bereich von Konfirmanden- und Religionsunterricht die Anwendung gruppendynamischer Lernverfahren innerhalb der Kirche am weitesten entwickelt ist, kann man bisher doch nur von einer Anfangsphase sprechen. In dieser Anfangsphase haben sich für meine Wahrnehmung zwei Schwierigkeiten besonders deutlich abgezeichnet:
Erstens empfinden die meisten es für schwieriger als erwartet, gruppendynamische Verfahren dann gezielt einzusetzen, wenn ein länger dauernder Gruppenprozeß aus zeitorganisatorischen Gründen nicht möglich ist.

---

41 ZB. F. Kaspar, Gruppendynamik/Gruppenpädagogik — Mode oder Methode im Religionsunterricht?, in: 0. Betz / F. Kaspar, Die Gruppe als Weg. — K. Dienst, Moderne Formen des Konfirmandenunterrichtes; bes. Kap. E II, 197 ff: Konfirmandenunterricht und Gruppen- Prozeß, — K. Frielingsdorf, Lernen in Gruppen. Gruppendynamische Aspekte der Religionspädagogik und Theologenausbildung.

42 Diskutiert werden vor allem die Aufsätze von D. Stoodt, in dessen theoretischem Ansatz die Anwendung von Gruppendynamik gleichsam beiläufig mitbegründet wird; ihre Anwendungsproblematik ist nicht das Hauptthema Stoodts. Vgl..
1) D. Stoodt, Die Praxis der Interaktion, zuerst 1971; abgedruckt in: Setz/Kaspar, Die Gruppe als Weg, 1973.
2) D. Stoodt, Religiöse Sozialisation und emanzipiertes Ich, in: Dahm/ Luhmann/Stoodt, Religion — System und Sozialisation, Neuwied 1972;
3) D. Stoodt, Konfirmandenunterricht als kirchliche Sozialisationsbegleitung, in: WuPKG 62 (1973), 375-389.

43 Vgl. besonders die bei K. Dienst, aaO., abgedruckten »Beispiele«, 206-213.

Die Konfirmanden- oder die Religionsstunde ist ja (wie übrigens auch die Seminarübung in der Universitat[44]) in einen Kontext von Umgang mit ganz anderen Bezugspersonen (Lehrern, Eltern, Freunde) und von ganz anderen Interaktionsstilen hineingestellt. Eine Konsolidierung des Gruppenprozesses findet kaum statt. Eine Übung, die etwa in einer Konfirmandenfreizeit eine fruchtbare Resonanz hat, kommt in der knappen Schulstunde nicht an, sondern verwirrt die Kinder und führt zu diffusen oder turbulenten Reaktionen. Modellvorschläge wie in einer solchen kurzen Schulstunde sinnvoll gruppendynamische Verfahren angewendet werden können, liegen noch kaum in einer Fassung vor, die in der Praxis wirklich erprobt und überprüft ist.

Zweitens wird, wie im Zusammenhang der Autoritätsproblematik erwähnt, gelegentlich davon berichtet, daß im Konfirmandenunterricht gruppendynamische Techniken eingesetzt wurden, durch die die Jugendlichen weit überfordert waren. Intendiert wurden dabei etwa die Steigerung von >Ich-Stärke< oder von >Konfliktfähigkeit< durch Forcieren von Frustration oder Rivalität; oder die fiktive Auseinandersetzung mit Vater oder Mutter mit dem Ziel der Emanzipation. Diese und ähnliche Verfahren können zweifellos zu einem gefährlichen seelischen Schock bei den Jugendlichen führen. Vielleicht haben diejenigen Pfarrer oder Vikare, die solche Übungen einzusetzen versuchen, diese [35] erst kurz vorher in einem Laboratorium in eigener Beteiligung kennengelernt und als außerordentlich fruchtbar erfahren. Sie haben dann die Transfermöglichkeiten falsch eingeschätzt: die völlig verschiedenartige Situation von Konfirmandenstunde und Laboratorium, die unterschiedliche psychische Disposition bei Jugendlichen und bei Erwachsenen, sozusagen den curricularen Ort der betreffenden Übung im Design der Gesamtveranstaltung usw.

Aus Gründen dieser (auch für erfahrene Trainer) objektiv schwierigen Transferproblematik, aber auch aufgrund meines Verständnisses von Religions- und Konfirmandenunterricht meine ich, daß gruppendynamische Verfahren, wie etwa die intensive Beziehungsklärung unter Anwesenden oder die intensive Durcharbeitung von Autoritätsproblemen, in der Regel nicht zum Selbst- oder Hauptzweck des Unterrichtes werden sollten; sie sollten vielmehr eng verklammert bleiben mit der >inhaltlichen< Erörterung von Lebensfragen und Daseinsorientierung, von Stellung und Auftrag

---

44 Auch die heute vieldiskutierte und im vorliegenden Buch vor allem durch S. Polzien Beitrag (siehe die eingangs erwähnte Quelle der Erstveröffentlichung, dort S. 178-190) vorgestellte sogenannte ,,Themenzentrierte Interaktionelle Methode« nach Ruth Cohn ist meiner Kenntnis nach noch nicht im Sinne einer empirischen Untersuchung auf diese Aufgabe bezogen worden. Die Theorie der Methode wird anschaulich differenziert bei K. W. Vopel, Zur Theorie der themenzentrierten interaktionellen Methode, in: Blickpunkt Hochschuldidaktik Nr. 25, Hamburg 1972.

des Christen in einer Welt der Repressionen und des vielfachen Elends. Allerdings sind die Grenzen und Überschneidungen zwischen der angemessenen Berücksichtigung und Bearbeitung von psychosozialen Faktoren einerseits und von inhaltlich-kognitiver Arbeit andererseits nicht leicht zu markieren.

Man wird die für die Anfangsphase kaum zu vermeidenden Schwierigkeiten am ehesten bewältigen und hantierbare Methoden am ehesten profilieren, wenn sich diejenigen kirchlichen Mitarbeiter, die in ihrer Arbeit mit Jugendlichen oder auch in der Erwachsenenbildung gruppendynamische Vorgänge gezielt fruchtbar zu machen suchen, selbst einer langfristigen Supervision unterziehen (was im Anfang durchaus in gründlichem wechselseitigem Feedback unter Kollegen geschehen kann), und wenn sie darüberhinaus ihr eigenes Kommunikationsverhalten in der Teilnahme an dafür geeigneten Trainings in regelmäßigen Abständen überprüfen und weiter sensibilisieren.

3 Selbsterfahrung—Persönlichkeitsentwicklung—pastorales Kommunikationsverhalten

Das Wort >Selbsterfahrung< löst im allgemeinen die stärksten positiven und negativen Reize aus, wenn von Gruppendynamik die Rede ist. Man hat Angst vor dem sogenannten Striptease, [36] ist zugleich neugierig, möchte mehr von sich wissen, erwartet, dem neuesten Trend folgend, auch so etwas wie >Persönlichkeitsentwicklung<. In den Bereich der Strömung, die mit diesen Worten und Interessen aus dem Gesamtsystem Gruppendynamik ausgegrenzt werden kann, gehören auch die meist aufgebauschten Sensationsberichte über das >see me, hear me, feel me, touch me<, über nonverbal-körperliche Kommunikation, über >Sexualität als Befreiung<, über Gruppendynamik als Religion.

Da das, was diese Berichte sensationell aufmachen und verdrehen, in seinem Kern, etwa in den Grundideen des Human Potential Movement, sich zur Zeit in den Vereinigten Staaten und sicher bald auch bei uns stark auf die Pfarrerausbildung und das Gemeindeleben auswirkt[45], soll es hier wenigstens in Kürze vorgestellt und problematisiert werden. Vorher aber muß der Zusammenhang von Selbsterfahrung und Gruppendynamik noch etwas grundsätzlicher behandelt werden

45 Vgl. K.-W. Dahm, Potential der Seele entfalten. Über den Einfluß der »humanistischen Psychologie« auf die amerikanische Pfarrerausbildung, in: Lutherische Monatshefte 13, Nr. 2/1974, 66-69.

3.1 Selbstwahrnehmung durch Feedback

Am Beispiel von Lernprozessen in gruppendynamischen Laboratories (oben 2.2) wurde deutlich, daß sich im Zuge eines Kleingruppenprozesses ein Klima von gegenseitiger Annahme und emotionaler Wärme entwickeln kann, das es dem Teilnehmer A ermöglicht, an seinem eigenen Verhaltensprofil zu arbeiten. Es fällt ihm leichter als in der Alltagswelt, ein Feedback, also eine Art Rückmeldung darüber anzunehmen, wie er auf andere Menschen wirkt; es gelingt ihm eher, das Bild zur Kenntnis zu nehmen, das andere Menschen offenbar von ihm haben, — und sich mit diesem Bild auseinanderzusetzen.

In der Regel erlebt er, daß dieses Bild weit vielfältiger, differenzierter — und widersprüchlicher ist, als es ihm in der Alltagswelt bewußt geworden war. Er merkt jetzt genauer, daß die charakteristischen Merkmale seiner eigenen Art von B anders empfunden werden als von C. So hört er von B, daß dieser an ihm die bestimmte, zielgerichtete, durchsetzungsfähige Art schätzt, weil damit etwas zustande gebracht werde; von C dem gegenüber erfährt A, daß dieser sich von derselben Verhaltensweise eher eingeengt, an seiner eigenen Entfaltung gehindert fühlt. Manchmal entdecken die Gruppenmitglieder Züge an ihm, die ihm selbst vorher nicht bewußt waren; manchmal merkt A, daß einige Züge seines Wesens, die er selbst bisher für charakteristisch [37] gehalten hat, von den andern nicht registriert werden[46]. Insgesamt erlebt er sich im Brennpunkt all dieser Feedbacks auf eine ganz neue Weise; er macht >Selbsterfahrungen< von einer Tiefe, wie er sie nicht für möglich gehalten hätte.

All das wirkt auf A sowohl befreiend als auch belastend. Befreiend insofern, als ihm jetzt klarer wird, warum er mit Leuten vom Schlage C auch im Alltagsleben häufig Schwierigkeiten hat, obwohl er sie doch seinerseits vom Typ her >gut leiden< kann; er sieht jetzt besser als vorher, daß die Schwierigkeiten nicht so sehr auf Meinungsverschiedenheiten in der Sache und auch nicht primär auf Rivalitäten beruhen, sondern daß es eben sein Kormmunikationsstil ist, der bei Leuten wie C Widerstand hervorruft. Belastend andererseits wirken die Feedbacks u.a. deshalb, weil A sich plötzlich einer fast erdrückenden Vielfalt von Beziehungsmöglichkeiten gegenüber sieht; im Grunde müßte er sich gegenüber B anders verhalten als gegenüber C, bei E anders als bei F. Er fragt sich, wie er mit seinen Kommunikationsschwierigkeiten umgehen kann, nachdem die Schleier naiver Bewältigung (etwa alles als Mißverständnis zu erklären) weggerissen sind.

---

46 Vgl. dazu das sogenannte Johari-Window; beschrieben etwa bei K. Antons, Praxis der Gruppendynamik, Göttingen 1973, 111 f.

Doch bleibt die Reflexion über das eigene Kommunikationsverhalten in der Regel nicht bei solchen grundsätzlichen und allgemeinen Fragen. Feedbacks sind gewöhnlich sehr konkret; sie geben Eindrücke wieder, die man hier und jetzt gewonnen hat: Du hast meinem Eindruck nach zuviel geredet; Du warst sehr aggressiv; Du hast zuviel strukturiert; in Deinen Beiträgen steckte zu wenig Nachdruck, zu wenig emotionale Kraft, darum sind sie von den anderen nicht aufgenommen worden; diese Art, Deine theologische Auffassung zu vertreten, wirkte auf mich nicht glaubwürdig.
A ist imstande, das alles zu hören; die andern haben soviel >Kredit< bei ihm, daß er sich nicht abgestempelt oder geschulmeistert fühlt. Er kann jetzt selbst überlegen und durch Nachfragen klären, was an diesen Eindrücken mehr zufällig, untypisch ist — und was ein Verhalten beschreibt, mit dem er auch sonst Schwierigkeiten hat. Daran kann er arbeiten, kann er sozusagen versuchen, sein eigenes >Kommunikations-Instrumentarium< zu vergrößern und zu differenzieren.

3.2 Training pastoraler Kommunikation (CPT-KSA u.a.)

Wenn ich die breite Gesamtthematik von Selbsterfahrung und [38] Verhaltensbewußtheit am Teilbereich der verbalen Kommunikation exemplifiziert habe, dann hauptsächlich deshalb, weil in der Ausbildung von Pfarrern und anderen kirchlichen Mitarbeitern dieser Teilbereich von besonderer Bedeutung ist. In kirchlichen Berufen geht es ja gewissermaßen professionell um Kommunikation. Alle drei Grundformen von Kommunikation, nämlich die >Einweg-Kommunikation< (Predigt, Vortrag usw.), der Dialog (Seelsorgegespräch) und die Gruppenkommunikation (Unterricht, Jugendarbeit, Kleingruppe usw.) gehören konstitutiv zum Pfarrerberuf. Daraus folgt, daß auch das Handwerkszeug des Pfarrers auf alle drei Grundformen anwendbar sein muß. Die theologische Ausbildung war bisher, soweit sie sich (etwa im Fach Rhetorik) überhaupt empirisch mit Kommunikationsvorgängen befaßte, wesentlich auf Predigt oder Ansprache ausgerichtet.
In den letzten Jahren hat sich, gerade auch im Zuge des Ausbaus von Kommunikationswissenschaften und von gruppendynamisch organisierten Veranstaltungen zur Einübung bisher vernachlässigter Kommunikationsformen, ein starkes Interesse vieler junger Theologen an der seelsorgerlichen Gesprächsführung, an Beratung, an den verschiedenen Möglichkeiten der Gruppenkommunikation entwickelt.
Diese Entwicklung wurde entscheidend gefördert durch das Ausbildungsmodell des >CPT< (Clinical Pastoral Training), das vor allem in den fünfziger Jahren in den Vereinigten Staaten in verschiedenen Variationen

ausgebaut[47] und dessen erster Langzeit-Kurs in Deutschland im Sommer 1969 in Herborn durchgeführt wurde[48]. Inzwischen sind in der BRD mehrere Trainings-Zentren für CPT eingerichtet worden: zuerst in Hannover, Bethel und Frankfurt; als deutsche Bezeichnung für das Ausbildungsmodell hat sich >Klinische Seelsorge-Ausbildung< (KSA) durchgesetzt[49].

In Absicht und Anlage ist das CPT-KSA-Modell anderen gruppendynamischen Laboratorien durchaus vergleichbar; hier wie [39] dort werden die Kurs-Teilnehmer aus ihrem beruflichen Alltag herausgelöst, bilden sie eine Gruppe, erfahren sie einen Gruppenprozeß und versuchen sie im Feedback-Verfahren voneinander und miteinander zu lernen. Wichtige Unterschiede bestehen vor allem in zweierlei Hinsicht: einmal handelt es sich bei den klassischen CPT-KSA-Trainings um Langzeitkurse (die auf sechs Wochen, oft auch auf drei Monate angelegt sind). Das ist nur deshalb möglich, und darin besteht der charakteristische zweite Unterschied zu anderen gruppendynamischen Laboratorien, daß die Gruppe nicht alleine mit sich selbst, mit ihrem Prozeß und mit den einzelnen Teilnehmern beschäftigt ist, sondern daß Selbsterfahrung und Gruppenprozeß auf das engste verklammert sind mit sozusagen externen Aufgaben: vor allem mit seelsorgerlichen Gesprächen am Krankenbett, mit der Herstellung von Gesprächsprotokollen (Verbatims) sowie mit der kritischen Reflexion des eigenen Kommunikationsverhaltens anhand des Verbatims und unter der Leitung eines Supervisors[50].

Seiner Entstehung und seiner klassischen Ausprägung nach ist CPT-KSA-Modell also eng mit der seelsorgerlichen Ausbildung verbunden. Vielfach wird der Ausdruck CPT auch als Synonym für einen bestimmten Stil seelsorgerlicher Gesprächsführung verwendet: nämlich für den der klientenzentrierten, sogenannten non-direktiven Methode, verkürzt auch als Methode des >Spiegelns< bekannt[51]. Synonymität und Verwechslung rühren

---

47 Idee und Vorgeschichte des CPT (heute CPE = Clinical Pastoral Education) gehen offenbar bis in die dreißiger und vierziger Jahre zurück. Vgl. dazu D. Stollberg, Therapeutische Seelsorge, 60-82.

48 Vgl. W. Zijlstra, Seelsorge-Training, 8 und 186 f. — Zur Dokumentation des Herborner Trainings vgl. Evang. Kommentare 1969, 591-593.

49 Vgl. das Themaheft »Klinische Seelsorgeausbildung« WuPKG, April 1973, 130-210. — W. Becher (Hg), Klinische Seelsorgeausbildung, Schriften der Ev. Akademie in Hessen und Nassau, Frankfurt, Heft 98/1972. — H. C. Piper, Klinische-Seelsorge-Ausbildung, Berliner Hefte für evangelische Krankenhausseelsorge, Heft 30/1972.

50 Vgl. dazu H. Rueß-Alberti u.a., Gruppenprozesse in Kursen klinischer Seelsorgeausbildung Beitrag (siehe die eingangs erwähnte Quelle der Erstveröffentlichung, dort S. 191-212)

51 Vgl. H. Faber / E. v. d. Schoot, Praktikum des seelsorgerlichen Gesprächs, Göttingen 1970. — Zum theoretischen Hintergrund vgl. R. Tausch, Gesprächspsychotherapie, Göttingen 51973.

daher, daß gerade in den ersten deutschen Trainingskursen, beispielsweise in Herborn, diese Methodik stark im Vordergrund der Arbeit stand, obwohl sie auch dort nie als einzige vertreten wurde. Allerdings meine ich, daß diese Gesprächsmethode auch künftig einen hervorgehobenen Platz in den Trainings für pastorale Kommunikation haben wird, weil sie ein weit verbreitetes Gesprächsverhalten der Pastoren zu überwinden hilft, nämlich die Neigung, eigene Antworten zu geben, wo der Partner seine Frage noch nicht gefunden hat, und zu dozieren oder zu moralisieren, wo zunächst einmal Gefühle ernst genommen sein wollen.
Das CPT-KSA-Modell ist freilich seiner Grundstruktur nach nicht notwendig auf die Verbindung mit seelsorgerlicher Gesprächsführung festgelegt. Genauso gut lassen sich andere Arbeitsfelder [40] denken, die als externe Aufgabe mit der Verarbeitung im Gruppenprozeß im Rahmen eines gruppendynamischen Langzeit-Laboratoriums verbunden werden: beispielsweise ein religionspädagogisches Projekt, ein Projekt zur Gemeindearbeit, ein theoretischer Fragenkreis oder auch ein Predigtprojekt. Letzteres könnte man sich so vorstellen, daß die 8-10 Teilnehmer des Trainings einen Teil der Predigtvorbereitung gemeinsam durchführen und während der für den Gruppenprozeß freigehaltenen Sitzung eigene, von Predigttext und -thema angeregte theologische Schwierigkeiten bearbeiten; die Predigten könnten dann in der Nachbarschaft des Trainingsortes in solchen Zeitabstanden gehalten werden, daß jeweils ein Teil der Gruppe an jedem Gottesdienst teilnimmt, und auch die Nacharbeit könnte in den gruppendynamischen Prozeß eingebracht werden.
Mir scheint, daß solche vom klassischen CPT-Modell angeregten Möglichkeiten, gruppendynamische Selbsterfahrung und berufliche Arbeitsaufgaben auf das engste miteinander zu verbinden, erst in den allerersten Anfängen für die kirchliche Arbeit fruchtbar gemacht sind. Sie werden allem Anschein nach aber zumindest die Ausbildung in den nächsten Jahren in zunehmendem Maße bestimmen.

3.3 Persönlichkeitsentwicklung und humanistische Psychologie

Weit über das Interesse, eigenes Verhalten und besonders eigenes Kommunikationsverhalten mithilfe von Feedbacks in einem Gruppenprozeß zu überprüfen und neue Verhaltensformen einzuüben, geht das Interesse an der sogenannten Persönlichkeitsentwicklung. Hauptsächlich von Kalifornien ausgehend, hat das Interesse an >personal growth< und an humanistischer Psychologie in den letzten fünf Jahren geradezu den Charakter einer Bewegung, des sogenannten >Human potential movement< angenommen. Worum es den untereinander wieder recht verschiedenartigen Varianten dieser Bewegung gemeinsam geht, ist folgendes Bestreben: mit Hilfe der neueren Psychologie will man das Potential der seelischen Möglichkeiten des Menschen besser als bisher ausschöpfen, will man nach einem höheren Maß von Wirklichkeitserfahrung und Lebenserfüllung suchen.

Um diesen Bedürfnissen zu entsprechen, sind inzwischen mehr als 100 Institute eingerichtet worden, von denen mehrtägige oder mehrwöchige Trainings, sogenannte >workshops<, durchgeführt werden[52]. Die Teilnehmer an den Workshops versuchen [41] unter der Anleitung eines Trainers und in offener gegenseitiger Kommunikation sich selbst näher kennen zu lernen, an ihren Schwächen zu arbeiten, ihre schlummernden Fähigkeiten zu entdecken und zu erproben[53]. Sie versuchen vor allem, die seelischen Probleme ihres Alltagslebens anzupacken und durchzuarbeiten: die Schwierigkeiten in ihrer Ehe, den Umgang mit ihren kleinen oder großen Kindern, die Schwierigkeiten mit Berufskollegen oder Vorgesetzten, aber auch Probleme des Selbstvertrauens, des beruflichen Versagens oder der Überforderung[54].

Die psychologischen Handwerkszeuge, die hier verwendet werden, sind vielgestaltig. Sie reichen von den mehr auf Innerlichkeit gerichteten Meditationsübungen zu den mehr auf das Außenverhalten bezogenen gruppendynamischen Rollenspielen; sie reichen von körperlichen Übungen wie Turnen und Massage bis hin zur Auseinandersetzung mit fiktiven Gesprächspartnern: etwa mit dem verstorbenen Vater, etwa mit dem abwesenden Ehemann oder etwa auch mit dem eigenen Gewissen.

Das sieht im Beispiel folgendermaßen aus: der Student Bob Smith sitzt auf einem Stuhl; ihm gegenüber steht ein leerer Stuhl. Auf dem leeren Stuhl sitzt, so stellt er es sich vor, sein >alter Ego<, sein anderes Ich, sein Gewissen. Und mit diesem seinem anderen Ich setzt sich Bob jetzt auseinander. Er redet sein Gewissen gewissermaßen als Person an: »Sag mal, Gewissen, warum wirfst du mir eigentlich immer vor, daß ich nicht genug für mein Studium arbeite?« In diesem Augenblick sagt der Trainer »switch«, dh. wechsle den Stuhl und damit die Rolle. Und jetzt sitzt Bob dort, wo sein Gewissen antworten würde. So geht es mehrfach hin und her. Mal ist er Bob in seiner normalen Erscheinung, mal ist er Bobs Gewissen. Auf diese Weise, so glauben die Psychologen, kann Bob seine inneren Spannungen ein Stück weiter bearbeiten und vielleicht fruchtbar machen.

---

52 Aus der unübersehbaren Fülle der amerikanischen Literatur sollen hier nur deutsche Übersetzungen und im übrigen deutsche Originaltitel angegeben werden. Einen großen Überblick, auch an statistischem Material, bietet der sonst eher polemisch-verzerrende als sachkundige Aufsatz von C. Ohm, Ziellosigkeit als Lernziel der Gruppendynamik aaO., 94-122 (s. Anm. 22).

53 ZB. W. C. Schutz, Freude, Hamburg 1971.

54 ZB. T. A. Harris, Ich bin o.k. Du bist o.k., Hamburg 1973. K. W. Vopel, Konfrontation als Kontakt, in: O. Betz / F. Kaspar, Die Gruppe als Weg, 115-137.

Fragt man, worin sich die Anhänger einer >humanistischen Psychologie< von dem unterscheiden, was in Deutschland als klassische Psychoanalyse oder als Psychotherapie bezeichnet [42] wird und was sich vor allem mit dem Namen von Sigmund Freud und seiner Schule verbindet, dann lassen sich drei Merkmale deutlich erkennen:

Erstens: Man ist nicht vorrangig auf die Behandlung von psychisch kranken Menschen ausgerichtet, sondern an >growth<, also an der seelischen Entfaltung, an Persönlichkeitsentwicklung von Menschen, die als psychisch einigermaßen gesund gelten.

Zweitens: Man ist nicht vorrangig an der Analyse und Bearbeitung der Vergangenheit interessiert, sondern man zielt vornehmlich auf die Bearbeitung von seelischem Erleben der unmittelbaren Gegenwart; des Hier und Heute, des hic et nunc. Daß dabei frühkindliche Prägungen eine Rolle spielen können, wird zwar nicht bestritten. Doch kann eben nicht jedermann eine über Jahre andauernde Analyse absolvieren, um sich erst dann seinen akuten Schwierigkeiten im Hier und Heute zuzuwenden.

Drittens: Man ist nicht vorrangig an der gedanklichen und verbalen Aufarbeitung von seelischen Problemen interessiert, wie sie etwa auf der berühmten Couch des Psychiaters erfolgt; sondern man versucht, den sogenannten ganzen Menschen, nämlich Körper, Seele und Geist gleichzeitig in die Bearbeitung persönlicher Schwierigkeiten einzubeziehen. Darum veranstaltet man Bewegungsspiele, Musik, Meditation, Malen und andere sogenannte nonverbale Übungen, bei denen eben nicht gesprochen wird, sondern wo die Beziehungen durch Mimik und Gestik ausgedrückt werden.

Insgesamt darf man die Unterschiede zwischen der Psychoanalyse und der neueren humanistischen Psychologie jedoch nicht als starres Entweder-Oder verstehen.

Das neue und rapide anwachsende Interesse an den Möglichkeiten, die eigene Gefühlswelt auszuweiten und zu verfeinern, die Beziehung zu anderen Menschen neu und anders zu gestalten; all das, was als Bewegung des >Human potential movement< wie eine Welle über Amerika hinweggeht und zunehmend auch in Europa Einfluß gewinnt: — all das wirkt sich in den Vereinigten Staaten ganz deutlich aus auch auf die kirchliche Praxis, auf die Interessen und Grundstimmungen der Theologiestudenten und nicht zuletzt auf die Arbeitsmethoden und Handwerkszeuge der Pastoralpsychologie[55]. Es führt uns zu weit, die Anwendungsmöglichkeiten in Seelsorge, Beratung und Gruppenarbeit [43] hier vorwegnehmend für die

55 H. J. Clinebell, Modelle beratender Seelsorge, München 1971. R. C. Leslie, Sharing groups in the church, New York 1970, H. J. Clinebell, The people dynamic, New York 1972. K. W. Dahm, Über den Einfluß der »humanistischen Psychologie« auf die amerikanische Pfarrerausbildung, vgl. oben Anm. 45.

deutsche Szene zu reflektieren. Wir werden uns aber in naher Zukunft mit ihren praktischen Auswirkungen beschäftigen können.

4 Gruppentherapie — therapeutische Seelsorge

Außer den bisher beschriebenen drei Knotenpunkten in der Beziehung zwischen Gruppendynamik und kirchlicher Praxis, nämlich den mit den Stichworten »Demokratisierung«, »Lernprozeß« und »Selbsterfahrung« charakterisierten Interessen, gibt es noch einen vierten Knotenpunkt von Interessen und Auseinandersetzungen: er kann mit dem Stichwort »Therapie« gekennzeichnet werden. Gruppendynamische Tendenzen, die sich im nichtkirchlichen Raum mit diesem Stichwort verbinden, stehen meist in engem Zusammenhang mit »Gruppenpsychotherapie«[56], Tiefenpsychologie und Psychoanalyse. Aber auch wo von »Therapeutischer Seelsorge« gesprochen wird, findet sich ganz selbstverständlich die Verbindung mit Psychoanalyse und Tiefenpsychologie[57]. Diese Verbindung ist, wie ich meine, nicht ganz unproblematisch. Bevor das genauer erörtert werden kann, muß der allgemeine Hintergrund des Zusammenhanges von Gruppendynamik und Psychotherapie näher ins Auge gefaßt werden.

4.1 Die Gruppe als therapeutischer Rahmen neurotischer Kommunikationsstörungen

In seinem weitverbreiteten Buch »Die Gruppe« schreibt H. E. Richter, daß »die Einführung der Gruppe als eines neuen therapeutischen [44] Rahmens einen historischen Wendepunkt in der Entwicklung der Psychotherapie markiert«[58]. Den Grund dafür, daß das Arrangement der Gruppe mehr und mehr an die Stelle des traditionellen Arrangements einer Zweierbeziehung zwischen Analysand und Analytiker tritt, sieht Richter vor al-

56 Hinzuweisen ist besonders auf die Zeitschrift »Gruppenpsychotherapie und Gruppendynamik« (Göttingen). — Vgl. zB. die Aufsätze R. Battegay, Möglichkeiten, Grenzen und Gefahren der Gruppenpsychotherapie, in: Gruppenpsychotherapie und Gruppendynamik, 1973, 115-131. — A. Heigl-Evers / F. Heigl, Gruppentherapie: interaktionell — tiefenpsychologisch fundiert — psychoanalytisch; in ebd. 132-157.

57 Der Begriff »Therapeutische Seelsorge« ist zweifellos durch den Titel der Pionierarbeit von D. Stollberg Therapeutische Seelsorge, populär geworden. In einem anderen Buch, »Seelsorge durch die Gruppe«, das den Untertitel »praktische Einführung in die gruppendynamisch-therapeutische Arbeitsweise« trägt, postuliert Stollberg programmatisch eine »tiefenpsychologisch orientierte therapeutische Seelsorge«, 201. Im Geleitwort des gleichen Buches schreibt der Lehranalytiker H. G. Preuß (nach Stollberg »einer der Pioniere der Gruppenpsychotherapie in Deutschland«, aaO. 12): »So ist uns heute über die Gruppenpsychotherapie auch ein neues Verständnis der Seelsorge erwachsen«, aaO. 11.

58 H. E. Richter, Die Gruppe, Hamburg 1972, 33.

lem in den soziokulturellen Umbrüchen der letzten Jahrzehnte. Das Indivi duum gerät in die Sackgasse, wenn es seine Identität auf den alten Wegen, beispielsweise in autoritären Anordnungen »retten« will[59]. Neue Formen psychischer Erkrankung treten auf; zunehmend verschwinden die Grenzen zwischen Neurose als Krankheit und Normalität.

Die Ursachen dafür liegen teils darin, daß unsere Kommunikationssysteme defekt sind: Kleinkindern fehlen konstante Bezugspersonen; arbeitende Menschen vermögen im Dunkelfeld wirtschaftlicher und arbeitsorganisatorischer Abhängigkeiten nicht durchzublicken; alte und vereinsamte Menschen ersticken gleichsam am Mangel emotional verankerter Kommunikation in der Anonymität moderner Wohnsiedlungen. Zu einem anderen Teil können die Ursachen der neuen Symptome psychischen Leidens von den Betreffenden selbst auch unmittelbar auf die Struktur und die Dynamik ihrer gesellschaftlichen Lebenszusammenhänge zurückgeführt werden[60].

Wenn versucht wird, auf diese neuen Formen der Neurose dadurch zu reagieren, daß das Individuum mit Hilfe der Gruppe seine deformierten und entleerten Beziehungsformen mit neuem Sinn füllen lernen soll, dann steht dahinter etwa folgende Überlegung: Einerseits bildet die Gruppe durch Intensivierung von Kontakt und gegenseitiger Zuwendung den Spielraum, miteinander in neuer Weise umgehen zu lernen. Anderseits wird die Gruppe auch einem eigenen Wesen vergleichbar, das dem Individuum Stärke (durch Partizipation am »Gruppen-Ich«), Schutz (vor Einsamkeit und Verlorenheit) und Selbstwert bietet[61].

Ob es dazu notwendig einer psychoanalytischen Aufarbeitung latenter und vielleicht frühkindlich eingeschliffener Verhaltensmuster bedarf, wird zumindest von H. E. Richter nicht als Zentralfrage erörtert; offensichtlich stehen andere therapeutische Methoden (etwa Verhaltenstherapie, Rollenspiele u.a.) gleichberechtigt neben den psychoanalytischen Verfahren. [15]

4.2 Wie vollzieht sich Seelsorge durch die Gruppe?

Eben diese Frage nach dem Stellenwert psychoanalytischer Verfahren ist meines Erachtens auch für den Zusammenhang von Gruppendynamik und seelsorgerlicher Kommunikation noch einmal neu zu stellen und wissenschaftlich zu diskutieren. Bisher wird, wie angedeutet[62], die Verbindung von Psychoanalyse und therapeutischer Seelsorge recht selbstverständlich

59 Richter, aaO. 21 f u. passim.

60 Im Grunde geht es in den meisten Fallberichten bei H. E. Richter, aaO., um diesen letzten Ursachenzusammenhang.

61 Richter, aaO. 33 f.

62 Vgl. oben Anm. 57.

und sozusagen monopolistisch statuiert. Das damit gesetzte Problem kommt (gerade in den implizierten Mißverständlichkeiten) etwa in folgendem Satz von Dietrich Stollberg deutlich zum Ausdruck: »Interveniert der Gruppenleiter vorwiegend sozialpsychologisch mit Appellen an die Vernunft und deutet er die Gruppenereignisse vorwiegend, indem er sie an einem Gruppenideal mißt, wird er zu einem Zeugen des Gesetzes und der Verzweiflung; interveniert er vorwiegend psychoanalytisch-verstehend, indem er scheinbar Sinnloses in Beziehung setzt und vor allem das Nichtkönnen verstehend akzeptiert, wird er zu einem Zeugen des Evangeliums.«[63]

Was Stollberg konkret vor Augen hat und vorher ausdrücklich schildert, sind tatsächlich eingetretene Fälle »gesetzlicher« Interventionstechnik von »sozialpsychologisch« ansetzenden Trainern. Was er in seiner generalisierenden Zusammenfassung vernachlässigt, ist der Unterschied der Aussagenebene: eine faktisch vollzogene, (vielleicht) fehlerhafte »sozialpsychologische« Intervention wird mit einer intentionalen Grundidee, nämlich der der »psychoanalytischen« Intervention, verglichen. Der unbefangene Leser folgert: die sozialpsychologische Intervention entspricht der theologischen Kategorie des Gesetzes; die psychoanalytische Intervention entspricht der theologischen Kategorie des Evangeliums.

Sicher wird Dietrich Stollberg diese Ableitung als Mißverständnis bezeichnen; trotzdem exponiere ich sie hier, um zwei in der gegenwärtigen pastoralpsychologischen Diskussion latent virulente Probleme anzureißen und zur Auseinandersetzung darüber aufzufordern.

Erstens erscheint mir die einfach-einlinige Entgegensetzung von Sozialpsychologie und Tiefenpsychologie (Psychoanalyse) als irreführend und unrichtig; beide Begriffe gehören unterschiedlichen Kategoriensystemen an: Wer psychoanalytisch die Latenz von Beziehungsproblematiken aufdeckt (etwa anhand frühkindlicher [46] Geschwister- oder Elternerfahrungen), der bedient sich dabei ja ganz selbstverständlich sozialpsychologischer Interpretationsmuster. Im übrigen kann es bei allem guten Willen zum »Verstehen« natürlich leicht passieren, daß eine analytische »Deutung« als Etikettierung, als Festschreibung und gerade darin als »gesetzlich« (im theologischen Sinn) erlebt wird.

Eine kategoriale Vergleichbarkeit besteht demgegenüber für Begriffe wie »soziologisch« — »psychologisch«; oder für »psychoanalytisch« — »hic et nunc«-orientiert usw.[64].

63 D. Stollberg, Zur Gruppendynamik in der Seelsorge, in: WzM 26 (1974), 33.

64 Vgl. zu einer exakten Begriffsdifferenzierung: R. Battegay, Möglichkeiten, Grenzen und Gefahren der Gruppenpsychotherapie, in: Gruppenpsychotherapie und Gruppendynamik, 1973, 115-129. - Battegay unterscheidet als vergleichbare Kategorien: den soziologischen Aspekt, den psychologischen Aspekt und den therapeutischen Aspekt (!).

Die unklare und widersprüchliche Verwendung dieser und ähnlicher Begriffe, auch der Worte Gruppendynamik und Therapie selbst, führt in der gegenwärtigen Diskussion zweifellos zu mancherlei Verwirrungen und falschen Frontstellungen.
Es scheint mir, daß die Vorgänge in der Kleingruppe, je genauer man sie zu registrieren und analysieren versucht, immer vielschichtiger und komplizierter erscheinen: die Interaktionen sind »multipel und multidimensional«[65]; das Netzwerk latenter und manifester Beziehungen ist komplex. Das bedeutet, daß alle verwendeten Interpretationsmuster und Bearbeitungsinstrumente (»sozialpsychologische« ebenso wie »psychoanalytische«, »verhaltenstherapeutische« und andere) vorläufig noch sehr unzureichend differenziert sind; daß sie die Wirklichkeit nicht nur deuten, sondern auch verzerren, dem psychisch Leidenden nicht nur einfühlend helfen, sondern ihn auch durch »Deutung« etikettierend isolieren können. Vielleicht kann uns in dieser Lage beim Umgang mit unseren Handwerkszeugen das biblische »Haben als hatte man nicht« noch am ehesten vor gefährlichen Verabsolutierungen schützen.
Zweitens ist in dem Problemzusammenhang einer »Seelsorge durch die Gruppe« noch einmal Rolle, Aufgabe und Ausbildung desjenigen *Seelsorgers* zu bedenken, der weder eine klassische Analyse noch eine gründliche gruppendynamische Ausbildung absolvieren konnte. Auch er möchte, will und soll ja mithelfen, Kommunikations- oder Beziehungsstörungen durchzuarbeiten; auch seine Art, Seelsorge zu treiben, trägt ja einen therapeutischen Akzent und soll es auch.
Im Zuge dieser Aufgabe äußern Pfarrer, die sozusagen ihre [47] gruppendynamische Unschuld und damit ihre frühere Unbefangenheit im Umgang mit Gruppen und Seelsorgepartnern verloren haben, häufig Skrupel und Unsicherheiten. Am meisten geschieht das meiner Wahrnehmung nach in Hinsicht auf den Umgang mit Übertragung und Gegenübertragung, wiederum spielt also die geheime Dominanz psychoanalytischer Problemstellungen eine wichtige Rolle — und es wäre wichtig zu erfahren, welche Problemlösung die Psychoanalytiker ihrerseits für die Berufsausübung der in dieser Hinsicht unsicher gewordenen Seelsorger vorschlagen.
Nach meinem eigenen, schon im Zusammenhang des Konfirmandenunterrichtes [siehe oben S. 74] dargelegten Verständnis sollten Pfarrer, die keine ausreichende Ausbildung dazu haben, keine gezielt »therapeutischen« Gruppensitzungen, Freizeiten oder Trainings leiten. Sie sollten aber wohl Kleingruppenarbeit in ihren Gemeinden durchführen; vielleicht nach der Art der themenzentrierten interaktionellen Methode (nach Ruth Cohn); vielleicht in der stärker zurückhaltenden Leiter-Rolle dessen, der

65 Battegay aaO. 117.

am Ende einer Zusammenkunft ein breit angelegtes (etwa Reihum-) Feedback organisiert.
Wenn in einer solchen Gruppenarbeit, beispielsweise mit Konfirmandeneltern, tiefergehende, vielleicht »neurotisch« erscheinende Schwierigkeiten von Teilnehmern angesprochen werden, sollten Pfarrer und übrige Gruppenmitglieder sich nicht als »kleine Psychotherapeuten« zu Analyse und Deutung gefordert fühlen. Vor allem sollte der Pfarrer eine direktiv-künstliche Steuerung des Gruppenprozesses (etwa im Sinne von »Frustrations-Anheizen« oder »puschen«, vorwärtstreiben) vermeiden. Er sollte vielmehr ein gutes Stück weit auf dasjenige »therapeutische« Potential vertrauen, das in der Gruppe selbst liegt und beispielsweise in der unbefangenen Zuwendung zu dem Leidenden oder in der vielzitierten »fellowship of the weak«, einer »Solidarität der suchenden Schwachen« immer wieder erfahren werden kann. Gelingt es nicht, auf diesem Wege den »Leidensdruck« des Teilnehmers zu lindern oder sogar tendentiell aufzuarbeiten, wird sich der Pfarrer zweckmäßigerweise an eine Beratungsstelle oder an einen ausgebildeten Therapeuten wenden. Doch scheint mir, daß in der Regel der in der kirchlichen Praxis, besonders in der Gemeindearbeit vorkommenden Fälle das therapeutische Potential der Gruppe größer ist, als wir Hauptamtlichen gewöhnlich in Rechnung stellen. Vor allem dann, wenn die Gruppenmitglieder sich untereinander so annehmen, wie sie sich von Jesus Christus angenommen wissen.

Gruppe - Gruppendynamik*

Abkürzungen: Gruppe = G. / Gruppendynamik = Gd.

1. Begriff: Das Wort G., das im 19. Jhdt. noch kaum gebräuchlich war, gelangte im Laufe des 20. Jhdts. zu einer immer häufigeren Verwendung, in der seine zunehmende Bedeutung für die moderne Lebenswelt und ihre unterschiedlichen Teilbereiche zum Ausdruck kommt: etwa für Pädagogik oder Psychotherapie, für pastoralen Gemeindeaufbau oder soziale Selbsthilfe, für Industriearbeit oder Politik. Verstanden wird G. im heutigen Sprachgebrauch vorwiegend als überschaubares, in sich irgendwie strukturiertes, nach außen abgrenzbares soziales Gebilde. Die Strukturierung nach innen wie die Abgrenzung nach außen können bestimmt sein durch: 1) gemeinsame Sprache oder gemeinsamen Jargon; 2) gemeinsame Wertorientierungen oder Normen; 3) gemeinsame Aufgaben, Interessen oder Ziele; 4) bestimmte Hierarchien und geregelte Rollen; 5) das Gefühl der Zusammengehörigkeit oder „Wir-Gefühl"; 6) eine gewisse Dauerhaftigkeit. - Unterscheidungsmerkmale für bestimmte Typen von G.n sind u.a.: Kleing. (bis ca. 20 Mitglieder; häufige direkte wechselseitige Interaktionen) und Großg. (wie politische Parteien, hauptsächlich indirekte, organisatorisch oder bürokratisch vermittelte Interaktionen); Primärg. (Familie oder Freundeskreis; face-to-face-relations) und Sekundärg. (eher unpersönlich, funktions- oder zweck-bestimmt wie Schulklasse, Arbeitsgruppe, parlamentarische Fraktion u. a.); Informelle G. (zeitlich befristet, begrenzte Zwecke, offene und flexible Mitgliedschaft) und formelle G. (funktionsbezogen durchstrukturiert, organisatorische Vorgaben, Verbindlichkeits-Erwartungen).

2. Die heutige Bedeutung von G. ergibt sich nicht nur aus der Notwendigkeit neuer Differenzierungen und Klassifikationen angesichts einer zunehmenden gesellschaftlichen Komplexität, sondern vor allem aus der gezielten Anwendung und Nutzung von Erkenntnissen der modernen soziologischen und sozialpsychologischen G.-Forschung und speziell der G.dynamik für die Leistungsfähigkeit und die Problembearbeitung im persönlichen Bereich wie in wichtigen gesellschaftlichen Handlungsfeldern. Genutzt werden sollen einerseits die Synergieeffekte von unterschiedlichen Potenzialen und Fähigkeiten innerhalb der G. sowie andererseits die emotionale Dynamik von Interaktionsbeziehungen und nicht zuletzt die Möglichkeiten einer Kombination zwischen beidem. Im Gesamtfeld etwa der Pädagogik geht es um die Förderung von Lernprozessen sowohl durch

* Erstveröffentlicht in: Evangelisches Soziallexikon (2001), S. 1-5

die einander ergänzenden Begabungs- und Wissensunterschiede in den Arbeitsg.n als auch durch die stimulierenden Kräfte der Gd.; eine wichtige Rolle spielt dabei der Einfluß von Peergroups, also von Gleichaltrigen auf der Spielstraße oder in der Schulklasse, sowie von Mitgliedern des [2] gleichen (etwa Sprach-) Kurses auf das Lernverhalten und die Verarbeitung von Informationen; ebenso wichtig ist offensichtlich ein Zusammenhang von „Gd. und Erwachsenenbildung" (T. Brocher). In Industriebetrieben wie im Sport werden durch G.arbeit (Teamarbeit) teils wegen der Synergieeffekte teils durch gd. bedingte Aktivierung gewöhnlich bessere Leistungen erbracht als durch eine gleiche Anzahl von Individuen, die zwar nach den Regeln der Arbeitsteilung, aber je für sich alleingestellt arbeiten. In Verhaltenstrainings werden die eingelebten Muster und die Entwicklungsmöglichkeiiten des eigenen Kooperations-, Führungs- oder Lehrverhaltens in Versuch und Rückmeldung im Rahmen von G.nseminaren erfahren und reflektiert. Selbsterfahrungsg.n zielen auf eine differenziertere Selbst- und Fremdwahmehmung als es im Alltagsleben möglich ist sowie auf die Stärkung von personaler Identität etwa durch die Sensibilisierung der Teilnehmer für ihr eigenes Einfühlungsvermögen, Durchsetzungs- oder Zuwendungsverhalten. G.ntherapie verbindet sozialpsychologisch-gd.e Erkenntnisse mit bestimmten therapeutischen Grundannahmen zur Aufarbeitung von (z.B. neurotischen) Beziehungsstörungen.

3. Auseinandersetzungen um Gruppendynamik. Gd. ist als Begriff mehrdeutig und bezieht sich einerseits auf die Dynamik von Prozessen in Kleing.n und die Erforschung ihrer Gesetzmässigkeit und andererseits auf deren gezielte methodische Anwendung in emanzipatorisch-politischer, in therapeutischer oder in pädagogischer Absicht. In den heftigen Auseinandersetzungen um Gd., die während der 1970er und 1980er Jahre in den politischen Reformbewegungen ebenso wie in der Psychotherapie, dem Bildungswesen und nicht zuletzt in den Kirchen geführt wurden, ging es vor allem um bestimmte Anwendungsprogramme und Trainingsmethoden sowie um deren anthropologische Implikationen.- Geschichtlich sind Begriff und Thema der Gd. in den 1930er Jahren von dem in die USA emigrierten Sozialpsychologen Kurt Lewin entdeckt und geprägt worden. Gegen den von einer „chaotischen, philosophisch und metaphysisch durchwucherten Geschichte bestimmten G.nbegriff" wollte Lewin die „dynamischen Interdependenzen" in einer Kleingruppe empirisch erforschen und sie als „Kräftespiel vielfältiger Wirkfaktoren" begreifen. Eine zufällige Entdeckung führte dabei zu einer neuen und zentralen Eigenbedeutung von Gd. und bald darauf zu ihrer rapiden Ausbreitung: Die ursprünglich als Auswertungsinstrument gedachte Methode einer expliziten Rückmeldung (Feedback) der eigenen Wahrnehmungen und Empfindungen im G.nprozeß erbrachte nämlich nicht nur Forschungsdaten, sondern beeinflußte gleichsam beiläufig in starkem Maße die Gruppenatmosphäre: die emotionalen Beziehungen wurden intensiver und direkter, wärmer und aggressiver. Die auf diese Weise methodisch steigerungsfähige Beziehungsintensität innerhalb [3] von „T-Groups" und deren vielfältige Nutzungsmöglichkeiten für die Entwicklung und Veränderung von menschlichem Verhalten bezeichnete C. Rogers, der einflußreiche Mitbegründer der Humanistischen Psychologie, als die wichtigste soziale Erfindung im 20. Jhdt. Die ersten aufsehenregenden Anwendungen erfolgten im 2. Weltkrieg im Rahmen des Trainings und der Entwicklung von soldatischem Verhalten sowie nach Kriegsende in T-Groups zur Sensibilisierung für und zur Emanzipation von autoritärem Verhalten. In den 50er und 60er Jahren weiteten sich Zahl und Art von aufgabenorientierten gd.en Seminaren sowie der sich bald verselbstständigenden Selbsterfahrungs-Laboratorien in den USA und ab 1963 auch in Deutschland explosionsartig aus.

In den deutschen Kirchen fand die Gd. in den 70er Jahren eine stürmische Resonanz und eine noch stärkere Verbreitung als im Bildungswesen. Impulse dazu kamen teilweise aus der Autoritätskritik und dem Demokratisierungsmotiv, stärker jedoch aus dem Interesse an Kommunikationstrainings für die Aufgabenfelder pastoralen Handelns: speziell zur seelsorgerlichen Gesprächsführung, zur Religionspädagogik und zum Leitungsverhalten. Darüberhinaus wurden auch im kirchlichen Bereich gd.e Laboratorien zur Selbsterfahrung und zur Emanzipation gegenüber repressiven Alltagsstrukturen, auch solchen in der Ehe oder in der Kirche durchgeführt und stark in Anspruch genommen. Nicht selten berichteten Teilnehmer von bisher nie erfahrenen Befreiungs-, Geborgenheits- und Solidaritätsgefühlen, ja von einer religiösen Qualität mancher gd.er Erlebnisse. - Schon bald kam es in den Kirchen, zuerst im evangelikalen Umfeld, zu heftigen Gegenreaktionen: Gd. wurde als Illusion der Selbsterlösung, als Vergötzung der G., als antichristlich und als Teufelswerk gebrandmarkt. Andere warfen der Gd. insgesamt eine prinzipielle Tendenz zu psychotechnischer Manipulation vor, die häufig eine Zerstörung von persönlicher Identität sowie von Ehe, Familie und beruflicher Kollegialität zur Folge habe. 1976 verlangte die Konferenz Bekennender Gemeinschaften das sofortige und unbedingte Verbot jeglicher gd.er Methodik in der kirchlichen Aus- und Fortbildung sowie in der Gemeinde- und Akademiearbeit; auch seitens der wissenschaftlichen Theologie wurden bestimmte Grundannahmen wie etwa ein zu optimistisches Menschenbild sowie bestimmte problematische Psychotechniken der Gd.praxis deutlich kritisiert.- Außerhalb der Kirchen ging es in ebenso starken Auseinandersetzungen darum, ob Gd.erfahrungen tatsächlich die erhofften Wirkungen erbringen konnten: Ob etwa die in Gd.-Veranstaltungen empfundenen Befreiungserfahrungen gegenüber sozialen Abhängigkeiten oder die Entdeckung und Einübung neuer Verhaltensmöglichkeiten im politischen Alltag wirklich fruchtbar gemacht werden konnten oder ob sie eher zu noch effektiveren Anpassungen an repressive Strukturen führten; ob seelische [4] Heilungserfahrungen im G.setting langfristig im Alltagsleben Bestand haben oder nicht. - Seit den 1990er Jahren hat die Kritik an polemischer Schärfe verloren; gewisse Auswüchse der euphorischen Anfangsphase sind insbesondere durch die Professionalisierung der Leiter und strengere Kriterien der Berufsverbände ausgeschaltet worden; die Möglichkeiten der Gd. werden realistischer eingeschätzt. Allerdings wird inzwischen kaum mehr bezweifelt, daß das Instrumentarium der Gd. zur Förderung von Lernprozessen im Bildungswesen, in der Psychotherapie oder zur Verbesserung des Kommunikationsverhaltens, etwa in Führung und Kooperation, in menschengerechter Weise fruchtbar gemacht werden kann.

4. Sozialethisch sind G. und Gd. wie andere soziale Institutionen zunächst in ihren Ambivalenzen wahrzunehmen und nicht einseitig auf Aspekte ihrer Übersteigerungen zu reduzieren: seien es euphorische Heilserwartungen und Utopien, seien es psychotechnische Manipulationen, die als Verletzung der Person- oder Beziehungswürde empfunden werden. Es muß zu Professionalität und Ethos des G.leiters und des Gd. Trainers gehören, die G.prozesse so steuern zu können, daß einerseits Solidarität und Geborgenheitsgefühle erfahrbar sowie Aktivierung und Heilungskräfte freigesetzt werden; daß dabei aber andererseits die Ambivalenzen im Blick bleiben, eine etwaige Gefährdung der Menschenwürde frühzeitig erkannt und den eigendynamischen Übersteigerungstendenzen von vornherein entgegengewirkt wird. Gd.-Trainer wie Teilnehmer müssen sensibel dafür werden, wo das Streben nach Selbsterfahrung und Selbstverwirklichung die Verantwortung für den Nächsten überwuchert.- Ebenso wichtig ist, daß G.Leiter wie Führungspersonen im öffentlichen Leben damit umzugehen wissen, daß G.n durchweg dazu tendieren, eigene Plausibilitäts strukturen sowie Wert- und Moralsysteme („G.n-Ideologien") auszubilden, die sich nach außen in Vorurteilen, ethnozentrischen Selbstüberschätzungen, Fremdenhaß, Sündenbock-Zuweisungen, ja Feindschaften gegenüber anderen G.n ausdrücken und nach innen Druck, Konformität und Zwang erzeugen können. Zur Abwehr solcher Tendenzen trägt neben öffentlicher Aufklärung und Diskussion in Medien und Bildungseinrichtungen gerade auch die teilnehmende Beobachtung und Reflexion solcher Prozesse in entsprechenden Gd.-Laboratorien bei.

Aspekte einer funktionalen Theorie des kirchlichen Handelns, 15 Thesen (1971)*

1. Man kann Aufgabe und Stellung der Kirche sowohl in theologischen als auch in erfahrungswissenschaftlichen Begriffen und Denkweisen beschreiben. Wir versuchen im Folgenden die gegenwärtige Situation der Kirche in der BRD in einer bestimmten soziologischen Betrachtungsweise, nämlich unter funktionalen Gesichtspunkten zu erörtern. Möglicherweise ergeben sich daraus neue und andere Aspekte, als wenn man das Phänomen „Kirche" ausschließlich abstrakt-theologisch erörtert.

2. Der Begriff „funktional" ist hier in einer doppelten, ineinander verschränkten Bedeutung verwendet:
   a) „Funktional" bezeichnet einerseits die Verflechtung der Kirche mit anderen gesellschaftlichen Gruppierungen, Aufgaben und Interessen sowie ihre Bedeutung für das Zusammenleben der Menschen überhaupt. Mit der Betonung dieses Akzentes soll deutlich gemacht werden, daß Kirche nicht zureichend erfaßt ist, wenn man sie als Größe eigener Art isoliert von anderen Lebensbereichen (etwa der Wirtschaft, der Erziehung, der Wohlfahrt) betrachtet.
   b) „Funktional" bezeichnet zweitens eine Sicht, die an den Aufgaben orientiert ist, die der Kirche zugeschrieben werden, die sie wahrnimmt oder abweist. Es wird etwa gefragt, was leistet die Kirche tatsächlich in der Gesellschaft — und was könnte sie leisten.

3. Die Verflechtung der Kirche mit der Gesamtgesellschaft kommt u.a. darin zum Ausdruck, daß in der BRD ca. 95 % der Bevölkerung den christlichen Kirchen angehören[1], nach demoskopischen Erhebungen „so etwas wie Kirche" grundsätzlich bejahen und in gewissen Situationen bestimmte kirchliche Leistungen fordern und in Anspruch nehmen.

4. Die grundsätzliche Bejahung von „so etwas wie Kirche" darf nicht als statisch, d.h. unveränderbar und auch für die Zukunft selbstverständlich angesehen werden. Die Zunahme der Kirchenaustrittszahlen zeigt, wie die Selbstverständlichkeit, zur Kirche zu gehören, in einigen Bevölkerungskreisen schwindet [304] (schichtenspezifisch: obere Mittel-

* Erstveröffentlicht: Karl-Wilhelm Dahm: Beruf Pfarrer, München 1971, S. 303-309

1 Im Jahr 2014, fast 25 Jahre nach der Wiedervereinigung der BRD und der DDR in 1990, sind es ca. 62% der Bevölkerung.

schicht, Jugend). Das Interesse an der Kirche und daran, ihr Mitglied zu bleiben, hängt weitgehend davon ab, ob man und wie man bei direkten persönlichen Kontakten das kirchliche Handeln als hilfreich, verstehend oder (zunehmend) im Sinne der eigenen Vorstellung als „progressiv" erfährt.

5. Die Gesamtheit der Kirchenmitglieder läßt sich unter dem Gesichtspunkt des Kirchlichkeitsbewußtseins und der Grundeinstellungen grob in zwei Haupttypen erfassen:
   a) Die Kerngemeinde (örtlich verschieden 1 % —10 % der Mitglieder); aus ihr kommt die überwiegende Mehrheit der Teilnehmer an den konventionell als zentral empfundenen kirchlichen Veranstaltungen (Gottesdienst, Abendmahl, Bibelstunde etc.).
   b) Die sozusagen „distanziert volkskirchliche" Mehrheit der Mitglieder; ihre kirchlichen Kontakte beschränken sich in der Regel auf Religions- und Konfirmandenunterricht sowie auf die Kasualien (Taufe, Trauung, Beerdigung).

6. Nach neueren kirchensoziologischen Erhebungen richten sich Interesse und Erwartungen der Kirchenmitglieder (mit Ausnahme einiger Gruppierungen innerhalb der Kerngemeinde) nicht so sehr auf theologische Fragen im engeren Sinn (z.B. Jungfrauengeburt, leibliche Auferstehung, Rechtfertigungslehre, Gottessohnschaft Jesu, Gott-ist-tot-Theologie, Auseinandersetzung zwischen der Bekenntnisbewegung „Kein anderes Evangelium" und Richtungen der modernen Theologie); theologische Fragestellungen interessieren vielmehr eher im Zusammenhang eigener Lebensprobleme, sogenannter Sinnfragen und persönlicher Daseinsorientierung.

7. Weit stärker als auf theologische Fragen und auf den sonntäglichen Gottesdienst richten sich Interesse und Erwartungen auf denjenigen Bereich, der herkömmlich als seelsorgerliche Tätigkeit umschrieben wird. Dazu gehört vor allem die persönliche Zuwendung zum einzelnen Menschen, besonders im Zusammenhang mit den Kasualien, mit Einsamkeit und Krankheit, dazu gehört aber auch die Beratung etwa bei Erziehungs- und Eheproblemen. In dem Aufgabenkatalog, wie er der Kirche von ihren Mitgliedern zugeschrieben wird, folgt mit Abstand [305] der Bereich der karitativen (überindividuellen) Diakonie sowie die Erziehungs- und Jugendarbeit.

8. Entsprechend diesem Verständnis der kirchlichen Aufgabenfelder gelten in erster Linie der Pfarrer und neben ihm die hauptamtlichen Mitarbeiter als Repräsentanten und Bezugspersonen der Institution Kirche. In einem bestimmten Sinne wird ihre Arbeit gerne mit der des

Arztes oder der des Lehrers verglichen: wie man den Arzt im Falle von Krankheit ruft, erwartet man von dem Pfarrer, daß er in den eben beschriebenen Situationen hilft. Umgekehrt gilt freilich auch, daß man ebenso wie zum Arzt auch zum Pfarrer, einen nur distanzierten Kontakt hält, solange man ihre Hilfe nicht zu brauchen meint.

9. Alle diese empirisch erhobenen Merkmale zeigen, daß die Kirche von ihren Mitgliedern im hohem Maße unter dem Gesichtspunkt ihrer praktischen Tätigkeiten verstanden und beurteilt wird. Man kann sie darum auch als eine Institution betrachten, die für bestimmte Aufgabengebiete auf dem sogenannten Dienstleistungssektor unserer Gesellschaft zuständig ist; dieser Sektor umfaßt nach soziologischem Sprachgebrauch die Bereiche der Bildung und die Organisationen der Daseinsvorsorge.
   Wie in allen gesellschaftlichen Bereichen haben sich auch auf dem Aufgabenfeld der Kirche seit der Industrialisierung große Veränderungen ergeben. Zahlreiche Funktionen, beispielsweise im Schul- und Krankenhauswesen, hat die Kirche abgegeben; andere Aufgaben (z.B. Akademien, Erwachsenenbildung) hat sie neu übernommen. Andererseits läßt sich die Gesamtheit ihrer gegenwärtig wahrgenommenen Tätigkeiten in zwei Funktionsbereiche ordnen, die den in Jahrhunderten gewachsenen Grundfunktionen des „Lehrens" und „Helfen" durchaus vergleichbar sind.

10. Für unsere Gesellschaft lassen sich die beiden Funktionsbereiche des kirchlichen Handelns folgendermaßen beschreiben:
    a) *Funktionsbereich* A: Darstellung und Vermittlung von grundlegenden Deutungs- und Wertsystemen. Hier geht es um Bedeutungszusammenhänge, um Lebens- und Verhaltensorientierung, um ethische Motivation und ethische Normierung. Eine kirchliche Zuständigkeit für diesen Funktionsbereich [306] kommt u.a. darin zum Ausdruck, daß „Christ-sein" nach wie vor weithin gleichgesetzt wird mit „guter Mensch sein"; — christliche Erziehung soll ein Bewußtsein für „Gut und Böse" vermitteln. Als Einübungsraum für die „christlichen Werte" und das, was man darunter versteht, gelten Religions- und Konfirmandenunterricht sowie andere Formen der Jugendarbeit und zunehmend auch Erwachsenenkreise.
    b) *Funktionsbereich* B: Helfende Begleitung in Krisensituationen und an Knotenpunkten des Lebens. Hier geht es einerseits um die Bewältigung von akuten Krisen (Trauer, Krankheit, Familienkonflikt, schuldhaftes Versagen) und eingeschränkten Lebensmöglichkeiten (Einsamkeit, Alter, Gebrechlichkeit) durch persönliche emotionale Zuwendung. Andererseits geht es um überindividuelle und welt-

weite Hilfe in Notsituationen. Darüberhinaus geht es um eine öffentlich-soziale Sanktionierung und Interpretation der Wendestationen im Lebensablauf (Pubertät, Eheschließung, Elternschaft, Trauer usw.).

11. Beide Funktionsbereiche sind traditionell und wie in anderen Kulturkreisen miteinander verflochten; als kirchliche Aufgabengebiete hatten sie lange die gleiche Wertigkeit. In unserer Gegenwart werden sie jedoch offenbar nicht in gleichgewichtiger Weise auf die Kirche bezogen: während die kirchliche Zuständigkeit und Inanspruchnahme im Funktionsbereich A erheblich kleiner geworden ist, hat der Funktionsbereich B während der letzten Jahrzehnte in der Nachfrage und in den Erwartungen der Bevölkerung zunehmend an Bedeutung gewonnen. Viele Kirchensteuerzahler sehen in diesem Funktionsbereich „B" die Hauptaufgabe, einige sogar die einzige Aufgabe der Kirche in unserer Zeit.

12. Der Kirche wird weder für den einen noch für den anderen Funktionsbereich seitens der Gesellschaft ein Monopol zugeschrieben, wohl aber eine Art besonderer Zuständigkeit. Diese ist vor allem in folgenden zwei Faktoren begründet:
    a) In einer jahrhundertelangen Tradition dieser Zuständigkeit, die sich im Erwartungs- und Bedürfnisfeld der Bevölkerung widerspiegelt und darin verankert ist. Sie erneuert sich jeweils durch die Erziehung und durch die Meinung der [307] Menschen „um uns herum" (die sogenannte „Plausibilitätsstruktur").
    b) In der Anwesenheit und Funktionsfähigkeit eines bis ins letzte Dorf und in den letzten Stadtbezirk durchorganisierten sogenannten „Kleinverteilungsapparates". Dieser Apparat ermöglicht einen Kreislauf zwischen der Bevölkerung und der Erfüllung dieser Erwartung im funktionalen Vollzug durch den Pfarrer.

13. Mit beiden Funktionsbereichen ist der hauptsächliche Aktionsraum der Kirche in unserer Gesellschaft umschrieben. Die zukünftige kirchliche Entwicklung wird in erster Linie davon abhängen, in welcher Weise sie ihre Aufgaben innerhalb dieser Bereiche wahrnimmt und nicht so sehr davon, wie sie sich außerhalb dieses Aktionsraumes engagiert. Auch die Wirkungen von neuen theologischen Entwürfen, von den vielerlei Initiativen der Kirchenreform, von anderen Versuchen der Innovation und des Protestes werden in erster Linie davon abhängen, wie weit sie mit den konkreten Aufgaben der Gemeindepraxis vermittelt werden können. Reformversuche, die die Bedeutung der eingelebten Erwartungen der Bevölkerung ignorieren oder gar disqualifizieren, wirken eher destruktiv und haben wenig Chancen, eine dauerhafte

Veränderung herbeizuführen. Diese Erkenntnis darf freilich nicht zu resignierender Anpassung führen. Die notwendigen reformerischen Bestrebungen werden am ehesten zum Ziele kommen, wenn man beharrlich die Mühsal der kleinen Schritte auf sich nimmt.

14. Wir plädieren für eine reflektierte Bejahung und eine kritische Wahrnehmung der Aufgaben in den genannten Funktionsbereichen. Wir meinen allerdings, daß die heute üblichen Arbeitsformen und der Stand der theologischen Reflexion den Herausforderungen und Aufgabenstellungen unserer Zeit nicht immer gerecht werden.
    a) Im Funktionsbereich der Vermittlung von Deutungs- und Wertsystemen gilt es vor allem, die radikale Umwälzung der überkommenen Wertvorstellungen theologisch zu verarbeiten. Das betrifft die Maßstäbe der Erziehung, die Sexualmoral, die Wirtschaftsethik (Kapitalismus und Leistungsprinzip) und insgesamt die Bedingungen von Emanzipation [308] und Selbstbestinunung unter wirtschaftlichen und technischen Systemzwängen. Wenn es Theologie und Kirche nicht gelingt, das Evangelium als kritische Kraft auch für die sich neu herausbildenden Wertvorstellungen verstehbar zu machen, wird ihre Zuständigkeit für diesen Funktionsbereich weiter abnehmen und von anderen Institutionen (weltanschaulich und politische Gruppierungen, Staat) übernommen.
    b) Im Blick auf beide Funktionsbereiche müssen die überkommenen Arbeitsformen des kirchlichen Handelns kritisch überprüft und in neuen Versuchen ergänzt und verändert werden. Das betrifft die Gestalt des Gottesdienstes, die Wirkungsweise der Predigt, die Praxis des seelsorgerlichen Gesprächs, die Methoden und Lernziele des Religions- und Konfirmandenunterrichts, die Didaktik der Gruppenarbeit mit Erwachsenen sowie die Kooperation der Pfarrer und Mitarbeiter. Dabei sind besonders die Erkenntnisse der modernen Humanwissenschaften (Psychologie, Soziologie, Pädagogik) zu berücksichtigen.

15. Eine Einstellung, die die Kirche in erster Linie unter dem Gesichtspunkt der Erfüllung ihrer praktischen Aufgaben sieht und beurteilt, steht unseres Erachtens nicht im Gegensatz zu dem, was theologisch als Auftrag der Kirche definiert wird. Es besteht allerdings die Gefahr, daß diese Einstellung eine passive Konsumentenhaltung fördert und dadurch die Gemeinde in einem bestimmten Sinne unmündig hält. Unter funktionalem Aspekt ist dieser Gefahr am ehesten durch eine bewußt emanzipatorische und dadurch zu mündiger Teilnahme am kirchlichen Handeln führender Kleingruppenarbeit zu begegnen. Unseres Erachtens sollte eine solche Kleingruppenarbeit nicht als Gegensatz zu einer

aufgabenorientierten volkskirchlichen Arbeit gesehen werden. Viele Kirchenmitglieder mit einer „distanziert-volkskirchlichen" Grundeinstellung sind erfahrungsgemäß stark daran interessiert, an einer zeitlich und thematisch begrenzten emanzipatorischen Gruppenarbeit (z.B. über Probleme von Taufeltern oder Konfirmandeneltern) oder an einer Dienstgruppenaktion teilzunehmen, möchten aber nach Abschluß der Arbeit nicht in die kernkirchlichen Kreise „vereinnahmt" werden, sondern wieder in [309] eine gewisse Distanz zurückkehren. Im Wege dieser zeitlich befristeten Gruppenarbeiten könnten über den Besucherkreis des Sonntagsgottesdienstes hinaus Menschen mit den kritischen und helfenden Inhalten des Evangeliums gründlicher bekannt werden und sich damit auseinandersetzen.

„Funktionale Theorie" und kirchliche Praxis*

Zum Verarbeitungsprozeß von sozial wissenschaftlichen Theoriefragmenten in gesellschaftlichen Institutionen

I.

„Funktionale Theorie", funktionalistische Betrachtungsweise, oder einfach die Frage nach der gesellschaftlichen Funktion sind Begriffe, die erst seit wenigen Jahren über den Rahmen fachwissenschaftlicher Erörterungen hinaus gedrungen sind. In zunehmendem Maße und raschem Tempo werden sie jedoch inzwischen ganz selbstverständlich in den alltagssprachlichen Auseinandersetzungen über den Sinn oder über die Mängel unserer gesellschaftlichen Institutionen verwandt. Man begegnet ihnen in der Politik wie im Bildungswesen, in Wirtschaftsunternehmungen wie in Kommunalverwaltungen; man begegnet ihnen auch in der Kirche. Die Frage nach „der Funktion", was immer das sei, taucht unvermeidlich auf, wenn es in der betreffenden Institution um Legitimation oder Kritik, um Veränderung oder Planungsprioritäten geht. Was mit Funktion gemeint wird, steht keineswegs eindeutig fest; die Verwendung des Wortes weist ein hohes Maß an Vieldeutigkeit und Dehnbarkeit auf. Doch dürfte es nicht zuletzt diese Vielfalt von Assoziationsmöglichkeiten bei durchaus vermuteter einheitlicher Grundrichtung sein, die dem Begriff der Funktion seine erstaunliche Resonanz verschafft.

Warum ist das so? Wo liegen die sachlichen Ursachen? Oder, im Sinne unserer eigenen Thematik gefragt: Wo liegt die Funktion der „Funktionalismus"-rezeption in der gesellschaftlichen Praxis? Handelt es sich, wie man von „links" hören kann, um nichts anderes als um Legitimierung und technokratische Stabilisierung des Status quo; um Verschleierung der sogenannten wirklichen Gegensätze? Oder handelt es sich, wie Helmut Schelsky in seiner Streitschrift „Die Arbeit tun die andern" meint, um einen Aspekt jener „Soziologisierung" unseres öffentlichen Bewußtseins, in der sich die „Klassenherrschaft" der selbsternannten neuen Sinnvermittler zur Geltung bringt; nämlich die der „Intellektuellen", speziell der Soziologen und ihrer Gefolgschaft in Pädagogik, Publizistik und Theologie[1]. [64]
Diese Fragen sollen hier nicht global und grundsätzlich bearbeitet werden. Sie bilden vielmehr den Rahmen für die Erörterung eines konkreten Feldes dieser allgemeinen sogenannten „Soziologisierung" innerhalb unserer Ge-

---

* Erstveröffentlicht in: F. Kaulbach und W. Krawietz: Recht und Gesellschaft, Festschrift für Helmut Schelsky zum 65. Geburtstag, Berlin: Duncker & Humblot, 1978, S. 63-85

1 H. Schelsky, Die Arbeit tun die anderen, 1975; bes. S. 167 ff.

sellschaft, nämlich der Funktionalismusrezeption in der (Evangelischen) Kirche der BRD. Das Problem einer „Funktion der Funktionalismusrezeption." in der kirchlichen Praxis läßt sich für unseren Zweck allerdings nur schwer direkt und explicit angehen: etwa durch eine eigene Bestimmung des Funktionsbegriffes, der dann als Instrument der Analyse für die verschiedenen Verwendungsformen, Verwendungsabsichten und Verwendungsbereiche dienen könnte. Durch einen solchen Weg könnte nämlich der offene, gerade in seinem Spannungsreichtum interessante und aufschlußreiche Gebrauch des Funktionsbegriffes von vornherein zu stark abgewertet werden; außerdem müßte die doppelte Verwendung des Begriffes, nämlich einerseits im Sinne dieser strengen Definition und andererseits als etwas vages Etikett eines Syndroms vielschichtiger Absichten, verwirrend wirken.

Der „Funktion der Funktionalismusrezeption" soll darum eher indirekt nachgegangen werden; gleichsam auf dem Umwege einer Beschreibung und Reflexion jenes Prozesses, als der sich diese Rezeption und die mit ihr verbundene Transformation tatsächlich abgespielt hat: als Frage nach seinen Voraussetzungen, nach den Impulsen, die die Verarbeitung vorangetrieben, nach Faktoren, die sie behindert haben; als Frage danach, wie eine ursprüngliche fachwissenschaftliche Begrifflichkeit verändert wurde und langsam eine neue Bedeutungstendenz gewann; als Frage nicht zuletzt nach den Auseinandersetzungen mit konkurrierenden Deutungsversuchen aus der Theologie und aus der Soziologie.
Anders formuliert, nämlich als methodologisches Problem im Bezugsrahmen der Wissenssoziologie: es geht uns um die Bedingungen und Formen eines Transformationsprozesses zwischen der Ebene des „wissenschaftlichen Wissens" und der Ebene eines „alltagsweltlichen", vorrangig auf Handlungsrelevanz ausgerichteten „Wissens"[2].

Dieser methodische Ansatz drängt sich schon wegen bestimmter im Untersuchungsgegenstand selbst liegender Tendenzen auf. Nimmt man nämlich ein wichtiges Ergebnis der Analyse vorweg, so sind die „Rezipienten" und „Transformatoren" nicht übermäßig an der Frage interessiert, [65] wie sich ihre eigenen Probleme und Interessen in die eingeschliffenen Problemformulierungen auf der Ebene des „wissenschaftlichen Wissens", also auf der vereinfacht sogenannten „Theoretischen Ebene" einzeichnen lassen oder wie sie mit diesen zu vermitteln sind. Die Ebene des „wissen-

2 Vgl. zu dieser von Alfred Schütz angeregten Unterscheidung zwischen wissenschaftlichem Wissen und „Alltagswissen": Arbeitsgruppe Bielefelder Soziologen, Alltagswissen, Interaktion und gesellschaftliche Wirklichkeit (ro-ro-ro-studium), 1973; bes. J. Matthes / F. Schütze, Zur Einführung, S. 11-52. Ferner: A. Schütz / Th. Luckmann, Strukturen der Lebenswelt, 1975 (Soziol. Texte 82).

schaftlichen Wissens" gerät vielmehr deutlich aus dem Blick. Sie wird verdrängt von dem Interesse an Handlungsorientierung; genauer: von dem Interesse an einem für den Berufsalltag handlungsrelevanten Wissen. Dieses handlungsgeleitete Interesse muß keineswegs zu jener Art von platt pragmatischer Ideologie führen, die distanzlos oder reflexionsvermindert nur noch Ratschläge und adhoc-Rezepte vermittelt und die mit einer zutiefst unwissenschaftlichen Haltung einhergeht — und tut es in der Regel auch nicht. Auf der Ebene des berufsbezogenen und handlungsorientierten Alltagswissens lassen sich vielmehr durchaus solche Regelsysteme und Reflexionsdistanzen, kritische Zweifel und stringente Konzeptionen ausmachen, die strukturell vergleichbar sind mit denen des „wissenschaftlichen Wissensbetriebes"[3]. Sie unterscheiden sich von diesen jedoch durch ihre anderen Schwerpunkte, ihre anderen Interessen, ihre anderen Zwecke, ihren anderen Abstraktionsgrad. So geht es im Bereich des Alltagswissens eben weniger um Axiomatisierung oder Widerspruchslosigkeit, um durchgehende theoretische Stimmigkeit oder einen methodisch auf Dauer gestellten Zweifel. Es geht hier vielmehr um die pragmatische Brechung der Systematik zugunsten eines handlungsleitenden, handlungsdeutenden und handlungslegitimierenden Umganges mit dem Wissen. Bestimmte theoretische Unstimmigkeiten oder unaufgelöste Reste werden um solcher vorrangigen Zwecke willen weit eher in Kauf genommen als in der Wissenschaft.

Zwischen diesen beiden Ebenen, der des wissenschaftlichen Wissens und der des berufs- und handlungsbezogenen Alltagswissens, gibt es offenkundig vielfältige wechselseitige Beziehungen: Dominieren kann sowohl der Einfluß, der von den Praxisfeldern und ihren Wissensbeständen in die Wissenschaft hineinwirkt als auch die umgekehrte Richtung, nämlich die Einwirkung von wissenschaftlichem Wissen auf das Alltagswissen. Um diese letztere Richtung geht es eindeutig in unserem Falle der Funktionalismus-Rezeption innerhalb der Evangelischen Kirche: Es werden bestimmte Teilstücke aus dem Wissensbestand der Wissenschaftsebene herausgelöst, auf die Ebene des handlungsbezogenen beruflichen Alltagswissens herüber transportiert und hier verarbeitet, d.h. sowohl von den Rezipienten aufgenommen, angeeignet, „internalisiert" als auch in ihrem Inhalt verändert. [66] Wie ein solcher Transformationsprozeß im einzelnen vor sich gehen kann, welchen Bedingungen und Regeln er unterliegen kann, soll an dem besonderen Fall „Funktionale Theorie und kirchliche Praxis" genauer

3 Matthes / Schütze, S. 49.

in den Blick genommen werden[4]. Doch mögen in diesem speziellen Transformationsvorgang auch Formen erkennbar werden, die über unseren Fall hinaus von exemplarischer Bedeutung für vergleichbare Vorgänge in anderen gesellschaftlichen Institutionen oder anderen beruflichen Handlungsfeldern sind. Wir meinen, in diesem Prozeß drei Hauptaspekte ausmachen und unterscheiden zu können, die sowohl für das spezielle Thema charakteristisch als auch darüber hinaus verallgemeinerungsfähig sein können für Transformationsprozesse zwischen wissenschaftlichem Wissen und berufsbezogenem Alltagswissen in anderen Institutionen (siehe Abschnitt III).

II.

Bevor wir uns diesen Aspekten im einzelnen zuwenden können, muß kurz erörtert werden, ob und in welcher Weise das Thema Funktionalismus innerhalb der Kirche denn überhaupt als aktuell empfunden wird, ob es tatsächlich die eingangs behauptete Resonanz hat, ob es tatsächlich zu Re-Konstruktionen des beruflichen Alltagswissens von Pfarrern und anderen kirchlichen Einflußträgern geführt hat.

In theologischen Veröffentlichungen kommt das Stichwort „Funktion", meist in Kombination mit anderen Begriffen wie „gesellschaftliche Funktion der Kirche", „Funktion kirchlichen Handelns", „funktionale Kirchentheorie" usw. erst seit dem Beginn der siebziger Jahre häufiger vor; mündlich diskutiert wurden die entsprechende Thematik schon ein paar Jahre länger. Die bei der Verwendung des Wortes Funktion mitschwingenden Untertöne klangen anfangs überwiegend positiv und konstruktiv; diese Klangfärbung hat inzwischen jedoch ihre dominierende Bedeutung verloren. Wer sich heute im kirchlichen Bereich zum Thema „gesellschaftliche Funktion" oder „Funktionalismus" äußert, tut das meistens in abwehrender, distanzierender, kritisierender Absicht; Fragen nach den gesellschaftlichen Funktionen der Kirche gelten als verdächtig und gefährlich. „Evangelium oder Funktion"[5] ist eine der häufig gestellten Alternativen; mit ihr wird polemisch und tendenziös eine Front aufgebaut, die zwar weder logisch noch soziologisch noch theologisch einsichtig ist, die aber trotzdem einen starken [67] Widerhall findet und also ihre Gründe haben muß. Funktionalistische Betrachtungsweise und insbesondere „Funktionale Theorie" als Ausdruck und Faktor des „Verharrens im Status quo" anzuprangern, ist eine

4 Vgl. K. W. Dahm, Beruf: Pfarrer, 1971. Darin: Das Berufsfeld des Pfarrers in der Sicht einer „funktionalen Theorie" des kirchlichen Handelns, S. 99 - 175; H. Hild (Hrsg.), Wie stabil ist die Kirche, 1974, bes. S. 209 ff.

5 Zuerst und grundsätzlich pointiert bei M. Josuttis, Praxis des Evangeliums zwischen Politik und Religion, 1974, vgl. bes. „Evangelium oder Funktion", S. 245 - 253.

weitere häufig wiederkehrende Figur der pejorativ gemeinten Kritik[6]. Beide kritisch-ablehnenden Argumente, das theologische und das gesellschaftspolitische, finden sich, untereinander oder mit zusätzlichen Aspekten vermischt, heute in ungezählten kleineren oder größeren Veröffentlichungen. Angefangen vom allgemeinen dogmatischen Lehrbuch[7] über ekklesiologische Aufsätze oder Monographien[8] bis hin zur Predigtmeditation[9] wendet man sich mehr oder minder beiläufig dagegen, die Kirche oder den Gottesdienst „nur" oder vorrangig als „soziale Funktion" oder unter den Gesichtspunkten ihrer sozialen Funktion zu begreifen; anscheinend gehört für viele eine Bemerkung in dieser Richtung heute zum Standardrepertoire ekklesiologischer oder praktisch-theologischer Publikationen.
Genau das aber ist auffällig. Auf der einen Seite nämlich gibt es nach wie vor nur wenige literarische Äußerungen, in denen programmatisch eine funktionale Betrachtung oder gar eine Funktionale Theorie kirchlichen Handelns gefordert wird. Als systematisch durchgeführter Entwurf liegt eine solche Theorie überhaupt noch nicht vor. Wird von der Kritik also mit Kanonen auf Spatzen geschossen? Eine andere Rückfrage an die Kritik wiegt schwerer: in keiner einzigen der vorliegenden literarischen Äußerungen, in denen ein funktionalistischer Ansatz konstruktiv auf die Kirche anzuwenden versucht wird, gibt es eine Tendenz oder gar die explicite Forderung, nunmehr gesellschaftliche Funktionen an die Stelle des Evangeliums, funktionalistisch-soziologisches Denken an die Stelle der Theologie zu setzen.

Warum aber dann die scharfe Polemik; warum dann die scheinbar obligatorische beiläufige Notiz gegen die funktionalistische Betrachtung der Kirche und ihres Handelns? Ich kann mir das nur so erklären, daß der Adressatenkreis, an den sich die Kritik richtet, weit über diejenigen hinausgehen muß, die sich literarisch zugunsten einer „funktionalen" Betrachtungsweise geäußert haben. Offenbar ist der Kreis [68] derer, die in den Augen der Kritiker in ihrem Denken und ihrem Handeln „funktionalistisch" beeinflußt oder bestimmt sind, weit größer. Offenbar wird diesem relativ großen, wenn auch keineswegs klar abgrenzbaren Kreis ein Syndrom von Einstellungen und Absichten zugeschrieben, das in sich zwar vielschichtig und wi-

6 So exemplarisch K. Ahlheim, Verharren im status quo, in: „Wissenschaft und Praxis in Kirche und Gesellschaft", Jg. 1974, S. 363-373. — Ähnlich auch schon: Seminarkollektiv Mainz, Religion und Funktionalismus, in: Theologia Practica, Jg. 1973, S. 82 - 97.

7 z.B. H. G. Pöhlmawn, Abriß der Dogmatik, 2. Aufl., 1975, S. 256 ff.

8 Außer Josuttis, a.a.O.: tendenziell J. Moitmann, Kirche in der Kraft des Geistes, 1975, S. 34 ff. u. 352 ff.; R. Slenczka, Gottesvolk und Volkskirche, in: Kerygma und Dogma, Jg. 1977, S. 188 - 204.

9 So z.B. M. Fischer, Predigtmeditation zum 1. Advent 1977, in: Wissenschaft und Praxis in Kirche und Gesellschaft (WPKG — Predigtmeditationen), Jg. 1977, Heft 11, S. 9.

derspruchsvoll sein mag, dem aber als allgemeines Kennzeichen das Etikett „funktionalistisch" zugeordnet wird. Dabei können unter diesem Etikett durchaus auch solche Personen subsumiert werden, die zwar bestimmte Ingredienzien dieses Syndroms vertreten, beispielsweise hinsichtlich einer „funktionsorientierten" Betrachtung der Amtshandlungen, die aber das Etikett als ganzes für ihre eigene Person entschieden von sich weisen würden. Doch kann die Ausstrahlungskraft offensichtlich ebenso von dem Etikett als auch von einzelnen isolierten Ingredienzien dieses Syndroms ausgehen. Und eben diese breite Ausstrahlung dürfte es sein, der die erstaunlich lebhafte, zuerst mehr positive, dann mehr kritische Resonanz gilt, die das Thema Funktionalismus während der letzten Jahre in der Kirche gefunden hat. Mag sich nun diese Resonanz in der Form einer weiteren Verbreitung „funktionaler" Denkweisen äußern oder in der Form kritischer Reaktionen; ihr pures Vorhandensein und ihre Intensität dürften deutlich machen, daß wir es tatsächlich mit einem virulenten Problem zu tun haben; einem Problem, das wahrscheinlich auf der Ebene des Alltagswissens von Pfarrern und anderen kirchlichen Einflußträgern in Zukunft noch erheblich an Bedeutung und Gewicht gewinnen wird.

Das Syndrom aus Einstellungen und Absichten, das sich hinter diesem Etikett verbirgt oder dort gesucht wird, mag im einzelnen oft schwer zu fassen sein; auch die Kritik vermag nur selten zu präzisieren, wen oder was sie im einzelnen meint, und gleichzeitig den Gemeinten auch wirklich zu treffen: Dieses schillernde und uneinheitliche Erscheinungsbild dürfte jedoch weniger auf unseren speziellen Fall als vielmehr darauf zurückgehen, daß sich solche Syndrome oder Einstellungsbündel im Bereich des Alltagswissens kaum nach Gesichtspunkten der begrifflichen Einheitlichkeit und der gedanklichen Stringenz entwickeln und strukturieren. In unserem Fall dürfte allerdings die vielschichtige und widerspruchsvolle Verwendung des Funktionsbegriffes ein zusätzliches Maß an Unschärfe und Verwirrung produzieren. Doch kümmert es diejenigen, die den Begriff oder bestimmte damit zusammenhängende Vorstellungen verwenden, in der Regel wenig, wenn man ihnen nachweist, daß sie den Funktionsbegriff mehr im Sinne von B. Malinowski, also bezogen auf menschliche Grundbedürfnisse, oder mehr im Sinne von T. Parsons, also bezogen auf das Gleichgewicht des betreffenden Systems verwenden[10]. Vielmehr erscheint es [69] ja gerade als besonderes Kennzeichen unseres Problems, daß das Syndrom des funktionalen Denkens in seiner schillernden Mehrdeutigkeit in Anspruch genommen wird; letzten Endes wohl mit der Absicht, mit Hilfe dieses funktionalen Denkens einen neuen oder erweiterten Zugang zu jener gesellschaftlichen Praxis zu gewinnen, auf die das eigene Wirken bezogen ist: sei es als

10 Vgl. H. Kaefer, Religion und Kirche als soziale Systeme, 1977, S. 43ff.

Berufspraxis des Gemeindepfarrers, sei es sonst als Mitarbeiter oder Repräsentant der Kirche.
Besonders deutlich faßbar dürften die allgemeinen Transformations- und Verarbeitungsprozesse des funktionalen Denkens dort werden, wo sich das berufsbezogene Alltagswissen von jungen Theologen in der Erstbegegnung mit ihrer Praxis zu konstituieren beginnt. Hauptsächlich am Beispiel dieser Population soll darum auch der Transformationsprozeß beobachtet und analysiert werden.
Dieser Versuch ist durchaus mitveranlaßt, sicher beeinflußt und wohl auch begrenzt durch eigene Erfahrungen und Beobachtungen während und nach meiner Tätigkeit in der Vikarsausbildung der Evangelischen Kirche von Hessen und Nassau. Durch die Aufgabenstellungen dieser Tätigkeit war ich selbst aktiv und passiv in den Transformationsprozeß hineinverflochten.

III.

1. Eine Vielzahl unterschiedlicher Interessen als Voraussetzung und Impuls des Transformationsprozesses

Eine erste Frage, die sich bei der Beschäftigung mit unserem Phänomen stellt, ist die, welche äußeren Voraussetzungen oder welche Rahmenbedingungen es ermöglichen, daß ein solcher Prozeß überhaupt in Gang kommt. Welche Interessen, welche Bedürfnisse und welche Anlässe können dazu führen, daß bestimmte begriffliche Muster wie etwa das „funktionale Denken" so plötzlich und so energisch aus dem Bereich des wissenschaftlichen Denkens hinüber transportiert werden in den des berufsbezogenen Alltagswissens und dort tatsächlich weiter verarbeitet werden? Verfügbar und damit in gewissem Sinne auch abholbereit lagen all diese Muster auf der Wissenschaftsebene ja längst vor. Warum wurden sie nicht schon früher in Anspruch genommen? Und warum jetzt, gegen Ende der sechziger Jahre geradezu schubartig abgerufen?

Zu vermuten ist von vornherein, daß der Prozeß nicht durch eine Einzelursache ausgelöst wurde, sondern daß mehrere Interessen und andere Faktoren zusammenwirken mußten; vielleicht wirken sogar solche Faktoren zusammen, die von ihrem ursprünglichen und eigentlichen Eigeninteresse keineswegs zur Kooperation prädestiniert sind. [70] Ich meine, daß sich im Falle unseres Beispiels vier solcher Faktoren oder Faktorenbündel unterscheiden lassen, die, in sich zwar wiederum vielschichtig, in ihrem Zusammenwirken jedoch diesen Transformationsprozeß anregten und seine Ausweitung erst ermöglichten.

Schon zu Beginn der sechziger Jahre entwickelte sich eine erste Bedarfslage aus den Interessen, die sich mit Stichworten wie „Kirchenreform" und „Strukturreform" verbanden und die bald in fast allen Landeskirchen zur Bildung von Ausschüssen oder Arbeitsgruppen führten. Ihr Thema war, wie die in Jahrhunderten gewachsenen kirchlichen Organisations- und Arbeitsformen besser auf die Anforderungen der Gegenwart einzustellen seien[11]. Zur Bearbeitung dieser Thematik wurde, soweit ich sehe erstmalig, die Hilfe der empirischen Sozialwissenschaften für die Arbeit der Kirche in breitem Umfange in Anspruch genommen: es wurden Befragungen durchgeführt[12] und „Strukturanalysen" angefertigt; Stichworte wie „gesellschaftliche Funktion der Kirche" oder „Funktionsbestimmung" kamen in Mode; das Wort wurde vorwiegend im Sinne von „aufgabenbezogen", „aufgabengerecht" oder auch im Sinne Malinowskis als „bedürfnisbezogen" verstanden[13].

Ein zeitlich zweiter, sachlich aber wohl der stärkste Antrieb, mit Hilfe soziologischer Betrachtungsweisen die Phänomene der kirchlichen Praxis zu analysieren und vielleicht besser als sonst zu verstehen, kam aus den Reihen von jungen, aus der Universität in das kirchliche Vikariat überwechselnden Theologen. Manche unter ihnen fanden das, was sie im Studium über Wesen und Gestalt der Kirche theologisch gelernt hatten und was beispielsweise in der zentralen. Metapher vom „Leib Christi" ausgedrückt ist, in der volkskirchlichen Wirklichkeit von Administration und pfarrberuflichen „Dienstleistungen" kaum wieder. Sie suchten darum nach zusätzlichen, über die theologischen Beschreibungsformen hinausgehenden Kategorien für das, was sie als Kirche tatsächlich vorfanden. Bei Anderen waren durch das Theologiestudium selbst, etwa durch Bibelkritik, durch die „Gott-ist-tot"-Theologie oder durch ein mit der eigenen intellektuellen Redlichkeit vermeintlich nicht zu vermittelndes Offenbarungsverständnis Zweifel daran entstanden, ob man auf die überkommene theologische Weise überhaupt noch überzeugend begründen könne, was Kirche sei. Die meisten praktischen Aufgaben der Kirche, ihre Jugendarbeit oder ihre Seelsorge, ihre Erwachsenenbildung [71] und ihre diakonischen Tätigkeiten ließen sich nämlich rational anscheinend auch dann rechtfertigen und tatkräftig in Angriff nehmen, wenn man den theologisch-ekklesiologischen Begründungen nicht voll zuzustimmen vermochte. Die soziologische, spe-

11 Vgl. Daiber / Seiz / Simpfendörfer, Kirchenreform, 5 Bde. 1968 - 1970. J. Lucht, Kirchenreform durch Öffnung zur Religion, Diss. Hamburg, 1976.

12 Vgl. W. Marhoid, Fragende Kirche, 1971.

13 Vgl. Dienst / Dahm / Brückner, Aufgabe und Struktur der Gemeinde heute; Erwägungen zu einer mittelfristigen Konzeption der Kirchenreform; Verlag Evangel. Presseverband, Frankfurt 1969.

ziell die funktionalistische Betrachtung der Kirche und ihrer Aufgaben konnten so zur Zusatzlegitimierung oder auch zur Ersatzlegitimation für theologische Begründung der eigenen Arbeit in der Kirche verstanden und in Anspruch genommen werden.

Ein dritter und ebenfalls nachhaltiger Impuls, sozialwissenschaftliche und speziell gesellschaftskritische Begriffe und Denkweisen in die binnenkirchliche Diskussion einzubringen und dort zu verankern, wurde durch diejenigen Vikare vertreten, die auf der Universität von der "Studentenrevolte" erfaßt und geprägt waren und jetzt versuchten, ansatzweise den „Marsch durch die Institution Kirche" zu beginnen. Ihre Auffassungen und besonders ihre Argumentationsmuster waren auf das stärkste beeinflußt von der „Kritischen Theorie" der Frankfurter Schule sowie von den klassischen Vorstellungen des historischen und dialektischen Materialismus[14]. Hatte man sich bis ca. 1970 in den kirchenleitenden Gremien und selbst in den kirchlichen Ausbildungsinstitutionen den soziologischen Strömungen gegenüber je nach eigener Neigung verhalten können, also teils aufgeschlossen-interessiert und teils ablehnend-distanziert, so wurden die gesellschaftskritischen Anfragen und Angriffe seitens der jungen Theologen aus dem Lager der Neuen Linken jetzt so energisch und herausfordernd vorgetragen, daß Kirchenleitungen und Ausbildungspersonen den provozierten Auseinandersetzungen nicht mehr ausweichen konnten. Man mußte sich nolens-volens auf die soziologischen oder pseudosoziologischen Argumentationsmuster der „linken Vikare" einlassen, konnte die Diskussionen meist nicht auf die gewohnten theologischen Denkmuster zurückführen, ohne sofort der Verschleierung oder des Ausweichmanövers geziehen zu werden, mußte vielmehr einerseits nach soziologisch einigermaßen begründbaren Gegenargumenten suchen und andererseits die transformierbaren sozialkritischen Impulse und Anfragen in Aktionen und Reformversuchen (wie beispielsweise durch die Demokratisierung des Ausbildungsbereiches, etwa durch Einrichtung paritätisch zusammengesetzter Ausbildungskammern) aufzufangen versuchen. Ob jedoch Gegenargumente vorgebracht, ob kritische Anregungen in Reformen umgesetzt wurden oder ob es zu Mischformen zwischen beidem kam, in [72] jedem Falle führten die dauernden Auseinandersetzungen bei allen Beteiligten zu einer Aneignung gesellschaftswissenschaftlicher Betrachtungsweisen, die keineswegs immer bewußt oder gar gewollt war. Und nicht selten waren es gerade vereinfachte funktionalistisch-soziologische Argumentationsmuster, die

14 Vgl. „Theologiestudenten 1969, Dokumente einer revolutionären Generation", o. Verf., hrsg. Evangel. Verlagswerk Stuttgart 1969; E. Weber / R. Trommershäuser, Kirche im Kapitalismus, in: U. Greiwe (Hrsg.), Herausforderung an die Zukunft, 1970, S. 260 - 273. W. D. Bukow, Das Elend der sozialistischen Opposition in der Kirche, 1969.

gegen die kirchen- und religionskritischen Argumente marxistischer Provenienz ins Feld geführt wurden; nicht zuletzt deshalb, weil die marxistische Kritik, angewendet auf die Lebensformen und Praxisfelder der Kirche, gewöhnlich als verständnislos gegenüber kirchlichem Leben und als destruktiv empfunden wurde.

Diese drei vorwiegend binnenkirchlich motivierten Nachfragen nach sozialwissenschaftlichen und speziell „funktionalistischen" Erklärungsmustern und Argumentationshilfen können natürlich nicht einfach von den übergreifenden gesamtgesellschaftlichen Entwicklungen als kirchliche Sonderthematik abgelöst werden. Sie sind vielmehr, und das macht unseren vierten Faktor aus, vielfältig verflochten mit dem allgemein in der BRD seit Mitte der sechziger Jahre aufkommenden Trend, die Gegebenheiten unseres Zusammenlebens stärker als bisher durch sozialwissenschaftliche, insbesondere durch gesellschaftskritische Brillen zu betrachten; durch jenen Trend also, der von Helmut Schelsky ebenso eigenwillig wie einseitig als Machtkampf um die Vorherrschaft quasireligiöser sozialer Heilsverheißungen und um die entsprechende Priesterherrschaft ihrer meist soziologischen Produzenten interpretiert wurde. Schelsky hat in diese Trendanalyse ausdrücklich auch die kirchlichen Varianten der allgemeinen Soziologisierung einbezogen und sie durch das plakative Etikett „Vom Seelenheil zum Sozialheil" gekennzeichnet[15]. Ohne die kritisch-erhellenden Aspekte dieser Sicht bestreiten zu wollen, ohne sie allerdings auch an dieser Stelle gründlicher hinterfragen zu können, muß zumindest nachdrücklich darauf hingewiesen werden, daß die These Schelskys der Komplexität von Bedarfslagen und Ursachen für die breite Aufnahmebereitschaft soziologischer und speziell funktionaler Betrachtungsweisen in der Kirche wohl kaum gerecht wird.

Gerade um diese Komplexität geht es aber offenkundig, wenn man nach den vorgegebenen Voraussetzungen und den Impulsen für die überraschend breite Rezeption des „funktionalen Denkens" fragt. Es war nicht das Interesse allein einer Einzelgruppe, das den Transformationsprozeß in Gang gesetzt hat: weder das der „Strukturreformer" noch das der „Kirchenreformer"; weder das jener Pfarramtskandidaten, die der pastoralen Praxis ratlos und ohne Konzept gegenüber standen, noch das der antiautoritären, auf die „Kritische Theorie" sich berufenden „linken Vikare"; es war auch nicht allein das Interesse [73] ihrer unfreiwillig zur Gegenargumentation herausgeforderten Gesprächspartner in den Ausbildungseinrichtungen und Kirchenleitungen. Für sich allein wäre keine dieser Gruppen, und es wäre, gegen Schelskys Behauptung, schon gar nicht die vergleichsweise

15 H. Schelsky, Die Arbeit tun die anderen, bes. S. 317 - 329.

winzige Schar soziologisch ausgebildeter Theologen einflußreich genug gewesen, um diesen in seinen Konsequenzen unübersehbaren Prozeß der Reinterpretation des kirchlichen Handelns durch soziologische Deutungsmuster in Gang zu setzen. Es war vielmehr die Koinzidenz all der angegebenen, durchaus verschiedenartigen, oft gegensätzlichen, durchweg aber vitalen Interessen, die die Transformation der funktionalen Betrachtungsweisen in das Alltagswissen kirchlicher Praktiker eingeleitet und vorangetrieben hat.

2. Erklärungskraft, Legitimierung und Motivation für das eigene Handlungsfeld als Hauptkriterien der Transformation

Wer in der Zeit ab ca. 1965 von „funktionaler Betrachtungsweise" sprach, dem ging es inhaltlich in der Regel darum, die Aufgabenfelder der Kirche einmal grundsätzlich anders als in den klassisch-theologischen Denkweisen zu sehen und zu reflektieren. Dieses Anderssehen-Wollen bedeutete nicht, daß die eine Betrachtungsweise alternativ gegen die andere ausgespielt wurde; so, als ob nur die eine richtig und die andere darum notwendig falsch wäre. Die Zuordnung der funktionalen zu den theologischen Betrachtungsweisen war vielmehr durchaus vielschichtig: mal spannungsreich, mal ergänzend, mal unklar.

Die klassischen protestantisch-theologischen Denkweisen lenkten ja gewöhnlich die Aufmerksamkeit des Theologen auch und gerade wenn es um konkretes kirchliches Handeln ging, auf den „eigentlichen Auftrag der Kirche", nämlich darauf, daß „die rettende Gnade Gottes in Christus allem Volk zu verkündigen" sei (Vorspruch einer „Kirchlichen Lebensordnung")[16]. Kriterien einer solchen Perspektive waren vorrangig die „rechte Verkündigung", das Verhältnis von Gesetz und Evangelium, von Glauben und Nachfolge, die Auferbauung der Gemeinde als Leib Christi, das Bekenntnis und das rechte Sakramentsverständnis.

Die „Funktionale" Betrachtungsweise fragte demgegenüber nach Interessen, Bedürfnissen und Aufgabenstellungen, die sich neben einer solchen theologischen Bestimmung für die betreffende konkrete kirchliche Handlung oder auch vermischt mit dieser erkennen und formulieren ließen. Beispielsweise erscheint in dieser Blickrichtung die Taufe [74] nicht nur als Sakrament der „Berufung des Täuflings zu einem Gliede am Leibe Christi" (Kirchliche Lebensordnung), sondern sie erfüllt auch eine Reihe von sogenannten „gesellschaftlichen Funktionen". Dazu gehört etwa die erste öffentliche Präsentation und damit die feierliche Aufnahme des Neugeborenen in seine über die Familie hinausgehende gesellschaftliche Umwelt, die

16 Ordnung des kirchlichen Lebens der Evangelischen Kirche in Hessen und Nassau, Eigenverlag der Kirchenverwaltung Darmstadt, Fassung 1969, S. 8.

öffentliche Namensgebung, das festliche Zusammensein von Verwandten und Freunden anläßlich der Geburt — und manchmal auch die Regelung von halbmagischen, kultischen Reinigungsvorstellungen, von denen sich Reste noch immer in unserer Kultur finden.
Ein anderes Beispiel sind Konfirmanden-Unterricht und Konfirmation, die nach theologischem Verständnis die in der Taufe zugesagte Gliedschaft am Leibe Christi durch bewußte Bejahung der inzwischen erlernten Glaubensauffassungen „befestigen" sollen. Andererseits erinnert diese kirchliche Handlung unverkennbar an jene vielfältigen Riten, die in fast allen Kulturen aus Anlaß der Übergänge von der Kindheit in die Erwachsenenwelt breit und intensiv durchgeführt werden. Auch in unserer Kultur ist die Konfirmation nicht abgelöst von diesen Übergängen und den damit für die Jugendlichen und ihre Eltern gestellten Schwierigkeiten zu denken[17]. Die Schwierigkeiten und besonderen Aufgaben im Zusammenhang mit der Pubertät, denen in der „funktionalen Betrachtung" oft eine besondere Beachtung zugewendet wurde, sind im Zuge dieses Denkens gerade im letzten Jahrzehnt ausdrücklich und nachdrücklich zum Thema des Konfirmandenunterrichtes gemacht worden; sie wurden damit gleichzeitig in einen engeren Bezug zu den vorrangig im Konfirmandenunterricht zu behandelnden Glaubensfragen und Lebensfragen gestellt[18].

Die Reihe von Beispielen für diesen doppelten Aspekt der kirchlichen Handlungen, nämlich einerseits ihre spezifisch theologische Sinngebung und andererseits ihre sogenannte „soziale Funktion", verstanden als menschliche Bedeutung ohne bewußt vollzogenen religiösen Bezug, geht weit über die sogenannten Amtshandlungen, also Taufe, Konfirmation, Trauung und Bestattung hinaus. Allerdings geraten diese „Amtshandlungen" meistens zuerst in den Blick, wenn von gesellschaftlichen Funktionen der Kirche die Rede ist. Der Zusammenhang von zugleich spezifisch kirchlicher und allgemein gesellschaftlicher Bedeutung erstreckt sich aber genauso auf das seelsorgerische Gespräch [75] mit dem einzelnen Ratsuchenden, auf die Jugendarbeit, auf die kirchliche Erwachsenenbildung in Ortsgemeinden wie in Evangelischen Akademien, auf die kirchlichen Einrichtungen im Gesundheitswesen und nicht zuletzt auf die Veröffentlichung sozialethischer Denkschriften oder tagespolitischer Stellungnahmen des Rates der EKD.

---

17 Vgl. T. Matthes, Volkskirchliche Amtshandlungen, Lebenszyklus und Lebensgeschichte, in: J. Matthes (Hrsg.), Erneuerung der Kirche, 1975.

18 Vgl. K. Dienst, Moderne Formen des Konfirmandenunterrichts, 1973; Ders., Die lehrbare Religion, 1976; D. Stoodt, Religiöse Sozialisation und emanzipiertes Ich, in: Dahm / Luhmann / Stoodt, Religion, System und Sozialisation, 1972.

Es sind also fast alle kirchlichen Handlungen, die diesem doppelten Aspekt und damit auch dem doppelten Maßstab der theologischen Sachgerechtigkeit einerseits und der gesellschaftlich-funktionalen Sachgerechtigkeit andererseits ausgesetzt werden können. So gewiß wie jeder Konfirmandenkurs, jedes Beratungsgespräch und jede Denkschrift an dem theologischen Kriterium von „Gesetz und Evangelium" gemessen werden kann, so gewiß läßt sich an jede dieser Handlungen auch die andere Frage stellen, ob sie nämlich den pädagogischen oder psychologischen Implikationen des betreffenden Gegenüber, sei es ein Konfirmandenkurs oder sei es ein Ratsuchender, gerecht geworden ist.
Diesen zweiten Aspekt des kirchlichen Handelns, seine gleichsam religiösunspezifische, im Einzelfall des Gegenübers begründete Sachlichkeit genauer in den Blick zu fassen, war ein Hauptziel der funktionalen Betrachtungsweise. Dieser zweite Aspekt sollte in einem höheren Maße ernst genommen werden als das normalerweise in der Theologie geschieht; es sollte gefragt werden, welche konkreten und motivierenden Aufgaben sich aus diesem Aspekt ergeben und wie man sich ihnen sachgerecht stellen kann.
Das Interesse an dieser Betrachtungsweise äußerte sich nicht primär als „akademisches" Interesse im Sinne von Forschung, Systematisierung und Reflexion; es ging nicht um eine für das „wissenschaftliche Wissen" notwendige Abstraktion aus der unmittelbaren Verflochtenheit mit der Handlungswelt. Sondern es ging gerade umgekehrt um Verstehens- und Zugangshilfen für diese Handlungswelt, für die eigene Praxis, für die eigene Verflochtenheit in den kirchlichen Alltag.

Im Kontext der vorhin erörterten zeitgeschichtlichen Rahmenbedingungen ließen sich solche Verstehens- und Zugangshilfen offensichtlich nicht allein oder nicht zureichend aus der spezifisch-theologischen Interpretation dieses zweiten Aspektes der kirchlichen Handlungen gewinnen. Denn in der in den sechziger Jahren vorherrschenden Theologie spielten die Aspekte der „gesellschaftlichen Funktion" meist eine untergeordnete Rolle, galten sie vielfach als „uneigentlich", wurden sie oft schon durch pejorative Umschreibungen von Zentralbegriffen wie „gesellschaftliche Bedürfnisse" oder „religiöse Bedürfnisse" abgewertet; so, wenn gesagt wurde, daß „die Kirche doch keine Bedürfnisanstalt" sei oder daß „wir doch keine Bedürfnistheologie, sondern das Wort Gottes verkündigen wollen". Wer aus dem Theologiestudium kam, [76] war in der Regel negativ gegenüber diesen „gesellschaftlichen Funktionen" oder den oft gleichbedeutend verstandenen „religiösen Bedürfnissen" gestimmt.

In der eigenen Begegnung mit der Praxis volkskirchlicher Parochien mußte er jedoch erfahren, daß den sogenannten gesellschaftlichen Funktionen

dort ein weit größeres Gewicht zukam als es nach den vorherrschenden theologischen Interpretationstendenzen zu vermuten war. Sowohl durch die Aufgabenstellungen des Gemeindepfarrers als vor allem auch durch die Erwartungen und Kirchlichkeitseinstellungen der Gemeindeglieder wurde solchen scheinbar „uneigentlichen" Aspekten wie Erziehungsaufgaben, Krankenbesuchen, Organisierung von Freizeiten, diakonisch-karitativer Tätigkeit und dem Management eines pfarramtlichen Apparates mit zwanzig Mitarbeitern ein sehr viel höherer und auch sehr viel positiver empfundener Stellenwert als durch die Theologie zugemessen. Und dies betraf, so mußte man aufgrund von Umfrageergebnissen eindeutig erkennen, nicht nur die Einstellungsmuster derjenigen Parochie, in die man zufällig hineingeraten war, sondern es galt für die ganz überwiegende Mehrheit des evangelischen wie übrigens auch des katholischen Kirchenvolkes.
Diese Praxiserfahrungen verlangten nach Erklärung und nach einer für die zukünftige Berufstätigkeit motivierenden Sinngebung, die über die zu knappen oder zu pejorativen theologischen Interpretationsmuster jener Tätigkeitsbereiche deutlich hinausgingen. Eben das aber schien die funktionale Betrachtungsweise leisten zu können. Sie schien etwas von jenem Druck auffangen und wegarbeiten zu können, der darin lag, einen Großteil der eigenen Aufgaben theologisch als opus alienum, als uneigentlich oder gar als Allotria verstehen zu müssen, und der dazu führte, daß damit gerade diejenige Handlungsmotivation im tiefsten gebrochen wurde, die zur Bewältigung der Praxisanforderungen dringend notwendig war.

Die „funktionale" Betrachtung vermochte offenbar deutlich zu machen, daß in dem scheinbar uneigentlichen, dem theologisch nicht spezifisch qualifizierten kirchlichen Handeln im Erziehungs- und im Beratungsbereich, bei lebenszyklischen Übergangsstationen und im Freizeitbereich durchaus ein eigener Sinn, eine eigene Würde und damit eine starke Handlungsmotivation liegen kann. Die funktionale Betrachtung erfüllte diesen Zweck auf verschiedene Weise: Zunächst einmal machte sie den Blick dafür frei, daß es hier um elementare menschliche „Bedürfnisse" der Lebensdeutung, der Begleitung oder der Beratung geht, auf die einzugehen, wenn sie erst einmal als solche erkannt sind, einen unmittelbar evidenten Sinn in sich selbst hat, und denen man kaum gerecht wird, wenn man sie als uneigentliches [77] Nebengebiet des eigentlichen Verkündigungsgeschehens oder als verkrustete Reste einer vergangenen Religiosität abtut. Die funktionale Betrachtung zeigte darüberhinaus, wie tief diese „Bedürfnisse" oder der zweite Aspekt der kirchlichen Handlungen in unserer Kultur und in unserer kirchlichen Tradition verankert sind; daß sie nämlich fast unabhängig und weitgehend unbeeinflußt von dem in den letzten zwei Jahrhunderten stattgehabten Wechsel von theologischen Grund-

strömungen und damit auch dem Wechsel von theologischen Beurteilungen jenes zweiten Aspektes, nämlich der „menschlichen Bedürfnisse" und „gesellschaftlichen Funktionen der Kirche" eine ganz erstaunliche Stabilität aufwiesen, ja, daß ihre Beharrungskraft weit größer war als die der theologischen Schulrichtungen. Wiederum stellte sich in dieser Perspektive die Frage, ob man angesichts solcher Stabilität und Beharrungskraft nicht sehr viel mehr „Sinn" in solchen Bedürfnislagen und „Funktionen" vermuten müsse als das normalerweise geschah; und ob es beruflich nicht lohnend wäre, sich konstruktiv und kritisch weit mehr als bisher auf die mit diesen Bedürfnislagen gestellten Aufgaben einzulassen.
Endlich konnte die funktionale Betrachtung einer im beruflichen Alltag demotivierenden alternativischen Entgegensetzung von Bedürfnisorientierung und „eigentlicher Verkündigung" durch den Hinweis auf die Kirchengeschichte und darüber hinaus auf die allgemeine Religionsgeschichte entgegenwirken, indem sie auf die immer schon vorhandene Verflochtenheit von „eigentlich" oder ursprünglich theologischen Zwecken mit individuellen alltagsweltlichen Problemen und mit den „gesellschaftlichen Funktionen" aufmerksam machte und ins Bewußtsein derjenigen Theologen rückte, die nach Legitimierung und Motivation für die Arbeit in diesem Bereich fragten.

Es war die Notwendigkeit, sich mit diesen Arbeitsaufgaben beruflich zu arrangieren oder zu identifizieren, die zu der sogenannten funktionalen Betrachtungsweise geführt hatte und die ihr Resonanz gab. Der Eindruck, daß die spezifisch-theologischen Bestimmungen dieser Aufgaben dazu nicht immer ausreichten, drängte danach, zusätzliche Erklärungen und Handlungsanleitungen zu suchen — und dazu, sie mehr oder weniger eklektisch aus den Interpretationsmöglichkeiten, die von den Humanwissenschaften angeboten wurde, abzurufen. Zum zusammenfassenden Schlüsselbegriff für diese Tendenzen wurde das Stichwort von der Funktions- oder Aufgabenorientierung. Inwieweit der Sprachgebrauch des Wortes Funktion auf einen der verschiedenen soziologischen Funktionsbegriffe stimmig zu beziehen war, spielte für die praxisorientierten Rezipienten keine besondere Rolle. Entscheidend war, ob sich die eine oder andere Anregung aus dem Bereich des wissenschaftlichen Wissens erklärungskräftig und motivierend auf die [78] eigenen Praxiserfahrungen beziehen ließen. Wo das der Fall schien, wurden sie ohne Skrupel gegenüber wissenschaftlicher Systemstringenz in das eigene berufliche Alltagswissen übernommen und dort verarbeitet.

3. Theoriebegriff zwischen Handlungskonzept und Transzendierungsforderung

Obwohl es sich also um die eklektische Verarbeitung einzelner Aspekte und insgesamt eher um eine Betrachtungsweise als um eine „Theorie" handelte, war doch im kirchlichen Ausbildungssektor und in einigen anderen kirchlichen Teilbereichen schon bald von „Funktionaler Theorie" die Rede. Vor allem in der Variante „Funktionale Kirchentheorie" verbreitete sich der Begriff außerordentlich rasch im kirchlichen Sprachgebrauch. Es schien so, als ob man nur darauf gewartet hätte, eine Sichtweise, die sozusagen in der Luft lag, mit einem begrifflichen Etikett zu versehen.

Doch ist auch die Verwendung dieses Theoriebegriffs bei näherem Hinblick keineswegs einheitlich. Die meisten, die eine funktionale Betrachtungsweise im kirchlichen Bereich für fruchtbar und weiterführend hielten, wollten mit dem Theorie-Anspruch zum Ausdruck bringen, daß es ihnen nicht nur um Analyse und phänomenologische Deskription ging, sondern ganz dezidiert um eine Konzeption des eigenen Handelns: Die sogenannten gesellschaftlichen Funktionen der Kirche sollten nicht nur erhoben und beschrieben, sondern sie sollten als Aufgabe bewußt gemacht, bejaht und kritisch-konstruktiv in Angriff genommen werden. Es ging um eine Konzeption des kirchlichen Handelns, die bei vordergründiger Sicht zwar vorrangig auf die Berufsaufgaben der Gemeindepfarrer gerichtet schien, die aber implicit auf die Gesamtheit des kirchlichen Lebens in seiner volkskirchlichen Verfassung zielte: also auf den Diakoniebereich ebenso wie auf das Bildungswesen, auf die Telefonseelsorge ebenso. wie auf die kirchlichen Äußerungen zur Politik. Eine solche Konzeption brauchte eine formelhafte Kennzeichnung, die ihre Intentionen schlagworthaft verdichtete. Dieser Aufgabe schien der Begriff einer „Funktionalen Theorie" genau zu entsprechen: Was mit „funktional" gemeint war, glaubte man der Grundrichtung nach zu wissen; der Begriff „Theorie" schien der eigenen Konzeption gerade im Kontext seiner sonstigen Verwendung gegen Ende der sechziger Jahre einen ebenso progressiven wie anspruchsvollen Klang zu geben. Wiederum spielte es keine Rolle, ob diese Verwendung des Theoriebegriffes den Kriterien des „wissenschaftlichen Wissens" gerecht wurde oder nicht. Was man suchte, war eine „Praxistheorie", war die pragmatische Adaption einer Kategorie, die sich als Kurzformel zur internen Verständigung eignete und gleichzeitig nach außen die eigenen Absichten plastisch zum Ausdruck brachte. [79]

Eine zweite Verwendungsabsicht des Wortes „Funktionale Kirchentheorie" entstand durch die Notwendigkeit einer Unterscheidung der eigenen Konzeption von solchen kirchentheoretischen Ansätzen, die sich im Umkreis der „Kritischen Theorie" der Frankfurter Schule entwickelten. Allerdings war das Verhältnis zwischen gesellschaftskritisch-marxistischen und funktionalistischen Argumentationsweisen auf der Ebene des Alltagswissens nie eindeutig bestimmt. Zwar wurde in den literarisch ausgetragenen Auseinandersetzungen, vor allem in der „linken" Kritik am Funktionalismus die Gegensätzlichkeit der Grundansätze gerne beschworen.[19], gelegentlich wurde sie sogar zu zwei sich feindlich gegenüberstehenden kirchenpolitischen Lagern hochstilisiert, doch unterhalb dieser eher akademisch-literarischen Polemik sah es mit diesem Verhältnis anders aus.

Die Mehrheit der an den neuen kirchentheoretischen Fragestellungen engagierten Vikare und erst recht die Pragmatiker im kirchlichen Apparat wichen einer strengen Grenzziehung zwischen Funktionaler Theorie und Kritischer Theorie gewöhnlich aus. Ihnen ging es um die Leistungsfähigkeit der soziologischen Begriffe und Denkweisen in ihrem eigenen Bedarfsfeld. Wenn sie dazu etwas hergaben, war es unwichtig, wo diese Begriffe ihren systematisch-theoretischen Ursprung haben mochten. Ganz unbefangen wurden die eklektisch gewonnenen Fragmente aus dem Umkreis der kritischen Theorie mit solchen des Funktionalismus gemischt oder additiv einander zugeordnet. Gewöhnlich wurde die grundsätzliche eigene Unzufriedenheit mit den bestehenden Verhältnissen in Gesellschaft und Kirche in den Argumentationsmustern der kritischen Theorie vorgetragen: also etwa als Forderung einer energischen Demokratisierung auch im kirchlichen Bereich, nach Verminderung des Leistungsdrucks, nach „Entlarvung" der systemstabilisierenden und herrschaftsverschleiernden Funktionen der Kirchen in unserer Gesellschaft. Andererseits fand man in den kirchenbezogenen Reflexionen, die ihren Ansatz bei der Kritischen Theorie hatten, nur wenig Differenzierungsmöglichkeiten und Erklärungshilfen für die eigenen Schwierigkeiten im pfarramtlichen Alltag; die parochialen Aufgaben vorwiegend unter dem Gesichtspunkt einer ausweglos negativen Determiniertheit durch das kapitalistische System und andere gesellschaftliche Zwänge zu sehen, wurde nicht nur als demotivierend und auf die Dauer unerträglich empfunden, sondern es stimmte auch mit den eigenen Erfahrungen nicht überein. Darum wurde für die soziologische Interpretation der eigenen Berufsfelder weit stärker auf die funktionale Betrachtungsweise zurückgegriffen, ohne darum die mehr allgemeine Forderung nach grundlegenden gesellschaftlichen [80] Veränderungen preiszugeben. Funktionalistische, kritisch-theoretische und selbst orthodox marxistische Argumentationsstücke wurden praktisch miteinander vermittelt, ohne ihre Vermittelbarkeit theoretisch im Sinne des wissenschaftlichen Wissens zu problematisieren. Gegenüber den Stringenzansprüchen der „großen Theo-

19 So besonders K. Ahlheim, oben Anm 6); Seminarkollektiv Main (vgl. oben Anm. 6); aber auch M. Josuttis (oben Anm. 5).

rien" blieb man distanziert; ideologisch wollte man sich weder auf eine marxistische Glaubenslehre noch auf einen affirmativen Institutionspositivismus, wie er dem funktionalistischen Ansatz nachgesagt wurde, festlegen lassen.
Diese pragmatisch-unbefangene Mischung aus Aspekten der „Funktionalen Kirchentheorie" und solchen einer „Kritischen Theorie der Kirche" fand sich also vorwiegend und vielfältig auf den Diskussionsebenen unterhalb der literarischen Äußerungen, nämlich in den Standardmeinungen der Alltagskonversation und in einer Unzahl von Arbeitspapieren.

Doch blieb die Bemühung um eine Vermittlung von „funktionalem" und gesellschaftskritischem Blick auf die Praxis der Kirche nicht auf die Ebene von Alltagswissen und Alltagskonversation begrenzt. Dieses Vermittlungsinteresse wurde vielmehr auch grundsätzlicher und theoretischer, gewissermaßen „wissenschaftlicher" in Angriff genommen. Insbesondere die von Wolfgang Herrmann schon 1965 eingeführte und in seinen späteren Publikationen explizierte Forderung einer empirisch-kritischen Methode der Theologie, die grundsätzlich der historisch-kritischen Methode vergleichbar und mit ihr gleichberechtigt sein sollte[20], fand ein überaus breites Echo. Eine inzwischen schon unübersehbar gewordene Flut von Publikationen, seit 1970 mindestens 50 Buchveröffentlichungen zum Thema Praktische Theologie, Ekklesiologie und Kirchliche Zeitgeschichte, hat diese Forderung in der einen oder anderen Weise aufgenommen oder ist von ihr beeinflußt[21]. Eine andere Frage ist allerdings, ob die Masse dieser Veröffentlichungen auch tatsächlich realisiert, was sie intendiert, nämlich sowohl den empirisch faßbaren Gegebenheiten als auch den Ansprüchen einer diese Gegebenheiten transzendierenden Kritik gerecht zu werden. [81] Meinerseits habe ich den Eindruck, daß das häufig nicht gelingt, weil der Aspekt der Kritik den Aspekt einer sachgerechten Berücksichtigung und Interpretation der kirchlichen Alltagsfunktionen kräftig überwuchert. Ein solcher Mangel an Sachgerechtigkeit liegt etwa dann vor, wenn das kirchliche Verhalten von Gemeindegliedern, vermeintlich kritisch, in einer Weise

20 W. Herrmann / G. Lautner, Theologiestudium, Entwurf einer Reform, 1965; W. Herrmann, Die Angst der Theologen vor der Kirche, 1973; Chr. Gremmels / W. Herrmann, Vorurteil und Utopie, 1971; W. Herrmann, Theologische Ausbildung und ihre Reform, 1976 (Eigenverlag Comenius-Institut Münster).

21 Vgl. dazu die Übersicht bei K. F. Daiber, Grundriß der Praktischen Theologie als Handlungswissenschaft, 1977, S. 14 ff.; ferner in jüngster Zeit (Auswahl): H. W. Heßler (Hrsg.), Protestanten und ihre Kirche, 1976; G. W. Rammenzweig, Kirche zwischen Bürokratie und Demokratie, 1975; J. Matthes (Hrsg.), Erneuerung der Kirche, 1975; J. Moltmann, Neuer Lebensstil, 1977; W. Marhold u.a., Religion als Beruf, 2 Bde., 1977; D. Rössler, Die Vernunft der Religion, 1975; S. Sunnus, Die ersten sieben Jahre, Rückblick eines Landpfarrers, 1977 (Eigenverlag Comenius-Institut, Münster).

als theologisch „uneigentlich" oder als „entfremdet" beurteilt wird, in der sich die betroffenen Gemeindeglieder nicht wiederzufinden vermögen, sondern die sie als Disqualifizierung empfinden. Derartige Tendenzen der Überwucherung von funktional-sachgerechter Deutung durch einen steilen Kritikbegriff finden sich sowohl in theologischen wie in soziologischen Arbeiten zum Thema Kirche. Nicht selten allerdings wird dabei der hehre Anspruch der Kritik durch eine deutlich ideologische, vom eigenen Vorurteil, sei es Wunschbild oder Zerrbild, bestimmte und so die kirchliche Wirklichkeit verzerrende Analyse beeinträchtigt und nachhaltig in Frage gestellt[22].

Gerade dieser Tendenz versuchte der funktionale Ansatz entgegenzusteuern, indem er immer wieder die Rückbindung an das forderte und suchte, was tatsächlich meßbar und überprüfbar in der Praxis vorging; an das, was Pfarrer oder Gemeindeglieder ihrerseits beabsichtigten und erwarteten; darauf, wie sie ihr Handeln selbst empfanden und wie die betreffenden Vorgänge sich in ihrem konkreten sozialen Kontext auswirkten. Doch lag in dieser akzentuierten Forderung die Gefahr, sich zu stark an den vorfindlichen Gegebenheiten auszurichten und deren ungenutzte Möglichkeiten auch hinsichtlich von Innovationen und verändernder Entwicklung zu vernachlässigen.
Die ständig virulente Spannung zwischen einer redlichen Orientierung an der gegebenen Realität einerseits und deren weiterführender Transzendierung andererseits dürfte freilich das Schicksal der meisten „Praxistheorien" im Sinne des beruflichen Alltagswissens sein. Auch darin sind sie deutlich unterschieden von den abstrakten Theorien des wissenschaftlichen Wissens, die, wie etwa verschiedene Modelle einer Theorie der Gesellschaft oder einer Theologie der Kirche, das Problem der praktischen Vermittlung mit der gegebenen Realität großzügig vernachlässigen — und wohl auch vernachlässigen müssen. [82]

IV.

Die Auseinandersetzungen um Theoriefähigkeit und theoretische Reichweite des funktionalen Ansatzes haben andererseits deutlich gemacht, daß sich der Begriff „funktionale Kirchentheorie" nicht einfach auf die Funktion eines zusammenfassenden Etiketts für eine bestimmte Handlungskonzeption reduzieren ließ. Die komplexe faktische Verwendung des

22 Theologisch z.B. J. Moltmann, Kirche in der Kraft des Geistes, 1975, S. 352 ff.; Kirchensoziologisch z.B. Y. Spiegel (Hrsg.), Kirche und Klassenbindung, 1974; E. Weber / R. Trommershäuser, Kirche im Kapitalismus, in: U. Greiwe (Hrsg.), Herausforderung an die Zuknuft, S. 260 - 273.

Begriffes blieb nie auf diese Funktion begrenzt, sondern verwies immer über sie hinaus auf die Verflechtung mit anderen Ebenen des Wissens. Daß das geschah und daß trotz der vielschichtigen und damit manchmal verwirrenden Verwendung der Formel „Funktionale Kirchentheorie" immer wieder zustimmend und kritisch auf diese Formel Bezug genommen wurde, zeigt m.E. an, daß die mit ihr zum Ausdruck gebrachten Absichten noch keineswegs überholt oder durch einen anderen theoretischen oder theologischen Entwurf „aufgehoben" sind. Offensichtlich ist es bisher keinem der neueren theologisch-ekklesiologischen und sozialwissenschaftlich-kirchentheoretischen Entwürfe zureichend gelungen, das Phänomen Kirche in seiner komplexen Spannweite zwischen theologischer Bestimmung und empirischer Wirklichkeit, zwischen religiöser Transzendenz und gesellschaftlicher Funktion begrifflich zureichend darzustellen und zu erklären[23]. Offensichtlich sind bei vielen kirchentheoretischen Entwürfen gerade diejenigen Aspekte zu wenig berücksichtigt oder zu wenig ausdifferenziert, um die es in der Funktionalen Theorie grundsätzlich geht, die allerdings auch von den bisher vorgelegten Differenzierungsversuchen dieses theoretischen Ansatzes noch keineswegs zureichend realisiert wurden — und darum zu weiterer Bearbeitung herausfordern.

Fragt man im Bezugsrahmen der bisherigen Erfahrungen mit der „Funktionalen Theorie", welche Gesichtspunkte sich als so fruchtbar erwiesen haben, daß sie in eine solche weiterführende Bearbeitung positiv einzubringen sind, und fragt man andererseits, welche besonders wichtigen Defizite für eine weitere Entwicklung in Angriff genommen werden müßten, so lassen sich m.E. drei Aspekte eines unaufgebbaren positiven Beitrags und zwei Schwachstellen deutlich identifizieren. Diese **fünf Gesichtspunkte** sollen abschließend thesenartig zur Diskussion gestellt werden. [83]

1. Der funktionale Ansatz ermöglicht durch seine methodisch und inhaltlich dezidierte Ausrichtung auf die kirchliche Praxis mit ihren Teilbereichen von kirchlichen Einstellungen und kirchlichen Handlungsfeldern eine Distanzierung von wirklichkeitsfremden oder wirklichkeitsverzerrenden Vorurteilen und Wunschvorstellungen; er bietet Instrumente zur reflektierten Aufarbeitung eigener Praxiserfahrungen, und er ermöglicht jene Art von handlungsbezogenem

23 Auch der verdienstvolle Entwurf von W. D. Marsch, Institution im übergang, 1970, hat diese Zustimmung u.a. wohl deshalb nicht .erfahren, weil seine Unterscheidung von „transzendentalen" und „empirischen" Aspekten der Kirche in ihrem IntegrationsZusammenhang nicht genügend deutlich wurde.

Diskurs, der für die Transformationsprozesse im Theorie-Praxisverhältnis von konstitutiver Bedeutung ist[24].

2. Der funktionale Ansatz ermöglicht offensichtlich eine Art von theoretischen Aussagen mittlerer Reichweite, die einerseits im Blick auf das handlungsorientierte Alltagswissen, andererseits aber auch im Blick auf wissenschaftliches Wissen sowohl transparent als auch abgrenzbar sind. Abgrenzen muß sich eine funktionale Theorie in der einen Richtung gegen eine Beschränkung auf die Funktion, einem eklektisch zusammengetragenen Bündel von handlungsrelevanten Teilstücken des Wissens den zusammenfassenden Namen zu geben[25]; sie muß vielmehr diese Teilstücke in einen systematischen Zusammenhang bringen und Verknüpfungsmöglichkeiten mit anderen theoretischen Systemen herstellen — und vermag das von ihrem methodischen Ansatz aus durch Abstraktion und Steigerung von Komplexität auch zu leisten. In der anderen Richtung muß sie sich abgrenzen gegen die Sogkräfte einer zu starken Abstraktion im Bereich des wissenschaftlichen Wissens; der Steigerung von Komplexität muß vielmehr, wie Helmut Schlesky es ausdrückt, „eine Reduktion parallellaufen, um die für den Handelnden nicht mehr faßbare Komplexität der modernen Verhältnisse wieder erlebbar zu machen und in individuelle Handlungsmotivationen zurückzuformen"[26]. Gerade in einer solchen Reduktionsfähigkeit sehe ich die Hauptleistung, die die bisherigen, am [84] funktionalen Ansatz ausgerichteten theoretischen Versuche erbracht haben.

3. Der Begriff der Funktion dürfte gerade wegen seiner umgangssprachlichen und wissenschaftlich-soziologischen Mehrdeutigkeit geeignet sein, die mehrschichtige Absicht, für die das Wort Funktio-

---

24 Vgl. J. Haberinas, Theorie und Praxis, Neuausgabe 1971, 4. Aufl., 1974, bes. S. 31 ff. — Bei den von uns erörterten Transformationsprozessen im kirchlichen Bereich fand die von Habermas behauptete Relevanz einer Institutionalisierung solcher Diskurse ihre Bestätigung und Exemplifizierung vor allem in den sogenannten Predigerseminaren, in denen die von der Universität kommenden Vikare in mehrwöchigen Kursen Gelegenheit hatten, im Gespräch mit ihren Kollegen und den Dozenten zu einer theoretischen Aufarbeitung ihrer Praxiserfahrungen zu gelangen (vgl. dazu K. W. Dahm, Traditionen und Übergänge im Predigerseminar, in: K. W. Dahm, Beruf: Pfarrer, 3. Aufl., 1974, S. 59 - 74).

25 Zur eklektischen Rezeption religiösen Wissens im kirchlichen Alltag vgl. H. Geller, Einflußmöglichkeiten und Einflußformen der Kirche auf das Leben des einzelnen in. der BRD, in: H. W. Brockmann (Hrsg.), Kirche und moderne Gesellschaft, 1976, bes. S. 33 ff.

26 H. Schelsky, Die Arbeit tun die anderen, 2. erweiterte Aufl., 1976, S. 381. — Diese Aufgabe einer „Funktionalen Theorie" übersieht M. Josuttis, S. 249 und gelangt darum zu mehreren Mißverständnissen.

nale Theorie steht, zum Ausdruck zu bringen. Diese Absicht knüpft einmal an den Sprachgebrauch an, der Funktion im Sinne von Zweck und Aufgabe versteht (Beispiele: Die Kirche hat die Funktion, das Evangelium zu verkünden; der Pfarrer hat die Funktion, Kranke zu besuchen); sie zielt dann auf Thematisierung und Theoretisierung konkreter kirchlicher Aufgaben.

Diese Absicht knüpft zweitens an den ursprünglichen mathematischen, inzwischen aber auch in Soziologie und Systemtheorie vorherrschenden Wortsinn der Beziehungsfähigkeit an. (Beispiele: a ist eine Funktion von b bedeutet: es besteht eine Beziehung zwischen a und b; Kirche; oder: „der wirtschaftliche Erfolg ist eine Funktion des rechten Glaubens".) Mit der Anknüpfung an dieses Funktionsverständnis wird die Absicht verfolgt, die vielfältige Verflechtung des kirchlichen Lebens mit anderen gesellschaftlichen Institutionen und Teilbereichen begrifflich genauer zu erfassen und zu erklären. Besonders wichtig ist dafür die Weiterentwicklung, die dieser Funktionsbegriff durch N. Luhmann erfahren hat. Danach kann eine in diesem Sinne verstandene funktionale Analyse durch Veränderung der Bezugspunkte solche Tatbestände vergleichsfähig machen, die in unserem Alltagsbewußtsein nicht miteinander verglichen werden; sie kann Zusammenhänge aufweisen, die normalerweise nicht sichtbar sind oder nicht beachtet werden — und trotzdem unsere Wirklichkeit bestimmen[27]. Gerade mit Hilfe dieser Art von funktionalen Analysen lassen sich m.E. wie durch keine andere Methode Beziehungen herstellen zwischen den sonst scheinbar gänzlich heterogenen Kategorien der theologischen Dimension Kirche und der sozialwissenschaftlichen Dimension Kirche[28]. Wegen dieser Ermöglichung einer neuen theoretisch begründeten Beziehungsfähigkeit ist dieser Begriff von „Funktion" oder die Methode, für die er steht, für eine Theorie (oder Theologie) der gegenwärtigen Kirche unverzichtbar.

4. Zu den Defiziten, die die Funktionale Kirchentheorie bisher offensichtlich nicht zureichend auszugleichen vermocht hat, gehören zunächst die Übergänge von der phänomenologischen Deskription zu einer [85] theoretischen Konzeption, sozusagen vom Ist zum Soll. Die Begründung einer beispielsweise grundsätzlich positiven Einstellung zu den „Funktionen" der Volkskirche bedarf nicht nur einer

27 N. Luhmann, Soziologische Aufklärung, 1971, S.53. — Dazu auch H. Kaefer, Religion und Kirche als soziale Systeme, 1977, S. 43 - 64.

28 Vgl. als Anwendungsversuch dieser Methode: K. W. Dahm., Verbundenheit mit der Volkskirche, in: J. Matthes (Hrsg.), Erneuerung der Kirche, 1975, S. 113 - 159.

gründlichen Erhebung und Problematisierung der tatsächlich vollzogenen Legitimationsvorgänge, wie sie oben am Beispiel der Vikare beschrieben wurden; die Begründungsproblematik muß vielmehr auch mit anderen Ebenen des Wissens, speziell des theologischen und des gesellschaftstheoretischen Wissens, stärker verknüpft werden; theologisch gesprochen: was „funktional" getan wird oder getan werden soll, muß theologisch verantwortet werden.

5. Die bisherigen Bemühungen um eine Funktionale Kirchentheorie haben offensichtlich nicht ausgereicht, um den Verdacht einer technokratischen oder unkritischen Orientierung an eingeschliffenen Bedürfnissen, an einer „funktionalen Verwertung des Evangeliums"[29], an der puren Stabilisierung des status quo gänzlich auszuräumen. Wahrscheinlich muß deutlicher und grundsätzlicher herausgearbeitet werden, daß die kritische und transzendierende „Kraft des Evangeliums" ihren Ort nicht nur innerhalb der einzelnen Bereiche des kirchlichen Handelns und im Vollzug konkreter Aufgaben hat, woran in der funktionalen Theorie immer festgehalten wurde, sondern daß „das Evangelium" auch das System Kirche als Ganzes zu transzendieren vermag; anders gesagt: daß die Funktionen der Kirche nicht im Vorhandenen aufgehen[30].

29 M. Josuttis (vgl. oben Anm. 5).

30 Zur soziologischen Vermittlung dieses Gedankens vgl. T. Rendtorff, Gesellschaft ohne Religion, 1975.

Verbundenheit mit der Volkskirche: Verschiedenartige Motive - Eindeutige Konsequenzen? *

1 Erfahrungen und Absichten

1.1 Small talk von Kirchenmitgliedern am Arbeitsplatz

Am Tisch einer Betriebskantine sitzen während der Frühstückspause sechs Personen zusammen, die sich sonst nur oberflächlich kennen. Angeregt durch eine Fernsehsendung vom Vorabend kommt die Rede auf Kirchenaustritt und Kirchensteuer. Es stellt sich heraus, daß alle sechs evangelisch sind und, daß keiner von ihnen daran denkt, aus der Kirche auszutreten. Es wird gefragt, warum man denn Mitglied der Kirche bleiben wolle. Die sechs Personen antworten reihum und geben dabei ganz unterschiedliche Motive und Erfahrungen an.

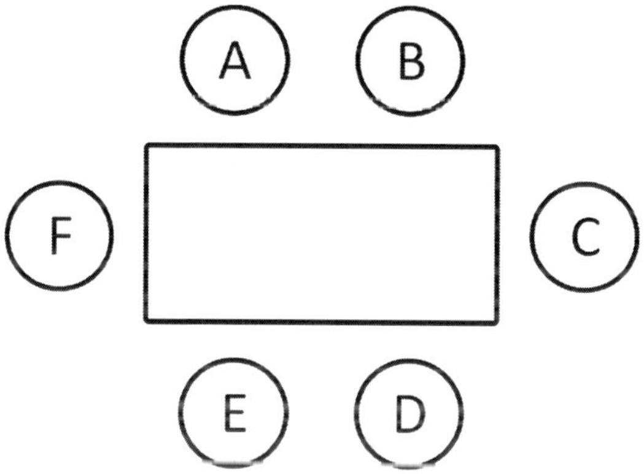

A: Frau Alberti, langjährige Mitarbeiterin im Labor, sagt etwas zurückhaltend, daß sie vor Jahren in einer Jugendgruppe zum „wirklichen Glauben" gekommen sei und daß sie in der Kirche vor allem die Gemeinschaft mit Gleichgesinnten, beispielsweise gemeinsamen [114] Gesang und gemeinsames Gebet im Gottesdienst, und eine weiterführende Auslegung der biblischen Botschaft suche.

* Erstveröffentlicht in: J. Matthes (Hg.): Erneuerung der Kirche, Gelnhausen 1975, S. 113-159. Der Artikel bezieht sich auf das Zahlenmaterial aus: H. Hild (Hg.), Wie stabil ist die Kirche? Bestand und Erneuerung. Ergebnisse einer Umfrage. Gelnhausen/Berlin 1974. Sofern im Text auf die Studie bzw. Tabellen aus der Studie verwiesen wird, sind diese "Hild" und mit einer Seitenangabe in runden Klammer () angeben.

B: Ingenieur Braun erklärt, daß er seinerseits Schwierigkeiten mit dem Wort „Glauben" habe; es erinnere ihn zu sehr an „Nichtwissen und Ausschaltung des Verstandes". Er schicke seine Kinder in den Konfirmanden-Unterricht, damit sie dort etwas von aktiver Nächstenliebe, von Vergebung und auch von Ehrlichkeit lernen und möglichst in karitativen Aktionen oder in Jugendfreizeiten einüben sollten. Er habe da relativ gute Erfahrungen gemacht und werde diese Arbeit darum weiterhin unterstützen; sein Hauptinteresse an der Kirche liege in den moralischen Grundwerten des Christentums.

C: Betriebsschlosser Clausen hat Schwierigkeiten mit beiden bisher vorgebrachten Argumenten: „Glauben" und „Werte" kommen in seiner Alltagssprache nicht vor. Er erzählt, daß seine Mutter zwanzig Jahre lang leidend und ans Bett gebunden war, daß der Pfarrer sie in dieser Zeit treu besucht habe und daß diese Besuche der Mutter immer geholfen hätten, mit ihrem Leid ein bißchen besser fertig zu werden. Solche Hausbesuche von Pfarrern müßten auch weiterhin sein. Clausen geht es um praktische Seelsorge.

D: Herr Döring war früher Landwirt und arbeitet als Angelernter erst seit kurzem im Betrieb; er weist hin auf Beerdigungen und Hochzeiten. Er sei konfirmiert und kirchlich getraut; er wolle auch „richtig" beerdigt werden und nicht „verscharrt wie ein Hund". Beerdigungen „und so" seien eben der Beruf des Pfarrers; das sei immer schon so gewesen und sollte auch so bleiben.

E: Frau Dr. Ebel leitet das Labor und hat weitere Einkünfte aus ihrem Vermögen. Sie weist darauf hin, daß sie, obwohl sie eigentlich freigeistig und atheistisch denke, sehr hohe Kirchensteuern zahle. Das tue sie hauptsächlich, vielleicht sogar ausschließlich, um die diakonischen Einrichtungen der Kirche zu unterstützen: den Kindergarten, das Krankenhaus, „Brot für die Welt". Es liege ihr viel daran, daß neben den staatlichen auch die kirchlichen Einrichtungen lebensfähig blieben, sonst würden sich noch mehr Mißstände aufgrund staatlich bürokratischer Einbahnstraßen ergeben. Allerdings liege ihr daran, etwas von ihrem Geld auch in kirchlichen Einrichtungen des eigenen Wohnortes [115] wiederzuentdecken, denn auch bei der Kirche verschwinde wohl vieles in anonymen Kanälen.

F: Herr Fey schließlich hat Pädagogik studiert und arbeitet jetzt, vor Beginn seiner Junglehrer-Zeit, für zwei Monate im Betrieb, um zusätzliches Geld zu verdienen. Er ist starkgeprägt von einer Projektgruppe Politik seiner Studentengemeinde. Ihm geht es primär um den politischen Auftrag der Kirche, um eine Theologie der Befreiung oder der Revolution; darum, daß eine wahrhaft biblische (profetische) Predigt und Gemeindearbeit auf die emanzipatorische Veränderung von gesellschaftlichen Verhältnissen und von konservativen Bewußtseinsformen der Bevölkerung gerichtet sein müsse.

Als die Frühstückspause zu Ende ist, geht einigen der sechs Gesprächsteilnehmer noch die Frage nach, worin denn eigentlich das einigende Band, der gemeinsame Nenner der Kirchenmitgliedschaft, angesichts so unterschiedlicher Akzentuierungen, Erwartungen und Interessen liegen könnte. Doch steht am nächsten Tag ein anderes Thema zur Debatte. Das Thema Kirche und Kirchenmitgliedschaft hat gerade bei denen, die keine eigene Austrittsproblematik haben, in der Regel auch keinen großen Aktualitätsreiz.

1.2 Alltagsprobleme professioneller Kirchenleute

Anders als in der Frühstücks-Konversation der Mitglieder sind die Themen Kirchenaustritt, „Kirche und Staat", theologische und kirchenpolitische Richtungskämpfe und, neuerdings mit all dem verbunden, schrumpfende kirchliche Finanzen in der Alltagskonversation professioneller Kirchenleute seit fast einem Jahrzehnt von dauernd akuter Bedeutung. Das trifft auf Kirchenvorsteher und Pfarrer zwar in anderer Weise, aber in fast gleicher Intensität zu wie auf Synoden und Kirchenleitungen.
Nicht zuletzt haben es diejenigen, die dem Handeln der Kirche in Ortsgemeinde oder Landeskirche die Richtung geben müssen, mit Schwierigkeiten zu tun, die eng mit der Unterschiedlichkeit von Verbundenheiten und Mitgliedschaftsbegründungen gegenüber der Volkskirche zusammenhängen. Was am Frühstückstisch der Kirchenglieder als pluralistische [116] Vielfalt erscheinen und sogar gerühmt werden mag, erweist sich in den Entscheidungsgremien aller kirchlichen Ebenen als Interessenkonflikt und als Anlaß für Richtungskämpfe zwischen inkongruenten kirchlichen Gruppierungen.
In jüngster Zeit verbinden sich solche Richtungskämpfe vor allem mit Resolutionen der Bekenntnisbewegung „Kein anderes Evangelium" (zum Kirchentag oder zur Seelsorgeausbildung) und, in Hinsicht auf ihre öffentliche Auswirkung noch schärfer profiliert, mit theologisch-politischen Aktionen (Besuch Bischof Scharfs bei politischen Gefangenen; DKP-Mitgliedschaft von Pfarrern u. a.). Wie immer Kirchenleitungen und Kirchenvorstände in diesen Konflikten agieren oder reagieren: einer Flut von kritischen und insbesondere von kirchenleitungskritischen Stellungnahmen oder auch Protesten können sie sicher sein. Jede Entscheidung (tatsächlich oder vermeintlich) zugunsten der einen Richtung führt fast notwendig zum Protest der anderen ; es kommt zum Ausdruck, wie feindlich sich die impliziten Auffassungen von Kirche gegenüberstehen können, die sich beim ge-

meinsamen Frühstück ihrer Vertreter durchaus harmonisch-pluralistisch darstellen.
Doch spiegelt die derzeitige Flut kirchenleitungskritischer Resolutionen nicht nur diesen impliziten theologischen oder ideologischen Gegensatz. Es kommt vielmehr darin wohl auch etwas davon zum Ausdruck, daß die derzeit übliche Bearbeitung von typisch volkskirchlichen Konfliktfällen manchmal als unangemessen oder gar als dilettantisch empfunden wird. Offensichtlich betrifft diese Kritik sowohl die theologisch-„inhaltlichen" Argumente als auch die „administrative" Art und Weise der Bearbeitungen. Selbst im Innenbereich der Kirche ist gelegentlich vom „Kompanieführer-Regiment" in kirchlichen Leitungsgremien oder vom „Landpfarrer-Stil" bei Beschwichtigungsversuchen die Rede. Ebenso mokiert man sich gerne über langwierige theologische Einlassungen von führenden Kirchenmännern, die zwar meist nur mühsam für die inhaltliche Problemlage des jeweils anstehenden Verhandlungsgegenstandes fruchtbar zu machen sind, die den Beteiligten aber Gelegenheit geben, ihre eigenen Positionen erneut zu explizieren. Nun soll es hier nicht um die Anteile von Dichtung und Wahrheit in derartigen kirchlichen Überlieferungen gehen, sondern darum, daß bei vielen kirchlichen Verantwortungsträgern offenbar ein kleineres oder größeres Defizit an Instrumenten zur Analyse, Bearbeitung und Bewältigung bestimmter gegenwärtiger volkskirchlicher Probleme sichtbar wird. Wiederum braucht nicht näher untersucht zu werden, woraus dieses [117] Defizit zu erklären ist: etwa daraus, daß in der Berufsausbildung nur theologische, nicht aber sozialwissenschaftliche, psychologische oder Management-Kenntnisse eingeübt wurden; oder daraus, daß die prägende Erfahrungswelt zur Entwicklung von Führungs- und Leitungsstilen im kirchlichen Bereich meist auf die bisher patriarchalische Struktur der Parochie begrenzt ist. Uns geht es zunächst einmal einfach nur darum, dieses Defizit aus der Grauzone des Kirchentratsches herauszuholen und als eine bearbeitungsfähige Aufgabe zu identifizieren. Mit der Frage nach Möglichkeiten dieser Bearbeitung stellt sich auch die Frage nach den Zielen dieses Aufsatzes.

1.3 Absichten und Material des Aufsatzes

Ausgangspunkt ist, daß die Unterschiedlichkeit, ja Diffusität der Verbundenheitsgefühle und Zugehörigkeitsbegründungen seitens der Mitglieder gegenüber der Volkskirche zu den wichtigsten Problemen gegenwärtigen kirchlichen Handelns gehört. Und wir haben den Eindruck, daß gerade zur angemessenen Berücksichtigung und Bearbeitung dieser Problematik weithin die Instrumente fehlen oder unzureichend sind. Das betrifft einerseits die Analyse, die Systematisierung und die Bewertung der gegenwärtigen Gegebenheiten; es betrifft andererseits eine ausdrückliche („strate-

gische") Reflexion der Folgen, die sich aus dieser Lage ergeben und die sich, auch wenn man sich über ihre Tragweite keine Rechenschaft gibt, täglich im Handeln der Kirche auswirken. Unser Ziel ist, mit diesem Aufsatz erste Schritte zur „Verwissenschaftlichung" dieser Problematik anzuregen; d.h. einige Methoden, Gesichtspunkte und Betrachtungsweisen zu experimentieren, aus denen sich vielleicht Instrumente zur Bearbeitung des beschriebenen Defizits entwickeln können. Gleichzeitig soll mit diesen Überlegungen auch zu einer weiteren Verbreitung des gegenwärtig vorliegenden Datenmaterials beigetragen und der aktive Umgang mit diesem Datenmaterial angeregt werden.
Die Studie „Wie stabil ist die Kirche?“[1] hat sowohl, was unsere Kenntnisse über die Einstellungen von Kirchenmitgliedern zur Kirche betrifft, als auch in Hinsicht auf die methodische Erschließung der skizzierten [118] Problematik[2] erhebliche Fortschritte gegenüber den bis dahin vorliegenden Untersuchungen erbracht. Diese Untersuchung und ihre Ergebnisse gaben den Anlaß für die hier vorgelegten Überlegungen. Andererseits wird mit der Studie „Wie stabil ist die Kirche?" angesichts der zahlreichen, seit ca. 20 Jahren vorgelegten und diskutierten kirchensoziologischen Publikationen nicht einfach Neuland betreten[3]. Auch die früheren Untersuchungen führten zu Hypothesen, zu Erklärungsmodellen und zu theologischen Debatten über die Gewichtung soziologischer Erhebungen und über daraus abzuleitende Folgerungen für die Praxis des kirchlichen Handelns. (Vor allem wurde in diesen Debatten in immer neuen Aufrufen und für viele bis zum Überdruß das Verhältnis zwischen soziologisch erfaßbaren „Bedürfnissen" oder „Erwartungen" der Kirchenmitglieder und „genuin Theologischem", dem „Eigentlichen" oder „unverfügbar Kritischen" des Evangeliums behandelt.)
Im Zusammenhang all dieser kirchensoziologischen Erörterungen war im letzten Jahrzehnt u.a. die Diffusität von „Verbundenheiten" und Mitgliedschaftsbegründungen gegenüber der Volkskirche sowie deren Auswirkung

1 H. Hild (Hg.), Wie stabil ist die Kirche? Bestand und Erneuerung. Ergebnisse einer Umfrage. Gelnhausen/Berlin 1974.

2 Vgl. z.B. die wichtige Differenz zwischen der Intensität des Verbundenheitsgefühles und der Stabiliät des Zugehörigkeitsbewußtseins (Austrittsneigung): Ein Befragter kann sich einerseits als „sehr verbunden" mit der Kirche bezeichnen und andererseits gleichzeitig angeben, zum baldigen Austritt entschlossen zu sein. Umgekehrt haben andere Befragte sich als „kaum verbunden" bezeichnet und doch jeden Gedanken an Kirchenaustritt weit von sich gewiesen.

3 Exemplarisch erwähnt, weil in der kirchlichen Praxis besonders breit diskutiert, seien: R. Köster, Die Kirchentreuen. Stuttgart 1959; J.-M. Lohse, Kirche ohne Kontakte. Stuttgart/Berlin 1967; O. Schreuder, Kirche im Vorort. Freiburg 1962; W. Harenberg (Hg.), Was glauben die Deutschen? München 1968; W. Marhold, Fragende Kirche. München/Mainz 1971; K.-W. Dahm, Beruf: Pfarrer. München 1974.

auf kirchliches Handeln thematisch immer stärker in den Vordergrund getreten. Es war darum nötig, diese Thematik analytisch und interpretierend auch schon in Angriff zu nehmen, bevor die Untersuchung „Wie stabil ist die Kirche?" entwickelt und ausgewertet wurde. Aus den bis 1973 erreichbaren kirchensoziologischen Daten[4] (sowie aus eigenen Primärerfahrungen und aus teilnehmender Beobachtung ergab sich für mich ein bestimmtes analytisches Modell zu einer ersten Erfassung and Bearbeitung dieser Problematik. Dieses Modell läßt sich insofern als „Funktionsmodell" (oder „Beziehungsmodell") bezeichnen, als darin die anscheinend wichtigsten, untereinander aber sehr verschiedenartigen Verbundenheiten mit der Volkskirche als „funktional [119] vergleichbar" betracht werden. Als „funktional vergleichbar" betrachte ich hier die sechs Motivationsschwerpunkte, die in den Argumentationen der Teilnehmer an dem eingangs beschriebenen Kantinengespräch andeutend dargestellt sind. Diese sechs Motivationsakzente (nämlich: Geistliches Leben, Christliche Werte, Seelsorgerliche Zuwendung, Rituelle Begleitung, Karitative Diakonie und Gesell schaftspolitisches Engagement) scheinen mir tatsächlich die Tendenz der gegenwärtig wichtigsten Verbundenheitsbegründungen zu kennzeichnen, wobei natürlich hinter jedem der skizzierten Einstellungstypen eine Art Syndrom mit weiteren unterschiedlichen Motiven und Motiv-Elementen steht. Doch ist darüber, wie auch über den methodischen Ansatz bei „funktionaler Vergleichbarkeit", später noch ausführlich zu reden.

Unser „Verbundenheitsmodell" liegt also bereits vor, wenn jetzt die Ergebnisse der Erhebung „Wie stabil ist die Kirche?" bekannt werden. Es kann in der Gegenüberstellung mit diesem neuen Material überprüft, gegebenenfalls modifiziert, ergänzt oder fortgeschrieben werden. Außerdem ist es möglich, daß sich aus dieser Gegenüberstellung neue Fragestellungen oder Abklärungen der gegebenen Problematik ergeben. Anhand der Explikation unseres Modelles, wie es bei Erscheinen von „Wie stabil ist die Kirche?" vorlag, und seiner Gegenüberstellung zu den neuen Ergebnissen soll also unser Thema abgehandelt und gegliedert werden.

Das Verfahren des Suchens mit Hilfe eines Analysenschemas und der daran anschließenden Überprüfung und kritischen Differenzierung dieses Schemas soll auch den Leser in den Denkprozeß von ersten Stufen der „Verwissenschaftlichung" mit einbeziehen. Darüber hinaus kann und soll das Verfahren den Leser anregen, seine eigenen Erfahrungen und Einschätzungen durch die Einbeziehung in diesen Prozeß noch einmal abzuklären, vielleicht auch zu formulieren und so diese Überlegungen zu kriti-

4 Insbesondere die aus einer Reihe von Erhebungen gewonnenen Daten des IFK (Institutes für Kommunikationsforschung), Wuppertal, unter Leitung von B. Kalusche; eine frühere Zusammenstellung darüber bei W. Schneider (Hg.), Aktion Gemeinde heute. Wuppertal/München 1970.

sieren oder zu ergänzen. Vielleicht kann eine solche aktive Beteiligung des Lesers dazu beitragen, seine eigenen Handwerkszeuge zur Erkenntnis und zur Beurteilung volkskirchlicher Situationen zu überprüfen und ein Stück weiter zu entwickeln. Zumindest soll die Anknüpfung an Erfahrungen der unmittelbaren kirchlichen Praxis, im Gespräch mit Kirchenmitgliedern wie mit professionellen Kirchenleuten, dazu dienen, diesen Kommunikationsprozeß zu erleichtern.
Bevor wir in die Sachthematik näher einsteigen, wird aufgrund häufiger Diskussionserfahrungen eine grundsätzliche Überlegung über die mögliche [120] Ertragskraft und die Grenzen von typologischen Modellen für den Umgang mit der kirchlichen Praxis vorgeschaltet. Denn in diesen kirchlichen Diskussionen begegnet man häufig irreführenden Beurteilungen solcher Modelle: sei es, daß ein Analyse-Modell sogleich als Soll-Vorstellung verstanden, verwendet oder angegriffen wird; sei es auch, daß man an ein solches Modell sofort die „Wahrheitsfrage" im Sinne einer eindimensionalen Alternative von „richtig oder falsch" heranträgt, statt zuerst einmal von seiner heuristischen Zwecksetzung oder seinem Charakter als „Suchschema" auszugehen.

2 Was macht die Konstruktion von Verbundenheitstypen nötig — und wo liegen ihre Grenzen?

2.1 Orientierungsschwierigkeiten im Kirchenvorstand

Junglehrer Fey ist Mitglied des Kirchenvorstandes seines neuen Wohnsitzes geworden. Bald hat er Schwierigkeiten mit seinen Vorstandskollegen. Während seiner engagierten Mitarbeit in der Studentengemeinde hatte er sich vorgenommen, auf jeden Fall aktiv im kirchlichen Leben seiner künftigen Ortsgemeinde mitzuarbeiten. Nun war er zum Kirchenvorsteher gewählt und mußte feststellen, daß das, was ihn zum kirchlichen Engagement motivierte, so gut wie gar nichts mit dem zu tun hatte, was die anderen Kirchenvorsteher zum gleichen Engagement veranlaßte. Für eine betont gesellschaftspolitisch-emanzipatorische Aufgabenstellung der Kirche, für die Anwendung der profetisch-sozialkritischen Impulse des Evangeliums für Unterprivilegierte in der BRD oder in den Hungerländern der Dritten Welt, für das alles hatten die anderen Kirchenvorsteher, so empfand er, kaum oder gar kein Verständnis. Für sie wurde er zum „Linken" mit unrealistischen und möglicherweise gefährlichen Ideen; ihm gegenüber war Mißtrauen geboten. Dabei bildete der Kirchenvorstand auch abgesehen von Fey keineswegs eine homogene Einheit. Grob waren vielmehr mindestens zwei Gruppen zu unterscheiden. Die eine war, im Sinne von **A** unseres Modells, überwiegend pietistisch oder evangelikal orientiert; wichtig für sie waren Evangelisation und Verkündigung, Bibelarbeit und Gebetsgemeinschaft; ihr Sprecher war gewöhnlich der Kaufmann Alberti, ein jüngerer Bruder der Laborantin. Die andere Gruppe war eher liberal-konservativ eingestellt; ihr ging es vor allem im Sinne von **B** und **C** darum, daß [121] der Pfarrer Hausbesuche mache, daß eine aktive und moderne, aber von christlichem Geist bestimmte Konfirmanden- und Jugendarbeit betrieben werde, wobei unter christlichem Geist vor allem die praktische Nächstenliebe und die Ausrichtung an den zehn Geboten verstanden wurde; Sprecher dieser Gruppe war meist Oberinspektor Bach-Claas. Junglehrer Fey hatte nicht nur Schwierigkeiten, seine eigene Vorstellung von christlichem Glauben den anderen verständlich zumachen; er hatte auch große Schwierigkeiten, sich seinerseits in der neuen Umgebung zu orientieren. Er selbst stammte nicht aus kirchlichem Milieu.; Pietismus war ihm ganz fremd; liberales Volkskirchentum hatte er nur aus gleichgültiger Distanz kennengelernt. Nun staunte er, daß relativ junge und dynamische Menschen wie Kaufmann Alberti und Oberinspektor Bach-Claas sich so tatkräftig für Vorstellungen einsetzten; die er selbst bisher für hinterwäldlerisch gehalten hatte. Er stellte fest, daß es Verbundenheiten mit der Volkskirche gibt, die ganz anders begründet, aber genauso überzeugt und intensiv sind wie seine eigene Verbundenheit mit jener Kirche, die er sich vorstellte.

Die Erfahrung, die Fey mit den Mitgliedern des Kirchenvorstands machte, wurde umgekehrt von diesen im Blick auf Fey als genauso befremdend und verwirrend empfunden: der ganze Kirchenvorstand sah sich durch die nachdrücklichen Argumente Feys verunsichert und herausgefordert.

Wie diesem Kirchenvorstand geht es heute zahlreichen Kirchenvorstehern und anderen kirchlichen Mitarbeitern in der EKD und in anderen Ländern. Sie alle konstatieren die unterschiedlichsten Verbundenheiten mit der Volkskirche und erleben daraus resultierende Konflikte.

Die Unterschiedlichkeiten und Widersprüche drängen darum nach Orientierung und Bewertung. Um sich wenigstens grob zurechtzufinden, macht sich zunächst jeder Betroffene selbst, meist unbewußt, ein Raster zurecht, mit dessen Hilfe er die vorfindliche Diffusität zu vereinfachen und damit ein wenig zu bewältigen versucht. Er geht dabei, wie wir alle, von „Primärerfahrungen", also von unmittelbaren eigenen Erfahrungen innerhalb seiner Alltags- und Erlebniswelt aus; beispielsweise stellt er Ähnlichkeiten mit früheren Eindrücken fest. Das Raster hilft ihm tatsächlich mindestens solange sich zurechtzufinden, wie er in einer ähnlichen Umwelt oder einer ähnlichen Plausibilitätsstruktur, in der dieses Raster entwickelt wurde, verbleibt. Es kann jedoch zu Täuschungen und zu unproduktiven Konflikten führen, wenn der Betreffende in eine andere Umgebung kommt und jetzt ganz arglos fortfährt, die neuen [122] Eindrücke über den Leisten seiner bisherigen Erfahrungen zu schlagen. So war das Raster von Junglehrer Fey in der neuen Umwelt kaum brauchbar: mit seiner Hilfe ließen sich die

Frömmigkeit und die Kirchlichkeit der anderen Kirchenvorsteher nur als hinterwäldlerisch oder unpolitisch charakterisieren; letztlich ließen sie sich nicht als adäquat „christlich" akzeptieren, sondern nur abqualifizieren. Fey braucht andere Beurteilungsraster, um die Kollegen im Vorstand zu verstehen und ihnen gerecht werden zu können.
Solche zu erarbeiten, kann ihm das Konstrukt eines Verbundenheitsmodells hilfreich sein. Die Bestimmung unterschiedlicher Begründungstypen kann als theoretischer Anhalt zur „Verwissenschaftlichung", hier also zur Relativierung und zur Reflexions-Distanz gegenüber der eigenen Primärerfahrung, beitragen. Solche Typen können daraus entwickelt werden, daß bestimmte Verbundenheitselemente mit der Kirche häufig in ähnlichen Kombinationen auftreten: mit der pietistischen Einstellung etwa verbinden sich häufig diese, mit der volkskirchlich-liberalen jene politischen Tendenzen. Zwar reicht das bisherige Erhebungsmaterial nicht aus, um die Ausprägung der Merkmale in der jeweiligen Kombination soweit zu quantifizieren, daß sich aus den Typen klare Profile in bestimmten inhaltlichen Abgrenzungen entwickeln ließen. Doch geben die aus den erreichbaren Daten entwickelten Motivations-Typen durchaus genügend Möglichkeiten zur Auseinandersetzung mit der anstehenden Problematik.

2.2 Fehlentscheidungen aus Vorurteilen

Wie Junglehrer Fey greifen auch Pfarrer, Synoden und Kirchenleitungen bei den Beurteilungen kirchlicher Sachverhalte ganz natürlich zuerst einmal auf ihre eigenen, in Primärerfahrung und kirchlicher Sozialisation (Konfirmandenunterricht, Jugendgruppe, Theologiestudium, erste Gemeindepraxis) gewonnenen Raster zurück. Das kann bedeuten, daß sie bestimmten christlichen Motivationen und bestimmten Verbundenheitsformen mit der Kirche während der Entwicklung ihrer eigenen grundlegenden Beurteilungsraster nicht begegnet sind; daß diese darum nicht adäquat in ihr Bezugssystem eingearbeitet sind.
Aus einem solchen Defizit können leicht Fehlurteile und verhängnisvolle Fehlentscheidungen entstehen. So ist in der älteren Generation weithin eine vielleicht folgenschwere Verständnislücke für primär politisch [123] akzentuierte Glaubensformen wie die des Junglehrers Fey verbreitet; verhängnisvoll könnte sich dieser Mangel dahin auswirken, daß sich politisch engagierte junge Christen aufgrund von frustrierenden Widerständen aus der Kirche herausgedrängt sehen und ihre Impulse der Kirche verlorengehen.
Auch in Gruppen, die sich nicht.gesellschaftspolitisch, sondern aus anderen Gründen mit der Kirche verbunden fühlen, wird über Verständnislosig keit geklagt: Beispielsweise fühle man sich als liberaler Volkskirchen-Anhänger in bestimmten Regionen von Pfarrern oder anderen kirchlichen

Meinungsführern nicht recht akzeptiert, sozusagen theologisch nicht ernstgenommen. Gerade in pietistisch geprägten Gegenden finden sich die Anhänger einer „distanzierten Volkskirchlichkeit" oft als Christen zweiter Klasse behandelt und indirekt aus der Kirche herausgedrängt.
Ähnliches geschieht an anderen Orten umgekehrt oder in anderen Frontstellungen. Der eigene Bezugsrahmen oder auch die in der Mehrheit vorherrschenden Motive werden ganz selbstverständlich als Norm gesetzt; sie werden zum Vorurteil. Was davon abweicht, gilt als falsch — und wird in seinen eigenen Motivationen und Entstehungsgeschichten nicht verstanden, nicht erforscht, nicht akzeptiert. Es kommt zu unfruchtbaren, weil vom Ansatz her nicht erkannten Konflikten und zu inneren wie äußeren Emigrationen aus der Kirche.
Das im nächsten Abschnitt näher zu entwickelnde *Verbundenheitsmodell* soll ein gründlicheres Kennenlernen anderer Positionen ermöglichen und damit die notwendigen Auseinandersetzungen fruchtbarer machen, als es im alltäglichen Positionsgerangel möglich ist. Gewiß zeigt die eigene Erfahrung ebenso wie die Vorurteilsforschung[5], daß Vorurteile nicht einfach dadurch aufgelöst werden, daß man sich das relative Recht „seriöser" Beurteilungskriterien theoretisch erarbeitet. Um Vorurteile wirklich wegzuarbeiten, bedarf es kommunikativer „Praxis", beispielsweise einer persönlichen Zusammenarbeit mit denen, denen das Vorurteil gilt (mit „den" Kommunisten oder „den" Pietisten).
Doch kann die theoretische Auseinandersetzung mit anderen Möglichkeiten des Urteilens und Handelns bereits mithelfen, die allzu selbstverständliche Alleingültigkeit des eigenen Beurteilungsrasters zu erschüttern [124] und in einen Lernprozeß umzuwandeln. Insbesondere kann der Vergleich anderer Positionen in einer Typologie dazu beitragen, die Auffassungen anderer Menschen ernster zu nehmen und adäquater mit ihnen umzugehen.

2.3 Typologische Modelle zwischen Schubladen-Denken und Such-Schema

Wer sich mit Typologien von Einstellungen oder Verhaltensformen nicht nur theoretisch oder spielerisch beschäftigt, sondern in seinem persönlichen Leben (beispielsweise mit einer psychologischen Typologie, in der er sich selbst teilweise wiederfindet) aktiv auseinandergesetzt hat, der weiß, daß „Typen", „Muster" oder „Profile" nicht einfach deckungsgleich mit der Wirklichkeit sind. Wird beispielsweise ein Klient persönlichkeitspsychologisch als Pykniker oder Leptosom, als tendentiell schizoid oder tendentiell

5 Vgl. z.B. H. E. Wolf, Soziologie der Vorurteile; in: Handbuch der empirischen Sozialforschung II. Opladen/Köln 1969.

depressiv[6] eingeordnet, dann ist das im menschlichen Zusammenleben nur dann legitim, wenn dadurch bestimmte Züge seines Verhaltens besser verstanden, akzeptiert oder bearbeitet werden können. Die typologische Einordnung vermag jedoch nie die betreffende Person in der für sie charakteristischen Gesamtheit von charakterlichen, geistigen und körperlichen Eigenschaften zu erfassen. Die Wirklichkeit ist, das erfährt jeder bei der Bildung und bei der Anwendung von Typologien, vielgestaltiger und komplexer als selbst die bestmögliche Typenbildung; das gilt für psychologische und naturwissenschaftliche Typologien ebenso wie für religionssoziologische. Wenn daher in unserem Modell bestimmte Motivationen und Interessen des „linken" Junglehrers Fey, des „pietistischen" Kaufmanns Alberti und des „volkskirchlich-liberalen" Oberinspektor Bach-Claas jeweils zu einem *Verbundenheitstyp* sozusagen komponiert werden, dann wird damit nicht beansprucht, die religiösen Persönlichkeiten von Fey, Alberti oder Bach-Claas in ihrer individuellen Vielgestaltigkeit zu fassen. Es bedeutet noch nicht einmal, daß das jeweils „typische" Einstellungssyndrom des „linken", „pietistischen" oder „distanziert-volkskirchlichen" Christen in all seinen vielfältigen Teilaspekten voll erfaßt wäre.

Neben dieser Begrenztheit ist dem Verfahren der Typenbildung in [125] neuerer Zeit immer wieder der Vorwurf gemacht worden, hier werde ein gefährliches Schubladendenken gefördert; also die vereinfachende und manchmal vergewaltigende Einordnung von Personen oder Sachverhalten in zu enge Kategorien.

Gerade in der kirchlichen Praxis wird die Warnung vor Typisierungen und vor anderen wissenschaftlich ein- oder ausgrenzenden Kategorisierungen sehr nachdrücklich geäußert. Einmal weil man in dieser Praxis unmittelbar erleben kann, wie solche religiösen „Schubladen"-Einordnungen die Wirklichkeit verzerren und die Menschen verletzen können — Etikette wie „Pietist“, „Linker" oder „Moderner" können die Arbeit eines Pfarrers total blockieren. Zum andern, weil sich mit religiösen Aussagen oder Beurteilungen immer schnell etwas von der sogenannten „Wahrheitsfrage" verbindet, die sich dann praktisch als ein eindimensionales „richtig oder falsch", ein „gläubig oder ungläubig" ausdrückt und dann auch an Einstellungstypen schnell Ketzerhüte verteilt, obgleich mit den Typenbildungen ja gerade eine tendenziell bewertungsabstinente, zumindest aber bewertungsambivalente Übersicht über die Wirklichkeit angestrebt wird.

Die Warnungen und Zurückhaltungen gegenüber religiösen oder kirchlichen Typologien sind also gut zu verstehen. Andererseits aber garantiert ja der Verzicht auf Typisierungen oder andere Kategorisierungen keineswegs, daß man einem betreffenden Gegenstand oder einer betroffenen Gruppe

6 Vgl. z.B. F. Riemann, Grundformen der Angst. München 1964.

(beispielsweise einer religiösen Minorität in der Gemeinde oder im KV) sachgemäßer gegenübertritt. Vielmehr treten dann allzu schnell wieder jene Gefahren der Verabsolutierung eigener Vorerfahrungen und eigener Vorurteile auf, von denen vorhin die Rede war und die ja erst zum Verfahren der Typenbildung angeregt haben. Um mit diesem Dilemma fertig zu werden, hilft wahrscheinlich die Alternative „Typologie oder nicht?" nur wenig weiter. Denn es kommt für die Relativierung von Vorerfahrungen und Vorurteilen ja nicht nur auf das wissenschaftliche Instrumentarium selbst an, sondern darauf, wie man mit diesem Instrumentarium umgeht. Unseres Erachtens muß dieses Instrumentarium nämlich so gehandhabt werden, daß nicht nur in der Vorrede behauptet wird, dieseTypologie sei tendenziell wertneutral und beanspruche nicht, die Wirklichkeit wie eine Fotografie abzubilden. Dieser Anspruch muß vielmehr in der konkreten Durchführung einer Arbeit erkennbar und realisiert werden. Es muß etwa deutlich bleiben, daß das verwendete Modell selbst als Hilfsmittel aufgefaßt wird, das seinerseits relativ, d.h. überprüfungs- und veränderungsbedürftig [126] bleibt. Eben deshalb kann man das Modell als ein Suchschema verstehen, mit dessen Hilfe man der Wirklichkeit näher auf die Spur zu kommen hofft. Als Suchschema stellt es zugleich eine Herausforderung an den Leser dar, weil er seinerseits immer schon ein Bild von dieser Wirklichkeit mitbringt, aber durch erneutes Suchen zur Überprüfung dieses Bildes genötigt wird.

In diesem Sinne jedenfalls soll das hier vorgelegte Modell „Verbundenheiten mit der Volkskirche" als ein Suchschema verstanden werden; mit seiner Hilfe wird schrittweise eine genauere Erfassung der gegenwärtigen volkskirchlichen Wirklichkeit und der ihr zugehörigen Einstellungssyndrome von Kirchenmitgliedern angestrebt. Wie schon angedeutet, war das Modell bereits enwickelt, als die Untersuchung „Wie stabil ist die Kirche?" durchgeführt wurde. Aus der Gegenüberstellung mit den in dieser Untersuchung gewonnenen Ergebnissen soll gewissermaßen ein erster Schritt zur Weiterentwicklung des Suchschemas getan werden.

Für die Entfaltung des Themas erscheint es daher zweckmäßig, wenn jetzt, in einem 3. Abschnitt, das Modell genauer entfaltet und dazu die aus der Untersuchung „Wie stabil ist die Kirche?" kommenden Ergebnisse herangetragen und erörtert werden. In einem 4. Abschnitt sollen dann der Ansatz der funktionalen Analyse sowie bestimmte Folgerungen unserer konkreten Analyse für kirchliches Handeln diskutiert werden. [127]

3 Verbundenheitsmodell „Volkskirche"

Sechs typische Motive und Begründungsfelder:

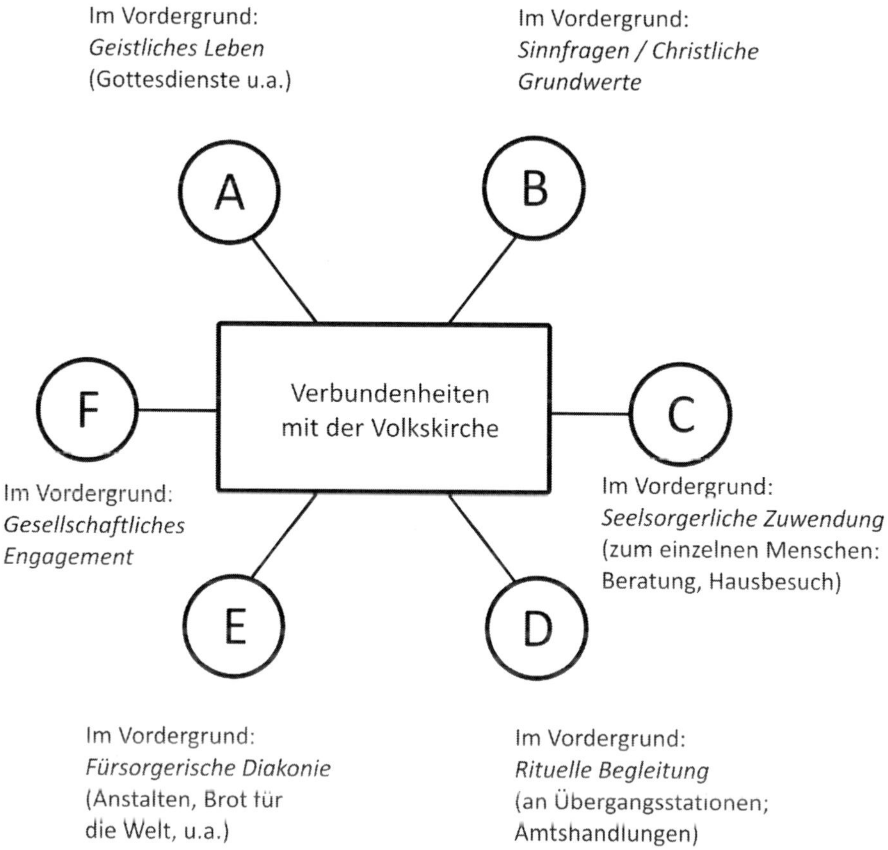

Die sechs Begründungsfelder erinnern an die eingangs geschilderte Gesprächsrunde am Kantinentisch. Statt um die individuellen Meinungen der anwesenden Personen geht es jetzt allerdings mehr um das von den Personen gleichsam abgelöste, verobjektivierte Merkmal, also um bestimmte, als typisch erscheinende Einstellungssyndrome, diese Syndrome lassen sich dann als Begründungsfelder kennzeichnen. In jedem dieser sechs herausisolierten Begründungsfelder wird das Hauptgewicht der Verbundenheitsbegründung auf einen anderen Schwerpunkt gelegt. Natürlich gilt dieser Schwerpunkt nicht als das einzige Motiv der [128] Kirchenzugehörigkeit; mit ihm verbinden sich vielmehr, eben in einer Art Syndrom, auch Elemente der anderen angegebenen Hauptmotive. Doch soll für jedes Feld je ein bestimmter Akzent als dominierend gelten; diesen machen wir sozusagen zum Kennzeichen des betreffenden Typs, um überhaupt eine relevante, d.h. eine sowohl für die deskriptive Identifizierung wie eine hinsichtlich der kirchlichen und gesellschaftlichen Bedeutung aussagekräftige Profilierung zu gewinnen. Wir gehen diese sechs Begründungsfelder im Sinne einer genaueren Beschreibung zuerst nacheinander durch. Anschließend soll die Vergleichbarkeit der einzelnen Einstellungstypen problematisiert werden.

A ***Geistliches Leben***

Hier wird gewöhnlich explizit theologisch argumentiert. Der Schwerpunkt der Verbundenheit mit der Kirche liegt in der Nähe dessen, was in der theologischen Tradition als ekklesiologisches Selbstverständnis der Kirche formuliert wurde: Wichtig sind Predigt, Sakramente, Gebet, Gemeinschaft im Glauben, Gottesdienst, Bibelstunde usw. — Andere kirchliche Aktivitäten wie Beratende Seelsorge oder Fürsorgerische Diakonie werden zwar bejaht, aber vorwiegend als „Früchte des Glaubens" interpretiert; sie werden gleichsam als abgeleitete Größen einer vorrangigen Prämisse kritisch daraufhin geprüft, ob es bei ihnen wirklich primär um Verkündigung und „missionarische Gelegenheiten" geht— oder ob diese „Werte" inzwischen den „Glauben" verdrängt haben und zu einer solchen Eigengewichtigkeit gelangt sind, daß die Institution Kirche der des Roten Kreuzes immer ähnlicher wird und ihre eigentliche Aufgabe preisgibt. Ähnliches gilt aus der Perspektive vieler, die ihre Verbundenheit mit der Kirche streng an „Verkündigung" oder Dogma orientieren, auch für die kirchliche Arbeit im Bereich von „Sinnfragen"; solange es hierbei primär um das Evangelium geht, wird sie als legitim erachtet; man ist aber skeptisch, wo diese Arbeit als eine Art Volkshochschule alle gerade aktuellen Themen aus Wissenschaft und Kultur aufnimmt und dabei den Verkündigungsauftrag vernachlässigt oder aufgibt.

Doch darf diese bewußt biblische oder bekenntnisgebundene Begründung der Kirchenmitgliedschaft nicht auf diejenigen beschränkt werden, die die erwähnten Fragen gerne alternativisch oder, theologisch gesprochen, „gesetzlich" beantworten und die Verbindungen zwischen Evangelium und „weltlichen" Aufgaben der Kirche nach Meinung ihrer [129] Kritiker rigide und eng eingrenzen. Das Spektrum der primär über unser Begründungsfeld A mit der Kirche verbundenen Christen ist vielmehr breit: Es finden sich darin „bewußte Lutheraner" ebenso wie „bewußte Reformierte"; bewußte Anhänger der Bekenntnisbewegung ebenso. wie Vertreter einer historisch-kritischen oder einer existentialphilosophisch beeinflußten Theologie; Anhänger einer asketisch-weltabgewandten Frömmigkeit ebenso wie solche eines aktiven „Christentums der Tat".

Trotz dieses breiten Spektrums darf, so scheint mir, die Zahl derer, die ihre Verbundenheit mit der Kirche unter Hinweis auf das Begründungsfeld A legitimieren oder illustrieren, nicht überschätzt werden. Selbst als Pfarrer begegnet man im Gespräch mit Gemeindegliedern selten dem expliziten Bezug auf Bibel, Bekenntnis oder Geistliches Leben; noch seltener werden Argumente dieser Art in der Alltagskonversation der Kirchenmitglieder verwendet. Zwar haben wir darüber keine genauen Daten; doch scheinen mir die Ergebnisse der sogenannten SPIEGEL-Erhebung „Was glauben die Deutschen?" (1968) noch immer quantitativen Orientierungsanhalt zu geben, nach dem der Anteil derer, die das Syndrom A als Hauptgrund für ihre Kirchenmitgliedschaft angeben, maximal bei 10 % liegen dürfte, in vielen Regionen aber weit darunter.

Die Studie „Wie stabil ist die Kirche?" wurde, wie erwähnt, nicht nach den Fragestellungen unseres Verbundenheitsmodells und seiner verschiedenen Begründungsfelder entwickelt; sie erfaßt darum auch nicht explizit jenen Personenkreis, um den es uns hier geht, also Kirchenmitglieder, die sich bewußt auf Glauben oder Bekenntnis beziehen. Der hohe Prozentsatz derer, die nach dieser Studie (Hild, 138, Tabelle) auf die Frage nach der Begründung für ihre Kirchenmitgliedschaft den vorgegebenen Antworten „weil ich Christ bin" (51 %) oder „weil ich an Gott glaube" (48 %) zustimmen, dürften, jedenfalls nicht ohne weiteres, dem Einstellungstyp A zuzurechnen sein.

Das wird u.a. in zwei anderen Ergebnissen der Untersuchung deutlich: Zunächst schon im Zusammenhang derselben Tabelle (Hild, 138) über die Begründung der eigenen Kirchenmitgliedschaft; zwei für Typ A sicher entscheidend wichtige Antwortvorgaben („weil sie mir Antwort auf die Frage nach dem Sinn des Lebens gibt"; „weil sie mir Trost und Hilfe in schweren Stunden gibt") erfahren je nur von einem Viertel der Befragten eine klare Zustimmung; über 40 % lehnen jeweils diese beiden Antwortvorgaben sogar ausdrücklich als für sie unzutreffend ab. [130]

Ich bin in der Kirche	Trifft genau zu	Trifft überhaupt nicht zu
weil ich Christ bin	51%	17%
weil ich an Gott glaube	48%	20%
weil sie mir Antwort auf die Frage nach dem Sinn des Lebens gibt	25%	41%
weil sie mir Trost und Hilfe in schweren Stunden gibt	23%	42%
Zum Vergleich		
weil ich auf kirchliche Trauung oder Beerdigung nicht verzichten möchte	45%	22%

Ein anderes Hindernis dafür, die 51 % derer, die „in der Kirche sind, weil sie Christ sind", denen einfach zuzurechnen, die ihr Christsein in einem pointiert bekenntnismäßigen Sinn verstehen, gewissermaßen also „mit Ernst Christen sein wollen", besteht in der für die Masse der Mitglieder erhobenen mehr oder minder großen Distanz zu dem, „was die Kirche in religiösen Fragen sagt" (Hild, 172, Tabelle).

Es stimmen mit dem, was die evangelische Kirche in religiösen Fragen sagt, überein

in allem	6%
in vielem	30%
in manchem	51%
überhaupt nicht	12%

[131] Es scheint demnach, daß die Begründungsvorgabe „Weil ich Christ bin" nicht so sehr mit dem bekenntnishaften Christsein im strengen Sinne, etwa des Pietismus, assoziiert wurde, sondern daß ,,Christ-Sein" eher als übergreifender Gesamtnenner für all das verstanden wird, was mit Kirche und christlicher Tradition zusammenhängt; in unserem Modell gesprochen also für all das, was in allen sechs Begründungsfeldern (B, C, D, E und F) an Teilargumenten erscheint.

Obwohl offenbleiben muß, wie groß zahlenmäßig die Gruppe derer ist, die ihre Kirchenmitgliedschaft hauptsächlich durch Begründungsfeld A legitimieren, erscheint doch für unser Thema sehr wichtig, daß Gewicht und Einfluß dieser Gruppe innerhalb der gesamten Volkskirche sicher größer ist, als es zahlenmäßig ihrem Anteil an der Gesamtmitgliedschaft entspricht; wichtig ist auch, daß sich Kirchenleitungen sowohl in ihren öffentlichen Äußerungen als auch in ihren Entscheidungen meist stark an den Einstellungen dieses Typus orientieren oder sich mit ihm identifizieren.

B ***Sinnfragen, christliche Grundwerte***

Vertretern dieses zweiten Einstellungstyps begegnet der Pfarrer am häufigsten unter Konfirmanden-Eltern. In schlichter Alltagssprache wird das hier dominierende Interesse an der Kirche etwa mit folgenden Worten ausgedrückt: „Herr Pfarrer, helfen Sie mit, daß mein Kind ein guter Mensch wird ..." — und dann, gleichsam zur Abgrenzung gegenüber Verbundenheitstyp A, fährt der Konfirmandenvater fort:

„... ein Heiliger braucht es ja nicht gleich zu werden." „Heilig" steht dabei meist für „zu fromm", weltfremd, hinterwäldlerisch, irrational, vorgestrig. Statt dessen sollen die christlichen Tugenden der Nächstenliebe, Vergebung, Ehrlichkeit usw., gelernt und eingeübt werden. Über diese Art der Beziehung zur Kirche wird heute vielfach in abwertenden Worten gesprochen: Modern ist die Meinung, daß es hier um „law and order" gehe; daß die Kirche der Erziehungsmühsal der Eltern durch soziale Kontrollen Nachdruck verleihen solle — oder sogar, daß sie durch ihre Versöhnungspredigt die wirklichen (Klassen-)Gegensätze zu verschleiern helfen solle. In der älteren Theologen-Generation äußert sich eine ähnlich abwertige Einschätzung meist so, daß das Evangelium doch nicht zu moralinsaurem Gesetz, die Kirche nicht zur moralischen Anstalt degradiert werden dürfe.
Diese Tendenz zur verbalen Negierung von kirchlichen Aufgaben im [132] Zusammenhang der Vermittlung und Repräsentation gesellschaftlicher Grundwerte geht sicherlich auf viele nachweisbare Beispiele von Mißbrauch, Unzulänglichkeit oder Versagen in diesem Aufgabenbereich seitens der Kirche zurück. Doch ist es wohl nicht nur einseitig, sondern auch falsch, die Schuld an diesen Unzulänglichkeiten allein bei der Kirche zu suchen: Die rapide Veränderung unserer Wertauffassungen im Zuge des Gesellschaftsprozesses konnte offenbar so schnell, wie es nötig gewesen wäre, gar nicht von der Kirche und ihrer jahrhundertelang eingelebten Wertsymbolik und Wertsystematik mitvollzogen werden[7]. Welche Schwierigkeiten die Kirche selbst mit diesen notwendigen Erneuerungen hat, wird deutlich genug in den derzeitigen Konflikten im Bereich der Erziehungsmoral, der politischen Ethik (Theologie der Revolution, Klassenkampf usw.) und der Sexualmoral (Pille, § 218, Ehescheidung usw.)[8].
Andererseits darf gerade wegen dieser rapiden Veränderungen unserer Wertauffassungen nicht außer acht bleiben, daß wichtige überkommene Grundwerte (z.B. Schutz des Lebens, Nächstenliebe, Völkerfrieden, Solidarität mit Schwachen, soziale Gerechtigkeit u.a.) grundsätzlich in Geltung geblieben sind, daß sie gewissermaßen genauso „fraglos gültig" sind wie vor 100 oder vor 1000 Jahren. Es ist kaum Streit darüber, daß diese Grundwerte auch weiterhin „bewahrt", d.h. repräsentiert, interpretiert und vermittelt werden müssen. Umstritten ist allerdings, ob sie de facto in Geltung stehen, wie grundsätzlich, ob sie unter den gegenwärtigen gesellschaftlichen Bedingungen überhaupt ihrem eigentlichen Ziel entsprechend verwirklicht werden können und welche Rolle die Kirche unter diesem Aspekt in unserem Gesellschaftssystem spielt.

---

7 Harenberg, aaO.

8 Ausführlicher dazu Dahm, Pfarrer 166 ff., 146 ff., 176 ff.

Traditionell fast allgemein, heute besonders in den Augen derer, die unserem Begründungsfeld B zuneigen, werden diese grundsätzlich zu bewahrenden Grundwerte hauptsächlich der christlichen Religion als Aufgabe zugeschrieben. Wenn also viele Kirchenmitglieder ihre kirchliche Identität und ihre Zugehörigkeitsbegründung in dem Bereich christlich-humanitärer Grundwerte lokalisieren, dann kann das genausogut (und mit größerer Wahrscheinlichkeit) auf diese bewahrens-notwendigen Auffassungen bezogen sein wie auf die vielfach vermuteten „moralinsauren" Erziehungshilfen oder Verschleierungsethiken. [133] Neben diesem Interesse an christlichen Grundwerten, also primär an christlicher Ethik, wird häufig auch ein Interesse an den christlichen Antworten auf sogenannte Sinnfragen angegeben. Mit dem sehr vieldeutigen Sinnbegriff scheint bei den meisten, die ihn verwenden, zunächst einmal die Frage nach dem Tod, nach dem Leiden, nach wahrem Glück, nach dem, „was die Welt im innersten zusammenhält", gemeint zu sein. Dabei müssen die überkommenen dogmatischen Antworten des Christentums von den Interessierten keineswegs unmittelbar als Lösung empfunden werden; es können genauso auch ihre symbolischen Gehalte sein, ja sogar die künstlerische Interpretation dieser Symbole (etwa Choräle der Matthäuspassion als Hilfe zur Bewältigung des Todes), die für viele Kirchenmitglieder eine entscheidende Brücke zwischen eigenen „Sinnfragen" und christlichem Bewältigungspotential darstellen.

Über diesen mehr alltagssprachlichen Gebrauch des Wortes „Sinnfrage" hinaus läßt sich der Zusammenhang zwischen Sinn, Religion und Gesellschaftssystem auch auf anderen Ebenen der Abstraktion bestimmen[9]. Etwa so, daß Religion in den vorneuzeitlichen Kulturen jenen „Sinn" verwaltet habe, der das betreffende Gesellschaftssystem nach innen integriert und gegenüber seiner sozialen Umwelt abgegrenzt habe (beispielsweise die Religion im alten Israel)[10]. Ohne daß dieser Zusammenhang im Detail oder gar in wissenschaftlicher Abstraktheit auf die gegenwärtige Situation hin reflektiert wird, tendieren dennoch nicht wenige Kirchenmitglieder vom Einstellungstyp B in diese Richtung: sei es, daß sie sich von der Kirche unter dem Stichwort „Christliches Abendland" eine zentrale Sinngebung erhoffen; sei es, daß sie in einer der verschiedenen Kombinationen von Christentum und Sozialismus den Sinn einer zukünftigen und jetzt zu er-

---

9 Vgl.: N. Luhmann, Sinn als Grundbegriff der Soziologie; in: J. Habermas/N. Luhmann, Theorie der Gesellschaft oder Sozialtechnologie. Neuwied/Berlin 1971,25-100. Ferner: N. Luhmann, Religion als System, in: K.-W. Dahm / N. Luhmann / D. Stoodt, Religion — System und Sozialisation. Neuwied/Berlin 1972, 11 ff.

10 K.-W. Dahm / V. Hörner, Religiöse Sinndeutung in gesellschaftlicher Komplexität; in: R. Volp (Hg.), Chancen der Religion. Gütersloh 1975.

kämpfenden Gesellschaftsordnung sehen[11]; sei es schließlich, daß sie das Sinnproblem insgesamt und ohne nähere Konkretion als Grundaufgabe von Kirche an diese delegieren. [134]

Fragt man nun, wie die Gruppe, die diesem Begründungsfeld B zuzuordnen ist, in den neueren empirischen Erhebungen und besonders in „Wie stabil ist die Kirche?" in Erscheinung tritt, und ob sie überhaupt als typische Gruppe identifizierbar oder gar zahlenmäßig profilierbar wird, so stellen sich ähnliche Schwierigkeiten wie im vorigen Abschnitt ein: Als hypothetischer und überprüfbarer Untersuchungsaspekt war unsere Typologie, wie erwähnt, nicht in die Erhebung wegen deren anderer Zielstellung einbezogen. Geht man aber von dem jetzt vorliegenden und unter anderen Fragestellungen gewonnenen Material aus, dann sind es vor allem drei Ergebniskomplexe, die sich auf das Begründungsfeld B beziehen lassen:

a) Aus der Tabelle „Begründung für die eigene Kirchenmitgliedschaft" (Hild, 138) sind die Zustimmungen auf folgende Antwortvorgaben aufschlußreich:

Ich bin in der Kirche	**Trifft genau zu**	**Trifft überhaupt nicht zu**
weil ich der Auffassung bin, daß das eine gute Sache ist.	31%	27%
weil sie für das Gute und gegen das Böse ist	30%	27%
weil sie mir Antwort auf die Frage nach dem Sinn des Lebens gibt	25%	41%

b) Aus der Tabelle „Eigene Erfahrungen im Konfirmandenunterricht" (Hild, 153) könnte der Satz:

„Im Konfirmandenunterricht habe ich mir Grundsätze angeeignet, die für mein weiteres Leben wichtig waren" (Zustimmung: 41 %)"

nicht nur Erinnerungen, sondern auch Äußerungen darüber ausgelöst haben, welche Aufgabe man heute dem Konfirmandenunterricht zuschreibt. In dieser Einschätzung des KU finden sich allerdings recht schwerwiegende Unterschiede in den verschiedenen Altersgruppen. Zwar hat die gesamte Untersuchung gezeigt, daß die jüngeren Altersgruppen (14-24 J., 25-34 J.) der Kirche durchweg distanzierter und kritischer gegenüberstehen, doch kommt dieser Unterschied in den Fragebereichen verschieden stark zum Ausdruck: [135]

11 Vgl. z.B. H. Gollwitzer, Krummes Holz— aufrechter Gang. München 1970; D. Sölle, Das Recht, ein anderer zu werden. Neuwied/Berlin 1971.

Frage	**Insgesamt**	14-24 Jahre	25-34 Jahre	35-49 Jahre	55-65 Jahre	älter
Im KU habe ich mir grundsätze angeeignet, die mein weiteres Leben wichtig waren	**41%**	22%	32%	41%	51%	61%
Zum Vergleich						
Im KU haben wir manches gemeinsam unternommen, an das ich mich gern erinnere	**55%**	48%	50%	58%	57%	66%

Hier wird deutlich, daß die jugendlichen Altersgruppen den kirchlich vermittelten „wichtigen Grundsätzen für mein weiteres Leben" weit skeptischer gegenüberstehen als etwa der Erinnerung an bestimmte Gemeinschaftserfahrungen gemessen am Gesamtdurchschnitt der Antworten. Sollte sich in diesen Zahlen die vorhin geäußerte Vermutung bestätigen, daß die kirchliche Wertvermittlung durch die rapide Veränderung des Gesellschaftsprozesses zunehmend ins Hintertreffen gerät und darum für Jugendliche immer schwerer akzeptierbar wird?

c) In der sonst sehr aufschlußreichen Tabelle „Änderungen oder Beibehalten von Aktivitäten" (Hild, 210) läßt sich unser Begründungsfeld wiederum nur etwas gewaltsam auf den Satz „Die evangelische Kirche bemüht sich um die Erziehung der Kinder" beziehen. Von dieser Aktivität meinen:

Die evangelische Kirche	Sollte stärker zutreffen	Sollte weniger zutreffen	Sollte so bleiben, wie es ist
bemüht sich um die Erziehung der Kinder	**43%**	**19%**	**38%**

[136] Man kann aus diesen drei Ergebniskomplexen sicher den Schluß ziehen, daß 30-40 % der Kirchenmitglieder an dem Aufgabenfeld „Vermittlung christlicher Grundwerte, Erziehung, usw." vital interessiert sind, wobei das Interesse in jugendlichen Altersgruppen wohl zurückgeht und die Kompetenz der Kirche hier kritischer beurteilt wird. Ob freilich die Interessenten an diesem Aufgabenfeld, wie Ingenieur Braun in der eingangs berichteten Gesprächsrunde, aus diesem Feld auch die Hauptgründe für ihre Kirchenmitgliedschaft herleiten, läßt sich aus dem vorliegenden Material nicht herausholen. Dagegen signalisiert die Skepsis der Jugendlichen gerade in diesem Feld eine gefährliche Entwicklung: wenn die von der Kirche vermittelten Werte („Grundsätze") nicht mehr auf das Alltagsleben ihrer Mitglieder bezogen werden können, verlieren sie sozusagen ihren „Sinn". Ein solcher Sinnverlust aber greift an den Kern der gesellschaftlichen Funktion einer Religion.

C *Seelsorgerliche Zuwendung zum einzelnen Menschen*

Wie der Schlosser Clausen in unserem Eingangsgespräch, haben viele Kirchenmitglieder eine eher gefühlsmäßige als kognitiv-theologische oder in ethischer Reflexion durchgearbeitete Beziehung zur Kirche. Positiv beeinflußt wird diese Beziehung vor allem durch die Erfahrung einer starken persönlichen Zuwendung durch den Pfarrer oder auch durch einen anderen anerkannten kirchlichen „Amtsträger", etwa die Gemeindeschwester oder einen im dörflichen oder städtischen Leben als vorbildlich-christlich bekannten Kirchenvorsteher (Presbyter). Diese Erfahrung verbindet sich, wie die Studie „Wie stabil ist die Kirche?" bestätigt (Hild, 257-283), besonders häufig mit dem Konfirmandenunterricht wie mit dem „Hausbesuch" (Besuch bei Kranken, Trauernden, Alten usw.) durch den Pfarrer. Sie mag früher, während einer patriarchalisch bestimmten Auffassung von Kirche und Pfarramt, ihre Prägung wesentlich in väterlicher Ermutigung oder Ermahnung gefunden haben. Seit einiger Zeit dürfte die seelsorgerliche Zuwendung mehr und mehr Züge des eher partnerschaftlich bestimmten „Berater"-Gespräches angenommen haben; dürfte also an die Stelle des Ratschlages anhand vorgefertigter Antworten eine Haltung des gemeinsamen Fragens und Suchens getreten sein[12]. [137]

Trotz der unterschiedlichen anthropologischen und emanzipationspolitischen Implikationen dieser beiden seelsorgerlichen Haltungen haben beide offenbar eine Gemeinsamkeit darin, daß sie als zuwendungsintensiv erlebt werden: als eine besondere Art, ernstgenommen zu sein. Anscheinend bestehen in diesem Bereich gegenwärtig besonders deutlich ausgeprägte Interessen und Anforderungen, die wohl durch die Prozesse zunehmender Anonymität und zunehmender Entfremdungen in Arbeitswelt und Kleinfamilie ausgelöst sind. Jedenfalls weisen die uns zugänglichen Erhebungen darauf hin, daß dieses Aufgabengebiet im Kontext des gesamten volkskirchlichen Aufgabenkatalogs als vorrangig empfunden wird[13].
So ergab sich in der Erhebung „Wie stabil ist die Kirche?" auf die Frage, ob und in welcher Richtung die evangelische Kirche ihre Aktivitäten verändern sollte, folgende Tendenz:
Von zwölf vorgegebenen Aufgabenbereichen wurden drei als besonders verstärkungsbedürftig bezeichnet: Seelsorge, Diakonie und Verkündigung:

12 Vgl. z.B. D. Stollberg, Therapeutische Seelsorge. München 1969; R. Riess: Seelsorge. Göttingen 1973.

13 Vgl. die Dokumentation bei Dahm, Pfarrer 105-109.

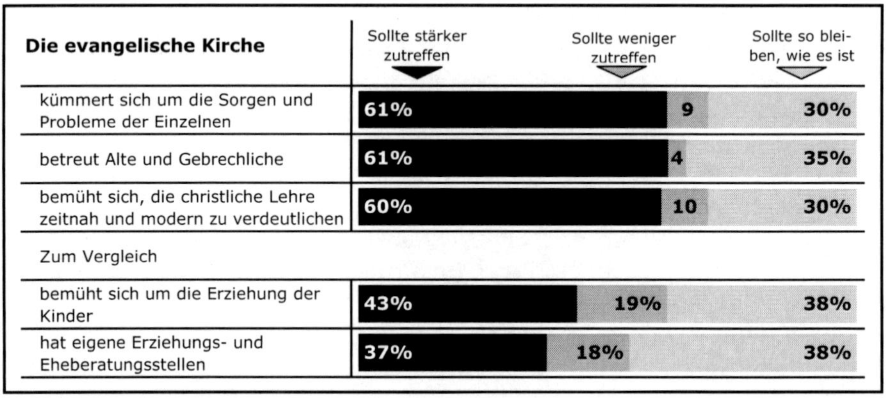

[138] Obwohl auch der Satz „Die evangelische Kirche kümmert sich um die Sorgen und Probleme des Einzelnen" nicht einfach kongruent auf unser Begründungsfeld „Seelsorgerliche Zuwendung" übertragen werden kann, darf doch von sinnparallelen Tendenzaussagen ausgegangen werden. So soll also die sogenannte Einzelseelsorge nach Meinung einer großen Mehrheit der Kirchenmitglieder vorrangig verstärkt werden; in gleicher Intensität wie „fürsorgerische Liebestätigkeit" und „Verdeutlichung der christlichen Lehre"; andere Aktivitäten sollen auch verstärkt werden, erscheinen aber als nicht so vorrangig (z.B. Kindererziehung).

Nun bedeutet wiederum die Anforderung an die Kirche, bestimmte Aktivitäten zu intensivieren, keineswegs, daß man speziell oder vorrangig dieser Aktivitäten wegen auch Mitglied der Kirche sei; daß also derjenige, der verstärkt „Seelsorge" fordert, auch in diesem Aufgabenfeld seine Mitgliedschaft begründet. Gerade die Erhebung „Wie stabil ist die Kirche?" zeigt vielmehr, daß zwischen einem „Begründungsbereich" und einem „Anforderungsbereich" genau unterschieden werden muß. Grundsätzlich ist über die Bedeutung dieses Unterschiedes später noch genauer nachzudenken. Am konkreten Beispiel muß er jedoch schon hier eingeführt werden.
Auf die direkte Frage nach den Gründen für die eigene Mitgliedschaft in der Kirche kommt nämlich unser Begründungsfeld , „Seelsorge" in der Erhebung (Hild, 136 ff.) nicht als deutlich abgegrenzter Eigenbereich vor; vielleicht geht das übrigens auch darauf zurück, daß er in den Voruntersuchungen über Problemabgrenzungen im Bewußtsein der Befragten so klar wie andere Bereiche (beispielsweise wie das im nächsten Abschnitt zu erörternde Begründungsfeld der Amtshandlungen) nicht in Erscheinung trat. Zwar tauchen Teilaspekte dieses Bereiches in dem Katalog von 20 vorgegebenen Begründungen des Satzes „Ich bin in der Kirche, weil ..." durchaus auf; doch rangieren diese in der Skala der Zustimmungen ziemlich hinten:

Mitglied in der Kirche,

10: "...weil sie mir einen inneren Halt gibt."	28%
14: "...weil sie mir Trost und Hilfe in schweren Stunden gibt."	23%

Zum Vergleich

3: "...weil ich kirchliche Trauung oder Beerdigung nicht verzichten möchte."	45%

[139] Während also im Anforderungsbereich 61 % der Mitglieder eine Intensivierung der kirchlichen Seelsorge-Tätigkeit forderten, bringen im Begründungsbereich nur ca. 25% zum Ausdruck, daß sie ihre eigene Mitgliedschaft (auch) mit dem Interesse an der kirchlichen Seelsorge legitimieren. Die Diskrepanz dieser Zahlen könnte für einen Großteil von Kirchenmitgliedern (bis zu 35%) folgende Einstellung als charakteristisch erscheinen lassen: wir sind zwar nicht primär wegen der kirchlichen Seelsorgetätigkeit Mitglied der Kirche und halten unsere Mitgliedschaft auch nicht speziell dieser Tätigkeit wegen aufrecht; da wir aber nun einmal Mitglieder der Kirche sind, fordern wir eine Intensivierung der kirchlichen Arbeit auf diesem Sektor, weil dieser uns wichtig und vordringlich erscheint. Soweit ein vermutlich ziemlich weit verbreitetes Denken. Darüber hinaus aber darf nicht außer acht bleiben, daß es daneben eine (im Augenblick quantitativ wiederum nicht bestimmbare) Gruppe gibt, für die die „Seelsorgerliche Zuwendung" auch hinsichtlich der „Legitimation" des Begründungsbereiches im Vordergrund ihrer Verbundenheit mit der Kirche steht.

D *Rituelle Begleitung an Übergangsstationen*

Sogenannte Rites de passage[14], also Formen ritueller Bewältigung an den großen biologisch-sozialen Übergangsstationen des menschlichen Lebens (Geburt, Pubertät - Reife, Hochzeit, Tod), waren überall dort, wo wir institutionalisierte Religion antreffen, eng mit dieser verknüpft. In unserem engeren Kulturbereich, bei Protestanten wie Katholiken, waren die entsprechenden Handlungen der Kirchen meist die wichtigste oder sogar die einzige Gelegenheit für einen Großteil der Kirchenmitglieder, mit ihrer Kirche in direkten und persönlichen Kontakt zu treten.

---

14 Vgl. grundlegend: E. Durkheim, Les formes clementaires de la vie religieuse. Paris 1912.

Die Untersuchung „Wie stabil ist die Kirche?" gibt über dieses Begründungsfeld D (Rituelle Begleitung) konkretere und direktere Aufschlüsse als über andere Verbundenheitstypen unseres Modells. Die Antwort: „Ich bin in der Kirche, weil ich auf kirchliche Trauung oder Beerdigung nicht verzichten möchte" wird in dem mehrfach herangezogenen Katalog von 20 möglichen Antworten zur Begründung der eigenen Kirchenmitgliedschaft vorgegeben (Hild, 138). Wegen dieser mit [140] unserem Typ D sehr ähnlichen Fragestellung läßt sich das Ergebnismaterial hier auch unmittelbarer und direkter aufnehmen und diskutieren als bei den anderen Feldern. Es zeigt sich zuerst, wie wichtig dieses, im kirchlichen Sprachgebrauch als Kasual- oder Amtshandlungsbereich bezeichnete, Handlungsfeld der Kirche für die Zugehörigkeitsbegründung der Mitglieder auch heute noch ist. In dem vorgegebenen Antwortkatalog erhält die unseren Typ betreffende Vorgabe den dritthöchsten Teil von Zustimmungen (45%); unter den zustimmenden Reaktionen auf die Katalog-Vorgaben Bejahung („Trifft genau oder fast genau auf mich zu") ist „Trauung-Beerdigung" in folgende Reihenfolge eingeordnet:

Ich bin in der Kirche	
weil ich Christ bin	**51%**
weil ich an Gott glaube	**48%**
weil ich auf kirchliche Trauung oder Beerdigung nicht verzichten möchte	**45%**
weil ich so erzogen bin	**41%**
weil sie etwas für Arme, Alte und Kranke tut	**35%**
Zum Vergleich	
weil ich an das denke, was nach dem Tode kommt	**26%**
weil sie mir Antwort auf die Frage nach dem Sinn des Lebens gibt	**25%**
weil sie mir Trost und Hilfe in schweren Stunden gibt	**23%**

Für fast die Hälfte der Kirchenmitglieder hat also die religiöse Begleitung an Übergangsstationen eine nach wie vor zentrale Bedeutung. Unser Verbundenheitsmodell und die bisherige Argumentationsweise könnten wiederum das Mißverständnis aufkommen lassen, daß diese 45% ausschließlich oder primär über das Handlungsfeld der Kasualien mit der Kirche verbunden sind. Dies geben natürlich die von der EKD-Untersuchung ermittelten Prozentsätze nicht her. Nach dem vorgegebenen Katalog kann ein Befragter sein ja „Das trifft genau für mich zu" sowohl angeben bei: „weil ich Christ bin" als auch bei „Kasualien" oder [141] bei „Trost und Hilfe in schweren Stunden". Angaben darüber, wie viele Mitglieder ihre Verbundenheit primär oder gar ausschließlich mit dem Interesse an „kirchlicher Trauung oder Beerdigung" begründen, sind, wie auch in den anderen Feldern, kaum zu erheben und liegen jedenfalls bisher nicht vor.

Wie in anderen kirchlichen Einstellungen ist auch hier die Frage interessant, ob diejenigen 45%der Kirchenmitglieder, für die das Interesse an „kirchlicher Trauung und Beerdigung" konstitutiv für ihre Mitgliedschaft ist, in allen Bevölkerungsgruppen gleichmäßig vertreten sind. Tatsächlich stimmen Jugendliche diesem Satz weniger häufig zu als ältere Menschen; Abiturienten seltener als Volksschüler ohne abgeschlossene Lehre. Doch sind diese Alters und Bildungsunterschiede, wie schon mehrfach zu sehen war, keineswegs auf das Interesse an den Kasualien begrenzt; sie treten vielmehr, teilweise noch weit eklatanter, in fast allen Fragestellungen der Untersuchung auf. In unserem Fall erscheint eher bemerkenswert, daß der Faktor „rituelle Begleitung an Übergangsstationen" gerade für die sonst als „kritisch-distanziert" erscheinende Befragungsgruppe der Jugendlichen und der Abiturienten doch eine so hohe Zustimmung erfährt (Materialband, 63-65).

Vergleich nach Altersgruppen	**Insge-samt**	14-24 Jahre	25-50 Jahre	50-64 Jahre	65 J. u. älter
Weil ich au kirchliche Trauung und Beerdigung nicht verzichten möchte	**45%**	31%	43%	49%	51%
Weil sie etwas für Arme, Alte und Kranke tut	**35%**	19%	31%	43%	54%
Weil sie mir Trost und Hilfe in schweren Stunden gibt	**23%**	7%	21%	31%	44%

Vergleich nach Schulbildung	**Insge-samt**	Abitur/ Hoch-schule	Mittel-/ Fach-schule	Volksschule mit	ohne abgeschl. Lehre
Weil ich au kirchliche Trauung und Beerdigung nicht verzichten möchte	**45%**	28%	36%	46%	58%
Weil sie etwas für Arme, Alte und Kranke tut	**35%**	26%	28%	34%	46%
Weil sie mir Trost und Hilfe in schweren Stunden gibt	**23%**	15%	19%	21%	35%

Besonders der Vergleich der Altersgruppen zeigt, daß die Zahl der Zustimmungen zu der Vorgabe „Kasualien" zwar bei 65-jährigen ca. doppelt [142] so hoch ist wie bei 15-jährigen, daß dieser Unterschied in Bezug auf „Trost und Hilfe in schweren Stunden" bei 65-jährigen aber sechsmal so groß ist wie bei den Jugendlichen. Dies sowohl wie die absoluten Zahlen für das Interesse aller Altersgruppen kann als Indiz dafür angesehen werden, daß den Amtshandlungen auch für die Zukunft seitens eines großen Teiles (ca. der Hälfte) der Kirchenmitglieder eine vorrangige Bedeutung für ihre Kirchenmitgliedschaft eingeräumt wird. Die gelegentlich sowohl von soziologischer wie von theologischer Seite geäußerten Zweifel an der „Stabilität der Amtshandlungen"'[15] mögen daher auf bestimmte regionale Gebiete (Großstadt, Ballungszentrum) zutreffen; eine zahlenmäßig ins Gewicht fallende Erosion dieser volkskirchlichen Sitte ist zumindest nach den Ergebnissen von „Wie stabil ist die Kirche?" nicht zu erwarten; nach dieser Untersuchung erscheinen sogar die Bewohner der Trabanten-Städte als fast ebenso gleichmäßig interessiert an diesem Handlungsfeld der Kirche wie die Bewohner ländlicher Regionen (Tabellen und Zahlen: Materialband, 63-72). Abschließend darf nicht unerwähnt bleiben, daß in-

15 Vgl. H. O. Wölber,Das allmähliche Ende der Volkskirche, in: EvKom 1974, 397-400; anders dagegen J. Matthes in seinem Beitrag in diesem Band, Seite 83 ff.

nerhalb des Systems Kirche selbst, also unter Pfarrern, Kirchenvorstehern und anderen Mitarbeitern, diesem mit dem Vorzeichen „Ritueller Begleitung" versehenen Verbundenheitssyndrom gegenüber große Interpretations- und Legitimationsschwierigkeiten bestehen. Ob „unsere Kasualpraxis eine missionarische Gelegenheit" sei oder nicht; ob und wie Kindertaufe theologisch verantwortet werden kann; ob man sich als Pfarrer bei solchen „Passage-Riten" nicht notwendig als Zeremonienmeister vorkommen müsse — das alles wird unter Theologen immer wieder diskutiert[16]. In dieser Diskussion spielen bisher allerdings die soziologischen und sozialpsychologischen Implikationen nur eine untergeordnete Rolle. Dabei könnten Einsichten in die Bedeutung von liturgisch standardisierten (z.B. soziodramatischen) und auch die vom persönlichen Mitvollzug des gläubigen Bekennens entlasteten Vollzüge zur kollektiven Bewältigung von Trauer durchaus mithelfen, das Interesse an volkskirchlichen Kasualien besser zu verstehen und vielleicht auch theologisch besser zu akzeptieren[17].[143]

E *Karitative Diakonie*

Hatten wir es bisher mit vier Begründungsfeldern zu tun, die in der einen oder anderen Form mit allen uns bekannten Religionssystemen verbunden sind, so gilt das für die beiden verbleibenden Begründungsfelder nicht in gleichem Maße. Die orthodoxen Ostkirchen beispielsweise unterhalten kaum größere karitative Einrichtungen im Gesundheits- und Fürsorgewesen. Doch geht dieses Begründungsfeld in der christlichen Religion bis auf neutestamentliche und frühkirchliche Traditionen zurück. So galt für Bischöfe in den ersten Jahrhunderten, daß ein Viertel der kirchlichen Finanzen für karitative Zwecke (Unterstützung von Witwen, Waisen, Kranken) zu verwenden sei; je ein weiteres Viertel ging an den Klerus, an den Kirchenbau und an die Bistumsleitung (Administration, Repräsentation usw.). Theologisch bestehen schon aufgrund dieser Tradition mit dem Bereich „Diakonie" weit weniger Schwierigkeiten als etwa mit dem vorhin erörterten Feld der rituellen Begleitung an Übergangsstationen.

Als Hauptbegründung für die Mitgliedschaft in der Kirche wird „Karitative Diakonie" sicher seltener angegeben als andere Bereiche. So zeigten die Tabellen des vorigen Abschnittes, daß der Satz „Ich bin in der Kirche, weil sie etwas für Arme, Alte, und Kranke tut" mit 35% deutlich weniger Zustimmung erfährt, als der Satz „ , weil ich auf kirchliche Trauung oder Beerdigung nicht verzichten möchte" (45%). Doch sind es immerhin mehr als ein Drittel der Kirchenmitglieder, für die das Feld der „kirchlichen Liebestä-

16 Z.B. R. Bohren, Unsere Kasualpraxis — Eine missionarische Gelegenheit? München 1960.

17 Vgl. Y. Spiegel, Gesellschaftliche Bedürfnisse und theologische Normen, in: Theologia Practica 1971,212-230.

tigkeit" auch von großer Bedeutung für ihre Mitgliedschaftsbegründung ist. Das Feld der institutionalisierten Diakonie selbst ist breit und in viele verschiedenartige Teile gegliedert; es kann darum sehr unterschiedlichen, vielleicht sogar einander widerstreitenden Identifikationen mit der Kirche eine Möglichkeit geben: der eine denkt vielleicht an das kirchliche Krankenhaus- und Anstaltswesen (z.B. an Bethel); der andere an „Brot für die Welt" und die Aktivitäten der kirchlichen Entwicklungshilfe; ein dritter steht gerade diesen Aktivitäten aus politischen Gründen skeptisch gegenüber, identifiziert sich aber mit den örtlich-parochialen Einrichtungen der kirchlichen Diakonie; mit Kindergarten, Beratungsstelle, Gemeindeschwesternstation usw.

Gerade auf die Erwähnung der örtlichen Einrichtungen stößt man wohl deshalb häufig, weil ganze Bevölkerungsgruppen der Kirche konkret nur via Kindergarten oder via Sammlungen „Brot für die Welt" begegnen, [144] und in diesem Bereichen auch eine akzeptable Verwendung ihrer Kirchensteuer sehen; das gilt wohl besonders für die Zeit, in der ihnen suggeriert wurde, daß die Kirche „im Geld schwimme", und sie darum anderen Verwendungsangaben skeptisch gegenüberstanden.

Das Begründungsfeld „Karitative Diakonie" ist außer durch die konkrete Vielfalt von Identifikationsmöglichkeiten noch durch weitere Besonderheiten zu kennzeichnen. Beispielsweise wird es, wie man in alltäglichen Diskussionen immer wieder erlebt, gerne von denjenigen angeführt, die einen anderen Grund für ihre Kirchenmitgliedschaft nicht angeben wollen (oder auch nicht angeben können). Denn die Unterstützung der karitativen Anstrengungen der Kirche ist im Blick auf gesellschaftliches Image sozusagen risikolos: jedermann kann sicher sein, daß diese Unterstützung auf positives Verständnis stößt und Anerkennung findet. Dies aber gilt für die anderen Begründungsfelder keineswegs mehr in dem früher wohl selbstverständlichen Umfang. Sich in einem dezidierten Sinn zum Glauben, zu christlichen Werten oder zur Seelsorge zu bekennen, kann den Gesprächspartner durchaus zu verständnislosen oder negativen Reaktionen führen.

Doch nicht nur gegenüber anderen Menschen, sondern auch für sich selbst kann ein nach den Gründen seiner Mitgliedschaft Befragter in echte Verlegenheit geraten: Seit Jahren vielleicht wird er nicht über diese Frage nachgedacht haben; früher gelernte Argumente haben ihre Durchschlagskraft verloren; so greift er zurück auf ein Begründungsfeld, das ohne ideologische Umwege aus sich selbst heraus als notwendig und sinnvoll erscheint: auf die Diakonie.

Gelegentlich begegnet man ferner dem in unserem Eingangsgespräch erwähnten Argument, daß die sozialkaritativen Einrichtungen der Kirche schon deshalb unterstützt werden müßten, weil sie eine gewisse Alterna-

tive oder sogar einen konkurrierenden Widerstand zu den Tendenzen einer wohlfahrtsstaatlichen Bürokratisierung des Gesundheitswesens bilden. Die Bedeutung auch dieser Argumentationsrichtung kann durch bestimmte Ergebnisse der Studie „Wie stabil ist die Kirche?" belegt werden.
Auf die Frage nach dem Vorrang kirchlicher oder staatlicher Zustädigkeiten im Gesundheitswesen und Fürsorge wurde eine Skala von 5 Antwortmöglichkeiten vorgegeben: [145]

Nur Staat	**12%**	**100%**
Vor allem Staat, aber auch Kirche	**28%**	
Staat und Kirche gleichermaßen	**50%**	
Vor allem Kirche, aber auch Staat	**7%**	
Nur Kirche	**2%**	
Keine Antwort	**1%**	

Die Prozentzahlen geben den Schnittwert für folgende sechs Teilbereiche diakonischen Handelns der Kirche an:
Kindergartenbau, Leitung und Betreuung von Krankenhäusern, Armenfürsorge, Betreuung von Straffälligen (-entlassenen) und Betreuung von Rauschgiftsüchtigen (vgl. Hild, 222, Tabelle).
Das Ergebnis zeigt sowohl in den einzelnen Teilbereichen wie auch im oben angegebenen Durchschnitt, daß sich für die Nennung „Staat und Kirche gleichermaßen" die Hälfte und für „vor allem Staat, aber auch Kirche" fast 30 % der Kirchenglieder ausspricht. Die Tendenz geht also eindeutig auf eine gemeinsame Verantwortung oder eine Art Balance von staatlichen und kirchlichen Einrichtungen zu; man kann auch sagen: sie geht gegen das Monopol des Staates. — Eben diese Tendenz findet sich häufig als Argument unter denen wieder, die hohe Kirchensteuern zu zahlen haben und diese nicht zuletzt mit Blick darauf begründen, daß die Kirche ein Gegengewicht gegen wohlfahrtsstaatliche Entwicklungen sei oder doch sein solle.

F *Gesellschaftspolitisches Engagement*

Mehr noch als bei dem Feld „Karitative Diakonie" zeigt der unbefangene Betrachter unseres Verbundenheitsmodells in der Regel Verständnisschwierigkeiten gegenüber dem letzten hier ausgegrenzten Begründungsfeld: dem des „Gesellschaftspolitischen Engagements". Vor allem zwei Fragen sind es, die bei der ersten Begegnung mit Bereich und Bezeichnung dieses Feldes sofort auftauchen: einmal, ob denn „politisches Engagement" als Verbundenheitsmerkmal überhaupt vergleichbar sei mit den anderen fünf wenigstens relativ eigenständigen Begründungsfeldern; ob nicht vielmehr „gesellschaftspolitisches Engagement" eine Kategorie anderer Art sei; eine Haltung beispielsweise, die sich sowohl mit anderen Mitgliedschaftsbegründungen aktiv verbinden als auch ganz außerhalb des Kirchlichkeitsbewußtseins liegen kann. Die andere [146] Frage geht meist dahin, ob denn diese Motivation, wenn sie denn schon bei einzelnen Christen (wie bei dem Junglehrer Fey in unserem Eingangsgespräch) eine zentrale Rolle spielt, quantitativ überhaupt ins Gewicht fällt; denn bei denen, die ihre Verbundenheit mit der Kirche gesellschaftspolitisch begründen, handele es sich um die verschwindende Minderheit von ein paar jungen Theologen oder ehemaligen Studentengemeindegliedern.

Beide Fragen signalisieren deutlich die grundsätzliche Problematik unseres Modells und die der dahinterstehenden Methode der „funktionalen Vergleichbarkeit". In dieser Hinsicht verweisen sie auf den folgenden Teil 4, in dem Fruchtbarkeit und Grenzen dieser Methode noch einmal zusammenfassend erörtert werden sollen. Vorwegnehmend kann aber gerade am Thema „politisches Engagement" deutlich werden, wie stark hinsichtlich der Verbundenheit mit der Volkskirche quantitative und qualitative Aspekte ineinander übergehen: fragt man nämlich danach, welchen Bedeutungsgrad die verschiedenen Verbundenheitsbegründungen gegenwärtig in der kirchlichen (und darüber hinaus in der gesellschaftlichen) Öffentlichkeit haben, dann tritt die quantitativ gewiß kleine Schar der primär gesellschaftspolitisch Motivierten stark in den Vordergrund; sie wird unter dem Gesichtspunkt „Bedeutungsgrad" gleichsam funktional vergleichbar mit den anderen Motivationssyndromen.

Empirisch greifbar wird dieser Bedeutungsgrad, insbesondere der „Linken", sowohl auf Synodaltagungen wie in der kirchlichen Presse; offensichtlich kommt immer dann eine besondere Art der Emotionalität auf, wenn es um gesellschaftspolitische Stellungnahmen (etwa Antirassismus) und zumal, wenn es um die sogenannten „linken Pfarrer", im Extremfall urn die DKP-Mitgliedschaft von Pfarrern, geht. In der nichtkirchlichen Presse sind es fast nur diese politischen Aktivitäten, Verlautbarungen oder Beschlüsse, die aus dem Gesamtgebiet des kirchlichen Lebens als interessant genug für eine Berichterstattung erscheinen. Auf die aus primär gesellschaftspolitischen Gründen mit der Kirche Verbundenen — auf das, was sie tun, und darauf, wie ihnen Kirchenleitung und Gemeinden begegnen — achten insgesamt wohl weit mehr Beobachter, Gegner und Sympathisanten als auf diejenigen, bei denen andere Gründe im Vordergrund ihres Interesses an der Kirche stehen. Diese Aufmerksamkeit und der damit zusammenhängende Bedeutungsgrad weisen wahrscheinlich auch darauf hin, daß der Faktor Politik für das Kirchenzugehörigkeitsbewußtsein zur

Zeit eine vielleicht [147] fundamentale Bedeutungsverschiebung erfährt. Je mehr die Fragen nach dem Jenseits und nach einer spekulativen Metaphysik in den Hintergrund der theologischen Erörterungen und der kirchlichen Interessen traten, umsomehr schob sich die Frage in den Vordergrund, ob und wie Religion und Kirche denn heute mit den Verhältnissen des Diesseits umzugehen hätten. Umstritten ist hauptsächlich, ob das mehr in einem seelsorgerlich auf die Nöte von Individuen gerichteten Sinne, ob es mehr in Richtung auf Verinnerlichung, Meditation und Spiritualität - oder ob es im Sinne unmittelbarer politischer Aktivitäten zugunsten von mehr Menschlichkeit, mehr Gerechtigkeit, mehr Freiheit geschehen solle. Dieser Streit wird zwar nur selten im Wege einander ausschließender Alternativen ausgetragen; tiefgreifende Unterschiede werden jedoch dann sichtbar, wenn Schwerpunkte und Prioritäten von Kirchenleitungen oder Gemeinden gesetzt werden müssen. Seit dem Zweiten Weltkrieg ist die dezidierte Verstärkung des politischen Akzentes insbesondere in den engen Verbindungen zwischen den Jungen Kirchen und den Freiheitsbewegungen der Dritten Welt, aber etwa auch in Aktionen gegen den Vietnamkrieg seitens der westlichen Kirchen in Erscheinung getreten. Diese Verstärkung des politischen Akzentes im Aufgabenkatalog kirchlichen Handelns findet sich gerade unter Theologen und jungen engagierten Christen oft in einem Maße, das das „gesellschaftspolitische Engagement" als Hauptmerkmal ihres Interessen an der Kirche erscheinen läßt. Um dieser Tendenz angemessen Rechnung zu tragen, erschien es mir notwendig, ein neues durchaus eigenständiges Begründungsfeld in unserem Verbundenheitsmodell herauszuarbeiten. Dieses Begründungsfeld kann, so scheint es, in einigen Jahren durchaus auch quantitativ mit beispielsweise dem Begründungsfeld „Seelsorgerliche Zuwendung" vergleichbar werden.
Im Ergebnismaterial der Erhebung „Wie stabil ist die Kirche?" kommt meines Erachtens die Tendenz einer tiefgreifenden Wandlung der Bestimmung des Verhältnisses von Kirche und Politik durchaus zum Ausdruck. Zwar kommt die Frage nach der Politik in den Tabellen des „Begründungsbereiches" („ich bin in der Kirche, weil..."; Hild, 138 ff.) nicht vor; sie kann es auch nicht, weil tatsächlich die Zahl derer, die etwa eine Antwortvorgabe „... weil ich darin eine Chance für wirksames politisches Handeln sehe" bejahen würde, so gering sein dürfte, daß sie prozentual nicht in Erscheinung tritt.
Das Thema Politik kommt in der Untersuchung jedoch an anderer Stelle [148] vor, nämlich im „Anforderungsbereich": unter den 12 Antwortvorgaben auf die Frage nach Änderung oder Beibehalten kirchlicher Aktivitäten (Hild, 210, Tabelle):

Die evangelische Kirche	Sollte stärker zutreffen	Sollte weniger zutreffen	Sollte so bleiben, wie es ist
nimmt Stellung zu politischen Fragen	27%	48%	26%
Zum Vergleich			
kümmert sich um die Sorgen und Probleme der Einzelnen	61%	9	30%

Der erste Eindruck bei der Lektüre dieser Zahlen ist wohl, daß politische Aktivitäten der Kirche entweder ganz abgelehnt oder im Verhältnis zu anderen Aufgaben weit hinten angesiedelt werden. Beides ist sicher auch richtig. Dennoch sind diese Zahlen für den, der mit früheren Erhebungsergebnissen vertraut ist, fast sensationell — was nämlich den Anteil derer betrifft, die das gegenwärtige Engagement der Kirche in politischen Fragen bejahen (26%) oder es noch verstärkt sehen wollen (27%). Beide Gruppen zusammen machen 53% aus; ein Anteil, der noch vor zehn Jahren undenkbar gewesen wäre: In der „Spiegelumfrage" von 1967 äußerten jedenfalls noch 65% der Befragten, „daß die Kirchen sich zuviel in Politik einmischen" (Harenberg 36). Wenn heute demgegenüber 53% der Befragten die politischen Aktivitäten der Kirche akzeptieren oder unterstützen, dann kommt darin sicherlich auch eine generationsmäßige Verschiebung zum Ausdruck. Insgesamt stützt dieser Anteil von 53% die vorhin geäußerte These von fundamentalen Veränderungen im Verhältnis von Kirche und Politik, gerade auch für das Bewußtsein der Kirchenmitglieder.
Die Entwicklung der Beziehungen zwischen der Volkskirche und dem Begründungsfeld „gesellschaftspolitisches Engagement" dürfte in den nächsten Jahren zu einem der wichtigsten Indikatoren dafür werden, wo die Schwerpunkte der gesellschaftlichen Funktion einer zukünftigen Kirche liegen werden; genauer gesagt: ob es der Kirche gelingt, die [149] Spannung zwischen seelsorgerlich-therapeutischen, meditativ-spirituellen und prophetisch-politischen Aufgaben zu erhalten und produktiv zu gestalten.

4 Funktionale Analyse und Stabilität der Kirche

Wer sich zunächst unbefangen auf unser Verbundenheitsmodell eingelassen hat und den Erörterungen über Entwicklungen und Problemstrukturen innerhalb der einzelnen Begründungsfelder gefolgt ist, der hat vermutlich am Ende das Bedürfnis, aus der Fülle von Detailproblemen heraus noch einmal mit der Hauptthese konfrontiert zu werden und sich mit ihr auseinanderzusetzen. Die These wurde in ihrer einfachsten Fassung grafisch ausgedrückt:

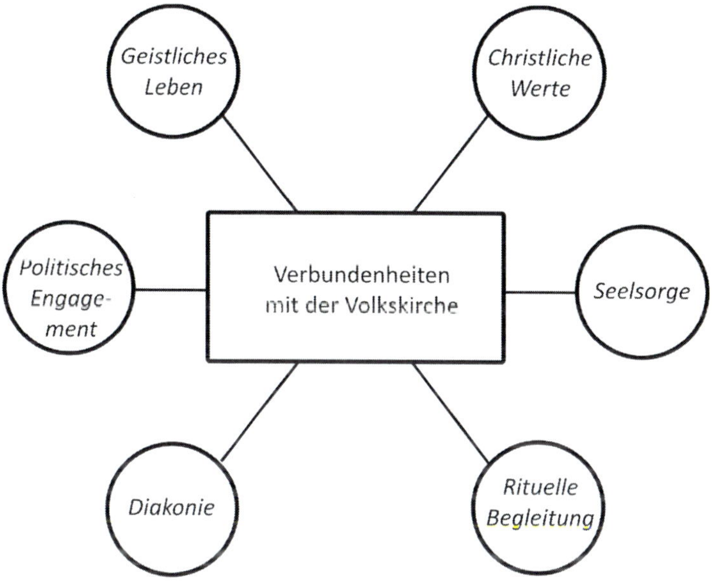

Die These besagt, daß die Verbundenheit mit der Kirche auf sehr verschiedenartige Ursachen zurückgeht — und daß die wichtigsten Begründungsfelder funktional miteinander vergleichbar sind, obwohl sie nach der theologischen Doktrin ganz unterschiedlichen Bewertungsebenen zugehörig sein können. Zu dieser These gehört ferner die bisher mehr implizit erwähnte Vermutung, daß dem gegenwärtig in der BRD vorfindlichen System Volkskirche unter dem Aspekt der Zugehörigkeitsmotivation seiner Mitglieder und damit auch unter dem Aspekt seiner finanziellen Lebensfähigkeit die Ausbalancierung der verschiedenartigen Begründungs-, Anforderungs- und Interessenbereiche konstitutiv zugehört. Wenn das eine oder andere der meines Erachtens [150] sechs zentralen Begründungsfelder samt dem ihm zugehörigen Anforderungsbereich radikal vernachlässigt oder einfach abgeschafft wird, dann dürfte das von ganz erheblichen Auswirkungen auf Stabilität und Lebensfähigkeit der Volkskirche sein.

Eine solche Vermutung und die dahinterstehende Betrachtungsweise löst nicht selten Anfragen und Widerspruch aus. Vor allem folgende drei Fragenkomplexe werden in der Diskussion immer wieder herausgestellt und sollten hier abschlißend erörtert werden:

a) Darf man diese sechs Begründungsfelder so direkt, gleichsam „parataktisch" nebeneinander stellen? Spielt nicht insbesondere der Faktor A (Geistliches Leben, Glaube usw.) eine übergeordnete Rolle; verlangt er nicht ein sozusagen „hypotaktisches" Betrachtungssystem; beispielsweise in dem uns vielfach begegnenden Sinn, daß erst aus dem rechten Glauben auch die rechten Früchte einer wirksamen Seelsorge oder eines echten politischen Engagements kommen?

b) Suggerieren die sechs Begründungsfelder gerade in ihrer grafischen Darstellung nicht doch den Eindruck von Einseitigkeit?
Führt, wenn man ihr folgt, die Orientierung an den einzelnen Begründungsfeldern mit ihren jeweiligen Eigenanforderungen nicht zu einer weiteren funktionalen Differenzierung der kirchlichen Arbeit— und gerät bei einer solchen Entwicklung nicht die Einheit der Kirche aus dem Gesichtsfeld? Treten in der Konsequenz dann nicht sechs verschiedene Teilkirchen oder Ersatzkirchen an die Stelle der jetzigen Einheit? —Wie ist überhaupt die Zuordnung oder Verbindung der sechs Begründungsfelder untereinander zu denken? Und wenn man sie alle sechs als ein integriertes und nicht ohne Schaden auflösbares Aufgabensystem akzeptiert; führt das nicht zu massiven Überforderungen sowohl der kirchlichen Möglichkeiten insgesamt wie insbesondere der Leistungskraft der Pfarrer?

c) Sind diese sechs Begründungsfelder und die mit ihnen zusammenhängenden Aufgabenbereiche als ein starres, unveränderbares System zu verstehen? Zwingt diese Betrachtungsweise das einzelne Kirchenglied nicht in ein Schema, das seine Einstellung gewissermaßen fortschreibt; ändern sich aber in Wahrheit die Einstellungen der Menschen nicht in mehr oder weniger großem Ausmaß fortwährend? Kann beispielsweise ein Mann, der in seiner Jugend stark von Begründungsfeld A (Glaube, geistliches Leben) geprägt wurde, im Verlauf seines Lebens [151] mehr zu Begründungsfeld C (Seelsorge) oder E (Fürsorgerische Diakonie) tendieren?

Und aufs ganze gesehen: Bleibt, wenn man an Systemerhaltung und Stabilität interessiert ist, letzten Endes nicht alles beim alten; also auch bei dem, was verkrustet, verhärtet, vielleicht inhuman geworden ist? Wie sind in eine solche Betrachtungsweise überhaupt Veränderung und Geschichte einzubringen?

Endlich: Ist die Orientierung an der „Systemstabilität" nicht insgesamt theologisch illegitim: fragt sie nicht nach weltlichen Sicherungen, wo Glaube und Vertrauen gefordert sind; symbolisiert sie nicht schlechthin Gesetz und Selbstbehauptung der Kirche statt Evangelium und risikobereitem Dasein für andere?
Es ist deutlich, daß diese drei Fragenkomplexe hier nicht in jener Gründlichkeit erörtert werden können, die ihrem Gewicht in der derzeitigen theologischen und kirchenpolitischen Diskussion eigentlich zukommt; doch sollen unter dem besonderen Gesichtspunkt von Fruchtbarkeit und Grenzen einer funktionalen Analyse für kirchliches Handeln und theologische Reflexion ein paar Anhaltspunkte für die Richtung eigenen Nachdenkens zur Debatte gestellt werden.

4.1 Funktionale Vergleichsfähigkeit und Sonderrolle des ‚Faktors A' (Glaube, Theologie, Geistliches Leben)

Die funktionale Analyse als Mittel kirchlicher Wirklichkeitserhellung
Wer mit theologischen Denkweisen umzugehen gewohnt ist, für den ist es in der Regel offensichtlich schwierig, die in unserem Modell als gewissermaßen gleichrangig verglichenen 6 Begründungsfelder als vergleichbare Größen zu akzeptieren. Zur parataktischen, also in gleicher Ebene nebeneinander gestellten Aufreihung der Bereiche

- **A**: Glaube, Geistliches Leben, Gottesdienst;
- **B**: Sinnsysteme, christliche Grundwerte;
- **C**: Beratende und begleitende Seelsorge in individueller Zuwendung;
- **D**: Rituelle Begleitung, Amtshandlungen;
- **E**: Karitative, speziell fürsorgerische Diakonie;
- **F**: Gesellschaftspolitisches Engagement;

[152] wird gewöhnlich geäußert: Hier handele es sich um ganz verschiedene Kategorien wie etwa bei „Äpfeln, Birnen, Obstgärten und Apfelpflücker". Theologisch und ontologisch handele es sich nun einmal bei Glaube oder geistlichem Leben um ganz etwas anderes als bei Beerdigung oder bei der Einrichtung eines christlichen Kindergartens.
So richtig dieser Einwand ist, wenn man all diese Bereiche ohne einen bestimmten Bezugsrahmen einfach nebeneinander aufzählt, so verstellt er als Pauschalmeinung doch die Einsicht, daß für Frau Alberti in unserem Eingangsgespräch das Stichwort „Glaube" in einer bestimmten Hinsicht die gleiche Funktion zusammenfaßt wie für Herrn Döring das Stichwort „Kirchliche Beerdigung". Die sogenannte „funktionale Analyse" kann Tatbestände vergleichsfähig machen, die in unserem Alltagsbewußtsein nicht miteinander verglichen werden; sie kann Zusammenhänge aufweisen, die

normalerweise nicht sichtbar sind oder nicht beachtet werden — und die trotzdem unsere Wirklichkeit bestimmen[1]. Diese Einsicht im Rahmen unserer Thematik wenigstens exemplarisch angerissen zu haben, war eines der Ziele dieses Aufsatzes. Die funktionale Analyse kann wohl in allen Bereichen der Kirche Zusammenhänge erschließen, über die Kirchenleitungen und Kirchenvorstände oft achtlos hinweggehen — um sich nachher über unerwartete Reaktionen wundern zu müssen.

Die Anwendung der funktionalen Methode bedeutet selbstverständlich nicht, daß damit alle anderen Betrachtungsweisen außer Kraft gesetzt werden. Gewiß kann eine Kirchenleitung ihre Entscheidungen nicht allein von Erkenntnissen abhängig machen, die durch funktionale Analyse gewonnen wurden. Aber da besteht, soweit ich sehe, auch kaum Gefahr — im Gegensatz zu den von links wie von rechts kommenden Unkenrufen, daß in Theologie und Kirche immer mehr soziologische oder psychologische Maßstäbe auf Kosten „eigentlich theologischer" verwendet werden. Noch dürfte es die absolute Ausnahme sein, daß ein kirchenpolitisches Entscheidungsgremium einmal auf der Grundlage einer gründlichen funktionalen Analyse diskutiert und entscheidet. Gerade eine gründliche funktionale Analyse wird andererseits deutlich machen, daß der Faktor A, also der Bereich Glaube— geistliches Leben, zwar als Begründungsfeld für die Verbundenheit mit Kirche mit anderen Begründungsfeldern funktional vergleichbar ist, trotzdem aber in [153] fast allen kirchlichen Zusammenhängen eine besondere Qualität hat. Er spielt also fraglos zu Recht in den meisten Entscheidungsproblemen eine übergeordnete oder vorrangige Rolle (nur sollte er eben nicht den einzigen Gesichtspunkt darstellen und dadurch ein vorliegendes Problem verwässern).

Er spielt auch in der Verbundenheitsthematik eine in bestimmter Hinsicht andere Rolle als die anderen Bereiche. Dies wird exemplarisch daran deutlich, daß Kirchenglieder, die ihre Mitgliedschaft aus einem der anderen Begründungsfelder ableiten, häufig ausdrücklich hinzufügen, daß das (also Seelsorge oder Wertvermittlung) „natürlich im christlichen Sinne" geschehen müsse. Der Faktor A wird sozusagen auch von denen als konstitutiv für kirchliches Handeln gefordert, die ihn für ihr eigenes Verhältnis zur Kirche als zweitrangig oder sogar als bedeutungslos ansehen. In der Untersuchung „Wie stabil ist die Kirche?" kommt diese Tendenz mehrfach zum Ausdruck: nicht zuletzt darin, daß für die „Legitimation", also für den „Begründungsbereich" anteilmäßig häufiger auf die Dimension des Faktors A verwiesen wird als im „Anforderungsbereich", also auf die Frage danach, welche Aktivitäten die Kirche verstärken wolle (vgl. 136-148 sowie 209-228).

1 N. Luhmann, Soziologische Aufklärung 1. Köln/Opladen 1971, 9-53.

4.2 Die Verklammerung auseinanderstrebender Wirklichkeitsbereiche als kirchliche Aufgabe

In unserem zweiten Fragenkomplex geht es darum, ob die Orientierung auf die Bedürfnisse der an so verschiedenartigen Begründungsfeldern interessierten Kirchenmitglieder nicht entweder zu einseitigem Spezialistentum und damit zur Gefahr für die kirchliche Einheit oder umgekehrt zur Überforderung von Pfarrern, Mitarbeitern und kirchlichen Finanzen führt. Denn jedes der Begründungsfelder ist ja in seiner Eigenthematik wiederum verflochten mit ähnlichen Handlungsbereichen außerhalb der Kirche. So führt die Thematik des Begründungsfeldes B tief hinein in die allgemeine Sinnproblematik unserer Zeit, sie verlangt gründliche Kenntnis von und Auseinandersetzungen mit anderen Weltdeutungsversuchen, Wertsystemen und Morallehren; sie verlangt auch große Fähigkeiten im Bereich einer modernen „Sinn-Didaktik", der Erziehung [154] und der Erwachsenenbildung. Das Begründungsfeld C führt weit hinein in die Bereiche der Psychotherapie, des Beratungsgespräches, der Sozialarbeit, der Ehe-, Erziehungs- und Familienberatung. Ähnliches gilt für die anderen Begründungsfelder.

Im Rahmen des vorliegenden Aufsatzes ist es zwar nicht möglich, die hiermit angeschnittene Problematik von Leistungsmöglichkeiten und Leistungsgrenzen der gegenwärtigen Kirche gründlicher zu bearbeiten. Doch muß hier wenigstens ein Aspekt herausgegriffen werden, der eng mit der Verbundenheitsthematik zusammenhängt — und der in den konventionellen Diskussionen meist vernachlässigt wird. Daß uns die Begründungsfelder und die damit herausgeforderten Aufgabenbereiche als auseinanderstrebend, unzusammenhängend, eigengewichtig und eigenständig erscheinen, ist ja historisch gesehen erst eine sehr junge Entwicklung. Bis vor wenigen Jahrzehnten war es jedenfalls ganz selbstverständlich und erschien es auch als ganz unproblematisch, daß all diese Bereiche auf die Kirche bezogen waren und meist vom Pfarrer wahrgenommen wurden. Daß das heute anders ist und die Verschiedenartigkeit der Aufgabenfelder kirchlicherseits als Überforderung, von anderer Seite aber als Privileg oder Anmaßung der Kirche empfunden wird, hat sicher viele Ursachen. Neben der oft angeführten sogenannten (aber schon vom Begriff her problematischen) Säkularisierung dürfte vor allem der zunehmende Differenzierungs- und Spezialisierungsprozeß aller gesellschaftlichen Lebensbereiche die wichtigste Rolle in dieser Entwicklung spielen. Gerade dieser Prozeß löst aber zweifellos auch Angstgefühle und Widerstände verschiedener Art aus. Das wird besonders in der privaten Welt deutlich erkennbar: viele Menschen sträuben sich dagegen, daß die unmittelbare Lebenwirklichkeit etwa der Erziehung, der „seelsorgerlichen" Zuwendung, der rituellen Begleitung an Übergangsstationen durch die Bearbeitung in völlig unzusam-

menhängenden Agenturen auseinanderbricht. Sie suchen offensichtlich nach Institutionen und Personen, die die Einheit der Lebenswirklichkeit in Tendenzen oder wenigstens in Resten repräsentieren.
Offensichtlich sehen viele in der Kirche eine Institution, die dieser Tendenz noch relativ nahe ist. Jedenfalls deuten die Hauptergebnisse der Untersuchung „Wie stabil ist die Kirche?" insofern in diese Richtung, als die große Mehrzahl der Kirchenmitglieder die „alte Kirche" erhalten wissen will und sich gegen Entwicklungen zur „Organisation" im modernen organisationssoziologischen Sinn ausspricht — (also gegen [155] „erworbene" statt „zugeschriebener" Mitgliedschaft; gegen zu starke Funktionsteiligkeiten und Spezialisierungen u.a.). Besonders anschaulich und besonders nachdrücklich kommt die Tendenz, in der Kirche eine Gegenkraft gegen das Auseinanderstreben dieser meist als unmittelbar erfahrenen Wirklichkeitsbereiche zu sehen und in Anspruch zu nehmen, im Zuge der regionalen Strukturreformen zur Geltung. Vor allem in vielen ländlichen Gebieten, wo aus Dörfern und selbst aus Kleinstädten Schule und Lehrer, Hospital und Arzt, Verwaltung und Bürgermeister herausgezogen und zur größeren Effektivität in Mittelpunktorten zusammengefaßt werden, da wird ein teilweise geradezu leidenschaftlicher Kampf darum geführt, wenigstens den Pfarrer zu behalten: im.wahrsten Sinne die Kirche im Dorf zu lassen. Hinter diesen Anstrengungen steht offensichtlich u.a. der Wunsch, wenigstens eine der öffentlichen Bezugspersonen in persönlicher Reichweite zu haben, nachdem die Lehrer der Kinder, der Hausarzt, die Verwaltungspersonen und Berater in die Anonymität entschwunden sind. Je mehr Spezialisten für die mit unseren Begründungsfeldern zusammenhängenden Aufgabenbereiche aus den Dörfern abgezogen werden, desto stärker wird an vielen Orten die traditionelle Zuständigkeit des Pfarrers für diese Bereiche reaktiviert.
Nicht zuletzt damit, in den Ballungsgebieten aber auch mit anderen Gründen des Wunsches nach persönlicher Reichweite, dürfte zusammenhängen, daß dem Pfarrer nach wie vor ein ganz außerordentliches Maß an Kontaktbereitschaft entgegengebracht wird. Gerade die Erhebung „Wie stabil ist die Kirche?" hat diese Bereitschaft, ja geradezu den Wunsch nach Kommunikation mit dem Pfarrer wieder bestätigt. Vor diesem Ergebnis wird zunächst selbst die Frage zurückgestellt werden müssen, die von Pfarrern aus ihrer beruflichen Alltagserfahrung heraus immer wieder gestellt wird: warum denn dieser grundsätzlich angestrebte gute Kontakt zum Pfarrer in der Praxis nicht in Anspruch genommen oder realisiert werde.
Grundsätzlich, so scheint es, möchte man ein persönliches Vertrauensverhältmis zu jenem Mann (oder jener Frau) haben, der (die) an so vielen Stellen qua Amt in den unmittelbaren Erfahrungsbereich der Familie und des eigenen Lebenszyklus hineintritt; der die eigenen Kinder tauft und

konfirmiert, mit dem man sich über Erziehungsprobleme austauscht, der die Kranken der Familie besucht und den verstorbenen Nachbarn beerdigt. Mit diesem quasi amtlichen Hineintreten in all diese Bereiche privater [156] oder familiärer Verdichtungsphasen oder Betroffenheiten verklammert der Pfarrer, in der Regel als einzige außerfamiliäre Bezugsperson, die Lebensgebiete, die man im eigenen Erleben als zusammengehörig und ineinander verschränkt erfahrt, die aber eben im Zuge von Spezialisierung und Rationalisierung auseinandergerissen werden.
Es liegt ersichtlich in der Linie der hier vertretenen Argumentationstendenz (und meiner früheren Beiträge [wie „Beruf: Pfarrer"]), daß ich diese an die Kirche und an die Pfarrer herangetragene Verklammerungsfunktion und die damit verbundenen Tätigkeiten als eine Aufgabe ansehe, der die Kirche sowohl aus theologischen wie aus gesellschaftlichen Gründen nicht leicht wird ausweichen können. Gewiß handelt es sich um Aufgaben, die, äußerlich gesehen, wesentlich durch „nichttheologische Faktoren" neu in unser Blickfeld gerückt sind. Gewiß auch sind die Gefahren der Überforderung von Personen und Finanzen ebensowenig zu ignorieren wie der von anderer Seite gebrachte Vorwurf, bei alledem handele es sich nur um Machtansprüche und Privilegien der Kirche. Wie mit den dadurch signalisierten echten oder vermeintlichen Feldern sowie mit der Begrenztheit des kirchlichen Potentials umzugehen ist, kann hier nicht gründlicher erörtert, wohl aber als dringlich zu bearbeitende Aufgabe herausgestellt werden. Stattdessen soll abschließend noch einmal theologisch darauf aufmerksam gemacht werden, daß es sich bei der Wahrnehmung dieser Verklammerungsfunktion und des mit ihr verbundenen Aufgabenkranzes nicht nur um „gesellschaftliche Diakonie", um einen Dienst der christlichen Liebe handelt; theologisch dürfte es vielmehr gerade darum gehen, in diese zentralen Wirklichkeitserfahrungen der privaten und familiären Existenz etwas von der befreienden Kraft des Evangeliums hineinzutragen und diese für den konkreten Lebensvollzug der Menschen deutlich zu machen

4.3 Systemstabilisierung oder kritisch-risikobereite Verkündigung?

Der funktionalistischen Betrachtungsweise wird häufig vorgeworfen, daß sie letztlich nur an Systemerhaltung interessiert sei; daß sie darum jedem tiefergreifenden Willen zur Systemveränderung im Wege stehe, daß sie bestehende Strukturen festschreibe, ihrer Verkrustung und den ihr innewohnenden Ungerechtigkeiten, kurz also der Reaktion Vorschub leiste. [157] Dieser Vorwurf findet sich genauso wie in der übrigen Gesellschaft seitens der linken Systemveränderer auch innerhalb der Kirche; dort übrigens nicht nur seitens der kirchlichen Linken, sondern in entsprechender Modifikation, auch auf der kirchlichen Rechten: nämlich so, daß mit einer

Politik der Systemstabilisierung das unverfügbare Wirken des Heiligen Geistes eingeschränkt werde.
Nun wird man zuerst feststellen müssen, daß dieser zum Stereotyp gewordene Vorwurf gegen eine funktionalistisch arbeitende Kirchensoziologie in den Diskussionen der kirchlichen Praxis oft genauso pauschal und töricht vorgetragen wird, als ob man jeder systemkritischen oder dialektisch-theologischen Betrachtungsweise von vornherein unterstellen würde, sie sei letztlich an nichts anderem als an Systemzerstörung, an Destruktion, an Anarchie interessiert.
Versucht man, von dieser Ebene pauschaler und ahnungsloser Vorurteile wegzukommen, dann ist zunächst deutlich festzustellen, daß in der funktionalistischen und der systemtheoretischen Soziologie den Fragen nach Systemstabilität und Systemerhaltung sozialer Institutionen ein hoher Grad an wissenschaftlicher Aufmerksamkeit zugewendet wird. Meistens wird dabei herausgefunden, daß soziale Systeme durchweg ein ganz vorrangiges Interesse an der Aufrechterhaltung ihrer Stabilität und Funktionsfähigkeit haben — ob dieses nun den jeweiligen Steuerungskräften bewußt ist oder nicht, ob sie diese Tendenz innerlich bejahen oder ablehnen. Das trifft in dieser Allgemeinheit sicher auch auf die Kirche zu: wer für die Steuerung einer Landeskirche oder für die Steuerung einer parochialen Kirchengemeinde verantwortlich ist, wird ohne jede Frage auch auf die Aufrechterhaltung von Funktionsfähigkeit, von Lebensfähigkeit und nicht zuletzt darauf aus sein müssen, die „Pfunde" der Kirche nicht leichtfertig verschleudern zu lassen oder selbst zu verschleudern. Und sicherlich gehört zu den „Pfunden" in bestimmter Hinsicht auch der finanzielle Aspekt, wenngleich er im Pro und Contra heute oft unsachgemäß ideologisiert wird. — Auf dieser immer noch sehr abstrakten Betrachtungsebene wird man also festhalten, daß die Reflexion der Funktionsfähigkeit eines kirchlichen Systems (beispielsweise um dessen Zieles und seiner Aufgaben willen) nicht von vornherein als „Sünde" oder mangelndes Vertrauen in die Führung des Heiligen Geistes disqualifiziert, sondern wenigstens als notwendige Aufgabe anerkannt werden sollte; als eine Aufgabe freilich, deren Maßstäbe und Entscheidungsprozesse [158] diskutiert werden müssen: theologisch sowohl wie nach den Methoden der modernen Handlungswissenschaften.
Damit sind wir auf einer noch konkreteren Ebene der Problematik, einer Ebene, auf der der Streit tatsächlich stattfinden und ausgetragen werden muß. Die Frage, um die es geht, lautet dann etwa: Was sind die Ziele, um derentwillen das System funktionsfähig, ja stabil bleiben soll? Liegen diese Ziele etwa im schieren Institutionsegoismus, im puren Selbsterhaltungstrieb kirchlicher Amtsstellen und Bediensteter, weil kein echter „religiös-überweltlicher" Auftrag mehr zu begründen ist? Oder liegen diese Ziele in

einem nach wie vor gültigen theologischen Auftrag, wie er beispielsweise in der Rechtfertigungslehre oder in der Bergpredigt am dichtesten zusammengefaßt ist? Oder noch anders: liegen diese Ziele vielleicht in den Erwartungen und Bedürfnissen der Kirchenmitglieder, die ja durch ihre finanziellen Abgaben sozusagen konstitutiv zu Funktionsfähigkeit und Stabilität des Systems beitragen? Diese Fragen neu anzupacken, ist die Kirche gerade in den letzten Jahren herausgefordert worden: die Kirchenaustritte, das „FDP-Kirchenpapier", die Debatte über Kommunismus und Sozialismus unter kirchlichen Mitarbeitern, die Beziehung zu den unterprivilegierten und hungernden Völkern dieser Welt — das alles sind Kristallisationspunkte der Herausforderung und auch des Streites!
Die Ziele, um die es hier geht, stehen in enger, wenn auch nicht einliniger Beziehung zum Hauptproblem dieses Abschnittes, der Funktionsfähigkeit des Systems. Einlinig kann die Abhängigkeit schon deshalb nicht sein, weil die Postulierung von Zielen völlig unabhängig von der Frage nach ihrer Realisierbarkeit kaum das angestrebte Soll erreichen dürfte. Ziele müssen also an den Möglichkeiten überprüft, gegebenenfalls in Teilziele umgesetzt oder sogar modifiziert werden. Umgekehrt müssen die Funktionsfähigkeit des Systems, der organisatorische Apparat und die Leistungen der Mitarbeiter immer wieder daraufhin befragt und überprüft werden, welche Ziele sie dann anstreben, welche sie tatsächlich erreichen — und welche sie vielleicht erreichen, ohne es zu wollen oder gar zu wissen. Zu all dem braucht man einerseits die Fähigkeit, Ziele theologisch zu reflektieren, zu formulieren und zu kritisieren; man braucht aber ebenso die Fähigkeit, Möglichkeiten zu analysieren und zu operationalisieren — eben dazu soll die funktionale Methode helfen. Funktionales Denken ist, richtig verstanden, ein Instrument zur Reflexion sowohl des Soll wie des Ist wie des Zwischenfeldes zwischen beiden. Es wird falsch angewendet, [159] wo es zum Mittel einer Politik der Systemerhaltung um jeden Preis und ohne Zielkritik wird; es wird aber auch dort falsch eingeschätzt, wo man meint, darauf verzichten zu können und so die Ziele des Evangeliums reiner und direkter verwirklichen zu können. Funktionales Denken und innerkirchliche wie gesamtgesellschaftliche Systemkritik sind kein Gegensatz. Vielleicht aber könnte die funktionale Methode hier und da helfen, vom Evangelium abgeleitete „systematische" Ziele besser in kirchliches Handeln umzusetzen; auch damit freilich würde sie dazu beitragen, dem Gesamtsystem Kirche langfristig neue Stabilität zu schaffen.

Reform und Realität*

Die Studentenrevolte von 1968 und Kirchenreform

„Reform in Aktion" — Schlagzeile und Inhalt dieses Pfarrerblatt-Artikels[1] haben, soweit das für eine teilnehmende Beobachtung erfaßbar ist, im Winter 1968/69 in der Pfarrerschaft einiges Aufsehen erregt. Die Diskussionen über den Gegenstand des Artikels, über Gründung und Denkrichtung einer „Aktion Kirchenreform" sind seitdem nicht mehr verstummt. Wer bisher als Pfarrer das Thema „Kirchenreform" als Liebhaberei von Querulanten, Karrieristen oder Literaten betrachtet hatte, fand sich jetzt vor eine (kirchen-)politische Realität gestellt, die sich nicht einfach ignorieren ließ. Diese neue Realität war mit dem Kennzeichen „Aktion Kirchenreform" noch keineswegs abgedeckt. Sie trug gleichsam viele Gesichter, deren jeweiliges spezifisches Profil für den Uneingeweihten nur schwer auszumachen ist. „Aktion Kirchenreform", „Außersynodale Opposition" (ASO), „Celler Konferenz", „Kirchliche Linke", „Kritische Kirche", — das alles ging für viele ineinander über. Man sah zwar, daß sich zwischen diesen Gruppierungen und auch innerhalb der einzelnen Gruppen erhebliche Unterschiede fanden; im Jargon gesprochen: daß Strategie und Taktik keineswegs eindeutig bestimmt waren; daß die objektiven Widersprüche einer in die gesellschaftlichen Widersprüche verstrickten Kirche sich im internen Streit der kirchlichen Linken spiegeln mußten.
Doch es gab offensichtlich auch etwas Gemeinsames: ein Band, das Streitende und Konkurrierende, das selbst Reformisten und Revolutionäre umfaßte. Und eben dieses Gemeinsame kennzeichnete die politische Dimension der gegebenen Lage: der entschlossene Wille, über Postulate und akademisch-publizistischen Streit hinaus Praxis zu gewinnen, Bewußtsein und damit Wirklichkeit zu verändern. Gemeinsame Voraussetzung war ihnen eine heftige Unzufriedenheit mit dem Bestehenden — und wohl auch der Verdacht, daß die leitenden Gremien der Kirche bewußt oder unbewußt darauf [158] aus seien, am Bestehenden möglichst wenig ändern zu lassen. Gemeinsam war ihnen die Absicht, „autoritäre Strukturen" und „unausgewiesene Herrschaft" in der Kirche aufzudecken, abzubauen und durch Demokratisierung zu überwinden. Gemeinsam war ihnen endlich und vor allem: ihre Position zu verbreitern, sie politisch wirksam zu machen: durch Diskussion und Experimente hauptsächlich, notfalls auch durch massive Provokation.

---

* Erstveröffentlicht in: Karl-Wilhelm Dahm: Beruf Pfarrer, München 1971, S. 157-175

1 R. Dross, in: DtPfbl 68/1968, 873.

Eine solche Provokation war für viele Pfarrer der eingangs erwähnte Aufsatz von Reinhard Dross, dem ersten Sprecher der „Aktion Kirchenreform". Man fühlte sich gleichsam getroffen: ,,Die Mehrzahl der Pfarrer verbraucht ihre Arbeitskraft in der Durchführung unwirksamer, sinnloser oder gesellschaftlich bedenklicher Amtshandlungen und -geschäfte ... Die innerkirchlichen Veranstaltungen konservieren überholte Gesellschaftsformen (und) sprechen in der Regel nur noch Menschen an, die sich dem sozialen Wandel und einer Demokratisierung unserer Gesellschaft widersetzen."[2] Doch führte die persönliche Betroffenheit durch solche Sätze bei der Mehrheit der Pfarrer offensichtlich nicht zu einem Evidenzerlebnis zustimmender Art — etwa derart: Dross hat recht; die „Aktion Kirchenreform" artikuliert einigermaßen unsere ureigenen Nöte, wir müssen uns dieser Aktion anschließen, um ein Stück weiter zu kommen. Die Reaktion ging vielmehr fast durchweg in eine entgegengesetzte Richtung — etwa derart: Mit welchen Kriterien wird hier die kirchliche Arbeit beurteilt? Wie ist vor allem die Forderung, „die Kirchen haben sich in ihrem Verhalten und Tun vor der Öffentlichkeit zu verantworten" (Dross) mit der theologischen Grundauffassung zu vereinbaren, daß die Kirche sich vordringlich vor ihrem Auftrag, vor dem Evangelium, vor Gott zu verantworten habe? Werden hier nicht Kirche, Evangelium und Theologie in unerträglicher Weise durch Soziologie und Psychologie relativiert und entsubstantiiert? So und ähnlich konnte und kann man es immer wieder hören, wenn auf Pfarrkonventen von diesem Artikel oder allgemein von der „Kirchlichen Linken" die Rede war und ist. Die Pfarrer, die unmittelbaren und ersten Adressaten aller reformerischen Impulse und wichtigsten potentiellen Mitarbeiter jeder Reform, stehen bisher in ihrer großen Mehrheit abseits; sie stehen zum großen Teil der neuen Bewegung bewußt ablehnend gegenüber. Die meisten vermögen in dem, was [159] sie von der Linken hören und lesen, bisher ihre eigene Identität nicht zu entdecken. Viele fühlen sich eher verunsichert und bedroht und neigen dazu, den Status confessionis auszurufen; sie sehen sich am Beginn eines neuen Kirchenkampfes.

Die gegenwärtige Diskussion über Kirche und Kirchenreform ist also von Konflikten, sogar von anscheinend unüberbrückbaren Gegensätzen gekennzeichnet. Zwischen einigen der beteiligten Gruppen und Personen gibt es kaum noch die Möglichkeit einer Verständigung. Die Verstehensschwierigkeiten reichen über die verwendete Begrifflichkeit bis in die Vokabeln der Umgangssprache[3]. Wir versuchen im folgenden, von einigen

---

2 R. Dross, a.a.O.

3 Gelegentlich wird man sogar ernsthaft aufgefordert, doch eine Art provisorisches Lexikon zu erarbeiten, in dem für die neuen, vor allem aus der soziologischen Fachsprache und den neomarxistisdien Deutungssystemen kommenden Wörter eine Art Äquivalent aus den konventionellen theologischen Denksystemen angegeben werden solle. Eine

der Kristallisationen der Auseinandersetzungen der letzten Jahre auszugehen und diese so zu problematisieren, daß die Analyse für beide Richtungen noch verstehbar bleibt. Wahrscheinlich wird man von beiden Seiten bemängeln, daß das je eigene Proprium nicht genügend berücksichtigt ist: sei es die Unableitbarkeit des Evangeliums, sei es der Kampf gegen die pseudotherapeutische und emanzipationsfeindliche Funktion der Kirche in unserer Gesellschaft. Um diese sozusagen tieferen „Glaubensüberzeugungen" soll es uns jedoch gerade nicht gehen. Wir versuchen, eine Ebene von Allgemeinheit zu erreichen, die trotz der weiterbestehenden „Glaubensunterschiede" für alle Beteiligten zumindest von einer dringlichen pragmatischen Relevanz und jedenfalls diskutabel ist.
Ehe wir uns den sachlichen Kristallisationen unserer Problematik zuwenden, sollen die kirchenpolitisch-organisatorischen Zusammenschlüsse des letzten Jahres wenigstens in groben Strichen gekennzeichnet werden.

I. Die Formierung des Änderungswillens

1. Aktion Kirchenreform nennt sich ein Zusammenschluß von 25 bis 35 unterschiedlichen Reformgruppen aus allen Teilen der Bundesrepublik. Der Zusammenschluß wurde anläßlich der Loccumer [160] Tagung „Stabilisierung oder Mobilisierung der Kirche" (28.-30. September 1968) angeregt und vorbereitet. Am 26./27. Oktober 1968 wurde die „Aktion Kirchenreform" in Köln formell gegründet. Am 2./3. März 1969 fand in Frankfurt die erste Delegiertenkonferenz statt, an der über 60 Delegierte aus 25 Reformgruppen teilnahmen[4].
Die in der Aktion zusammenarbeitenden Gruppen unterscheiden sich sowohl nach den Zielen und der Praxis ihrer Arbeit wie auch nach der Zahl der mitarbeitenden Personen. Die wahrscheinlich größten Gruppen bilden der Arbeitskreis „Evangelische Erneuerung" in Bayern und der Kreis um die Zeitschrift „Ceterum" in Niedersachsen mit je 400-600 Mitarbeitern bzw. Anhängern. Auf der anderen Seite gibt es Gruppen, die kaum fünf Personen umfassen. Nach einer ersten, auf eine Umfrage gestützten Be-

---

solche Vergleichbarkeit ganz verschiedener Deutungs- und Bezugsrahmen gibt es aber wohl nicht.

4 Diese Delegiertenkonferenz ist oberstes Organ der „Aktion Kirchenreform". Wenn sie nicht tagt, wird sie vertreten durch einen ständigen Ausschuß von zwölf Personen, der aus seiner Mitte eine Sprechergruppe wählt. Gegenwärtig gehören dieser Sprechergruppe an: Der Braunschweiger Religionspädagoge Professor Dr. Reinhard Dross, die Kölner Pfarrer Martin Pirol und Klaus Schmidt, der Heidelberger Theologiestudent Wolf-Dietrich Bukow sowie als Geschaftsführer Pfarrer Rene Leudesdorff, Diakonisches Werk, Frankfurt, Neue Schlesingergasse 24 (für Anfragen zuständig). Die „Aktion Kirchenreform" gibt einen Informationsdienst „akid" heraus, dessen erste Ausgabe (37 Seiten) im April 1969 erschien und der seit Juli 1970 im Göttinger Verlag Vandenhoeck & Ruprecht zweimonatlich erscheint.

standsaufnahme der „Aktion Kirchenreform" sind 15 von 20 erfaßten Gruppen erst in oder seit dem Winter 1967/68 entstanden. Häufig geschah das im Zusammenhang mit oppositioneller Arbeit innerhalb oder außerhalb von Synoden; fast in allen Landeskirchen scheint sich im Laufe der letzten beiden Jahre eine Art ASO (außersynodale Opposition) gebildet zu haben. Neben diesen jungen Gruppenbildungen gehören zu „Aktion Kirchenreform" auch ältere und bereits etablierte Reformergruppen, wie etwa die auf mehreren Kirchentagen hervorgetretene „Göttinger Arbeitsgemeinschaft für Kirchenreform" oder der „Bund für freies Christentum", der eine Mitgliederzahl von 2000 angibt[5].
Nach der erwähnten Umfrage sind die Schwerpunkte des Handelns [161] oder der Absicht der erfaßten Gruppen durch folgende vier Stichworte gekennzeichnet: a) Demokratisierung, b) gesellschaftliche Diakonie („Dritte Welt"), c) Organisation des Pfarramts (Team; Ausbildung usw.) und d) Gottesdienst. Eben diese Stichworte bilden auch die ersten vier Positionen eines Prioritätenkatalogs von Reformvorstellungen, der aus einer anderen, im Sommer 1968 von 60 reformerisch eingestellten Pfarrern beantworteten Umfrage gewonnen wurde[6]. Das am meisten genannte, am meisten befehdete und am meisten mißverständliche Stichwort „Demokratisierung" ist etwa in folgende Teilaspekte zu gliedern: 1. durchgehende Gewaltenteilung in der Kirche; 2. Demokratisierung der Wahlen (Herabsetzung des Wahlalters, keine Eintragungspflicht, Einschränkung des Anteils „geborener" und berufener Synodaler, Befristung der Wahlämter); 3. Förderung von Gruppen- und Fraktionsbildung in Synoden; 4. Öffentlichkeit des kirchlichen Handelns[7].
Doch müssen sich die in der „Aktion Kirchenreform" arbeitenden Gruppen keineswegs in allen Einzelheiten mit der Demokratisierungs-Resolution ihrer Delegiertenkonferenz identifizieren. Die Bestimmung von Schwerpunkten und Methoden der eigenen reformerischen Arbeit liegt vielmehr bei den Gruppen selbst; auch in Hinsicht auf Theoriebildung und kirchenpolitische Stellungnahmen sind die Gruppen autonom. Die „Aktion Kirchenreform" ihrerseits hat („vorläufig") auf ein theoretisches Grundsatzprogramm verzichtet. Es geht ihr zunächst primär darum, die reformerisch interessierten oder tätigen Gruppen und Einzelpersonen in Kontakt zu brin-

5 Die Zahlenangaben stützen sich auf die von der Geschaftsführung der „Aktion Kirchenreform" im Frühjahr 1969 durchgeführte Umfrage, deren Ergebnisse nur als Manuskript vervielfältigt wurden.

6 Diese Umfrage wurde von der Göttinger Arbeitsgemeinschaft für Kirchenreform angeregt, im Sommer 1968 durchgeführt und von mir ausgewertet. Die Ergebnisse dieser Umfrage wurden auf der erwähnten Loccumer Tagung vom 28.-30.9. vorgetragen. Auch sie sind nur als Manuskript vervielfältigt.

7 akid (Aktion Kirchenreform-Informationsdienst), Nr. 1, IV/69; S. 6.

gen, gegenseitige Kritik und Hilfe anzuregen und zu fördern, Kooperation zu organisieren, das Interesse der Öffentlichkeit an Kirchenreform zu wecken, auf die leitenden Gremien der Kirche Einfluß zu nehmen und in alledem die Basis von Kirchenreform zu verbreitern.
Ob dies gelingt, ob die „Aktion Kirchenreform" überhaupt über einen formalen und lockeren Zusammenschluß hinaus wenigstens die mittelfristigen Zielvorstellungen ihrer einzelnen Gruppen auszugleichen oder gar zu integrieren vermag, ist freilich noch keineswegs [162] ausgemacht. Vor allem die latent vorhandenen theologischen, insbesondere ekklesiologischen Gegensätze enthalten kräftige Spaltungstendenzen. Aber auch gesellschaftspolitisch ist man sich nicht einig über Gestalt und Rolle der Kirche in einer sich wandelnden Welt. Einigkeit besteht im Augenblick vor allem darin, über uferlose Theoriedebatten hinauszugelangen: „Die Zeit der Diskussionen über Kirchenreform ist, wie es scheint, vorbei. Das Gebot der Stunde ist ihr Vollzug."[8] Wie weit dieses Postulat verwirklicht werden kann, dürfte nicht zuletzt von den nächsten Schritten abhängen : wohin sie gerichtet sind und, vor allem, wie sie vollzogen werden.
2. Celler Konferenz. Anders als die „Aktion Kirchenreform" war die Celler Konferenz durch die Einheitlichkeit der langfristigen Zielvorstellungen ihrer Anhänger charakterisiert. Die Zielvorstellungen treffen sich ohne Zweifel in dem Stichwort „sozialistische Gesellschaft". Diesem Ziel sollten, so hieß es, Arbeit, Energie und notfalls auch der Kampf der Teilnehmer an den Celler Konferenzen gelten. Von diesem Ziel her bemaß sich die Beurteilung und die Kritik an der Kirche.
Im Urteil über die soziale Funktion der Kirche aber wurde man sich keineswegs einig — weder die die „Celler Konferenz" konstituierenden Basisgruppen noch die Mitglieder dieser Gruppen. Um nur die größten Gegensätze anzudeuten: Die einen sahen in der Kirche nichts anderes als einen emanzipationsfeindlichen Aberglauben und autoritäres Denken reproduzierenden Vertröstungsapparat; sie forderten den radikalen Kampf gegen diese, die Entwicklung zum Sozialismus nur störende und hindernde Institution. Andere gingen ebenso davon aus, daß die Kirche faktisch eine „repressive" und also (sozial gesehen) keineswegs eine irrelevante, erst recht keine progressive Funktion wahrnehme; sie meinten aber, daß der formale Funktionsrahmen etwa des Pfarramts die Möglichkeit gibt, auch „progressiv" im Sinne der Veränderung von Bewußtsein und im Sinne von emanzipationsfördernder Aufklärung wirksam zu werden. Freilich sahen sie für diese ihre Absicht kaum einen Anknüpfungspunkt in dem, was sie in ihrer theologischen Ausbildung gearbeitet und gelernt haben; sie zeigten darum eine ausgesprochene Aversion gegen die konventionelle Theologie und

8 R. Dross, DtPfbl, a.a.O.

wendeten sich statt dessen der marxistischen Gesellschaftsanalyse, besonders der „kritischen Theorie" zu, um dort den Bezugsrahmen für ein gesellschaftlisches und damit kirchliches Handeln zu gewinnen; das Handwerkszeug für ein praktisches kirchliches Handeln (und also den Umgang mit Menschen) wollten sie sich in der kritischen Auseinandersetzung mit den empirischen Humanwissenschaften (bes. der Sozialpsychologie) erarbeiten. Eine dritte Gruppe innerhalb der „Celler Konferenz" meinte, am theologischen Bezugsrahmen der eigenen sozialrevolutionären [163] Gesinnung festhalten zu können. Man versuchte hier, die entsprechenden biblischen Traditionen (von Amos bis Jesus) aufzunehmen, sie deutlicher als bisher zur Geltung zu bringen, sich dabei jedoch nicht in „hermeneutischen Verrenkungen" zu erschöpfen, sondern die entsprechenden Texte so in unsere gegenwärtigen gesellschaftlichen Verhältnisse auszulegen, daß die „Verkündigung" zur Ausweitung revolutionärer Bewußtheit beiträgt.
Die „Celler Konferenz" setzte sich hauptsächlich aus evangelischen und dazu einigen katholischen Theologiestudenten zusammen. Sie tagte zum ersten Mal vom 29. September bis 3. Oktober 1968 in Celle, trägt seitdem ihren Namen, ist aber erst ein halbes Jahr später ins Blickfeld der kirchlichen Öffentlichkeit getreten. Anlaß dafür war die Veröffentlichung eines in Celle diskutierten und größtenteils akzeptierten Papers über die Funktion von Kirche und theologischer Ausbildung[9]. Dessen Publizierung fiel zeitlich zusammen mit einem provozierenden (und verzerrenden) Bericht des „Spiegel" über die zweite Tagung der „Celler Konferenz", die vom 18.-20. März 1969 in Bochum stattfand[10]. An der zweiten Tagung hatten über 200 Theologiestudenten, Vikare und Pfarrer teilgenommen. Diese Zahl und die Berichte über ‚Celle II` haben der Unruhe in der Pfarrerschaft im Frühjahr 1969 noch einmal neue Nahrung gegeben. Eine dritte und letzte Tagung der „Celler Konferenz" fand im September 1969 auf Burg Rothenfels am Main mit ca. 150 Teilnehmern statt. Die Konferenz löste sich dort aus verschiedenen Gründen auf; eine Reihe von Teilnehmern beschloß, auf regionaler bzw. landeskirchlicher Ebene weiterzuarbeiten. Eine solche Weiterarbeit scheint jedoch, zumindest organisatorisch, kaum realisiert worden zu sein. Sie scheint auch nur möglich, wo die Celler Negationen sich zu kritischer Konstruktivität verändern. Das Verhältnis zwischen diesen beiden überregionalen Zusammenschlüssen der kirchlichen Linken, der „Aktion Kirchenreform" und der „Celler Konferenz", war komplex und wurde nie klar definiert. Offensichtlich gab es einzelne Gruppen und Personen, die in

9 In: Evangelische Kommentare 2/1969, 230-233; vgl. ferner: M. Henkel, Partisanenstrategie, in: Radius, Nr. 1/1969.

10 Der Spiegel, Nr. 14/1969, 65. Dazu Bericht und Richtigstellung, in: akid, Nr. 1/1969, 25-29.

beiden Gremien mitarbeiteten. Ebenso gab es aber auch eine Tendenz, sich gegeneinander zu polarisieren: Die „Celler" wollten nichts mit jenem [164] Reformismus zu tun haben, den sie in technokratischen Strukturverbesserungen ebenso am Werke sahen wie in der Praxis ekklesiologischer Normenverschärfung (etwa in der „kirchen-zerstörerischen" Verweigerung der Kindertaufe[11]). Sie sahen im Reformismus nur den unfruchtbaren Versuch, an Symptomen zu kurieren und allenfalls den systemimmanenten Funktionsablauf zu effektuieren. Umgekehrt wurde den „Cellern" (gerade auch aus den Reihen der „Aktion Kirchenreform") vorgeworfen, daß sie einem platten, in bezug auf ihre sozialistische Gesellschaftsutopie noch dazu schwärmerischen Rationalismus verfallen seien; daß sie die gegenwärtig möglichen und durchaus mit ihrem eigenen Fernziel in Kongruenz zu bringenden ersten Veränderungsschritte verhindern, indem sie durch die Maßlosigkeit ihrer Forderungen sowie durch eine schockierende Ausdrucksweise auch die Gutwilligen verschrecken und in einer kirchlichen Öffentlichkeit alles, was unter dem Stichwort „Reform" subsumiert wird, diskreditieren. Diese Argumente gehen freilich über die internen Auseinandersetzungen der kirchlichen Linken hinaus; sie werden in der einen oder anderen Variation auch aus ganz anderen Richtungen vorgetragen. Wir versuchen darum, sie in den Kontext der nun mehr systematisch zu entfaltenden Kristallisationen des Verhältnisses von Reform und Realität mit aufzunehmen.

II. Das Perlenspiel der Konzeptionen

Fragt man nach den Motivationen für die Formierung des Veränderungswillens in den letzten Jahren, so wird man im Blick auf den Zeitpunkt die Synchronisierung mit anderen gesellschaftlichen Entwicklungen, besonders mit der Formierung der APO (= außerparlamentarische Opposition) und den Polarisierungs-Aktionen gegen das „establishment" an den Universitäten, in den Schulen, in der katholischen Kirche usw. berücksichtigen müssen. Hier wie dort spricht man von der Notwendigkeit einer radikalen, wenn nicht revolutionären Umgestaltung der gesellschafflichen Institutionen. Hier wie dort hält man die gegenwärtige Organisationsstruktur und die Funktionsabläufe der Institutionen für veraltet, verhärtet und unfähig, mit den Aufgaben der Zukunft fertig zu [165] werden; theologisch: für „häretisch"[12] Hier wie dort richtet sich die Kritik sowohl gegen die Organisationstheorie der betreffenden Institution als auch gegen die (mit der Organisationstheorie ihrerseits gewöhnlich nicht übereinstimmenden) tatsachlichen Vollzüge des praktischen Handelns in dieser Institution. Die Kritik

11 Vgl. akid, a.a.O. 27.

12 N. Greinacher, Die Kirche in der städtischen Gesellschaft, Mainz 1966, 266 ff.

kann sich also gleichzeitig oder partiell auf drei verschiedenen Ebenen entzünden oder vollziehen: als Kritik an den Konzeptionen, als Kritik an praktischem Handeln (besonders an den bürokratischen Machthabern, aber auch am Apparat der kleinen Funktionäre) und als Kritik an der Diskrepanz zwischen Theorie und Praxis. In der Kirchenkritik und den kirchenreformerischen Aktivitäten finden sich diese drei Ebenen genau so wie in der Universitäts- oder in der Gesellschaftskritik.

Was die seit Jahren diskutierten theologischen Konzeptionen von Funktion und Gestalt der Kirche betrifft, so schlug Claus-Dieter Schulze folgende Typologie von Reformbestrebungen vor[13].

Als Schlüssel seiner Analyse verwendet er den theologischen Topos der Säkularisation und gelangt damit zur Unterscheidung von „Traditionalisten", „Avantgardisten" (z.B. Jan C. Hoekendijk), „Progressiven" (z.B. Jürgen Moltmann), und „Neoliberalen" (z.B. Göttinger Arbeitsgemeinschaft für Kirchenreform). Dabei erfahren diese verschiedenen „Typen" eine sorgfältige, gleichsam ideologiekritische Problematisierung ihrer theologischen Implikationen. Der Ansatz überzeugt auch insofern, als in jeder modernen Ekklesiologie ganz bestimmte Interpretamente von „Säkularisation" mitgesetzt oder vorausgesetzt sind, wobei man vielleicht den allgemeineren Topos der Säkularisation zum Zweck der von Schulze intendierten Analyse auf das Verhältnis von „Kirche und Welt" oder, noch präziser, auf die profane (beispielsweise gesellschaftliche) Dimension von Kirche hätte reduzieren sollen. Doch liegt die Hauptschwierigkeit der Analyse von Schulze unseres Erachtens in der Mißverständlichkeit seiner Kategorien. Es fragt sich, ob in den formalen und außerdem hetero-kategorialen Typenbezeichnungen „Traditionalisten", „Progressive" und „Neoliberale" eine erhellende Evidenz der gegenwärtigen Reformdiskussion liegt. Diese Bezeichnungen implizieren ja jeweils einen Bewertungsrahmen, der in dem Aufsatz nicht ausdrücklich reflektiert ist und der im übrigen mit der abschließenden Stellungnahme des Verfassers zu kollidieren scheint: Vom gesellschaftskritischen Standpunkt der „Jungen Linken" läßt sich beispielsweise die Konzeption Hoekendijks durchaus auch als das Gegenteil von „avantgardistisch" interpretieren, nämlich als illusionär, weil die spezifischen sozialen Funktionen der „Kirche der Zukunft"[14] nicht „kritisch-rational" definiert sind. Ebenso assoziieren „neoliberal" und „progressiv" kaum eine kategoriale Entsprechung: Warum sollte beispielsweise die Göttinger Arbeitsgemeinschaft nicht unter dem Aspekt von Realisierungschancen ihre eigene Konzeption fur „progressiver" halten als etwa die Konzeption von Jürgen Moltmann?

---

13 C.-D. Schulze, Reformation oder Performation der Kirche?, in: Pth 58/1969,106-122.

14 J. C. Hoekendijk, Die Zukunft der Kirche und die Kirche der Zukunft, Stuttgart 1964.

Sucht man nach einem anderen Schema begrifflicher Unterscheidung für die gegenwärtig diskutierten Konzeptionen von Kirche, so ließ sich unter dem Gesichtspunkt der kirchenpolitischen Tendenz von pragmatischen Vorschlägen, Postulaten und Versuchen folgender Katalog denken, der das Material und in gewisser Weise auch die Typologie Schulzes aufzunehmen versucht:

a) Kirche als Tendenz auf eine Art Heilanstalt, die für die geistlich-seelische Dimension des Menschen (sein Sündersein usw.) zuständig ist, in betonter Distanz zu ‚weltlichen' Institutionen steht, sich insbesondere nicht in ein einseitiges gesellschaftliches Engagement drängen lassen, sondern für Menschen aller politischen oder geistigen Richtungen offen sein will. Diese Richtung sieht gegenwärtig ihre theologische Aufgabe vor allem darin, gegen eine eindimensionale Fortschrittsgläubigkeit marxistischer oder technologischer Prägung die anthropologischen Tiefendimensionen des Scheiterns, des Leidens und Sterbens usw. zur Geltung zu bringen[15].

b) Kirche als Tendenz zu einer reineren als der gegenwärtigen volkskirchlichen Verwirklichung und Darstellung dessen, was nach Schrift und Bekenntnis „Leib Christi" sein könnte. Forderung einer bekennenden Gemeinde derer, die „mit Ernst Christen sein wollen" und die in der Welt Beispiele wahrhaft christlichen Lebens setzen. Darum die Tendenz zur Normenverschärfung gegenüber den unverbindlichen volkskirchlichen Konventionen wie Säuglingstaufe, Kasualpraxis, Kirchensteuer. Es ist eine Tendenz der Polarisierung zur Welt in zwei einander befehdenden Varianten: einerseits in der der Bekenntnisbewegung, andererseits in der des prophetischen Wächteramts derer, die unter dem Ungehorsam und der Verständnislosigkeit der Welt leiden und auch zerbrechen können[16].

c) Kirche als Tendenz der entschlossenen Hinwendung zu weltlichen Aufgaben [167] („Konversion zur Welt") und damit der Abwendung vom Primat der ekklesiologischen Binnenprobleme. Zweitrangigkeit der Fragen nach institutioneller Sicherung, Verankerung und Reproduktion. Bereitschaft zum Verzicht auf organisiertes Kirchenwesen; statt dessen Dienstgruppen von Christen, die als „Soldaten des Schalom", als „Guerillakrieger" oder „Rebellen"[17] auf allen Lebensgebieten für Versöhnung, Gerechtigkeit und Humanität

15 Diese Tendenz findet sich bei Schulze vorwiegend unter dem Typ „Traditionalisten"

16 Diese Tendenz findet sich bei Schulze nicht in typischer Gestalt; die meisten Berührungspunkte bestehen zu seinem Typ der „Progressiven".

17 Etwa H. Cox, Der Christ als Rebell, Kassel 1967; ders., Stadt ohne Gott, Stuttgart 1966.

kämpfen — und so zur Avantgarde des göttlichen Willens für die Welt werden[18].

d) Tendenz zur kritischen Annahme des geschichtlich gewordenen volkskirchlichen Rahmens mit seiner komplexen Pluralität von theologischen Positionen und gesellschaftlichen Funktionen: betonte Weiterentwicklung der auf Mündigkeit, „Menschenfreundlichkeit" (Humanität) und Gesellschaftskritik bezogenen biblischen und kirchlichen Traditionen, jedoch keine Disqualifikation sogenannter „religiöser Dienstleistungen". Freigabe von und Ermutigung zu Experimenten auf allen Gebieten des kirchlichen Lebens, auch für die Intentionen der Avantgardisten oder der „Celler Konferenz", soweit die Aktionen nicht auf negativistische Destruktion gerichtet sind[19/20].

Wenn dieser Katalog[21] von vier prinzipiell unterschiedenen (wenn auch faktisch meist in Mischform vorgetragenen) Konzeptionen die gegenwärtige Diskussion einigermaßen zutreffend beschreibt, dann gilt das Interesse sowohl des Analytikers wie des (Kirchen-)Politikers der Frage, welche Resonanz, welcher Zustimmungsgrad den einzelnen Konzeptionen zuteil wird.
Um wenigstens eine erste Teilanwort auf diese Frage zu gewinnen, wurde sie in die von der Göttinger Arbeitsgemeinschaft angeregte „Loccum-Umfrage" bei 60 überregional bekannt gewordenen reformerisch [168] denkenden oder experimentierenden Pfarrern aufgenommen[22].
Da es in der Umfrage um Reformvorstellungen ging, wurden nur die drei als reformerisch geltenden Konzeptionen von Kirche (also die Tendenzen b, c, und d) zur Auswahl gestellt. Das Ergebnis lautete:

18 Dies wäre Schulzes Typ der „Avantgardisten".

19 Etwa W.-D. Marsch, Was macht Kirche heute notwendig?, in: Die Herausforderung der Kirche, Stuttgart 1967; ders., Institution im Übergang, 1970.

20 Diese Position entspricht weithin dem, was Schulze mißverständlich als „neoliberal" bezeichnet, aber, wie auch die anderen Konzeptionen, in den jeweils positiven Absichten nur unzulänglich kennzeichnet.

21 Zu dem Konzeptionskatalog im ganzen vgl. bes.: D. Stoodt, Staat und Kirche in der Bundesrepublik (Schriften der Evang. Akademie in Hessen und Nassau, Heft 77), Frankfurt 1968.

22 S. oben Anm. 4.

Tendenz der eigenen Vorstellung über Kirche	
b: bekennende Gemeinde	5 = 8 %
c: Dienstgruppe	7 = 12 %
d: kritische Volkskirche	40 = 60 %
keine Antwort oder Ablehnung der Frage	8 = 13%
befragte Pfarrer insgesamt	60 = 100 %

Obgleich jene Umfrage unter den gegebenen Bedingungen in mancher Hinsicht unzureichend blieb, zeigt dieses Ergebnis doch eine klare Tendenz: Auch unabhängig von der anschließend zu erörternden Frage, ob die Konzeptionen b) und c) angesichts der gegenwärtigen Erwartungsmuster der großen Mehrheit von Kirchenmitgliedern eine Realisierungschance hätten, ist ihre Überzeugungskraft offenbar auch für reformfreudige Pfarrer keineswegs durchschlagend. Damit ist ein in der Pfarrerschaft anscheinend ziemlich verbreiteter Eindruck korrigiert, nach dem kirchenreformerische Aktivität in den meisten Fällen zur Abschaffung der Volkskirche tendiere. Freilich hat ein solcher Eindruck seine Gründe. Sie dürften vor allem darin liegen, daß die am häufigsten und vielleicht auch am lautstärksten diskutierten Publikationen zum Thema Kirche entweder eine Alternativkonzeption zur Volkskirche anboten oder doch zumindest die gegenwärtige Kritik an der Volkskirche scharf und meist polemisch artikulierten[23]. Dennoch läßt sich, das zeigt das Befragungsergebnis, nicht allzu direkt vom Tenor dieser Publikationen die mittelfristige Zielvorstellung der sogenannten Reformpfarrer ableiten. Mag man auch den Alternativkonzeptionen mit Herz und Hoffnung zugestimmt haben, so sieht man offenbar sehr bald, daß diese Konzeptionen mit den [169] gegenwärtigen kirchlichen Realitäten kaum oder jedenfalls nicht abrupt zu vermitteln sind. Wem das nicht schon in nüchterner Beobachtung bewußt geworden war, der mußte es (wie im nächsten Abschnitt zu zeigen ist) im eigenen Experiment oft schmerzhaft erfahren.

So bleibt die Frage, welche Rolle und Bedeutung denn der weitläufigen Produktion und Diskussion von Konzeptionen und Reformforderungen zukommt, wenn diese zum überwiegenden Teil nicht unmittelbar auf die Praxis anwendbar sind. Zweifellos muß unter dieser Frage auch die oft beklagte Frustration am pfarramtlichen Alltag reflektiert werden, und zwar insofern, als die Diskrepanz zwischen Sollen und Sein durch die immer neu suggerierten Konzeptionen dessen, was Kirche eigentlich sei und darum auch sein müsse, zu einer oft unerträglichen seelischen Belastung gestei-

23 Vor allem H. Cox, J. C. Hoekendijk, aber auch J. Margull (Hrsg.), Mission als Strukturprinzip, Genf 1965; ferner P. L. Berger, Kirche ohne Auftrag, Stuttgart 1962; — und aus ganz anderer Richtung: H. H. Brunner, Kirche ohne Illusionen, Zürich 1968.

gert wird. Doch läßt sich unsere Frage nicht eindimensional beantworten. Es ist eine Dialektik in der unerschöpflichen Diskussion über Zwecke und Mittel von Kirchenreform: Die Diskussion motiviert den Veränderungswillen, aber sie frustriert ihn auch; sie erregt und schärft kritische Bewußtheit gegenüber dem Kirchenproblem, aber sie lenkt auch wieder davon ab, indem sie es gleichsam ästhetisiert, das heißt, indem sie es auf eine risikolose Ebene theologischer Gedankenspiele verlagert.

III. Die Praxis-Frustrationen der Reformer und der Revolutionäre

„Wir sind gescheitert", — so heißt der Bericht über einen Reformversuch in England[24]. Etwas von diesem Gefühl schwingt in vielen Berichten über praktische Experimente mit; vor allem dann, wenn man mit den am Experiment Beteiligten persönlich spricht. Der Unterton von Enttäuschung und Resignation betrifft natürlich nicht alles, was an neuen Versuchen durchgeführt wurde. Die sozialdiakonischen Tätigkeiten beispielsweise, von der Mörfeldener Flughafenaktion[25] über die verschiedenen Formen von „community organization" (Einrichtung von Altenclubs, Babysitting, Kinderhorten und Kindergärten, andere Nachbarschaftshilfe in Neubausiedlungen) [170] bis hin zu den geselligen Formen der Jugend- und Frauenarbeit, zur Organisation von Freizeiten und Familienerholung, — sie alle finden durchweg eine gute Resonanz. Ebenso scheint die Einrichtung von Hauskreisen und anderen Kleingruppen zur Informations- und Bildungsarbeit ein zwar wechselndes, in den meisten Fällen aber verheißungsvolles Interesse zu finden. Ähnliches gilt für die neuen Versuche auf seelsorgerlichem Gebiet: etwa für die Telefonseelsorge, aber auch für Ansätze von gruppendynamisch-therapeutischer Arbeit.

Demgegenüber beziehen sich die negativen Erfahrungen gerade auf das, was viele als das theologische Proprium ihrer neuen Versuche empfinden. Sie betreffen einerseits den Bereich des gottesdienstlichen Lebens und andererseits diejenigen Intentionen, die mit den Stichworten: missionarische Struktur, Gemeindeaufbau, Gemeindebewußtsein bezeichnet werden. Hier vor allem liegen (wie z.B. die „Loccumer Umfrage"[26], aber auch der Verlauf der gelegentlich und unfreundlich als „Renommier-Experimente" bezeichneten Gemeindeversuche in Baunatal[27] und in Leon-

---

24 N. Stacey, Woolwich, in G. Schnath (Hrsg.), Fantasie für die Welt, Stuttgart 1967; dort auch eine Reihe weiterer Situationsberichte.

25 Vgl. K. Oeser, Mörfelden, in: G. Schnath, a.a.O.

26 Vgl. Anm. 4.

27 Vgl. G. Weber, Baunatal, in: G. Schnath, a.a.O.

berg-Ramtel[28] zeigt) die Enttäuschungen, vielleicht aber auch die Fehlein schätzungen. Gewiß sind von der Arbeit in Leonberg-Ramtel, die sich schon wegen ihrer gründlichen Dokumentation als Erörterungsmodell eignet, wichtige Impulse und Hilfen sowohl für das gesellschaftliche Zusammenleben wie sicherlich auch für die Überwindung individueller Schwierigkeiten ausgegangen. Doch zeichnet sich in dem, was Paul-Gerhard Seiz die „Gemeinde in Dienstgruppen" nennt, noch keineswegs jene Formierung and Dauerhaftigkeit ab, die man als Kristallisation eines neuen Organisationsmodells von Kirche deuten könnte. Hier wie anderwärts (etwa in der Hannoverschen Haushalterschaftsbewegung[29]) sind die zeitweilig lebhaften Aktivitäten großenteils wieder zurückgegangen oder ganz erloschen. Ähnliches gilt für die Gottesdienstreform. Obwohl gerade für diesen Zentralbereich des kirchlichen Lebens große Energien und eine schier unerschöpfliche „Fantasie für Gott"[30] investiert wurde, ist, [171] von erstaunlichen, aber zeitlich begrenzten Einzelerfolgen abgesehen, der allgemein rückläufige Trend im Gottesdienstbesuch davon offenbar unberührt geblieben; jedenfalls läßt sich bisher kaum erkennen, daß die „Gottesdienste in neuer Gestalt" einen neuen, einigermaßen regelmäßig teilnehmenden Besucherkreis aus bisher unkirchlichen Gemeindegliedern erschlossen hätten.

Dem Katalog von Reformer-Frustration muß noch ein letzter (in unserer „Loccum-Umfrage" immer wieder angeführter) Konfliktbereich hinzugefügt werden: der Konflikt mit Kirchenvorstehern und Kollegen. Während bei sogenannten weltlichen Stellen, bei der Presse und bei lokalen Behörden gewöhnlich Verständnis und Unterstützung leicht zu finden war, während auch bei kirchlichen Behörden (Dekan, Propst, Kirchenleitung) finanzielle Hilfe und abwartendes Wohlwollen zu gewinnen war[31], war die Mentalität in Kirchenvorständen und Pfarrkonventen anscheinend häufig von der Adenauer-Regel „keine Experimente" geprägt. Diese Mentalität wurde (außer auf persönliche Rivalitätsgefühle) gewöhnlich auf die Sorge zurückgeführt, daß man entweder das „eigentliche Evangelium“ oder sonst doch die konventionelle „Versorgung" der Gemeinde (durch Hausbesuche, Frauenhilfe, Bibelstunde usw.) über dem Einsatz für sozial-karitative Auf-

28 Vgl. P. G. Seiz (Hrsg.), Kirchenreform Bd. 2: Die Siedlung als Neuland der Kirche, Stuttgart 1968. — G. Wacker (Hrsg.), Kirchenreform Bd. 5: Kirche im Werden einer Dienstgruppe, 1970.

29 Zur Literatur vgl. C.-D. Schulze, a.a.O. 110.

30 G. Schnath (Hrsg.), Fantasie für Gott. Gottesdienste in neuer Gestalt, Stuttgart 1965; ferner: D. Trautwein/R. Roessler, Für den Gottesdienst, Gelnhausen 1968.

31 Ausnahmen sind hauptsächlich im letzten Jahr bekanntgeworden: disziplinäre Maßnahmen in der Tauffrage, autoritäre Stellungnahmen gegen das Kölner Politische Nachtgebet u.a.

gaben, für Jazz-Gottesdienst oder für die Einrichtung und Begleitung einer einzigen Dienstgruppe vernachlässige.
All diese Frustrations-Erfahrungen bei praktischen Reformversuchen sind natürlich auch zum Gegenstand der Erwägung und Beurteilung der „Celler Konferenz" geworden. Diese lehnte zwar die praktischen reformerischen Bemühungen zumeist als „systemimmanentes Flickwerk" ab. Sie leistete aber damit nur eine „akademische Pflichtübung", solange sie keine Methoden aufzeigen oder durchsetzen konnte, wie die von ihr intendierte Revolution zu verwirklichen sei. Man brauchte also (da die Bedingungen für eine Revolution nicht gegeben waren) zumindest eine vorläufige Theorie des eigenen kirchlichen Handelns, wenn anders man kritisch im Raum der Kirche arbeiten wollte. Spätestens, wenn [172] die mit den Cellern sympathisierenden Studenten ihr erstes Examen absolviert haben, in die praktische Ausbildung und damit auch in ein Gemeindepraktikum eintreten, müssen sie auch zu dem einen oder anderen reformerischen Experiment Stellung beziehen. Soviel wir, wiederum in teilnehmender Beobachtung, feststellen konnen, zeichnen sich erste Tendenzen einer vorläufigen Konzeption des Handelns ab.
Wenig Interesse, ja häufig ausgesprochene Ablehnung gegen die Investition von Energie besteht gegenüber denjenigen Reformbereichen, die von der ersten Reformer-Generation noch als die Hauptsache empfunden wurden: gegenüber Fragen des Gemeindebewußtseins, der „missionarischen Struktur" und des Gottesdienstes. Diese Bereiche gelten vielen der Jüngeren als „religiös" im Sinne eines antiaufklärerischen, repressiv-autoritären Religionsbegriffs. Sie eignen sich deshalb nicht als Ansatzpunkte wirklicher Veränderung. Statt dessen zielt ihr Interesse auf jene kirchlichen Arbeitsfelder, auf denen sie über die Bannmeile der Kerngemeinde hinausgelangen und die „gesellschaftliche Basis" erreichen können: Dazu gehören vor allem die verschiedenen Formen des kirchlichen Unterrichts und des Religionsunterrichts, aber auch die sozial-diakonischen Aufgabengebiete (zum Beispiel Kindergarten, community organization usw.), sowie (nicht bei allen!) der seelsorgerliche Bereich.
Praktische reformerische Arbeit würde also für die „Neue Linke" etwa darin bestehen, autoritäre Strukturen im Kindergarten in eher emanzipationsfreundliche Strukturen umzuändern, im Religionsunterricht die Frage der Menschen nach sich selbst unter den gegenwärtigen gesellschaftlichen Bedingungen sachkundiger als unter exklusiv-theologischen Aspekten zu erörtern, in der seelsorgerlichen Therapie auch jene Milieufaktoren miteinzubeziehen, die bisher vernachlässigt wurden, und in alledem eine „kritische Bewußtheit" anzustreben, die die Voraussetzung von „revolutionärer Bewußtheit" ist. Doch stoßen auch die Revolutionäre damit bald auf Grenzen ihrer Möglichkeiten. Sie müssen beispielsweise feststellen, daß

selbst Vikare, die sich mit links organisierten Schülern bei gemeinsamen Aktionen (etwa gegen die Notstandsgesetzgebung) solidarisieren, in der unterrichtlichen Praxis mit denselben Schülern Schwierigkeiten haben können. Diese Schwierigkeiten mit dem Hinweis auf eine autoritär-repressive Erziehung im Alltagsmilieu [173] und anderen Schulfächern zu erklären, bedeutet noch nicht, sie pädagogisch überwinden zu können. Sie müssen feststellen, daß selbst ein Hauskreis junger Akademikerfamilien keineswegs bereit ist, die kritisch-rationale Gesellschaftstheorie, die man selbst für schlüssig hält, ohne weiteres oder nach langen Diskussionen zu akzeptieren. Sie müssen feststellen, daß die befreiende Kraft der Entlarvung von ideologischen oder religiös-mythologischen Zwängen keineswegs von denen als solche empfunden wird, denen sie Befreiung und Mündigkeit vermitteln soll. Sie müssen feststellen, daß der Versuch, sich so intensiv wie möglich gegen das „establishment" und seine bürokratische Mentalität zu polarisieren, noch keineswegs einen Prozeß des Umdenkens in Gang zu setzen vermag. So geraten die Revolutionäre bei ihrem eigenen Versuch, praktisch zu handeln, in eine gewisse strukturelle Solidarität mit jenen Reformisten, deren „religiöses Konzept" sie grundsätzlich verachten, an deren Frustrationen sie aber faktisch teilhaben.

IV. Religiöse Einstellungen und anthropologische Konstanten

Den zuletzt aufgezeigten Parallelitäten würden wahrscheinlich die „Linken" mit dem Argument widersprechen, daß ihre eigenen Schwierigkeiten grundsätzlich rational analysierbar sind und auf die Dauer, nach einem genügend gründlichen Lernprozeß, überwunden werden könnten; die Schwierigkeiten derer hingegen, denen es primär um „Gemeindeaufbau" und „gottesdienstliche Verkündigung" gehe, seien in der Irrationalität ihrer Prämissen begründet; genauer: sie entzögen sich einer kritisch-rationalen Definierbarkeit und Kontrolle.

An dieser Unterscheidung ist mancherlei Einleuchtendes. Es ist nicht viel damit gewonnen, daß man den „Linken" erwidert, daß und inwiefern auch ihre eigene Gesellschaftstheorie und ihre Anthropologie auf unbewiesenen Voraussetzungen aufbaut. Denn (abgesehen davon, daß die „Linken" sich ein gutes Stück länger rational zu verantworten vermögen, als viele Theologen meinen) es stehen sich hier letzten Endes doch wieder Bekenntnisfronten unversöhnlich gegenüber. Das Gespräch sowohl mit den „Linken" als auch mit den Vertretern einer konventionelleren Theologie muß jedoch unterhalb der Schwelle einer emotionalen Verfestigung von Glaubensüberzeugungen gesucht und geführt werden; beispielsweise [174] in der Dimension einer „funktionalen Argumentation", also einer ra-

tional kontrollierbaren und darum kommunikationsfähigen „wenn-dann"-Relation.
Im Beispiel einer Rückfrage an die „Linken" bedeutet das: Wenn man das Interesse an sozialkritischer Aufklärung und Bewußtseinsbildung in der kirchlichen Praxis soweit verabsolutiert, daß die religiösen Bedürfnisse und Erwartungen der Gemeindeglieder ignoriert oder abgewiesen werden, dann wird man nur das Gegenteil der eigenen Intention erreichen, nämlich Verhärtung und Ablehnung. Oder: Wenn man nicht imstande ist, seine sozialkritischen Vorstellungen und Ziele mit den eingelebten religiösen Deutungsschemata von Pfarrer und Gemeinde, und also mit dem Kontinuitätszusammenhang der biblischen Religion, so zu vermitteln, daß eine positive Assoziation möglich wird, dann bleibt auch alle Berufung auf Rationalität und Humanität unverstanden und irrelevant.
Kurz: das Defizit der gegenwärtigen Reformbestrebungen und Revolutionsabsichten scheint zum guten Teil in der Vernachlässigung der Bedingungen von religiösen Einstellungen, nämlich der anthropologischen Konstanten eines Strebens nach Kontinuität, Spannungsausgleich und Stabilisierung zu liegen. Um dies wenigstens an einer allgemein zugänglichen Erfahrung zu veranschaulichen: Wenn ein Schulkind etwas lernen soll, dann wird der Lehrer es motivieren und nicht beschimpfen. Wenn er es beschimpft, so treten Abwehr- und Verteidigungsmechanismen in Kraft, die den Lernprozeß blockieren. Ähnliches gilt erst recht für Umlern-Prozesse in religiösen, das heißt emotional stark verfestigten Wertvorstellungen und Überzeugungen. Das Bedürfnis nach Stabilisierung und Vergewisserung des eigenen, emotional verfestigten Deutungssystems auf die Fragen nach gut und böse, Tod und Leben, Glück und Leid usw. hängt unseres Erachtens eng mit der religiösen Einstellung zusammen. Es ist wie jede Einstellung und also auch wie die jeweiligen Inhalte erlernt; gewöhnlich in erster Linie im frühkindlichen Alltag von Elternhaus, Schule und Spielstraße. Wie jedes erlernte Verhalten ist darum auch religiöses Verhalten veränderbar. Um es aber zu verändern, muß man die anthropologisch offenbar konstanten Regeln des Lernens beachten.
Diesem anthropologischen Aspekt darf der sozial-ökonomische Beziehungszusammenhang von Religion (zum Beispiel ihre Vertröstungs- oder Opium-Funktion) nicht einfach vor- oder übergeordnet werden. Hier wird man, gerade vom Ansatzpunkt kritischer Rationalität aus, die linken Tendenzen der Vereinseitigung [175] eines sozialistischen Wunderglaubens (etwa: „die Sozialisierung der Produktionsmittel wird auch die Zeit des repressiven Aberglaubens beenden") hartnäckig hinterfragen müssen. Andererseits haben diejenigen „Linken" wohl recht, die eine platte Alternative von verhaltenspsychologischer und sozialökonomischer Dimension der Religion bestreiten und gerade den Zusammenhang von internalisier-

tem Glauben und ökonomischem Interesse problematisieren wollen. Doch geht das über unser Thema hinaus.
Uns geht es zunächst um die Einsicht, daß Kirchenreform sowohl in ihrer „reformistischen" wie in ihrer „revolutionären" Variante letztlich eine Frage der Umstrukturierung eingelebter und resistenter „religiöser Einstellungen" ist. Nur wer sich auf den mühsamen Weg einer Veränderung begibt, dessen Stationen kritische Annahme und (vorwiegend in kleinen Gruppen) organisierte Lern- und Verarbeitungsprozesse heißen, — nur der trägt der Realität der Bedingungen von Kirchenreform Rechnung.

Kirche als »Volkskirche« auf dem Weg in das neue Jahrtausend*

Distanzierte Dreiviertelkirche und konkurrierende Kerngruppen

Der nahende Übergang in das neue Jahrtausend steigert mit seinen Anregungen zu Zukunftsplänen und Prognosen die ohnehin gegenwärtig virulierende Frage: »Was wird aus der Kirche?« Gerade diese Formulierung hat das in den letzten zwanzig Jahren vielfach empfundene Problem so klar auf einen Begriff gebracht, daß sie allein zweimal zum Titel wichtiger und ihrem Anspruch nach wegweisender Buchpublikationen gemacht wurde[1]: 1968 hatte H. Fetter vor dem Hintergrund der damaligen, weit in die Gesellschaft hineinwirkenden sogenannten Studentenunruhen mit seiner Publikation »Was wird aus der Kirche?« deutlich signalisiert, daß die scheinbaren Selbstverständlichkeiten der Stellung der Kirche in der Nachkriegszeit latent fragwürdig wurden und daß zur Erklärung der entsprechenden Anzeichen die sich eben konsolidierende empirische kirchensoziologische Arbeit ausdrücklich herangezogen werden müsse; 1984 erschienen unter dem gleichen Titel die Ergebnisse der zweiten großen EKD-Umfrage über Fragen der Kirchenmitgliedschaft, zehn Jahre nachdem die vieldiskutierte Untersuchung »Wie stabil ist die Kirche?« zum ersten Mal gezielt Gesichtspunkte der empirischen Kirchenforschung, speziell der Meinungsforschung, in eine breite kirchliche Öffentlichkeit hineingetragen hatte. Ursache der anhaltenden Aktualität des Themas war vor allem die seit 1970 dramatisch angestiegene und seitdem auf hohem Niveau konstant gebliebene Zahl von Kirchenaustritten (1969 bis 1989 über 3 Millionen, jährlich im Schnitt 150.000 Mitglieder) sowie die Frage nach deren Gründen, besonders der dabei beteiligten nichttheologischen Faktoren. 1986 wurde die Diskussion neu entzündet durch Hochrechnungen, die im Verlauf der kommenden fünfzig Jahre eine Schrumpfung des Protestantismus auf die Hälfte seines heutigen Bestandes befürchten lassen[2]. innerkirchliche und theologische Entwicklungen haben über die Probleme des quantitativen Bestandes der Kirche hinaus die Frage: »Was wird aus der Kirche?«, immer neu laut werden lassen; angeregt und vorangetrieben wurde sie insbesondere [425] durch die Polarisierungen zwischen mehr evangelikalen und mehr ethisch-gesellschaftskritischen Ausrichtungen des Christseins sowie durch die feministisch-befreiungstheologische Infrage-

* Veröffentlicht in: Dietrich-Alex Koch u.a. (Hg.): Jesu Rede von Gott und ihre Nachgeschichte im frühen Christentum, Festschrift für Willi Marxen, Gütersloh 1989, S. 424-442 (Fußnoten am Ende des Artikels)

stellung überkommener Glaubensvorstellungen, Hierarchiestrukturen und kirchlicher »Lebensordnungen«.

Die Antworten auf die schwere Frage nach der Zukunft der Kirche werden auf verschiedenartigen Ebenen gesucht und versucht: hier stärker mit dem Hinweis auf biblische Verheißungen, dort mehr im Sinne ekklesiologisch-normativer Zielvorstellungen und Absichten zum Auftrag und zur Gestalt der Kirche im »nachkonstantinischen Zeitalter«. oder, noch anders, unter betonter Berücksichtigung sozialwissenschaftlicher Forschungsmethoden. Nicht selten sind dabei tiefgehende Spannungen zwischen empirischen und dogmatisch-normativen Betrachtungsweisen in Erscheinung getreten: Den Empirikern ist immer wieder vorgeworfen worden, daß sie die Wirklichkeit des Heiligen Geistes oder die Führung durch den Herrn der Kirche zuwenig berücksichtigten oder zu berücksichtigen vermöchten; umgekehrt haben die Empiriker ebenso oft darauf verwiesen, daß ihre sozialwissenschaftlich orientierten Prognosen sich seit den sechziger Jahren weit stärker bestätigt haben als die schon damals nicht selten mit dem Anspruch auf geistliche Vollmacht vorgetragenen Prophezeiungen etwa über den Untergang der Volkskirche[3]. Solche Spannungen zwischen einer empirisch orientierten und einer dogmatisch ausgerichteten Kirchentheorie sind sicher in der Sache ihres Gegenstandes begründet und so geradezu notwendig, doch hat es sich in jahrzehntelangen Diskussionen als unfruchtbar und zermürbend erwiesen, wenn sie sich in einer sterilen Entgegensetzung von erfahrungswissenschaftlicher Methodik und geistgeleitetem Vertrauen in Gottes Führung erschöpfen. Wer in Gemeinden, Kirchenämtern oder als theologischer Lehrer Verantwortung trägt für die Weichenstellungen zukünftiger kirchlicher Entwicklungen, wird sich bewußt oder unbewußt immer von eigenen Erfahrungen, empirischen Vermutungen und Wunschbildern über die »irdische« Gestalt der Kirche leiten lassen. Diese gilt es, sowohl im normativen wie im erfahrungswissenschaftlichen Sinne theologisch aufzuklären und zu bedenken.

Die vorfindliche Sozialgestalt der christlichen Großkirchen in Deutschland wird seit Jahrzehnten weithin als »Volkskirche« bezeichnet. Dieser Begriff ist zwar vieldeutig und mißverständlich, vor allem weil er leicht mit Assoziationen zu Nation und Volkstum verbunden wird. Doch hat er inzwischen bei uns eine Eigenbedeutung entwickelt, die einen zunächst als spezifisch bundesdeutsch erscheinenden Verbund zwischen den christlichen Großkirchen und der Gesamtgesellschaft bezeichnet und der darin kaum durch ein anderes, unser Religionssystem charakteristisch fassendes Wort ersetzt werden kann. Er steht für die gegenwärtige kirchliche Wirklichkeit mit ihren vielschichtigen und heterogenen religiösen und konfessio[426] nellen, juristischen und politischen Vernetzungen. Insbesondere wird mit dem Wort Volkskirche ein Kirchenverständnis zum Ausdruck gebracht, dessen Schwerpunkte mehr in der religiösen (meist pastoralen) Dienstleistung und weniger im Charakter einer Gesinnungsgemeinschaft, mehr in der Offenheit für eine polyzentrische Vielfalt theologischer Grundauffassungen und weniger in dogmatisch-konfessionalistischen Eindeutigkeiten liegen. Jedenfalls dürften sich diese Merkmale volkskirchlicher Religiosität im Sprachgebrauch des Wortes »Volkskirche« in den letzten Jahrzehnten mehr und mehr nach vorne geschoben haben, während andere, etwa spezifisch bundesdeutsche Kennzeichen wie die staatskirchlichen Rechtsverhältnisse (Kirche als Körperschaft des öffentlichen Rechts), die Kirchensteuer oder die Zugehörigkeit einer großen Bevölkerungsmajorität zur Kirche demgegenüber zurückgetreten sind. Deutlich wird das etwa darin, daß man auch für die Verhältnisse in der DDR von »geschrumpfter Volkskirchlichkeit«[4] spricht; ähnliches gilt (modifiziert) für den niederländischen und französischen Protestantismus, obwohl die jeweiligen Finanz- und Majoritätsverhältnisse dort völlig anders sind als in der Bundesrepublik Deutschland. Selbst in den meisten Jungen Kirchen der Dritten Welt scheint sich die kirchliche Wirklichkeit auf eine »volkskirchliche Mentalität« mit dem Schwerpunkt auf religiöser Dienstleistung und theologischem Pluralismus hin zu entwickeln, wenn teilweise auch in erheblicher Konkurrenz zu fundamentalistischen Tendenzen. Wenn ich in diesem Sinne die These vertrete, daß die Kirche als »Volkskirche« in das neue Jahrtausend hineingehen und sich auf absehbare Zeit in dieser Sozialgestalt darstellen wird, so begrenze ich diese Perspektive keineswegs auf die bundesdeutschen Verhältnisse, sondern ich habe dabei auch die m. E. entwicklungsleitenden Tendenzen vieler Kirchen gerade in der weltweiten Christenheit vor Augen.

Dabei soll keineswegs übersehen oder ignoriert sein, daß in der Bundesrepublik und möglicherweise im europäischen Protestantismus insgesamt mit weiteren Schrumpfungsprozessen zu rechnen ist, sowohl was die absolute Zahl der Mitglieder als auch was den Anteil an der jeweiligen Bevölkerung ausmacht. Doch führt das eben nicht, wie die Entwicklungen in Osteuropa und, mit sonst durchaus verschiedenen Merkmalen, in Westeuropa zeigen, zu tiefgreifenden Veränderungen in den Glaubensvorstellungen oder im kirchlichen Verhalten der Mitglieder. Ob eine Kirche als Majorität oder Minorität in der betreffenden Gesellschaft lebt, ob sie reich oder arm ist, ja selbst ob die Mitgliedschaft »zugeschrieben« (gleichsam vererbt) oder ob sie in eigener Entscheidung »erworben« ist, hat mit den religiösen Grundauffassungen und dem Teilnahmeverhalten offenbar weniger zu tun, als vielfach angenommen wird; vor allem da, wo man von den bundesdeutschen Verhält[427]nissen ausgeht und deren Sozial- und Finanzverhältnisse als Hauptursache oder als wesentlichste Bedingung der volkskirchlichen Mentalität ansieht. Es ist darum m. E. aber gerade dann, wenn über die Zukunft der Kirche nachgedacht und daraus Folgerungen für heutige Maßnahmen gezogen werden sollen, prinzipiell und sorgfältig zu unterscheiden zwischen der religiösen Mentalität »distanzierter Volkskirchlichkeit« einerseits, die zwar im bundesdeutschen Protestantismus eigenständig ausgeprägt und mehr als anderswo erforscht ist, die aber keineswegs auf bundesdeutsche Verhältnisse begrenzt werden darf; und andererseits den spezifisch bundesdeutschen soziokulturellen und rechtlichen Rahmenbedingungen des kirchlichen Lebens. Wegen seiner ausgeprägten, vergleichsweise stark ausgeformten und eben relativ gut erforschten Entwicklungsmerkmale kann das Modell der westdeutschen Kirchen besonders geeignet sein, einige wichtige Züge der »volkskirchlichen« Religiosität im Blick auf die Zukunftsentwicklung der christlichen Kirchen insgesamt zu identifizieren und zu erörtern.

I. Das Doppelgesicht der Volkskirche: Distanzierte Dreiviertelkirche und konkurrierende Kerngruppen

Einige der wichtigsten Gegebenheiten und Probleme der volkskirchlichen Realität in der BRD werden plastisch erkennbar, wenn man vom tatsächlichen Teilnahmeverhalten der Kirchenmitglieder und von ihrer Bereitschaft zum kirchlichen Engagement ausgeht und sich diese Ausgangsdaten graphisch vor Augen stellt:

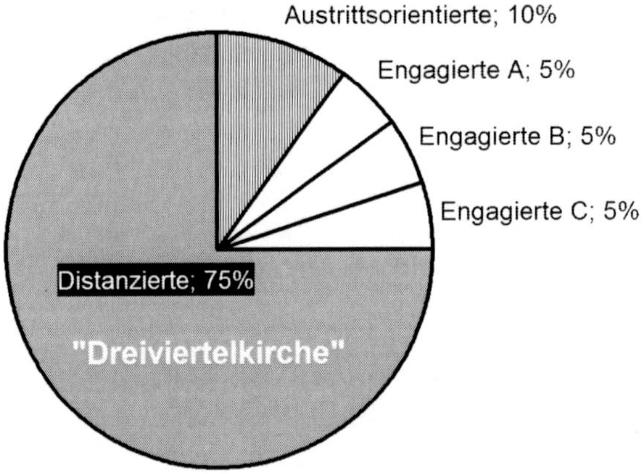

- 10 % »Austrittsorientierte«, nicht mehr am Kontakt mit der Kirche interessiert.
- 15 % »Engagierte«; ihre Aktivitäten und Konflikte bestimmen primär das kirchliche Leben und das Bild der Kirche.
- In der sogenannten Dreiviertelkirche wird »distanzierte Volkskirchlichkeit« in Teilnahmeverhalten und Glaubensvorstellungen praktiziert.

Es lassen sich also unter dem Gesichtspunkt des Teilnahmeverhaltens drei große Gruppen unterscheiden:

- 15 % Engagierte;
- 10 % Austrittsorientierte;
- 75 % »Dreiviertelkirche«. [428]

Wenn wir innerhalb der Kirche selbst oder in der Gesellschaft von »der Kirche« sprechen, haben wir zunächst die erste Gruppe, also die **15 % Engagierten**, vor Augen. Sie wurde früher vielfach als Kerngemeinde oder als Gruppe der Kirchentreuen bezeichnet und ist unter unserem Teilnahmegesichtspunkt dadurch gekennzeichnet, daß dazu gerechnet wird, wer mindestens einmal monatlich an einer kirchlichen Veranstaltung teilnimmt. In dieser Gruppe spielt sich der weitaus größte Teil dessen ab, was wir als kirchliches Leben wahrnehmen: Gottesdienstbesuch, Gruppenarbeit in der Gemeinde, diakonische Tätigkeiten, Besuchsdienste, Freizeitaktivitäten, Bibelwochen, Friedensdemonstrationen, Besuch von Vortragsveranstaltungen, Gemeindeleitung usw. — Hier spielen sich auch die Kontroversen und Konflikte um theologische Richtungen, die Auseinandersetzung um Pluralismus und Parallelstrukturen ab. Denn in ihren inhaltlichen Auffassungen ist diese Gruppe keineswegs einheitlich eingestellt. Im Blick auf die EKD als Ganzes kann man etwas vergröbernd die 15 % vielmehr in folgende drei, zur Zeit etwa gleich starke Teilgruppen untergliedern:

- 5 % sind als evangelikal oder pietistisch ausgerichtete Gemeindeglieder zu betrachten;
- 5 % sind betont gesellschaftskritisch-sozialethisch orientiert (neuerdings spricht man vielfach von »Ökumenikern« im Sinne einer »Theologie des [Genfer] Ökumenischen Rates«);
- 5 % sind mehr traditional eingestellte Kirchenglieder, die bewußt die eigene Bekenntnistradition und die überkommene Frömmigkeitspraxis festhalten wollen.

Im Blick auf die Gesamtheit der Kirchenmitglieder stellt schon diese Gesamtgruppe der 15 % Engagierten eine Minderheit dar; erst recht gilt das für jede der maximal je 5 % umfassenden, theologisch-inhaltlich in eine bestimmte Richtung tendierenden Teilgruppen. Von deren meist kämpferisch und nicht selten mit Berufung auf die Wahrheit des Evangeliums vorgetragenen Positionen ergibt sich freilich für viele »Distanzierte« und Außenstehende ein Bild von der »offiziellen« Kirche, das in herausgehobenen, etwa politischen Streitfragen mit dem tatsächlich vorhandenen Meinungsspektrum in der Kirche und mit dessen quantitativen Größenordnungen keineswegs übereinstimmt.
Anzahl, Anteile und Binnenstruktur der drei engagierten Gruppierungen innerhalb des Gemeindelebens sind von Ort zu Ort, von Landeskirche zu Landeskirche verschieden. Immer aber richten sich auf sie, im einzelnen oder im ganzen, die Blicke der Öffentlichkeit, wenn von »der« Kirche die Rede ist.

Daneben gelten Aufmerksamkeit und Interesse der Öffentlichkeit allenfalls jenen **10 % die im Begriffe sind, die Kirche zu verlassen**. Kirchenaustritte werden beispielsweise von den Medien von Zeit zu Zeit an exponierter Stelle vermeldet; ihre Ursachen werden im Sinne der jeweils eigenen Meinungstendenz kommentiert und oft polemisch hochgespielt. So gravierend und beunruhigend aber die Zahl der Kirchenaustritte ist, so irreführend ist es, an ihr die heutige Situation der Kirche schlechthin zu veranschaulichen. Problematisch erscheint es erst recht, wenn sich [429] selbst Gemeindepfarrer und Landeskirchenämter vorrangig auf diese 1o % der zum Kirchenaustritt Entschlossenen fixieren, obwohl diese sich in der Regel doch nicht mehr von ihrem Entschluß abbringen lassen.

Was bei der innerkirchlichen wie bei der externen, etwa durch die Medien vermittelten Ausrichtung auf dieses eine Viertel der Kirchenmitglieder, nämlich die 15 % Engagierten und die 10 % zum Austritt Entschlossenen, durchweg erheblich zu kurz kommt, sind das gezielte theoretische und kirchlich-praktische Interesse an der »Dreiviertelkirche« sowie eine unvoreingenommen gründliche Auseinandersetzung mit den Motivationen und Einstellungen der »Distanzierten« gegenüber der Kirche. Im Alltag der kirchlichen Arbeit richtet sich gewöhnlich weit mehr als die Hälfte der beruflichen Energie und Arbeitszeit etwa der Pfarrer auf die sogenannte Kerngemeinde; sieht man von den Kontakten anläßlich der Kausalpraxis ab, wird den Gemeindegliedern der Dreiviertelkirche gewöhnlich mir wenig ernsthafte Beachtung zugewendet. Nach wie vor werden sie gern als Randsiedler oder gar als Karteileichen bezeichnet. Tatsächlich nehmen diese Kirchenmitglieder nach ihrer Konfirmation im Schnitt weniger als dreimal jährlich an einer kirchlichen Veranstaltung teil. Sie erklären zwar in den Untersuchungen immer wieder, daß sie sich zur Kirche gehörig fühlen, daß sie dabeibleiben wollten, schlicht, daß sie Christen seien; sie halten aber andererseits ausdrücklich Distanz zum kirchlichen Leben der Kerngruppen, zum Gottesdienst und auch zu vielen überkommenen Glaubensvorstellungen. Für die Pfarrer und kirchlichen Mitarbeiter läßt sich das alles schwer mit einem theologischen Kirchenverständnis vom Leibe Christi vermitteln. Wie etwa soll ein theologisch sensibler Pastor mit einem Umfrageergebnis umgehen, durch das ihm sogar von kirchennahen Gemeindegliedern mitgeteilt wird, daß die Kirchengemeinde sie doch in Ruhe lassen möge mit den immer neuen Aufforderungen zum Engagement oder den immer neuen Fragen danach, was die Kirche denn in Berücksichtigung ihrer, der Gemeindeglieder, Erwartungen anders machen solle. Sie fühlten sich in der Kirche, so wie sie ist, durchaus wohl; sie könnten ja, wenn ihnen der Sinn danach stünde, jederzeit den Gottesdienst oder eine andere kirchliche Veranstaltung besuchen. Jedoch wünschten sie sich ihre Form kirchlicher Zugehörigkeit so, wie sie sie jetzt praktizierten[5]. — Das Problem, mit einem solchen, in der Dreiviertelkirche weitverbreiteten Verständnis von Christsein theologisch angemessen umzugehen, wird noch gesteigert dadurch, daß von dieser Dreiviertelkirche ja der weitaus größte Teil der kirchlichen Finanzmittel aufgebracht wird. Kann man eine solch große Population, die sich ihr Christsein im Verständnis der »distanzierten Volkskirchlichkeit« im wahrsten Sinne etwas kosten läßt, so oder so ausgrenzen? Kann man die Dreiviertelkirche »nur« als missionarische Gelegenheit verstehen? Ist es richtig und »christlich«, Kirchenmitglieder zu Adressaten einer Art von Mission zu machen, die von ihnen selbst ausdrücklich abgelehnt wird? Wird es [430] demnächst zwei Klassen von Kirchenmitgliedern geben: solche, die »nur« dem Religionssystem der distanzierten Volkskirchlichkeit angehören, und solche, die gleichsam als Electi »mit Ernst Christen sein« und ihre Kirchenzugehörigkeit im Sinne der Gliedschaft am Leibe Christi verstehen wollen? All diese Fragen ergeben sich, wenn das Nachdenken über den zukünftigen Weg der Kirche das evidente empirische Faktum der Dreiviertelkirche einbezieht.

Es gibt viele Anzeichen dafür, daß sich die mit diesem Doppelgesicht der Volkskirche gegebene Problematik in den nächsten Jahrzehnten weiter steigern wird; einerseits, weil aus Gründen der nachlassenden religiösen Sozialisation der Anteil der zur Dreiviertelkirche zu rechnenden Gemeindeglieder zunimmt; andererseits, weil auch die inhaltlich-theologischen Spannungen zwischen den in der Dreiviertelkirche und den in den 5-%-Gruppierungen vorherrschenden Auffassungen unverkennbar wachsen.

II. Zur volkskirchlichen Mentalität religiöser Dienstleistung

Die in der Dreiviertelkirche vorherrschenden und weit in die Gruppen der »Engagierten« hineinreichenden Einstellungen und Haltungen gegenüber der Kirche kann man also als Grundbestand einer volkskirchlichen Mentalität ansehen, die wir normalerweise als charakteristisch für die deutsche kirchliche Situation betrachten, die aber in ihren Hauptstrukturen keineswegs auf die gesellschaftlichen Rahmenbedingungen der westdeutschen Kirchen begrenzt ist. Es ist allerdings nicht unumstritten, ob und wie differenziert ein solcher Grundbestand für die deutsche Szene eindeutig in identifizierbaren Merkmalen bestimmt werden kann. Die EKD-Studie »Christsein gestalten« (1986), durch die die Aufmerksamkeit der kirchlich Verantwortlichen nachdrücklich auf die Aufgaben in der Dreiviertelkirche gelenkt wird (ohne daß dort die Ausdrücke »Dreiviertelkirche« oder »volkskirchliche Mentalität« verwendet werden), und in der eine Fülle genau zutreffender Einzelbeobachtungen dargestellt wird, bleibt hinsichtlich der Bestimmbarkeit übergreifender Mentalitätsmerkmale eher zurückhaltend und bezeichnet statt dessen als gemeinsamen Nenner der vorherrschenden Einstellungen zur Kirche ein »Verbundensein in Unbestimmtheit«[6]. Dieser Nenner dürfte m. E. jedoch hinter den empirisch faßbaren Möglichkeiten zurückbleiben — und erscheint außerdem als wenig konstruktiv hinsichtlich der praktischen Folgerungen für das kirchliche Handeln. Es soll deshalb hier versucht werden, sechs besonders charakteristische und über die bundesdeutschen Verhältnisse hinausreichende Merkmale volkskirchlicher Mentalität zu identifizieren und zur Diskussion zu stellen. Zwar wird durch diese sechs Merkmale keineswegs eine religiöse Mentalität mit überall gleichem und homogenem Erschei[431]nungsbild konstituiert, doch lassen sich diese sechs Merkmale in je unterschiedlichen Anteilen, Gewichten und. Mischungen in den Einstellungsmustern fast aller christlichen Großkirchen ausmachen.

1. Zur volkskirchlichen Mentalität gehört zuerst ein erklärtes Interesse an der Weitergabe des Christseins im Generationenverbund: »Ich bin in der Kirche, weil ich Christ bin« — das ist die meistgenannte Antwort auf die Frage: »Warum sind Sie Mitglied der Kirche?« in allen wichtigen Untersuchungen zur Kirchenmitgliedschaft.
90 % der Kirchenmitglieder wollen auch ihre Kinder taufen lassen 10 % wollen das nicht mehr; eben die Gruppe der in unserer Graphik angegebenen Austrittswilligen. Von den 90 % wird ihre Mitgliedschaft in der Kirche ausdrücklich bejaht: selbst dort, wo man so gut wie gar nicht mehr am kirchlichen Leben teilnimmt. Man wird evangelisch so ähnlich wie man Deutscher wird; man wird in die Kirche hineingeboren. In diesem Sinne ist Kirchenmitgliedschaft »zugeschrieben«, nicht »erworben« nach Art des bewußten Eintritts in einen Verein. Zwar gibt es Übergänge im Vergleich zur Vereinsmitgliedschaft. Doch ist die Tendenz zum Vereinsdenken in der 15-Prozent-Kirche (Kerngemeinde) größer als in der Dreiviertel-Kirche.
Das Christsein, das der nächsten Generation weitergegeben werden soll, wird dabei allerdings kaum im Sinne dogmatisch formulierter Bekenntnisaussagen verstanden, sondern mehr im Sinne von »ein guter Mensch sein«, sich wenigstens im Prinzip zu den Grundwerten christlicher Humanität bekennen.

2. Ein zweites Merkmal volkskirchlicher Mentalität ist das Interesse an einer abrufbaren religiösen Lebensbegleitung; abgerufen wird der Dienst der Kirche insbesondere bei den Übergangsstationen des Lebens: bei Taufe, Konfirmation, Trauung, Beerdigung. Im Zusammenhang mit diesem Grundinteresse hat sich neuerdings ein weiterer Begriff eingebürgert: der Begriff der Kontingenzbewältigung, d. h. der Bewältigung dessen, was unberechenbar auf mich zukommt, wie etwa eine Krebskrankheit, ein plötzlicher Verkehrsunfall, der Tod des Ehegatten. Religiöse Lebensbegleitung bezieht sich in erster Linie auf den Privatbereich, weniger auf das Feld von Arbeit und Beruf. Dieses Kirchenverständnis setzt also nicht primär und konstitutiv an bei dem Eintreten für die »Mühseligen und Beladenen«, so gewiß ein solches Eintreten für die volkskirchliche Mentalität zu den vor-

nehmsten Aufgaben der Kirche gehört. Doch wird Kirche nicht von dieser Aufgabe her definiert. Kirche ist diesem Verständnis nach von ihrer Grundbestimmung her auf die Gesamtheit der Menschen bezogen: »Gott will, daß allen Menschen geholfen werde«: Armen und Reichen, Griechen und Juden, Männern und Frauen, dem Durchschnittsbürger und den Randgruppen. Dementsprechend richtet sich ihr Auftrag zunächst auf die individuale »Normalbiographie« der Masse ihrer Mitglieder; diese aber hat ihre wichtigen Knotenpunkte eben in den Übergangsstationen. In diesem Punkt unterscheidet sich das Kirchenbild der volkskirchlichen Mentalität also deutlich von sol[432]chen Ansätzen etwa einer sozialethisch-»ökumenischen« Theologie, deren Ekklesiologie vom Dienst an den Randgruppen der Gesellschaft her, etwa den sozial oder politisch Unterdückten, ihren Ausgangspunkt nimmt.
Ein weiteres Kennzeichen für das Interesse an religiöser Lebensbegleitung ist ein zunehmendes Denken in Kosten-Nutzen-Relationen: Für den Dienst der religiösen Lebensbegleitung ist man bereit, einen angemessenen finanziellen Beitrag zu entrichten. Wenn dieser Beitrag angesichts der beanspruchten Leistung jedoch als zu hoch erscheint, erweckt oder verstärkt er nicht selten die Tendenz zum Kirchenaustritt.

3. Dem Interesse an kasuell abrufbarer religiöser Lebensbegleitung entspricht eine prinzipielle pastorale Grundorientierung. Im Dienst der PfarrerInnen oder der anderen kirchlichen MitarbeiterInnen liegt das Zentrum des Verständnisses der Kirche als »religiöser Dienstleistungsorganisation«. Wer aber in den Funktionen der Kirche hauptsächlich Dienstleistungsaufgaben sieht, dem ist die Frage nach dem allgemeinen Priestertum im Prinzip ebenso fremd wie das Gefühl der Zugehörigkeit zu einer Gesinnungsgemeinschaft. Zwar fühlt man sich in der Dreiviertelkirche durchaus als »evangelisch«, vor allem, wenn es gilt, sich von gewissen, etwa als repressiv empfundenen religiösen Praktiken im Katholizismus oder gar im Islam abzugrenzen. Doch dürften die Gefühle gemeinsamer religiöser Überzeugungen oder der Zusammengehörigkeit in einer Glaubensgemeinschaft gewöhnlich überwuchert sein durch die Ausrichtung auf potentiell in Anspruch zu nehmende Dienstleistungen. Pfarrerin, Diakonin, Gemeindeschwester oder Küsterin üben einen Beruf mit bestimmten professionellen Qualifikationen aus, die sie instand setzen und verpflichten, ihre Arbeit sachgerecht zu verrichten. So wie nicht jedermann Arzt sein kann, kann nicht jeder Pastor werden. Entsprechend diesem Charakter religiöser Dienstleistung konkretisieren sich die pastoralen oder priesterlichen Aufgaben auch inhaltlich: Der Pfarrer etwa soll Seelsorger, Bürge, Vorbild, Stellvertreter, Hirte sein. Es ist also weniger das »prophetische«, das sozialethische oder politische Amt, das das Pastorenbild der Dreiviertelkirche prägt. Allerdings haben sich im Verhältnis von mehr pastoralen und mehr prophetischen Erwartungen in den letzten zwanzig Jahren deutliche, wenn auch keineswegs gravierende Änderungen vollzogen. In vielen Gemeinden wird ein prophetisch-politischer Auftrag der Kirche heute stärker als früher akzeptiert, in anderen freilich so gut wie gar nicht. Exponierte politische Äußerungen von Pfarrern, etwa im Talar an einer politischen Demonstration teilzunehmen, dürften nach wie vor in der Dreiviertelkirche anstößig und in ihrer theologischen Legitimität schwer zu vermitteln sein.

4. Dem Dienstleistungsverständnis von der Kirche und ihren Aufgaben entspricht ein distanziertes Teilnahmeverhalten gegenüber fast allen kirchlichen Veranstaltungen, besonders dem Sonntagsgottesdienst. Kirchliche Dienstleistungen werden, grundsätzlich gesehen, ähnlich abgerufen wie die Dienstleistungen einer Versiche[433]rungsgesellschaft oder eines Arztes. Wer gesund ist, braucht nicht zum Arzt zu gehen. Ohne besonderen Anlaß geht man dementsprechend in der Dreiviertelkirche auch nicht zum Gottesdienst. Gottesdienstliche Gemeinschaftserfahrung oder individuelle Erbauung werden offenbar immer seltener als »religiöse Dienstleistung« in Anspruch genommen. Im EKD-Schnitt haben 1988 nur knapp 5 %, in den norddeutschen Großstädten weniger als 2% der Gemeindeglieder, also nur ein Bruchteil selbst der Kirchentreuen, den Gottesdienst besucht. Der Kirchgang gehört offensichtlich nicht nur in der Dreiviertelkirche, sondern selbst in der Kerngemeinde nicht mehr zur vorrangigen Signatur des Christseins. Mit Recht weist die EKD-Studie »Christsein gestatten« darauf hin, daß andere Dimensionen der Beziehung zur Kirche für viele Mitglieder ein größeres Gewicht gewinnen.

5. Dazu gehören vor allein die Vermittlung und die exemplarische Darstellung einer Alltagsethik christlicher Humanität. Zu verstehen ist darunter zunächst ein »Anständigsein« im Sinne der I0 Gebote: Ein Christ ist ehrlich, vertrauenswürdig, hilfsbereit. Christsein heißt dann soviel wie ein guter Mensch sein. Für viele ist das Gutsein im christlichen Sinne allerdings darüber hinaus spezifischer qualifiziert: Es bedeutet nicht nur das Anständigsein in dem Sinn, sich an Gesetze und Regeln zu halten, wie jedermann es tun sollte; sondern der christlichen Ethik ist darüber hinaus eine Art Aufforderungscharakter zum Höheren, zum besseren Menschsein zu eigen. Der Christ orientiert sein Handeln nicht nur an Recht und Strafe, sondern an der Goldenen Regel, vielleicht gleichsam als höchste Stufe des Christseins in einer Nächstenliebe, die gegebenenfalls auf eigenen Nutzen verzichtet, die nach dem fernen Nächsten fragt, etwa nach dem Mitmenschen in der sogenannten Dritten Welt, und die letzten Endes sogar die Feindesliebe intendiert. Auch wenn diese höchste Stufe christlicher Ethik nicht erreicht wird, gilt sie doch als ständiger Anspruch, als »Appell nach oben«, muß sie als hoher Wert der Humanität immer neu zur Geltung gebracht werden. Aber auch die Alltagsethik in ihren einfacheren, eben dem Alltag und dem Alltagsmenschen entsprechenden Ansprüchen, etwa eines Anständigseins im Sinne der Zehn Gebote muß erlernt, durchdacht, eingeübt werden. Es ist unverkennbar, daß der Kirche und dem Pfarrer hier nach wie vor ein hohes Maß an Kompetenz und moralischer Autorität gerade auch in der Dreiviertelkirche, also unter den sonst stark distanzierten Mitgliedern, entgegengebracht wird.

6. Das sechste, im Protestantismus besonders schmerzlich empfundene Merkmal volkskirchlicher Mentalität sind die Distanziertheit und die Defizite im Blick auf das christliche Glaubenswissen. Wir müssen realistisch davon ausgehen, daß sowohl die Kenntnisse in bezug auf Bibel und Gesangbuch als auch das Wissen über die christliche Lehre im Sinne von Credo oder Katechismus in weiten Kreisen der Kirchenmitglieder immer mehr nachlassen und langsam gegen Null tendieren. Die [434] Gottesvorstellungen in der Dreiviertelkirche dürften, sofern sie nicht auf platte Versatzstücke der Alltagssprache (»Ach Gott, ach Gott!«) denaturiert sind, auf Reduktionen verkürzt sein wie »Gutes belohnen, Böses bestrafen«, »In Erfolg und Lebensglück manifestiert sich der Segen, in Krankheit und sonst schwerem Geschick die Strafe Gottes«, »ungreifbare und unbegreifbare Schicksalsmacht«; christlich beeinflußt sind vielleicht der Schöpfer- oder »Vater«-Begriff. Kernstücke des protestantischen Gottesgedankens jedoch wie Justitia oder justificatio Dei dürften im Sinne eines religiösen Orientierungswissens ebensowenig verarbeitet oder auch nur bekannt sein wie entsprechende Theologumena der Christologie, der Pneumatologie und der Eschatologie. Nun mag man etwa einwenden, daß beispielsweise das katholische Kirchenvolk jahrtausendelang ohne kognitiv durchgeformtes biblisches Glaubenswissen ausgekommen sei und trotzdem durch seine Frömmigkeitspraxis christlichen Glauben zu erfahren und zu leben imstande war. Das regt sicher dazu an, über die tatsächliche Bedeutung von explizitem kognitivem Glaubenswissen für die christliche Existenz nachzudenken. Doch können solche Überlegungen kaum die Bedeutung von praktizierbarem Glaubenswissen für protestantisches Christsein relativieren. Die kirchlich engagierten Gruppen innerhalb der evangelischen Christenheit realisierten ja durch Jahrhunderte hindurch ihre eigene Art von Frömmigkeit in betontem und unmittelbarem Umgang mit Bibel und Gesangbuch. Heute ist, soweit wir sehen können, im weltweiten Protestantismus trotz großer pädagogischer Bemühungen in Schule und Erwachsenenbildung das Glaubenswissen überall rückläufig. Das mag u.a. mit den modernen Medien der Informationsvermittlung zusammenhängen, die den traditionellen protestantisch-kirchlichen Kommunikationsformen wie Predigt und Auswendiglernen von Bibel- und Gesangbuchversen weit stärker entgegengesetzt sind als denen der religiösen Sozialisation innerhalb des Katholizismus. Wahrscheinlich ist darum in den evangelischen Kirchen mehr als bisher zu überlegen und zu experimentieren, ob und wie für die kirchliche Sozialisation gerade im Kindesalter andere Formen zur Vermittlung von Frömmigkeit entwickelt werden können. Doch kann das hier nicht genauer thematisiert werden.

Es sind also insbesondere diese sechs Merkmale, die in ihrem Zusammenwirken die volkskirchliche Mentalität in der Bundesrepublik Deutschland ausmachen. Einige oder mehrere von ihnen dürften in verschiedener Kombination, in unterschiedlicher Ausformung und unterschiedlicher Dynamik für viele Kirchen der weltweiten Christenheit von entwicklungsleitender Tendenz sein. Angesichts dieser Entwicklung ist der Begriff »volkskirchlich«, der im deutschen Sprachgebrauch sicher die größte Nähe zu diesem Syndrom von Einstellungen zur Kirche aufweist, für die interkirchlich-ökumenische sowie für die theologische Diskussion allerdings nur bedingt geeignet, wenngleich er in einigen Kirchen der Ökumene (bis hin nach Afrika und Ostasien) gelegentlich bereits als innerkirchlicher Fachterminus verwendet wird. Der in der amerikanischen Christenheit für teils ähnliche, teils auch deutlich [435] andersartige Phänomene gebräuchliche Terminus der Civil Religion[7] vermag eine interkirchlich-übergreifende Bedeutung ebenfalls kaum zu erlangen, weil seine starken nationalen Konnotationen einen zu spezifisch US-amerikanischen Klang haben. So dürfte es vorläufig wenigstens in deutschsprachigen Beiträgen zu diesem Gesamtkomplex kirchlicher Einstellungen bei dem Wort »volkskirchlich« bleiben.

III. Zum Dilemma theologischer Beurteilung religiöser Dienstleistungen

Weit gravierender als dieses sprachliche Defizit erscheint allerdings, daß weder das Syndrom dieser Mentalität insgesamt noch die meisten seiner sechs Merkmale bisher zureichend in theologisch-ekklesiologischen Kategorien zu fassen sind. Worte wie »religiöse oder pastorale Dienstleistung«, »service«, »religiöse Lebensbegleitung« oder gar »Bedürfnisorientierung« haben in der deutschen Theologensprache seit dem Beginn der Dialektischen Theologie einen negativen, ja abwertenden Klang behalten, was in der englischsprachigen Theologie für Worte wie »religion«, »service« oder »need« ja keineswegs zutrifft. Selbst die Kategorien Diakonie oder Dienst, die sonst im deutschen theologischen Sprachgebrauch durchaus positiv besetzt sind, werden für die pastoralen Aktivitäten im Zusammenhang der volkskirchlichen Dienstleistungen normalerweise nicht oder nur zögerlich verwendet. Unter Gesellschaftsdiakonie beispielsweise versteht man nicht die de facto in der Dreiviertelkirche vorherrschenden pastoralen Dienstleistungsaktivitäten, sondern die sozialkritisch-prophetischen Haltungen und Handlungen der erwähnten »5 %-Teilgruppe« innerhalb der Kerngemeinde. Man muß keineswegs die theologische Legitimität, die christliche Relevanz und die biblische Herleitung eines solchen Verständnisses von Gesellschaftsdiakonie kritisieren wollen, wenn man fragt, ob nicht ähnliche theologische Begründungsmuster auch für die tatsächlichen vorherrschenden und in Anspruch genommenen pastoralen Dienste der Kirche, etwa im Zusammenhang von Kasualien, von diakonischen Diensten etwa der Senioren- oder Behindertenarbeit oder aber der vielgestaltigen Vermittlung von Alltagsethik christlicher Humanität ebenso legitim sind. Jedenfalls muß die seit Jahrzehnten bestehende Differenz zwischen kirchlicher Mentalität und kirchlicher Praxis der Dreiviertelkirche einerseits und vorherrschender theologischer Ekklesiologie andererseits entweder als Inkonsequenz theologischer Praxis oder als Defizit theologischer Theorie erscheinen. Wenn es richtig ist, daß die Tendenzen zu religiöser Dienstleistung in den christlichen Kirchen weltweit von [436] entwicklungsleitender Bedeutung sind, und wenn es außerdem richtig ist, daß nach wie vor die deutschsprachige Theologie großen Einfluß auf die Kirchen der Ökumene hat, dann müßte sich deren Verantwortung, stärker als es bisher den Anschein hat, einer konstruktiven theologischen Bearbeitung des Problems der religiösen Dienstleistung stellen.

Vielleicht sind für diese Aufgabe nicht zuletzt die Überlegungen anregend und hilfreich, die Willi Marxsen in den siebziger Jahren zur Diskussion gestellt und unter dem Titel »Christologie praktisch« vorgelegt hat. Ohne auf die einzelnen Fragestellungen, die dort von dem Spannungsverhältnis zwischen Christologie und Humanwissenschaft aus entwickelt werden, näher eingehen zu können, erscheint doch seine Hauptthese plausibel und für unsere Problematik weiterführend, daß die Christologie nicht als Vorfrage und auch nicht als nachträgliche Überhöhung einer humanwissenschaftlich reflektierten und angeregten praktischen kirchlichen Arbeit zu verstehen sei, sondern als eine die gesamte praktische Arbeit begleitende Funktion[8]. Exemplarisch angewendet hat Marxsen diesen Ansatz in dem Kapitel »Überlegungen eines Neutestamentlers zum Recht in der Kirche«. Für eine theologisch angemessene Zuordnung von »Ordnung« und »Heil« wird dort ausgeführt, daß kirchliche Ordnungen weder so verstanden werden dürfen, daß durch ihre sorgfältige Befolgung Heil zu gewinnen sei, noch auch, daß das Heil nur innerhalb der jeweils geltenden Ordnungssysteme »gelebt« werden könne. Ordnungen haben keinen Heilscharakter; und Heil verwirklicht sich auch nicht in den Ordnungen so, daß es sich gleichsam in dieser Verwirklichung, also in die Ordnungen hinein, auflöst. Dennoch konkretisiert Heil sich wie überhaupt in diesem Leibe und in dieser Welt auch in kirchlichen Ordnungen. »Das Heil wird eben in ›Ordnungen‹ gelebt, in denen der Gott des Friedens sichtbar wird.«[9]

Es soll hier nicht über den Ordnungsbegriff Marxsens diskutiert werden, etwa in dem Sinne, ob dessen Verwendung nicht zu stark und etwas einseitig durch das bei Marxsen öfter thematisierte Gegenüber von »Institutionalisierung« in der Tendenz zu Verkrustung und Einengung einerseits und einem mehr spontan verstandenen »zugelebten Heil« andererseits beeinflußt ist und gewisse Irritationen in die Fragestellung seiner Hauptthese bringen kann.

Viel wichtiger erscheint uns vielmehr, ob das, was bei Marxsen über die Zuordnung von Ordnung und Heil grundsätzlich-theologisch ausgeführt ist, nicht ähnlich auf das Verhältnis von religiöser Dienstleistung und Heil angewendet werden könnte. Auch für diesen Bereich kirchlichen Handelns gilt ja, daß Dienstleistung und Heil nicht einfach als kompatible Größen in Alternative gesetzt oder gar als unvereinbares Gegeneinander verstanden werden dürfen. Erörtert werden müßte, ob und wie sich das »Zuleben von Heil« (Marxsen) auch oder gerade in den Prozessen und Handlungen kirchlicher Dienstleistung, etwa bei Amtshandlungen oder [437] Aktivitäten der Ethikvermittlung, ereignen kann. Solche Überlegungen sind zwar von Zeit zu Zeit in Ansätzen und in längeren Ausführungen vorgebracht worden; doch dürfte der Tenor der allgemeinen theologischen Diskussionslage im Blick auf die kirchlichen Dienstleistungen in der Dreiviertelkirche nach wie vor eher durch Desinteresse, durch Abwertungen oder eben durch Entgegensetzungen wie »eigentlich — uneigentlich«, wie »Bedürfnisorientierung oder Heil« bestimmt sein. Das aber wird weder der Mentalität derer gerecht, die die Masse der Kirchenmitglieder stellen und deren Mitgliedschaft in der Kirche man unbedingt erhalten und festigen möchte, noch entspricht es der gebotenen theologischen Redlichkeit, sich mit der tatsächlichen Rolle und Funktion der Kirche in unserer Zeit auch ekklesiologisch konstruktiv auseinanderzusetzen.

IV. Polyzentrische Vielfalt und theologischer Pluralismus in der Kerngemeinde.

Was als kirchliches Leben in der Öffentlichkeit wahrgenommen und teilweise lebhaft diskutiert wird, geht zwar von einem quantitativ nur kleinen Teil, eben von den maximal 15 % »engagierten« Kirchenmitgliedern aus, zeigt sich aber als durchaus vital, durchsetzungswillig und einflußkräftig: es zeigt sich als farbig, vielgestaltig und auch widerspruchsvoll: Dem einen ist »die« Kirche zu politisch, dem anderen zu unpolitisch; dem einen zu rechts, dem anderen zu links; dem einen zu hinterwäldlerisch, dem anderen zu modern; zu evangelikal oder zu liberal, zu abgehoben geistlich oder zu weltlich, zu sündenpessimistisch oder zu fortschrittsoptimistisch, zu kritisch oder zu unkritisch-blauäugig. Tatsächlich sind die Fronten innerhalb der Aktivgruppen keineswegs durchgehend starr, Koalitionen können durchaus wechseln. Stehen sich Evangelikale und gesellschaftskritische »Ökumeniker« hier seit Jahr und Tag unversöhnlich gegenüber, so gibt es dort überraschende Bündnisse und neue, auch inhaltlich-theologisch ungewohnte Verbindungen, neuerdings selbst zwischen evangelikalen und gesellschaftspolitischen Motivationen. Das breite Dach der Volkskirche gibt Raum für alle: für die distanzierte Kirchlichkeit der Dreiviertelkirche wie für zurückgezogen lebende spirituelle Kommunitäten, für kämpferisch politische Avantgardegruppen wie für offensive Evangelisationsfeldzüge der Evangelikalen oder einer charismatischen Bewegung. Hinter jeder dieser Richtungen oder Richtungsabweichungen stehen ausgeführte und selbstbewußt vertretene theologische Begründungsmuster. Gleichzeitig wird aus fast jeder dieser Richtungen beschwörend proklamiert, daß die Kirche zwar für alle, aber nicht für alles da sei und dasein dürfe. Es scheint so, als ob die polyzentrische Vielfalt und Konkurrenz kirchlicher Richtungen in den letzten Jahrzehnten zugenommen habe; wiederum nicht nur bei uns, unter den gesellschaftlichen Bedingungen der Bundesrepublik und Westeuropas, sondern auch in Amerika und in den Jungen Kirchen der »Dritten Welt«. Es scheint auch, als ob diese Entwicklung zu weiter ausgeform[438]tem Pluralismus andauern und zur Signatur des künftigen Weges der Kirche gehören werde. Jedenfalls dürfte es schwer sein, Symptome aufzuweisen, die dieser Entwicklung effizient entgegenwirken. Die Proteste gegen den Pluralismus und gegen die »Kirche für alles« jedenfalls haben die tatsächliche Entwicklung offensichtlich wenig beeinflußt.

Um sich unter den verschiedenen Zügen und Motiven dieses buntscheckigen und für manche verwirrenden Gesamtbildes genauer orientieren und sich mit ihnen auch inhaltlich auseinandersetzen zu können, sollen einige der Zentren mit unseres Erachtens wiederum entwicklungsleitender Ausstrahlung und Einflußkraft im bundesdeutschen Protestantismus näher in den Blick genommen werden:

1. Am stärksten profiliert und größenmäßig entwickelt haben sich seit dem Zweiten Weltkrieg diejenigen Richtungen, Gruppierungen und Initiativen, die unter Kennworten wie »sozialethisch-gesellschaftskritisch«, »am prophetischen Amt der Kirche orientiert«, neuerdings auch unter der Bezeichnung »Ökumeniker« zusammengefaßt werden. Sie sind theologisch originär beeinflußt durch Impulse, die auf K. Barth und D. Bonhoeffer zurückgehen, sehen sich häufig in der Tradition der Bekennenden Kirche, fühlen sich der Kirchenpolitik und den sozialethischen Maximen der Genfer Zentrale von Ökumenischem Rat und Lutherischem Weltbund (z. B. im Antirassismusprogramm) eng verbunden und stehen gewöhnlich dem theologischen Ansatz und den kirchlichen Aktivitäten der Befreiungstheologie nahe. Heute haben sie ihr wichtigstes gemeinsames Forum im Deutschen Evangelischen Kirchentag. Ihre inhaltlichen Ziele lassen sich komprimiert mit der zur Zeit in vielen, auch katholischen, Kirchen bearbeiteten Losung für die weltweite ökumenische Versammlung 1990 in Korea ausdrücken: Gerechtigkeit, Frieden und Bewahrung der Schöpfung; oft nur als interkirchlich-ökumenisches Kürzel JPIC (= Justice, Peace and Integrity of Creation) bekannt. Vertreten wird die Gesamtrichtung sowohl durch Gemeindegruppen, besonders Friedens-, Dritte Welt-, Frauen- und Jugendgruppen, als auch in stärker organisierter Form durch Studentenpfarrämter, Ämter für Industrie- und Sozialarbeit, für Mission und Ökumene sowie durch Mitarbeiter anderer übergemeindlicher Einrichtungen.

2. In mancher Hinsicht als eine Art Gegenbewegung gegen eine schwerpunktmäßige Ausrichtung der kirchlichen Arbeit auf Sozialethik, Politik oder gar Befreiungstheologie haben die evangelikalen und pietistischen Gruppierungen in den letzten Jahrzehnten viel Aufmerksamkeit auf sich gezogen und sich wohl auch in neuartigen Konstellationen konsolidiert. Ihren eigenen, geschichtlich stärker als die sozialethisch-avantgardistischen kirchlichen Strömungen in Erscheinung getretenen Traditionen gemäß suchen sie die überkommenen Vorstellungen von Mission, Sündenvergebung und ewigem Leben neu und offensiv zur Geltung zu bringen. Außer auf den »sozialethischen Protestantismus« richtet sich die evangelikale Kritik mit Nachdruck auf die Struktur und die Rechtfertigungen der Volkskirche.[439]
Die evangelikale Bewegung hat eine Reihe von sogenannten Parallelstrukturen entwickelt, die ihre spezifischen theologischen Eigenakzente in der Theologenausbildung, der Missionsarbeit, der Öffentlichkeitsarbeit und im Gemeindeaufbau zur Geltung bringen sollen, darum bewußt mit den offiziellen »volkskirchlichen« (das bedeutet meistens »modernistischen«, »linken« oder »zeitgeistorientierten«) Einrichtungen konkurrieren und dementsprechend in der kirchlichen Öffentlichkeit heftig umstritten sind. In jüngster Zeit haben sich mit den evangelikalen Zentren neuere, in ihrer Sozialgestalt noch wenig institutionalisierte und in ihren theologisch-inhaltlichen Profilen noch nicht genau identifizierbare charismatisch-spiritualistische Bewegungen in manchen Zielsetzungen verbunden, allerdings in einer wohl spannungsreichen Koalition.

3. Eine dritte, gegenüber den gesellschaftspolitischen und evangelikalen Aktivgruppen weniger konturiert und engagiert auftretende Gruppierung kann man mit dem Kennwort »Offene Volkskirche« charakterisieren. Sie stellt heute zweifellos den Großteil der Gottesdienstbesucher und aktiven ehrenamtlichen Mitarbeiter der Gemeinde, findet sich in allen Landeskirchen, umfaßt theologisch-inhaltlich ganz unterschiedliche Interessensrichtungen, hat ihren gemeinsamen Nenner aber darin, die volkskirchlichen Gegebenheiten zumindest als Chance für den kirchlichen Auftrag zu akzeptieren, vielleicht sogar die Volkskirche als »Institution der Freiheit« oder als »Haus für alle« zu begreifen. Im kirchenpolitischen Konfliktfall dürfte diese Gruppierung nach wie vor eine breite Mehrheit von Pfarrern und Synodalen auf ihrer Seite haben. Doch tritt sie als schweigende Mehrheit im Alltag des kirchlichen Lebens wenig auffällig in Erscheinung.

4. Eine vierte, quantitativ kleinere, aber in ihrem Profil eigenständig konturierte Gruppierung wird durch ihr forciertes Interesse an Pastoralpsychologie und »Therapeutischer Seelsorge« gebildet. Ihre Vertreter können sich in politisch-sozialethischen oder kirchentheoretischen Fragen durchaus an andere Gruppierungen anlehnen, bilden aber im breiten Spektrum kirchlicher Richtungen eine unverwechselbare Einheit.
Neben diesen mehr kirchenpolitischen Gruppierungen kann man im polyzentrischen Lebensfeld der Volkskirche auch durchaus andere Formen von Aktivzentren ausmachen: in den Evangelischen Akademien und anderen Bildungseinrichtungen, in der Vielfalt von Aktivitäten und Institutionen innerhalb des Diakonischen Werkes, in der Industrie- und Sozialarbeit, in der Krankenhausseelsorge oder — wieder anders und nicht unumstritten — in der Militärseelsorge.

Wieder anders läßt sich das Paradigma der polyzentrischen Vielgestaltigkeit auch auf die Organisationsformen kirchlicher Arbeit anwenden: Sie erstrecken sich von den auf Spontaneität gegründeten und langfristig instabilen Ad-hoc-Gruppen von Friedensbewegung oder Umwelt-Initiativen über die Nahbereichs-(face to face)In[440]stitutionen der Parochie und die eher bürokratische Großorganisation einer Landeskirche bis zu den parlamentarischen Darstellungsformen der Synoden und der Gremienkirchlichkeit auf EKD- und ökumenischer Ebene.
Wir gehen davon aus, daß dieses Paradigma der polyzentrischen Vielgestaltigkeit eine in unserem kirchlichen Leben charakteristische und zunehmende Tendenz erfaßt, die sich in den neunziger Jahren und darüber hinaus verstärkt fortsetzen wird. Das ist nicht zuletzt deshalb anzunehmen, weil sie allgemeinen gesellschaftlichen Tendenzen entspricht: sowohl einer fortschreitenden Differenzierung unserer Arbeits- und Lebenswelt als auch einer Demokratisierung im Sinne des zunehmend von der »Basis«, d.h. von betroffenen Mitgliedern ausgehenden, weniger »von oben« gesteuerten öffentlichen Geltendmachens von Interessen und Überzeugungen. Diese Tendenzen zur Vielgestaltigkeit und dementsprechend zu Wettbewerb und Streit spiegeln sich im übrigen in ekklesiologischen und kirchentheoretischen Betrachtungsweisen und Analysen[16]. Sie können m. E. aber nur dann richtig eingeschätzt und für Zukunftsplanun-

gen berücksichtigt werden, wenn zwei ihrer ursächlichen Rahmenbedingungen im Blickfeld bleiben: einmal, daß die polyzentrische Vielfalt von Aktionsgruppen und kirchlichem Handeln auf die 10-20% der engagierten Kirchenmitglieder begrenzt ist; sie ist nicht charakteristisch für die Dreiviertelkirche. Diese 75 % dürften vielmehr gerade gegenüber dieser Vielgestaltigkeit in Distanz verharren. Zweitens ist die polyzentrische Vielgestaltigkeit von kirchlichem Leben, wie sie sich in der Bundesrepublik entwickelt, auf dem Nährboden der Volkskirche entstanden; sie bleibt auch auf die personellen und finanziellen Ressourcen der Volkskirche angewiesen. Es ist deshalb m. E. analytisch wie handlungspraktisch problematisch, das Modell der polyzentrischen Vielgestaltigkeit der Kirche programmatisch gegen das Paradigma einer Dienstleistungskirche zu stellen. Vor diesem Hintergrund erscheint es auch als gefährlich, sich von einer generellen Kritik der volkskirchlichen Mentalität oder gar vom gezielten Abbau volkskirchlicher Strukturen eine durchgreifende Erneuerung des kirchlichen Lebens zu versprechen. Vielmehr gilt es, zu verstehen und nutzbar zu machen, daß Initiativen und neue Lebensformen ja gerade aus »Zentren« kommen, die mit den volkskirchlichen Strukturen und Möglichkeiten eng verzahnt sind — und daß deshalb sie es sind, die wohl am meisten zur Verlebendigung der volkskirchlichen Kirchlichkeit und zur Veränderung von verkrusteten Strukturen beitragen und beitragen können.

Ähnlich wie hinsichtlich der Bedeutung von religiöser Dienstleistung für die volkskirchliche Mentalität sind auch im Blick auf die polyzentrische Vielgestaltigkeit der gegenwärtigen Kirche die theologisch-ekklesiologischen Begründungsprobleme oder Beurteilungskriterien keineswegs einvernehmlich geklärt. Nach wie vor versuchen viele Vertreter der verschiedenen Richtungen, ihr eigenes Verständnis von Evangelium, von Wahrheit und von Frömmigkeit als das eigentlich richtige zur [441] Geltung zu bringen und möglichst in der Gesamtkirche durchzusetzen. Nach wie vor stehen sich, um nur die meistdiskutierten Interpretationsmuster zu erwähnen, die Konzeptionen von Kirche als »Institution der Freiheit« (T Rendtorff)[11], als gesellschaftskritisch engagiertem »Vortrupp des Lebens« (H. Gollwitzer)[12], als »Gemeinschaft der durch Bekehrung zum wahren Glauben fortgeschrittenen Christen«[13] mindestens asymmetrisch, wenn nicht einander ausschließend gegenüber. Noch wird das Vermittlungskonzept einer »Konziliaren Gemeinschaft« mit unterschiedlichen Ausprägungen von Glauben und Frömmigkeit (Ernst Lange)[14] keineswegs überall als Verständigungs- oder Integrationshilfe anerkannt, sondern gelegentlich als ein mit dem eigenen konkurrierendes Konzept abgelehnt. Ohne auch hier gründlich in die theologische Auseinandersetzung eintreten zu können, scheint mir das Konzept der konziliaren Lerngemeinschaft am ehesten in der Lage, die polyzentrische und pluralistische kirchliche Wirklichkeit theologisch zu begreifen und auf eine Perspektive auszurichten, »die sich vom Evangelium her bestimmt«[15]. Jedenfalls gilt hier ebenso wie für die Dreiviertelkirche, daß die Ekklesiologie die Begründungs- und Interpretationsaufgabe dieser tatsächlich vorfindlichen kirchlichen Praxis und ihrer Entwicklungstendenzen nicht einer sozialwissenschaftlichen Kirchentheorie überlassen oder sich auf eine Kritik beschränken kann, die die gegebene Praxis zwar beklagt, aber nicht gestaltet Es ist anzunehmen, daß dieses Aufgabengebiet in den kommenden Jahren durch erhebliche Auseinandersetzungen charakterisiert sein wird.

Die Neuaufbrüche, Innovationen, Veränderungen, aber auch die Erstehungen und das rasche Vergehen neuer Strömungen, die gerade das Bild der engeren Kirche der »Engagierten« während der letzten Jahrzehnte geprägt haben, machen zugleich deutlich, daß die kirchliche Entwicklung nicht einlinig, in engen Kausalschemata, verläuft, sondern auf ganz verschiedenartige Impulse reagiert: solchen aus der gesellschaftlichen Umwelt und solchen aus dem geistlichen oder sozialen Leben innerhalb der Gemeinde. Aus diesem Grund ist es in der Tat schwierig, wie M. Welker gegen die Prognosetrends der EKD-Studien »Christsein Gestalten« und »Strukturbedingungen der Kirche auf längere Sicht« in seiner provokativen Schrift »Kirche ohne Kurs« nachdrücklich geltend gemacht hat, einlinige und enggeführt eindeutige Aussagen über den künftigen Weg der Kirche zu machen[16]. Das Bild der »engagierten 15 %-Kirche« etwa kann in zehn Jahren bereits ganz andere Farben, Schwerpunkte und Aktivzentren aufweisen als heute. Doch darf die Einsicht in die Vielfalt von Entwicklungsmöglichkeiten m. E. nicht dazu führen, auf jede Art von Orientierungsversuch zu verzichten. Unter dem Vorbehalt von Irrtumsmöglichkeit und der Offenheit für unerwartete Entwicklungen muß vielmehr zu eruieren versucht werden, was heute in grober Tendenz zu erkennen ist. In diesem Sinne scheint mir, daß sowohl das Verständnis der kirchlichen Aufgabe als religiöser Dienstleistung innerhalb der übergroßen Mehrheit der Kirchenmitglieder (der »Dreiviertelkirche«) als auch der Pluralismus von theologischen und ethischen Positionen sowie von praktischen Arbeitsformen im engeren Kreis der kirchlichen Engagierten auf dem Weg in das neue Jahrtausend stark zunehmen und Theologie wie kirchenleitendes Handeln zu neuen Antworten herausfordern werden.

Anmerkungen

1 W. Jetter, Was wird aus der Kirche?, Stuttgart/Berlin 1968. - H. Hanselmann u. a. (Hrsg.), Was wird aus der Kirche, Gütersloh 199 - Zur Entwicklung des Themas „Volkskirche" seit 1968. vgl. G. Rau, Volkskirche heute, in: VuF 32 (1987) S. 2-31 (Literatur). - J. Track, Volkskirche — Quo Vadis, in: PTh 77 (1988), S. 148-161.

2 Zu den Zahlenangaben vgl. Kirchliche Jahrbücher, hrsg. von W. D. Hauschild; Statistische Beilagen der kirchlichen Amtsblätter der EKD, 1986; Volkszählung 1987, vgl. Idea-Spektrum vom 5.1.1989, S. 6. Zur Problematik M. Welker, Kirche ohne Kurs?, Neukirchen-Vluyn 1987.

3 H. H. Brunner, Kirche ohne Illusionen, Zürich/Stuttgart 1968; J. C. Hoekendijk: Die Zukunft der Kirche und die Kirche der Zukunft, Stuttgart/Berlin 1964; K.-W. Dahm, Beruf Pfarrer, München 3. Aufl. 1974.

4 Vgl. etwa G. Krusche: Berichte zur kirchlichen Lage, in: Synodalprotokolle der Synoden des Bundes der Evangelischen Kirche .in der DDR. - Weiter: Ders., Bekenntnis und Weltverantwortung. Die Ekklesiologie des Lutherischen Weltbundes. Ein Beitrag zur ökumenischen Sozialethik, Berlin 1986. Ders., Die institutionelle Wirklichkeit der Kirche in der DDR, in: A. Burgsmüller (Hrsg.), Kirche als Gemeinde von Brüdern, Gütersloh 1980, S. 37ff.

5 Wiedergegeben ist die Tendenz eines Umfrageergebnisses in einer norddeutschen großstädtischen Kirchengemeinde. Die Ergebnisse wurden nicht veröffentlicht; sind mir jedoch zugänglich gewesen.

6 Christsein gestalten, Eine Studie um Weg der Kirche, hrsg. vom Kirchenamt der EKD, Gütersloh 1986, bes. S. 23-36.

7 Vgl. R. Schieder: Civil Religion. Die religiöse Dimension der politischen Kultur, Gütersloh 1987. Ders., Civil Religion, in: VuF 33 (1988), S. 29-43. Ders.: Politische Kultur als Civil Religion? Die „Kieler Affäre" im Spiegel der Presse, in: ZEE 32 (1988), S. 107-118.

8 W. Marxsen, Christologie praktisch, Gütersloh 1978, bes. S. 10 und S. 81-106.

9 Ebd., S. 105.

10 Vgl. Welker, a. a. 0., sowie Track,

11 Vgl. W. Lohff, L. Mohaupt (Hg.): Volkskirche - Kirche der Zukunft? ("VELKD-Studie"), Hamburg 1977, S. 19ff

12 H. Golwitzer: Vortrupp des Lebens, München 1975.

13 Vgl. R. Weth (Hrsg.), Diskussion zur Theologie des Gemeindeaufbaus, Neukirchen-Vluyn 1986.

14 E. Lange: Die ökumenische Utopie , 1972 (Jetzt: Edition Ernst Lange, Bd. 5, München/Gelnhausen 1987).

15 Track (Anm. 1), S. 157-161.

16 Welker (Anm. 1), S. 81-84. — Vgl. auch A. Haarbeck, Theologie des Gemeindeaufbaus, in Weth (Hg.), Anm. 1.

Kapitel II – Der Pfarrberuf zwischen religiöser Funktion und theologischem Auftrag

Das Berufsfeld des Pfarrers in der Sicht einer „funktionalen Theorie" des kirchlichen Handelns*

1. Der Ansatz: die Funktionen der Praxis

1.1 Kirchliches Handeln wird in fast allen theoretischen Grundlegungen vom „Auftrag der Kirche" her definiert. Der Auftrag wiederum wird abgeleitet aus biblischen Aussagen oder aus früheren und inzwischen zum Dogma gewordenen Interpretationen der biblischen Aussagen, beispielsweise der Bekenntnisschriften.
Kirchliches Handeln wird also in der Regel nicht definiert unter dem Gesichtspunkt seiner gesellschaftlichen Funktionalität, d.h. seiner Verflechtungen in die jeweilige geschichtliche Situation und deren gesellschaftliche Praxis mit ihren dem Menschen helfenden oder den ihn unterdrückenden Institutionen.
Die theologische Diskussion über kirchliches Handeln ist (ebenso wie die über den Auftrag der Kirche überhaupt) zur Zeit durch starke Gegensätze, Widersprüche und gegenseitige Verständigungsschwierigkeiten gekennzeichnet. Diese Uneinheitlichkeit wirkt sich jedoch auf die tatsächliche Gestaltung und den Vollzug des kirchlichen Handelns kaum aus. In dem nach wie vor als besonders wichtige Manifestation von Kirche angesehenen Tätigkeitsfeld des Pfarrers beispielsweise hat sich trotz immer neuer ekklesiologischer Entwürfe in den letzten Jahrzehnten kaum wesentliches geändert.
Eine deutlich erkennbare Auswirkung der theoretischen Problematisierung des kirchlichen Handelns lag allerdings darin, daß eine zunehmende Zahl von Pfarrern die sogenannten volkskirchlichen Funktionen (wie Religionsunterricht, Konfirmation, Beerdigung etc.) nur widerstrebend und mit schlechtem Gewissen wahrnahm, weil sie ihrem im Studium erarbeiteten Verständnis von kirchlichem Auftrag nicht entsprachen. Andererseits sahen sie aber kaum realisierbare Möglichkeiten, den volkskirchlichen Aufgabenkatalog [99] durchgreifend zu verändern. So bleibt ihr individuell engagiertes Reflektieren des kirchlichen Auftrags, so bleiben aber auch die Spannungen in der öffentlichen theologischen Diskussion des kirchlichen Auftrages relativ folgenlos für die pfarramtliche Praxis.
Es könnte sein, daß diese Folgenlosigkeit und die ihr korrespondierende Unsicherheit über die Praxis des kirchlichen Handelns damit zusammenhängt, daß in den zeitgenössischen theologischen Entwürfen zum Thema Kirche zu wenig Hilfen zur Bewältigung der Differenz zwischen dem „Auf-

* Erstveröffentlicht in: Karl-Wilhelm Dahm: Beruf Pfarrer, München 1971, S. 99-156

trag" und den „Alltagsfunktionen" der Kirche angeboten und entfaltet werden.

1.2 In den hier vorgelegten Überlegungen wird versucht, an diesem Defizit anzusetzen und gewissermaßen einmal umgekehrt als sonst üblich vorzugehen: nämlich bei der Erinnerung and Problematisierung der Funktionen zu beginnen and auf diesem Wege Bausteine für eine Theorie des kirchlichen Handelns zu gewinnen. Damit soll und darf die theologische Reflexion über den „Auftrag" der Kirche, über Ziele und Inhalte der kirchlichen Arbeit natürlich nicht suspendiert sein; eine solche Suspension könnte nur einen blinden und sterilen Pragmatismus zur Folge haben. Es gilt vielmehr, die theologische Besinnung über Ziel, Inhalt und Auftrag unmittelbarer und mehr als bisher auf die alltäglichen Aufgaben zu beziehen.
Eine Voraussetzung dafür scheint uns allerdings zu sein, daß das Ungleichgewicht zwischen einem sehr umfangreichen und ausdifferenzierten theologischen Potential zur Reflexion des Auftrages einerseits und einem noch kaum entwickelten wissenschaftlichen Instrumentarium zur Reflexion der praktischen Aufgaben andererseits ein wenig ausbalanciert wird. Dies kann bei der gegebenen Situation auch dazu führen, daß bewußt einmal energisch und vielleicht etwas einseitig der Akzent auf diese Funktionen, ferner auf die für ihre Problematisierung in Betracht kommenden erfahrungswissenschaftlichen Instrumente und auf die Erprobung dieser Instrumente gesetzt wird.

1.3 Unser Versuch, von einer Reflexion der Aufgaben aus zu einer Theoriebildung über kirchliches Handeln zu gelangen, [100] ordnet sich ein in andere soziologische Versuche, gesellschaftliches Handeln unter „funktionalem" Aspekt zu erfassen und in einer „funktionalen Theorie" zu systematisieren. In Anlehnung an deren Denkstruktur soll in unserem Zusammenhang mit dem Begriff der *„Funktion"* eine zweifache, aber ineinander verflochtene Bedeutung zum Ausdruck gebracht werden: Einmal soll im Sinne des vor 100 Jahren von dem französischen Soziologen E. Durkheim eingeführten Sprachgebrauches mit dem Wort „Funktion" die wechselseitige Abhängigkeit einer Institution oder einer Tatsache mit anderen gesellschaftlichen Zusammenhängen ausgedrückt werden[1]; konkret: Kirchliches Handeln wollen wir in den Zusammenhang seiner gesellschaftlichen Bedingungen und seiner gesellschaftlichen Folgen und Wirkungen stellen und nicht isoliert davon betrachten. — Die andere besonders auf Organisations- und Berufsprobleme bezogene Bedeutung grenzt den Funktionsbegriff gegen den allgemeineren Begriff der „Aufgaben" ab. „Funktion" ist

1 Vgl. zur Einführung: R. Mayntz, Strukturell-funktionale Theorie, in: W. Bernsdorf (Hrsg.), Wörterbuch der Soziologie, 1969, S. 1132 ff.

in diesem (und übrigens auch alltagssprachlich verwendeten) Sprachgebrauch insofern ein Spezialfall von „Aufgaben", als mit diesem Wort die verantwortliche Teilnahme eines Trägers an der Erfüllung der Aufgabe und damit zugleich die Verflechtung dieses Trägers in andere gesellschaftliche Bindungen zum Ausdruck gebracht wird. Eine „Aufgabe" ließe sich demgegenüber auch beschreiben, ohne daß Art und Träger der Erfüllung gleichzeitig mit ins Blickfeld kommen.
Unser Verständnis von „*Theorie*" knüpft zunächst an einen Sprachgebrauch der sogenannten positiven Wissenschaften an und meint im Anschluß etwa an K. Popper den „vorläufigen Deutungsversuch von erreichbarem empirischen Datenmaterial zu einem ausgegrenzten Problembereich"[2]. „Vorläufig" bedeutet, daß die Theorie unter dem Einfluß neuer Daten oder neuer Fragestellungen nicht nur überholungsfähig, sondern auch überholungsbedürftig ist, daß sie [101] prinzipiell auf Korrektur, Ergänzung oder Falsifizierung angelegt ist. Auf die Grenzen dieses potentiell „positivistischen" Theoriebegriffes ist in letzter Zeit, ursprünglich angeregt durch M. Horkheimers Aufsatz über „Traditionelle und kritische Theorie" (1937), immer wieder hingewiesen worden[3]; sie liegen darin, daß hier Gegebenheiten bloß festgestellt und quantifiziert werden konnten, ohne daß ihr geschichtlicher Charakter, ihr „Gewordensein" als menschliches Produkt und damit ihre Veränderbarkeit, ihre Verbesserungsbedürftigkeit mitbedacht werden. Diesem gefährlichen Mangel sucht Horkheimer entgegenzuwirken, indem er die Gegebenheiten der Wirklichkeit nicht nur empirisch erfassen, sondern immer auch unter dem Aspekt ihrer Möglichkeiten kritisieren und also verändern will. Diesen Grundimpuls der sogenannten „Kritischen Theorie" wird heute keiner außer Acht lassen können, der den einen oder anderen Ausschnitt von Wirklichkeit auf einen theoretischen Begriff zu bringen versucht. Auch eine „funktionale Theorie" des kirchlichen Handelns wird sich dieser Kritik zu stellen haben.

2. Theologisches Denken und empirisch-kritische Methode

2.1 Wer in theologischen Kategorien und Systemen zu denken gewohnt ist, mag sich fragen, wie die neuerdings mehr und mehr auf die Kirche und in der Kirche angewendeten sozialwissenschaftlichen Begriffe, Fragestellungen und Kontroversen denn mit dem überkommenen theolo-

2 Vgl. zur Einführung: K. D. Opp, Soziologische Theorie, in: W. Bernsdorf (Hrsg.), Wörterbuch der Soziologie, 1969, S. 1080-1088; ferner E. Topitsch (Hrsg.), Logik der Sozialwissenschaften, 1966.

3 M. Horkheimer, Kritische Theorie, 2 Bde, Neuauflage 1968. Dazu: J.Habermas, Erkenntnis und Interesse, 1968; G.Rohrmoser, Das Elend der Kritischen Theorie, 1970; J. Habermas / N. Luhmann, Theorie der Gesellschaft oder Sozialtechnologie, 1971.

gischen Denken vermittelt werden können. Vielleicht hilft bei diesen Überlegungen ein Vergleich mit der Rezeption der „historisch-kritischen Methode" durch die Theologie des 18. und 19. Jahrhunderts. So wie man damals die biblischen Quellen und die kirchengeschichtliche Entwicklung mit Hilfe der in den profanen Wissenschaften entwickelten „historischen Kritik" angemessener zu begreifen und zu problematisieren [103] versuchte, geht die Theologie heute daran, mit Hilfe des Instrumentariums der sogenannten Erfahrungswissenschaften (empirische Wissenschaften) die kirchliche Wirklichkeit zu analysieren und zu reflektieren[4]. Dazu ist sie genötigt, weil die in ihrer eigenen theologischen Fachsprache verwendeten Begriffe und Denkweisen zur Erfassung dieser Wirklichkeit in vielen Fällen nicht ausreichen und außerdem für den Nichttheologen nicht immer verständlich sind. Auch in die Problematik der kirchlichen Praxis (beispielsweise psychotherapeutische Seelsorge oder kirchenorganisatorische Strukturplanung) sind sie oft nur noch unter Schwierigkeiten zu übersetzen. Das bedeutet nicht, daß in der Theologie nicht auch Wirklichkeit auf den Begriff gebracht und im Sinne einer tieferen Wahrheit analysiert wäre. Es bedeutet aber, daß der Wirklichkeitsgehalt dieser theologischen Sprache den meisten Menschen verborgen bleibt, weil ihr Bewußtsein primär durch naturwissenschaftliches und sozialwissenschaftliches, also unmittelbar durch empirisches, auf Erfahrung bezogenes Denken geprägt ist.

2.2 Die Differenz zwischen theologischem Bewußtsein und umgangssprachlicher Mentalität kann gerade am Kirchenverständnis deutlich werden. Der von der biblischen, der reformatorischen und der systematischen Ekklesiologie geformte Kirchenbegriff eines Theologen kann durchaus unvergleichbar sein mit den Vorstellungen, Interessen und Erwartungen derjenigen gewiß zahlreichen Kirchenmitglieder und Kirchensteuerzahler, die in der Kirche in erster Linie eine Art Dienstleistungsorganisation sehen. Wenn es nicht gelingt, in diesen beiden ganz verschiedenartigen Betrachtungsweisen eine übergreifende oder implizite Gemeinsamkeit der Interessen zu finden, kann die Differenz leicht zu gegenseitiger Verständnislosigkeit, zum Abbruch der Kommunikation, zum Kirchenaustritt führen. Damit ist [104] wiederum nicht gesagt, daß sich der Theologe kritiklos an die Dienstleistungs-Auffassung anpassen solle; sondern es ist gemeint, daß er eine Sprache finden muß, die seine Kritik an der Dienstleistungs-

4 Vgl. W. D. Marsch, Institution im Übergang, 1970; P. Dienel, Kirche 1980, Ev. Presseverband Frankfurt 1968; D. Stoodt, Demokratisierung der Kirche, in: Wissenschaft und Praxis (WuPKG) 1970, S. 209-220; Y. Spiegel, Kirche als bürokratische Organisation, ThExheute 160, 1969; W. Jetter, Was wird aus der Kirche?, 1968; H. H. Brunner, Kirche ohne Illusionen, 1968; J. M. Lohse, Kirche ohne Kontakte, 1967; W. Pannenberg, Thesen zur Theologie der Kirche, München 1970.

Auffassung verständlich machen kann. Das aber wird nach Lage der Dinge in erster Linie bedeuten, daß er sich mehr als bisher auf empirisches Denken und empirisch geprägte Umgangssprache einläßt und beides einübt.

2.3 Empirisches Denken steht, wie schon angedeutet, leicht in der Gefahr, sich mit der Analyse der gegebenen Wirklichkeit zufrieden zu geben, im Vorhandenen gewissermaßen aufzugehen, Möglichkeiten der Veränderung und der Innovation nicht mitzubedenken, also absichtlich oder unabsichtlich gegebene Strukturen zu rechtfertigen, zu sanktionieren und damit festzuschreiben. Diesem starken und gewissermaßen eigengesetzlichen Trend empirischer Wirklichkeitsbetrachtung hat die Theologie in ihrer prophetischen Tradition von der Davidszeit bis in die Gegenwart immer wieder entgegenzuwirken versucht; ihre grundlegende Intention, eine gegebene Wirklichkeit zu transzendieren, ist insbesondere in den Theologumena der Eschatologie, der Hoffnung, der Zukunft, der Erlösung, des „Reiches Gottes" immer neu zur Sprache gebracht worden.
Gerade diese Grundabsicht, sich mit der gegebenen Wirklichkeit und ihrem „Elend" nicht abzufinden hat sich in jüngster Zeit, angeregt vor allem durch die schon erwähnte „kritische Theorie" der sogenannten Frankfurter Schule (Horkheimer, Adorno, Marcuse, Habermas) auch im öffentlichen Bewußtsein immer stärker mit dem Begriff der „Kritik" verbunden. Während „Kritik" in der Kombination „historisch-kritisch" stark auf die Bedingungen und Ursachen einer Gegebenheit (Zustandes oder Textes) zielt, wird „Kritik" in der Kombination „empirisch-kritisch" stärker als Aspekt der Veränderung und Verbesserung dieser Gegebenheit verwendet. In diesem Absichtszusammenhang sind wenigstens strukturell und formal (wenn auch nicht in jedem Sinne inhaltlich) eine sogenannte „Kritische Theorie" und eine zeitkritische Theologie durchaus miteinander zu vermitteln. [105]
Die Dynamik dieser Absicht darf freilich nicht die nüchterne Wirklichkeitsanalyse, die Prüfung der eigenen Theorien und Versuche an der erfahrbaren Wirklichkeit, kurz: die erfahrungswissenschaftliche Redlichkeit überwuchern und damit zu neuer dogmatischer Verfestigung führen. Es kommt vielmehr darauf an, ob es einer empirisch-kritischen Methode gelingt, sowohl dem Anspruch erfahrungswissenschaftlicher Exaktheit als auch dem kritischen Willen zur Innovation zu entsprechen.

3. Hauptergebnisse der empirischen Kirchenforschung

3.0 Gehen wir im Sinne unseres dargelegten Ansatzes von dem erreichbaren Datenmaterial aus, so ergibt sich ein erster Überblick über die Funktionen, die der Kirche in unserer Gesellschaft zugeschrieben werden, aus einer Reihe von demoskopischen Erhebungen, die in der Zeit zwischen 1966 und 1971 veröffentlicht worden sind[5].

3.1 In der Bundesrepublik Deutschland bejahen nach wie vor ca. 90% der Bevölkerung grundsätzlich die Anwesenheit von „so etwas wie Kirche". Diese Anwesenheit wird in der Regel ganz selbstverständlich und ohne darüber ausdrücklich zu reflektieren für erforderlich gehalten. Mit dieser empirischen Feststellung ist noch nichts über die Belastbarkeit und Widerstandskraft dieser Grundeinstellung ausgesagt. Es kann sein, daß (wie in den letzten zwanzig Jahren in anderen westeuropäischen Ländern) ein Drittel der Kirchenmitglieder latent austrittswillig ist; es kann aber [106] auch sein (und dafür scheinen im Augenblick die stärkeren Indizien zu sprechen), daß eine ernsthafte Absicht zum Kirchenaustritt gegenwärtig bei nur etwa 5-10% der Mitglieder vorhanden ist[6].
Andererseits darf die Tendenz zum Kirchenaustritt in vielen Fällen nicht auf eine unwiderrufliche und gründlich durchreflektierte Entscheidung zurückgeführt werden; diese Tendenz wird vielmehr von sehr verschiedenartigen Faktoren beeinflußt, unter denen die aktuelle Haltung der Kirche und insbesondere die des eigenen Gemeindepfarrers ein ganz erhebliches Gewicht haben können.

3.2 Die als selbstverständlich anerkannte Anwesenheit von „so etwas wie Kirche" gründet sich weithin nicht auf ein unmittelbares Interesse an theologischen Fragen. Gegenüber Glaubensfragen, Lehre und Dogmatik herrscht vielmehr eine ausgesprochen indifferente bis ablehnende Haltung vor.
Der Bejahungsgrad von überkommenen Glaubenssätzen ist rückläufig. (Nach der SPIEGEL-Umfrage „glauben" an Gott 68 %, an die leibliche Auferstehung Jesu 39 %, an die Jungfrauengeburt 36 % der Kirchenmitglieder.)
Über die Auseinandersetzungen um die Bekenntnisbewegung „Kein anderes Evangelium" oder über die sogenannte „Gott-ist-tot-Theologie" sind nicht einmal 3 % der Bevölkerung näher informiert; auch die Entmytholo-

---

5 Als immer noch differenzierteste Erhebung gilt die sogenannte „SPIEGEL-Umfrage" von 1967; ausführlich dargestellt in: W. Harenberg, Was glauben die Deutschen, 1968. Vielfältiges Material bieten die zahlreichen Umfragen des Wuppertaler Institutes für Kommunikationsforschung (IFK), teilweise zusammengestellt von B. Kalusche in: W. Schneider (Hrsg.), Aktion Gemeinde heute, 1970. Auf katholischer Seite hat die Totalbefragung der katholischen Bevölkerung durch die Deutsche Bischofskonferenz neuerdings (kritische) Aufmerksamkeit erregt; ihre Ergebnisse werden fortlaufend veröffentlicht in „Synode", 1, 1971 ff. — Die große Zahl kleinerer Untersuchungen hat W. Marhold, Fragende Kirche, 1971, zu analysieren und zu systematisieren versucht.

6 Vgl. die Erörterung über Kirchenmitgliedschaft und Kirchenaustritt bei W. D. Marsch, Institution, S. 112-117.

gisierungsdebatte oder die „politische Theologie" haben wohl nie bei mehr als 3-5 % der Kirchenmitglieder Interesse und Aufmerksamkeit gefunden; selbst Fragen wie die, ob es ein Leben nach dem Tode gibt, werden nur von ca. 50 % der Bevölkerung als relevant empfunden.
Man wird das Interesse an theologischen Fragen eher als ein mittelbares indirektes Interesse beschreiben können. Es ist gleichsam unterschwellig anwesend in eigenen Lebensproblemen, in den Problemen der Krankheit und des Sterbens, der Ehe und der Erziehung. In solchen Situationen erscheint die Anwendung von früher einmal gelernten „Antworten des Glaubens" (etwa aus Katechismus und Gesangbuch) allerdings in zunehmendem Maß als schwierig; der [107] Einzelne vermag die alten „Antworten des Glaubens" kaum ohne die Hilfe eines Pfarrers auf seine Lebensprobleme zu übertragen.

3.3 Die grundsätzliche Bejahung der Anwesenheit von „so etwas wie Kirche" gründet sich auch nicht auf ein unmittelbares Interesse an denjenigen Gemeindeveranstaltungen, die im Selbstverständnis der Kirche als zentral und geradezu konstitutiv gelten, nämlich Gottesdienst, Abendmahl, Bibelstunde usw. Die Teilnahme an diesen Veranstaltungen ist durchweg stagnierend oder rückläufig; sie beschränkt sich in der Regel auf nur 0,1 % -5 % der Kirchenglieder.

3.4 Bei den Teilnehmern an den zentralen Gemeindeveranstaltungen handelt es sich gewöhnlich um den gleichen (und gleichbleibenden) Kreis von Kirchengliedern, nämlich die sogenannte Kerngemeinde. Dazu zählen im bundesdeutschen Durchschnitt bei starken regionalen Unterschieden zwischen 1 % und 10 % der Mitglieder der Kirche (in einigen Großstadt- und Neubaubezirken liegt der Anteil der „Kirchentreuen" unter 1 %; in einigen ländlichen Gebieten liegt er erheblich über 10 %).
Aus dem Kreis der Kerngemeinde kommen ca. 90 % der Gottesdienstbesucher (Ausnahme: Weihnachten und Konfirmation) und über 95 % der Teilnehmer an Bibelstunden, Abendmahlsfeiern und dgl. -
Die überwältigende Mehrheit der Kirchenmitglieder (90 % bis 99 %) gehört demnach nicht zur Kerngemeinde und wird von den zentralen Gemeindeveranstaltungen kaum erfaßt. Trotzdem will und darf diese Mehrheit nicht einfach mit dem Etikett „Fernstehende" und „Randsiedler" versehen und damit beiseite geschoben und vernachlässigt werden. Vielleicht läßt sich ihre positive wie negative Einstellung zur Kirche am ehesten als „distanzierte Volkskirchlichkeit" beschreiben.
Das Zahlenverhältnis zwischen Kerngemeinde und „distanziert-volkskirchlicher" Majorität soll am Beispiel einer kleinstädtischen 6000-Seelen-Gemeinde konkret verdeutlicht werden: Von den 6000 Gemeindegliedern sind etwa 300 der Kerngemeinde zuzurechnen; das bedeutet, daß

fast alle Gottesdienstbesucher und Teilnehmer an sonstigen Gemeindeaktivitäten [108] aus diesem engeren Kreis kommen. Der übergroße Rest von 5700 (!) „distanziert-volkskirchlichen" Gemeindegliedern kommt dagegen nur bei Gelegenheit von Korfirmation oder Kasualdiensten mit der Kirchengemeinde in unmittelbare Berührung.

3.5 Bei dieser distanziert-volkskirchlich eingestellten Majorität der Kirchenmitglieder gelten als wichtigste *Aufgaben-Gebiete* der Kirche und werden hauptsächlich gewünscht:

a) „Seelsorge" (im Sinne von persönlicher Zuwendung zum einzelnen Menschen)
b) „Kasualdienst" (Taufen, Trauungen, Beerdigungen)
c) „Caritative Diakonie" (sowohl Individualhilfe durch Gemeindeschwester, Kran-kenhaus, Altersheim etc. wie auch Hilfe für Notstands-gebiete in aller Welt)
d) „Religiöse Erziehung" (Religions- und Konfirmandenunterricht).

Gottesdienst, Predigt und andere kerngemeindliche Veranstaltungen folgen diesen vier Aufgabengebieten erst in einigem Abstand.
Wie die verschiedenen Aufgabengebiete der Kirche ihrem Bedeutungsrang nach untereinander eingeschätzt werden, wird aus einer Hochrechnung des IFK von 50 Einzelbefragungen erkennbar. Auf die Frage nach „den wichtigsten Diensten des Pfarrers" nannten (bei der Möglichkeit von Mehrfachnennungen):

Frage nach den wichtigsten Diensten des Pfarrers	Anzahl der Befragten in Prozent
„Seelsorge"	75%
Gottesdienst und Predigt	30%
Kasualdienst	25%
Religiöse Erziehung	20%

3.6 Entsprechend dem Interesse an den genannten Aufgabengebieten ist die personelle Orientierung bei einer distanziert volkskirchlichen Grundeinstellung sehr viel stärker auf die hauptamtlichen kirchlichen Mitarbeiter als etwa auf die Gemeinde ausgerichtet. Nach wie vor ist es in den Augen der Mitglieder vor allem der Gemeindepfarrer, der die Kirche repräsentiert und die kirchlichen Auffassungen interpretiert; [109] nach IFK ist der zuständige Gemeindepfarrer bei mindestens 65 % der Gemeindeglieder namentlich bekannt. Demgegenüber sind Bischöfe, Pröpste, Dekane und andere kirchliche Führungspersonen der großen Mehrheit der Mitglieder unbekannt.
Offizielle kirchliche Äußerungen wie Denkschriften und Bischofsworte, aber auch Kirchenfunksendungen und selbst spektakuläre Aktionen (wie die 100 000 DM-Spende einer Landes-Synode für den Antirassismus-

Fonds) gelten gegenüber dem, was der eigene Pfarrer sagt, für die Mehrheit der Gemeindeglieder als zweitrangig und werden größtenteils gar nicht zur Kenntnis genommen.
Neben dem Pfarrer sind als kirchliche Bezugspersonen bekannt die Gemeindeschwester, der Jugendleiter, der Diakon, vielleicht auch der eine oder andere Kirchenvorsteher, soweit er sich in kirchlichen Tätigkeiten öffentlich exponiert. Urteil über und Einstellung zur Kirche hängen vielfach davon ab, welche Erfahrungen man im Kontakt mit diesen kirchlichen Bezugspersonen gemacht hat.

3.7 Dementsprechend ist das Kirchlichkeitsbewußtsein der meisten Kirchenmitglieder stärker auf diese Bezugspersonen und insbesondere auf den Dienst des Pfarrers ausgerichtet als auf ein Gemeinschafts- oder Gemeindegefühl, wie wir es in den europäischen Freikirchen oder auch in den amerikanischen volkskirchenähnlichen Denominationen vorfinden. Lediglich in einigen Gruppen der Kerngemeinde läßt sich ein sozusagen horizontales Kirchlichkeitsbewußtsein feststellen.
Das bedeutet auch, daß der Gedanke vom allgemeinen Priestertum aller Gläubigen weder im engeren theologischen noch in einem weiteren soziologischen und säkularisierten Sinne internalisiert und verselbstverständlicht worden ist.

4. „Spätkapitalistischer Verschleierungstrost", „Dienstleistung" oder „Hintergrundserfüllung"? (Zur Diskussion von gängigen Deutungsmodellen)

4.0 Versucht man, diese sieben Hauptergebnisse der empirischen Kirchenforschung in einem größeren Zusammenhang zu [110] interpretieren, so bieten sich eine ganze Reihe sozialwissenschaftlicher Deutungsschemata über die Funktionen der Kirche in der Gegenwart an[7]. Soweit wir sehen, werden innerhalb der Kirche und besonders unter jüngeren Pfarrern und Studenten gegenwärtig vor allem die folgenden beiden Deutungsmodelle diskutiert, die wir hier nur auf ihre typischen Merkmale verkürzt andeuten können. Einmal nämlich der neuerdings in der jüngeren Generation wieder aktuell gewordene neomarxistische Interpretationsrahmen, nach dem die Kirche vor allem als Organ der herrschenden Interessen in einer spätkapitalistischen Gesellschaft interpretiert werden müsse. Daneben scheint in den mittleren Generationen nach wie vor der soziologische Rahmenbegriff der Dienstleistung eine größere Bedeutung zu ha-

7 Vgl. vor allem J. Matthes, Religionssoziologie, 2 Bde, 1967-1969; T. Luckmann, Das Problem der Religion in der modernen Gesellschaft, 1963; G. Kehrer, Religionssoziologie, 1968; G. Kehrer, Das religiöse Bewußtsein des Industriearbeiters, 1967.

ben. Darüber hinaus dürfte drittens die erklärende Kraft des Interpretationsschemas von der sogenannten „Hintergrundserfüllung" nicht unterschätzt werden, wenngleich es heute seltener explizit diskutiert wird.

4.1 Der neomarxistische Interpretationsrahmen, der in der Bundesrepublik lange Zeit ohne jede Bedeutung war, hat im Zuge der studentischen Protestbewegung seit 1967 eine unerwartet starke Resonanz gefunden. Heute (1971) beherrscht fast jeder Theologiestudent und jeder interessierte Student aus anderen Fachbereichen das Vokabular und (wenigstens in Ansätzen) die Denkweise der neomarxistischen Kirchenkritik und deren gesellschaftspolitische Voraussetzungen und Ziele.
Dieser Argumentationszusammenhang hat seinen literarischen Niederschlag hauptsächlich in immer neuen ,,papers", Thesenreihen und Streitschriften, nur selten jedoch in wissenschaftlich durchgeführten Publikationen gefunden. Häufig wiederkehrende Teilstücke der Argumentation sind etwa folgende: die Kirche trage zur „Systemstabilisierung" der spätkapitalistischen Gesellschaft dadurch bei, daß sie die Fragen nach Sinn und Ursache der bestehenden Verhältnisse [111] durch irrational-religiöse Antworten verschleiere und dadurch von den (politökonomischen) Realitäten ablenke; daß sie in ihrer seelsorgerlichen und karitativen Praxis an den Symptomen „herumdoktere", statt die Ursachen aufzudecken; daß sie keinerlei „echte" soziale Funktion mehr wahrnehme, sondern durch egoistische Machtbündnisse mit anderen „bürgerlichen" Institutionen (der Bundeswehr, der Wirtschaft, der Schule) ihr Überleben zu sichern versuche.
In diesen kirchenkritischen „papers" werden empirische Daten kaum ausdrücklich reflektiert; die Auseinandersetzung mit der Kirchensoziologie beschränkt sich meist auf eine polemische und oft ahnungslose Ablehnung des sogenannten „Positivismus" oder der sogenannten „Technokratie". Auch eine Ausweitung der Reflexion auf die Praxis des kirchlichen Handelns findet sich nur selten. Nur in einem uns bekannten Ausnahmefall wird kirchensoziologisches Datenmaterial sowohl mit dem neomarxistischen Deutungsrahmen als auch mit einer positiven Interpretation praktischer kirchlicher Aufgaben zu verbinden versucht. Dabei kommt man zu dem Schluß, daß die Kirche zwar als Organ der herrschenden Interessen erkannt werden müsse, daß jedoch ein empirisch-analytisch geschulter Pfarrer durch seine (in der Entfremdungssituation gewonnene) Berufserfahrung gezwungen wird, die Legitimation des bestehenden Herrschaftssystems in Frage zu stellen; damit aber werde seine ursprünglich theologische Intention, nämlich Daseinserläuterung und Sinnintegration von Leid und Schuld mit verbalen und irrationalen Mitteln, politisch[8]. [112]

8 E. Weber u. R. Trommershäuser, Kirche im Kapitalismus, in: U. Greiwe, Hrsg., Herausforderung an die Zukunft, 1970, S. 260-273, Zitat S. 273. — Ferner E. Weber, Die For-

4.2 Älter als der neomarxistisch inspirierte Interpretationsrahmen zu den Funktionsproblemen der Kirche in der gegenwärtigen Gesellschaft ist das Deutungsschema der sogenannten „Dienstleistung". Das Wort kommt aus der volkswirtschaftlichen und soziologischen Fachsprache und bezeichnet ursprünglich den neben Landwirtschaft und industrieller Produktion dritten Sektor gesellschaftlicher Arbeit; zu diesem werden etwa gerechnet: Verkehr und Handel, Bildungswesen und ärztliche Versorgung, Versicherungswesen und Verwaltung. Der Dienstleistungsbegriff ist dann vielfach eingeengt und inhaltlich abgewandelt worden und heute durch die Vielfalt seiner Interpretationsmöglichkeiten relativ unbrauchbar. Was im Zusammenhang der kirchlichen Funktionsproblematik mit Hilfe dieses Begriffes ausgedrückt werden sollte, ist vor allem die Vergleichbarkeit bestimmter kirchlicher oder pfarramtlicher Aufgaben mit den Aufgaben etwa eines Arztes oder eines Lehrers. So wie man einen Arzt im Falle einer Erkrankung um eine medizinische Dienstleistung bittet, so bittet man einen Pfarrer gewissermaßen um eine „religiöse" Dienstleistung: etwa um den Besuch bei der kranken Mutter, um den Vollzug einer Taufe oder einer Beerdigung, um eine Erziehungs- und Begleitungshilfe für den Sohn im Konfirmandenunterricht. Diese Vergleichbarkeit mit ärztlichen oder pädagogischen Berufen und Berufserfüllungen wird als ein Interpretationsmittel für die Aufgabe der Kirche in unserer Zeit von weiten Kreisen der Bevölkerung angewendet und ist häufig genug empirisch nachgewiesen worden.

Von einigen Interpreten wird die Kategorie der Dienstleistung noch in einem weiteren Sinne auf die Kirche angewendet, nämlich in der Übertragung der Marktgesetze auf die kirchliche Arbeit. So formuliert K. Lefringhausen: „Der Übergang vom Anspruchs- zum Angebotsdenken mit den Maßstäben der Dienstleistungsgesellschaft wird eine der großen Aufgaben der Kirche sein ... Die Kirche wird künftig nicht mehr davon ausgehen können, daß der Verbraucher sich auf ihr Angebot einstellt, sondern sie muß im Konzert der Konkurrenten ein konsumentenorientiertes Angebot auf den Markt bringen. Geht man aber vom [113] Konsumenten aus, von sei-

derung nach Auflösung der Kirchenorganisation, in J. Lohse, Hrsg., Menschlich sein — mit oder ohne Gott? 1969. — Zwar die Praxis des kirchlichen Handelns, nicht aber das vorliegende empirische Datenmaterial reflektiert B. Päschke in seinen auf die neomarxistische Theorie bezogenen Entwurf „Praktische Theologie als kritische Handlungswissenschaft", in: Theologia practica, 1971, S. 1-13. Zur Kritik des Defizits an Reflexion empirischer Forschung vgl. K. Dienst, Eine „Mainzer Theologie«?, in: Dt.Pfr.blatt, 1971, S. 313-317. — Einen neuen Versuch, kritische Theorie und praxisbezogene Theologie zu verbinden, haben Chr. Gremmels und W. Herrmann, Vorurteil und Utopie, 1971, vorgelegt.

ner Lebenslage, von seiner Bedürfnisstruktur, dann wird das Gesamtangebot der Kirche wieder Diakonie im Sinne der Dienstleistung."[9]

4.3 Neben den beschriebenen beiden Deutungsrahmen für die Ergebnisse der empirischen Kirchenforschung muß ein dritter erwähnt sein, der zwar noch selten in durchgeführter Form auf die Kirche angewendet wurde, der aber doch eine verbreitete Grundstimmung begrifflich zu fassen helfen kann: die Kategorie der „Hintergrundserfüllung". Diese Kategorie ist insbesondere durch die Arbeiten von A. Gehlen in die Anthropologie eingeführt worden und soll ursprünglich ausdrücken, daß durch die virtuelle („verfügbare") Befriedigung eines Bedürfnisses das Bedürfnis selbst verändert wird: es tritt aus dem affektbesetzten Wunsch nach aktueller Befriedigung zurück und erfüllt sich zumindest teilweise am Bewußtsein der garantierten Befriedigungsmöglichkeit[10]. Dieser Gedanke ist inzwischen in vielfältiger Weise auf Institutionsprobleme ausgeweitet worden; so werden Eltern beispielsweise von dem unmittelbaren Bedürfnisdruck, ihr Kind gut auszubilden und ihm geistige Fertigkeiten zu vermitteln, durch die Institution Schule großenteils entlastet; sie wissen, die Schule ist da, man kann sie im Bedarfsfalle in Anspruch nehmen, braucht nicht erst selbst zu erkunden, was ein Kind mit 7 und was es mit 10 Jahren verstehen kann und lernen muß, braucht nicht die Lernmittel selbst zu produzieren usw. Die Anwesenheit der Schule ist eine Art „Hintergrundserfüllung" für den Aufgabenbereich, das eigene Kind angemessen auszubilden.
An das mit diesem Begriff „Hintergrundserfüllung" bezeichnete Problemfeld wird erinnert, wer die widersprüchlich [114] erscheinenden empirischen Daten erklären will, wonach zwar von 90 % der Bundesbürger die Einrichtung und Anwesenheit von „so etwas wie Kirche" bejaht und für notwendig erachtet, diese Einrichtung aber kaum aktiv in Anspruch genommen wird. Wiederum ist ein Vergleich des kirchlichen Funktionsträgers mit dem Arzt naheliegend: der Arzt garantiert durch seine Anwesenheit, daß im Notfall medizinische Hilfe verfügbar ist; solange dieser Notfall aber nicht gegeben ist, freut man sich, daß man sie nicht braucht. Der Pfarrer garantiert durch seine Anwesenheit, daß im Falle der Notwendigkeit einer Erörterung von Lebens- und Sinnfragen, von Leid- und Schuld-

9 K. Lefringhausen und C. T. Wagner, Kirche als Arbeitsmarkt, 1969, S. 6f.; vgl. auch P. Dienel, Kirche 1980, in Schriften der Ev. Akademie in Hessen und Nassau, Heft 78, 1968.

10 A. Gehlen, Urmensch und Spätkultur, 1956, S. 56 ff.; ferner A. Gehlen, Studien zur Anthropologie und Soziologie, 1961; darin besonders den Aufsatz „Probleme einer soziologischen Handlungslehre". Dazu ferner H. Schelsky, Über die Stabilität von Institutionen, in: H. Schelsky (Hrsg.), Zur Theorie der Institution, 1970. — Zu den problematischen Implikationen der Theorie Gehlens vgl. W. D. Marsch, Institution im Übergang, 1970, S. 117-125.

problemen, aber auch im Falle des Wunsches nach seelsorgerlichem Trost und Zuspruch gewissermaßen ein Fachmann da ist, an den man sich wenden kann. Doch ist man im Grunde froh, sich nicht ständig mit diesen Sinnfragen beschäftigen zu müssen, sie gewissermaßen an die zuständige Instanz Kirche delegieren zu können. (Eine ganz andere und hier zweitrangige Frage ist es, ob die Kirche die „Sinnfragen" angemessen verwaltet; hier geht es zunächst nur um die ihr zugeschriebene Kompetenz).
Wahrscheinlich haben religiöse Institutionen in früheren Gesellschaften darüber hinaus immer die Funktion einer Hintergrundsrepräsentation der jeweils in Geltung stehenden Wert- und Lebensdeutungssysteme wahrgenommen. Offensichtlich hingen Prestige und Position des Pfarrers oder Priesters mit dieser Repräsentanz der sozusagen eigentlich gelten sollenden Werte zusammen. Im Vordergrund konnte sich diese Zuständigkeit durchaus als Kritik der herrschenden Alltagsmoral, vielleicht als „sauertöpfische" Pastorenmoral, vielleicht auch als „schwärmerische" politische Theologie darstellen. Grundsätzlich wurden Schwierigkeiten, die das schlichte Kirchenmitglied gleichsam mit diesen Vordergrundsmanifestationen der Hintergrundskompetenz hat, anscheinend solange ertragen und akzeptiert, solange im öffentlichen Bewußtsein anerkannt war, (daß Pfarrer und Kirche letzten Endes zuständig sind für das, was „eigentlich" gelten sollte, was der „Wille Gottes" ist, was besser ist als das konventionelle Alltagsverhalten, was [115] sozusagen die Wirklichkeit transzendiert. Dies im Hintergrund anwesend oder sogar erfüllt zu wissen, scheint freilich nicht nur die oft kleinkarierte Vordergrundsdarstellung der Kirche zu kompensieren, sondern gerade auch das Elend des alltäglichen Lebens, sei es durch die Verfügbarkeit von Trost, sei es durch die Möglichkeit der Umkehr ein wenig erträglicher zu machen. Hier liegt das besondere Gewicht und die besondere Problematik des Deutungsrahmens der „Hintergrundserfüllung".

4.4 Bei den drei skizzierten Rahmenmodellen zur Interpretation der Ergebnisse der empirischen Kirchenforschung handelt es sich, wie erwähnt, um eine willkürliche Auswahl aus einer Vielzahl von sozialwissenschaftlichen Interpretationsmöglichkeiten, unter denen insbesondere die der Systemforschung, der Wissenssoziologie, der Sozialpsychologie, der Organisationssoziologie u.a. zu nennen wären. Wir haben sie ausgewählt, weil sie in der gegenwärtigen kirchen-theoretischen Diskussion von besonderer Aktualität sind oder sein können. Untereinander können diese Rahmenmodelle vielfältig verbunden sein oder in Spannung zueinander stehen.
So kann die neomarxistische Kirchenkritik den Dienstleistungsbegriff einerseits positiv aufnehmen und anwenden, andererseits eine „Dienstleistungskirche" auch zum Inbild technokratischer Anpassung an das kapitalis-

tische System stilisieren. Umgekehrt kann, wer vom Dienstleistungsmodell ausgeht, in der linken Kirchenkritik sowohl produktive Impulse für eine neue Art gewissermaßen kritischer Dienstleistung erkennen als auch die Gefahren einer kirchenzerstörerischen und manipulativen „Umfunktionierung" heraufbeschwören. Ebenso kann das Theorem der „Hintergrundserfüllung" positiv und negativ mit dem der Dienstleistung (beispielsweise als einer Art Vordergrundszuständigkeit") oder auch mit den „inhaltlichen" Absichten linker Kirchenkritiker in Beziehung gesetzt werden.
Wir unsererseits können uns mit den einzelnen Rahmenmodellen hier nicht ausführlich auseinandersetzen, sondern müssen versuchen, den eigenen Aspekt einer funktionalen Betrachtungsweise schärfer herauszuarbeiten. [116]

5. Funktionale Betrachtung und spezifische Funktionsbereiche: Wertvermittlung und helfende Begleitung

5.0 Sowohl aus dem Datenmaterial der empirischen Kirchenforschung als auch aus den skizzierten Rahmenmodellen einer möglichen Deutung dieses Materials läßt sich erschließen, daß die Kirche von ihren Mitgliedern und in den sozialwissenschaftlichen Deutungsversuchen nicht in erster Linie als eine von der Gesamtgesellschaft gleichsam losgelöste oder als eine in die Gesamtgesellschaft wie ein erratischer Block hineingestellte Größe eigener Art empfunden wird, sondern, daß sie auf vielfältige Weise eingebunden ist in andere soziale Zusammenhänge: sie wird von vielen Mitgliedern nicht nach ihrem theologischen Selbstverständnis (das die meisten gar nicht kennen), sondern danach beurteilt, welche Aufgaben sie hat und wie sie diese erfüllt; wobei die Aufgaben des Pfarrers etwa mit denen des Lehrers oder des Arztes verglichen werden. Man fragt, welche Rolle die Kirche im wirtschaftlich-politischen Gesamtzusammenhang der Gesellschaft spielt, ob sie die negativen und inhumanen Gegebenheiten der bestehenden Verhältnisse zu zementieren oder zu verändern hilft; man analysiert, was sie sozusagen im Vordergrund und was im Hintergrund für den Bestand der Gesellschaft leistet, welche Grundwerte sie vermittelt, ob und wie diese Grundwerte auf gegenwärtig anstehende Probleme (etwa der Wirtschaftsordnung oder der Rassenkämpfe) anwendbar sind usw. Kurz: die Kirche wird durchweg als ein Teil der gesellschaftlichen Wirklichkeit, sie wird im Sinne der oben (1.3) dargestellten Durkheim-Auffassung „funktional" begriffen.
Damit stellt sich die Frage, in welcher Weise die zweite Bedeutung unseres Funktionsbegriffes, nämlich der Zusammenhang von gesellschaftsbezogener Aufgabe und Aufgaben-Erfüllung in der „funktionalen Betrachtungsweise" ihren Ausdruck findet. Anders gefragt: welche besonderen, welche

sozusagen spezifischen Aufgaben werden der Kirche in unserer durch Arbeitsteilung und funktionelle Spezialisierung strukturierten Gesellschaft von der Bevölkerung zugeschrieben? Welche Aufschlüsse lassen sich aus dem dargestellten [117] Befund der empirischen Kirchenforschung gewinnen?
Wir meinen, daß trotz der gewaltigen Umschichtung von gesellschaftlichen Funktionen in den letzten zweihundert Jahren, trotz eines gewaltigen Verlustes von gesamtgesellschaftlichen Einflußmöglichkeiten der Kirche, auch heute noch zwei Hauptbereiche kirchlicher Zuständigkeit auszumachen sind, die im Abendland seit dem frühen Mittelalter als „Aufgabe der Kirche" gelten und bis heute in Vorstellungshorizont der Bevölkerung den Aktionsrahmen, wenn auch keineswegs eine monopolistische Zuständigkeit der Kirche bezeichnen. Wir meinen erstens einen „Funktionsbereich der Darstellung und Vermittlung von grundlegenden Werten" und wir meinen zweitens einen „Funktionsbereich der helfenden, vor allem emotionalen Begleitung in Krisensituationen und an Knotenpunkten des Lebens".

5.1 Im ersten gesellschaftlichen Funktionsbereich des kirchlichen Handelns, nämlich dem der Darstellung und Vermittlung grundlegender Werte geht es um die sogenannten Sinnfragen, um Bedeutungszusammenhänge, um Lebens- und Verhaltensorientierung, um ethische Motivation und ethische Normierung; um das, „was unter uns gelten soll, woran wir uns halten können"[11], um das, was im Volksmund als die Frage nach „Gut und Böse" bezeichnet wird: Die (Mit-) Zuständigkeit der Kirche in diesem Bereich kommt empirisch etwa in folgenden weithin eingelebten Vorstellungen zum Ausdruck: „Christsein bedeutet so viel wie guter Mensch sein“ (vgl. SPIEGEL-Umfrage), oder: „Die Zehn Gebote sind dazu da, daß im Leben nicht alles drunter und drüber geht", oder: „wenn ich auch schon selber die eigentlich geltenden Normen (etwa Ehrlichkeit) nicht immer voll einzuhalten vermag, mussen sie doch grundsätzlich weitervermittelt und eingeübt werden, sonst käme das Chaos«.
Darstellung einerseits und Vermittlung andererseits von Wertsystemen sind keineswegs identisch und funktional [118] nicht notwendig auf denselben Träger bezogen. So vollzieht sich beispielsweise die Vermittlung von Werten, d.h. deren Überlieferung, Neuinterpretation und Einübung, weit stärker durch die sogenannten Sozialisations-Agenturen der Familie, der Spiel- und Altersgruppen sowie der Schule als etwa durch die kirchliche Arbeit wie Konfirmanden- oder Religionsunterricht. Andererseits

11 D. Stoodt, Religion stabilisiert und emanzipiert, in: Ev. Kommentare 1970, S. 707-711. Vgl. dazu K. Dienst, Religionsunterricht — Interaktion — Gesellschaft, in: Der Evang. Erzieher, 23/1971, S. 10ff.

scheint aber die Bedeutung der Kirche in diesem Bereich größer zu sein, als es ihrem quantitativen Anteil an den Vermittlungsagenturen entspricht. Das dürfte damit zusammenhängen, daß die Kirche gleichzeitig und vielleicht noch stärker als unter dem Gesichtspunkt der Vermittlung unter dem der Darstellung gesehen wird. Durch die Kirche „dargestellt", besser vielleicht: „symbolisch repräsentiert" werden danach die in unserer Gesellschaft zwar grundlegend anerkannten, im praktischen Verhalten oft vernachlässigten, aber doch als Orientierungsanhalt und als „eigentlich erstrebenswert" geltenden Normen. Dazu gehören etwa „Nächstenliebe", Altruismus, Friedfertigkeit, Verständnis, Vergebungsbereitschaft, aber auch Gehorsam, Demut, Verzicht usw. Es handelt sich also um Normen, die sämtlich, wenn auch mehr oder weniger intensiv mit dem Stichwort „christlich" zusammengebracht werden. Daß diese Normen letztlich noch in Geltung stehen, daß sie immer wieder durch Manifestationen (sei es eine Weihnachtspredigt, sei es eine diakonische Sammlung) und beispielhaftes Handeln ins Bewußtsein gerückt werden, dafür steht sozusagen die Kirche — auch und vielleicht gerade dann, wenn diese Funktion für viele durchaus im „Hintergrund" ihres alltäglichen Lebensvollzuges bleibt.
Die „Hintergrunds-Anwesenheit" in Bezug auf die Wertrepräsentanz kann also durchaus auch als ein Gegensatz zu einem aktiven Vollzug von Interpretation und pädagogischer Vermittlung der Werte betrachtet werden. Nichtsdestoweniger bleibt sie auch dann „Funktion" im Sinne unseres Begriffes. Als charakteristisch erscheint uns jedoch, daß diese beiden Aufgaben der Repräsentanz und der pädagogischen Vermittlung von Werten im Blick auf die Kirche eigentümlich, logisch scheinbar unausgeglichen, aber gewissermaßen dialektisch miteinander verbunden sind. Eine solche [118] Verbindung findet sich freilich auch in anderen religiösen oder sonst kirchenähnlichen Institutionen; so etwa in den politischen Parteien, die sich gleichzeitig als Träger einer Weltdeutung, einer sozialen Heilslehre verstehen.
Die Zuständigkeiten und Leistungen der Kirche in diesem Funktionsbereich der Wertvermittlung sind zweifellos im Verlauf des letzten Jahrhunderts in Deutschland und speziell noch einmal seit ca. 1965 in der BRD erheblich zurückgegangen. Das wirkt sich zweifellos in der Grundeinstellung der Bevölkerung, etwa in Kirchenaustrittszahlen, aus und kommt auch in pointierten, inhaltlich auf die Wertproblematik gerichteten kirchenkritischen Veröffentlichungen zum Ausdruck. Die Kritik kann sowohl der Darstellungs- wie der Vermittlungsfunktion gelten. Sie betrifft Inhalte wie Methoden der kirchlichen Arbeit in diesem Bereich: Sei es, daß man die kirchlich tradierten Wertauffassungen als „hinterwäldlerisch" empfindet, also etwa auf die Lebensprobleme einer vorindustriellen Agrargesellschaft bezogen und für die Wertprobleme einer „technisch-wissenschaftlichen Zivilisati-

on" mit ihren polit-ökonomischen Spannungen, Atomkriegs- und Umweltgefahren kaum mehr brauchbar; sei es, daß man den kirchlich tradierten Wertauffassungen geradezu die Zementierung einer irrationalen autoritären und profitorientierten, ja einer potentiell faschistischen Gesellschaftsordnung anlastet und sie darum bekämpft.
Ein weiterer Ursachenzusammenhang für den Trend rückläufiger kirchlicher Zuständigkeit im Bereich der Werte und Normen wird in der zunehmenden Komplexität und gleichzeitigen Aufspaltung von Wertsystemen im Zeitalter der „wissenschaftlich-technischen Zivilisation" gesehen werden müssen. Das kann ein Vergleich der gegenwärtigen Probleme mit denen verdeutlichen, die fast tausend Jahre, bis hinein in das 19. Jahrhundert, die abendländische Wertreflexion bestimmt haben. Die Lebensproblematik der Menschen war damals unmittelbarer als heute auf die landwirtschaftliche Produktion, auf die Abhängigkeit von den Elementen der Natur, auf den ständigen Mangel an Nahrungsmitteln und Medikamenten und auf ein patriarchalisch-autoritäres Herrschaftssystem [120] bezogen. Da über 90 % der Bevölkerung den gleichen Abhängigkeiten und Problemen ausgesetzt waren, mußte ihr Wertsystem einheitlicher sein und konnte es auch von nur einer Institution dargestellt und vermittelt werden. In Katechismen und Gesangsbüchern kommt deutlich zum Ausdruck, daß es auch „inhaltlich" bei allen Christen um die gleichen und schichtenspezifisch nicht differenzierten ethischen Probleme ging.
Demgegenüber ist die Gegenwart der wissenschaftlich-technischen Zivilisation (und zwar sowohl der kapitalistischen wie der sozialistischen Welt) durch eine rapide Zunahme von klassen-, bildungs-, schichten- und berufsspezifischen Unterschieden in fast allen Lebensbereichen und damit auch in den entsprechenden Wert- und Normauffassungen geprägt. Was allen Menschen an Problemen gemeinsam ist, nämlich Krankheit oder Tod, Aggressiviät oder Selbstwertbalance scheint im Alltagsbewußtsein zurückgedrängt und in der Lebensorganisation an die zuständigen Institutionen (z. B. Krankenhäuser) abgetreten zu sein. Was die Menschen verschieden beurteilen, nämlich die Fragen von Arbeit und Verdienst, von Liebe und Ehe, von Freizeit und Gesundheit, von Ausbildung und Erfolg; — das bestimmt die Probleme des Alltags. Und Antworten wie Verhalten sind infolgedessen anders bei Arbeitern, mittleren Beamten, leitenden Angestellten, Akademikern usw. Ebenso schichtenspezifisch und darum vielgestaltig wie die Wertsysteme können auch die Institutionen sein, die sie repräsentieren. So kann für einen Arbeiter das ethische Feld von Heirat, Ehe und Familie durchaus durch die Kirche repräsentiert sein; während er seine Vorstellungen über Arbeit und Wirtschaftsorganisation am ehesten in der SPD oder in der Gewerkschaft vertreten sieht. Umgekehrt kann ein mittlerer Beamter die kirchliche Ehe- und Familienauffassung für „hinterwäldle-

risch“ halten, aber der „christlichen" Lehre von Beruf und Gesellschaftsordnung nachdrücklich zustimmen.
Offensichtlich entspricht auch die Kirche selbst in einem bestimmten Umfang dieser Entwicklung der Aufteilung und zunehmender Divergenzen im Funktionsbereich der Wertvermittlung. Oft genug wird auf die Unterschiedlichkeit [121] und gelegentlich die Widersprüchlichkeit von kirchlichen Stellungnahmen zu politischen, wirtschaftlichen oder sexualethischen Fragen hingewiesen. In bestimmten Grenzen können sich Anhänger der „Linken" ebenso wie Anhänger der „Rechten" auf kirchliche Verlautbarungen und auf exponierte kirchliche Führungspersonen berufen: die einen auf Niemöller, die anderen auf Dibelius. Die Kirche hat gewissermaßen die Pluralität und die Spannungen der heutigen Wertproblematik in sich hineingenommen - und eben auch darin repräsentiert sie ein Stück der gegenwärtigen gesellschaftlichen Wirklichkeit; so wie sie früher die Einheit des geltenden Wertsystems darstellte, stellt sie heute einen Teil seiner Unausgeglichenheiten dar und hält dadurch ihre (Teil-) Zuständigkeit im Funktionsbereich der Wert- und Normenvermittlung lebendig.
Aufs ganze gesehen wird die Tendenz einer solchen Anpassung der Repräsentationsfunktion jedoch nicht darüber täuschen können, daß Einfluß und Autorität der Kirche in diesem Funktionsbereich in den letzten hundert Jahren stark zurückgegangen sind und wohl noch weiter zurückgehen werden.

5.2 Anders scheint der Trend in dem zweiten traditionellen und nach wie vor aktuellen gesellschaftlichen Funktionsbereich des kirchlichen Handelns zu sein: dem der helfenden Begleitung, besonders des emotionalen Beistandes in Krisensituationen und an den Knotenpunkten des menschlichen Lebens. Während für die kirchlichen Funktionen im Bereich der Werte eine abnehmende oder sogar schrumpfende Tendenz festgestellt werden muß, wird man zumindest die Nachfrage nach emotionalem Beistand in unserer Gesellschaft als zunehmend oder sogar als expansiv bezeichnen müssen.
Im einzelnen geht es in diesem Funktionsbereich zunächst darum, daß den Menschen zur Bewältigung von akuten Krisen (Trauer, Krankheit, Familienkonflikt, schuldhaftes Versagen) und von eingeschränkten Lebensmöglichkeiten (Einsamkeit, Alter, Gebrechlichkeit) eine seelsorgerliche Begleitung zuteil wird. Darunter wird in erster Linie eine individuelle, emotionale Zuwendung durch den Seelsorger [122] zu verstehen sein; darüberhinaus wird hier aber auch an die caritativ-materielle Hilfe für notleidende Gruppen in überindividuell bedingtem Elend, von den Epileptikern in Bethel bis zu den Hungernden in der Dritten Welt, gedacht. Zweitens denkt man bei helfender Begleitung durch die Kirche an die Bewältigung und gewisser-

maßen auch die öffentlich-soziale Darstellung und Anerkennung der großen Wendestationen im Lebensablauf (Pubertät, Eheschließung, Elternschaft, Ablösung der Kinder, Verwitwung)[12]; dabei scheint bei diesen sogenannten „Passage-Riten" der seelsorgerliche Gesichtspunkt im Sinne verstehenden Hörens und Beratens an Bedeutung zu gewinnen, während der der sozialen Anerkennung, wie sie beispielsweise in der feierlichen Trauung in einer Dorfkirche unter Beteiligung der gesamten Bevölkerung zum Ausdruck kam, Bedeutung verliert.

Da für diesen Funktionsbereich eine stark zunehmende Nachfrage nach „emotionaler Zuwendung" besonders charakteristisch zu sein scheint, soll hier der Ursachenzusammenhang dieser Zunahme kurz erörtert werden. In dem zweifellos wiederum sehr komplexen Zusammenhang scheinen zwei Ursachen von besonderem Gewicht zu sein. Die eine hängt zusammen mit der Auflösung der überkommenen Kommunikationsnetze der Nachbarschaft, der Großfamilie, der Familie als Produktionseinheit (vom Bauernhof bis zum Pfarrhaus, in dem zumeist auch alle Familienglieder in den Dienst des Vaters einbezogen waren). Die Kommunikation, die in diesen Sozialstrukturen stattfand, reichte von den Fragen der alltäglichen Arbeit bis zu verbalen und nonverbalen emotionalen Kontakten, sowohl in der Zuwendung wie im Streit, und sicherte insgesamt so etwas wie emotionale Geborgenheit. Innerhalb dieser Geborgenheit waren mehr oder weniger fest ritualisierte Bewältigungsformen für Krisensituationen (Mißernte, Arbeitslosigkeit, Krankheit, Trauer) und für „Knotenpunkte" (Hochzeit, Kindtaufe, Konfirmation) entwickelt und wirksam, in denen übrigens [123] der Pfarrer ganz selbstverständlich eine zentrale Rolle spielte. Diese dichten persönlichen Kommunikationsnetze haben sich im Zuge von Arbeitsteilung, Bevölkerungsmobilität, Medienkommunikation usw. weithin gelockert und teilweise ganz aufgelöst. Viele ältere und insbesondere alleinstehende Menschen verlieren ihre bisherigen Kommunikationsbeziehungen und fühlen sich einsam, vernachlässigt, überflüssig. Sie vor allem sind auf neue emotionale Kontakte lebenswichtig angewiesen; ein Teil von ihnen und ihren Angehörigen sieht in einer solchen Kontaktvermittlung oder Kontaktleistung eine wichtige Aufgabe der Kirche. Nicht selten ist die Meinung zu hören, daß man darin die sinnvollste Verwendung der eigenen Kirchensteuer sehen würde.

Die andere wichtige Ursache für eine stark zunehmende Nachfrage nach „emotionalem Beistand" und persönlicher Kommunikation überhaupt dürfte in den Arbeits- und Leistungsbedingungen unserer Gesellschaft zu sehen sein, auf deren bedrückende und unterdrückende Züge die Neue

12 Vgl. Y. Spiegel, Gesellschaftliche Bedürfnisse und theologische Normen; Versuche einer Theorie der Amtshandlungen; in: Theologist practica 1971, S. 212-231.

Linke immer wieder aufmerksam gemacht und gegen die sie protestiert hat. Tatsächlich lassen einerseits das Leistungs- und Erfolgsstreben und andererseits die Konsumzwänge der Freizeit (Fernsehen u. a.) kaum mehr Gelegenheit für eine unmittelbare, herrschaftsfreie und gewissermaßen intentional offene Kommunikation; diese aber ist wiederum eine Voraussetzung dafür, schwierige Lebensprobleme wie Trauer, fundamentales eigenes Versagen oder auch eine unheilbare Krankheit in der Kommunikation zu bearbeiten und ein Stück weit emotional zu bewältigen. Was nötig ist, sind also zunächst geregelte Gelegenheiten, solche Kommunikation zu ermöglichen, sind Menschen, die Zeit für den anderen haben, die zuhören können, die bereit und fähig sind, sich selbst emotional zu engagieren. Freilich sollte es, wie die Neue Linke besonders deutlich und polemisch betont hat, nicht bei einer auf Symptom-Therapie reduzierten emotionalen Zuwendung bleiben, die zwar nach den Folgen, nicht aber nach den Ursachen, etwa einer kommunikationszerstörenden Gesellschaftsstruktur fragt. Solange die Therapie selbst und die Reflexion der therapeutischen Möglichkeiten [124] auf die Symptome begrenzt bleiben, können zweifellos Ursachen verharmlost und dadurch indirekt bestärkt und zementiert werden. Gerade hier wird die Funktion der Kirche häufig als höchst bedenklich attackiert[13].

Wenn dieser von der Neuen Linken ins öffentliche Bewußtsein gerückte Zusammenhang eines Defizits an menschlicher Kommunikation und eines „ausbeuterischen Wirtschaftssystemes" von den Linken selbst auch kaum der Kirche als Aufgabe zugeschrieben wird, so sind doch innerhalb der Kirche und insbesondere in der jüngsten Generation von Pfarrern und Vikaren starke Kräfte wirksam, die aus diesem Zusammenhang ihre eigene berufliche Motivation, sozusagen ihr Verständnis von ihrem „Auftrag" ableiten und definieren.

Ob man aber der These vom Zusammenhang eines zunehmenden Kommunikationsbedarfs mit einem „ausbeuterischen Wirtschaftssystem" zustimmt oder ob man sie, wie es in den Theorien der Seelsorge meist geschieht, nur am Rande oder gar nicht explizit berührt, — für unsere „funktionale Betrachtungsweise" ist zunächst einmal die unbestritten expansive Nachfrage nach personaler Kommunikation und speziell emotionaler Zuwendung von der größeren Bedeutung. Dieser Bedarf wird von vielen Seiten mit den Aufgaben der Kirche in Beziehung gebracht; die im Abschnitt 3.5 referierten Befragungsergebnisse über die Dringlichkeit kirchlicher Aufgaben zeigen mit weitem Abstand die „Seelsorge" im Sinne persönlicher Zuwendung zum einzelnen Menschen an der ersten Stelle. Die soge-

13 Vgl. E. Weber, R. Trommershauser, Kirche im Kapitalismus, in: U. Greiwe, Herausforderung an die Zukunft, 1970.

nannten „Knotenpunkte" oder „Passage-Riten" (Geburt, Pubertät, Hochzeit, Sterben) werden so eindeutig als Aufgabengebiet der Kirche verstanden, daß sich weit seltener als in anderen Funktionsbereichen eine konkurrierende Institution entwickeln, geschweige denn durchsetzen konnte. Selbst Angehörige eines Gestorbenen, der aus der Kirche ausgetreten war, versuchen häufig den Verstorbenen doch noch kirchlich zu beerdigen; dabei scheint es meistens weniger um die früher oft vermutete „sakrale Rückversicherung für das Jenseits" zu gehen als vielmehr [125] um die seelsorgerliche Haltung dessen, der die Bestattung vornimmt, um ein tieferes Verstehen von Tod und Trauer, als man es von dem Freund der Familie oder von einem hauptberuflichen Bestattungsredner erwarten zu dürfen meint.
Die Kirche ihrerseits hat sich, zumindest ansatzweise, der wachsenden und gegenüber früher in vielem veränderten Nachfrage im Funktionsbereich von Seelsorge, Kommunikation und „emotionalem Beistand" zu öffnen versucht. Neue Ausbildungs- und Fortbildungsformen der Seelsorge sollen versuchen, die Erkenntnisse der Humanwissenschaften, vor allem der Psychologie, Psychotherapie und Gruppendynamik aufzunehmen; sie werden in CPT-Kursen, Ballint-Gruppen und gruppendynamischen Seminaren erprobt. Im Augenblick ist freilich noch nicht abzuschätzen, wie diese kirchliche Reaktion auf einen veränderten gesellschaftlichen Bedarf in einem alten Funktionsbereich der Kirche seitens der Gesellschaft aufgenommen wird. Noch ist nicht deutlich zu erkennen, ob es gelingt, die überkommene Wahrnehmung dieses Aufgabenbereiches mit einer modernen und kritischen Wahrnehmung so zu vermitteln, daß Kirchenglieder und Pfarrer ihre bisherigen Auffassungen über die Aufgabe der Kirche fortzuschreiben und also ihre eigene Identität beizubehalten vermögen. Das Aufgabenfeld für emotionale Zuwendung und personale Kommunikation allerdings bedarf auch, wenn eine Lösung dieser Frage noch nicht gewonnen ist, dringend der Bearbeitung.

6. Anspruch, funktionaler Vollzug und „funktionale Frustration“ (zur Definition kirchlicher Zuständigkeiten)

6.1 Wenn es richtig ist, daß die beiden Funktionsbereiche der „Wertvermittlung" und des. emotionalen Beistandes in Krisensituationen und bei „Knotenpunkten" dem zur Zeit vorliegenden empirischen Material zufolge in unserer Bevölkerung als wichtigste Aktionsräume der Kirche angesehen werden, dann erhebt sich die Frage, wie es zu dieser Auffassung kam und wodurch sie möglicherweise erneuert und lebendig erhalten wird. [126]

Eine in den letzten Jahren im Zuge einer allgemeinen Gesellschafts- und Kirchenkritik oft vorgebrachte Erklärung bestand in der auch innerkirchlich verbreiteten These vom traditionellen Monopol und von den Ansprüchen der sogenannten „Amtskirche". An dieser These ist wahrscheinlich richtig, daß die „Amtskirche" eine bestehende Situation im Sinne ihrer eigenen theologischen und kirchenpolitischen Vorstellungen zu nutzen und vielleicht auch auszunutzen versuchte, ohne immer ausreichend Rechenschaft darüber zu geben, ob diese Vorstellung auch in einem tieferen Sinne den Interessen ihrer Mitglieder und den Maßstäben einer kritischen Humanität standzuhalten vermochten. Aber die bestehende Situation selbst, das Zustandekommen der kirchlichen Zuständigkeit in diesen Funktionsbereichen vermag eine These, die den Anspruch der Amtskirche einseitig akzentuiert, schon deshalb kaum zu erklären, weil sie das gesellschaftliche Umfeld der Kirche, beispielsweise die Bereitschaft der Bevölkerung, den kirchlichen Anspruch anzunehmen, Kirchensteuer zu zahlen usw., nicht genügend in die Erklärung einbezieht. Der pure Anspruch einer Institution dürfte langfristig kaum Resonanz haben, wenn er sich nicht mit einer grundsätzlich anerkannten (wenngleich vielleicht in konkreto heftig kritisierten) Leistung verbindet.
In einer funktionalen Betrachtungsweise wird man statt vom Anspruch der Institution eher vom Vollzug und von der Erfüllung der Funktionen ausgehen. Möglicherweise läßt sich daraus der eine oder andere Gesichtspunkt über die Entstehung und die Zukunft kirchlicher Zuständigkeiten gewinnen.

6.2 Daß der Kirche die dargestellten Aufgaben zugeschrieben werden, ist zunächst einfach darauf zurückzuführen, daß die zuschreibende Bevölkerung nichts anderes kennt. Wo seit je der Pfarrer fest und als einziger zuständig ist für Kindtaufe, Konfirmandenunterricht, Krankenbesuch oder Beerdigung, da kommt das unbefangene Gemeindeglied kaum auf die Idee, daß das auch jemand anderer tun könnte oder daß es gar nicht getan zu werden braucht. So bestand zweifellos über Jahrhunderte hinweg ein Kreislauf von Vollzug und Zuständigkeitserwartung: als Kind sah und [127] erlebte man, was ein Pfarrer zu tun hatte und dementsprechend verhielt man sich später selbst. Die Zuständigkeiten von Kirche und Pfarrer waren gewissermaßen in den Lernprozeß der Sozialisation mit einbezogen und wurden durch die „Plausibilitätsstruktur", d.h. durch die „Menschen um uns herum", durch unsere Bezugsgruppen in ihrer Legitimität immer neu bestätigt und dadurch gefestigt.[14]

14 Vgl. P. Berger u. T. Luckmann, Die soziale Konstruktion der Wirklichkeit, 1969, siehe auch Anm. 10.

Natürlich sind prinzipiell Institutionen und Berufsgruppen denkbar und de facto in neuerer Zeit auch kräftig wirksam, die in den erörterten Funktionsbereichen mit der Kirche konkurrieren können. Im Bereich der „Wertvermittlung" wäre etwa an die „Humanistische Union", an mehrere, untereinander wiederum konkurrierende marxistische Organisationen und andere ideologisch mehr oder weniger klar profilierte Gruppen zu denken. Für den Funktionsbereich der seelsorgerlichen Kommunikation und speziell des emotionalen Beistandes wird häufig auf die Alternative staatlich angestellter Psychotherapeuten, Sozialarbeiter, Gemeinwesenarbeiter usw. hingewiesen. Betrachtet man diese Konkurrenz- oder Alternativmöglichkeiten zur kirchlichen Arbeit in den hier erörterten Funktionsbereichen unter dem Gesichtspunkt der Zuständigkeitserwartungen (und vernachlässigt dabei vorübergehend die Frage nach der Fachkompetenz und den Wert-Inhalten), dann tritt ein anderer wichtiger Faktor im Rahmen des funktionalen Vollzugs in unser Blickfeld: nämlich die Anwesenheit eines bis ins letzte Dorf und den letzten Stadtbezirk durchorganisierten „Agentursystems", eines sogenannten „Kleinverteilungsapparates". Die Frage, ob Gemeindeglieder statt eines Pfarrers lieber einen psychologisch oder psychotherapeutisch ausgebildeten Berater als „Seelsorger" und vielleicht in der Jugendarbeit haben würden, wird für die meisten solange unbeantwortbar sein, solange sie sich die Rolle eines psychotherapeutischen Beraters im Alltagsleben beispielsweise eines Dorfes nicht recht vorstellen können. Die meisten Befragten würden die Frage wahrscheinlich so wenden, daß es nicht um die Alternative Pfarrer oder Psychotherapeut gehe, [128] sondern, wenn man schon mit dem Pfarrer unzufrieden sei, dann darum, daß man einen besseren Pfarrer bekäme, einen vielleicht, der mit der Jugend umgehen oder beim Hausbesuch zuhören kann. Wahrscheinlich würde die Frage in akademischen oder großstädtischen Bevölkerungsgruppen anders gewendet werden; allerdings hält man auch dort, wenn wir recht sehen, deutlich fest an bestimmten, freilich meist unpräzise formulierten Aufgabenunterschieden und Aufgaben-Spezifica. Tendenziell heißt es etwa, daß der Psychotherapeut es nur mit einigen wenigen, aber im engeren Sinne kranken Menschen zu tun habe, während der Pfarrer es, mindestens im Sinne der weithin noch die Vorstellung leitenden dörflichen oder kleinstädtischen Situation, gleichzeitig mit den (relativ) Gesunden und zwar quer durch die Generationen und die Nachbarschaft zu tun habe. Er soll die Familien genauer kennen und gewissermaßen als einziger gleichzeitig mit dem Konfirmanden in Fragen der Werte-Reflexion und mit dessen kränkelnder Großmutter in der Aufgabe emotionaler Zuwendung zu tun haben.

Die Anwesenheit der kirchlichen Agenturen (vor allem des Pfarrhauses) und ihre Eingliederung und Erfahrbarkeit im eigenen Lebensbereich; der gelegentliche und sei es der auf Beerdigung begrenzte Kontakt mit Aufgabe und Person des Pfarrers; die Abwesenheit potentieller Konkurrenz-Agenturen: die nächste psychotherapeutische Praxis ist über 100 km entfernt und überlaufen, der Sozialarbeiter und die Mitarbeiter der staatlichen psychologischen Beratungsstelle sind persönlich unbekannt und werden eher der Bürokratie der Kreisverwaltung als dem eigenen Lebensbereich zugeordnet; das alles hat zur Folge, daß eine alternative Wahrnehmung der hier erörterten kirchlichen und pfarramtlichen Funktionen kaum als Problem oder auch nur als problematisierungsbedürftig betrachtet wird.

6.3 Die Selbstverständlichkeit, in der die Kirche als zuständig für unsere beiden Funktionsbereiche empfunden wird, sagt noch nichts aus über die Belastbarkeit dieser Einstellung — (vgl. oben Abschnitt 3.1). Die zunehmende Zahl von Kirchenaustritten könnte im Gegenteil andeuten, daß ein zunehmender Teil der Bevölkerung der Kirche die „betreffenden" [129] Zuständigkeiten abspricht oder, wahrscheinlich öfter, sich gar nicht mehr um Zuständigkeiten und Funktionen scheren zu müssen, sondern die Kirchensteuer sparen zu können glaubt. Ohne die Komplexität der Kirchenaustritts-Problematik damit auf eine einlinige Antwort vereinfachen zu wollen, scheint uns in unserem funktionalen Betrachtungszusammenhang dazu ein Aspekt besonders wichtig zu sein: der Aspekt nämlich einer „funktionalen Frustration". Wir meinen, daß die Verbindung zwischen einer bestimmten Institution (wie der Kirche) und bestimmten sozialen Funktionen keineswegs auf ewige Dauer gestellt sein muß; daß vielmehr neben der Frage, WIE denn die Funktion (seit jeher und selbstverständlich) wahrnimmt, auch die Frage, WER denn die Funktion wahrgenommen wird, eine erhebliche Rolle spielt. Wo auf diese Frage andauernd eine negative Antwort gegeben werden muß, kann das zweifellos die überkommene Verbindung zwischen Institution und Funktion beeinträchtigen oder zerstören. Funktionale Frustration bedeutet also, daß man mit der Art und Weise, wie die Kirche ihre Aufgaben wahrnimmt und wie sie einem begegnet, unzufrieden oder davon enttäuscht ist. Solche Unzufriedenheiten und Enttäuschungen können verschiedene Ursachen haben: schlechte Erinnerungen an den eigenen Konfirmandenunterricht, eine als taktlos empfundene Äußerung des Pfarrers bei einem Hausbesuch, eine politisch linke (oder politisch konservative) offizielle kirchliche Stellungnahme, die vergebliche Bemühung um die kirchliche Bestattung eines aus der Kirche ausgetretenen Freundes oder auch einfach, daß einem die Kirche in Jahrzehnten weder positiv noch negativ unmittelbar begegnet ist, daß sie, wie es oft heißt, „außer wenn sie Geld von mir wollte, nie nach mir gefragt hat". Es spricht einiges dafür, daß derartige funktionale Frustrationen häufiger die Ursache von Kirchenaustritten und damit indirekt der Bestreitung von

kirchlichen Zuständigkeiten in den erörterten und auch in anderen gesellschaftlichen Funktionsbereichen sind als etwa die ideologisch-theoretische Auseinandersetzung mit den Glaubensauffassungen des Christentums.
Vor diesem Hintergrund ist noch einmal die Frage aufzunehmen, [130] ob der Kirche im Erwartungshorizont der Bevölkerung für die Wahrnehmung der beiden wichtigsten Funktionsbereiche ein sozusagen auf Dauer gestelltes Monopol zugeschrieben wird, ob man ihr eine herausgehobene „besondere Verantwortung" bei gleichzeitiger Anerkennung anderer Institutionen zubilligt, oder ob sie als gleichrangig mit solchen anderen Institutionen angesehen wird. Die Bedeutung von Vollzug und Agenturen für die Einstellung größerer Bevölkerungsgruppen (6.2) konnte die Auffassung nahelegen, daß mindestens eine „besondere Zuständigkeit", wenn nicht doch die Monopolstellung der Kirche im Bewußtsein der Bevölkerung zu vermuten wäre. Diese Auffassung wird jedoch durch die zuletzt erörterten Gesichtspunkte einer funktionalen Frustration relativiert. Daß unsere Bevölkerung im Augenblick von den Fragen, ob die Kirche ein Monopol habe oder ob es Alternativen zur kirchlichen Zuständigkeit gibt, nicht besonders tiefgehend bewegt ist, das bedeutet keineswegs, daß die Zuschreibung der funktionalen Zuständigkeit an die Kirche nicht sehr schnell preisgegeben werden konnte. Entwicklungen in der NS-Zeit, in der osteuropäischen Nachkriegszeit und in einigen der sogenannten „Jungen Kirchen" der Dritten Welt zeigen, wie schnell beispielsweise die Zuständigkeit für Passage-Riten, aber auch für Fragen der Wertreflexion von den christlichen Kirchen weggenommen und politischen Parteien oder auch Institutionen des Islam übertragen werden können. Das könnte sich in ähnlicher Weise auch in der Bundesrepublik zutragen, zumal als ein Grundmerkmal der religiösen Einstellung gelten muß, daß man sich nicht zu stark an eine Kirche binden, sich nicht zu stark festlegen, sondern gewissermaßen flexibel bleiben will. Allerdings dürfte eine zweifellos latent vorhandene grundsätzliche Bereitschaft, bestimmte kirchliche Funktionen anderen Institutionen zu übertragen, im Augenblick bei konkreten Verwirklichungsversuchen vor großen Schwierigkeiten stehen. Diese bestehen unseres Erachtens nicht in erster Linie in dem Widerstand, den die Kirchen selbst einer solchen Entwicklung entgegensetzen werden, sondern darin, daß der Großteil der Bevölkerung anderen in Frage kommenden Institutionen, [131] vor allem parteipolitischer, aber auch staatlich-bürokratischer oder kommerzieller Art mindestens ebenso skeptisch gegenübersteht wie den Kirchen.
Man wird also zu dem Schluß kommen, daß den Kirchen in unserer Gesellschaft seitens einer großen Mehrheit der Bevölkerung nach wie vor ein Vorsprung an Zuständigkeit für die genannten Funktionen zugeschrieben wird, daß aber die Verankerung dieser Zuschreibung in den tieferen Schichten der Grundeinstellung der Bevölkerung locker geworden ist. Was

in naher Zukunft aus diesem „Vorsprung an Zuständigkeit" wird, hängt nicht zuletzt davon ab, wie die Kirche ihrerseits mit den gestellten Aufgaben umgeht und fertig wird.

7. Differenztheologie und berufliche Identität (Zur Vermittlungsproblematik von Verkündigungsauftrag und gesellschaftlicher Funktion)

7.1 Wenn es richtig ist, daß die zukünftige Entwicklung der Kirche soziologisch gesehen in hohem Maße davon abhängt, in welcher Weise die Funktionen in den beiden beschriebenen Bereichen wahrgenommen werden, dann kommt entscheidendes darauf an, wie denn innerhalb der Kirche, also seitens der meinungsbestimmenden Personen und Gruppen, die gesellschaftliche Funktion der Kirche insgesamt und die einzelnen Funktionsbereiche im besonderen beurteilt und mit welcher Einstellung sie bearbeitet werden. Geht man wiederum von empirischen Beobachtungen aus, dann ist zunächst festzustellen, wie schwer es vielen, vielleicht den meisten Theologen fällt, sich überhaupt auf eine funktionale Betrachtungsweise einzulassen. Zumindest in den Altersgruppen, die vor 1965 ihre Examen absolviert haben, gelten Verkündigungsauftrag und gesellschaftliche Funktion weithin als unvergleichbare Größen, gelten die „Eigentlichkeit" von Kirche und pastoralem Dienst als „unverrechenbar" mit den „Uneigentlichkeiten" des pfarramtlichen Alltags, werden „Nachfolge Jesu" und die sogenannte „Befriedigung religiöser Bedürfnisse" immer wieder als dichotomischer Gegensatz stilisiert. [132] Diese Gegensatzstruktur hat offensichtlich das theologische Denken und damit auch die theologische Identität zahlreicher Pfarrer seit nun über 50 Jahren, nämlich seit dem Ende des Ersten Weltkriegs, auf das stärkste geprägt. Sie hat ihren sozusagen klassischen, allerdings dialektisch-spannungsreichen Ausdruck im theologischen System Karl Barths mit seinem Ansatz bei der absoluten Andersartigkeit des Wortes Gottes gegenüber dem Menschen, der empirischen Kirche und der Gesellschaft gefunden, wenngleich die Vorläufer der sogenannten „Differenztheologie" weit zurück in die christliche Tradition reichen[15]. Seit den zwanziger Jahren findet sich die Differenzstruktur in immer neuen theologischen Varianten als Gegensatz von Kirche und Gesellschaft, von Glaube und Welt, von Evangelium und Religion, von Volkskirche und Avantgarde. Sie ist dabei nicht nur von Schülern und Anhängern Barths, sondern auch von Vertretern anderer theologischer Richtungen jahrzehntelang zur gewissermaßen einzigen genuin theologischen Denkstruktur „verselbstverständlicht" worden. Erst im Zusammenhang religionssoziologischer und philosophischer Anfragen ist diese Selbstverständ-

15 Vgl. W. D. Marsch, a.a.O., S. 38-51, 109ff. u. S. 155.

lichkeit seit Beginn der 60er Jahre auch in der systematischen Theologie stärker problematisiert und hinterfragt worden[16].
Resonanz und Einfluß des differenztheologischen Denkens sind freilich auch in jüngerer Zeit bei der Pfarrerschaft unverkennbar. Das zeigt beispielsweise das Echo, aber vielleicht auch das Pathos der Kirchentagsrede von E. Käsemann (1967 in Hannover), in der statuiert wird: „Es wird in Zukunft nur eine Gestalt der Christenheit geben, nämlich die Mission; religiöse Bedürfnisse mögen anderswo gestillt werden." Auch J. Moltmann, der in seiner „Theologie der Hoffnung" den dogmatisch steril gewordenen Gegensatz von Kirche und Gesellschaft zu überwinden versucht, schreibt [133] die Differenzstruktur doch wieder u. E. einseitig fort, wenn er nun nicht mehr Glaube und Religion, wohl aber Religion und Funktionalität einander entgegensetzt: „Wenn Religion nicht Selbstzweck ist und nicht Sinn und Wert in sich selbst hat, dann hat sie überhaupt keinen Zweck und Wert. Auf die Frage nach ihrem sozialen Nutzwert und ihrer moralischen Brauchbarkeit antwortet sie gar nicht. Wird sie in die Verwertungsprozesse der modernen Gesellschaft eingebaut, so wird sie sich auflösen und vernichtet werden"[17]. Endlich scheint diese Differenzstruktur auch in den allerneuesten, neomarxistisch beeinflußten Versuchen theologischer Theoriebildung wiederum eine kräftige Renaissance zu erfahren[18].
Nun ist es nicht unsere Aufgabe, Legitimität und Grenzen der Differenztheologie hier systematisch zu diskutieren. Um Mißverständnisse zu vermeiden, sei jedoch betont, daß man auch von unserem empirisch-funktionalen Ansatz aus das Recht und die Notwendigkeit differenztheologischer Entwürfe verstehen und bejahen muß, zumal dann, wenn sie verkrustete und inhaltslos gewordene kirchliche Gegebenheiten zu transzendieren und darüber hinaus zu Innovationen zu führen vermögen. Dies haben wir an anderem Ort gerade am Beispiel der frühen Dialektischen Theologie und der konkreten Kirchenkritik Barths („Quousque tandem...") ausführlich deutlich zu machen versucht[19].

---

16 J. Matthes, Die Emigration der Kirche aus der Gesellschaft, 1964, T. Rendtorff, Säkularisierung als theologisches Problem, in: N. Z. f. syst. Theol., 1962, S. 3181f.; ders., Christentum außerhalb der Kirche, 1969; ders. zur Säkularisierungsproblematik, in: Intern. Jb. für Religionssoziologie den. zur Säkularisierungsproblematik, in: Intern. Jb. für Religionssoziologie 1966, S. 51 ff. — G. Bormann, Kommunikationsprobleme in der Kirche, in: J. Matthes, Religionssoziologie II.

17 J. Moltmann, Die ersten Freigelassenen der Schöpfung, 1971, ca. 67f. - Ders., Theologie der Hoffnung, 1964.

18 Vgl. den mehrfach zitierten Aufsatz von E. Weber / R. Trommershäuser; sowie Gremmels-Herrmann, Vorurteile (Anm. 8) — Ferner: B. Päschke, Praktische Theologie als kritische Handlungswissenschaft, in: Theologia practica 1971, S. 1-13.

19 K. W. Dahm, Pfarrer und Politik, 1965; S. 33-39, 69-76, 123 ff. und passim.

Andererseits scheint uns jedoch, daß mit der Verselbstverständlichung der differenztheologischen Denkstruktur im Zuge der Verbreitung der Dialektischen Theologie ihre spannungsreiche und auf konstruktive und konkrete Veränderung gerichtete Dynamik vielfach verloren gegangen ist. An die Stelle der Dialektik trat eine oft eindimensionale Widerspruchsstruktur gegen die Vorfindlichkeiten der Volkskirche, [134] gegen den pfarramtlichen Aufgabenkatalog, gegen gesellschaftliche Funktionen überhaupt. Das Gegenbild zur vorfindlichen Kirche, gewissermaßen das Wunschbild, das Bild der eigentlichen Kirche blieb demgegenüber merkwürdig abstrakt, theologisch kaum vermittelbar und faktisch wohl auch nie vermittelt mit der landeskirchlichen (oder freikirchlichen) Gemeindewirklichkeit[20]. Diese Widerspruchsstruktur scheint freilich der Institution Kirche auch einen stabilisierenden Effekt gebracht zu haben: Widerspruch, Kritik und Konflikt mit dem „kirchlichen Establishment" sind unseres Erachtens für viele junge Theologen zum vielleicht wichtigsten Vehikel der emotionalen Integration in ihre kirchliche Berufspraxis geworden.
Freilich kann auch eine Integration durch Widerspruch auf die Dauer nicht die Hemmungen und Vorbehalte überspielen, die man in einem von Eigentlichkeits- und Differenztheologie bestimmten Studium gegen die Realitäten des volkskirchlichen Gemeindepfarramtes und gegen eine weltliche und damit auch gegen eine funktionale Betrachtungsweise gewissermaßen internalisiert hat. Diese tief sitzenden Vorbehalte lösen bei vielen Pfarrern schon ein Schaudern aus, wenn nur das einschlägige empirische Vokabular verwendet, also Kirche etwa als „institutionalisierte Religion" oder gar als „Dienstleistungsbetrieb" bezeichnet wird[21]. Das ist umso besser zu verstehen, weil die betreffenden Pfarrer gerade in jenem Verständnis von „Nachfolge Jesu" ihre theologische und berufliche Identität gewonnen haben dürften, das mit guten Gründen einem ideologischen Religionsbegriff und auch einem sinnentleerten Zeremoniell von Taufen und Beerdigungen entgegengesetzt war. Offenbar sah man die Gründe, sich von Begriff und Praxis eines konventionell und platt gewordenen Verständnisses von „Religion" und „Kasualien" zu distanzieren, darin, daß in ihnen die transzendentale Kraft der christlichen Botschaft nicht mehr angemessen zu Ausdruck und Wirkung zu bringen war. Wer damals so in der Kritik an Religion und [135] Kirche seine Identität gewann, muß heute mißtrauisch und vielleicht bestürzt sein, wenn wiederum von gesellschaftlichen Funktionen, von Wertvermittlung und „Passage-Riten" die Rede ist -

20 Vgl. Marsch, a.a.O., S. 155 ff.

21 Vgl. K. Linke, Die Kirche — ein Dienstleistungsbetrieb?, in: Stimme der Gemeinde, 1970, S. 461-466.

und damit das eben erst muhsam sozusagen entschlackte „Proprium" der Theologie in neuen Amalgamierungen wieder verloren zu gehen droht.

7.2 Trotzdem bleibt das Problem, daß die Pfarrer, deren berufliche Motivation und deren theologisches Selbstverständnis in der sogenannten Differenztheologie verankert war, die Aufgaben der volkskirchlichen Praxis und damit die beschriebenen gesellschaftlichen Funktionen ja wahrnehmen mußten und das auch getan haben. Es kann hier nicht untersucht werden, mit welcher theologischen Begründung sie im einzelnen über den Widerspruch gegen die oft verkrusteten und unerfreulichen Aufgabenfelder hinausgelangten: ob sie die differenztheologischen Ansätze teilweise verdrängten, ob sie bei der alltäglichen Arbeit mit desinteressierten Konfirmanden und erklärtermaßen „ungläubigen" Hinterbliebenen ein „schlechtes Gewissen" hatten — oder ob sie die volkskirchliche Praxis als ihren Aktionsraum verstanden, innerhalb dessen sie ihren Verkündigungsauftrag ausrichten konnten und sollten. Es geht an dieser Stelle auch nicht um den Fragenkreis *Volkskirche — Freikirche - Avantgarde — Dienstgruppenkirche.*

Es geht vielmehr um die Erkenntnis, daß Verkündigung und christliche Diakonie sich von den Zeiten der Urgemeinde bis heute (fast) immer im Aktionsraum von gesellschaftlichen Funktionen vollzogen haben. Ohne jede Frage kann nicht nur die Predigt Jesu, sondern auch die Verkündigung der Apostel, längst bevor der constantinischen Kirche dazu eine sozusagen gesellschaftsoffizielle Zuständigkeit zugeschrieben wurde, soziologisch als Kritik, Neuinterpretation oder Bestätigung überlieferter und geltender Werte, also als ein eminent einflußreicher Faktor im „Funktionsbereich der Wertvermittlung" beschrieben werden. Ähnliches gilt für M. Luther oder K. Barth, die zweifellos die Wertsysteme ihrer Zeit gerade durch den „Kleinverteilungsapparat", in dem ihre Anhänger und Schüler in [136] Unterricht und Predigt, in Presse und Rundfunk tätig waren, nachhaltig beeinflußt haben.

Der Zusammenhang zwischen der sozialen Funktion „Wertvermittlung" und einer auftragsgemäßen „Verkündigung" läßt sich andererseits auch am Beispiel der Auslegungsgeschichte eines solchen „Wertes", nämlich des 4. Gebotes —„Du sollst deinen Vater und deine Mutter ehren" — verdeutlichen. Im alttestamentlichen Israel hilft diesel Gebot eine Sozialordnung sichern, in der die Erwachsenen ihre alternden Eltern versorgen müssen. So, wie sie ihre Eltern „ehren" und das bedeutet auch: sie versorgen, so haben sie ihrerseits dereinst Anspruch, von ihren eigenen Kindern versorgt zu werden: „auf daß du lange leben kannst auf dem Boden, den Gott dir gibt". — Luther und der Heidelberger Katechismus nehmen das Gebot aus diesem gesellschaftlichen Rahmen einer Art familialer Sozialversicherung heraus, beziehen es nicht mehr auf Erwachsene, sondern auf

Kinder und damit ganz allgemein auf die patria potestas[22]; diese wird auf die „Herren" bzw. auf „alle, die mir vorgesetzt sind" ausgedehnt und ihnen gegenüber von mir nicht nur Gehorsam, sondern auch Unterwerfung unter ihre Strafe gefordert. Diese (unbewußt vollzogene) Neuinterpretation des alttestamentlichen Gebotes ordnet sich offensichtlich ein in die Entstehungsgeschichte eines bürgerlich-paternalistischen Autoritarismus und hat seine Auswirkungen bis hin in die Wertsysteme des absolutistischen Staates und wohl auch des NS-Staates mit seinen Vorstellungen von „Kadavergehorsam". Freilich haben Luther und der Heidelberger Katechismus nicht einlinig die Macht der Herrschenden sanktioniert und befestigt; sie suchten vielmehr zugleich, diese zu relativieren und gewissermaßen zu entmytologisieren und zwar dadurch, daß die Herrschenden ihrerseits auf die gleiche Gehorsamshaltung und Abhängigkeit gegenüber dem Gott, der die Gebote gegeben hat, verpflichtet würden. — Inzwischen ist in den neueren Interpretationen des 4. Gebotes, etwa im Katechismus von Jörg Zink, das Element des Gehorsams gegenüber den Herren [137] wieder eliminiert und im Sinne der ursprünglichen Intention ersetzt durch „den Alten Geborgenheit geben und sie nicht verkümmern lassen"[23].
Mit diesem Beispiel einer faktisch in der Geschichte andauernd vollzogenen Verbindung (und Vermischung) von christlicher Verkündigung und der Vermittlung gesellschaftlicher Werte wollen wir nicht einen Mißbrauch des Wortes Gottes aufdecken oder karikieren, sondern die prinzipielle Geschichtlichkeit, theologisch gesprochen: einen Aspekt der Fleischwerdung des Wortes Gottes, auf die funktionale Betrachtungsweise anwenden.
Überlieferung und Interpretation von Entsprechendem läßt sich leicht an dem zweiten wichtigen Funktionsbereich, dem der helfenden Begleitung von Menschen an Wendepunkten und in kritischer. Situationen aufweisen. Auch der geregelte Aktionsraum des diakonischen Handelns wird nicht einlinig gegen eine vom Glauben motivierte Spontaneität der Hilfeleistung, etwa der tröstenden Zuwendung durch einen Freund, ausgespielt und zur Alternative stilisiert werden dürfen. Auch hier geht es vielmehr um die Erkenntnis, daß das eine mit dem andern, daß brüderlich-seelsorgerliche Zuwendung als ein Akt diakonischer Verkündigung und funktionale Zuständigkeit, etwa in Trauerfällen, sich auch in der Geschichte der Kirche ständig verbunden und vermischt haben. Diese Vermischung muß zwar im praktischen Vollzug als spannungsreich, als Überforderung der eigenen Spontaneität und Zuwendungskraft, als Störung für eine gerade begonnene, wegen Zeitknappheit aber nicht in der notwendigen Stetigkeit und Dauer fortzuführenden Begleitung empfunden werden. Die funktionale

22 Vgl. zur Einführung M. Noth, Das zweite Buth Mose, ATD, 1958, S. 121-133.
23 J. Zink, Was Christen glauben, 1969, S. 35.

Zuständigkeit gibt aber andererseits nicht nur die Chance und gleichsam die offene Tür für eine beabsichtigte seelsorgerliche Zuwendung, sondern sie ist oft genug auch erst Anlaß und Impuls für eine helfende Begleitung oder auch für ein tieferes Gespräch mit Menschen, die sonst vermutlich nie mit dem christlichen Glauben in Kontakt gekommen wären, und vielleicht auch nirgendwo Begleitung und Kommunikation gefunden hätten. [138]
Versuchen wir, die Frage nach der theologischen Begründung einer faktisch ja immer vollzogenen Verbindung zwischen Verkündigungsauftrag und gesellschaftlicher Funktion noch einmal ins Grundsätzliche zu wenden, dann kann möglicherweise das reformatorische „in, mit und unter" ein Stück weiter helfen. Danach waren die funktionalen Aufgaben nicht nur Brücke oder Vehikel für den Verkündigungsauftrag (und damit eben doch wieder potenziell disqualifiziert), sondern sie waren ein Medium, innerhalb dessen sich Verkündigung ereignen kann. Umgekehrt formuliert und postuliert: wenn es nicht gelingt, das, was Verkündigung heißen soll, „in, mit und unter" der funktionalen Wahrnehmung deutlich zu machen; wenn es also nicht gelingt, im Zusammenhang eines konkreten Wertproblems, eines konkreten Lernprozesses, einer konkreten seelsorgerlichen Zuwendung zu einem Menschen, einer konkreten Demonstration christlicher Humanität im politischen Bereich klar und verständlich zu machen, was „Verkündigung" ist, dann hilft es auch nicht, den Verkündigungsauftrag isoliert von den konkreten Aufgabenfeldern, sozusagen chemisch rein und theologisch wohlgesetzt zu formulieren.

7.3 Während, wie gesagt und sicher vergröbert, die künftigen Pfarrer bis in die Mitte der sechziger Jahre wohl hauptsächlich im differenztheologischen Denken, in der Frage nach dem Proprium, in der gründlichen Beschäftigung mit biblischer Exegese ihre Identität als Theologen gewonnen haben, scheint seitdem unter Theologiestudenten der Widerspruch gegen die Eskalation der Frage nach dem Proprium, gegen das Übermaß an Exegese, vielleicht auch gegen eine enggeführte Dauerthematisierung der Gottesfrage stark zugenommen und beinahe seinerseits selbstverständlich geworden zu sein. Motiviert war dieser Widerspruch nicht nur durch theologische Frustrationen, sondern auch durch die starke Welle einer auf mehr Praxis drängenden Kritik am Wissenschaftsbetrieb, die seit Mitte der sechziger Jahre im Zuge der studentischen Protestbewegung den gesamten Hochschulbereich erschüttert und verändert hat. „Was können wir mit Hebräisch, philologischer Exegese, Kirchengeschichte und altprotestantischer Dogmatik in unserem [139] künftigen Pfarrberuf praktisch anfangen?" — war die eine immer wieder und immer lauter gestellte Anfrage. Und mit ihr meldete sich die andere, seit langem latente, virulente Anfrage an die vorherrschende Theologie: „Welche Überzeugungskraft hat für

uns noch eine Theologie, deren Anspruch auf ‚Eigentliches` uns nicht verwirklichbar erscheint, die für uns in eine umfassende Grundlagenkrise geraten ist, die mit den politischen, psychologischen und naturwissenschaftlichen Aspekten unserer Wirklichkeitserfahrung nicht zusammenzubringen ist?" Offenbar befinden sich viele junge Theologen, nachdem die Studentenrevolte mit manchen anderen auch eine Reihe theologischer Tabus beiseite geräumt hat, in einer ähnlichen Situation, wie sie Ernst Troeltsch vor über 70 Jahren in dem klassischen Satz „Es wackelt alles" zusammengefaßt hat[24]. Und offenbar vermögen die Stützmauern und Gerüste, die durch die Dialektische und auch die sogenannte Existentiale Theologie gegen die Baufälligkeit des ins Wanken geratenen Gebäudes der überkommenen Theologie errichtet wurden, diese Generation nicht mehr so wie frühere zu überzeugen. Daraus aber entstehen für den Theologiestudenten akute Probleme für die eigene Berufsentscheidung und den gesamten Lebensplan; eine Autorengruppe Frankfurter Vikare kennzeichnet diese (1971) folgendermaßen: „Das Studium reicht weder als Rüstzeug aus, um die Aufgaben des herkömmlichen Pfarramtes einigermaßen befriedigend ausüben zu können, noch leitet es an, ein neues, identitätsvermittelndes Berufskonzept zu entwickeln, geschweige denn, es in die Praxis umsetzen zu können. Dies wird als umso bedrängender empfunden, als die idealistische Naivität (die richtige Theologie schaffe die richtige Praxis ‚von selbst') einer soziologischen Skepsis (die Praxis werde bestimmt durch die Rollenerwartungen, denen der Pfarrer ausgesetzt ist) gewichen ist ... wir alle haben im Verlauf dieses Ausbildungsganges mehr oder weniger ausgeprägte Zweifel gehabt, ob wir ihn fortsetzen sollten und könnten, und wir haben diese Zweifel als Infragestellung der persönlichen Identität erlebt."[25] [140]
Diese und ähnlich formulierte Verunsicherungen während des Studiums haben offensichtlich zu einer großen Zahl von „drop outs", von Studenten, die sich von der Theologie abgewandt haben, geführt. Andererseits ist die Zahl derer, die sich doch für den Pfarrerberuf entscheiden, und in die Vikarsausbildung eintreten, nach wie vor und gerade zu Beginn der siebziger Jahre erstaunlich groß; in manchen Landeskirchen ist sie außer zu Beginn der dreißiger Jahre in diesem Jahrhundert nie so groß gewesen. Wie ein offenbar größer werdender Teil von ihnen die beschriebene Identitätskrise zu überwinden sucht, zeigt wiederum die Arbeit der Frankfurter Vikarsgruppe: „Unserer Ansicht nach geht (das) nur über den Weg einer Klärung der diffusen und ambivalenten Einstellung zur Institution Kirche und zur Berufspraxis ihrer Funktionäre, speziell der Pfarrer. Denn nur, wenn sich

24 Vgl. Dahm, a.a.O., S. 33ff.

25 J. Grein, G. Krämer, V. Läpple, U. Schwemer, W. Wittrodt: Identität und Praxis, in: Wissenschafl und Praxis, WuPKG, 1971, Heft 9 (in Vorbereitung); daraus auch Teile der vorangehenden Zitate.

der Theologiestudent hiermit indentifizieren und seiner Meinung nach sinnvolle und befriedigende Arbeit leisten kann, wird er eine ihn langfristig tragende Identität finden können."

Eine solche Auseinandersetzung mit der kirchlichen Praxis kann durchaus dazu führen, daß die frühere Entscheidung für den Pfarrberuf unter neuen und vielleicht kritischeren Gesichtspunkten bestätigt oder sogar herbeigeführt wird. So begründet eine junge Theologin vor Beginn ihres Vikariates ihre Berufswahl in einem Zeitungs-Interview: „Ich habe von Soziologie auf Theologie umgesattelt, weil ich einsah, daß die Menschen Bedürfnisse haben, die von niemandem befriedigt werden — vielleicht mit Ausnahme der Pfarrer. Wir sind die Lückenbüßer der Gesellschaft und kümmern uns überall da um den Menschen, wo ihn diese Gesellschaft allein läßt ... Die Dienstleistungen der Kirche haben für mich Sinn und Chance. Die Menschen sind zu diesen Anlässen verunsichert. Man kann ihnen helfen. Ich denke, daß man in keinem anderen Beruf soviel mit dem Menschen zu tun hat."[26] [141]

Wenn eine Reihe ähnlicher Außerungen[27] und Beobachtungen uns nicht täuschen, wird der unmittelbare Ansatz bei den kirchlichen Aufgaben, d.h. vor allem bei der Hilfe für Menschen in defizitären Lebenssituationen in Zukunft noch eine größere Rolle als bisher bei der Entscheidung für den Pfarrberuf spielen. Zwar hat dieser Impuls auch früher bei Abiturienten eine oft wichtige Rolle gespielt; im Verlauf des Studiums wurde er jedoch häufig durch den „Verkündigungsauftrag" abgelöst, verdrängt oder etwas unsicher verschwiegen. Heute werden nicht nur der Ansatz, sondern auch die Schwierigkeiten, ihn in der Praxis zu verwirklichen, also etwa gegen eine Fülle hindernder Rollenvorschriften und sozialer wie kirchlicher Zwänge anzukommen, ganz unbefangen als das eigentliche Zentralproblem der Pfarrer-Ausbildung bezeichnet.

Das Interesse an den pfarramtlichen Aufgaben, die Dialektik von einerseits grundsätzlicher Bejahung und andererseits konkreter Kritik und Veränderung der Praxis in den kirchlichen Funktionsbereichen werden unseres Erachtens freilich nur dann zu einer auf die Dauer „tragenden Identität" werden können, wenn sie auch theologisch begründet und reflektiert sind. Dabei wird es nicht nur um die gelegentlich zum „taktischen Problem" degradierten und disqualifizierten Gesichtspunkte der eigenen Glaubwürdigkeit in der Gemeinde und der Kommunikationsfähigkeit mit den Kollegen gehen. Sondern es wird vor allem um eine Art „innerer", d.h. mentaler und emotionaler Übereinstimmung des eigenen praktischen Tuns mit zentra-

26 Vgl. Frankfurter Rundschau vom 7.8.71, S. 15 (Ausgabe Kronberg).

27 z.B. U. Hähle, M. v. Rad, D. Reitz, H. Richter, F. Strub, Überlegungen zum Gruppenpfarramt, in: N.Hepp (Hrsg.), Neue Gemeindemodelle, Reihe „Theologie Konkret", 1971, S. 83-96.

len Inhalten der biblisch-christlichen Tradition gehen. Man wird in der kirchlichen Arbeit kaum Erfüllung finden, wenn man einen solchen, auch subjektiv als ehrlich empfundenen Kontinuitätszusammenhang mit früheren „Antworten des Glaubens" auf die Grundfragen menschlichen Daseins und menschlichen Zusammenlebens nicht mehr herzustellen vermag. Das bedeutet nicht, daß man diese Antworten in ihrer dogmatisch geronnenen Gestalt, gleichsam in einem verbal [142] inspirierten Sinne „wörtlich" zu übernehmen hätte; zweifellos wird man kritisch erkennen und aussprechen, wieviel zeitgebundene Vorurteile und vielleicht auch zeitgebundene Herrschaftsinteressen in bestimmte dogmatische Formeln mit eingeflossen sind. Das bedeutet aber wohl, daß man die in diesen Formeln vermittelte genuin christliche Intention und vielleicht auch das Stück anthropologischer Wahrheit zu erkennen und auf die gegenwärtigen Probleme anzuwenden versucht.
Ob und wieweit bei dieser notwendigen und schwierigen Aufgabe der Vermittlung eines Kontinuitäszusammenhanges die differenztheologischen Entwürfe, die weitgehend auf eine konkrete theologische Thematisierung der kirchlichen Praxisaufgaben verzichten, zu helfen vermögen, erscheint uns nach wie vor als problematisch. Möglicherweise könnten hier einige der Ansätze und Versuche der sowohl von Schleiermacher als auf andere Weise von Hegel und später von Tillich inspirierten „neuprotestantischen Theologie" eher weiterhelfen[28].

7.4 Eine besondere Variante der an den pfarramtlichen Aufgaben orientierten Motivation zum kirchlichen Dienst stellt deren Verbindung mit einem dezidiert sozialistisch system-verändernden Handlungswillen dar, der in erster Linie auf die Überwindung von spätkapitalistischen und unmenschlichen Herrschaftsverhältnissen aus ist. Diese Verbindung erscheint zunächst als eines der Ergebnisse der energisch gesellschaftskritischen Studentenrevolte gegen Ende der sechziger Jahre, die unter Theologiestudenten eine besonders breite Resonanz und Beteiligung hatte. Als in deren Arbeitsgruppen und in den Versammlungen der sogenannten „Celler Konferenz" eine systemstabilisierende, verschleiernde und pseudotherapeutische Funktion der Kirche im Spätkapitalismus konstatiert war, „schmolz die Revolutionsstrategie zur Frage zusammen: Raus aus der Kirche oder rein in die Kirche?"[29]. Die in die Kirche gingen, taten [143] es vielfach mit der ausdrücklichen Absicht, deren Apparat im Sinne der eigenen

28 P. Tillich, Systematische Theologie, Bd. 3, 1967, bes. S. 191-280; T. Rendtorff, Kirche und Theologie, 1966; W. D. Marsch, a.a.O., S. 269 ff. und passim.

29 Vgl. K. W. Bühler, Sozialistische Opposition in der Kirche?, in: Lutherische Monatshefte 1969, S. 284-287. — W. D. Bukow, Das Elend der sozialistischen Opposition in der Kirche, 1969, bes. S. 40-60.

gesellschaftsverändernden Vorstellung zu nutzen. Sie mußten freilich bald erkennen, daß das, wenn überhaupt und auch nur ansatzweise, lediglich gehen könnte, wenn „bis zu einem gewissen Grad die Erwartungen des einzelnen Bürgers und des Staates erfüllt werden, (denn) gesellschaftskritische Arbeit kirchlicher Gruppen ohne einen systemstabilisierenden Beitrag der Volkskirche ist illusionär"[30]. Die „Erfüllung von Erwartungen" betrifft dabei wiederum in erster Linie die volkskirchlichen Hauptfunktionen, nämlich einmal den Bereich der nunmehr mit dem Stichwort „Sozialisation" gekennzeichneten Bereich der in Kindheit und Jugend durch Elternhaus, Spielstraße und Schule vermittelten Aneignung grundlegender Verhaltensweisen und Normen, und zweitens den nun durch das Stichwort der „Sozialtherapie" gekennzeichneten Bereich von Seelsorge, Kasualpraxis und Diakonie.

Ob und wieweit es gelingt, die fruchtbaren und schöpferischen Aspekte dieser Verbindung zwischen dem Interesse an den Aufgaben des Pfarramtes und einer sozialistisch systemverändernden Motivation innerhalb der Gemeinde so darzustellen und anzuwenden, daß auch Gemeindeglieder und Pfarrer mit anderer Auffassung etwas von einer solchen Fruchtbarkeit erkennen können, bleibt zunächst abzuwarten. Jedenfalls wird man diese Frage nicht, wie manche Vertreter der Neuen Linken meinen, in erster Linie kirchenpolitisch-taktisch lösen können; das würde nur zur Verstärkung des Verdachtes einer zynischen Umfunktionierung und eines Mißbrauches der Kirche führen. Vielmehr wird es vor allem darum gehen, erstens auch hier die theologische Kontinuität mit dem was die Bibel will und was „die Väter" wollten, deutlich zu machen, und zweitens die Gemeindeglieder im persönlichen Umgang so ernstzunehmen, [144] daß sie sich auch ernst genommen und verstanden, aber eben nicht manipuliert fühlen.

Ebenfalls ist im Augenblick (Herbst 1971) noch nicht abzusehen, ob die Verbindung von Pfarrerberuf und politisch formierter neomarxistischer Grundeinstellung in den kommenden Jahren zur tragenden Berufsmotivation für größere Gruppen von Theologiestudenten werden kann. Es könnte sein, daß diese Verbindung zwar den Theologiestudenten der Protestgeneration Kontinuität und Identität mit kirchlicher Arbeit zu vermitteln vermochte, daß aber nachwachsende Jahrgänge die Unterschiede und Gegensätze zwischen theologischer Mentalität und neomarxistischer Ideologie sowie zwischen kirchlichen Funktionen und unmittelbar politisch-revolutionärem Handeln nicht mehr miteinander zu vermitteln vermögen. Eher erscheint als denkbar, daß die neomarxistischen Anfragen und Impul-

30 Studie I, 7 des „Institutes für kirchliche Sozialforschung"; Anonym vorgelegtes Manuskript Modell einer funktionsgerechten Ausbildung für den kirchlichen Dienst", Frankfurt 1970.

se stärker als bisher in den inhaltlichen Reflexionen und Beiträgen sowohl der systematischen Theologie als auch der praktischen Arbeit im Bereich der Erörterung und Vermittlung von Wertsystemen aufgenommen und kritisch verarbeitet werden.

8. Kritik und Innovation

8.0 Die gesellschaftlichen Funktionsbereiche von „Wertvermittlung" und „helfender Begleitung" als Aktionsräume der Kirche und als Berufsfeld des Pfarrers zu bejahen und ernst zu nehmen, heißt, die gegenwärtige Wahrnehmung dieser Aufgaben „kritisch", d.h. sowohl unter dem Aspekt ihrer Mängel als auch unter dem Aspekt ihrer Möglichkeiten, ihrer Erneuerung und Veränderung, ihrer Innovation zu analysieren. Dazu nötigt nicht nur der diese Überlegungen leitende und eingangs (1.3) angedeutete Theoriebegriff, sondern dazu nötigt auch die massive Kirchenkritik unserer Tage. Wenn nämlich die funktionale Betrachtungsweise ein Stück der kirchlichen Wirklichkeit richtig zu erfassen vermag und wenn dementsprechend ein Teil der gegenwärtigen Kirchenkritik zu Recht auf „funktionale Frustration" (6.3) zurückgeführt wurde, dann muß man auch darüber nachdenken, [145] wo die sozusagen überindividuellen Erfahrungen dieser Frustration gemacht, mit anderen Worten: welche Aufgabenbereiche von der Kirche unangemessen und unzureichend bearbeitet und bewältigt werden. Zu einer solchen „Kritik" nötigt darüber hinaus und vor allem jedoch der „Auftrag" derjenigen, die ihren Beruf auch als Berufung empfinden und die die Realität des kirchlichen Handelns am Maßstab des Evangeliums prüfen. Diese Kritik wird sich, gerade nach dem in der Kritischen Theorie entwickelten Verständnis nicht darauf beschränken oder darin gefallen, Fehler aufzudecken und anzuprangern; sie wird vielmehr in erster Linie darauf aus sein, Möglichkeiten der Innovation durchsichtig zu machen, sie wird die oft außerordentlich mühsamen Versuche von Reform und Veränderung gewissermaßen unterstützen; sie wird die bei diesen Versuchen unvermeidlichen, schmerzhaften Konflikte nicht beschönigen, sondern fruchtbar zu machen bemüht sein.

Wenn wir recht sehen, muß sich eine aufgabenorientierte Kritik sowohl auf die sogenannten „inhaltlichen Fragen", nämlich die gegenwärtige theologische Reflexion der in unserer Gesellschaft anstehenden „Sinnfragen" und Wertprobleme richten, als auch auf die Handlungsformen der Kirche, von der Gestalt des Gottesdienstes und der Kasualfeiern über Methodik und Didaktik von Religions- und Konfirmandenunterricht und das seelsorgerliche Einzelgespräch bis hin zu den neueren Arbeitsformen der Dienstgruppen und der Erwachsenenbildung. Endlich wird sie auch die Gliederungs- und Organisationsstrukturen der Kirche betreffen. Es ist also das ganze weite Feld der kirchlichen Praxis, das unter dem Gesichtspunkt einer sachgerechten Erfüllung der alten, durch die Herausforderungen einer neuen Zeit aber neu profilierten Aufgaben mit neuen Instrumenten analysiert und gleichsam mit neuen Geräten beackert werden muß. Nicht sachgerecht wäre es nach unserem Verständnis des Evangeliums, wenn es bei der Erfüllung der Aufgaben lediglich darum ginge, einen möglichst reibungslosen oder effizienten, sozusagen technisch perfekten aber inhaltlich unreflektierten Vollzug von Dienstleistungen zu [146] gewährleisten. Sachgerecht nach unserem Verständnis des Evangeliums ist es vielmehr, die im kirchlichen Handeln vermittelten Inhalte und Werte sowie seine Arbeits- und Kommunikationsformen daraufhin zu prüfen, ob sie dem Menschen helfen, ihr Leben im Sinne der in Jesus offenbarten menschenfreundlichen Liebe Gottes zu gestalten und zu bewältigen. Diese Prüfung und die aus ihr abzuleitenden Erneuerungs- und Veränderungsversuche können hier nicht für alle Aufgabenfelder der Kirche gründlich und gleichmäßig breit thematisiert werden. Ein Teil der pfarramtlichen Aufgaben wird in anderen Arbeiten dieses Buches ausführlicher behandelt. Im Zusammenhang des vorliegenden Aufsatzes kann es nur darum gehen, Kritik und Innovation punktuell für die beiden Funktionsbereiche von „Wertvermittlung" und „helfender Begleitung" aufzuzeigen.

8.1 Die gegenwärtige Problematik im Funktionsbereich der Vermittlung von Wert- und Deutungssystemen wird besonders deutlich in den inhaltlichen Schwierigkeiten des Konfirmanden- und Religionsunterrichtes. Das oben aufgewiesene Desinteresse gegenüber dogmatischen und abstrakt-theologischen Lehrstücken (vgl. 3.2) wird ja von Kirchenmitgliedern bekundet, die fast sämtlich an einer erheblichen Zahl von Religions- und Konfirmandenstunden teilgenommen haben. Offenbar ist es in diesen Stunden kaum gelungen, die Bedeutung der christlichen Lehrstücke, wie sie etwa in Katechismus und Gesangbuch formuliert sind und auswendig gelernt werden mußten, mit den tatsächlichen Lebensfragen und Schwierigkeiten der Kinder so zu vermitteln, daß sie in deren Wertsysteme integriert werden konnten. Das darf nicht allein und nicht in erster Linie den Pfarrern und ihren pädagogischen Mängeln angelastet werden. Hier muß vielmehr nüchtern und ehrlich erkannt werden, daß der Inhalt unserer Katechismusstücke und Gesangbuchlieder seinerseits zum großen Teil auf Problemstellungen bezogen und in Ausdrucksformen abgefaßt ist, die nicht die unserer Zeit sind.
Am Beispiel des vierten Gebotes wurde schon angedeutet (7.2), daß die „Geschichtlichkeit" des Evangeliums eben darin manifest ist, daß es immer „in, mit und unter" den [147] Fragen und Nöten der jeweiligen Zeit reformuliert und lehrmäßig fixiert wurde. Und das betrifft nicht nur den Zusammenhang von Elternliebe, Gehorsam und politischer Herrschaft; son-

dern das gilt genauso für den Zusammenhang der Gebote „Du sollst nicht stehlen" und „Du sollst nicht begehren.. mit dem Eigentumsbegriff einer vor-industriellen agrarisch (und feudalistisch!) geprägten Gesellschaft; das betrifft zumindest nach Meinung und Verhalten eines großen Teiles der Kirchenmitglieder auch bestimmte Auslegungen des 6. Gebotes „Du sollst nicht ehebrechen"; das betrifft endlich die Tendenz ungezählter Gesangbuchverse, „in der Ewigkeit" Ausgleich und Belohnung dafür zu finden, was „in der Zeit" an Elend, Entbehrung und Demütigung ertragen werden mußte, — eine Tendenz, die über Jahrhunderte hinweg in einer sogenannten Mängelgesellschaft mit ihren defizitären Bewältigungsmöglichkeiten von Hunger und Krankheit, von „Feuer- und Wassernot" die vielleicht einzige Hilfe war, das Elend zu ertragen, - eine Tendenz aber, die im 19. und 20. Jahrhundert oft dahin mißverstanden und mißbraucht wurde, die wirtschaftlichen, politischen und technischen Ursachen menschlichen Elends zu verharmlosen, zu verschleiern und jedenfalls die Entwicklung von Gegenkräften zu behindern. So lernten beispielsweise ganze Generationen von Konfirmanden des 19. Jahrhunderts, daß das wirtschaftliche Elend des Proletariates und, daß die sittliche Verwahrlosung im Frühkapitalismus gleichsam als Strafe Gottes für den Abfall vom Glauben zu gelten habe — und für die „Systematisierung der sündlichen Gelüste des Menschen", wie sie nach Wichern im Sozialismus zum Ausdruck komme[31].

Wenn ein heutiger Konfirmandenunterricht auch kaum in dieser massiven Weise den Interessen bestimmter wirtschaftlicher Machtgruppen dienen will, so sind doch in den traditionellen und nach wie vor traktierten Lernstücken eine Fülle einseitiger Denkweisen und Formulierungen enthalten, die in dieser Richtung mißverstanden werden können. Daß die darin angelegten Gegenkräfte gegen eine auch in [148] der Kirche mindestens verbal und intentional weithin vertretene „emanzipatorische" Erziehung zu „kritischer Mündigkeit" wenigstens an der Oberfläche kaum wirksam werden, hängt jedoch leider weniger von einer theologischen Aufarbeitung und Änderung dieser Einseitigkeiten als vielmehr davon ab, daß diese Lernstücke insgesamt kaum in das Bezugssystem der Kinder integriert werden, also relativ belanglos und folgenlos bleiben und von anderen Wert- und Sinnvorstellungen überlagert und verdrängt werden.

Eine sachgerechte Arbeit im Konfirmanden- und Religionsunterricht sowie in den verschiedenen Arbeitsformen der kirchlichen Erwachsenenbildung wird also zur wichtigsten Voraussetzung haben, daß die sich in unserer Zeit neu herausbildenden Wertvorstellungen theologisch aufgearbeitet werden; anders gesagt: daß das Evangelium gewissermaßen „in, mit und

31 Vgl. den einleitenden Teil des ersten Aufsatzes dieses Buches: Die protestantischen Pastoren und der Staat

unter" den Fragen und Nöten unserer Zeit reformuliert wird. Um das noch einmal am Beispiel der Konfirmanden zu veranschaulichen: was unter dem Aspekt des Evangeliums über Frieden und Emanzipation, über Entfremdung und Ausbeutung, über Freiheit und Selbstverwirklichung, über Leistungsdruck und Sachzwänge, über Verkehrstod und Umweltzerstörung, über Liebe und Partnerschaft, über Planung und Zukunft zu sagen und zu fordern ist, darf nicht nur im Umweg über die an diesen Punkten dürftigen oder im eben beschriebenen Sinne einseitigen Lehrstücke aus Bibel, Katechismus, Gesangbuch und Kirchengeschichte traktiert werden; es muß vielmehr zu einer Art neuer, katechismusähnlicher, auf die Grundfragen unserer Zeit ganz unmittelbar bezogener „Christlicher Lehrstücke" kommen. Wissenschaftlich-theologische Vorarbeiten zu solchen Lehrstücken sind im letzten Jahrzehnt in großer Zahl entstanden. Wenn auch meist mit historischem Übergewicht haben eine ganze Reihe von ihnen doch die unseres Erachtens unausweichliche Aufgabe in Angriff genommen, die konstitutiven Elemente der christlich-biblischen Tradition mit modernen erfahrungs- und humanwissenschaftlichen Erkenntnissen sowie mit den gesellschaftspolitischen Herausforderungen unserer Zeit miteinander zu vermitteln[32]. Doch [149] sind diese fruchtbaren und weiterführenden literarischen Ansätze für die praktische kirchliche Erziehungs- und Bildungsarbeit, von verheißungsvollen Innovationen abgesehen, noch kaum zu den geforderten Lehrstücken didaktisch elementarisiert[33]. Zumindest werden sie, wenn wir empirisch richtig sehen, bisher nur selten in einer sowohl Pfarrer wie Konfirmanden und Schüler befriedigenden Weise angewendet. Die kritische Überprüfung der in den kirchlichen Bildungs-einrichtungen tatsächlich oder nur intentional vermittelten Inhalte und Wertvorstellungen und die Forderung, diese sowohl unter dem Aspekt der Geschichtlichkeit des Evangeliums als auch unter dem Aspekt der Herausforderungen unserer Zeit neu zu formulieren und didaktisch zu elementarisieren, wären ganz und gar mißverstanden, wenn man in ihnen eine neue Variante repressiver kirchlicher Indoktrination, diesmal vielleicht progressiv-liberaler Färbung, entdecken oder sie aus ihnen herauslesen würde. Uns geht es ausdrücklich nicht darum, erneut fertige und wie Versatzstücke hantierba-

32 Vgl. z.B. H. Schmidt, Frieden, 1969; W. D. Marsch, Zukunft, 1969. - Erste und wegweisende Arbeiten für das breite Feld der Sozialethik liegen im Lebenswerk von H. D. Wendland vor, vgl. vor allem: Die Kirche in der modernen Gesellschaft, 1956, und: Die Kirche in der revolutionären Gesellschaft, 1967. — Zum Bereich der Wirtschaft vgl. H. Weber, Theologie — Gesellschaft — Wirtschaft, 1970; Zu einem „undogmatischen Christentum" insgesamt vgl. T. Rendtorff, Christentum außerhalb der Kirche, 1969.

33 Für viele interessante Versuche der Religionspädagogischen Ämter und Institute sei hier nur hingewiesen auf die von S. Vierzig und H. Heinemann herausgegebenen Informationen zum Religionsunterricht", Hannover 1970ff., sowie auf „ru", Zeitschrift für die Praxis des Religionsunterrichts, Stuttgart 1971 ff., hrsg. von H. K. Berg u. a.

re theologische Antworten oder Rezepte zu produzieren und zu servieren. Sondern es geht darum, zusammen mit den Konfirmanden (oder Erwachsenen) die früher und oftmals vorbewußt erfolgten religiösen Prägungen aufzuarbeiten und eine auf zunehmende Mündigkeit und kognitive Offenheit zielende Orientierungsfähigkeit in Fragen des zwischenmenschlichen Verhaltens und der Daseinsinterpretation einzuüben. Das aber geht nicht im Wege von kognitivistischem Erlernen eines vorgeschriebenen Unterrichtsstoffes. [150] Sondern das geht unseres Erachtens am ehesten, wenn man von den alltaglichen Erfahrungen und von den besonderen Schwierigkeiten der Konfirmanden (oder Erwachsenen), ausgeht sie ihre Fragen selbst formulieren und sich mit ihnen in die gleiche Suchrichtung zu stellen versucht.

Zweifellos spielt dabei die Berücksichtigung und eine behutsame Aufarbeitung der emotionalen Vorgänge und des motivationalen Vorfeldes eine erhebliche, wenn nicht entscheidende Rolle. Diese Rolle ist, wie in der Schule so auch in den Arbeitsformen der Kirche, jahrzehntelang verhängnisvoll vernachlässigt worden. Erst aus allerjüngster Zeit sind, angeregt vor allem durch gruppendynamische Erfahrungen jüngerer Pfarrer, auch auf diesem Sektor bemerkenswerte Versuche unternommen worden, über das totale Defizit hinauszugelangen und Innovationen einzuleiten[34]. Allerdings ist die Arbeit auf dem unsicheren Grenzfeld zwischen Psychotherapie, Gruppendynamik — und Pädagogik nicht ohne erhebliche Gefahren. Sie treten vor allem dort auf, wo man ohne zureichende psychotherapeutische Ausbildung den psychodynamischen Prozeß bewußt und einseitig forciert, ihn gewissermaßen aus dem Gesamtfeld der Einheit von kognitiver Information und Diskussion, von Spiel und Aufarbeitung der Kommunikationshindernisse herauslöst und ihn sozusagen zum Proprium des Konfirmandenunterrichtes macht. Unseres Erachtens sollte eine gruppendynamisch orientierte Arbeitsmethode in der Regel auf den Zusammenhang mit der oben beschriebenen „inhaltlichen" Erörterung von Lebensfragen und Daseinsorientierung begrenzt bleiben und nicht mit unzureichenden Mitteln die Therapie oder Veränderung emotionaler Personstrukturen anstreben. Doch ist die Grenze nicht immer klar zu definieren und sind auch die bisherigen Erfahrungen [151] auf diesem Gebiet noch zu gering und zu wenig ausgewertet, um klare Trennlinien zwischen Innovation und Irrweg markieren zu können.

---

34 Erfahrungen aus einer gruppendynamisch und auf emotionale Prozesse reflektierten Konfirmanden- und Erwachsenenarbeit liegen uns nur aus der Evangelischen Kirche in Hessen und Nassau (EKHN) vor; vgl. K. Dienst, Neue Versuche im Konfirmandenunterricht in der EKHN, Teil III, vervielfältigtes Manuskript, 1971. — Anzufordern bei der Kirchenverwaltung der EKHN, 61 Darmstadt, Paulusplatz 1.

8.2 Auch in dem anderen Funktionsbereich, dem der helfenden Begleitung in Krisensituationen und an den Knotenpunkten des menschlichen Lebens, geht es sowohl um kognitive, inhaltlich-theologische als auch um emotionale Faktoren. Umgekehrt als im Bereich der Wertvermittlung liegt jedoch hier das größere Gewicht auf dem Stichwort „emotionaler Beistand".

Die Kritik an der Wahrnehmung dieses Funktionsbereiches wird sich heute nicht mehr in erster Linie darauf richten müssen, daß Seelsorge und Amtshandlungen vorwiegend oder einseitig als „missionarische Gelegenheit"[35] verstanden werden und die beteiligten Menschen sich im Extremfall als Missionsobjekte („heute hat sie der Herr in meine Hand gegeben") vorkommen konnten; die Berliner Pfarrerbefragung etwa zeigt, daß dieses Verständnis schon seit Beginn der sechziger Jahre immer mehr in den Hintergrund getreten ist[36]. Auch die leicht zynisch wirkende, wenn auch nicht immer so gemeinte Auffassung, bei den Kasualfeiern handle es sich ja doch nur um die Befriedigung religiöser Bedürfnisse und um Zeremonienmeisterei wird heute seltener als früher vertreten. Zumindest in der neuesten Literatur[37] und nach eigenen Gesprächseindrücken von vielen Pfarrerkonventen quer durch die BRD scheint sich bei einer Mehrheit der Pfarrer die Erkenntnis durchgesetzt zu haben, ... [38] [152] ... daß schon die Verbalisierung einer ihn bedrückenden Schwierigkeit oder Notlage den Ratsuchenden erleichtern kann; gewiß weiß man, daß aufgrund eines eingelebten Rollenbildes vielfach schon die pure Anwesenheit des Pfarrers wirksamer ist als alles, was er sagt; gewiß weiß man, daß der Pfarrer in bestimmten Situationen, so schwer es ihm falle, seine Grundeinstellung zurückstellen und sich in das Pfarrer-Bild des Ratsuchenden hineinbegeben muß, um ihm zu helfen; gewiß weiß man insbesondere, daß auch bei einer solchen „Entäußerung" dessen, was man als Pfarrer „eigentlich" sein möchte, doch alles darauf ankommt, sich dem Ratsuchenden oder Trauernden in einer aufrichtigen, gleichsam emotional-solidarischen Weise zuzuwenden; daß gewissermalen alles verloren ist, wenn das Gegenüber Unlust oder Zeitmangel, oberflächliche Routine oder Manipulation beim Pfarrer spürt oder vermutet.

Doch handelt es sich bei all diesen grundlegenden Erkenntnissen zunächst nur um Groborientierungen. Gerade wer diese aufgenommen und in sein Berufsverhalten ansatzweise eingearbeitet hat, erfährt um so schärfer sein Defizit in den Einzelproblemen der „helfenden Begleitung" von Tauf- oder

35 Vgl. R. Bohren, Unsere Kasualpraxis — eine missionarische Gelegenheit?, 1960.

36 Vgl. Y. Spiegel, Der Pfarrer im Amt, 1970, S. 78ff.

37 Vgl. z.B. Praktisch-Theologisches Handbuch, hrsg. von G. Otto, 1970.

38 [Die Original-Fußnote von 1971 wird hier gemeinsam mit einem Abschnitt ausgelassen.]

Konfirmandeneltern, von Konfirmanden und jungen Erwachsenen, von auseinandergelebten Ehepartnern und Alleinstehenden, von Leidenden und beruflich Überforderten, von unterprivilegierten Gastarbeitern und stumpf gewordenen Fließbandarbeitern, von Sterbenden und Trauernden.

Diesem Defizit wird man unseres Erachtens nicht zureichend dadurch begegnen können, daß an die Stelle der Theologie nunmehr nur noch oder erstrangig Psychologie oder Psychotherapie gesetzt oder betrieben wird. Sondern es geht wie [154] in dem vorhin beschriebenen Problembereich von Wertsystemen und Daseinsorientierung darum, die drei Aspekte — erstens der biblisch-christlichen Inhalte und Motivationen, zweitens der erfahrungswissenschaftlichen Erkenntnisse aus Psychologie und Sozialpsychologie und drittens der Anwendungsreflexion auf das praktische Berufsfeld des Pfarrers — miteinander zu vermitteln. Gerade die Beziehung auf den letztgenannten Aspekt scheint uns unabdingbar, denn die abstrakt-theoretische *(kursiv: Präzisierung im Nachdruck) Erörtungen der Beziehungen zwischen Theologie und Psychologie vermögen oft nur wenig für die konkreten Probleme "vor Ort" beizutragen. Ähnlich wie beim RU kommt es vielmehr auf eine praktische und methodisch beobachtete Einübung in "helfende Begleitung" an.* Bei der Einübung wird es vor allem darum gehen, die eigene Sensibilität zu trainieren, sich der eigenen Grenzen in Kommunikationsfähigkeit und seelsorgerlicher Arbeit bewußt zu werden, das vorhandene eigene Instrumentarium im Umgang mit Menschen etwas weiter zu differenzieren und vielleicht unentwickelte Instrumente so zu bearbeiten, daß sie verwendet werden können. Erfreulicherweise ist im Blick auf solche Einübung eine ganze Reihe von Innovations-Versuchen festzustellen, von denen vor allem die gruppendynamisch angelegten mehrwöchigen Trainingskurse von CPT/CPE und ähnliche Arbeitsformen insgesamt verheißungsvoll erscheinen[39]. Allerdings sind auch hier gewisse Gefahren, etwa der einseitigen Festlegung auf bestimmte Methoden (sei es Rogers, seien es bestimmte Schulrichtungen der Tiefenpsychologie) oder auch einer zu eilfertigen Ausrichtung auf Rolle und Aufgabe des Psychotherapeuten nicht zu übersehen. Doch [155] wird es in diesem Bereich ebenso wie in dem vorhin beschriebenen auf längere Sicht um immer neue Versuche gehen müssen, freilich auch um die kritische Reflexion ihrer Ergebnisse — und wiederum um eine behutsame Markierung der Grenze zwischen Innovation und Irrweg.

Was die Abgrenzung der Aufgabe des Pfarrers von der des Psychotherapeuten angeht, so könnten außer den theologischen wiederum empirische

39 Siehe Abschnitt "Seelsorgerliche Kommunikation" in K.-W. Dahm, Beruf: Pfarrer, 1971, S. 244-277.

Gesichtspunkte aufschlußreich sein. Dazu gehört nicht nur, daß dem Pfarrer in der Regel die begleitende Kommunikation mit relativ „gesunden" Menschen aus seiner ganzen Gemeinde zugeschrieben wird - und eben nicht die sehr intensive, zeitaufwendige und damit auf eine kleine Zahl von Klienten eingegrenzte therapeutische Arbeit mit (relativ) „kranken" Menschen.

Wichtiger erscheint uns jedoch, daß es eben immer noch die Verklammerung von „Lehren" und „Helfen", von der symbolischen Repräsentanz grundlegend geltender Wertsysteme und der seelsorgerlichen Interpretation der kritischen Lebenssituationen, von Konfirmandenunterricht und Krankenbesuch ist, die den Unterschied zwischen dem Berufsfeld des Pfarrers und dem des Psychotherapeuten im Bewußtsein der Bevölkerung ausmacht.

Wie wir sahen, werden die Teilbereiche dieser Verklammerung nicht mehr so selbstverständlich auf Pfarrer und Kirche bezogen, wie das Jahrhunderte hindurch der Fall war; vor allem, was den Bereich der „Wertvermittlung" betrifft. Doch wo diese Verklammerung auch latent geworden sein mag und wo „Lehren" und „Helfen" ganz unterschiedlich gewichtet werden mögen, ist doch fast überall ein Rest (und meist nicht nur ein Rest) vom Bewußtsein dieser Zusammengehörigkeit vorhanden. Diese Zusammengehörigkeit bestimmt — wie uns scheint: konstitutiv — das Berufsfeld des Pfarrers. Wo neue Aufgabengebiete erschlossen, wo latente, bisher unterdrückte, aber „wirkliche" Bedürfnisse von Menschen geweckt und formuliert werden sollen, wo man nach dem Gebot und im Namen Jesu für unterdrückte oder gefährdete Gruppen als Pfarrer eintreten will, da scheint das Gelingen langfristig davon abzuhängen, wie diese neuen Aufgaben mit dem beschriebenen Berufsfeld [156] vermittelt werden können. Auch die vielerörterte Veränderungsbedürftigkeit und Reform der kirchlichen Strukturen und Organisationsformen muß u. E. in erster Linie auf die Schwierigkeiten und Unzulänglichkeiten des beschriebenen Aufgabenfeldes und seiner Bearbeitung bezogen sein.

Hören und Verstehen*

Die Predigt in kommunikationssoziologischer Sicht

„... was wird landauf, landab für ein Aufwand für die Verkündigung des christlichen Glaubens getrieben! Aber ist es nicht, von Ausnahmen abgesehen, die institutionell gesicherte Belanglosigkeit?" Dieses Zitat aus G. Ebelings „Wesen des christlichen Glaubens" durchzieht wie ein heimliches Leitmotiv fast alle Beiträge, die „zur Theorie und Praxis der Predigtarbeit" in unserer Zeit publiziert werden. Das Problem „Belanglosigkeit" hat Resonanz bei uns allen, die wir regelmäßig zu predigen haben. Wir alle sind angefochten von der Erfahrung oder der Befürchtung, daß das Predigen, auf das wir unsere besten Kräfte zu konzentrieren versuchen, ohne Antwort und ohne Ertrag bleibt, daß es sinnlos sein könnte. Wir wissen wohl, daß viele Zeitgenossen unsere Predigten als „unverständlich, pathetisch, irrelevant und langweilig" empfinden (E. Lange). Wir merken auch, daß die treuen Gottesdienstbesucher gerade das nicht zu verstehen und anzunehmen scheinen, worum es uns „eigentlich" geht. Wir können das beispielsweise sehr deutlich erfahren, wenn wir unter unseren Konfirmanden, oder auch in einem akademischen Hauskreis eine kleine Umfrage durchführen. Schon die schriftliche Beantwortung der beiden kurzen Fragen: „Was wollte der Prediger heute sagen?" und: „Was kann ich persönlich mit dieser Predigt anfangen?" macht uns schmerzlich bewußt, wie wenig unsere Hörer von dem behalten und verstanden haben, was wir ihnen deutlich zu machen versuchten.

Unser Problem ist es, wie wir mit der Anfechtung der Belanglosigkeit, wie wir mit den Frustrationen des Predigens fertig werden können. Häufig wird uns gesagt, daß die Gründe für die gegenwärtige Situation und die Möglichkeiten der Änderung in erster Linie bei uns selber, den Predigern, lagen. Viele von uns sind bereit, das zu hören und jeden ernsthaften Verbesserungsvorschlag zu überdenken und zu experimentieren. Kaum einer von [219] uns meint, mit dem Hinweis auf die Verstocktheit oder den Wohlstandsmaterialismus der Gemeindeglieder die Belanglosigkeit erklären zu können. Auch geht es uns nicht darum, durch theologische oder psychologische Rationalisierungen von unserer Verantwortung oder unserem Versagen abzulenken. Doch mehren sich gerade unter uns Jüngeren die Stimmen, die es für unbillig, zermürbend und untragbar halten, die Schuld an der notvollen Situation letzten Endes doch einseitig dem Predi

---

* Dieser Aufsatz stellt eine überarbeitete und weitergeführte Fassung meiner Überlegungen in den Predigtstudien (Hrsg. E. Lange), Bd. IV, 2, Kreuz Verlag, Stuttgart 1970, dar. Wiederabdruck nach: K.-W. Dahm, Beruf: Pfarrer, 1971, S. 218-244.

ger anzulasten. Wir wehren uns gegen jene Tendenz, das Problem der Predigt auf das Problem des Predigers zu reduzieren, die sich gegenwärtig sowohl in Kirchenvorständen, die ratlos vor dem Rückgang der Kirchenbesucherzahlen stehen, als auch in vielen Stellungnahmen der Fachtheologie, beispielsweise in dem erwähnten Ebeling-Kapitel, findet. Zwar wird neuerdings in einer Art von ontologischer und dogmatischer Entideologisierung die sozusagen technische Dimension des Predigers freigelegt und als thematische Aufgabe formuliert[1]. Zwar werden auch soziologische Kategorien, etwa die der Partizipation und einer veränderten gesellschaftlichen Öffentlichkeit in die Reflexion einbezogen, doch gerade weil sich die Predigtdebatte für ein kritisches erfahrungswissenschaftliches Denken zu öffnen versucht, fällt um so deutlicher ins Auge, daß, die Schwerkraft des Problemfeldes „Predigt" keineswegs ihren Gewichten entsprechend erklärt und geordnet ist. Auf diesem Problemfeld kommt nämlich den Bedingungen des Hörens ein mindestens ebenso großes, wenn nicht größeres Gewicht zu, wie denen des Redens. Die Bedingungen des Hörens aber erscheinen in der Literatur allenfalls als Bedingungen des Hörers, die ihrerseits freilich wiederum am Orte der Predigerproblematik verankert werden. Zum Beispiel wird gelegentlich der Prediger als Anwalt seiner Hörer definiert, eine Rollenbeschreibung, die in der theologischen Diskussion über die Relevanz des Textes gewiß eine wichtige und weiterführende Bedeutung hat. In erfahrungswissenschaftlicher Sicht erscheint die Rollenzuweisung „Anwalt des Hörers" jedoch als problematisch. Etwa insofern, als die Hörerschaft unserer Predigtgemeinden so vielfältig zusammengesetzt ist, daß sie sich gewöhnlich nicht in der Stimme (oder Argumentation) eines einzigen Anwaltes vertreten fühlen kann; es sei denn auf der Ebene jener realitäts- und personfernen [220] Abstraktion, die ja erst das Empfinden hervorruft, das wir als Belanglosigkeit bezeichnen.

H. D. Bastian hat oft (z.B. Beiheft 1 der Predigtstudien) angedeutet, daß eine konsequente Anwendung kybernetischer Denkweisen dazu führen muß, die Problematik des Predigens in das Umfeld einer umfassenden Neubesinnung über kirchliche Kommunikationsformen zu stellen. Dies scheint in der Tat das Gebot der Stunde zu sein. Und vielleicht ist die Dringlichkeit für uns heute akuter denn je. Angesichts zunehmender (und verständlicher) Kirchenkritik (z.B. Thema Kirchensteuer), angesichts steigender Tendenzen, die Kirche insgesamt und nicht nur die Predigt als belanglos zu betrachten, wird die Frage der Kommunikationsformen des kirchlichen Handelns, mit anderen Worten: die Frage der Vermittlung dessen und vielleicht sogar die Einübung in das, was wir Evangelium nennen,

---

1 Vgl. z.B.: E. Lange, Zur Theorie und Praxis der Predigtarbeit; Predigtstudien, Beiheft 1; Stuttgart 1968.

sehr viel radikaler als bisher gestellt werden müssen. Das bedeutet freilich zugleich, daß wir die Schwächen und Mängel jenes Kommunikationssystems „Predigt" zu analysieren versuchen müssen, das zwar die protestantische Kirche geprägt hat, das uns aber gegenwärtig die größten Schwierigkeiten bereitet.
Eine Analyse des Kommunikationssystems Predigt könnte sich methodisch am ehesten an die Arbeitsweise und an die Ergebnisse der Kommunikationsforschung im weitesten Sinne anlehnen. Diese ist zwar in der BRD als eigenständige wissenschaftliche Disziplin noch kaum etabliert, hat aber in Amerika eine ganze Reihe von bemerkenswerten Ergebnissen vorlegen können. In Deutschland wurde eines der ersten größeren Feldforschungsprojekte als Befragung von 2500 Predigthörern im Jahre 1967 in Angriff genommen. Dieses Großprojekt hat zu einer ganzen Reihe von Voruntersuchungen und Anschlußuntersuchungen Gelegenheit gegeben. Ein Teil der dabei gewonnenen Ergebnisse liegt den folgenden Überlegungen zugrunde.

Was Fragestellungen und Ergebnisse der amerikanischen Kommunikationsforschung betrifft, so sind in jüngster Zeit mehrere Versuche vorgelegt worden, die das Predigtproblem betreffen[2]. Ob [221] ihnen bereits die Übertragung auf die bei uns üblichen und verstehbaren Fragestellungen gelungen ist oder ob das erst schrittweise gelingen kann, diese Frage erscheint als zweitrangig gegenüber dem Verdienst, die inzwischen ebenso häufig wie widersprüchlich zitierten amerikanischen Forschungsergebnisse im Kontext der Predigtproblematik vorgestellt zu haben.

Unser eigener Versuch ordnet sich grundsätzlich in die gleiche, erfahrungswissenschaftlich bestimmte Fragerichtung ein, wie sie von den Amerikanern entwickelt wurde und in Deutschland zunehmend aufgenommen wird[3]. Wie bei jeder wissenschaftlichen Arbeit müssen auch hier die wichtig erscheinenden Teilaspekte aus einem komplexen Ganzen herausgelöst und methodisch isoliert betrachtet werden. Unser Versuch bleibt daher sowohl theologisch wie sozialpsychologisch ergänzungs- und korrekturbedürftig. Seine Absicht besteht im übrigen nicht darin, mit neuen Thesen zur wissenschaftlichen Kommunikationsforschung beizutragen. Es soll hier

---

2 U.a.: D. Schneider, Unter welchen Voraussetzungen kann Verkündigung Einstellungen ändern?, in: Pastoraltheologie, Wissenschaft und Praxis, Jg. 58, 1969, S. 246-257. Auf katholischer Seite u.a.: O. Schreuder, Soziologische Aspekte der Verkündigung, in: Concilium 4 (1968), 170-175; ferner: E. Bartsch, F. Kamphaus u.a., Verkundigung, in: Pastorale, Mainz 1970.

3 Z.B. in dem Sammelband Grundfragen der Kommunikationsforschung hrsg. von W. Schramm; deutsch, München 1964. Aus der jüngsten deutschen Literatur sind vor allem zu nennen: H. Heinrichs (Hrsg.), Lexikon der audiovisuellen Bildungsmittel, 1971; W. B. Lerg, Das Gespräch, 1970; H. Reimann, Kommunikation-Systeme, 1968.

vielmehr in erster Linie darum gehen, ein paar Gesichtspunkte zur Diskussion zu stellen, mit deren Hilfe die uns alle belastende „Belanglosigkeit" auf ihre Faktoren hin analysiert und damit gleichsam versachlicht werden kann. Vielleicht hilft die methodische Auseinanderfaltung von Prozessen und Gesetzmäßigkeiten, die unserer Erfahrung großenteils längst vertraut sind, mit dazu, die ideologisierten und darum den Prediger deprimierenden Ansprüche an die Predigt gleichsam zu entmythologisieren; d.h. auch, sie auf das vernünftige Maß dessen, was tatsächlich von Predigt und Prediger geleistet werden kann zurückzuführen. Dabei ist diese Erörterung nicht unmittelbar auf praktische Anwendbarkeit gerichtet. Die Anwendung muß vielmehr in einer ganzen Reihe weiterer Überlegungen und Versuche reflektiert und erprobt werden. Doch kann man, so scheint es uns, bei solchen Überlegungen die empirisch-kommunikationswissenschaftlichen Gesichtspunkte nicht mehr ungestraft vernachlässigen.

I. „Einbahnstraße" vom Prediger zum Hörer

Die erste, schwerwiegende und heute keineswegs mehr akademisch-kommunikationssoziologische Frage an den Vorgang des Predigens heißt: handelt es sich hier überhaupt um Kommunikation? Oder schließt die Einseitigkeit der Kommunikationsrichtung, also gleichsam die Einbahnstraße vom Prediger zum Hörer bereits logisch den Begriff der Kommunikation aus? Denn Kommunikation ist grundsätzlich durch Reziprozität, durch Wechselbeziehungen der beteiligten Personen definiert. Da diese Reziprozität beispielsweise bei den sogenannten Massenmedien nicht gegeben ist, wird gelegentlich der Ausdruck Massenkommunikation für die technischen Medien der Presse, des Hör- und Fernsehfunkes als logisch unrichtig abgelehnt[4].

Als eine bestimmte Form von Massenkommunikation wurde aber bisher auch die Predigt betrachtet. In der Tat treffen mehrere der bisher gängigen Bestimmungsmerkmale der Massenkommunikation genau auf die Predigt zu. Im Anschluss an G. Maletzke etwa lassen sich u.a. folgende Kriterien benennen[5].

1. Die Kommunikationsrichtung ist einseitig, d.h. es besteht kein Rollentausch zwischen Aussagenden und Empfangendem (Gegensatz: Dialog, Gruppengespräch);
2. Empfänger ist keine Einzelperson und keine zahlenmäßig begrenzte Gruppe, sondern eine beliebige Vielzahl von Personen;

---

4 Vgl. H. O. Luthe: Massenkommunikation, in: R. König, Handbuch der empirischen Sozialforschung II, 1969, S. 675ff.

5 G. Maletzke: Psychologie der Massenkommunikation, 1963, S. 32 f.

3. Die Aussage ist öffentlich; jedermann kann sie hören.
   Andererseits ist jedoch die Predigt von jener Art Massenkommunikation, wie sie sich in den technischen Medien (Fernsehen, Presse usw.) darstellt, in gewichtigen Punkten zu unterscheiden:
4. sie ist „direkt", d.h. es besteht keine räumliche oder zeitliche Distanz zwischen den Kommunikationspartnern;
5. sie wird „persönlich" und also nicht durch technische Geräte übermittelt;
6. sie ist in eine bestimmte Umwelt (gottesdienstliche Atmosphäre) einbezogen, die auf die Empfängerschaft gewisse seelische Einflüsse ausübt, den Einzelnen in eine spezielle Gemeinschaftssituation hineinstellt und ihn u.a. hindert, die Predigt wie ein Radiogerät abzustellen.

[223] In der homiletischen Literatur wird oft die Meinung vertreten, daß aufgrund der Unterschiede (4-6) zu den Massenmedien die Predigt als eine Kommunikationsform zu betrachten sei, deren gemeinsamer Nenner mit den Medien, also das Kennwort „Massenkommunikation", wenig erhellend und ziemlich belanglos sei. Predigt sei eben etwas anderes als Massenkommunikation. Zusammen mit dem öffentlichen Vortrag, der Wahlrede oder der Festrede stelle sie einen Typ sui generis dar. Gerade sein persönlich-direkter Charakter rücke diesen Typ viel näher an die „face-to-face-relations" des Dialogs und des Gruppengespräches heran als an die unpersönlich-technisch-indirekten Medien des Fernsehens und der Presse. Predigt sei, so sagen viele, personale Beziehung.

Demgegenüber sind durch die Kommunikationsforschung andere Kriterien in die Diskussion gebracht worden, die die scheinbar grundverschiedenen Typen persönlich-direkt und technisch-indirekt ganz nahe aneinanderrücken. Ihr Gemeinsames als Massenkommunikation hebt sie danach prinzipiell von jedem Einzel- und Gruppengespräch ab. Diese Kriterien liegen vor allem in der Wirkungsweise, dem Wirkungsgrad und dem Wirkungsergebnis des Prozesses. Wenn man beispielsweise den gleichen Vortrag im Hörsaal oder am Radio, die gleiche Predigt in der Kirche oder vor dem Fernsehgerät hört, so wird man in beiden Fällen etwa die gleiche Quantität an Informationen, also Gedankensplittern oder an Beispielerzählungen aufnehmen. Diese Quantität wird vergleichsweise klein sein. Jedenfalls wird sie weit kleiner sein, als wenn derselbe Hörer über das gleiche Thema gleich lange (wie der Vortrag oder die Predigt gedauert hat) diskutiert hätte. Anders ausgedrückt: Im Blick auf die Mechanismen und Gesetzmäßigkeiten des Hörens und des Verstehens (Verarbeitens) gleichen sich die verschiedenen Formen der Massenkommunikation; sie unterscheiden sich aber augenfällig von den verschiedenen Formen der Gruppenkommunikation. Wie diese Mechanismen und Gesetzmäßigkeiten wirken und wie sie zu beschreiben sind, das wird uns später zu beschäftigen haben.

Vorher müssen wir noch einmal die Eingangsfrage dieses Abschnittes („Handelt es sich beim Predigen überhaupt um Kommunikation?") aufnehmen und differenzieren. Gewiß, so sahen wir, kann man auf die personale Nähe von Prediger und Hörer hinweisen und darüber hinaus auch ein aktives Hören als lebendige [224] Wechselbeziehung und damit als Kommunikation beschreiben. Gewiß darf dieser Gesichtspunkt auch nicht verharmlost werden. Doch scheint uns damit die Frage selbst noch keineswegs beantwortet zu sein. Sie ist und bleibt vorläufig wohl auch in einem doppelten Sinne unerledigt: einmal in einem mehr technischen und zum anderen in einem mehr theologisch-normativen Sinne. Technisch insofern, als der Mangel an aktiver Reziprozität, also an Rückfrage, Widerspruch und Zustimmung, die Möglichkeiten der Verarbeitung und damit der Wirkung der Nachricht, der Botschaft stark beeinträchtigt. Normativ insofern, als der Mangel an aktiver Reziprozität zugleich ein Defizit an Partizipation, an mündiger Teilnahme des Christen am Verkündigungsgeschehen bedeutet. Partizipation ist nicht nur die Voraussetzung von Kommunikation, sondern wahrhafte Kommunikation kann sich nicht anders als Partizipation verwirklichen. Mit anderen Worten: Normativ scheint es nicht mehr so sehr um die persönliche Teilhabe des Predigers an seiner Hörergemeinde zu gehen; dies müßte eigentlich selbstverständlich sein. Von unserer Norm her muß uns vielmehr die Frage bewegen, wie wir zu einer persönlichen Teilhabe des Hörers am Verkündigungsgeschehen gelangen, wie wir aus der Einbahnstraße vom Prediger zum Hörer herauskommen. Denn diese Einbahnstraße, die zum gegenwärtigen Zeitpunkt zweifellos noch wichtige Funktionen wahrzunehmen vermag, könnte, nach allem, was wir über die voraussichtliche gesellschaftliche Entwicklung wissen, in absehbarer Zeit zur Sackgasse werden.

II. Einflußkräfte im System Predigt

Der Vorgang des Predigens läßt sich also, versucht man ihn schematisch zu gliedern, auf das Grundmuster von „Massenkommunikation" zurückführen. Dieses Muster ist in seiner einfachsten Form durch drei Abteilungen gekennzeichnet:

A: „Kommunikator" = Sender = Prediger
B: Mitteilung (einschließlich Medium) = Predigt
C: „Rezipient" = Empfängerschaft = Predigthörer

Man kann dieses Muster grafisch so darstellen:

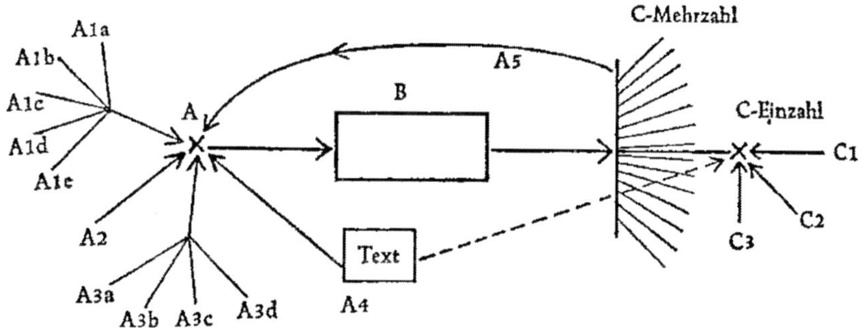

Im praktischen Vollzuge des Predigens wirken auf diese drei Abteilungen, und damit auf das ganze Muster, eine Fülle von Faktoren ein. Sie machen aus dem scheinbar starren Modell ein dynamisches und komplexes System. In formalisierender Vereinfachung sind besonders folgende Faktorengruppen herauszuheben:

A. Der Prediger

Er steht im Schnittpunkt folgender Kräfte oder Faktorenbündel, die sich im Verlaufe der Produktion einer Predigt zu einer Art Magnetfeld ordnen.

A1: Die *Hintergrundsvariablen* (der Begriff lehnt sich an die amerikanische Vokabel „background-variables" an). Dazu gehören u.a.

A1a: psychisch-emotionale Merkmale; „Temperament" wie optimistisch — pessimistisch — zupackend — zögernd, kontaktschnell - zurückhaltend, gefühlsbetont — betont nüchtern usw.) Diese Dinge hängen zusammen mit der

A1b: sozialen Biografie (Elternhaus — Mentalität, Schule, Studentenzeit, Ehe, Verwandtschaft, Nachbarschaft),

A1c: religiösen Biografie (Frömmigkeitsformen in der Kindheit, Jugendkreise, Religionsunterricht, Studienfreunde, theologische Lehrer),

A1d: theologischen Grundeinstellungen (Bekenntnisbewegung, Existenztheologie, Links- (oder Rechts-) Barthianer, Anthropologischer Ansatz),

A1e: politischen und gesellschaftlichen Grundeinstellungen.

A2: *Die spezifische Berufsauffassung*: Sie ist zwar ihrerseits wiederum abhängig von A1, hat aber durch praktische Erfahrungen meist eine eigenständige Bedeutung angenommen. Die [226] Auffassung über Religionsunterricht, Beerdigung oder auch Predigt können durchaus im Gegensatz zu bestimmten theologischen Grundeinstellungen stehen.

A3: *Aktuelle Tagesereignisse*:
- A3a: aus der Politik (Bundestagswahl, Kennedy-Attentat)
- A3b: in der Stadt (Verbrechen)
- A3c: in der Kirchengemeinde (Pfarrerwechsel)
- A3d: in der Familie (Trauerfall)

A4: *Text der Predigt:*
- A4a: Er löst bestimmte Assoziationen aus, die mit A1 zusammenhängen, wird aber gleichzeitig sozusagen als Gesprächspartner eigener Art empfunden, vielleicht als Botschaft, die in einem Vorverständnis nicht einfach aufgeht, sondern dieses Vorverständnis selbst transzendiert.
- A4b: Vom Text erwarten viele Prediger auch, daß er bei den Hörern bestimmte Vorstellungen oder Fragen auslöst.

A5: *Die Erwartungen und Reaktionsweisen der Gemeinde* (Rückkoppelung)
- A5a: Bei der Predigtvorbereitung: etwa die Absicht, im Sinne Langes „Anwalt des Hörers" zu werden
- A5b: Im Vollzug der Predigt: der Prediger reagiert (bewußt oder unbewußt) auf die Reaktionen der Gemeinde; er ändert gegebenenfalls den Wortlaut (variiert einen Gedanken) oder die Stimme (redet eindringlicher oder beruhigender usw.)

All diese Faktorenbündel wirken auf den Prediger ein — und damit auf die Entstehung der Predigt, auf ihren Inhalt und ihre Form. Diesen Faktoren gilt darum in der Homiletik, wie übrigens parallel dazu in der allgemeinen Kommunikationsforschung, den Einflüssen auf den Kommunikator, eine besondere wissenschaftliche Aufmerksamkeit und ein großer Teil von Untersuchungen und anderen Betrachtungen. Auch die oben (in der Einleitung) festgestellte Tendenz des Beiheftes zielt in diese Richtung und wäre nach unserem Schema vor allem auf die Ziffern A1d, A2, und A5a zu beziehen. Wenn auch wir uns der Abteilung Kommunikator (= Prediger) zuwenden müßten, dann wäre es reizvoll zu fragen, welches Gewicht denn beispielsweise den Faktorenbündeln A1a, A1b, A1c zukommt, die in der wissenschaftlichen Homiletik nur wenig berücksichtigt werden, denen aber in der Kommunikationsforschung eine besonders wichtige Rolle zugeschrieben wird.

Doch soll es jetzt mehr um die Einflußfelder des Hörens gehen. [227] Allerdings ist die Persönlichkeit des Kommunikators, des Predigers, die ja vor allem von den Faktorenbündeln A1a—A1c bestimmt wird, auch für die Hörerbereitschaft und damit für die Wirkung der Predigt von der größten Bedeutung.

B. Die Predigt

Versucht man, die Abteilung B des Prozesses, also in unserem Falle die Predigt, im engeren Sinne von den Abteilungen A und C, also von Predigt und Hörer, methodisch zu isolieren, so lassen sich gleichsam als Schichten des Mediums Predigt folgende drei Faktorengruppen unterscheiden:

B1: *Der sachliche Inhalt der Predigt.* Dieser kann und ist in der homiletischen Tradition unter den verschiedensten Kriterien geordnet und beschrieben worden; z.B. als Themapredigt oder Homilie, als stark gegliedert oder als fortlaufend „linear"; als betont gedanklich oder als betont konkret; als Appell oder als Meditation.

B2: *Die rhetorische Präsentation der Predigt.* (Volksmund: „Der Vortrag macht des Redners Kunst") Zu denken ist vor allem daran, ob der Pfarrer aggressiv, belehrend, väterlich, kollegial, ängstlich, pathetisch, ermüdend, vertrauenerweckend, ermutigend usw. redet. Auch auf dieses Faktorenbündel brauchen wir hier nicht näher einzugehen. Unter einer Fülle von Literatur zur Rhetorik finden sich neuerdings auch empirische Analysen.

B3: *Die gottesdienstliche Atmosphäre.* Sie besteht auch unabhängig von der rhetorischen Leistung des Predigers. Sie kann bestimmte emotionale Reize verursachen, die das Paket „Predigt" zum Teil unabhängig von dessen Inhalt, attraktiv oder unattraktiv machen können. Die gleiche Rede löst im Rahmen eines Gottesdienstes andere emotionale und kognitive Assoziationen aus als im Rahmen eines Hörsaal-Referates. Diese Andersartigkeit bedeutet freilich nicht notwendig, daß der eine Rahmen für das kognitive Verstehen grundsätzlich fruchtbarer, effizienter, dem Verarbeitungsprozeß förderlicher wäre als der andere. [228]

C. Die Hörerschaft

Sie besteht aus einer Vielzahl von Menschen, von denen jeder einzelne seinerseits im Schnittpunkt verschiedener Einflußkräfte steht. Zunächst wirken auf jeden einzelnen Hörer jene Faktoren ein, die wir bereits unter A, im Bezug auf den Prediger, zu kennzeichnen versuchten.

C1: *Die Hintergrunds-Variablen:*
- C1a: psychisch-emotionales Temperament
- C1b: soziale Biografie

C1c: religiöse Biografie

C1d: es allgemeine Deutungs- and Werthaltungen gegenüber kirchlichen, gesellschaftlichen, politischen Gegebenheiten

C2: *Spezifische Auffassung über Gottesdienst, Predigt, Pfarrer*

C2a: allgemeine Grundeinstellung über Gottesdienst und Predigt

C2b: das Bild und die Einschätzung der Person des jeweils predigenden Pfarrers

C3: *Aktuelle Tagesereignisse:* vergleichbar A3; großenteils gleiche Gegenstände wie A3.

C4: *Der Text der Predigt*: Er wird von einzelnen Hörern sorgfältig zur Kenntnis genommen; bei der Mehrzahl wird er nach den uns vorliegenden Umfrage-Ergebnissen normalerweise nicht behalten.

C5: (entfällt; keine aktive Rückkoppelung!)

C6: *(= „B") = das Paket „Predigt“*: Auch bei denjenigen Hörern, die primär um einer Predigt willen den Gottesdienst besuchen, muß man feststellen, daß die Wirkungsabsichten des Pfarrers und das Medium der Predigt in Konkurrenz mit anderen auf Einflußnahme bedachten Kräften stehen. Wie die Konkurrenz dieser Kräfte ausbalanciert wird, welche Faktorengruppe sich schließlich durchsetzt — und weshalb sie das tut, welche Gesetzmäßigkeiten dabei in Kraft sind, das alles muß nunmehr unsere Aufmerksamkeit in Anspruch nehmen. Doch versuchen wir zunächst, das eben im Hinblick auf seine verschiedenen Magnetfelder beschriebene Kommunikationssystem „Predigt" in einem vereinfachten Schema grafisch darzustellen. [229]

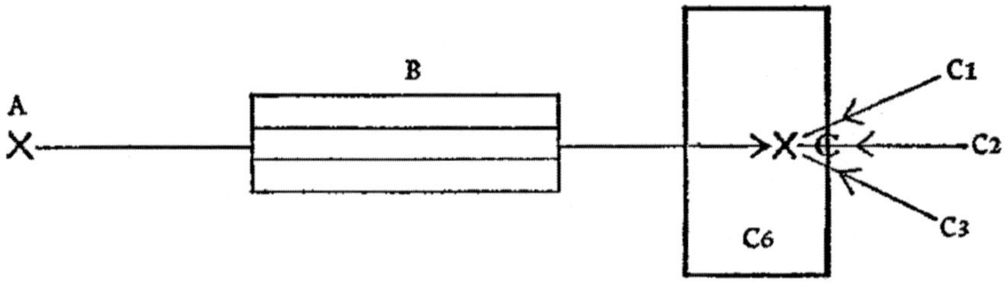

Aus diesem Schema schneiden wir jetzt sozusagen die Abteilung „C6" heraus. Wir versuchen festzustellen, was mit dem Nachrichtenpaket „Predigt" geschieht, wenn es den Hörer erreicht.

III. Stationen der Wahrnehmung und Verarbeitung

Man kann die Predigt kybernetisch als einen Strom von vorwiegend akustischen Signalen oder Signalelementen bezeichnen. Diese Signale sollen, das ist die Absicht des Predigers, bestimmte Auffassungen, Erkenntnisse, Aufforderungen oder Gefühle von ihm zum Hörer transportieren. Der Prediger hofft, daß die Bedeutung, die er selbst mit einem Signal verbindet, wenigstens ungefähr auch vom Hörer mit dem gleichen Signal verbunden wird. Der Hörer seinerseits erwartet ebenfalls, daß die akustischen Signale, die ihn von der Kanzel aus erreichen, solche Vorstellungen transportieren, die für ihn von Bedeutung sind. Doch bevor wir die Frage nach den Kriterien von Bedeutung und Bedeutsamkeit erörtern, interessiert uns zunächst der technische Ablauf dessen, was sich ereignet, wenn der Strom von Signalen sozusagen den Mund des Predigers verläßt. Wir unterscheiden, wiederum schematisierend, drei Stationen, die die einzelnen Signale durchlaufen, sofern sie nicht auf einer der ersten Stationen bereits gelöscht oder abgewiesen werden. Die drei Stationen stehen untereinander in einem Abhängigkeitsverhältnis, das als System von reduzierender Filterung einerseits [230] und einer gleichzeitigen Kettenreaktion von Assoziationen andererseits beschrieben werden kann.

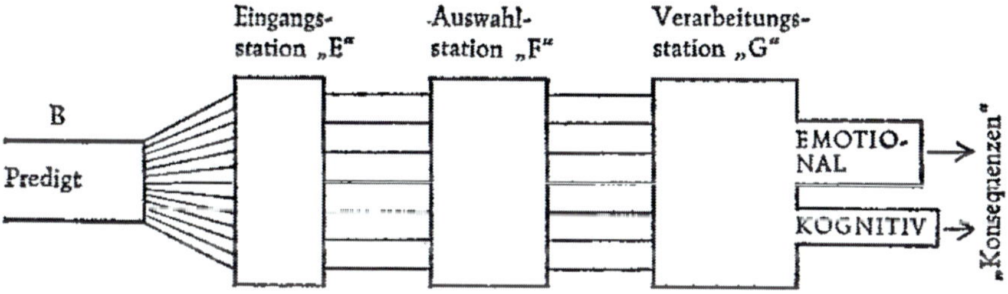

Die Eingangsstation („E")

Die auf den Hörer gerichteten Signale können sowohl auf ein eingeschaltetes wie auf ein ausgeschaltetes Empfangsgerät treffen. Ob das Gerät eingeschaltet ist oder nicht, hängt freilich nicht unbedingt und nicht einmal primär vom guten Willen des Hörers oder von den Motivierungsfähigkeiten des Redners ab. Es kann vielmehr von exogenen, also außerhalb des Systems „Predigt" lokalisierten Faktoren abhängen; vor allem von physiologischen oder psychologischen Dispositionen. Wer beispielsweise, wie ein Bau- oder Landarbeiter gewohnt ist, sich ständig in der frischen Luft zu bewegen, der wird im sauerstoffärmeren Kirchenraum in einer ungewohnten körperlich inaktiven Haltung schneller mit dem Schlaf zu kämpfen haben als ein Schüler oder ein Bundestagsabgeordneter, bei denen längeres Zuhören zum Alltagsgeschäft gehört. Oder: ein Kaufmann, der intensiv mit seiner Jahresbilanz beschäftigt ist, wird sich kaum dagegen wehren können, daß seine Gedanken immer wieder von der Predigt zu seinen Wirtschaftsbüchern abschweifen. Oder: der Besucher eines Kasualgottesdienstes (etwa zur Taufe einer Nichte oder zur Beerdigung eines Kollegen) fühlt sich im kirchlichen Raum und in der gottesdienstlichen Atmosphäre fremd und unsicher. In diesen und ähnlichen Fällen bleibt, vielfach trotz beabsichtigter Hörbereitschaft gewissermaßen das Eingangstor verschlossen; der Teil der Signale, der auf das vorübergehend oder andauernd ausgeschaltete Empfangsgerät trifft, geht für den betroffenen Hörer verloren. Nun spielt zwar das langfristige Abschalten im System Predigt eine, wie sich physiologisch leicht erklären läßt, wichtige Rolle. Doch ist es keineswegs die einzige und, quantitativ gesehen, in der Regel auch nicht die am stärksten wirkende Kraft im Bereich unserer „Eingangsstation". Ebenso wichtig sind die Sprechweise des Predigers (laut, leise, monoton, dynamisch, drängend, zurückhaltend usw.) sowie seine „Sprache" im Sinne des sogenannten „Symbolinventars" (Beispiele, Bilder, Wortschatz) und sein Satzbau (kurz, verschachtelt, lang usw.). All dies läuft wiederum damit zusammen, welche Menge von Signalen unsere Empfangsgeräte [231] denn überhaupt (beispielsweise bei bester psychischer Hörerdisposition) aufzunehmen in der Lage sind. Diese Frage wird oft auf den Zeitraum der berühmten 20-25 Predigtminuten bezogen: was kann ein „Normalverbraucher" in zwanzig Minuten verkraften, und was geht über seine Kapazität? Dieses Problem kann aber nicht gelöst werden, solange nicht ein anderer, weniger bekannter aber wohl entscheidender Faktor in die Rechnung einbezogen wird: der Faktor der sogenannten „Redundanz".

Exkurs: Redundanz

Es geht bei diesem komplizierten und wissenschaftlich noch keineswegs umfassend geklärten Gegenstand u.a. darum, wie dicht, wie komprimiert, wie knapp eine Nachricht formuliert sein kann, wenn man sie verstehen und verarbeiten will[1]. Erste und vorläufige Gesichtspunkte zu dieser Frage haben sich aus einer Analyse unseres umgangssprachlichen Stils ergeben. In der Alltagskonversation wird gleichsam deutlich, auf welche Kapazität unsere Empfangsgeräte eingerichtet sind, genauer: an welche Kapazität sie gewöhnt sind. Der umgangssprachliche Stil ist geprägt von einer gewissen Weitschweifigkeit, Umständlichkeit, von häufigen Wiederholungen, von Variationen und Modifikationen des gerade diskutierten Gedankens. Der Kern einer Nachricht wird gleichsam in mehr oder weniger üppige Gewänder eingekleidet. Wem es ausschließlich um den harten Kern geht, der könnte die Gewänder für „überflüssig" halten (redundare = überfließen, im Überfluß vorhanden sein).

1 Einen für Laien anschaulichen Zugang zu diesem Teil der Informationstheorie vermittelt W. R. Fuchs, Knaurs Buch der Denkmaschinen, 1968, bes. S. 57ff.

Doch sind Weitläufigkeit und Ausschmückung offenbar eine Hilfe zum Verstehen. Zumindest müssen wir festhalten, daß die Empfangsgeräte des allergrößten Teiles unserer Zeitgenossen, und also auch der Predigthörer auf Redundanz, also auf eine breite, durch Variation und Wiederholung entfaltete Darlegung eingeschliffen sind.
Man hat das quantitative Verhältnis zwischen unbedingt notwendigen und überflüssigen Wörtern in der Nachrichtenübermittlung unsrer Umgangssprache zu errechnen versucht; dabei hat sich ergeben, daß die Redundanz bei 50-75 % liegt; d.h., daß auf jedes (im Sinne der Nachricht) notwendige [232] Wort zwei bis drei überflüssige Worte kommen. Was die Predigt betrifft so scheint, wenn das Predigtziel erreicht werden soll, der Anteil von Redundanz noch höher liegen zu müssen als in der umgangssprachlichen Konversation. Und zwar aus zwei Gründen: Einmal, weil hier Nachrichten übermittelt werden sollen, die nicht auf das technische Wissen zur Alltagsbewältigung, sondern auf emotional verfestigte Grundeinstellungen bezogen sind; diese sozusagen religiösen Nachrichten sind aber sehr viel schwerer zu verarbeiten, brauchen mehr Redundanz als die „technischen" Mitteilungen der Umgangssprache. Zum anderen, weil, wie in früheren Abschnitten ausgeführt, die Predigt dem Hörer keine aktive Teilnahme ermöglicht und der Prediger darum in einer Art von Redundanz-Verdoppelung auch die potentiellen Rückfragen oder Einwände des Hörers breit aufnehmen müßte, wenn der Hörer überhaupt die Nachricht verarbeiten soll. Nun könnte sich bei dieser Erwägung die Sorge einstellen, daß die Predigt fast nur noch aus Redundanz, aus Packmaterial bestehen dürfe, wenn all dem Rechnung getragen werden soll. Wir können dieses neue Teilproblem hier nicht in extenso entfalten, können aber aufgrund zahlreicher methodisch kontrollierter eigener Beobachtungen darauf hinweisen, daß das Problem der gegenwärtigen Predigtpraxis vorrangig bei „zuwenig Redundanz" und nicht bei „zuviel Redundanz" liegt. In der Regel neigen die meisten Prediger heute dazu, zuviele „Nachrichten-Kerne", zuviele Gedanken und Informationen übermitteln zu wollen — und dabei die (meistens schwierigeren) Aufgaben der Explikation, der Entfaltung durch Variation und Veranschaulichung zu vernachlässigen.

Im Blick auf die „Eingangsstation", auf die der von der Kanzel kommende Strom von Signalen ist also festzuhalten, daß das Empfangsgerät auch deshalb vorübergehend oder für längere Zeit abgeschaltet werden kann, weil die Predigt zu dicht, zu komprimiert, zu abstrakt und darum ungewohnt und anstrengend ist. Insgesamt wird also damit zu rechnen sein, daß sowohl aus exogenen Gründen (wie körperlicher Müdigkeit) als auch systeminternen Gründen (wie Mangel an Redundanz) in der Eingangsstation ein beträchtlicher Teil der vom Prediger ausgehenden Signale blockiert wird. Die häufig gestellte (und auf die Faustregeln [233] zur umgangssprachlichen Redundanz zurückgehende) Frage nach der durchschnittlichen Menge von abgewiesenen Signalen ist empirisch vorläufig noch nicht zu beantworten; vor allem darf das durchaus plausible Interesse an den Durchschnittswerten nicht darüber hinwegtäuschen, wie unterschiedlich die Menge der blockierten und damit zerstörten Signale bei den einzelnen Hörern ist.

Die Auswahlstation („F")

Die Signale, die in der Eingangsstation „E" nicht abgewiesen und damit für den betreffenden Hörer gelöscht worden sind, erreichen eine zweite Station. Wiederum werden aus dem angebotenen Stoff bestimmte Signale herausgenommen und bleiben andere unbeachtet. Ebenso wie in den anderen Stationsbereichen arbeiten die hier wirksamen Kräfte nach bestimmten Regeln und Gesetzmäßigkeiten. Im Fachjargon spricht man von Mechanismen der Perzeption (Wahrnehmung) oder der Selektion (Auswahl). Man kann die Wirkungsweise dieser Mechanismen wiederum sowohl technisch-quantitativ als auch inhaltlich-qualitativ beschreiben; anders gesagt: man kann sowohl nach dem „Wie" der Auswahl als auch nach dem „Was" der Auswahl fragen. Im Bereich der Auswahl-Station besitzt jedoch der „Was"-Aspekt (etwa im Unterschied zu der vorhin beschriebenen Eingangsstation) eine Art Vorrangigkeit gegenüber dem „Wie"-Aspekt. Der Hörer wählt das aus dem angebotenen Signal-Material aus, was für ihn interessant ist, womit er etwas anfangen kann, was ihm hilft, mit einem Problem fertig zu werden.

a) Die Steuerung der Auswahl

Die Kräfte, die die Selektion des Hörers steuern, sind im letzten Jahrzehnt in der Kommunikationsforschung besonders gründlich untersucht worden. Wir versuchen, sie in fünf „Faktorenbündel" zusammenzufassen, die freilich untereinander vielfach verflochten sind. [234]

1. Das individuelle Bezugssystem

Seit langem wird in der Predigtliteratur die Kategorie „Vorverständnis des Hörers" verwendet. Mit diesem Begriff, der im Sprachgebrauch meist etwas unscharf bleibt und der, soviel wir sehen, im Blick auf seine Bestandteile noch kaum systematisch problematisiert wurde, ist vermutlich Ähnliches oder Gleiches gemeint wie mit der kommunikationswissenschaftlichen Kategorie des individuellen Bezugssystemes. Es geht dabei um jenes System von Grundüberzeugungen und Glaubensvorstellungen, von Fähigkeiten der Abstraktion und der Konkretion, der Anpassung und des Widerstandes, mit dessen Hilfe wir uns in der verwirrenden Vielfalt unserer Umwelt zurechtzufinden und die Fälle der auf uns einstürmenden Eindrücke und Reize einigermaßen zu bewältigen versuchen. Dieses sogenannte Bezugssystem ist bei jedem von uns einerseits abhängig von der in unserer Lebensgeschichte, insbesondere in Kindheit und Jugend erfahrenen Programmierungen und andererseits abhängig von dem, was die „Leute um uns herum", anders gesagt: was unsere Bezugsgruppen sagen, wie sie uns begegnen, uns kritisieren oder bestätigen. Doch ist das unter (3) noch zu erörtern.

Ersichtlich hat das Bezugssystem jedes Menschen eine je individuelle Prägung. Im Gespräch wird das vor allem darin deutlich, daß einzelne Schlüsselworte oder Reizworte für den einen Gesprächspartner eine ganz andere Bedeutung haben als für den anderen: sie haben einen anderen Stellenwert in seinem Bezugssystem. Während man sich im Gespräch darauf zumindest ansatzweise einstellen kann, ist das für den Prediger kaum möglich; er kann weder feststellen noch hindern, daß seine Worte falsch oder doch anders verstanden werden als er sie meinte. Gerade der jeder Predigt inhärenten Absicht, die Einstellungen des Hörers zu beeinflussen (sei es, sie zu ändern, oder sei es, sie zu bestätigen), muß es jedoch darum gehen, solche Mißverständnisse zu vermeiden. Eine auf Beeinflußung gerichtete Absicht muß darüber hinaus versuchen, jene Stelle im Bezugssystem des Partners zu finden, die es diesem ermöglicht, das Neue in der vertrauten Einrichtung seines Bezugssystems unterzubringen und schrittweise mit dieser zu vermitteln. Die Bereitschaft, etwas Neues zu erfahren und zu lernen, neue Glaubenserkenntnisse zu gewinnen, gewissermaßen die religiösen Subsysteme des eigenen Bezugssystemes weiter zu entwickeln, wird [235] man, was die Absicht betrifft, bei den meisten Predigthörern voraussetzen dürfen (wobei die Möglichkeiten von Bearbeitung und Verarbeitung der neuen Gesichtspunkte gesondert zu problematisieren wären). Kaum allerdings wird man bei dem Predigthörer mit der Bereitschaft oder auch nur der Möglichkeit rechnen dürfen, die eigenen Grundeinstellungen preiszugeben oder von Grund auf zu ändern. Informationen, die das zum Ziel haben, werden in der Auswahlstation nachdrücklich abgewiesen oder unschädlich gemacht.

2. Der Wunsch nach Bestätigung von Grundüberzeugungen

Die Vergewisserung eigener Grundauffassungen ist als Interesse des Menschen mindestens ebenso stark wie der Wunsch, geistig weiterzukommen oder das Bezugssystem in seinen flexibleren Außenbezirken zu ergänzen. Bei dem Predigthörer wie bei den Rezipienten anderer Einweg-Veranstaltungen läßt sich nun beobachten, daß man besonders genau das registriert und behält, was die eigenen Grundanschauungen bestätigen und bestärken kann. Offenbar kann das damit zusammenhängen, daß diese Grundanschauungen im alltäglichen Leben oft kritisiert oder bestritten werden, so daß man nach einem Gegengewicht sucht. Die Ansprüche der Umwelt,wie sie sich heute etwa einem von neomarxistischen Gedanken erfüllten Studenten, morgen einem überzeugten Mitglied der Bekenntnisbewegung und übermorgen einem dezidiert unchristlichen „Kapitalisten" darstellen, können unser eigenes Orientierungssystem so sehr verunsichern, daß wir nach einem Gegengewicht suchen müssen, um einigermaßen in der Balance zu bleiben, anders gesagt, daß wir auf „Stabilisierung“

unseres Bezugssystems aus sind. Das ist auch deshalb notwendig, weil es kein Mensch bei Gefahr des Verlustes seiner Identität vermag, heute überzeugter Christ, morgen atheistischer Kapitalist und übermorgen etwa Buddhist zu sein. Eben daraus scheint sich jeder Wunsch nach Stabilisierung von eigener Auffassung zu erklären, wie er in der Regel bereits im Entschluß zum Gottesdienstbesuch mit enthalten ist. Ähnlich sind in Wahlversammlungen der CDU hauptsächlich CDU-Anhänger und in Evangelisationsveranstaltungen hauptsächlich „Bekehrte" zu finden, die unter anderem eine Bestätigung ihrer einmal getroffenen Entscheidung suchen, und [236] diese häufig gerade in der Art finden, in der Außenstehende für die eigene Sache gewonnen werden sollen.

Wenn aber das Interesse nach Vergewisserung der eigenen Grundeinstellungen als stärkster und dominierender Selektionsfaktor auszumachen ist, dann stellt sich erneut die Frage, was denn aus jenen Nachrichten wird, die dem Wert- und Glaubenssystem des Hörers widersprechen. Folgende Reaktionen können in einer gewissen Abstufung als typisch gelten: (a) was nicht in das eigene Überzeugungssystem paßt, wird überhört; (b) wenn der Widerspruch oder Unterschied zur eigenen Auffassung unüberhörbar geworden ist, sucht der Hörer die Nachricht umzudeuten („so hat er es nicht gemeint"); (c) wenn die Gegenposition so eindringlich vorgetragen wird, daß sie beim besten Willen nicht verharmlost noch umgedeutet werden kann, so sucht der Hörer diese Gegenposition dadurch gleichsam unschädlich zu machen, daß er den Gegensatz so weit eskaliert, daß die Gegenposition zu seiner eigenen Auffassung als absurd erscheinen muß.

3. Die Mentalität der Bezugsgruppen

Es kann sein, daß ein Hörer in einer bestimmten bisher vertretenen Überzeugung irre geworden ist, weil die Personen seiner unmittelbaren Bezugsgruppen (Familie, Kollegen, Freunde) diese Überzeugung nicht teilen. In diesem Falle ist er eher bereit, die korrigierende Information aufzunehmen (es kann freilich auch zu Verhärtungen und Trotzhaltungen kommen). Der Einfluß der Bezugsgruppen ist allerdings in der Verarbeitungsstation (G) noch größer als in der „Auswahlstation". Selbst wenn dem Predigthörer ein Gesichtspunkt der Predigt unmittelbar überzeugend erscheint, wird er diesen Gedanken kaum in die Subsysteme seiner Überzeugung integrieren, solange die Meinung seiner Bezugsgruppen den Gesichtspunkt ablehnt. Auch für diesen Faktor ist das Beispiel der Evangelisationsveranstaltungen kennzeichnend: sie sind am erfolgreichsten in den Gemeinden, in denen schon größere pietistische Gruppen anwesend sind. Schon durch ihre Anwesenheit machen sie dem Besucher deutlich, daß die Bekehrung ihn nicht in die soziale Isolierung treiben sondern, daß er gegebenenfalls neue Bezugsgruppen finden wird. [237]

4. Die Minderung unerträglicher Spannungszustände

Bestimmte Spannungsverhältnisse — etwa zwischen Denken und Handeln, Glauben und Wissen, Sollen und Sein — gelten als Kennzeichen menschlichen Lebens. Ohne Spannungen kognitiver, emotionaler, ja selbst körperlicher Art ist kein Leben vorstellbar. Diese Spannungen können jedoch einen derartig intensiven Grad annehmen, daß sie als unerträgliche Belastung empfunden werden. In dieser Situation setzt der Betreffende gleichsam alle Hebel in Bewegung, um die Spannungsintensität zu vermindern. Er versucht möglichst rasch diejenigen Informationen zu gewinnen, die zur Minderung der Spannung beitragen können. Dabei spielt für viele Menschen unserer Gesellschaft (auch derer, die nicht zur Kerngemeinde gehören) der Pfarrer und die Predigt eine besondere Rolle. Sie gelten als kompetent für Fragen der Lebensdeutung und der Wertorientierung. Der betreffende Hörer nimmt, oft unabhängig von dem, was der Pfarrer tatsächlich gesagt hat, das aus der Predigt heraus, was ihm hilft, mit seinem Übermaß an Spannung fertig zu werden. (Häufig wiederkehrendes Beispiel: ein Hörer stürzt nach der Predigt auf den Pfarrer zu, bedankt sich überschwenglich für einen bestimmten Gedankengang und fragt, woher denn der Pfarrer seine, des Hörers, Situation so genau kenne. Der Pfarrer muß feststellen, daß er weder den Hörer noch dessen Situation kennt, noch auch den erwähnten Gedankengang vorgetragen hat. Der Drang des Hörers nach Spannungsminderung war so stark, daß er in die Predigt hineinprojizierte, was er aus ihr herausnehmen wollte.)

5. Das Bild des Predigers

Was der Hörer aus dem Angebot der Predigt auswählt, hängt schließlich von dem Bild ab, das er vom Prediger hat. Günstige Bedingung für das Hören ist es, wenn der Prediger bei dem betreffenden Hörer als glaubwürdig, kompetent und sympathisch gilt. Ist das „Image" des Pfarrers schlecht, dann bestehen auch für die beste Predigt nur geringe oder gar keine Chancen, etwas Neues, Veränderndes, Weiterführendes zu vermitteln.

Diese fünf kurz skizzierten Faktorenbündel sind, wie gesagt, im praktischen Vollzug des Predigthörens vielfach verflochten. Zusammenfassend lassen sie sich als das Interesse des Hörers, seelische [238] und kognitive Balance zu gewinnen, charakterisieren. Dieses Interesse steuert „Hören und Verstehen".

b) Die Technik des Auswählens

Haben wir vorhin, im Zusammenhang der „Eingangsstation", vom „Empfangsgerät" gesprochen, so geht es jetzt gleichsam um die Wirkungsweise der „Antennen". Die Aufgabe der Antennen wird im System Predigt von den Assoziationen, den Anknüpfungspunkten wahrgenommen. Anknüpfen kann man etwa an ein bestimmtes Stichwort („Vergebung") oder an eine bestimmte Argumentation („Christen tragen Mitverantwortung für den Hunger in Ostpakistan") oder an ein vertrautes Theologumenon („ich bin gewiss, daß weder Tod noch Leben ..."). Die Assoziationen, die ihrerseits vom „Vorverständnis", genauer: von den soeben beschriebenen Selektionsfaktoren gesteuert werden, können wiederum ganz verschiedenartige Gedankenbewegungen zur Folge haben. Vergröbernd suchen wir die drei wichtigsten Bewegungsrichtungen der Anknüpfung zu unterscheiden. Wir gehen jeweils davon aus, daß das Reizwort „Vergebung" die Aufmerksamkeit des Hörers erregt hat. 1. Dieser versucht daraufhin, den Darlegungen des Pfarrers aufmerksam zu folgen, er vermag sein persönliches (Schuld)-Problem darin wiederzufinden und nimmt die betreffende Passage der Predigt in sich auf. 2. Der Hörer vermag sein eigenes Problem in den Darlegungen des Pfarrers nicht zu entdecken, hängt etwas zerstreut seinen eigenen Assoziationen nach, schweift ab und gewinnt erst bei einem späteren Stichwort wieder Kontakt zu der Predigt. Die entsprechende Passage der Predigt wird nicht registriert. 3. Das Reizwort Vergebung ruft eine solche Fülle eigener und vielleicht unbewältigter Gefühle hervor, daß der Kontakt zum Prediger augenblicklich unterbrochen, seine Explikation gar nicht zur Kenntnis genommen und statt dessen eine Kettenreaktion persönlicher Erinnerungen und Gedanken in Bewegung gesetzt wird.

Dem Hörer braucht seine Abschweifung weder überhaupt noch gar unangenehm bewußt zu werden. Er kann durchaus von der Predigt, die ihn zu eigenen Überlegungen angeregt hat, einen guten Eindruck haben — auch dann, wenn er außer dem betreffenden Stichwort fast nichts vom Inhalt der Predigt aufgenommen hat. In Befragungs-Interviews zeigen sich Predigthörer häufig selbst darüber [239] erstaunt, wie positiv ihr Gesamteindruck ist, obwohl sie fast nichts vom Inhalt dieser Predigt wiederzugeben vermögen.

Die Verarbeitungsstation („G")

Was geschieht mit den Signalen (bzw. den zu Nachrichten zusammengefaßten Signalkomplexen), die der Hörer aus dem angebotenen Stoff herausgenommen hat? Gehen wir aus von einigen Ergebnissen der schon erwähnten Predigthörerbefragung, die im Jahre 1967 in je 25 evangelischen und katholischen Gemeinden durchgeführt wurde und die je ca.

1250 evangelische und katholische, insgesamt also 2500 Predigthörer erfaßte. Da die Ergebnisse noch nicht im Gesamtzusammenhang veröffentlicht sind, müssen wir uns auf einige bekanntgewordene Teilergebnisse beschränken[1]. Diese Teilergebnisse beziehen sich insgesamt auf die Eindrücke, die an dem betreffenden Sonntag oder am Montag von den Befragten formuliert wurden; sie betreffen also jenen zeitlichen Abschnitt des Prozesses, den wir als „Verarbeitungsstation" beschreiben können, wenn überhaupt so etwas wie Verarbeitung stattfindet.

Aufschlußreich für diesen Verarbeitungsprozeß erscheint uns ein Vergleich zwischen dem Gesamteindruck, den die Hörer von der betreffenden Predigt hatten, und der Fähigkeit, etwas vom Inhalt der Predigt wiederzugeben.

Wie hat Ihnen diese Predigt zugesagt?
(Geschlossene Frage mit vorgegebenem Bewertungskatalog)

Gesamteindruck	evang.	kath.
sehr gut	25%	14%
gut	57%	55%
teils-teils	6%	11%
nicht so sehr oder gar nicht	8%	12%

Woran können Sie sich noch erinnern?
...Und woran noch? (offene Frage)

Inhalt der Predigt	evang.	kath.
richtige Antwort	4%	6%
teilweise richtig	27%	30%
falsche Antwort	31%	22%
keine Antwort	38%	34%

Auffällig ist zunächst der hohe Anteil derjenigen, die einen guten bis sehr guten Gesamteindruck von der Predigt hatten, sich diesen positiven Eindruck über Stunden oder sogar Tage hinweg bewahrt haben and ihn spontan zur Kenntnis geben. Dieses Ergebnis erscheint um als außerordentlich bedeutsam. Wie immer wir theologisch oder ideologiekritisch die Möglichkeiten und Grenzen der Predigt beurteilen mögen — wir müssen in der Regel davon ausgehen, daß mehr als drei Viertel der Gottesdienstbesucher subjektiv meinen, daß die Predigt ihnen geholfen, ihnen etwas gegeben hat — daß sie zumindest nicht enttäuscht

1 Die Veröffentlichung wird von O. Schreuder, dem Leiter der Untersuchung, für die Reihe „Gesellschaft und Theologie" bei Chr. Kaiser und M. Grünewald vorbereitet.

wurden. Wir unsererseits meinen, daß dieses Ergebnis durchaus auch seine legitimen positiven Rükwirkungen auf den Prediger haben kann: wie jeder andere Mensch braucht auch der Prediger gelegentlich eine Bestätigung dafür, daß das, was er tut, positiv aufgenommen wird.
Freilich wird es kein ungebrochenes Erfolgserlebnis sein, das sich aus dieser Rückmeldung gewinnen läßt. Fragt man nämlich weiter, woraus sich denn der positive Gesamteindruck des Hörers zusammensetzt, dann fällt das Defizit an inhaltlicher Wiedergabefähigkeit besonders deutlich auf. Nach allem, was wir lernpsychologisch und kommunikationssoziologisch wissen, wird wohl zu folgern sein, daß, wenn die Wiedergabefähigkeit so gering ist, auch mit einer nur äußerst geringen eigenen gedanklichen Verarbeitung des Predigtinhaltes durch den Hörer gerechnet werden kann. Gerade das aber könnte vor allem protestantische Prediger im Mark ihrer Berufsauffassung treffen und verunsichern. Denn es ist für die meisten eben das gesprochene Wort, die Verbalisierung der Textauslegung, der Inhalt der Predigt, mittels derer sie ihre zentrale Berufsabsicht zu verwirklichen suchen: nämlich die grundlegenden Glaubens- und Weltauffassungen ihrer Gemeindeglieder mit dem Evangelium zu konfrontieren, sie zu beeinflussen, sie zu verändern. [241]

Wenn das nicht gelingt, so meinen sie, sei ihre ganze theologische Existenz in Frage gestellt. Was bei dieser Berufseinschätzung vieler Pfarrer verhängnisvoll wirkt, ist die meist eindimensionale Reduktion von Veränderungsvorstellungen auf kognitive Vorgänge; dabei dürfte von besonderer Bedeutung sein, das die theologisch sehr gefüllte Kategorie des Wortes Gottes zu schnell in Kongruenz gebracht wird mit der Kommunikationsform der Predigt und überhaupt mit dem eigenen verbalen Mitteilungsdrang. Wie stark Veränderungen des Verhaltens von emotionalen und motivationalen Faktoren abhängig ist, wird in einer mißverstandenen und mißverständlichen Theologie des Wortes kaum mitbedacht. Auf diese Weise kommt es leicht zu einer ziemlich verbreiteten Abqualifizierung von Begriffen wie „emotional" oder „Stabilisierung", wobei beide gewissermaßen auf die in ihnen (wie in jedem Begriff) angelegte Perversion reduziert werden: emotional wird leicht als Gefühlsduselei oder als Verschleierung, Stabilisierung als Verfestigung oder Verhärtung mißverstanden. Daß zu solchen Mißverständnissen auch Anlaß bestehen kann, soll nicht bestritten sein. Nur verstellt man sich mit dem auf Dauer gestellten Vorurteil gegenüber diesen in der Sozialpsychologie weithin instrumentell und einigermaßen wertfrei verwendeten Begriffen die Möglichkeit, auch eigene Schwierigkeiten zunächst einmal nüchtern zu analysieren.

a) Emotionale Balance

Wenden wir uns wieder stärker den Interessen und Bedürfnissen der Hörer zu, so wird man aus dem ganz überwiegend positiv qualifizierten Gesamteindruck schließen dürfen, daß die Predigt offenbar etwas leistet, was die Hörer als hilfreich empfinden; sie erfüllt also ganz bestimmmte Bedürfnisse. Nach den Angaben über die Predigtinhalte bestehen diese Bedürfnisse jedoch offenbar nicht in erster Linie darin, sich gedanklich mit den spezifischen Aspekten des betreffenden Textes oder Themas auseinanderzusetzen. Das Interesse der Hörer scheint vielmehr auf eine Art unspezifischer Bestätigung oder Bestärkung ihrer grundlegenden Glaubensvorstellungen gerichtet zu sein. Und eben diese scheinen sie aus den meisten Predigten herauszunehmen oder in sie hineinzuprojizieren. Dabei könnte es sein, daß schon die erneute Proklamation [242] etwa der Herrschaft Jesu Christi oder der menschenfreundlichen Liebe Gottes, oder daß schon das öffentliche Postulat der Bekehrung oder der Nachfolge auch im politisch-gesellschaftlichen Bereich, daß also schon die Erwähnung von wertbesetzten Schlüsselkategorien der Gemeindefrömmigkeit das Interesse nach Vergewisserung ansatzweise erfüllen. Vor allem dann, wenn es der Pfarrer auf der Kanzel ist, der die Grundauffassungen des Glaubens bestätigt, eine Autorität also, der nicht nur das subjektive Vertrauen des Hörers gilt, sondern die auch in der gesellschaftlichen Öffentlichkeit weithin als zuständig anerkannt ist.

„Verarbeitung" wäre also bei diesen Hörern nicht so sehr im Sinne einer Ausweitung oder Veränderung von Glaubensauffassungen und Bezugssystem zu verstehen, sondern eben in einer Art von emotionaler Ausbalancierung jener Verunsicherungen und Frustrationen, die die Gottesdienstbesucher in ihrem alltäglichen Leben erfahren. Als Vehikel und Mechanismen einer solchen Verarbeitung könnten möglicherweise schon jene einfachen Formeln angesehen werden, die man häufig nach dem Gottesdienstbesuch hört: „heute hat er ganz gut gesprochen", „da hat man doch wieder mal was anderes gehört", „das hat mir etwas Auftrieb gegeben".

Zweifellos wird der, der solche Formeln verwendet, grundsätzlich mit den in seiner Gemeinde geltenden religiösen Deutungsschemata vertraut sein. Tatsächlich wissen wir aber, daß von der Gesamtzahl der Gottesdienstbesucher eines Jahres etwa 80% der sogenannten Kerngemeinde zuzurechnen sind, d.h. daß sie mindestens einmal im Monat zur Kirche gehen und also mit den dort verwendeten Deutungsschemata umgehen können. Sie zumindest scheinen im Gottesdienst zu finden, was ihnen hilft, mit den Schwierigkeiten ihres beruflichen und familiären Alltags fertig zu werden. Wie immer nun der Pfarrer seinerseits diese „emotionale Stabilisierung" beurteilt; ob er die „Autoritätsgläubigkeit des unmündigen Gemeindegliedes" beklagt, ob er die affektive Stabilisierung als Umweg zum kognitiven Verstehen in Kauf nimmt, oder ob er sie als einzige Hilfe, die er dem Hörer nach Lage der Dinge zuteil werden lassen kann, sozusagen diakonisch interpretiert (das alles kann hier nicht ausführlicher problematisiert werden) — jedenfalls wird er sich damit auseinandersetzen müssen, daß eindeutig der stärkste Wirkungsgrad der Predigt im Bereich der existentiell-emotionalen Balance liegt. Freilich scheint auch dieser Wirkungsgrad [243] rückläufig zu sein: offenbar wendet sich auch das Bestreben, seelische Balance zu gewinnen, mehr und mehr den Formen aktiver Kommunikation (besonders dem Gruppengespräch) zu.

b) Kognitive Folge-Aufgaben

Wenngleich die kognitive Ebene gegenüber der affektiven im „System Predigt" meist von zweitrangiger Bedeutung ist, so ist sie doch vorhanden und es lassen sich bestimmte Verarbeitungsregeln ausmachen. Was nach der Absicht des Predigers wie auch des Hörers kognitiv erreicht werden soll, wäre die Erzeugung, Ergänzung oder Veränderung einer Einstellung. Das aber bedeutet: Umorganisation des betreffenden gedanklichen Subsystems. Die Einzelteile des Systems müssen gleichsam hin und her bewegt, hier eingepaßt, dort angeklebt, durch neue Verbindungsstücke in andere als die bisherigen Zusammenhänge gebracht werden. Eine Predigt versucht beispielsweise das Verhältnis von Liebesgebot und Revolution so darzustellen, daß das alte Schema („Revolution sei die Urauflehnung gegen Gottes Ordnung") widerlegt und die starre Entgegensetzung (hie christliche Liebe - hie revolutionäre Gewalt) überwunden wird. Wenn ein bisher konservativ denkender Hörer den neuen Gedanken tatsächlich aufzunehmen willens wäre, müßte das zu einer erheblichen Umorganisation seines Einstellungssystems führen. Zu dieser Organisationsarbeit aber braucht er Zeit, muß er mit den Einzelteilen seines Systems experimentieren können. Das alles aber kann er in der Predigt nicht. Er kann es vielleicht durch anhaltendes Nachdenken, etwa auf dem Heimweg und später in der Woche. Doch sind dann die Ablenkungskräfte gewöhnlich so stark, daß es zu einer geordneten Verarbeitung nicht kommt. Etwas mehr Aussicht auf erfolgreiche Verarbeitung wäre gegeben, wenn der Hörer die ihm wichtig erscheinende Nachricht nach der Predigt schriftlich aufzeichnet und kommentiert. Doch geschieht das ja fast nie. Sehr viel weniger aufwendig und trotzdem effektiver als selbst ein Gedächtnisprotokoll ist ein Kleingruppengespräch über die Argumentation des Predigers. Hier wird die Umorganisation der Subsysteme sozusagen „sozialisiert". Die Hin- und Her-bewegung des neuen Gedankens wird buchstäblich von den Gesprächsteilnehmern übernommen. Abwechselnd versuchen die Teilnehmer den neuen Aspekt selbständig zu formulieren, ihn zu [244] widerlegen, zu variieren, zu modifizieren, zu verteidigen; wobei pro und contra in der Regel nicht auf bestimmte Personen festgelegt sind, sondern im Zuge des Rollenwechsels mal von diesem, mal von jenem Teilnehmer vorgetragen werden. Bedingung einer solchen kognitiven Verarbeitung in der kleinen Gruppe ist einmal, daß jeder Teilnehmer aktiv mitdiskutiert, die Gruppe also nicht mehr als zehn Personen umfaßt; die andere Bedingung ist, daß die Konversation in einer Sprache geführt wird, die jedem Partner die gleichen Partizipationsmöglichkeiten gibt, am besten in der Umgangssprache und jedenfalls nicht in der Theologensprache.

Wer mit seiner Verkündigung dazu beitragen will, Einstellungen zu verändern, und in unserer Zeit ist kaum etwas nötiger als Vorurteile, veraltete Vorstellungen, pseudochristliches Denken zu korrigieren; wer nicht nur zur Umkehr aufrufen will, sondern den Hörer auch dazu anleiten; wer dem Gemeindeglied dazu verhelfen will, aus der Konsumentenhaltung heraus zu mündiger Teilhabe zu finden, der wird sich die Frage stellen müssen, wie der Kommunikationsform „Predigt" die Kommunikationsformen der Gruppenkonversation zugeordnet werden können.

Wird das evangelische Pfarrhaus »katholisch«?[1]

Zur Rückwanderung zentraler »Pfarrhausfunktionen« an die Person des »Geistlichen«

I

Evangelisches Pfarrhaus:

- Zentrum für Geniezüchtung
- Modell für moderne Lebensart in ländlicher Hinterwelt
- Abschreckungssymbol für moralinsaure Weltfremdheit
- Zufluchtsstätte für seelisch oder materiell Gestrauchelte
- Hort patriotischer Identität
- Exemplarischer Ort christlicher Lebensführung
- Brutstätte für modernen Terrorismus
- Idyllisches Denkmal einer vergangenen Zeit
- Marktplatz der (evangelischen) Gemeinde

An farbigen Charakterisierungen fehlt es nicht. Das evangelische Pfarrhaus war offensichtlich immer auf eine spezifische Weise identifizierbar, es war immer deutlich aus seiner sozialen Umwelt herausgehoben. In der Verschiedenartigkeit und Widersprüchlichkeit seiner Beschreibungen spiegelt sich die Vielfalt seiner Funktionen in der Gesellschaft.
Es ist ein eigenständiges Bündel geistlicher und weltlicher Funktionen, die dem evangelischen Pfarrhaus zugeschrieben werden; nicht ohne weiteres vergleichbar mit dem Funktionsbündel anderer herausgehobener »Häuser« wie dem Adelsschloß oder dem Schulzenhof. Selbst dem katholischen Pastorat fehlt eine Reihe der für das evangelische Pfarrhaus kennzeichnenden Merkmale; vor allem die wichtigsten: Ehe und Familie und was damit zusammenhängt an Erwartungen eines zeichenhaften, vorbildlichen oder abschreckenden gemeinsamen Lebens; erst recht die »Dimension Pfarrerskinder« in ihrem breiten Spektrum von Geniezüchtung über »Müllers Vieh« bis zur Terrorismus-Problematik.

Vierhundertfünfzig Jahre stand die herausgehobene und meist einflußreiche Position des evangelischen Pfarrhauses fast unangefochten in Geltung: seit Luthers Trauung im Jahre 1525. Die seitdem erfolgten politischen und kulturellen Wandlungsprozesse beeinflußten und änderten zwar die hausintern geltenden und nach außen [225] wirkenden Maßstäbe: Politisch etwa vom absolutistisch-patriarchalischen Leitbild über die patriotische Begeisterung der Befreiungskriege und den bürgerlichen Nationalismus bis

1 Richard Riess (Hg.): Haus in der Zeit: Das evangelische Pfarrhaus heute, München 1989, S. 224-237

hin zur demokratischen »Familienkonferenz«; doch sie änderten wenig an der Maßstabfähigkeit des Pfarrhauses als solcher. Die wirtschaftlich-soziale Entwicklung brachte ebenfalls ganz unterschiedliche Orientierungsmuster hervor wie Raabes »Hungerpastor« oder das wohlhabend-großbäuerliche Pfarrgut; sie produzierte die schon baulich-äußerlich so unterschiedlichen Pastorate wie das vornehme Patrizierhaus eines hanseatischen Hauptpastors, das verkommene und regendurchlässige Nebengebäude eines kirchlich desinteressierten Patronatsherrn oder die für den obligatorischen Kinderreichtum viel zu enge Wohnung im Häuserblock eines Arbeiterviertels. Was aber eben durch all die Jahrhunderte hindurch und bei allen geschichtlichen Wandlungen konstant blieb, war jene Sonderstellung, auf die sich positiv oder (seltener) auch negativ die Neugierde und Nachahmung, Klatsch und Scheu, Erwartungen und Übertragungen der Bevölkerung des Dorfes und, lange Zeit, auch des Stadtbezirkes richteten.

Gefragt wird - und zu fragen ist, ob das heute noch so uneingeschränkt gilt und, ob es so bleiben wird. Zwar ist diese Frage nicht so neu, wie sie heutzutage manchmal aufgemacht wird. Schon vor 200 Jahren wurden Pfarrer und Pfarrhaus von vielen Vertretern einer rationalistischen Aufklärung ebenso gern für überständig oder überflüssig erklärt wie 100 Jahre später durch den Pfarrersohn Friedrich Nietzsche und wie in den meisten Stellungnahmen renommierter Zeitgenossen, die sich im Jahre 1906 zu der Kappstein-Umfrage »Bedürfen wir des Planers noch?« äußerten — um von den Anfeindungen durch einen radikalen Marxismus in den zwanziger Jahren und die eines verbrecherischen Nationalsozialismus in den dreißiger Jahren unseres Jahrhunderts hier zu schweigen. Entgegen all dieser, von Zeit zu Zeit geradezu modischer Infragestellungen blieb jedoch die Lebensfähigkeit des Pfarrhauses in der geschichtlichen Wirklichkeit ungebrochen. Nicht selten erwies sie sich vitaler als es die Institutionen ihrer Kritiker und Feinde waren. Auch hier lehrt die Geschichte einen zurückhaltenden Umgang mit den in einer konventionellen Kirchenkritik so wohlfeilen Schrumpfungs- oder Auflösungsprognosen, in denen auch in unserer Zeit der Pfarrerstand immer an vorderster Stelle aufgeführt wird: So, wenn der Theologe H. H. Brunner in seinem experimentellen Report »Kirche ohne Illusionen« (1968) ankündigt, daß das Pfarramt im Jahre 1990 zu einem »Fremdkörper, zu einem musealen Überbleibsel aus längst entschwundener Zeit« geworden sein wird. Oder, wenn H. Wulf [226] (1971) mit pessimistischem Ergebnis die Frage erörtert »Pfarrer — wie lange noch«?

Dennoch: in unserer Gegenwart scheinen sich tatsächlich die Zeichen zu mehren, die einen Einschnitt in der jahrhundertelangen Entwicklung markieren. Doch muß man hier von vornherein auf einen fundamentalen Unterschied aufmerksam machen: Was nämlich das Pfarrhaus in seinem engeren Sinne, nämlich dem spezifischen Sinne der protestantischen Kulturgeschichte betrifft, so scheint offenkundig ein merkbarer Bedeutungsschwund konstatiert werden zu müssen: Ein wichtiger Teil seiner traditionellen gesellschaftlichen und kirchlichen Funktionen löst sich, hier schneller, dort langsamer, von dem Pfarrhaus ab. Dieser Bedeutungsschwund darf nun aber eben nicht einlinig und pauschal mit einem scheinbar allgemeinen Bedeutungsverlust von Pfarrerberuf und Kirche gleichgesetzt oder gar darauf zurückgeführt werden. Zu unterscheiden ist vielmehr zwischen dem Pfarrer als Person und dem Pfarrhaus. Was ihre gesellschaftlichen Funktionen betrifft, könnte man die Trends für Pfarrerberuf und für Pfarrhaus einander sogar entgegensetzen. Es scheint nämlich, als ob sich die traditionelle, in ihrer Wirkung so vielfältig fruchtbar gewordene Symbiose von Pfarrerberuf und Pfarrhaus Zug um Zug auflöse; unübersehbar bereits in den Stadtregionen, tendentiell aber vielfach auch schon in den traditionsgeprägten ländlichen Gebieten; aufs ganze jedenfalls unverkennbar. Ja, zugespitzt: es scheint, als ob ein Teil jener geistlichen, kirchlichen und sozialen Funktionen, die sich von dem Pfarrhaus ablösen, nunmehr in einer neuen Weise mit der Person des Planers verknüpft werden. Wenn man so will: als ob diese Funktionen nach einem großen, 450 Jahre andauernden kulturgeschichtlichen und religionssoziologischen Experiment »protestantisches Pfarrhaus« wieder zu ihrem Ausgangspunkt zurückkehren, nämlich zu der Person des religiösen Amtsträgers selbst. So, wie sie in der katholischen Kirche während dieses gesamten Zeitraumes immer an die Person des Priesters gebunden geblieben waren. Noch anders zugespitzt: Der Pfarrer als Person tritt mehr und mehr an jene Stellen, die der Protestantismus traditionell seinem »Pfarrhaus« zugeordnet hatte.

II

Um diese These zu belegen, bedarf es zunächst des Nachweises, daß hinsichtlich ihres Bedeutungsschwundes tatsächlich ein gravierender Unterschied zwischen dem Pfarrer als Amtsträger und dem Pfarrhaus [227] besteht. Für die Person des Pfarrers können wir uns dazu auf eine ganze Reihe von neueren Umfragen'[2] mit ganz unterschiedlichen Fragestellungen, Durchführungsmethoden und »Erkenntnisinteressen« beziehen. Für das Pfarrhaus dagegen muß sich der empirische Anhalt auf eigene Beobachtungen, einige wenige informelle Interviews und ein paar publizierte Erfahrungsberichte beschränken.-

2 H. Hild (Hg.), Wie stabil ist die Kirche, Gelnhausen 1974. — K. W. Dahm, Beruf: Pfarrer, München 1974[3]. — P. Krusche, Der Pfarrer in der Schlüsselrolle, in: J. Matthes (Hg.), Erneuerung der Kirche, Gelnhausen 1975. — G. Schmidtchen, Gottesdienst in einer rationalen Welt, 1973.

Was aber die Person des Pfarrers betrifft, so ist vor allem auffällig, wie sich ihre Zentralbedeutung in dem komplizierten Verflechtungszusammenhang von Kirchlichkeit, Glaubenseinstellung, christlicher Lebensführung und Pfarrhaus trotz aller Wandlungsprozesse und Krisen der letzten Jahrhunderte durchgehend als die stärkste Konstante erweist und immer wieder restabilisiert hat. Das gilt einerseits trotz des reformatorischen Ansatzes vom »allgemeinen Priestertum der Gläubigen« für so gut wie alle innerkirchlichen Lebensbereiche von der Verkündigung über Unterricht, Amtshandlungen und Hausbesuche bis zur Gemeindeleitung im Kirchenvorstand, bei Bauvorhaben und in der Verwaltung. Es gilt andererseits genauso für jene Felder des öffentlichen Lebens, die über die kircheninternen Bereiche hinausgehen und doch, wie das Bildungs und Gesundheitswesen, die Jugendwohlfahrt oder die Freizeitpädagogik stark von der Kirche mit beeinflußt werden.

Gerade in den vergangenen Jahrzehnten hat in all diesen Bereichen trotz einer vehement vertretenen Religions- und Kirchenkritik und trotz immer neuer sozialkritischer Anfragen gegenüber den angeblich systemstabilisierenden Funktionen von Kirche und Pfarrerstand die Bedeutung des »Geistlichen« eher zu- als abgenommen. Fragt man nach den Gründen für diese oft als unerwartet und unverständlich empfundene Entwicklung, so ist wie für das Pfarrhaus als Institution auch für den Pfarrer als Einzelperson ein ganzes Bündel von theologischen und sozialen »Rollen« zu unterscheiden, durch das die Bedeutung seiner Position hervorgebracht, aufrechterhalten und gegebenenfalls weiter verstärkt wird. In der Gegenwart scheinen dabei die folgenden Rollenzuschreibungen von besonderem Gewicht zu sein:

- Die Rolle als zentrale »*kirchliche Bezugsperson*«, ganz allgemein, aber insbesondere für die sogenannte »innerkirchliche Sozialisation«, d.h. für jenen Prozeß, in dem sich das junge Gemeindeglied seiner Kirchenzugehörigkeit bewußt wird und diese in der Begegnung mit dem Pfarrer, sowohl im Wege von persönlichen Zuwendungs- und Widerstandserfahrungen als auch in der Beobachtung dessen, wie der Pastor seinerseits mit den Fragen des Glaubens umgeht, zu bejahen oder sich von ihr zu distanzieren [228] lernt; kurz: seine gar nicht hoch genug einzuschätzende Bedeutung im Konfirmandenunterricht und bei der Konfirmation.
- Seine Rolle als »*Bürge*« für das, was in den Krisen des Glaubens und in den Krisen des Lebens wirklich helfen kann; theologisch formuliert etwa: für das lebenstiftende und lebenermöglichende Ja Gottes zum Menschen, für seinen letztendlichen Heilswillen und für die im Namen Christi erteilte Vergebung der Schuld.

- Seine Rolle als »*Stellvertreter*« sowohl hinsichtlich des theologischen Wissens als auch hinsichtlich der Umsetzung dieses Wissens in Glaubensvollzug und praktisches Leben. Was die Masse der Gemeindeglieder selbst nicht wissen kann und nicht bringen zu können meint, soll wenigstens der Pfarrer realisieren; — deutlicher Rest eines weiterwirkenden priesterlichen Verständnisses vom geistlichen Amt.
- Eng zusammen mit der des Stellvertreters hängt die Rolle des »*moralischen Vorbildes*«, die mal mehr auf sein Verhalten in der Familie, in der Ehe, in der Erziehung der eigenen Kinder und in der Freizeit gerichtet sein kann — und mal mehr auf sein Berufsverhalten: Führung der Mitarbeiter, Teamfähigkeit, Vorbild der Jugend — oder auf alles zusammen.
- Seine Rolle als kompetenter »*Berater*« in den verschiedenartigen krisenhaften Lebenssituationen: von den Erziehungsschwierigkeiten bis hin zur Neuordnung des Lebens nach dem Verlust des Lebenspartners — oder einfach bei der Entscheidung über einen Berufswechsel.
- Wahrscheinlich in zunehmendem Maße und sicher über den innerkirchlichen Bereich hinaus wird dem Pfarrer eine Rolle als *Repräsentant* (und wiederum Bürge) für solche Werte zugeschrieben, auf die sich in einer Phase der Enttäuschung des Vertrauens in Wissenschaft, Technik und politische Machbarkeit neue Hoffnungen richten, also auf Werte sowohl der Mitmenschlichkeit, des »Immateriellen«, dessen, was über das Vorhandene hinausgeht, letztlich wohl eines Urvertrauens in die Liebe und Menschenfreundlichkeit Gottes.

Ein Teil dieser Rollen, wenn nicht das Bündel als Ganzes, wurde traditionell nicht nur dem Geistlichen, sondern eben auch dem evangelischen Pfarrhaus zugeschrieben. Pfarrfrau und selbst Pfarrerskinder mußten immer auch »Vorbild«, »Berater«, gelegentlich sogar »Stellvertreter« sein — und begründeten nicht zuletzt damit die extraordinäre Bedeutung des Pfarrhauses. Die gegenwärtig vorherrschende Konstellation dieses Bündels von Rollen und damit Funktionen hat nun im letzten Jahrzehnt zu der für viele unerwarteten Aufwertung des Pfarrerbildes geführt. Festzustellen ist diese [229] Aufwertung an vielen Symptomen, nicht zuletzt in den in bestimmten Abständen durchgeführten Erhebungen einer Prestige-Skala von Berufen. Während in den fünfziger Jahren mehrfach ein sehr diffuses Bild mit einer relativ schlechten, im unteren Teil der Prestige-Skala plazierten Pfarrerposition ermittelt wurde[3], zeigt die auf eine breite Repräsentativität gegründete, seit 1963 wiederholt durchgeführte Untersuchung des Allensbacher Instituts für Demoskopie eine deutlich andere Tendenz. Methodisch unterscheiden sich diese Erhebungen von den manchmal vielleicht unzureichenden früheren nicht nur durch Anzahl und Repräsentativität der Befragten, sondern auch dadurch, daß hier keine einlinige Rangfolge aufzustellen war, sondern aus 15 vorgegebenen profilierten Berufen diejenigen fünf herausgesucht werden konnten, die »Sie am meisten schätzen, vor denen Sie am meisten Achtung haben«[4]. Dem bei den Befragten eher unbestimmten Grundgefühl einer Hochschätzung von bestimmten Berufsgruppen kann damit besser Ausdruck gegeben werden als es ihnen möglich ist, wenn sie sich auf eine eindeutig starre Rangfolge festlegen sollen. Jedenfalls ergab diese Fragestellung schon 1963 und 1965 für den Pfarrer eine dritte Position hinter dem Arzt und dem »Ingenieur« und erbrachte bei einer etwas erweiterten Berufsskala 1968 und 1975 folgendes Bild:

3 Vgl. Y. Spiegel, Der Pfarrer im Amt, 1970, 108f. K. W. Dahm, Soziologische Aspekte des Pfarrerberufes, in: KidZ. 1961, 457.

4 Allensbacher Jahrbuch der Demoskopie, 1976.

Tabelle 1 - Hochschätzung von Berufen

1968		1975	
1. Arzt	77 %	1. Arzt	79 %
2. Atomphysiker	74 %	*2. Pfarrer, Geistlicher*	*48 %*
3. Hochschulprofessor	56 %	3. Hochschulprofessor	39 %
4. Botschafter, Diplomat	48 %	4. Rechtsanwalt	38 %
5. Pfarrer, Geistlicher	*34 %*	5. Atomphysiker	34 %
6. Politiker	34 %	6. Botschafter, Diplomat	33 %
7. Rechtsanwalt	30 %	7. Apotheker	29 %
8. Direktor, Manager i. großen Firmen	27 %	8. Ingenieur	28 %
9. Apotheker	27 %	9. Volksschullehrer	26 %
10. Ingenieur	24 %	10. Studienrat	25 %
11. Studienrat	18 %	11. Unternehmer, selständ. Kaufmann	22 %
12. Zeitungsredakteur	16 %	12. Politiker	22 %
13. Volksschullehrer	13 %	13. Direktor, Manager i. großen Firmen	20 %
14. Unternehmer, selbständ. Kaufmann	9 %	14. Offizier	16 %
15. Buchhändler	8 %	15. Zeitungsredakteur	11 %
16. Offizier	5 %	16. Buchhändler	7 %

(Lies: Von 100 Befragten zählten 79 den Arzt bzw. 48 den Pfarrer zu den am höchsten geschätzten Berufen. Die hohen %-Zahlen erklären sich daraus, daß je der Befragte fünf Berufe angeben konnte.)

[230] Leider können wir das in diesen Zahlen zum Ausdruck kommende Image nicht mit ähnlich zuverlässigen Daten aus früheren Jahrzehnten vergleichen. Doch läßt sich aus den sonst verfügbaren Hinweisen, neben Biographien, vor allem aus der schöngeistigen Literatur zweierlei vermuten:

Erstens war das Ansehen des Pfarrerberufs in der Gesamtbevölkerung wohl nie so niedrig wie es bestimmte extreme Äußerungen aus der Zeit der Kappstein-Umfrage (um 1900 —: »schwarze Polizei des Staates«, »Volksverdummung« u.a.) und aus der Zeit zwischen den beiden Weltkriegen (»bezahltes Nichtstun«, »keine Staatszuschüsse, weil keine kulturell

wichtige Arbeit«) signalisieren könnten. Vielmehr müssen wir für den gesamten Zeitraum der letzten beiden Jahrhunderte annehmen, daß in der deutschen Bevölkerung jene kirchlich-religiöse Grundstimmung vorherrschend war, die wir heute als »distanzierte Volkskirchlichkeit« beschreiben und die durch die folgenden drei Merkmale gekennzeichnet ist: durch eine aktive Teilnahme an den lebenszyklisch verankerten kirchlichen (»Amts«-)Handlungen; durch eine dezidierte Zurückhaltung von eigenen Glaubensäußerungen und von der Teilnahme am gottesdienstlichen Leben; sowie durch die Exponierung des Pfarrers zum Stellvertreter, zum Bürgen, zum Vorbild des geistlich-religiösen Lebens und oft genug auch des profanen Alltagslebens. Im Kontext dieser sich seit der Aufklärung durchhaltenden Einstellung gab es zweifellos Schwankungen des Pfarrerbildes, die nicht zuletzt durch Veränderungen des »Zeitgeistes« bestimmt waren. Als durchgehende Grundströmung jedoch ist mit einer prinzipiellen Hochschätzung des Pfarrerberufes ebenso zu rechnen wie mit der herausgehobenen Bedeutung des dazugehörigen Pfarrhauses.
Zweitens: Vor dem Hintergrund dieser Gesamttendenz, aber im Rahmen der dort registrierten Schwankungen, hebt sich in unserem Jahrzehnt die in der Allensbach-Skala sichtbar gewordene neue Steigerung des Pfarrer-Ansehens ab. Diese Steigerung hat sicher wiederum ganz vielfältige Ursachen, dürfte aber vor allem in einer durch Atom- und Umweltprobleme ausgelösten Krise der Wissenschaftsgläubigkeit und der dadurch erneuerten Frage nach tieferen Werten begründet sein.

Das alles bedeutet nun allerdings nicht, daß seiner Hochschätzung entsprechend der Pfarrerberuf in unserer Bevölkerung auch als ein erstrebenswerter Idealberuf aufgefaßt würde! Im Gegenteil: in einer ebenfalls durch das Allensbacher Institut (1979) für den »stern« durchgeführten Befragung nach sogenannten »Traumberufen«[5], die den befragten Männern selbst besondere Freude machen oder die den Frauen für einen »Traum-Ehemann« als besonders erstrebenswert [231] erscheinen, rangiert der Pfarrer für beide, Männer und Frauen, weit hinten:

5 »stern«, Nr. 22, Mai 1979.

Tabelle 2 - Hochschätzung von Berufen (Frauen/Männer)
(Veröffentlicht unter dem Titel »Traumberufe« in »stern«, Nr. 22, Mai 1979)

Frage an Männer			Frage an Frauen		
Beruf	**1979**	**1977**	**Beruf**	**1979**	**1977**
1. Arzt	33 %	30 %	1. Förster	27 %	24 %
2. Beamter	27 %	26 %	2. Ingenieur	24 %	21 %
3. Architekt	26 %	29 %	3. Pilot	20 %	17 %
4. Ingenieur	24 %	24 %	4. Architekt	17 %	14 %
5. Lehrer	22 %	23 %	5. Lehrer	14 %	15 %
6. Förster	22 %	18 %	6. Mechaniker	14 %	15 %
7. Richter, Rechtsanwalt	20 %	17 %	7. Beamter	13 %	15 %
8. Journalist	15 %	14 %	8. Berufssoldat, Offizier	13 %	11 %
9. Hochschul-professor	12 %	11 %	9. Journalist	12 %	11 %
10. Pilot	11 %	10 %	10. Musiker	12 %	10 %
11. Musiker	11 %	10 %	11. Arzt	12 %	11 %
12. Landwirt	10 %	8 %	12. Landwirt	11 %	11 %
13. Psychologe	9 %	8 %	13. Kraftfahrer	10 %	13 %
14. Berufssoldat, Offizier	8 %	6 %	14. Richter, Rechtsanwalt	10 %	10 %
15. Koch, Konditor	8 %	7 %	15. Seemann	9 %	11 %
16. Chemiker	7 %	7 %	16. Psychologe	8 %	7 %
17. Mechaniker	5 %	6 %	17. Lokomotivführer	7 %	7 %
18. Pfarrer, Pastor	5 %	4 %	18. Koch, Konditor	7 %	6 %
19. Politiker	4 %	5 %	19. Politiker	6 %	7 %
20. Seemann	3 %	3 %	20. Chemiker	6 %	4 %
21. Lokomo-tivführer	3 %	2 %	21. Hochschul-professor	5 %	4 %
22. Friseur	3 %	2 %	22. Vertreter	4 %	3 %
23. Kraftfahrer	2 %	2 %	23. Pfarrer, Pastor	4 %	3 %
24. Vertreter	1 %	1 %	24. Friseur	1 %	2 %
25. Keine Angabe	13 %	14 %	25. Keine Angabe	7 %	7 %

Wer diese Tabelle betrachtet, wird auf den ersten Blick, zumal wenn er die vorher erörterte Prestige-Skala nicht kennt, auf ein miserables Image des Pfarrerberufs schließen. Wer beide Tabellen nur oberflächlich zur Kenntnis nimmt, wird vermutlich einen eklatanten Widerspruch konstatieren. Dieser Eindruck kann sich erst auflösen, wenn man genauer darüber nachdenkt, daß es sich dort um ein sozusagen objektiviertes Berufsimage handelte, während es in dieser neuen Rangfolge um den subjektiv für sich selbst gewünschten Idealberuf geht.

Pfarrer zu werden, ist offenbar für die große Mehrheit unserer Bevölkerung nicht attraktiv. Wiederum treffen wir auf die merkwürdig spannungsreiche Grundstimmung der »distanzierten Volkskirchlichkeit«: [232] Einerseits muß es Pfarrer geben; sie haben überaus wichtige und wohl überaus schwierige Aufgaben zu erfüllen; Respekt gilt darum dem, der dies auf sich nimmt; abstrakt, objektiv und prinzipiell wird der Beruf hoch eingeschätzt. Aber andererseits selbst diesen Beruf zu ergreifen; sich selbst für alle deutlich im Sinne des christlichen Glaubens zu engagieren und sich dem Erwartungsdruck eines solchen Engagements auszusetzen; selbst also die Funktionen des Stellvertreters, Bürgen, Beraters und persönlichen Vorbildes zu übernehmen, das erscheint den meisten Bundesbürgern als nicht erstrebenswert, wahrscheinlich als Überforderung und Einengung ihrer individuellen Freiheitsräume.

III

Erst recht nicht attraktiv ist es, Pfarrfrau zu sein bzw. einen Pfarrer zum Mann zu haben. Diese sehr deutliche und beunruhigende Aussage macht die Allensbacher »Traumberuf-Umfrage«: Als Traumberuf eines Ehemannes rangiert der Pfarrer im Blickwinkel der bundesdeutschen Frauen an vorletzter Stelle (wobei es übrigens dem nur zwei Positionen entfernten Hochschullehrer nicht viel besser ergeht). Die Tendenz dieser Einschätzung hängt offenkundig unmittelbar zusammen mit der heutigen Pfarrhaus-Problematik. Sie zeigt wohl auch gewisse Parallelen zu einer 1977 in Bayern durchgeführten Pfarrhaus-Umfrage, die nicht zuletzt durch einen etwas provozierenden Kommentar »Bei Pfarrers kriselt es« (Ernst Klee, in: Die Zeit, 19, 1979) auch in einer breiteren Öffentlichkeit registriert und diskutiert wurde. Danach sind mehr als die Hälfte der Pfarrersleute darüber enttäuscht, daß ihre positiven Vorstellungen vom Pfarrhaus sich nicht erfüllt haben. Die wichtigsten Gründe dafür werden wiederum in allgemeiner Überlastung und in zu hohen Erwartungen gesehen: »Vorbilder wollten sie sein, im Geistlichen wie im Weltlichen, eine Modellfamilie mit Superkindern. In allen Lebenslagen wollten sie Hilfe geben, für alle Probleme wollten sie Verständnis zeigen, kontaktfreudig, freundlich, ausgeglichen, lebensbejahend, gelassen und selbstsicher wollten sie sein. Das

Pfarrhaus als Insel der Seligen in einer unseligen Welt, der Pfarrer als heilbringender Helfer — das sind schon sehr weltenthobene Vorstellungen« — meint Ernst Klee, selbst mit einer Pfarrerin verheiratet (»Ich bin eine männliche Pfarrfrau«)[6].

»Weltenthoben« mögen sie tatsächlich heute erscheinen, diese Vorstellungen, die aus der Gemeinde heraus und dann spiegelbildlich auch von den Pfarrersleuten selber an ihr Pfarrhaus herangetragen [233] werden. Nur: in diesem Sinne »weltenthoben« waren sie wohl schon immer, 450 Jahre lang; und ihr Weltenthoben-Sein hat nichts daran gehindert, daß ein Großteil dieser Erwartungen, wie gebrochen auch immer, eben doch in irgendeiner Art erfüllt und realisiert wurde; ohne dieses hätten die Erwartungen ihrerseits nicht von jeder Generation neu reproduziert werden können. Die Last der »weltenthobenen« Erwartungen hat auch nichts, daran gemindert, daß es in früherer Zeit, wie Jean Paul schreibt, »nicht Angenehmeres gab, als eine Pfarrfrau zu sein«, — daß, wie wir auch aus anderen Quellen wissen, einen Pfarrer zu heiraten als außerordentlich erstrebenswert galt[7], daß die stern-Umfrage nach dem Traumberuf des Ehemannes also viele Jahrhunderte hindurch ein ganz anderes Ergebnis für den Pfarrer erbracht hätte als 1979.
Nicht daran, daß sie »weltenthoben« sind; auch nicht daran, daß »zu hohe Erwartungen« an Pfarrfrau, Pfarrerskinder und damit das Pfarrhaus gestellt werden — hat dazu geführt, daß das Pfarrhaus seine herausgehobene Sonderstellung, seinen Modellcharakter zu verlieren beginnt oder, in einigen Gemeinden, schon ganz verloren hat.
Denn ein Bedarf an »weltenthobenen« Idealen und an Personen, die sich daran auszurichten versuchen, ein Bedarf also an Orientierungsmustern, die über das Vorhandene und Alltägliche hinausweisen, die verknüpft sind mit der religiösen oder geistlichen Dimension des Lebens, und deren Träger doch auch als Menschen identifizierbar sind, nachbarschaftlich nah, mitten unter uns, menschlich auch im Sinne von unzulänglich, eben im Glashaus des Pastorates — ein solcher Bedarf besteht heute so gut wie gestern und morgen. Und er besteht, so scheint es, ganz unabhängig davon, ob wir in einer »säkularisierten« Welt leben oder nicht.
Wenn wir dennoch eine anhaltende Minderung der Bedeutung des Pfarrhauses, also einer der wichtigsten Symbole für eine solche »über den Tag hinaus« gehende Orientierung konstatieren müssen, dann dürften es statt der »weltenthobenen« -Aspekte eher deren Gegenteil sein, nämlich die

6 Aufsatz in: Die Zeit, Nr. 37, 1975; wieder abgedruckt in: Wege zum Menschen, 8/9, 1978, 362ff.

7 Hierzu und insgesamt zur Geschichte von Pfarrerstand und Pfarrhaus: H. Werdermann, Der evangelische Pfarrer in Geschichte und Gegenwart, 1925.

Verflechtung mit ganz und gar »weltlichen«, mit sozio-ökonomischen und technischen Aspekten, die zu dieser Entwicklung geführt haben und sie wahrscheinlich noch weiter vorantreiben.

Aus der Fülle dieser Aspekte, die eng untereinander verflochten und darum nur schwer als eindeutig erkennbare Ursachen zu isolieren sind, sollen die fünf meines Ermessens wichtigsten Faktoren, wiederum besser: »Faktorenbündel«, herausgehoben und kurz diskutiert werden.

1. Die tatsächliche oder potentielle berufliche Eigenständigkeit der [234] *Pfarrfrau*. Daß die als Lehrerin oder Ärztin berufstätige Ehefrau eines Pfarrers nicht gleichzeitig die zeitaufwendigen, klassischen Funktionen der Pfarrfrau, wie etwa eine seelsorgerliche Aussprache mit Gemeindegliedern beim eigenen Hausbesuch und, wenn diese im Pfarrhaus eine Amtshandlung anmeldeten, oder wie die Leitung von Chor, Bibelstunde, Frauenhilfe wahrnehmen kann, ist evident — und darauf haben sich Gemeinden und Kirchenleitungen inzwischen eingestellt: zuerst mehr unter dem Gesichtspunkt der Ausnahme, jetzt mehr unter dem einer selbstverständlicher werdenden Regel. Weniger auffällig, aber aufgrund von Unterströmungen der Mentalität wichtiger erscheint die damit zusammenhängende, in den jüngeren Generationen besonders forcierte Veränderung der Frauenrolle: Diese soll immer weniger von Beruf und Status des Ehemannes aus definiert werden; zum Leitbild wird vielmehr die zu beruflicher Eigenständigkeit ausgebildete, zumindest im Grundsatz sozial unabhängige und auch in ihren Überzeugungen selbständigkritische Partnerin ihres Mannes. Von diesem Rollen- und Leitbild her wird eine hohe Identifizierung der Frau des Pfarrers mit Beruf und Gesinnung ihres Mannes nicht mehr erwartet — gleichgültig, ob die Pfarrfrau eine solche Identifikation von sich aus bejaht und zu realisieren versucht oder nicht. Damit ist nicht gesagt, daß eine überzeugende Persönlichkeit nicht weiterhin auch in der Rolle der Pfarrfrau (und dort sicher noch eher als anderswo), zu starker Wirkung als Vorbild oder als Berater gelangen könnte. Aber daß sich die Erwartung einer solchen Ausstrahlung weiterhin ganz selbstverständlich an die Pfarrfrau schlechthin und damit sozusagen an jede einzelne Pfarrfrau richtet, das ist von den modernen und zukunftsleitenden Rollenerwartungen der Frau her nicht länger anzunehmen. Die mit dem Rollenbündel der geistlichen und sozialen Orientierungsfunktionen spezifisch identifizierte Pfarrfrau aber war eben die Seele dessen, was kulturgeschichtlich »Evangelisches Pfarrhaus« bedeutet.

2. Scheinbar äußerlicher und oberflächlicher, letztlich aber doch von tiefer anthropologischer Relevanz sind jene Faktoren, die wir mit dem symbolischen Stichwort *Telefon* zusammenfassen können und die den

Verlust von Unmittelbarkeit der Begegnung durch die Einführung technischer Medien betreffen: bis dahin, daß die Pfarrersfamilie mit dem Auto zum entfernteren Einkaufszentrum fährt und so die Möglichkeiten der Begegnung mit den Nachbarn beim Gang zum Krämer verlorengehen. Vor allem: das Telefonat ersetzt den Gang ins Pfarrhaus. Wer früher Beerdigung oder Kindertaufe anmelden wollte, trug zum Besuch im Pastorat sein Sonntagskleid: Ausdruck nicht nur für die Würde des Kasus, sondern auch für die [235] Bedeutung des Hauses. Das Dunkelfeld des Besonderen, oft im sakralen Bereich des Ortes, neben Kirche und Friedhof gelegen, konnte in der direkten Begegnung, im Kontakt mit Pfarrfrau und Pfarrerskindern »entmythologisiert«, auf den Boden menschlicher Realitäten zurückgeführt, gleichzeitig aber auch neu bestätigt werden: sowohl durch einen geheimnisvollen Zusammenhang mit dem Kasus als auch wegen der in diesem Hause registrierten tatsächlichen Unterschiede zum eigenen Lebensstil. Wo solche Kontakte durch den Telefonanruf eines Beerdigungsinstitutes oder vom eigenen Apparat aus ersetzt werden, muß die ambivalente Eigenerfahrung mit dem Besuch im Pfarrhaus und damit die eigene Erfahrung mit der besonderen Bedeutung dieses Hauses verloren gehen.

3. Der persönliche Kontakt des Gemeindegliedes mit dem Pfarrhaus kann auch deshalb schwinden, weil eine Reihe der klassischen Pfarrhausfunktionen an *andere Kontaktstellen* wie Gemeindebüro, Rentamt, Sozialstation, Beratungsstelle, Erwachsenenbildungsseminar oder Jugendheim abgewandert sind. Dem Pfarrer selbst mag man nach wie vor an all diesen Orten begegnen; das Pfarrhaus aber kommt in den Erfahrungen selbst von engagierten »Kirchentreuen« jetzt nicht unbedingt mehr vor.

4. Die *bauliche Anlage neuerer Pfarrwohnungen* hat oft bewußt die hier diskutierte Besonderheit und Herausgehobenheit des klassischen Pfarrhauses zurückgenommen oder ganz nivelliert: zum anonymen Reihenhaus oder zur Pfarrwohnung im Häuserblock. Theologisch lassen sich dafür sicher gute Gründe finden: Distanz zur »Pastorenkirche«; allgemeines Priestertum der Gläubigen; Verminderung der Schwellenangst, die gerade gegenüber dem religiösen Herausgehobensein des Pfarrhauses besteht; Nähe und Solidarität mit den einfachen Gemeindegliedern und vielleicht sogar mit den Armen und Randgruppen. Ob alle diese Ziele erreicht wurden oder wenigstens einige davon, ist eine zweite Frage und von uns nicht zu erörtern. Allerdings scheint die Schwellenangst vor der Privatwohnung und damit der Intimsphare einer sonst ganz unbekannten Akademikerfamilie, und so wird die moderne Pfarrerswohnung im allgemeinen empfunden, keineswegs geringer zu sein

als sie früher gegenüber dem offenen, wenn eben auch etwas mysteriös-extraordinären Pfarrhaus bestand.

5. Endlich dürften es die veränderte Stellung und die veränderten Rollen der *Pfarrerskinder* sein, die in einer engen Wechselbeziehung zu dem Bedeutungsverlust des Pfarrhauses insgesamt stehen. Gewiß gibt es auch heute noch zahlreiche Beispiele für ein extraordinäres Verhalten von Pfarrerskindern; in manchen Terrorismusanalysen war von einer krankhaften Überentwicklung des sozialethischen [236] Engagements der in der Terrorismusszene mehrfach in Erscheinung getretenen Pfarrerskinder die Rede, andere vermuteten Ersatzreligion oder protestantisch-missionarischen Rigorismus. Auch diesem Phänomen kann hier nicht gründlicher nachgegangen werden. Aufs ganze gesehen aber scheinen sich wichtige Bedingungen und Voraussetzungen einer früheren Sonderstellung der Pfarrerskinder aufgelöst zu haben: Vor allem die bildungsspezifischen (von der Sprachsozialisation bis zur Latein-Nachhilfe in der weit und breit einzigen Akademikerfamilie) und die quasireligiösen Funktionen eines Klerus minor im pfarramtlichen Dienst (Eintragung, Terminbesprechung und vielleicht sogar Aussprache bei der Anmeldung von Beerdigungen oder Taufen; »Korsettstangen« in Jugendarbeit, Posaunen- und Kirchenchor; Hauptdarsteller bei Krippenspielen und Gemeindefesten etc.). Im Kontext der anderen erörterten Entwicklungsfaktoren nehmen zweifellos auch die Erwartungen ab, moralische oder religiöse Vorbilder sein zu müssen. Gewiß gibt es all die überkommenen Erwartungsmuster noch in einer nicht geringen Anzahl von Beispielen, vor allem in traditionell ländlichen Gebieten. Gewiß werden sie sich dort auch noch eine Zeitlang halten. Doch deuten die entwicklungsleitenden Signale in die Richtung, daß mit dem Nachlassen der sozialen Bedeutung des Pfarrhauses auch die der Pfarrerskinder verknüpft ist — und umgekehrt.

Unsere These war, daß die religiösen und gutenteils auch sozialen Orientierungs- und Modellfunktionen, die sich 450 Jahre lang auf die eigentümliche Symbiose zwischen der Person des Pfarrers und der Institution des Pfarrhauses richteten, in den letzten Jahrzehnten von dem Bereich Pfarrhaus immer stärker ablösen und, daß damit möglicherweise die kultur- und religionsgeschichtlich eigentümliche Gestalt des gesellschaftlich und geistlich »herausgehobenen« evangelischen Pfarrhauses verlorengehen wird.

Dagegen scheinen uns die sozialen, geistlichen oder »religiösen« Aufgaben und Funktionen des Pfarrers als Amtsträger für unsere Zeit eher eine Art Stabilisierung und tendentieller Aufwertung zu erfahren. In erster Linie scheint sich diese Tendenz auf die Funktionen des Bürgen, Stellvertreters, Beraters, Vorbildes, kurz also auf die einer zentralen geistlichen Bezugsperson zu beziehen; theologisch und religionswissenschaftlich könnte man auf klassisch-priesterliche Funktionen verweisen.

Beide Prozesse, die Auflösungstendenzen des klassischen evangelischen Pfarrhauses und die Stabilisierungs- und Aufwertungstendenzen der geistlich-priesterlichen« Funktionen des Pfarrers stehen in [237] einem gegenläufigen Verhältnis zueinander. Doch darf diese Gegenläufigkeit nicht einfach als Gegensatz oder Beziehungslosigkeit der Tendenzen beschrieben werden. Die vermeintlich »weltenthobenen«, besser, die über den Tag hinausweisenden Ideale, Erwartungen und Verhaltensmuster, die traditionell auf die Ganzheit des Pfarrhauses bezogen wurden und dessen kulturelle Eigenart allererst begründeten, — sie lösen sich nicht einfach auf und verlassen auch nicht einfach ihren protestantisch-pastoralen Kontext. Sie lassen sich vielmehr in einem Teil jener Funktionen wieder entdecken, die jetzt verstärkt auf die Person des Pfarrers als Amtsträger gerichtet werden - so, wie es im Katholizismus immer war.

Im Sinne dieser Betrachtungsweise stellt sich die Frage, ob das evangelische Pfarrhaus nunmehr »katholisch« wird, d.h., daß seine geistlichen und weltlichen Funktionen und Bedeutungen vor allem auf die Person des Amtsträgers selbst gerichtet und begrenzt werden. Es stellt sich aber auch die Frage, wie sich die Familie des Pfarrers in diesem veränderten Kräftefeld zurechtfinden - und: wie sie es beeinflussen wird.

Herausforderungen für Selbstverständnis und Rolle des protestantischen Pfarrers im Zuge der Modernisierung*

Eine spezialisierte Funktion von sogenannten Geistlichen findet sich in allen Religionen. Das konkrete Berufsbild dieser Geistlichen zeigt dabei eine breite Vielfalt von Erscheinungsformen, sowohl im Vergleich der verschiedenen Religionen untereinander als auch innerhalb der einzelnen Religionen. Das Spektrum reicht von Charismatikern, die in keiner Weise theoretisch ausgebildet sind, bis zu Geistlichen mit einem gründlichen wissenschaftlichen Studium, es reicht von freiwillig-unbezahlter Tätigkeit bis zu fester Anstellung mit hohem Gehalt, von prinzipieller Armut bis zu Reichtum und hohem Sozialprestige, es reicht von der obligatorischen Existenz als Single (z.B. im Zölibat) bis zum Patriarchen einer religiös mitgeforderten, manchmal polygamen Großfamilie. Im Blick auf die Aufgaben des Geistlichen lassen sich trotz all dieser Unterschiede übergreifend durchweg zwei grundsätzlich unterschiedliche Funktionsbereiche feststellen: Einmal gibt es spezifisch geistliche Aufgaben, die auf den direkten Umgang mit dem Heiligen (mit Gott) bezogen sind, etwa die Verwaltung der sogenannten Sakramente oder die kompetente Auslegung der Heiligen Schriften. Zweitens gibt es Aufgaben, die auf die lebensweltlichen Praxisfelder direkt bezogen sind und ähnlich von profanen Sozialberufen ausgeübt werden können, wie Wertevermittlung und ethische Erziehung, profetische Sozialkritik und Lebensberatung (Seelsorge), die tröstende Begleitung in Krankheit und Trauer und die geistliche Gestaltung von ‚rites de passage' (biografischen Übergängen; im Protestantismus vor allem Taufe, Konfirmation, Trauung, Beerdigung). In der alltäglichen [154] Berufswelt des Geistlichen verbinden sich diese beiden Funktionsbereiche in unterschiedlicher Weise; die jeweilige Kombination ist von theologischen wie von gesellschaftlichen, politischen wie sozio-ökonomischen Faktoren abhängig.

Auf beide Funktionsbereiche der Geistlichen hat die Modernisierung in allen Religionen der Welt erheblichen Einfluss genommen. Für die Berufsgruppe der evangelischen Pfarrer in Deutschland läßt sich dieser Einfluss am ehesten in der Ambivalenz von tiefer Verunsicherung und dadurch ausgelösten verschiedenartigen Reaktionsversuchen beschreiben. Beides, die Verunsicherungen und die Versuche, die Schwerpunkte der berufli-

* Zuerst erschienen in: Im Layrinth der Ethik. Glauben - Handeln - Pluralismus, herausgegeben von Günter Bader, Ulrich Eibach und Hartmut Kreß, Reinbach 2004, S. 153-164.

chen Identität zu verändern, sollen unter je drei Aspekten veranschaulicht werden.

I. „Es wackelt alles"

Mit dieser Provokation hatte Ernst Troeltsch im Jahre 1903 auf einem großen wissenschaftlichen Kongress die Situation der christlichen Theologie charakterisiert. Sie wird seitdem gerne zur Beschreibung der Mentalität ganzer Pfarrer-Generationen herangezogen, die durch den seit 200 Jahren andauernden Modernisierungsprozess verunsichert waren. Schon mit Blick auf die ersten Jahrzehnte des Aufklärungszeitalters, die Periode des Rationalismus, hatte Karl Barth die Stimmung der protestantischen Geistlichkeit als die „eines aussterbenden Indianerstammes" gekennzeichnet. Ins ‚Wackeln' geraten schienen zentrale und identitätsstiftende Kernbereiche der theologischen Berufsexistenz: Wir pointieren drei dieser Bereiche, nämlich (1) theologische Verunsicherungen, (2) kirchlich-institutionelle Verunsicherungen und (3) Verunsicherungen im sozialen status und in den überkommenen Funktionsmonopolen der Pfarrer.

1. Wie fast alle Prozesse der Modernisierung haben die theologischen Identitätskrisen von Pfarrern wichtige Ursachen in der Geistesbewegung der Aufklärung. Deren Auffassung, dass die menschliche Vernunft wie für alles Erkennen und Handeln letztlich auch als Maßstab für die religiösen Vorstellungen gelten müsse, kollidierte bei vielen mit [155] wichtigen überkommenen und gängigen Vorstellungen in Bibel und Dogma. In Zweifel gerieten vor allem die supranaturalen oder ‚mythologischen' Praemissen der christlichen Lehre wie Jungfrauengeburt, Wundertaten oder Auferstehung Jesu. An Stelle der alten Dogmen wurden eine vernunftgemäße, auf Humanität ausgerichtete Religiösität und eine tolerante Frömmigkeit gefordert. In der Politik verbanden sich die aufklärerischen Impulse mit dem Demokratie-Gedanken und forderten verträgliche Vereinbarungen anstelle von religiös-hierarchischen Begründungen im Aufbau von Gesellschaftsordnungen und für das Verhältnis von Staat und Kirche. Aus der Aufklärung kommende naturwissenschaftliche Bemühungen, die Naturkräfte für eine Verbesserung der Lebensqualität durch Medizin und Technik zu nutzen, erbrachten im Zuge von sogenannten ‚funktionalen Differenzierungen' u.a. neue Berufsbilder in der Wirtschaft, im Bildungs-, Gesundheits- und Sozialwesen, einschließlich der Beratungspsychologie, aus denen sich später Konkurrenzen zu traditionellen Tätigkeitsfeldern des Pfarrberufes entwickeln sollten.

   In ihrem Studium mußten sich die jungen Theologen zunehmend mit aufgeklärter Religions- und Bibelkritik auseinandersetzen. Die über

Jahrhunderte in Frömmigkeit und Predigt vorrangige Ausrichtung auf das Leben nach dem Tode, auf Belohnung im Paradies oder Bestrafung in der Hölle verlor sowohl im innertheologischen Verständnis wie im Interesse von Öffentlichkeit und Kirchenvolk Zug um Zug von ihrer dominierenden Bedeutung. Das konnte nicht ohne Einfluss auf die öffentliche Bedeutung der Geistlichen sein, die ja (sei es als priesterliche Mittler, sei es als Verkündiger des Evangeliums) in der Jenseitsorientierung eine Schlüsselstellung innehatten. In den Vordergrund traten in Kirchenvolk und Pfarrerschaft zunehmend Fragen nach der Bewältigung des diesseitig-irdischen Lebens: nach dem Verhältnis von Jung und Alt, von Obrigkeit und Volk, von Erziehung und Berufsarbeit, von Mann und Frau, von Gesundheit und Krankheit, von Leiden und Sterben. Auch in diesen Fragen konnte nicht mehr einfach mit den Macht[156]instrumenten von Bestrafung oder Belohnung in der Ewigkeit agiert und reagiert werden. Im Zuge eines lang andauernden Wertewandels mußte nach neuen ethischen Maßstäben gesucht werden, die dann nur noch zum Teil oder gar nicht mehr direkt aus der Bibel abgeleitet wurden. Die gerade seit dem Zweiten Weltkrieg andauernden kirchlichen Diskussionen über ,Obrigkeit', ,Rolle der Frau`, ,Krieg und Frieden', Homosexualität usw. verweisen bis heute auf Verunsicherungen in den überkommenen theologischen Wertemustern und den Bedarf nach neuer Orientierung.

2. Was ,wackelte' war bald nicht mehr nur die Reihe von bisher identitätsstiftenden Theologumena, an die Ernst Troeltsch zunächst gedacht hatte. Es ,wackelte´ auch, insbesondere nach 1918, die in der bis dahin geltenden Gesellschaftsordnung fundierte **gehobene soziale Stellung** der Pfarrer. Schon im Laufe des 19. Jahrhunderts war in gesellschaftskritischen, besonders in marxistischen Gruppierungen die affirmative, herrschaftstabilisierende politische Funktion von Kirche und Pfarrerstand immer wieder angegriffen worden. Der Klerus galt vielen als die ,schwarze Polizei' eines autoritären Unterdrückungsstaates. Zwar haben Kirche und Klerus diese Funktionszuschreibung immer zurückgewiesen; tatsächlich aber galt das enge Bündnis von **,Thron und Altar`** bis zum Ersten Weltkrieg als herrschaftstragend. Zur biblischen Abstützung dieses Bündnisses berief man sich u.a. auf das Pauluswort aus Römer 13: „Jedermann sei untertan der Obrigkeit, die Gewalt über ihn hat (= die die tatsächliche Macht ausübt), denn es gibt keine Obrigkeit, die nicht von Gott eingesetzt ist". Eine Auflehnung gegen die Obrigkeit galt als Auflehnung gegen Gott selbst, jede gesellschaftliche Revolution als schwere Sünde.

   Gleichsam als Gegenleistung für seine auf ,Thron und Altar` gegründete Stabilisierung der herrschenden Ordnung gewährte das Kaiserreich

dem Pfarrerstand eine anerkannte soziale Stellung sowie erhebliche Zuschüsse zum kirchlichen Finanzwesen — und damit zur Pfarrerbesoldung. [157]
All das drohte wegzubrechen, als nach dem Verlust des Ersten Weltkrieges (1918) mit dem Zusammenbruch von Monarchie und Fürstenherrschaft auch das Bündnis von Thron und Altar zu Ende war. Viele Pfarrer befürchteten eine kirchenfeindliche Politik der jetzt vielerorts an die Macht gelangten Sozialisten. In einigen deutschen Teilstaaten (ehemaligen Fürstentümern) wurden tatsächlich die Zuschüsse zur Pfarrerbesoldung zunächst ersatzlos gestrichen. Manche Pastoren sahen sich vor existenzgefährdendem sozialen Elend. Zwar wurde das Verhältnis von Staat und Kirche schon 1919 in der Weimarer Reichsverfassung im Prinzip kirchenfreundlich geregelt, doch blieb im Pfarrerstand weitgehend das Gefühl erhalten, durch den Zusammenbruch der alten Ordnung von Thron und Altar hinsichtlich des eigenen sozialen Status und der eigenen ökonomischen Sicherheit erheblich beeinträchtigt zu sein.
Als während der 1920er Jahre in den konservativen Lagern ein neues Gefühl für Heimat, Volk und Vaterland die traditionelle Bindung an die Monarchie zu ersetzen begann, wurde auch in der Kirche die Verbindung mit dem Volkstum stärker in den Vordergrund gestellt. An die Stelle des jahrhundertelang geltenden protestantischen Orientierungsmusters von ‚Thron und Altar' trat ein neues auf Identitätsbildung gerichtetes Motto: ein Bündnis von ‚Nation und Altar`. Gegen dieses neue Bündnis zwischen Religion und Politik richteten sich nicht nur die alten Angriffe der politischen Linken, sondern bald auch ein Widerpruch aus der Theologie selbst: Insbesondere Karl Barth und seine Schüler sahen in dem konservativ-nationalem Engagement vieler evangelischer Geistlicher expressis verbis ein Stück Kompensation all jener Verunsicherungen, die teils aus Aufklärung, Religions- und Bibelkritik, teils aber auch aus dem Zusammenbruch von ‚Thron und Altar´-Ordnungen erwachsen waren.

3. Zeitweilig über Jahrzehnte latent, zu anderen Zeiten aber (etwa nach 1918 oder in DDR-Zeiten oder seit 1990) unübersehbar sind schließlich solche Verunsicherungen, die sich aus Veränderungen auf [158] den nicht spezifisch geistlichen, sondern quasi- profanen Tätigkeitsfeldern der Geistlichen ergeben haben. Das gilt für große Bereiche des Bildungswesens, das ursprünglich insgesamt von der Kirche auf- und ausgebaut worden war und sich seit der Aufklärung Schritt um Schritt von der Kirche emanzipiert hatte. So war noch um 1850 über ein Drittel aller deutschen Akademiker als Theologen ausgebildet; um 1950 waren es noch ca. 3 % und heute sind es knapp 0,3 %: in anderthalb Jahrhun-

derten ist der Anteil von Theologen am deutschen Bildungsbürgertum auf ein Hundertstel geschrumpft; und ihr Einfluss in der deutschen Gesellschaft entsprechend zurückgegangen. Die sogenannte geistliche Schulaufsicht, nach der der Ortspfarrer immer auch Schulinspektor war, wurde durch den NS-Staat (in Preussen ab 1938) abgeschafft. Die konfessionelle Prägung der Pädagogischen Hochschulen und damit der institutionell gesicherte geistliche und kirchliche Einfluss auf die Lehrerschaft wurde Ende der 50er Jahre aufgehoben. Hauptamtlich wie (als Parochialpfarrer) nebenamtlich tätige Religionslehrer traten in den Hintergrund der schulischen Prioritäten.

Vergleichbare Entwicklungen haben sich auf dem Feld der seelsorgerlichen Arbeit zugetragen: Bis weit in das 20. Jahrhundert wurden seelisch Leidende, Trauernde und Ratsuchende fast ausschließlich von kirchlichen Seelsorgern betreut; heute ist die Zahl von psychologisch ausgebildeten und berufstätigen Therapeuten und Beratern um ein vielfaches größer als die Zahl christlicher Pfarrer. — Selbst auf dem ureigenen geistlichen Terrain der rituellen Gestaltung von Übergangsstationen wie Geburt, Hochzeit oder Beerdigung drängen sich zunehmend profane Akteure, vor allem Bestattungsredner; in den ostdeutschen Bundesländern ist die Anzahl der profanen Jugendweihen weit höher als die der kirchlichen Konfirmationen. Diese ‚funktionalen Konkurrenzen' in wichtigen lebensweltlichen Tätigkeitsbereichen haben sich gelegentlich mit den theologischen und politischen Verunsicherungen verbunden und gegenseitig verstärkt; teils auch haben sich die drei kurz focussierten Verunsicherungskomplexe [159] ungleichzeitig und je für sich in den Vordergrund geschoben. In manchen Zeitabschnitten der letzten 200 Jahre waren sie überlagert durch ganz andere Herausforderungen wie etwa die des NS-Staates — oder auch durch Phasen relativer Prosperität und kirchlichen Aufbaus (wie in der Nachkriegszeit). Schon wegen dieser starken Unterschiede in den Phasen und in der Qualität der Verunsicherungen läßt sich von einer direkten Kausalität zwischen einem der verschiedenen Verunsicherungskomplexe und einer allein auf ihn bezogenen Gegenstrategie ebensowenig sprechen wie von einer übergreifenden Gesamtstrategie. Vielmehr läßt sich beobachten, dass dem Bündel von qualitativ unterschiedlichen Verunsicherungsbereichen auf der anderen Seite ebenso heterogene und ungleichartige Reaktionen und Antwortversuche gegenüberstehen, von denen wiederum drei besonders stark diskutierte Tendenzen herausgehoben werden sollen.

II. Reaktionen und Neuorientierungen

(1) Engagement in der Gesellschaftspolitik

Die seit den Anfängen des Protestantismus bestehende Nähe zwischen Pfarrerstand und weltlicher Obrigkeit war emotional dadurch noch verstärkt worden, dass seit Beginn des 19. Jahrhunderts der Landesherr die Funktion eines Ersatzbischofs übernommen hatte. Als im Verlauf des 19. Jahrhunderts die Rolle von Kirche und Geistlichkeit u.a. durch die aufklärerische Religionskritik und marxistische Sozialkritik zunehmend infrage gestellt wurde, sahen die meisten Pfarrer ihre Sicherheit und ihre gesellschaftliche Stellung am ehesten durch das Bündnis von ‚Thron und Altar' gewährleistet. Sie dankten das der Obrigkeit nicht nur durch äußere Loyalität, sondern auch durch eine Theologie und eine Verkündigung, die den Wertvorstellungen des herrschenden Systems entsprachen und diese gleichsam religiös legitimierten. Man dachte und lebte, predigte und unterrichtete gemäß konservativen und nationalen Werten, man engagierte sich dafür bis hin zur Rechtfertigung des vaterländischen Krieges — und man war [160] offensichtlich von der theologischen Richtigkeit dieser politischen Mentalität fest und tief überzeugt. Wie erwähnt hielt man an dieser Einstellung weiter fest, als das Bündnis von Thron und Altar 1918 zusammenbrach, und versuchte, sie in den 20er Jahren unter dem Motto ‚Nation und Altar' zu rekonstruieren.

Erst in den Auseinandersetzungen mit der entschieden kirchenfeindlichen Politik der Nationalsozialisten sowie mit der Katastrophe des Zweiten Weltkrieges verlor sich die mehrheitlich politisch konservative Ausrichtung der Pfarrerschaft. In den auf 1945 folgenden Jahrzehnten schlug sie vielerorts geradezu in ihr Gegenteil um; nämlich in eine dezidiert auf Frieden und soziale Gerechtigkeit orientierte, manchmal ausgesprochen gesellschaftskritisch ‚linke´ Ausrichtung. Engagieren wollte man sich jetzt im Sinne der Sozialkritik alttestamentlicher Propheten vor allem für die Armen, für die Überwindung von sozialem Elend und seiner Ursachen sowie nicht zuletzt für internationale Versöhnung und Verständigung. Nicht selten wurde die eigene Berufsmotivation primär sozialethisch bestimmt. Formal gesehen war also das starke politische Engagement erhalten geblieben, es hatte sich in der Intensität wohl noch verstärkt. Inhaltlich jedoch hatten sich die Vorzeichen von Grund auf geändert: Aus Anwälten und Vorkämpfern konservativ-nationaler Einstellungen waren engagierte Protagonisten eines funtamentaldemokratischen und erklärtermaßen linksorientierten Einsatzes für ‚Frieden, Gerechtigkeit und Bewahrung der Schöpfung´ geworden. Bei den eigentlichen Adressaten jedoch, nämlich im evangelischen Kirchenvolk, fand das so veränderte politische Engagement

keine ungeteilte Zustimmung. Zwar folgte ein Teil der Gemeindeglieder in prinzipieller Bejahung und eigenem Einsatz der sozialethisch-profetischen Neuakzentuierung des kirchlichen Lebens. Anderen aber erschien dieses Kirchenverständnis als zu einseitig politisch, zu ‚links', zu wenig geistlich im traditionellen Sinn. Darüber hinaus befürchtete man in dem aufs ganze gesehen gemäßigt-konservativ eingestellten Kirchenvolk, dass vielen Pfarrern durch ein starkes gesellschaftspolitisches [161] Engagement zu viel Energie oder Zeit für die klassischen religiösen Aufgaben weggenommen werde, insbesondere für den seelsorgerlichen Kontakt mit Tauf- und Konfirmandeneltern, mit Kranken, Alten oder Trauernden.
Die daraus resultierenden Auseinandersetzungen über den richtigen ethischen Kurs sowie über tatsächliche oder unechte Gegensätze zwischen ‚politischen' und ‚seelsorgerlichen' Aufgaben im Pfarrberuf haben im letzten Drittel des 20. Jahrhunderts in immer neuen Varianten die kirchliche Diskussion wesentlich bestimmt.

(2) Engagement im Bildungswesen

Neben dem identitätsbildenden Engagement für das Politische zielt eine zweite Tendenz, den tiefgreifenden Verunsicherungen entgegen zu wirken, auf ein starkes Engagement im Bildungsbereich mit seinen verschiedenen Subsystemen. Gleichzeitig und in gewisser Weise gegenläufig zu dem erwähnten Verlust von institutionellen Einflussmöglichkeiten auf das Bildungswesen wendeten sich schon seit der Aufklärung nicht wenige Pfarrer dessen inhaltlichen und pädagogischen Seiten zu; man engagierte sich besonders für die Bildungsinhalte der klassischen Antike, viele beschäftigten sich mit den naturwissenschaftlich-technischen Entwicklungen, einige traten sogar als Entdecker oder Erfinder im Bereich der Technik hervor. Das evangelische Pfarrhaus wurde vielerorts selbst zum Träger und Motor von Aufklärung und gesellschaftlichem Fortschritt. Bildungssoziologische Untersuchungen sprechen für das 19. Jahrhundert geradezu von einem ‚Zentrum der deutschen Geniezüchtung'.

Im 20. Jahrhundert hat dieses Bildungsinteresse zwar an Breitenwirkung erheblich verloren, wozu außer den erwähnten Gründen der Akademiker-Statistik auch intern theologische Ursachen wie eine offenbarungstheologische Konzentration beitrugen. Andererseits blieb vor allem in weiten ländlichen Gebieten die kirchliche Erwachsenenbildung, die sich mit religiösen Themen ebenso befaßte wie mit ethischen, literarischen, politischen und selbst medizinischen wie naturwissenschaftli[161]chen Gegenständen, bis heute die dominierende und effektivste Form von volksnaher Bildung. Dabei waren Umfang und Qualität solcher Maßnahmen offenkundig

weitgehend abhängig von Bildungsinteresse und Bildungsengagement der jeweils zuständigen Pfarrer und Pfarrerinnen.
Über die parochialen Nahbereiche hinaus und gesamtgesellschaftlich auffällig wurde das andauernde Bildungsengagement von Pfarrern und Kirche in den nach 1945 gegründeten ‚Evangelischen Akademien': Hier dürften theologische Schulungen, ethische Workshops, Vermittlung von moderner Literatur und Kunst, politische Bildung und der öffentliche gesellschaftliche Diskurs zu einer innovativen und fruchtbaren Kooperation gefunden haben. Der Kirchenkritiker Rudolf Augstein hat im Jahr 2000 die Einrichtung und die praktische Arbeit der Evangelischen Akademien als den wichtigsten kulturellen Beitrag des Protestantismus im Nachkriegsdeutschland bezeichnet.

(3) Engagement in therapeutischer Arbeit

Als Beginn einer rapiden Beschleunigung des gesellschaftlichen Wandels, insbesondere des Wertewandels, gilt die '68er Studentenrevolte'. Das trifft auch auf eine verbreitete Mentalität unter den ehemaligen 68er Theologiestudenten und späteren Pfarrern zu: sowohl hinsichtlich der Kritik gegenüber wichtigen Traditionen der eigenen Kirche wie hinsichtlich der Bemühung um veränderte Orientierungen. So wurde die schon ab 1945 einsetzende und sich langsam ausbreitende Wende der theologisch-gesellschaftspolitischen Grundeinstellungen Anfang der 70er Jahre durch marxistisch inspirierte sozioökonomische Auffassungen wesentlich verstärkt, beschleunigt, aber auch inhaltlich verändert. In der gleichen Zeit und nur teilweise verzahnt mit dieser ‚Politisierung' formierte sich ein anderes, zunehmend aber durchaus auch entwicklungsleitendes Interesse, nämlich das am Transfer von Angewandter Psychologie in die pastorale Arbeit, besonders in die Tätigkeitsfelder der Seelsorge. Die inhaltlichen Impulse kamen aus mehreren psychologischen Schulrichtungen: aus der Psycho[163]analyse, der Verhaltenstherapie und insbesondere aus der in den USA, in den amerikanischen Kirchen damals höchst einflussreichen ‚Humanistischen Psychologie'. Zum wichtigsten Vehikel des Transfers in die pastorale Praxis wurden die meist mehrere Wochen andauernden Kurse des ‚Clinical pastoral training' (CPT) und seiner Nachfolgerin, der ‚Klinischen Seelsorge¬Ausbildung´ (KSA). Viele Pfarrer und dann im steigenden Maße auch Pfarrerinnen erfuhren in diesen Kursen eine erste Zusatzausbildung in der bis in das Lernverfahren empirisch vorgehenden ‚Klinischen Psychologie'. Nicht wenige Theologen bauten die Kurserfahrungen in einem geregelten Psychologie-Studium, in einer tiefenpsychologischen Lehranalyse oder in anderen Qualifizierungsgängen der Humanistischen Psychologie gründlich aus. Sie betonten gerne, dass sie sich zu ihrer Neuorientierung einem echten Professionalisierungsprozess unterzogen hatten — und sich darin von jenen anderen Kollegen unterschieden, die sich ohne eine solche humanwissenschaftliche Qualifikation in den profanberuflichen Tätigkeitsfeldern oder in der Gesellschaftspolitik engagieren. Viele von den therapeutisch qualifizierten Pfarrern sind als Krankenhausseelsorger, andere in Beratungsstellen tätig, wieder andere suchen ihre speziellen Fähigkeiten in den Alltagsaufgaben des Gemeindepfarramtes zu nutzen.

Dieses Engagement im therapeutischen Bereich ist nicht die einzige Tendenz, durch Zusatzqualifikationen ein Selbstverständnis zu entwickeln, das über die theologische Motivation hinaus durch ausgewiesene Kompetenz in den profanberuflichen Arbeitsfeldern des Pfarrberufes bestimmt ist. Es gibt, in freilich geringerem Maße, auch andere Bemühungen um zusätzliche Professionalisierung für diese Arbeitsfelder: etwa durch soziologische, betriebswirtschaftliche, sozialpädagogische u.a. Qualifizierung. Solche zusätzlichen Qualifizierungen dienen nicht nur einer kompetenteren Erfüllung pastoraler Tätigkeit in den ‚profanberuflichen' Funktionsbereichen. Sie können auch helfen, eine profane Konkurrenz abzuwehren, die aufgrund funktional-äquivalenter Qualifikation und Tätigkeitsmerkmale und nicht zuletzt [164] wegen attraktiver Arbeitsplätze immer stärker in die pastoralen Tätigkeitsfelder im Bildungs- und Seelsorgebereich hereindrängen.

Der Modernisierungsprozess beeinflußt Aufgaben und Selbstverständnis des evangelischen Pfarrers sowohl im sozusagen theologisch-theoretischen Bereich (etwa Glaubensverständnis und Verkündigung) ebenso wie im Bereich der lebensweltlichen Anwendungsfelder (Bildung, Seelsorge, Diakonie usw.). Es ist nicht sicher, ob die Kirche angesichts bevorstehender finanzieller Engpässe an der Vernetzung beider Bereiche festhalten kann und will. Wenn sie es tut, wofür die Christentumsgeschichte in unserer Region ebenso spricht wie der Auftrag, das Evangelium in die Lebenswelt der Menschen hinein zu verdeutlichen, dann wird sich die Auseinandersetzung mit den Modernisierungsfolgen nicht auf eine im engeren Sinn theologisch-theoretische Aufarbeitung begrenzen lassen; dann müssen vielmehr auch und gerade die Ambivalenzen der lebensweltlichen Anwendungsfelder wie Politik, Bildung oder Seelsorge immer von neuem theologisch durchdacht und handlungsanleitend bearbeitet werden.

Literatur - ergänzend:

K.-W. Dahm, Beruf: Pfarrer, [3]1974; Ch. Grethlein, Pfarrer(in)sein als christlicher Beruf, in: ZthK 98 (2001), 372-398; I. Karle: Der Pfarrberuf als Profession, 2001; K.-W. Dahm, Pfarrer/Pfarrerin. II. Geschichtlich, VI. Statistisch, in RGG[4] 2003, Bd. VI, 1197-1211; D. Becker, Pfarrberufe zwischen Praxis und Theorie, 2007.

Lust und Frust im Pfarrberuf*

Emotionen und Ambivalenzen im parochialen Beruf

1. Zur Intention

Belastungsphänomene, Überforderung, Leidensdruck im Pfarramt werden seit Mitte der 90er Jahre immer häufiger beschrieben, diskutiert und analysiert: in Publikationen ebenso wie in kirchlichen Gremien: auf Pfarrkonventen und auf Synoden, in Seminaren und bei den sprunghaft angestiegenen Beratungs-, Supervisions- und Coaching-Gesprächen.
Die Ursachen für solche Überlastungs- und Krisengefühle sind vielschichtig und diffus: Akut dürften es vor allem Personaleinsparungen und dadurch vermehrte Arbeitsanforderungen sein; in engem Zusammenhang damit stehen, überall zunehmend, finanzielle Engpässe. In manchen Arbeitsbereichen wächst der Eindruck, dass immer mehr Aufwand für immer weniger „Ertrag" (im Sinne von quantifizierbarer Resonanz) getrieben werden muss: in Hinsicht auf den Gottesdienstbesuch wie auf Jugend-, Männer- oder Konfirmandenarbeit. Die Zahl der Kirchenaustritte bedrückt viele PfarrerInnen ebenso wie die Erosion überkommener christlicher Glaubensvorstellungen. Dieses breite Spektrum möglicher Ursachen für Krisenempfindungen und Frustrationen soll hier freilich nur in Ausschnitten und exemplarisch diskutiert werden. Es geht zunächst um die Identifizierung und Abgrenzung der wichtigsten Frustrationsbereiche im Berufsalltag von GemeindepfarrerInnen. In der Regel werden in den gegenwärtigen Diskussionen die Frustrationen, Schwierigkeiten und Problemanzeigen zuerst und meist lautstark zur Sprache gebracht. Andere Seiten des pfarrberuflichen Lebens geraten dabei leicht aus dem Blickfeld, vor allem die ja keineswegs abhanden gekommenen Positiverfahrungen und Erfolgserlebnisse. Die Seiten der Berufsfreude empirisch ebenso zu erfassen wie die der Frustrationen ist nicht nur erforderlich, um ein realistisches Bild der gegenwärtigen Situationen und Stimmungen zu gewinnen. Es ist auch nötig, um den oft eskalierenden Negativspiralen von Frustration und Klage entgegenzuwirken. Sich mit beiden Seiten, den Frustrationsbereichen mit ihren Ursachen, aber auch den Positiverfahrungen mit ihren Möglichkeiten realitätsgerecht auseinanderzusetzen, kann Motivation und Ermutigung für ein Aufgabenfeld stärken, das in den [232] Augen vieler, und zwar von Insidern wie von Außenstehenden nach wie vor als große Chance einer beruflichen Lebenserfüllung empfunden wird.

---

* Erstveröffentlicht in: D. Becker u.a. (Hg.): Berufszufriedenheit im heutigen Pfarrberuf, Frankfurt 2005, S. 231-256 mit dem Titel "Emotionen und Ambivalenzen im parochialen Beruf".

All diese Fragen wurden auf praxisbezogenen Seminaren und Pastoralkollegs, an denen ich in den Jahren 2002 bis 2004 beteiligt war, immer wieder leidenschaftlich erörtert. Dabei entstand der Plan, die manchmal diffus kontroversen Erfahrungen und Einstellungen quantitativ zu strukturieren und zu bündeln. Die hier vorgelegten Daten wurden bei 170 Gemeinde-PfarrerInnen in Pastoralkolleg-Seminaren gewonnen. Die Untersuchung soll darum abgekürzt als „PK-Sample" (Sample = Stichprobe) bezeichnet werden. Die Seminare waren organisiert von der rheinischen, der bayrischen und der westfälischen Landeskirche.

Während der Untersuchung wurden erste Ergebnisse der in der Evangelischen Kirche in Hessen und Nassau (EKHN) kurz vorher durchgeführten Pfarrerzufriedenheitserhebung („PfaZi"), die als berufsgruppenspezifische Vollerhebung unter allen EKHN-Pfarrern angelegt war und an der sich über 1000 Pfarrer und Pfarrerinnen beteiligt haben, bekannt.

Es zeigte sich, dass trotz ganz unterschiedlicher Erhebungsmethodik und ungleicher Befragtenzahl die meisten Tendenzen in beiden Untersuchungen in eine ähnliche Richtung weisen. Es zeigte sich aber auch, dass einige Ergebnisse auf eine gewisse Unterschiedlichkeit in einigen Aspekten aufmerksam machen.

Interessant ist auch der Vergleich mit kompatiblen Ergebnissen einer bereits über 30 Jahre zurückliegenden Erhebung: Wolfgang Marhold u.a., Religion als Beruf, 1977. Zwar ging es in dieser Erhebung primär um die Einstellung von evangelischen Theologen, die ihr Studium abgebrochen haben oder aus ihrem Beruf vorzeitig ausgeschieden sind. Diesem Sample wurden als Kontrollgruppe 420 berufstätige evangelische Theologen gegenübergestellt. Die Einstellungen dieser Kontrollgruppe sind unter verschiedenen Aspekten mit denen des PK-Samples vergleichbar und weisen überraschend meistens ähnliche Tendenzen auf.

Vorrangig allerdings soll unsere auf das PK-Sample zurückgehende Untersuchung so dargestellt werden, dass ihre Ergebnisse mit denen der PfaZi-Studie vergleichbar werden und dass die eigenen Ergebnisse im Abgleich mit den PfaZi-Ergebnissen schärfere Konturen gewinnen.

Zuerst müssen dazu die jeweiligen Untersuchungsgruppen und -methoden kurz skizziert werden. [233]

1.1 Ansatz und Erhebungsmaterial der Pfazi-Studie

Die Pfazi-Untersuchung intendiert eine berufsgruppenspezifische Zufriedenheits-Erhebung bei PfarrerInnen, wie sie ähnlich in anderen Berufsgruppen unserer Gesellschaft durchgeführt wurde. Die Befragung war als "Vollerhebung" auf die Gesamtheit der Pfarrerschaft der EKHN bezogen. Sie beschränkte sich also nicht – wie das PK-Sample – auf Gemeinde-PfarrerInnen. Die Hauptbefragungsbereiche des PfaZi sind die Zufriedenheit mit der Wohnsituation, der Arbeitssituation (konkret: Arbeitszeiten, Pfarrbild, Berufsalltag), den Arbeitsgebieten (Handlungsfelder, Fortbildung, Arbeitsbelastung, Karriere) sowie wichtigen landeskirchlichen Aspekten. Die vorliegenden Daten sind aus dieser Sicht zu bewerten; sie intendieren nur indirekt einen Zusammenhang mit dem konkreten Kontext einer stellenbezogenen Aufgabe. Die inzwischen vielfach beschriebenen Ergebnisse dieser Befragung fordern aber die kontextuale Vernetzung mit den konkreten Handlungsfeldern pastoraler Tätigkeit und eine Kommentierung der sich daraus ergebenden emotionalen Schichtungen und Ambivalenzen unter den Pfarrpersonen. Um sich einer solchen Kommentierung im Teil 3 nähern zu können, werden die Ergebnisse der Pfazi-Befragung den Ergebnissen der PK-Stichprobenbefragung in Teil 2 gegenübergestellt. Wo sich in beiden Befragungen gleiche oder ähnliche Ergebnisse herausstellen, sollen die Anregungen, die sich aus der Zufriedenheitsstudie bzw. aus der Untersuchung über die Lust- und Frust-Potenziale ergeben, aufeinander bezogen werden.

1.2 Ansatz, Methode und Erhebungsmaterial des PK-Samples (Stichprobe Pastoralkolleg)

Unter den insgesamt befragten 170 GemeindepfarrerInnen waren 145 Teilnehmer an Pastoralkolleg-Seminaren zu 80-90% unter 45 Jahre alt. Ein zweiter Teil von Daten stammt aus der Pfarrkonferenz eines rheinischen Kirchenkreises; die dort Befragten waren mehrheitlich über 45 Jahre.

1.2.1 Beurteilungsbereiche (Stakes)

In den Seminardiskussionen und in ersten Pretests ergaben sich zwei besonders nachdrücklich betonte inhaltliche Gesichtspunkte, die in der Erhebungsmethode zu berücksichtigen waren. Der erste Aspekt war die Unterschiedlichkeit und Heterogenität von Einflüssen, die sowohl das [234] meist diffuse Syndrom von Frustration und Konfliktpotenzial, als auch die Gefühle gelingenden Handelns bei den betroffenen PfarrerInnen erzeugten und weiter erzeugen. Frustration und Konfliktpotenziale werden in der Regel zuerst in undeutlicher Emotionalität wahrgenommen, bevor man sie auf der Sachebene benennen kann und nach substanziell-konkreten Ursachen und Abwehrstrategien sucht. In der Sprache der Systemtheorie kann man von einer funktionalen Äquivalenz ungleichartiger Ursachen und deren Auswirkungen sprechen. Um die Fülle der Erfahrungsbereiche von Frustrationen sowie von „Erfolgserlebnissen“ oder anderen positiven Gefühle für die Befragten einigermaßen übersichtlich zu machen und sie für eine vergleichende Beurteilung operationabel zu halten, wurde die Zahl dieser Erfahrungsbereiche auf 14 begrenzt und in die folgenden vier Hauptgruppen gegliedert:

1. Erwartungen
2. Tätigkeitsfelder
3. Mitarbeitende
4. Übergeordnete Institutionen

Die 14 Erfahrungsbereiche werden wegen ihres Anspruchscharakters an die Berufsarbeit der PfarrerInnen als *„stakes"* (Anspruchsfelder oder Anspruchsgruppen) definiert. Alle 14 *stakes* sind trotz ihrer Heterogenität unter dem Gesichtspunkt ihres Anspruchscharakters an die Emotionen des Pfarrers/ der Pfarrerin untereinander „funktional äquivalent". Diese funktionale Äquivalenz sollte für die Befragungspersonen auch visuell erkennbar werden. Darum wurde anstelle eines Fragebogens eine Erhebungsgrafik gewählt, auf der alle 14 *stakes* in ihrer Gesamtheit dargestellt sind, aufgegliedert in die erwähnten vier Hauptbereiche. [235]

Abbildung 1 – Anspruchsgruppen im Pfarrberuf (nach Dahm)

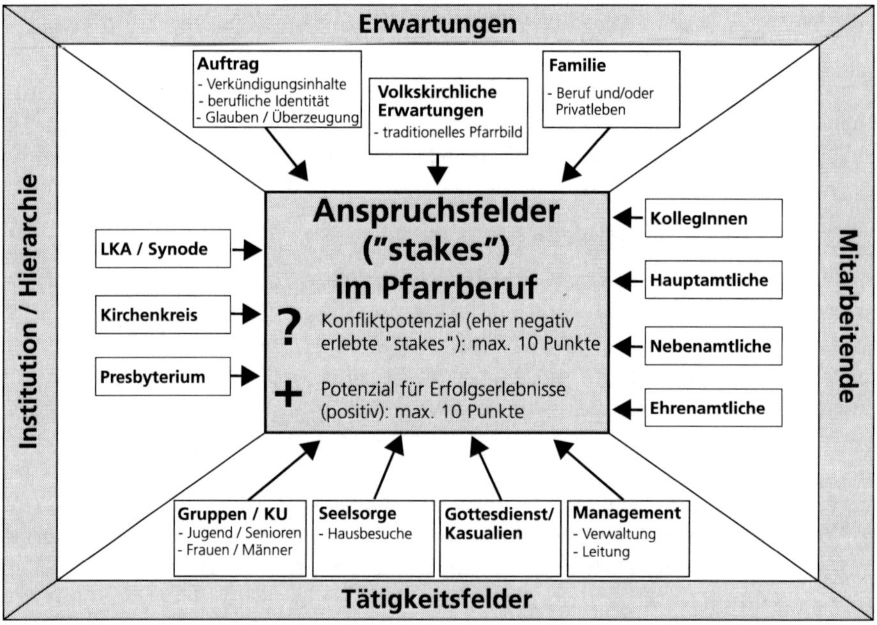

1.2.2 Beurteilungsskalierung (10 Punkte-System je Positiv- und Negativerfahrungen)

Der zweite in den Pretest-Diskussionen immer wieder erörterte Gesichtspunkt ging von der Frage aus, wie man am besten das unterschiedliche emotionale Gewicht, das in den positiven oder negativen Erfahrungen mit den verschiedenen *stakes* virulent ist, zum Ausdruck bringen kann. Die einfache Charakterisierung einer bestimmten *stake*-Beziehung als positiv oder negativ sagt ja nur wenig aus über das qualitative Gewicht und die Relevanz dieser Beziehung. Methodisch haben wir diesem Defizit dadurch Rechnung getragen, dass jede/r Befragte 10 Punkte für Positiverfahrungen sowie 10 Punkte für Negativerfahrungen vergeben konnte. Diese 10 Punkte konnten auf unterschiedliche Weise verteilt werden:

- So konnte man für ein einzelnes *stake* entweder einen oder mehrere Punkte vergeben (kumulieren). Das Kumulieren von Punkten wurde durchgängig angewendet, aber nur in wenigen Fällen wurden mehr als drei Punkte auf ein *stake* vergeben, sodass von einer [236] übermäßigen Häufung durch Einzelbefragte nicht gesprochen werden kann.
- Man konnte auch auf dasselbe *stake* sowohl positive wie negative Punkte vergeben, was beispielsweise häufig bei den *stakes* ‚Familie' und ‚Kollegen' praktiziert wurde. Am Beispiel der Familie wird unmittelbar deutlich, dass aus dieser Beziehung einerseits („positiv") emotionaler Ausgleich und Ermutigungen für den frustrierten Pfarrer kommen können, andererseits aber auch („negativ") zusätzliche Belastungen, etwa wegen zeitlicher Überforderungen oder wegen der traditionellen Rollenerwartungen an Pfarrersfrau und Pfarrerskinder.

Die Begrenzung auf jeweils 10 Bewertungspunkte sollte deutlich machen, auf welche *stakes* sich eine besondere emotionale Intensität richtet. Darüber hinaus sollten mit Hilfe dieser Methode mögliche Rangreihen entwickelt werden können für diejenigen *stakes*, an denen sich die meisten Positiverfahrungen oder die meisten Frustrationen festmachen, und auch für die *stakes* mit den stärksten Ambivalenzerfahrungen.

1.2.3 Aufbau des Erhebungschemas

Auf der Basis dieser beiden methodischen Vorentscheidungen wurde in kleinen Umfrage-Pretests erhoben, welche 14 *stakes* im pfarramtlichen Alltag von besonderer Relevanz sind. Diese *stakes* wurden in den erwähnten vier Hauptgruppen folgendermaßen angeordnet:
Eine erste Gruppe betrifft die dem konkreten Arbeitsfeld immer schon vorausliegenden externen und internen Erwartungen (oder Anspruchsmuster), nämlich:

a) Auftrag und theologische Identität;
b) Volkskirchliche Erwartungen und traditionelles Pfarrbild;
c) Familie sowie das Verhältnis von „Beruf und Privatheit".

In einer zweiten Faktorengruppe geht es um die quantitativ (etwa im Arbeitsaufwand), aber wohl auch qualitativ wichtigsten beruflichen Tätigkeitsfelder von Gemeindepfarrern, die angesichts ihrer Vielzahl auf 4 kategorial vergleichbare übergeordnete *stakes* begrenzt werden mussten, nämlich auf

d) Gottesdienste einschließlich Kasualien [237]
e) Seelsorge, Einzelgespräche, Hausbesuche
f) Arbeit mit Gruppen (von KU über Jugend-, Frauen- bis zu Seniorengruppen).

Schon hier sei angemerkt, dass dieses übergeordnete *stake* (Arbeit mit Gruppen) den Befragten die größte Mühe machte, weil bei vielen die emotionale Erfahrungswelt im Konfirmandenunterricht sehr verschieden ist von derjenigen etwa in Frauen- oder Seniorengruppen. Da diese Unterscheidung für die Pretest-Befragten offenbar nicht so relevant war, wurde sie im Erhebungsbogen nicht berücksichtigt. Sie müsste aber bei künftigen ähnlichen Untersuchungen stärker zur Geltung kommen. Ein weiteres *stake* der Tätigkeitsfelder betrifft

g) den Komplex „Management", sowohl hinsichtlich der Leitungsaufgaben wie der Verwaltung.

Die dritte Faktorengruppe fragt nach dem Verhältnis zu denjenigen Personen, mit denen die PfarrerInnen in der parochialen Praxis unmittelbar zusammenarbeiten, nach

h) KollegInnen
j) hauptamtlichen MitarbeiterInnen
j) nebenamtlichen MitarbeiterInnen
k) ehrenamtlichen MitarbeiterInnen.

In der vierten und letzten Faktorengruppe soll es um solche Institutionen gehen, die in profanen Berufen der Seite der Arbeitgeber oder der von vorgesetzten Instanzen zugerechnet und in der kirchlichen Tradition als Hierarchie bezeichnet werden, also um

l) das Presbyterium
m) den Kirchenkreis mit Superintendent, Kreissynode, Kreissynodalvorstand (KSV)
n) die Landeskirche mit Synode, Kirchenleitung und Kirchenverwaltung. [238]

2. Das Gesamtergebnis und die Kumulationsbereiche für Lust und Frust

2.1 Gesamtergebnisse

Die Auszählung der Antworten ergab folgendes Bild:

Tabelle 3 – Ergebnisse der Dahmschen Befragung (PK-Sample)

			Positiverfahrungen			Belastungserfahrungen		
		Gesamtnennungen	Absolut	in % von Absolut	in % von Gesamt	Absolut	in % von Absolut	in % von Gesamt
I. Erwartungen	a) Auftrag	169	140	9,3%	82,8%	29	2,1%	17,2%
	b) Volkskirchl. Erwartungen	190	29	1,9%	15,3%	161	11,8%	84,7%
	c) Familie; Beruf, Privatssphäre	254	119	7,9%	46,9%	135	9,9%	53,1%
II. Tätigkeitsfelder	d) Gottesdienst/ Kasualien	313	293	19,4%	93,6%	20	1,5%	6,4%
	e) Seelsorge; Einzelgespräche	269	228	15,1%	84,8%	41	3,0%	15,2%
	f) Arbeit mit Gruppen	248	163	10,8%	65,7%	85	6,2%	34,3%
	g) Management-Verwaltung	233	75	5,0%	32,2%	158	11,6%	67,8%
III. Mitarbeitende	h) Kollegen und Kolleginnen	270	97	6,4%	35,9%	173	12,7%	64,1%
	i) Hauptamtlich Mitarbeitende	186	70	4,6%	37,6%	116	8,5%	62,4%
	j) nebenamtlich Mitarbeitende	82	34	2,2%	41,5%	48	3,5%	58,5%
	k) Ehrenamtlich Mitarbeitende	191	129	8,5%	67,5%	62	4,5%	32,5%
IV. Übergeordnete Institutionen	l) Presbyterium	230	88	5,8%	38,3%	142	10,4%	61,7%
	m) Kirchenkreis	121	38	2,5%	31,4%	83	6,1%	68,6%
	n) LKA / Kirchenleitung	122	9	0,6%	7,4%	113	8,3%	92,6%
	Summen	2878	1512	100%	52,54%	1366	100%	47,46%

Die absolute Zahl möglicher Nennungen ist für Positiverfahrungen wie für Belastungserfahrungen jeweils N = 1.700; Anzahl der Befragten: N = 170. [239]

Erläuterungen zu Tabelle 3:
Die Tabelle zeigt die Ergebnisse des PK-Sample. In der linken Spalte sind die vier Hauptgruppen von *stakes* in einem (parochialen) Gemeindepfarramt angegeben, daneben weiter rechts die 14 konkreten *stakes*.
Die Spalte ‚Gesamtnennungen' erfasst die Anzahl der Nennungen zu jedem *stake*, und zwar sowohl die positiven wie die negativen.
Die folgenden drei Spalten enthalten die Positivnennungen, und zwar zunächst in absoluten Zahlen, sodann in Prozenten: a) bezogen auf die Summe von insgesamt 1512 positiven Nennungen und b) bezogen auf die Spalte ‚Gesamtnennungen' für die jeweilige Anspruchsgruppe.
Die letzten drei Spalten sind identisch mit den Positivnennungen aufgebaut, stellen aber die Belastungserfahrungen bzw. die Negativnennungen dar.
Insgesamt haben die 170 Befragten 1512 Positivnennungen (= 8,89 Nennungen pro Befragtem) und 1366 Negativnennungen (= 8,03 Nennungen pro Befragtem) abgegeben. Es war nicht vorgegeben, unbedingt jeweils alle 10 Punkte zu verteilen. Es sollten vielmehr die tatsächlichen Einstellungen benannt und gewichtet werden. Zur Gewichtung konnten die Befragten also die ihnen wichtigen *stakes* durch eine Kumulierung von Punkten herausheben; auf der anderen Seite konnten sie die ihnen als weniger wichtig erscheinenden *stakes* in der Punktverteilung auslassen.
Auffällig ist schon auf den ersten Blick, dass die Zahl der Positiv-Nennungen höher ist als die der Negativ-Angaben; das prozentuale Positiv-Negativ-Verhältnis der Gesamtnennungen beträgt 52,5% zu 47,5%.

2.2 Auswertungen

2.1.1 Positiverfahrungen

Die folgende Abbildung zeigt die Verteilung aller Absolutnennungen, der positiven wie der negativen, bezogen auf die einzelnen *stakes*. Sie vermittelt einen optischen Eindruck der Verteilung zwischen Negativ- und Positivnennungen. Dabei wurde die Reihenfolge von links nach rechts entsprechend der Rangfolge der Positivnennungen geordnet (in umgekehrter Reihenfolge vgl. die Tabelle unten zu den Belastungserfahrungen; Abbilldung 2). [240]

Abbildung 2 – Rangfolge der Positiv-Erfahrungen

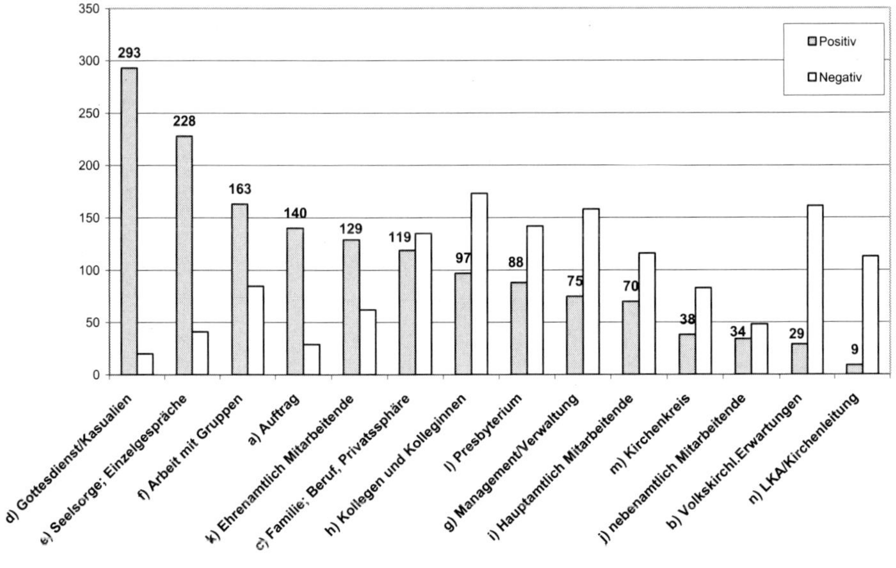

Rangfolge der Nennungen nach Positiv-Erfahrungen

Von allen 14 *stakes*, die unserer Erhebung nach die wichtigsten und emotional hoch besetzten Beziehungsfelder im Pfarrberuf darstellen, werden eindeutig und mit großem Abstand die Bereiche Gottesdienst und Seelsorge als Potenziale für die meisten Positiverfahrungen und Erfolgserlebnisse angegeben; es folgt in einigem Abstand die Arbeit mit Gruppen. Neben diesen drei Erstplatzierungen, die sich durchaus auch im Sinne des reformatorischen Amtsverständnisses auf die wichtigsten Tätigkeitsfelder beziehen, sind es die grundlegenden Aspekte der Ursprungsmotivation für den Pfarrberuf, die an 4. Stelle genannt werden, also das, was man in der protestantischen Tradition „Auftrag“ und theologische Identität nennt. Auf die 5. Stelle wird sodann ein *stake* gesetzt, das einer ganz anderen Kategorie zuzurechnen ist, nämlich der in unserer Zeit an Bedeutung erheblich zunehmenden Zusammenarbeit mit ehrenamtlichen Mitarbeitern.

1. Gottesdienst	293 Nennungen
2. Seelsorge, Einzelgespräche, Hausbesuche	228 Nennungen
3. Arbeit mit Gruppen (KU, Senioren etc.)	163 Nennungen
4. „Auftrag“	140 Nennungen
5. Zusammenarbeit mit „Ehrenamtlichen“	129 Nennungen [241]

Bevor wir auf diese *stake*-Bewertungen kommentierend eingehen können, sei schon hier darauf hingewiesen, dass sich bei der Pfarrerzufriedenheit-Untersuchung in der EKHN (PfaZi) ähnliche Tendenzen zur Berufszufriedenheit herausgestellt haben. So zeigen die Ergebnisse der Fragen 4.13 der PfaZi-Befragung, dass die ersten drei Tätigkeitsfelder (*stakes*) identisch sind. Die Zahlen der folgenden Abbildung beziehen sich auf die Nennungen aus der PfaZi-Befragung.

Abbildung 3 – Wichtigste pastorale Tätigkeitsfelder

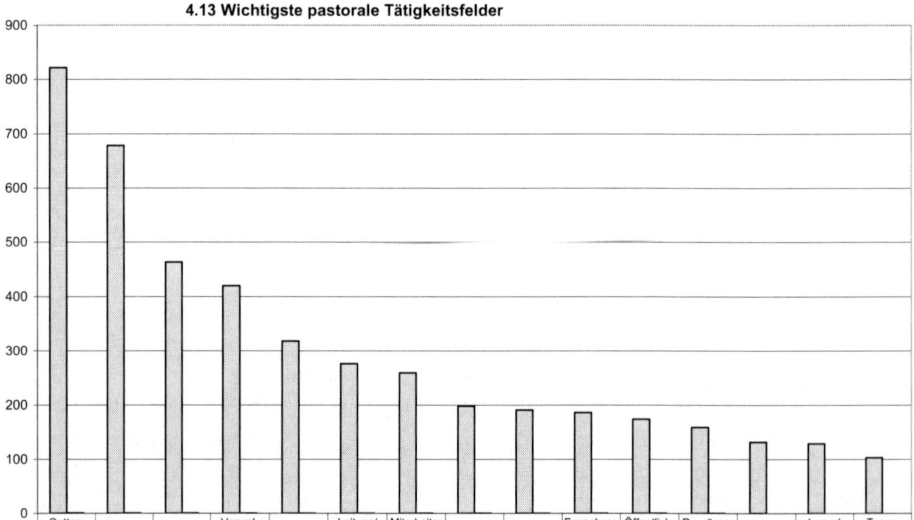

	Gottes-dienste	Seelsorge	KU	Verwal-tung	Schule	Leitung/ Führung	Mitarbeiter-motivation	Kiga	Altenarbeit	Erwachsen enarbeit	Öffentlich-keitsarbeit	Repräsen-tation	Sonstiges	Jugend-arbeit	Team-leitung
Nennungen	822	678	463	420	318	276	259	198	191	186	174	159	132	129	103
in %	84,39%	69,61%	47,54%	43,12%	32,65%	28,34%	26,59%	20,33%	19,61%	19,10%	17,86%	16,32%	13,55%	13,24%	10,57%

2.2.2 Belastungserfahrungen (Problemfelder, Frustrations- und Konfliktpotenziale)

Die folgende Abbildung 4 zeigt grafisch die Verteilung der Absolutnennungen bezogen auf die einzelnen *stakes*, und zwar die Verteilung der Negativ- und der Positivnennungen. Dabei wurde die Reihenfolge diesmal von links nach rechts entsprechend der Rangfolge der Negativnennungen geordnet. [242]

Abbildung 4 – Negativ-Erfahrungen/Konfliktpotenzial

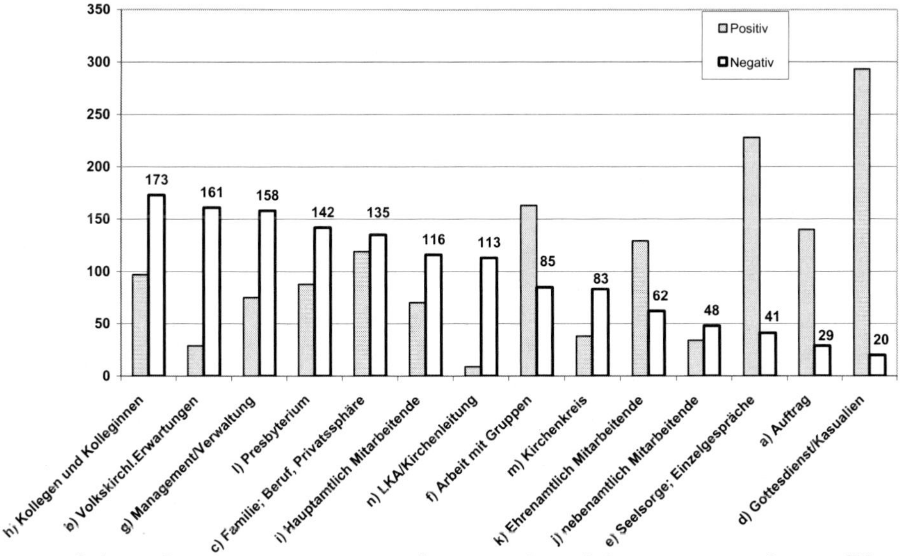

Rangfolge der Nennungen nach Negativ-Erfahrungen und Konflikt-Potenzial

Unter den Negativerfahrungen stand für die Befragten des PK-Samples sowohl in den Seminar-Diskussionen als auch in der Gesamtheit der Befragten eindeutig das Verhältnis zu den KollegInnen (173 Negativ-Nennungen) als Feld häufiger Frustrationen und Konflikte an erster Stelle. Dies Ergebnis ist zwar für diejenigen, die mit den kirchlichen Alltagsproblemen vertraut sind, nicht besonders überraschend. Es verstärkt aber den in anderen Untersuchungen (beispielsweise in einer 1998 in der EKiR durchgeführten Presbyterbefragung zum Pfarrbild; vgl. Sonderheft „Beratungen der Landessynode der EkiR, 1999) erhobenen Befund, dass viele aktive Gemeindeglieder in dem fast selbstverständlich gewordenen und andauernden Pastorenstreit die Glaubwürdigkeit der christlichen Botschaft von Frieden und Versöhnung fundamental gefährdet sehen. Schon deshalb könnte der hier vorgelegte erneute Hinweis auf das Gewicht des Pastorenstreites dazu beitragen, dass dieses Phänomen nicht einfach schicksalhaft und achselzuckend hingenommen wird.

An zweiter Stelle der Frustrations-Liste folgen die volkskirchlichen Erwartungen (161 Negativ-Nennungen), speziell hinsichtlich eines traditionel[243]len Pfarrbildes, dessen Rollenzwängen viele PfarrerInnen und ihre Familien nicht mehr folgen können oder wollen.

Von erheblichen Schwierigkeitserfahrungen bestimmt ist drittens das Bezugsfeld Management (158 Negativ-Nennungen) sowohl in seinen Leitungs- als auch in seinen (oft bürokratischen) Verwaltungsaufgaben.

Es folgt viertens das meist sensible, aber unterschiedlich empfundene *stake* „Presbyterium" (142 Negativ-Nennungen).

An 5. Stelle der Frustrations-*stakes* steht schließlich das Verhältnis zur eigenen Familie (135 Negativ-Nennungen), besonders wegen des Spannungsfeldes von Berufsengagement und Privatleben, das in unserer Zeit ja nicht nur für den Pfarrberuf, sondern für fast alle Berufssparten von großer Brisanz ist.

Vergleich mit der PfaZi-Befragung

Für den Gesamtbereich dieser Schwierigkeitserfahrungen und Frustrationen finden sich ebenso wie für die Positiverfahrungen im PK-Sample ähnliche Tendenzen wie in der Pfarrerzufriedenheitsstudie „PfaZi": Besonders deutlich gilt das für die Beziehungsfelder KollegInnen, Management und Familie. Ein bemerkenswerter Unterschied zwischen den Ergebnissen beider Untersuchungen findet sich im Gesamtfeld Hierarchie („Arbeitgeber"). Im PK-Sample werden unter diesem Gesichtspunkt die meisten Schwierigkeiten im Verhältnis zum Presbyterium empfunden, während von den PfaZi-Befragten das Verhältnis zu den Presbyterien (in der EKHN: Kirchenvorständen) als eher zufriedenstellend beurteilt wird. In beiden Untersuchungen ist jedoch übereinstimmend ein eher kritisches und frustrationsreiches Verhältnis zu den landeskirchlichen Leitungsinstitutionen unverkennbar.
In der PfaZi-Untersuchung stehen in der Unzufriedenheitsliste die Beziehungen zu den landeskirchlichen Instanzen sogar weit vorne an. (80% sind mit diesen Instanzen nicht zufrieden!). Demgegenüber werden in der PK-Sample-Untersuchung nur von einer weit kleineren Anzahl der Befragten die landeskirchlichen Instanzen apostrophiert (mit 122 Gesamtnennungen stehen sie erst an 7. Stelle unter den 14 angegebenen Positionsmöglichkeiten). Allerdings wird von denjenigen PfarrerInnen, die das *stake* „Landeskirche" überhaupt nennen, diese Ebene durchweg (zu 93%) negativ veranschlagt. Dass der Anteil derer, die zu diesem *stake* [244] überhaupt votieren, vergleichsweise niedrig ist, dürfte vor allem darauf zurückzuführen sein, dass die landeskirchlichen Instanzen und ihre Aktivitäten für viele PfarrerInnen als „weit weg" von den Erfahrungen und Gefühlen im parochialen Alltag empfunden werden – und Konflikte mit Kollegen oder Presbyterien als „hautnäher".

Tabelle 4 – Vergleich PK-Sample mit PfaZi

PfaZi Untersuchung	**3.11 f Erwartungen**	**3.12 j Familie**	**3.11 b Management**	**3.12.g Kontakt mit KollegInnen**	**3.12 m Kirchenvorstand**	**3.13 a Kirchenleitung**
Pos: Vollkommen & sehr zufrieden	18,7%	15,0%	12,4%	30,3%	48,1%	1,6%
Neutral: Zufrieden	49,5%	30,0%	32,9%	44,8%	36,8%	18,3%
Negativ: weniger & unzufrieden	31,8%	55,0%	54,7%	25,0%	15,1%	80,1%
PfaZi Summe (Positiv&Negativ)	50,5%	70,0%	67,1%	55,2%	63,2%	81,7%
PfaZi-Vergleichswerte (Summe "Positiv&Negativ" wurde auf 100% gesetzt und daraus der jeweilige Prozentanteil der positiven bzw. negativen Nennungen errechnet, um einen Vergleich mit dem PK-Sample zu ermöglichen)						
% Anteil Positiv	37,0%	21,5%	18,5%	54,8%	76,1%	2,0%
% Anteil Negativ	**63,0%**	**78,5%**	**81,5%**	**45,2%**	**23,9%**	**98,0%**

PK-Sample / Stakes	**Volkskirchliche Erwartungen**	**Familie, Beruf, Privatssphäre**	**Management / Verwaltung**	**KollegInnen**	**Presbyterium**	**LKA / Kirchenleitung**
% Anteil Positiv	15,3%	46,9%	32,2%	35,9%	38,3%	7,4%
% Anteil Negativ	**84,7%**	**53,1%**	**67,8%**	**64,1%**	**61,7%**	**92,6%**

Vergleich mit der Pfarr- und Theologenbefragung von 1975

Auch die 1975 von Marhold u.a. durchgeführte Erhebung („Religion als Beruf“) weist gerade hinsichtlich der Belastungserfahrungen interessanterweise schon damals, unter ganz anderen kirchlichen Rahmenbedingungen, in eine ähnliche Richtung. Unmittelbar vergleichbar sind folgende vier *stakes:* [245]

Tabelle 5 – Vergleich mit Befragung Marhold (1975)

Befragung Marhold u.a. aus dem Jahr 1975	Positive Tendenz	Negative Tendenz
Ambivalenzen[1]		
Erwartungen der Gemeinde	27,7%	46,6%
Kollegen	29,1%	46,3%
Organisation Kirche	36,0%	38,4%
Größte Befriedigung[2]		
Predigt	24,0%	3,1%
Seelsorge	18,1%	k.A.
Größte Frustration[2]		
Unterricht	3,0%	16,3%

Vgl. Marhold u.a.,a.a.O., Band II, [1]S. 174, [2]S. 192

2.2.3 Ambivalenz-Gefühle

Tabelle 6 – Pastorale Ambivalenzerfahrungen

2.1.7 Beziehungsbereiche mit stark ambivalenten Erfahrungen (PK-Sample)					
Rang	**Stake**	**Gesamt-nennungen**	**Pos. Bewertung**	**Negative Bewertung**	**Ambivalenz-Quotient (Pos:Neg Verhältnis)**
1	c) Familie; Beruf, Privatssphäre	254	119	135	47:53
2	l) Presbyterium	230	88	142	38:62
3	h) Kollegen und Kolleginnen	270	97	173	36:64
4	f) Arbeit mit Gruppen	248	163	85	66:34
5	g) Management/ Verwaltung	233	75	158	32:68

Stakes mit stark ambivalenten Erfahrungen (über 200 Nennungen) [246]

Neben den beruflichen Erfahrungsfeldern, die eindeutig oder ganz vorrangig emotional-positiv besetzt sind (wie das *stake* „Gottesdienst“) und solchen, die ebenso eindeutig negativ besetzt sind (wie das *stake* „traditionelles Pfarrbild“ oder „landeskirchliche Instanzen“) gibt es eine Reihe von *stakes*, die sowohl einen hohen Anteil von Positiv-Nennungen als zugleich auch einen hohen Anteil von Negativ-Nennungen aufweisen. In der Tabelle wurden die *stakes* mit mehr als 200 Gesamtnennungen dargestellt, die einen sehr starken Ambivalenz-Quotienten aufweisen. Das bedeutet, dass die PfarrerInnen gegenüber der betreffenden Anspruchsgruppe (*stake*) sowohl starke positive Eindrücke als aber auch erhebliche Frustrationen und Konflikte empfinden. Schon in der methodischen Einleitung (0) wurde diesbezüglich auf die Anspruchsgruppe „Familie“ hingewiesen, auf die sich die (nach Gottesdienst und KollegInnen) dritthöchste Zahl (254) von den Gesamtnennungen richtet, davon 47% auf Positiverfahrungen und 53% auf Probleme. Einerseits also beziehen offenbar viele Pfarrer aus ihrer Beziehung zur eigenen Familie Motivation, Ermutigung, emotionale Kompensation und Stabilisierung; andererseits können sich aber – wie von den Befragten erwähnt wurde – etwa durch die zeitlichen Konkurrenz-Situationen mit den Familien-Ansprüchen, durch die „offene Tür“ des Pfarrhauses, durch die Störung gemeinsam geplanter Familienaktivitäten wegen eines plötzlichen Sterbefalles usw. auch erhebliche Konflikte und Frustrationen ergeben. Bei fast jedem Pfarrer/ jeder Pfarrerin werden in Hinsicht auf die eigene Familie oder Partnerschaft beide emotionalen Seiten, die positive wie die negative, gleichzeitig von erheblichem Einfluss sein. So haben viele befragte PfarrerInnen gerade für dieses *stake* sowohl mehrere positive als auch mehrere negative Bewertungspunkte vergeben.

Das kann bei anderen Anspruchsgruppen, und zwar schon bei dem am zweithäufigsten genannten *stake* Presbyterium, ganz anders sein. Hier geht die Tendenz eher dahin, dass man entweder ein primär positives oder aber ein primär schwieriges Verhältnis zum eigenen Presbyterium hat. Die Ambivalenzgefühle finden sich dann weniger bei dem einzelnen Pfarrer/ der einzelnen Pfarrerin vor und beziehen sich wohl auch selten auf die eigene Gemeinde, sondern hier geht es um die Gesamtzahl der PfarrerInnen: Viele von ihnen (38%) haben ein dezidiert positives Verhältnis zu ihrem Presbyterium; ein größerer Teil aber (62%) bezeichnet das Verhältnis als ausgesprochen schwierig oder konfliktreich. [247]

An dritter Stelle, was die Ambivalenz (36% positiv zu 64% negativ) betrifft, jedoch an erster Stelle, was die emotionale Intensität der Beziehungen angeht (nämlich 270 Gesamtnennungen), steht wiederum das Verhältnis zu den KollegInnen. Hier dürfte von fast jedem einzelnen Befragten gelten, dass seine/ ihre Beziehungen zu dem einen Kollegen/ der einen Kollegin eher positiv und die zu dem/ der anderen eher als konflikt- oder spannungsreich empfunden werden. In der Gesamtheit allerdings sind die Schwierigkeitsanzeigen hier fast doppelt so hoch wie die Anzeigen von positiven Erfahrungen.

Wieder andere Erklärungen sind bei dem *stake* mit dem vierthöchsten Ambivalenzgrad naheliegend: nämlich beim Umgang mit Gruppen. Insgesamt überwiegt hier als einzigem der Ambivalenzfelder der positive Eindruck (66%) gegenüber den negativen Nennungen (34%). Die Ambivalenz dürfte wie angedeutet vor allem darin begründet sein, dass derselbe Pfarrer/ dieselbe Pfarrerin in der Arbeit mit der einen Gruppe (etwa Senioren oder Frauen) ganz überwiegend positive Erfahrungen macht, während die Arbeit mit anderen, etwa mit Konfirmanden, häufig als sehr schwierig und als frustrierend empfunden wird.

Interessanterweise rangiert das *stake* Management bereits an 5. Stelle der Beziehungen mit starkem Ambivalenzcharakter: Das Verhältnis „positive" zu „negativen" Erfahrungen steht 32%: 68%. Wahrscheinlich gibt es auch hier viele PfarrerInnen, die sowohl positive (etwa im Umgang mit Computer oder in der Leitung) als auch negative Erfahrungen (etwa „Verwaltungskram", „Papierkrieg", Bürokratie) assoziieren. Ins Auge fällt dabei, dass das *stake* „Management" keineswegs mehr so einseitig negativ besetzt ist, wie es wahrscheinlich vor 20 oder 30 Jahren der Fall war (vgl. dazu W. Marhold, Hg., Religion als Beruf, Band 2, S. 174ff und S.192).

2.3 Ergebnisse im Vergleich zur Pfazi-Studie

Die meisten Ergebnisse beider Befragungen zeigen in die gleiche Richtung. Auch wenn einige Aspekte unterschiedlich gewichtet sind, ist die hohe Übereinstimmung bei Zufriedenheitsergebnissen bzw. Positiverfahrungen einerseits und den Unzufriedenheitsergebnissen bzw. Belastungserfahrungen andererseits mehr als auffällig. Dies lässt den Schluss zu, dass beide Untersuchungen in ihren Ergebnissen im Blick auf die ausgewählten parochialen Anspruchsgruppen (*stakes*) durchaus kompatibel [248] sind und dass sich offenbar auch die Problemlagen in den ja sonst unterschiedlich geprägten Landeskirchen wie Hessen-Nassau, Rheinland, Bayern und Westfalen in den entscheidenden Tendenzen gleichen; wahrscheinlich gilt das für die Gesamtheit der EKD-Kirchen im Bereich der alten Bundesländer. Die im folgenden Teil zur Debatte gestellten Schlussfolgerungen und Anregungen beziehen sich deshalb auf beide Untersuchungen und intendieren eine über die beteiligten Landeskirchen hinausreichende Diskussion.

3. Auffälligkeiten und Anregungen

3.1 Überlegungen zu den Positiverfahrungen

Dass Positiverfahrungen und Erfolgserlebnisse in erster Linie in den zentralen parochialen Tätigkeitsfeldern gesucht und offenbar auch gefunden werden, erscheint im Sinne einer grundsätzlichen Berufszufriedenheit in mehrfacher Hinsicht von Bedeutung. Die hier vorrangig genannten Berufsfelder „Gottesdienst und Kasualien", „Seelsorge und Einzelgespräche" sowie „Arbeit mit Gruppen" nehmen tatsächlich den Großteil der Arbeitszeit eines Pfarrers/ einer Pfarrerin in Anspruch. Sie gelten auch im theologischen Verständnis von pastoralem Dienst als die wichtigsten Funktionen eines Pfarrers/ einer Pfarrerin: Verkündigung des Evangeliums in Predigt, Unterricht und Seelsorge. Es sind nicht zuletzt diejenigen Felder, in denen die Schwerpunktinhalte ihrer Ausbildung, nämlich die biblische Exegese, noch am ehesten angewendet und verarbeitet werden können. – Die Platzierung von Gottesdienst und Seelsorge an erster Stelle kann in anderer Hinsicht jedoch Erstaunen auslösen: Erfahrungen mit der Predigt oder mit dem Einzelgespräch sind nicht selten von Frustrationen über die geringe oder in eine unbeabsichtigte Richtung gehende Resonanz charakterisiert. Auffälligerweise werden solche Negativerfahrungen in unseren Befragungen kaum erkennbar.

1. Für manchen, insbesondere für den außenstehenden Beobachter ist es überraschend, wie eindeutig und überall der **Bereich Gottesdienst** ganz vorne an positioniert wird; überraschend, weil gerade dem Außenstehenden oft mitgeteilt wird und von den Befragten durchaus erwähnt wurde, welche Frustration darin liegt, wenn man als PfarrerIn Sonntag für Sonntag viel Zeit und „Herzblut" auf die Erarbeitung einer ordentlichen Predigt verwendet und dann erlebt, wie die Zahl der Gottesdienst[249]besucher immer weiter zurück geht, oder, was sich im Predigtnachgespräch als inhaltlich „hängen geblieben" herausstellt. Gerade dabei entstehen leicht Gefühle von einem Missverhältnis zwischen erheblichem Aufwand und scheinbar geringem Ertrag. Fragt man, wieso der Gottesdienst trotzdem so nachdrücklich als positives Erfahrungsfeld bezeichnet wird, dann sind mehrere Antworttendenzen denkbar: Es kann die theologische Selbstvergewisserung sein, die dann in einer gründlichen Predigtvorbereitung liegt, wenn sich der Prediger dabei erneut mit dem Basisdokument seiner beruflichen Identität, nämlich mit biblischen Texten gründlich beschäftigt. Es kann auch die geistige Kreativität sein, die für die Erarbeitung jeder redlichen Predigt oder Kasualansprache ebenso herausgefordert wird wie für die liturgischen Gestaltungsmöglichkeiten, die gerade bei besonderen Gottesdiensten (Familiengottesdiensten, Festgottesdiensten, Schulgottesdiensten usw.) gegeben sind. Wahrscheinlich ist es ge-

wöhnlich die Mischung dieser unterschiedlichen Aspekte, die die jeweils eigene Erfahrung mit dem Gottesdienst bestimmt und die vielleicht hinweghilft über die Frustrationen einer geringen Resonanz.

2. Das in den positiven Erfahrungsmöglichkeiten an zweiter Stelle rangierende Tätigkeitsfeld **Seelsorge/ Einzelgespräche** wird seit Jahrzehnten in fast allen Erhebungen zum „Beruf PfarrerInnen" ähnlich positiv bewertet. Dabei ist dieses Tätigkeitsfeld in seinen Arbeitsstrukturen und theologischen Inhalten keineswegs so eindeutig bestimmt, wie es etwa der Gottesdienst ist. Unter das Etikett „Seelsorge – Einzelgespräch" kann vielmehr der *small talk* am Gartenzaun ebenso subsumiert sein wie die Bearbeitung von Schuld in einer Art Beichtgespräch, der Hausbesuch anlässlich eines Geburtstages ebenso wie eine psychotherapeutisch geschulte Lebensberatung, das Gebet am Krankenbett ebenso wie die Ermutigung eines überforderten Mitarbeiters.[1] Die Resonanzproblematik kann sich hier darin äußern, dass (nach anderen Untersuchungen) nicht [250] wenige Gemeindeglieder dazu neigen, dem Pfarrer/ der Pfarrerin etwa beim Hausbesuch eine heile Welt von eigener Familie oder von kollegialer Zusammenarbeit vorzuspielen und geflissentlich jede Annäherung an die theologisch substantiellen Dimensionen wie Schuld und Vergebung vermeiden. Darüber hinaus war unter PfarrerInnen selbst lange Zeit und ist neuerdings wieder umstritten, wie „Seelsorge" theologisch zu verstehen, wie also etwa das Verhältnis zwischen nondirektiver Beratung und vollmächtigem „Zuspruch und Anspruch" des Evangeliums zu bestimmen ist. Als ein weiterer und an Relevanz zunehmender Frustrationskomplex wird schließlich die Konkurrenz von arbeitsuchenden psychotherapeutisch ausgebildeten Lebensberatern empfunden. Wieder andere Probleme dieses Tätigkeitsfeldes ergeben sich für das Zeitbudget der GemeindepfarrerInnen aus der demografisch bedingten Zunahme von alten und kranken Gemeindegliedern, die alle auf den Hausbesuch von „PfarrerIn persönlich" warten. Jedoch hindern all diese alten und neuen Schwierigkeiten die befragten PfarrerInnen offensichtlich nicht daran, die unter dem unspezifi-

1 Die Diskussion zum Thema, was denn Seelsorge eigentlich sei und welche „Gespräche", „Gesprächsformen" oder „Handlungen" hinzuzurechnen wären, ergab sich im Zusammenhang mit der Arbeitszeitstudie im Kirchenkreis Barmen, die im Band 5 der EuKP-Reihe ausführlich von Dieter Becker aufgegriffen wurde. Vgl. Dieter Becker, Protestantische Seelsorge als pastoraler Interaktionsraum – Annäherung an eine diffuse pastorale Größe, in: Becker/Dahm/Erichsen-Wendt, Arbeitszeiten im heutigen Pfarrberuf, Frankfurt 2. Auflage 2009, S. 157-237. Dieter Becker plädiert nach einer ausführlichen Standortbestimmung aller gängigen Seelsorgemodelle für eine Neubestimmung von Seelsorge primär als *protestantisch bedingte* Seelsorge (Ziel: Seelsorge als Selbstvergewisserung der Gnadenzusage Gottes unter Christen) und sekundär als *ethisch un-bedingte* Seelsorge (Ziel: Hilfe von Christen für Menschen in der Welt).

schen Etikett „Seelsorge und Einzelgespräch" subsumierten Tätigkeiten als ein Feld besonders positiver Erfahrungen zu empfinden und zu benennen. Vielleicht ist es gerade die Vielfalt von Möglichkeiten religiöser Kommunikation in einem persönlich gehaltenen Dialog, deretwegen dem Etikett Seelsorge solch positive Konnotationen zugeschrieben werden. Damit sind zwar die Probleme von Zeitbudget, vom specificum theologicum der Seelsorge und von adäquaten Kommunikationsmustern im Seelsorgegespräch noch keineswegs erledigt. Doch dürften die als „Seelsorge" firmierenden vielfältigen Formen personaler religiöser Kommunikation ein wichtiges Handlungsfeld für Positiverfahrungen und Berufszufriedenheit der PfarrerInnen bleiben. Fragt man, welche Handlungsanregungen sich für die kirchliche Administration aus diesem Befund ergeben, so wäre für die Ausbildung vor allem auf neuere Formen der Lebensbegleitung hinzuweisen (vgl. dazu den Beitrag von D. Becker zu den Ergebnissen der PfaZi-Befragung im Blick auf das Thema Fortbildung).

3. Ebenso wie „Seelsorge – Einzelgespräch" umfasst auch das unter den Positiverfahrungen drittplazierte *stake* **Arbeit mit Gruppen**, einschließlich Konfirmandenunterricht eine ganze Reihe unterschiedlicher pastoraler Aktivitäten. Während aber bei „Seelsorge" den 228 positiven Nennungen nur 41 negative gegenüberstanden, weist das Verhält[251]nis zur „Gruppenarbeit" mit 163 : 85 die schon erwähnte weit stärkere Ambivalenz auf. Die Negativnennungen (immerhin an 8. Stelle der 14er Rangreihe) gehen laut mündlicher Kommentare der Befragten hauptsächlich auf den KU zurück. Dessen Eigenproblematik, die weitgehend in altersspezifischen pädagogischen Schwierigkeiten ihre Ursache hat, soll angesichts der Fülle von Literatur zu diesem Thema hier nicht behandelt werden. Diskussionsbedürftig erscheint jedoch der hohe Positivwert der Arbeit mit Erwachsenengruppen, also mit Frauen, Senioren, Männern, Jugendlichen usw. Viele PfarrerInnen fühlen sich hier offensichtlich schon deshalb wohl, weil die meisten Gruppenteilnehmer an der Thematik und gewöhnlich auch an Person und Arbeitsweise des Pfarrers positiv interessiert sind und so diesem/ dieser eine Art Nestwärme vermitteln. Angesichts der Frustrationen in mehreren anderen pastoralen Arbeitsbereichen kann eine solche Positiverfahrung für die seelische Balance im Berufsleben von großer Bedeutung sein. Andererseits aber darf nicht verkannt werden, dass die Beschäftigung mit den Gemeindegruppen meist nur einen geringen Anteil von Kirchenmitgliedern erreicht, aber einen erheblichen Teil der Arbeitszeit eines Pfarrers/ einer Pfarrerin in Anspruch nimmt. Nicht zuletzt aus diesen Gründen fordern viele Vorschläge zur Reform des pastoralen Dienstes, dass GemeindepfarrerInnen diesen Arbeitsbereich immer stärker in die Hände ehrenamtlicher Mitarbeiter geben.

4. Auffällig besonders für den, der über Jahrzehnte hinweg den Zusammenhang von **Auftragsverständnis, theologischer Identität, Kirchenkritik und Berufsmotivation** beobachtet, ist der eindeutig vordere Rang dieses Syndroms unter den Positiverfahrungen heutiger PfarrerInnen. Bei der Theologiestudenten- und Vikarsgeneration der siebziger Jahre hatte die (entweder theologisch oder gesellschaftspolitisch ausgerichtete) Religions- und Kirchenkritik so starke Verunsicherungen ausgelöst, dass viele den Komplex „Auftrag“ eher negativ erlebten. Wenn dann allerdings Kirchenkritik (etwa im Sinne einer durchgreifenden sozialistischen Gesellschaftsreform) zum movens der parochialen Arbeit gemacht werden sollte, wurden freilich die Frustrationen angesichts der gegebenen volkskirchlichen Verhältnisse noch größer. Ähnlich schwierig wurde es offensichtlich auch für diejenigen, die die theologische Reflexion ihres Auftrages ganz ausklammerten und sich ausschließlich pragmatisch den bestehenden praktischen Aufgaben in der Parochie zuwandten. Inzwi[252]schen scheint das komplexe *stake* „theologische Identität – Berufsmotivation“ überwiegend positiv erlebt zu werden, wobei die inhaltliche Bestimmung dessen, was den Auftrag ausmacht, ein äußerst breites theologisches Spektrum (von evangelikal über „barthianisch“, gesellschaftspolitisch, feministisch, seelsorgerlich, kulturprotestantisch bis zu humanistisch-liberal usw.) umfassen kann.

5. Auffällig ist nicht zuletzt, wie deutlich die Beziehung zu den **ehrenamtlich Mitarbeitenden** im Blick auf Positiverfahrungen vor die Beziehungen zu den anderen Gruppen von Mitarbeitenden (Kollegen, Hauptamtliche, Nebenamtliche) gestellt wird. Zwar gibt es auch hier eine nicht geringe Zahl von Frustrationsanzeigen (129 „positiv“ : 62 „problematisch“), die wahrscheinlich vorwiegend individuelle Ursachen haben und etwa auf schwierige Personen unter den Ehrenamtlichen zurückgehen („kompensatorische Wichtigtuer“, „biblizistische oder ideologische Besserwisser“, dominant-autoritäre Presbyter usw.). Doch insgesamt fast 70% Positiv-Angaben zeigen, dass die in zunehmender Breite praktizierte und intendierte Kooperation mit Ehrenamtlichen offenbar überwiegend als erfreulich empfunden wird – sicher als hoffnungsvolles Zeichen für eine Zukunft, in der die Kirche mehr noch als heute auf die Mitarbeit von Ehrenamtlichen angewiesen sein wird. Kritisch zu fragen bleibt allerdings auch hier, ob und inwieweit dem wachsenden Bedarf einer theologisch-religiösen Schulung von Ehrenamtlichen zureichend Rechnung getragen wird – und wie diesem Bedarf angesichts der faktischen Ausbildungsschwerpunkte tatsächlich Rechnung getragen werden kann.

3.2 Überlegungen zu den Frustrationserfahrungen und Ambivalenzgefühlen

1. Der „Spitzenplatz", den der **Streit mit den KollegInnen** sowohl in der Liste der Frustrationserfahrungen als auch in der Liste der Ambivalenzgefühle einnimmt, kann wahrscheinlich einfacher im Blick auf seine Ursachen diskutiert werden als im Blick auf seine Überwindung und entsprechende Lösungsmöglichkeiten. Wichtige Ursachen solcher Schwierigkeiten, die auch in anderen Untersuchungen und im öffentlichen Diskurs der Kirchengemeinden oft herausgestellt werden, scheinen auf der Hand zu liegen: Sie dürften zuerst in dem beruflich stärker als in anderen Berufen angelegten Rivalisierungspotenzial begründet sein. Wenn Pfarrer in derselben Gemeinde oder in örtlicher Nähe tätig sind, wird von Insidern [253] wie von Outsidern immer erneut thematisiert, „wer hat den besseren Gottesdienstbesuch", „wen möchten wir als Konfirmator unseres Kindes", „wer soll die Trauung vollziehen", „wer kann sich im Presbyterium besser durchsetzen". Neben diesen nach außen in gewisser Weise messbaren Kriterien geht es in der Rivalität immer auch um Fragen der „richtigen" Theologie, der kirchlichen Prioritäten oder der politischen Einstellung. Wohl weniger als früher, aber gelegentlich doch noch, sind es die Rolle und die Aktivitäten des Ehepartners, an denen sich der Streit entzündet.
Von erheblicher Bedeutung für die Beziehungsschwierigkeiten ist weiterhin das je eigene emotional verankerte Kommunikationsmuster: Dem einen ist die offensive Durchsetzungskraft des Kollegen zuwider, dem anderen die misstrauische Zurückhaltung der Kollegin, dem dritten die spontane Chaotik des vierten. Nicht wenige Pastoren und Superintendenten zitieren angesichts all dessen gerne und seufzend die seit Jahrhunderten in Pfarrerkreisen geltende Grundeinstellung „Glücklich die Beene, die vor dem Altar stehn alleene."
Was in diesem Bereich der Kollegenbeziehung die überall und besonders in den Kirchengemeinden geforderten Verbesserungen angeht, so muss nach meiner Beobachtung hier ähnlich wie in anderen Problembereichen des kirchlichen Lebens der Zusammenhang von Strukturreformen und (Fort-)Bildungsmaßnahmen deutlicher ins Auge gefasst und bearbeitet werden. Speziell im Blick auf Kollegen-Beziehungen kann das in folgenden oft diskutierten Vorschlägen veranschaulicht werden:
Nicht zuletzt unter dem Druck notwendiger Einsparungen werden verschiedene Modelle der Zusammenlegung von Gemeinden erörtert. Eine besondere Rolle spielt dabei das Modell einer pastoralen Versorgung durch eine Art „Pfarrerkollektiv", also durch eine Gruppe von Pfarrern mit weniger regionalen als vielmehr funktionalen Schwerpunktaufgaben. Sol-

che Schwerpunktbildungen im pastoralen Handeln könnten u.a. den beklagten Rivalisierungstendenzen dadurch entgegenwirken, dass nicht mehr jeder Pfarrer dasselbe tut wie sein Kollege im nahen Nachbarbezirk und dauernd mit diesem verglichen wird. Sie könnten auch helfen, dass das je eigene und spezifische Begabungspotenzial, über das jeder Pfarrer/ jede Pfarrerin verfügt, den örtlichen Gegebenheiten entsprechend eingesetzt wird. Für ein solches pastorales Konzept eines Teams mit Schwerpunktaufgaben ist einerseits eine Abkehr von der Struktur des bisherigen Parochialsystems notwendig. Mit den notwendigen Strukturre[254]formen müssten aber, stärker als es bisher geschieht, entsprechende individuelle Ausbildungs- und Förderungsmaßnahmen verbunden werden. So wäre es Aufgabe einer sachgerechten kirchlichen Personalpolitik, eine begabungsorientierte Schwerpunktbildung nicht erst „vor Ort" in einer Kirchengemeinde aus dem dort zufällig zusammengewürfelten Pfarrkollegium zu konstituieren, sondern die gesamte Aus- und Fortbildung eines künftigen Pfarrers daran auszurichten; d.h. seine/ ihre Begabung und Interessen schon zu Beginn des Studiums zu entdecken und zu registrieren, sie in den verschiedenen Ausbildungsabschnitten zu fördern und die Begabungen karteimäßig für den jeweils anstehenden Stellenbedarf zu erfassen. Ein für diese Aufgabe sachgerechtes Personalentwicklungssystem müsste allerdings seinerseits erst in der Kirche eingeführt werden, wobei die Ausbildungsmuster erheblich zu verändern sind. (Vergleiche wiederum die Folgerungen von Dieter Becker zum Thema ‚Fortbildung' in diesem Band).

Ein Gemeindemodell, in dem der pastorale Dienst durch Pfarr-Teams mit je spezifischen Schwerpunkt-Aufgaben geschieht, braucht gegenüber dem Modell der regionalen Parochie-Abgrenzungen erhebliche Veränderungen, darunter klare Kompetenzfestlegungen für die verschiedenen Tätigkeitsfelder wie Seelsorge, Unterricht, Öffentlichkeitsarbeit usw. Die Möglichkeiten und Schwierigkeiten für die Festlegung entsprechender Zuständigkeiten können hier ebenso wenig gründlich erörtert werden wie die Strukturen und Strukturprobleme eines schwerpunkt- oder teamorientierten Ausbildungssystems.

Worauf allerdings im Zusammenhang einer mehr schwerpunkt- und teamorientierten Aus- und Fortbildung aus unseren Beobachtungen hingewiesen werden muss, ist die Problematik der Beliebigkeit einer Teilnahme an Fortbildungsmaßnahmen. Wenn Kooperations- und Teamfähigkeit durch Schulung und Coaching verbessert werden sollen, dann müssen u. E. gerade diejenigen PfarrerInnen an entsprechenden Maßnahmen teilnehmen, die sich im Umgang mit den KollegInnen schwer tun und von den KollegInnen als schwierig empfunden werden. Gerade unter diesen sind aber nicht wenige, die sich entsprechender Schulung oder entsprechendem Coaching entziehen.

2. Ein zweites, im Alltag vieler Gemeindepfarrer vorrangig als kritisch empfundenes Beziehungsfeld von PfarrerInnen ist das **Verhältnis zum Presbyterium**. Auch hier gibt es nicht wenige Stimmen, die auf über[255]-wiegend positive Erfahrungen mit dem eigenen Presbyterium verweisen. Doch liegt das Zahlenverhältnis bei 88 positiven zu 142 negativen Nennungen. Die Anzeigen von Frust und Belastung beziehen sich nach mündlichen Aussagen der Befragten hier in der Regel weniger auf Struktur- als vielmehr auf Kommunikationsprobleme während der Presbyteriumssitzungen (weniger auf die Ausschusssitzungen im kleinen Kreis). Als besonders schwierig gelten die dominante oder überfahrende Art bestimmter Presbyter, der Umgang mit Vielrednern oder mit unqualifizierten Attacken gegen den Vorsitzenden, auch Leitungsrivalitäten mit dem Kollegen oder einem Kirchmeister. Zu einem anderen Teil erwächst der Frust aus inhaltlichen Kontroversen teils theologischer Art, teils im Blick auf Prioritäten in den Sparmaßnahmen, teils schließlich aus Differenzen über inhaltliche Konzepte etwa der Arbeit mit Konfirmanden oder mit Jugendgruppen. Immer öfter wird auch die Frage diskutiert, ob und wie stark manche Presbyter durch die inhaltlichen Ansprüche einer presbyterial-synodalen Kirchenordnung überfordert sind, weil sie von ihrer religiösen Sozialisation her theologische Kriterien im engeren Sinn kaum angemessen zu erfassen imstande seien.
Wer hier nach Verbesserung fragt, nach Konfliktvermeidung und Frustrationsminderung, vor allem in den Presbyteriumssitzungen, der ist m.E. in ganz besonderem und vorrangigem Maß auf Schulungen in Konferenztechnik und Gremienleitung hinzuweisen. Die aus der synodal-presbyterialen Verfassung erwachsenen Strukturen werden kaum in und von der einzelnen Gemeinde geändert werden können. Aus eigenen Beobachtungen weiß ich jedoch, wie viel Potenzial im Kommunikationsbereich zu wenig genutzt wird, wie oft den PfarrerInnen einfachste Instrumentarien der Strukturierung einer Sitzung oder der Entscheidungsfindung bei komplexeren Streitfragen unbekannt sind – wie schnell aber auch SeminarteilnehmerInnen in diesem Bereich zu lernen vermögen.

3. Ähnliches gilt im Prinzip für das *stake* **Management und Verwaltung**. Auch hier sind meiner Beobachtung nach die gravierenden und am häufigsten zur Frustration führenden Verfahrensdefizite durch Schulung und Fortbildung auszugleichen, auch wenn das nicht selten mühsam erscheint (etwa, was eine bessere Nutzung der Computer-Möglichkeiten betrifft). Immerhin geht es bei Lernprozessen für Management und Verwaltung um weniger spröde oder resistente psychische Strukturen als bei der Veränderung tief eingelebter persönlicher Verhaltensmuster, wie sie [256] in solchen Kommunikationstrainings angestrebt werden, die über das Erlernen von „skills“ (Verfahrensintrumenten) hinausgehen.

Frustrationsursachen im Bereich von Management und Verwaltung werden darüber hinaus empfunden in einer offenbar stetig wachsenden Informationsüberflutung und in den oft als unverständlich eingeschätzten Einforderungen bürokratischer Informationen seitens der Kirchenverwaltungen.

4. Anders als in den bisher erörterten Frustrationskomplexen ‚Kollegenstreit', ‚Presbyteriumssitzung' und Management geht es in den beiden anderen Bereichen mit großen Schwierigkeitserfahrungen, nämlich bei dem *stake* **volkskirchliche Erwartungen**, besonders hinsichtlich des traditionellen Pfarrbildes, sowie im Konfliktfeld **Beruf und Familie** nicht primär um Probleme des individuellen Kommunikationsverhaltens oder des technischen Managementwissens. Es geht vielmehr um tief eingerastete, in Jahrhunderten entstandene überpersonale Strukturen in Mentalität und Arbeitsorganisationen. Dazu gehört die Vorstellung, dass ein ‚Pfarrer immer im Dienst' sei ebenso wie die Erwartung, dass sich die Pfarrfrau und nicht selten auch die Pfarrfamilie im eigenen Lebensstil in den Beruf des Pfarrers einfügen und sich mit einbringen sollen.
Dass das alles aus vielen Gründen und nicht nur wegen der eigenen Berufstätigkeit des Ehepartners nicht mehr möglich ist, kann zwar im direkten Gespräch plausibel vermittelt werden, ändert aber die Mentalitäts- und Erwartungsstrukturen offensichtlich nur langsam. Hier ist geduldige Überzeugungsarbeit angesagt, für die außer den PfarrerInnen selbst insbesondere die PresbyterInnen und kirchliche Insider wie die Ehrenamtlichen gefragt sind. Den PfarrerInnen ihrerseits ist allerdings ebenfalls zu wünschen, dass sie so, wie für die Ambivalenz in der Einstellung zum *stake* ‚Familie und Beruf' auch im Blick auf die volkskirchlichen Erwartungen nicht nur die negativen Seiten, sondern auch die positiven Möglichkeiten deutlicher sehen und dann auch nutzen können.

Kapitel III – Religion im Spannungsfeld von Theologie, Politik und Diakonie

Erwägungen zur Zukunft der Religion*

Welche Zukunft die Religion hat — und ob es überhaupt so etwas wie eine Zukunft der Religion gibt, das beantworten zu können hängt in erster Linie davon ab, was man unter dem Begriff „Religion" versteht. Es ist keineswegs ausgemacht, daß alle diejenigen, die heute das Wort Religion positiv oder negativ im Munde führen, das gleiche meinen. Schon wer in Wörterbüchern oder in der Fachliteratur nachschlägt, wird leicht durch die Vielzahl und die Unterschiedlichkeit der Bedeutungen des Wortes Religion verwirrt. Rufen wir uns rasch einige der wichtigsten Begriffsbestimmungen ins Gedächtnis.

Am häufigsten wird Religion als die Bindung an etwas *Heiliges* beschrieben; doch gibt es Bindungen an sogenannte heilige Werte, beispielsweise an das heilige Vaterland oder an eine heilige Pflicht, die von den Betroffenen, also denen, die sich an diese sogenannten heiligen Werte gebunden fühlen, noch keineswegs als religiös empfunden werden; umgekehrt werden auch seitens der jeweils herrschenden Religionsgemeinschaften diese Bindungen keineswegs als wirklich religiös anerkannt, sondern allenfalls als pseudo-religiös, das heißt als falsche Religion abgetan.

Andere sagen, daß das Eigentümliche der Religion in der *Übernatürlichkeit* ihrer Entstehung und ihres Zieles liege. Dabei gilt als übernatürlich, was sich der menschlichen Erfahrung grundsätzlich entzieht; was, um es biblisch zu sagen, nicht von dieser unserer Welt ist. Doch gibt es ganze Weltreligionen, beispielsweise innerhalb des Buddhismus, in denen das Übernatürliche keinerlei nennenswerte Bedeutung hat. Und umgekehrt gibt es gerade im neueren Protestantismus gewichtige theologische Strömungen, von denen bestritten wird, daß die übernatürliche Offenbarung des christlichen Glaubens irgendetwas mit Religion zu tun habe.

Eine dritte Gruppe sagt, daß Religion überhaupt nur im Vollzuge *existentieller Entscheidung* und persönlichen Wagnisses erfahren und auch beschrieben werden könne; Schleiermacher beschrieb in einem ähnlichen Gedankengang schon vor 150 Jahren die Religion als das Gefühl einer schlechthinnigen Abhängigkeit. Doch auch diese Definition beschreibt nicht das gesamte Erscheinungsbild, [191] denn Millionen von Anhängern aller Religionsgemeinschaften ist die besondere und auch im Bewußtsein gefüllte Erfahrung einer solchen existentiellen Entscheidung oder eines solchen Abhängigkeitsgefühles nie zuteil geworden.

* Erstveröffentlicht in: Karl-Wilhelm Dahm: Beruf Pfarrer, München 1971, S. 190-202

Diese drei Definitionsversuche reichen aus, um unsere Verlegenheit erkennbar zu machen. Es gibt, so werden wir abgekürzt sagen müssen, keine einzige Definition, die das Wesen der Religion so umfassend beschreibt, daß alle Unterschiedlichkeiten darin sachgemäß aufgehoben wären. Aber je nach diesen Unterschiedlichkeiten ist das zu bemessen, was man als voraussichtliche zukünftige Entwicklung von Religion im Verständnis der jeweiligen Definition sagen können wird. Es erscheint beispielsweise als sehr fraglich, ob ein Begriff von dem „Heiligen", vor dem man erschauert, vor dem man sich in eine Demutshaltung zurückzieht, vor dem man Angst hat, vor dem man ohnmächtig aufbegehrt ob das so verstandene "Heilige" noch eine Rolle spielen wird in einer Zeit, in der durch wissenschaftliche Aufklärung sowohl der Natur als auch des menschlichen Seelenlebens das Unheimliche wenigstens andeutungsweise durchschaubar wird — und in der mit der Überwindung altüberkommener paternalistisch-autoritärer Strukturen das untertänige Demutsgebaren zunehmend abgebaut und ohnmächtiges Aufbegehren allenfalls gegenüber Krankheit und Tod seine Realität behalten wird.

Ähnliches gilt auch für einen Religionsbegriff, der durch seine Ausrichtung auf das Übernatürliche, auf das der Erfahrung nicht Zugängliche gekennzeichnet ist. Zweifellos wird die fortschreitende Verwissenschaftlichung unseres Denkens den Spielraum des sogenannten Übernatürlichen immer stärker eingrenzen und einer Religiosität, die ihr Eigentümliches in der Beziehung zum Übernatürlichen sieht, wohl keine großen Zukunftschancen belassen. Allerdings hat sich in der neueren Diskussion von dem Begriff des Übernatürlichen ein anderer Begriff als der früher von Laien und selbst von theologischen Fachleuten gerne als synonym, als gleichbedeutend mit "übernatürlich" verwendete Begriff der Transzendenz abgelöst und verselbständigt. In zwei der wichtigsten neueren Beiträgen zum Thema Religion, nämlich in den Schriften des marxistischen Sozialphilosophen Max Horkheimer und in den Arbeiten des Religionssoziologen Peter Berger findet dieser Begriff der Transzendenz in einer neuen, dem allgemeinen Sprachempfinden [192] offenbar weithin noch fremden Füllung eine stark hervorgehobene Bedeutung. Um den Unterschied zur sonst geläufigen Verwendung des Wortes Transzendenz deutlich zu machen, müßte man geradezu von einer „Verdiesseitigung des Transzendenzbegriffes" sprechen. Gemeint ist nämlich sowohl bei Horkheimer wie bei Berger wie übrigens auch in einer Reihe weiterer Versuche, daß die Gegebenheiten und Zustände unserer gegenwärtigen Alltagswelt transzendiert, das heißt: überschritten, relativiert werden können und werden müssen, daß wir uns nicht mit ihnen abfinden brauchen, so wie sie sind, daß wir in ihnen bereits die Spuren einer besseren Welt erkennen können und, daß wir mit

Blick auf eine solche bessere Welt auch die Aufgaben der Gegenwart in Angriff nehmen sollen.

Schon diese wenigen Andeutungen zeigen, daß ein Religionsbegriff, der auf ein solches verdiesseitigtes Verständnis von Transzendenz ausgerichtet ist, sehr wohl auch in der Zukunft von größter Bedeutung für die Menschen sein wird. Denn vorläufig sind alle Weltgestaltungen der Menschen noch sehr weit weg von dem Ziel, das sie sich selbst gesetzt haben und erst recht von den Bildern, die beispielsweise die Bibel von einer neuen Welt, einem neuen Himmel und einer neuen Erde zeichnet.
Nun könnte aber einer sagen, ein solcher Entwurf zur Transzendierung unserer Alltagswelt brauche ja nicht zwingend mit der Aufschrift „Religion" versehen zu sein. Es könne sich ja genausogut um einen wissenschaftlichen oder um einen politischen Entwurf handeln, der mit Religion absolut gar nichts zu tun habe. So wohne beispielsweise der Vorstellung einer sozialistischen Gesellschaft gegenwärtig die stärkste Kraft der Transzendenz gegenüber unseren bestehenden Verhältnissen inne — und eine sozialistische Gesellschaft habe doch wahrlich wenig oder gar nichts mit Religion im bisher üblichen Sinn zu tun. Im Gegenteil: die Verwirklichung des sozialistischen Entwurfes könne überhaupt erst richtig in Angriff genommen werden, wenn die herrschende Religion entmächtigt sei. — So argumentieren bekanntlich viele Marxisten; solche der osteuropäischen orthodoxen Parteien ebenso wie der jüngsten europäischen Studentengeneration. Trotzdem gibt es eben auch überzeugte Marxisten, die das Wort Religion anders verstehen als die herrschende Lehre; Max Horkheimer ist unter ihnen keine Ausnahme. Gerade in der jüngeren Generation der [193] osteuropäischen Staaten gibt es eine ganze Reihe von Philosophen und Schriftstellern, die in ihrem Bemühen um eine dynamische Transzendierung ihrer bürokratisch bestimmten Alltagswelt gerne auf den Begriff der Religion zurückgreifen.

Doch hat uns diese auf die aktuelle Diskussion bezogene Zwischenbetrachtung wiederum zu unserer ersten Feststellung zurückgeführt, daß nämlich angesichts des vielschichtigen und widersprüchlichen Sprachgebrauches von Religion alles darauf ankomme, wie wir selbst diesen Begriff bestimmen wollen. Da es offensichtlich genauso schwer ist, den Begriff der Religion von seiner diesseitigen oder jenseitigen Zielrichtung und deren entsprechenden Inhalten einheitlich zu fassen wie die Fülle religiöser Erscheinungen auf einen einheitlichen Nenner zu bringen, wollen wir hier einen anderen Weg einzuschlagen versuchen, der uns vielleicht einen Ausblick auf unser Hauptthema nach der Zukunft der Religion zu eröffnen vermag. Wir wollen der Frage nachgehen, welche Aufgaben denn die Religion im Leben des einzelnen Menschen erfüllt und welche Aufgabe sie im

Leben der menschlichen Gemeinschaften wahrnimmt. Es geht uns demnach, um unsere Absicht formelhaft zu kennzeichnen, nicht um das Wesen der Religion, sondern es geht uns um die *Funktion* der Religion. Wir meinen, daß in dieser sogenannten funktionalen Betrachtungsweise der Streit darüber, ob die Religion auf das Heilige schlechthin bezogen ist oder nicht, ob es in der Religion notwendig um Übernatürliches geht oder nicht, zurücktritt, sozusagen unentschieden bleiben kann. Doch lassen wir das einstweilen auf sich beruhen.

Welche Aufgaben nun nimmt die Religion im Leben des Einzelmenschen, des Individuums wahr, was leistet sie? Diese Frage ist heute nicht mehr so klar und für jedermann einleuchtend zu beantworten wie sicher noch vor 50 (im Jahr 2013 vor: 100) Jahren und erst recht in früheren Zeiten. Das hängt unseres Erachtens vor allem zusammen mit der sogenannten „Segmentisierung" der Religion, d.h. mit ihrer Auffächerung gewissermaßen in eine Reihe von Unterabteilungen. Gemeint ist, daß dort, wo früher bei ganzen Bevölkerungsgruppen eine ziemlich einheitliche religiöse Vorstellungswelt bestand, heute eine Reihe von religionsähnlichen Auffassungen miteinander konkurrieren, sich miteinander vermischen und eben eine Art neuer Unterabteilungen von Religion hervorbringen. Mit diesen Unterabteilungen neuer Religiosität und ihrer Verflechtung [194] in bestimmten Bevölkerungsgruppen werden wir uns noch genauer zu beschäftigen haben. Zunächst verdeutlichen wir uns, welche Funktion die Religion etwa im Leben der Bäuerin Hilda Michel vor etwa 150 Jahren gehabt hat.
Im Heimatdorf dieser Bäuerin stand die Kirche nicht nur äußerlich im Mittelpunkt des Ortes. Auch den allgemein geltenden Vorstellungen nach fühlte man sich dort ganz selbstverständlich als evangelisch. In ihrem Elternhaus wurde abends am Kinderbett gebetet; auch vor den Mahlzeiten sprach der Vater ein Tischgebet. Die Mutter ging alle 14 Tage zum Gottesdienst, der Vater durchschnittlich einmal im Monat. Im Religionsunterricht der Volksschule sowie im Konfirmandenunterricht mußte Hilda eine ganze Anzahl von Gesangbuchversen, die meisten Stücke des Katechismus und einen Teil der in der Lutherbibel fett gedruckten biblischen Kernsprüche auswendig lernen. Die evangelische Gedankenwelt wurde auf diese Weise ganz selbstverständlich zu ihrem eigenen religiösen Vorstellungs- und Ausdrucksrahmen. Dieser Rahmen wurde immer wieder bestätigt und gefestigt durch das, was die Menschen ringsum glaubten und wie sie sich verhielten. Selbst wenn ihr die evangelische Welt- und Lebensanschauung nicht einleuchtend gewesen wäre, hätte Hilda kaum die Möglichkeit eines anderen religiösen Rahmens gehabt; denn ihr fehlten sowohl die Kenntnisse einer anderen Weltanschauung als auch die Instrumente, mit ihnen umzugehen. Sie war, ohne selbst vorher gefragt worden zu sein, in die evangelisch-lutherische Religiosität nicht nur hineingewachsen, sondern

die in ihrem Heimatgebiet herrschende Religion war ihre eigene, sozusagen ein Stück von ihr geworden.
Damit können wir die Frage wieder aufnehmen, welche Funktion denn die Religion im Leben von Frau Hilda Michel erfüllte, nachdem sie ins Nachbardorf hinübergeheiratet hatte und selbst Mutter geworden war. Ich unterscheide zur Verdeutlichung drei Bereiche, in denen diese Funktion klar zu beobachten ist.

Der **erste Bereich** betrifft das sogenannte Gefühlsleben. Frau Michel muß mit ihren verschiedenen Ängsten fertig werden, beispielsweise mit der Angst, daß ihr lebensgefährlich erkranktes Kind sterben könnte, oder mit der Angst, daß der eigene Ehemann als Soldat im Kriege fallen könnte, oder daß das heimatliche Dorf und die eigene Familie durch eine Epidemie oder durch eine Folge katastrophaler Mißernten in Not und Elend geraten könnte. Mit [195] all diesen Ängsten fertig zu werden hilft ihr ihre Religion; sie betet, sie bittet Gott um Hilfe, sie sagt sich die Gesangbuchverse auf, die ihr die Möglichkeit geben, ihre eigenen Empfindungen überhaupt einmal in Worte zu fassen, sie damit ein Stück weit aufzuarbeiten. Überhaupt findet sie in diesen Gesangbuchversen ihre eigenen Lebensverhältnisse wieder, nicht nur, was die Angst betrifft, sondern auch, was die Erfahrungen der Freude oder des Glückes, des Vertrauens oder der Enttäuschung, des Leidens und des Sterbens angeht. Frau Michel hat, wie gesagt, keine anderen Instrumente, mit dem unruhigen Bereich ihrer Gefühle umzugehen als diesen ihren religiösen Vorstellungsrahmen. Der aber hilft ihr auch tatsächlich.

Der **zweite Bereich**, in dem die Religion eine wichtige Bedeutung für Hilda Michel hat, sind die sogenannten Sinnfragen des Lebens. Es ist nicht so, daß sie sich dauernd mit diesen Fragen beschäftigte, daß sie von ihnen umgetrieben wurde. Aber sie weiß, sie sind grundsätzlich beantwortet. Diese Fragen, woher es beispielsweise kommt, daß man das Gute will und doch das Böse tut, woher es kommt, daß der eine, obwohl ein durch und durch anständiger Menschen, geradezu vom Pech verfolgt ist, und der andere, ein durchtriebener Schurke, auch noch Glück mit seinen finsteren Geschäften hat; warum Menschen überhaupt leiden und sterben müssen; diese Fragen haben ihre beängstigende Macht verloren. Im Katechismus hat sie gelernt, warum die Welt so ist, wie sie ist. Und diese Antworten des Katechismus hat sie ebensowenig wie ihre Altersgefährten und sonstigen Dorfgenossen je hinterfragt. Die sogenannten Sinnfragen des Lebens waren letzten Endes geregelt —auch wenn, das freilich wußte Frau Michel genau, es im persönlichen Leben oft sehr schwer war, sich in diesen Sinn zu schicken, ihn zu akzeptieren.

Der **dritte Bereich**, in dem die Religion für Frau Michel eine wichtige Rolle spielt, betrifft die sittliche Ordnung, die ethischen Werte und Normen, das, was man im Volksmund „gut und böse" nennt. Diese sittliche Ordnung hatte ihr Zentrum in den Zehn Geboten, ausgelegt und erklärt wiederum im lutherischen Katechismus. Gewiß erlebte Frau Michel ständig, daß diese 10 Gebote nicht streng eingehalten wurden, und gewiß war sie keineswegs darauf aus, mit erhobenem Zeigefinger hinter jedem herzulaufen, der ein Gebot ersichtlich übertreten hatte. Sie war keineswegs eine [196] religiöse Fanatikerin. Trotzdem hielt sie entschieden daran fest, daß von den Zehn Geboten nicht ein Tüpfelchen abgestrichen werden dürfe; denn wenn die grundsätzliche Gültigkeit der Zehn Gebote außer Kraft gerate, dann, so meinte sie ebenso wie die allermeisten ihrer Zeitgenossen, werde das Leben aus den Fugen geraten, werde gewissermaßen alles „drunter und drüber" gehen.

In diesen drei Bereichen, in dem der Bewältigung elementarer Gefühle, in dem der Regelung der Sinnfrage und dem der Vermittlung sittlicher Wertordnungen spielt die Religion für Frau Michel eine ganz zentrale Rolle. Man kann sagen, ihr religiöser Vorstellungsrahmen sei geradezu das Steuerungssystem, mit dessen Hilfe sie ihr Lebensschiff durch ihre Alltagswelt steuert, an dem sie Orientierung gewinnt, wenn die Fahrt einmal durch gefährliche unsichere und dunkle Gewässer geht.
Wir sahen, daß Frau Michel dieses ihr Steuerungssystem sich in ihrer Kindheit angeeignet, es gewissermaßen erlernt hat, daß sie die Werte und Normen ihrer Religion „internalisiert" hat, wie man heute sagt, daß sie also diese Religion sozusagen in ihr Innenleben hineingenommen, daß sie sie verinnerlicht hat. Damit soll ausgedrückt werden, daß es sich bei einem solchen Hineinwachsen in die Religion keineswegs nur um das Erlernen eines abfragbaren Wissens handelt. (Ein solches Mißverständnis hätte mit dem Hinweis auf das Auswendiglernen von Gesangbuchversen oder Katechismus-Stücken entstehen können.) Außer dem Bereich des Wissens, des Verstandes, wie wir landläufig sagen, spielt für die Religion der Bereich der Gefühle oder genauer dessen, was wir die Seele nennen können, eine ganz erhebliche Rolle. Freilich sind alle diese Unterscheidungen ein wenig gewaltsam. Denn in Wahrheit sind ja Gefühl und Verstand auch im religiösen Bereich auf das engste miteinander verflochten.

Weshalb wir trotzdem diese Unterscheidungen einführen müssen, kann an einem kleinen Beispiel deutlich werden. Auf dem kleinen Hof der Frau Michel wird im Zusammenhang der sogenannten Befreiungskriege für einige Wochen ein junger Leutnant einquartiert. Der junge Mann erklärt, daß er Religionswissenschaft studiere und selbst eines Tages Forscher werden wolle; von Hause aus sei er katholisch erzogen; inzwischen habe er jedoch längst seinen Kinderglauben überwunden und halte sich jetzt für einen aufgeklärten Atheisten. Die Frau Michel weiß nicht so recht, was [197] das ist, kümmert sich auch nicht weiter darum. Beiläufig erfährt sie jedoch, daß der Leutnant auch vom lutherischen Katechismus und den Gesangbuchliedern sehr viel mehr weiß als sie selbst. Trotzdem, so spürt sie, hat dieses Wissen bei ihr und ihm doch einen anderen Stellenwert. Daß der Leutnant viel mehr weiß, bedeutet noch längst nicht, daß dieses Wissen für die Steuerung seines Lebens eine ebenso wichtige Rolle spielt wie das vergleichsweise viel kleinere Wissen, das die Bäuerin von der Religion hat, für sie selbst spielt. Sie versteht zwar nicht so gut die Zusammenhänge und Probleme. Aber sie ist, wie man so sagt, mit dem Herzen dabei. Sie reagiert empfindlich, wenn der Student eine schnodderige Bemerkung macht; man merkt, daß die Worte, die sie selbst findet, mit starken Gefühlen beladen sind. Und genau das ist es, was Definition von Religion im Sinne unserer funktionalen Betrachtungsweise dazugehört; der hohe Anteil von Emotionalität, von Gefühlsbindungen.

Fassen wir noch einmal zusammen, wie sich Religion darstellt, wenn wir von ihrer Funktion für den einzelnen Menschen ausgehen: sie erscheint als eine emotional hochbesetzte Bindung an ein bestimmtes Deutungs- und Wertschema; im Falle unserer Bäuerin Michel also als Bindung an das Deutungs- und Wertschema der lutherischen Volkskirche. Diese Bindung hat die Aufgabe, dem Menschen zu helfen, mit den Gegebenheiten, Zufälligkeiten und Undurchsichtigkeiten seiner Alltagswelt fertig zu werden. Oder, um es einmal mit den Worten des bekannten jüngeren Soziologen Niklas Luhmann und damit in einer bestimmten soziologischen Fachsprache zu formulieren: „Religion hat die Funktion, die an sich kontingente Selektivität gesellschaftlicher Strukturen und Weltentwürfe tragbar zu machen, d.h. ihre Kontingenz zu chiffrieren und motivfähig zu interpretieren." Etwas vereinfacht, bedeutet dieser Satz, daß Religion die Aufgabe hat, die mir zufällig zuteilgewordene Lebenssituation tragbar zu machen, d.h. ihre Zufälligkeit gewissermaßen zu chiffrieren und gleichzeitig im Sinne einer Motivation zu deuten.

Im Sinne dieser Betrachtungsweise ist eine recht klare Antwort auf die Frage nach der Zukunft der Religion zu geben. Religion im Sinne unseres Begriffes wird es immer geben; menschliche Existenz ohne solche Religion ist nicht denkbar. Freilich ist damit die Religionsproblematik unserer Gegenwart noch keineswegs [198] erledigt. Nur ist sie gewissermaßen auf ein anderes Gleis geschoben. Man wird nicht mehr so sehr danach fragen, ob es Religion geben wird oder soll oder nicht, sondern man wird fragen: welche Deutungs- und Werteschemata sollen unter uns gelten. Und über diese Frage wird ja schon heute heftig gestritten. Beispielsweise darüber, ob die überkommenen christlichen Moralauffassungen über Arbeit und Freizeit, Liebe und Ehe, Krieg und Frieden, Eigentum und Diebstahl, Gehorsam und Mündigkeit — ob diese Auffassungen den Problemen und Gefahren einer sogenannten spätkapitalistisch organisierten Industriegesellschaft gerecht werden — oder ob sie möglicherweise gerade solche Strukturen verfestigen und indirekt verteidigen, die mit den Vorstellungen von Nächstenliebe und menschlicher Gleichheit nur sehr wenig zu tun haben. Doch ist das nicht unser Thema, wenngleich hier die wirklichen Ursachen auch für den in jüngster Zeit neu entfachten Streit über die Religion liegen dürften. Denn letzten Endes trägt die Frage danach, ob es so etwas wie Religion morgen und übermorgen noch geben werde, solange nichts aus, solange die Frage nach den Inhalten und Strukturen der Wertungs- und Deutungsschemata davon ausgeklammert ist. Der Einzelmensch wird immer dessen bedürfen, daß ihm seine Situation motivfähig interpretiert wird, nur fragt sich, woher die Interpretamente genommen werden sollen — und übrigens auch, woher sie überhaupt genommen werden können.

Statt freilich diese inhaltlichen Fragen im einzelnen weiter problematisieren zu können, müssen wir uns noch einmal einem allgemeineren Gesichtspunkt zuwenden. Religion ist nämlich in unserer funktionalen Betrachtungsweise nicht nur in ihrer Bedeutung für den einzelnen Menschen, sondern auch in ihrer Bedeutung für die Gesellschaft selbst zu beachten. Im Jahre 1912 hat der Franzose Emile Durkheim zum ersten Mal eine ausführliche Argumentation darüber vorgetragen, daß die Religion zu den wichtigsten Mitteln der Integration, d.h. der Einheit und des Zusammenhaltens einer Gesellschaft gehört. Dieser Gedanke läßt sich leicht an unserem Beispiel veranschaulichen. So, wie die Bäuerin Hilda Michel, dachten und glaubten im Grunde Millionen deutscher evangelischer Bäuerinnen — und nicht nur Bäuerinnen, sondern Menschen aus allen Alters- und Berufsgruppen. Das Deutungs- und Wertschema der lutherischen Volkskirche gehörte zweifellos über Jahrhunderte [199] hinweg zum stärksten integrierenden Faktor, sozusagen zur stärksten Bindekraft der deutschen Gesellschaft, die politisch ja nicht geeint war. Und ähnliche Bedeutung kann man für den Katholizismus in Polen oder Spanien, für den Islam in Arabien und für bestimmte Stammesreligionen in Afrika nachweisen. Wollen wir diese Bedeutung soziologisch etwas differenzierter ausdrücken, dann müssen wir Religion nunmehr beschreiben als eine Institution der Vermittlung, Legitimierung und Transzendierung derjenigen Deutungs-und Wertauffassungen, die in einer Gesellschaft grundlegend in Geltung stehen. Die religiösen Institutionen haben also die Aufgabe, diese geltenden Auffassungen, deren Grundbestand oft in Heiligen Schriften (wie der Bibel, dem Koran, oder in einem etwas veränderten Sinn auch der sogenannten Mao-Bibel) festgehalten wird, zu überliefern, auszulegen, einzuüben, missionarisch auszubreiten. Sie haben ferner die Aufgabe, ihre Mitglieder oder Anhänger zu betreuen, sie beispielsweise zu vergewissern, daß die Grundauffassungen des gemeinsamen Glaubens nach wie vor gültig und tragfähig sind.

Dies alles hat offensichtlich jahrhundertelang so funktioniert und auch dort, wo im letzten Jahrhundert gewaltige Veränderungen vor sich gingen, wo, wie beispielsweise in Rußland, das religiöse Monopol der orthodoxen Kirche durch ein in unserem Sinne ebenfalls als religionsähnlich zu bezeichnendes Monopol der Partei abgelöst wurde, selbst dort also sind zwar die Inhalte und die gesellschaftlichen Auswirkungen der Wertungs- und Deutungsschemata massiv revolutioniert worden, ist aber der Zusammenhang von lehrender Institution, von Lehrinhalt und von der persönlichen Annahme dieser Lehre erhalten geblieben. Mit anderen Worten: Erhalten blieb oder neu formuliert wurde die tiefe strukturelle Zusammengehörigkeit von Deutungsschema, vermittelnder Institution und individueller Motivation. Eben die Einheitlichkeit dieser Strukturen des Verhältnisses von Religion und Gesellschaft scheint jedoch in neuester Zeit durch diejenigen Tendenzen in Frage gestellt zu sein, die wir vorhin als „Segmentisierung" gekennzeichnet haben und die landläufig unter dem Stichwort „Pluralismus" diskutiert werden. Gemeint ist, daß an die Stelle der bisherigen einheitlichen Grundauffassung in der Gesellschaft immer häufiger jene Vielfalt von Unterabteilungen tritt, die nicht nur miteinander konkurrieren, sondern oft auch gar nichts mit [200] einander zu tun haben, vielmehr meilenweit voneinander entfernt sind. Die soziologisch interessante Frage ist dabei, ob die Gesellschaft auf ein Schema gemeinsam vertretener Grundüberzeugungen verzichten kann, ob sie es auf die Dauer verkraften kann, daß in den Grundfragen des menschlichen Zusammenlebens, also etwa zwischen strenger Monogamie und neuen Formen der Polygamie, zwischen Kapitalismus und Sozialismus, zwischen Gehorsam und Mündigkeit so verschiedene und gegensätzliche Konzeptionen nebeneinander existieren können, wie das zur Zeit in Westeuropa der Fall ist. Oder ob diese Pluralität nur ein Übergangsstadium markiert, an dessen Ende eine neue Einheitlichkeit der religiösen Grundauffassungen stehen wird. Oder, auch diese dritte Möglichkeit besteht, ob sich insgeheim, über und hinter all den Widersprüchlichkeiten in den ethischen Grundorientierungen und Konzeptionen, doch bereits wieder so etwas wie ein gemeinsam verpflichtendes und anerkanntes Wertsystem herauskristallisiert hat, dem beispielsweise die ideologischen Führer der modernen Marktwirtschaft genauso zustimmen wie die inzwischen recht zahlreich gewordenen Mitglieder der streng marxistischen Studentengruppen an unseren Universitäten. Mit den oft als Allerweltsformeln bezeichneten Begriffen von Humanität und Humanisierung könnte sich eine solche Entwicklung ebensogut andeuten wie in der von Herbert Marcuse beschriebenen Tendenz, daß sich die kulturellen Bedürfnisse etwa im Freizeit-Sektor oder am Fernsehgerät auf der ganzen Welt einander immer stärker annähern.

Doch können wir im Augenblick noch nicht genau erkennen, in welche Richtung uns die einander widerstreitenden Kräfte der Segmentisierung von Wertsystemen einerseits und der Nivellierung, der Abflachung zu einer Welt-Einheits-Kultur andererseits treiben werden. Wie immer aber das Ergebnis dieses Prozesses sein wird, im Blick auf die Funktion der Religion wird die Frage von größter Bedeutung sein, welche Formen der institutionell geregelten Vermittlung zwischen den sich neu herausbildenden Grundwerten der Gesellschaft und der auf den Einzelmenschen bezogenen Motivation entwickelt werden. Ob beispielsweise die christlichen Kirchen, die jahrhundertelang die wichtigsten Agenturen einer solchen Vermittlung zwischen den fraglos gültigen Werten und der persönlichen Motivation gestellt haben, diese Aufgabe auch im Zuge einer revolutionären Neuorientierung zu leisten vermögen, [201] oder wer sonst an ihre Stelle treten könnte. Auch im Blick auf diese Agenturen, wie den Kindergarten, den Religions- und Konfirmandenunterricht sowie die sogenannten Kleinkreise von Erwachsenen wird die unmittelbare Zukunft der Religion wohl von erheblichen Auseinandersetzungen und Kämpfen gekennzeichnet sein. Was bleiben wird, ist ganz zweifellos so etwas wie das, was wir soziologisch bisher als Religion bezeichnet haben. Es fragt sich nur, ob die Menschen das, was sie bisher als Religion verstanden haben, darin wiederfinden.

Identität und Realität der Kirche*

Zum Gespräch mit Karl Barth

Im Frühjahr 1986 hat, von der theologischen und der kirchlichen Öffentlichkeit zunächst kaum registriert, die Planungsgruppe des EKD-Kirchenamtes eine Studie von hoher Brisanz vorgelegt. Danach werden sich die Strukturbedingungen unserer Kirche in den kommenden 40 bis 50 Jahren einschneidend, ja geradezu dramatisch veredern. Von dieser Veränderung werden alle Kirchenglieder, insbesondere aber die heutige Generation von Theologiestudenten, auf das unmittelbarste betroffen. Aufgrund von Hochrechnungen nämlich ist damit zu rechnen:

- daß die Mitgliederzahl der evangelischen Kirchen in Deutschland sich in dieser Zeit um die Hälfte, auf etwa 12 Millionen verringert;
- daß das Finanzaufkommen um mehr als die Hälfte, nämlich auf ca. 40 % der heutigen Einnahmen sinkt;
- daß die Zahl der Pfarrstellen ebenfalls auf die Hälfte der heute ca. 16.000 Stellen reduziert wird.

Bei dieser Prognose ist bereits eingerechnet, daß sich das Verhalten der offiziellen Kirche gegen über ihren Mitgliedern erheblich verändern wird: daß es insbesondere von der bisherigen versorgungskirchlichen Praxis bei sozusagen automatischer, durch die Kindertaufe geregelter Bestandserhaltung zu einer neuen Art von missionarischem Gemeindeaufbau und von aktiver Mitgliederwerbung kommt. - Auch wenn wir solchen Prognosen keine schicksalhafte Zwangsläufigkeit zuerkennen, werden wir davon ausgehen müssen, daß das Profil des kirchlichen Lebens sich in absehbarer Zeit gravierend verändert. Wir werden uns aber auch klar machen müssen, daß die inhaltliche Richtung dieser Veränderungen nicht unerheblich von uns abhängt; von uns allen, insbesondere von meiner Generation, die heute in Theologie und Kirche Verantwortung trägt und die die Weichen der Entwicklung zu stellen hat.

Es ist nicht das erste Mal in diesem Jahrhundert, daß sich die Evangelische Kirche mit fundamentalen Umbrüchen ihrer Strukturbedingungen auseinandersetzen muß. 1918 war es der plötzliche Wegfall von landesherrlichem Kirchenreglment und staatskirchlicher Verfassung, der sie unvorbereitet in eine höchst angstbesetzte Situation stellte. Zwanzig Jahre später,

---

* Erstveröffentlicht in: Wilhelm-Ludwig Federlin u.a. (Hg.): Unterwegs für die Volkskirche, Festschrift für Dieter Stoodt, Frankfurt u.a.: Peter Lang 1987, S. 71-85

während des Höhepunktes der nationalsozialistischen Macht, schien der Weg in Unterdrückung und Martyrium für die Kirche unausweichlich. Schon bald danach aber gab ihr die sogenannte Gnade des Nullpunktes von 1945 nicht nur die Chance, sondern auch die Zeit und die materiellen Möglichkeiten zu einem gründlichen Neuaufbau, sowie zu dessen ausführ[72]licher theologischer Reflexion und zur praktischen Erprobung neuer kirchlicher Lebensformen.

Gegenüber den schockartigen und spektakulären Umbrüchen von 1918 und 1945 zeigt die neue EKD-Studie einen eher versteckt unauffälligen, einen schleichenden Veränderungsprozeß an; langfristig allerdings dürfte dieser Prozeß nicht weniger folgenreich sein als die früheren Umbrüche. In jedem Falle aber werden wie damals Konsequenzen aus der neuen Perspektive zu ziehen sein; Konsequenzen, die möglicherweise von großer Tragweite sind. Und wie damals, 1918 und 1945, wird alles darauf ankommen, ob die richtigen Maßstäbe für die notwendige Neuorientierung gefunden und geltend gemacht werden.

Karl Barth hat 1930 und 1931 die Maßstäbe der damaligen Kirchenführung für ihre Politik nach dem Ersten Weltkrieg in zwei Kampfschriften auf das schärfste verurteilt und zurückgewiesen. Wir werden darauf zurückzukommen haben, stellen aber schon jetzt fest, daß für ihn in den Begründungen zur Kirchenpolitik der Zwanziger Jahre durchweg der entscheidende Maßstab fehlt; jener Maßstab, durch den alle pragmatischen Nützlichkeitsüberlegungen relativiert werden: der Maßstab, der nur aus der Besinnung darüber abzuleiten ist, was denn überhaupt Kirche zur Kirche macht, worin ihr.Eigentümliches gegenüber allen anderen Institutionen liegt, worin, in der Terminologie unserer Themenstellung, ihre wahre Identität besteht. Barth selbst hat auf diese Frage bekanntlich eine unzweideutige Antwort gegeben. Sie liegt, um die inhaltliche Richtung bei allen Veränderungen der Begrifflichkeit zunächst stichwortartig anzugeben, in der Bestimmung der Kirche als Gemeinde der Heiligen; in der ihr zuteil gewordenen Verheißung Gottes; in der unverwechselbaren und nicht austauschbaren Verbindung des Leibes Christi mit seinem Haupt Jesus Christus.

Von hier aus und nirgend anders her ist für Barth die eigentliche Identität der Kirche bestimmt und aus ihr sind die vorrangigen und letzten Endes allein geltenden Maßstäbe der Beurteilung zu gewinnen. Das war es, was er 1930 und 1931 gegen einen selbstgerechten kirchlichen Positivismus drastisch und unüberhörbar zum Ausdruck bringen wollte. Und das hat er als Frage, Mahnung, Ermutigung sein ganzes Leben lang unermüdlich und oft unerbittlich geltend gemacht; nicht zuletzt gegenüber dem kirchlichen Wiederaufbau in Deutschland nach 1945.

Die Frage danach, was Kirche zur Kirche macht und welche Orientierungsmaßstäbe daraus abzuleiten sind, diese Frage ist uns auch heute und erst recht angesichts der neu auf uns zukommenden Herausforderungen und Weichenstellungen aufgegeben. Und ich denke, sie wird, wie die Geschichte der Theologie in unserem Jahrhundert gelaufen ist, auch von unserer Generation im Gespräch mit Karl Barth vorangetrieben werden müssen. Vielleicht anders akzentuiert als bei ihm und hoffentlich nicht in der puren Wiederholung seiner Antworten und Paradigmata; wohl aber im Hinhören auf seine Fragen und in der kritischen Rückfrage an seine Argumentation.[73]

Wer in seinem Denken so dezidiert und so unerschütterlich wie Barth ausgeht von der Identität der Kirche als der Gemeinde der Heiligen, der wird nicht unerhebliche Schwierigkeiten mit dem haben, was ihm als sichtbare Kirche begegnet,als empirisch faßbare Realität, also mit der sozusagen real existierenden Kirche. Er wird Schwierigkeiten haben, sie in ihrer ganz und gar menschlichen Gestalt zu verstehen, ihr sachlich gerecht zu werden, ja sie zu lieben. Er wird eher geneigt sein, in ihr das Zerrbild dessen zu sehen, wozu Kirche eigentlich berufen ist. Mit solchen Schwierigkeiten hat Barth ganz offensichtlich zu kämpfen. Viele, die für die empirisch faßbare Realität Verantwortung trugen, haben sich in seiner Darstellung dieser Realität nicht wiedergefunden, sondern haben sich verzerrt dargestellt, oft abgekanzelt und persönlich verletzt gefühlt. Auch davon muß gesprochen werden, wenn wir in einen kritischen Dialog mit Barth eintreten, um uns für die Aufgaben unserer heutigen Zeit theologisch zu rüsten.
Beide Betrachtungsansätze, derjenige, der von der kirchlichen Identität als Gemeinde der Heiligen bestimmt ist, und derjenige, der von der empirischen Realität etwa der Volkskirche ausgeht, sind, vor allem in den letzten zwanzig Jahren, oft als unvereinbar gegeneinandergestellt worden. Der Streit über Legitimität, Begrenztheit und praktische Konsequenzen beider Ansätze hat sich meines Erachtens über weite Strecken als Stellungskrieg mit dem Schlagabtausch gleichbleibender und gegenseitig längst bekannter Argumente abgespielt. Es ist aber nicht einzusehen, daß eine solche sterile Konfrontation die einzige Form der Auseinandersetzung sein und bleiben muß.
Angesichts der notwendig werdenden Überlegungen und Entscheidungen über die zukünftige Struktur und den Weg der sichtbaren, der real existierenden Kirche scheint es vielmehr geboten, beide Ausgangspunkte erneut zu einem konstruktiven Dialog miteinander zu bringen. Das Gespräch mit Barth, das eine der Voraussetzungen dafür sein muß, wollen wir so führen, daß die inhaltlichen Verdichtungen unserer Problematik jeweils in ihrem historischen Kontext bedacht werden sollen. Wir unterscheiden vier große

Teilabschnitte: Safenwil, die Weimarer Zeit, die Zeit der kirchlichen Dogmatik und die erste Dekade nach Barth.

1. Safenwil

Zeit, Ort und Anlaß der folgenreichen Wende seines theologischen Denkens sind im Falle Barths ziemlich genau, gleichsam mit nur einem Wort zu datieren: mit dem Wort Safenwil, "jenem schweizerischen Industriedorf", in dem Barth zehn Jahre lang als Gemeindepfarrer tätig war zwischen seinem 25. und seinem 35. Lebensjahr. Zwar hatte er als Angehöriger einer weitverzweigten Theologenfamilie und in der exponierten Tätigkeit [74] eines Redaktionssekretärs der „Christlichen Welt" schon vorher viel Gelegenheit, die. Realität der empirischen Kirche in den unterschiedlichen Spielarten ihrer Frömmigkeit und ihrer theologischen Richtungen kennenzulernen, nicht zuletzt in persönlichen Begegnungen mit führenden Vertretern der verschiedenen Tendenzen. Zwar hatte er auch die Alltagsarbeit eines Großtstadtpfarramtes als Vikar in Genf von der Pike auf kennengelernt - und er hatte sie aufs Ganze gesehen positiv erlebt: nicht enthusiastisch, aber doch so, daß seine Freude an der Arbeit bei weitem größer war als seine Frustration über die Unkirchlichkeit und das Leiden an der Predigtvorbereitung in einer Großstadt (Busch 65). Dennoch reichten diese seine Erfahrungen und die gründliche Kenntnis der empirischen Kirche mit dem breiten Spektrum ihrer Möglichkeiten offenkundig nicht aus, um die zuerst überraschenden, sich dann mehr und mehr steigernden Schwierigkeiten mit der pfarramtlichen Praxis in der eigenen Gemeinde, speziell die Schwierigkeiten mit dem Predigen zu bewältigen. Im Frühjahr 1916 schreibt er an seinen Freund Thurneysen: „Ich predige heute mit dem deutlichen Eindruck: das kann noch nicht durchschlagen, weil es bei mir selbst noch lange nicht durchgeschlagen hat" und: „Meine Hausbesuche und mein Unterrichten sind eine lächerliche Stümperei; ich komme mir vor wie einer, der mit vollen aufgeblasenen Backen in eine Trompete stoßen möchte, aber es kommt kurioserweise kein Ton heraus" (Busch 101 f). Barth und Thurneysen waren sich einig, daß die von ihnen empfundene und vielbesprochene Predigtnot nicht einfach auf methodisch-technische Gründe, auf sogenannte Wie-Fragen zu reduzieren sei. Worum es ging, war vielmehr die Frage nach der Sache, die Frage nach dem WAS. „Was wir für Predigt, Unterricht und Seelsorge brauchen, ist eine 'ganz andere' theologische Grundlegung", das war ihnen Zug um Zug deutlich geworden (Busch 109). Eine ganz andere Grundlegung müßte es sein als die, die ihnen in ihrem Studium vermittelt worden, die mit dem Namen und der Schule Schleiermachers eng verbunden war - und die damals in der Kirche, gerade auch in deren problembewußten und progressiven Kreisen, in selbstverständlicher und dominierender Geltung stand. Die Tragfähigkeit eben dieser Grundlegung war Barth und seinen Freunden' fragwürdig geworden: einerseits vermochten sie in ihr keine Hilfe zu finden für ihre Predigt- und Praxisnot. Andererseits, weit gravierender, erschien sie durch die politische Haltung ihrer großen theologischen Vertreter in Deutschland beim Ausbruch des Ersten Weltkrieges ethisch diskreditiert. Gerade an der vorbehaltlosen Unterstützung der kaiserlichen Kriegspolitik durch seine eigenen Lehrer war für Barth schlagartig sichtbar geworden, daß es die theologischen Voraussetzungen dieser politischen Ethik waren, die nicht in Ordnung sein konnten.

Nach einer „ganz anderen" Grundlegung Ausschau zu halten, hieß dann für Barth, sich selbst an die Arbeit zu machen; konkret: sich zehn Jahre nach Abschluß seines Studiums erneut und unter den neuen Fragestellungen intensiv dem Neuen Testament, speziell dem Römerbrief zuzuwen[75]den: „ich las und las und schrieb und schrieb". Was ihm dabei Schritt um Schritt im Ansatz und dann auch in den Konsequenzen deutlich wurde, war, daß es eben doch nicht der Mensch sei, der mit seinen Bedürfnissen und den Möglichkeiten seiner Entwicklung im Mittelpunkt des Evangeliums stehe und, wie die Schleiermacher-Schule lehrte, den eigentlichen Gegenstand der Theologie zu bilden habe. Nein: in diesem Zentrum muß Gott selbst stehen - heilig, unverfügbar, fremd; ganz anders als die Menschen sich ihn wünschen und sich ihn vorstellen; erkennbar und zugängig einzig und allein durch seine Offenbarung in Jesus Christus. Diesem Gott zu begegnen, heißt zuerst dieses Ganz-anders-Sein zu erkennen; es bedeutet Erkenntnis der Krise: der Krise alles historisch Gewordenen und insbesondere aller Gestaltwerdungen von Religion; der Krise auch der christlichen Frömmigkeit, der Krise der christlichen Ethik, und erst recht der Krise der christlichen Kirche. „Theologie der Krise", so hat man schon bald den von Barth angestoßenen und eingeleiteten Neuansatz (der Theologie) bezeichnet. Von diesem Ansatz aus mußte nun das Predigen neu versucht werden, mußte eigentlich auch die Praxis des Pfarramtes neu gestaltet werden; vor allem aber mußte der grundlegenden Erkenntnis dieser Krise zuerst einmal standgehalten und Raum gelassen werden. - Ob und wie das alles dann auch positiv und konstruktiv gesagt und wie es in die Gestaltungsfragen umgesetzt werden sollte, diese Frage war im Studierzimmer von Safenwil und noch viele Jahre lang, cura posterior, zweitrangig. Wofür jedoch Safenwil steht und stehen bleibt, ist, daß die große Wende, und damit auch die Neubestimmung der kirchlichen Identität, die mit dem Namen Barth unaustauschbar verbunden ist, aus der Praxis heraus motiviert war, aus Schwierigkeiten in und mit dieser Praxis, speziell aus der Predigtnot. Deutlich wird, nebenbei gesagt, am Kennwort Safenwil aber auch, daß Barth wußte, wovon er sprach, wenn es um die empirische Realität der Kirche ging.

2. Quo usque tandem

Was damals, vor jetzt 70 Jahren in Safenwil begann, ist in seiner kirchlichen Brisanz und der Reichweite seiner theologischen Aussagen der Öffentlichkeit nur langsam bewußt geworden. Durchgreifend änderte sich das erst mit dem im ganzen evangelischen Deutschland nicht zu überhörenden Paukenschlag des „Quousque tandem".

„Wie lange noch ...?" — Wie lange noch soll das so weitergehen mit dieser pragmatisch-positivistischen, theologisch nicht „rechtschaffen" reflektierenden Kirchenführung und vor allem mit deren lästerlich selbstgerechter Präsentation in der Öffentlichkeit? 'Wie lange noch?' — so fragte Barth im Januar 1930 in seiner Zeitschrift „Zwischen den Zeiten", und diesmal fragte und attackierte er unter „Außerachtlassung aller professoralen Um[76]ständlichkeit, Rücksicht und Vorsicht". Jahr für Jahr hatte er sich über Ton und Inhalt der vordergründigen Stabilisierungs- und Erfolgsmeldungen speziell des Kirchlichen Jahrbuches geärgert. Jetzt, im Winter 1929/30, seinem letzten Münsteraner Semester, war ihm sozusagen der Kragen geplatzt. Das Kirchliche Jahrbuch hatte in einem Rückblick auf das Jahrzehnt von 1919 bis 1929 die kirchliche Entwicklung aus der Katastrophe von 1918 als lebenskräftige Überwindung der ungeheuren Bedrohung ihres Daseins, als Bewährung von Kraft und Elastizität der empirischen Kirche, als Ausdruck tiefer Verwurzelung des religiösen Gedankens in der deutschen Volksseele und insbesondere als Meisterstück der Kirchenführung gefeiert. Diese Art der Betrachtung war es, gegen die Barth massiv zu Felde zog. In ihr sah er die gefährlichste Verschwörung gegen die Substanz der Evangelischen Kirche. Denn die wirkliche Substanz der Kirche ist die ihr gegebene Verheißung und der Glaube an diese Verheißung. Statt sich an dem Gott dieser Verheißung zu orientieren, macht diese empirische Kirche der Weimarer Zeit in den eitlen Selbstdarstellungen ihrer Entwicklung unverkennbar deutlich, daß man nur sich selber will, sich selber rühmt, sich selber baut. Ein Jahr später hat Barth die Auseinandersetzung mit diesem, seines Erachtens in Kirchenvolk und Pfarrerschaft vorherrschenden Kirchenverständnis in dem großen Aufsatz „Die Not der Evangelischen Kirche" (ZZ 1931), nun wieder mehr in wissenschaftlich-akademischer Sprache, aber weiterhin mit heißem Atem fortgesetzt, theologisch verschärft und, im weiteren Verlauf, in eine harte Kontroverse mit Otto Dibelius getrieben, dem Sprecher der konservativen kirchlichen Hauptströmung. In dieser Kontroverse gelangt Barth einerseits zu einer geradezu seherischen Abrechnung mit der als vaterländische Schicksalsgemeinschaft von Nation und Altar proklamierten Kirchlichkeit, die ja dann dem wenig später heraufziehenden nationalsozialistischem Sturm wenig geistliche Substanz entgegenzusetzen hatte. Andererseits kommen in der Kontroverse mit Otto Dibelius aber auch deutlich die Aporien zum Ausdruck, die in der in Quousque tandem weiterwirkenden „Theologie der Krise" für das Kirchenverständnis angelegt und die bis heute keineswegs befriedigend aufgehoben sind.

Die wirkliche „Not der evangelischen Kirche" sah Barth kurzgesagt in jener Paradoxie, daß die Kirche letzten Endes nicht sein kann, was sie sein soll. Sie soll im Prinzip das Handeln des ewigen, gegenüber allen menschlichen Bildern „ganz anderen"- Gottes und seiner Offenbarung in Jesus Christus bezeugen; sie kann es aber nicht, weil alles menschliche Reden von Gott und alles Tun in seinem Namen eigentlich unmöglich ist und seine Göttlichkeit nur pervertiert. So unterliegen auch die historischen Verwirklichungen von Kirche, ob in großen Organisationen oder in engagierten Kleingruppen, von vornherein dem Verdacht oder sogar dem Verdikt, unbußfertig, gottlos, heidnisch zu sein (vgl. Marsch, 75 ff). Die Realität von empirischer Kirche insgesamt steht von vornherein unter diesem Verdikt; konsequenterweise muß sie in einem prinzipiellen Sinne negiert wer[77]den. Und was die Identität der Kirche betrifft, so ist sie am ehesten als permanente Identitätskrise zu definieren.

Wenn das so gesagt wird, dann muß früher oder später, aber eindringlich und hartnäckig die Rückfrage kommen, wie von einem solchen Ansatz her überhaupt Gestaltung von Kirche oder gar Kirchenführung möglich ist. Zugespitzt: wie hätten denn nach Barths Meinung Otto Dibelius und seine Kollegen Kirchenführer in der Weimarer Zeit richtig gehandelt oder wenigstens richtiger, als sie es getan haben? Wie hätte Barth selbst an ihrer Stelle gehandelt; welchen konkreten Rat hätte er ihnen gegeben?. — Vielleicht hätte Barth geschwiegen; hätte er darauf verwiesen, daß ein Ratschlag nicht seines Amtes sei? Das aber hätte denen, die mit dem Paukenschlag von Quousque tandem wachgerüttelt werden sollten und de diesmal tatsächlich in ihren Pfarrerkonventen und Synoden bis hin zur Preußischen Generalsynode aufgeschreckt wurden, genauer begründet und erklärt werden müssen. Was sie nämlich verstanden, ist durchweg auf den Ton folgender Äußerung eines Pfarrers gestimmt: „Wenn man sich auf Barths Standpunkt stellt, dann bleibt für alle (uns) Pfarrer nur: Verzicht und Resignation; quietistisches Verharren, daß es Gott gefallen möge, das auszurichten, was anzupacken wir kraftlos oder zu träge sind." (KJ 1930, S. 449). Wenn die „Theologie der Krise" mit ihrer Betonung des außer- und gegengeschichtlichen Charakters auch des Leibes Christi im Kirchenalltag aber so verstanden wurde, dann muß doch die Frage gestellt werden, ob eine solche „Ekklesiologie der Krise" nicht indirekt das verstärkt, was sie anklagt und letzten Endes doch wohl beseitigen will (—... oder nicht?) Denn wenn alles ganz anders sein soll, dann ist es eben schwer, konkret etwas zu ändern. Trutz Rendtorff hat die „Theologie der Krise" darum in diesem Sinne als eine Hermeneutik des Faktischen interpretiert (S. 177), Die Frage, ob und wie weit mit der massiven Kritik des Bestehenden von Barth 1931 auch die Veränderungen des Möglichen intendiert sind, diese Frage ist m.E. noch keineswegs eindeutig beantwortet.

Es ist nicht uninteressant, wie Barth sich seinerseits in einem höchst konkreten Fall zum Thema Kritik der Kirchenführung aus der Affäre gezogen hat: Anläßlich des 70. Geburtstages des westfälischen Generalsuperintendenten Zöllner im Januar 1930 hatte er als Dekan die Glückwünsche der Münsteraner Fakultät zu überbringen. Wenige Wochen nach Erscheinen des Quousque tandem-Artikels war das, wie er schreibt, eine „verflixte Aufgabe". Denn der Generalsuperintendent Zöllner saß sicher im Boot derer, die für die Kirchenpolitik der zwanziger Jahre wesentliche Verantwortung trugen und die in dem Artikel so scharf angegriffen worden waren. Barth läßt in seiner Glückwunschadresse von alledem nichts spüren. Er begrüßt den Jubilar „ehrerbietig, vertrauensvoll und dankbar" und fährt fort: „Ein anderes ist der Dienst eines Vorstehers und Leiters, ein anderes der Dienst eines wissenschaftlichen Lehrers der Kirche. ... Sie dürfen gewiß sein, daß uns die Art, wie Sie Ihr hohes Amt in der Kirche auffassen und verwalten, mit aufrichtigem Respekt erfüllt und wir sind Ihnen dankbar, [78] Beweise dafür zu haben, daß Sie Ihrerseits auch unserer Aufgabe und der Art, wie wir ihr nachgehen, mit Verständnis gegenüberstehen ... Es konnte und es kann nicht fehlen, daß die Dinge diesseits und jenseits des Domplatzes (also in Theologischer Fakultät und Kirchenverwaltung) gelegentlich ein anderes Gesicht haben. Vereintes Schlagen erfordert ja weithin ein getrenntes Marschieren. Daß es sich um vereintes Schlagen handelt, darüber besteht bei uns kein Zweifel!" (Soweit Barth im Wortlaut; Neuser 77 f.) Wie — man reibt sich die Augen: Ist das nicht ein eklatanter Widerspruch, in dem diese Grußadresse zu dem steht, was Quousque tandem intendierte? Dort wird die Kirchenführung generell als unbußfertig, gottlos, heidnisch verdächtigt; hier wird einem der führenden Vertreter dieser Kirchenführung Dank und Respekt für die Art ausgesprochen, wie er sein hohes Amt in der Kirche auffaßt und verwaltet. Also nicht nur der Ton ist höflich, sondern auch der Inhalt ist affirmativ!

Wie ist dieser Widerspruch zu erklären? Nimmt Barth wegen der höflichen Beziehungen im Münsteraner Nahbereich auf leichte Weise zurück, was er in abstracto so scharf attackiert? Oder vertritt er im Ernst doch eine Art von Zwei-Ämter-Lehre, eine Theorie von Arbeitsteilung, nach der die Kirchenführung eben die Aufgabe hat, so gut wie sie kann, zu leiten und zu gestalten, und die Theologie die Aufgabe, das Ergebnis dieser kirchenleitenden Tätigkeit zu kritisieren oder total in Frage zu stellen, nach der aber

eine gegenseitige Mitverantwortung, vor allem die der Theologie für praxisbezogene Leitlinien nicht gemeint ist. Getrennt marschieren und vereint schlagen — bedeutet das, daß die Kirchenführung sich ja notgedrungen an den Bedingungen der Realität mit all ihren Eigengesetzlichkeiten orientieren muß, während sich die Theologie auf die Identitätsreflexion beschränken muß oder beschränken darf? Gibt es hier Tendenzen zu einer heimlichen Zwei-Reiche-Lehre? Oder ist alles noch anders: Handelt es sich bei den Widersprüchen zwischen Glückwunsch-Adresse und Quousque-tandem-Artikel einfach um eine sympathische menschliche Inkonsequenz, motiviert durch das gute persönliche Verhältnis, das Barth und Zöllner wohl miteinander verband?
Wir wissen es nicht; aber die Frage danach, wie von der Realitätskritik zu einer sinnvollen Realitätsgestaltung zu kommen ist und welche Bedeutung dabei der Identitätskritik zukommt, diese Frage bleibt in der Phase, die wir unter das Kennwort Quousque tandem gestellt haben, m.E. unbeantwortet.

3. Die Zeit der kirchlichen Dogmatik (1934-1967)

Eine dritte Phase in Barths theologischer Ausrichtung des Kirchenthemas dauert in ihren Haupttendenzen über die letzten 35 Jahre seines aktiven Schaffens an und beginnt etwa 1934 mit der Barmer Theologischen Erklä[79]rung. Sie kann durch zwei Vorzeichen charakterisiert werden. Einmal durch die wachsende Bedeutung von immer neuen politischen Herausforderungen, nämlich durch den Nationalsozialismus, durch die Nachkriegsrestauration, durch die deutsche Wiederbewaffnung und durch den Ost-West-Konflikt. Barth hebt in seinen autobiographischen Äußerungen immer wieder hervor, wie stark die oft dramatische politische Entwicklung ihn in Anspruch genommen und zu engagierten Stellungnahmen getrieben hat. Das hat sich zweifellos auch auf den Prozeß seiner ekklesiologischen Überlegungen ausgewirkt. Vielleicht bringt der freilich arg strapazierte Titel seiner Schrift „Christengemeinde und Bürgergemeinde" von 1946 dieses eine charakteristische Interesse für diesen großen Zeitraum, nämlich den Versuch einer Neubestimmeg des Verhältnisses von Kirche und Staat, von Christ und Politik, und zwar im Bezugsrahmen der Christologie, am deutlichsten zum Ausdruck. In Anwendung der Methode der „Analogia fidei" gelangt Barth zu sozialethischen Aussagen, die, ganz im Unterschied zu seinen Äußerungen über die Gestaltung der sichbaren Kirche, einen erstaunlich hohen Grad an Konkretion aufweisen; einen Grad ethischer Konkretheit allerdings, der wegen der Mehrdeutigkeit und der willkürlichen Anwendungsmöglichkeiten von Analogien und Analogie-Prinzipien durchaus problematische Züge aufweist. Als wichtiger für uns betrachte ich das neben dem Aufforderungscharakter der politischen Ereignisse zweite Vorzeichen für diesen Zeitraum. Es charakterisiert eine gewisse Gegenläufigkeit zu dem oft unmittelbaren politischen Engagement, ist eher durch Reflexionsdistanz gekennzeichnet und bezieht sich auf die jahrzehntelang anhaltende unermüdliche und intensive Arbeit am großen Werk seiner Kirchlichen Dogmatik — und damit auch am Ausbau seiner Ekklesiologie. In immer neuen, jetzt aber durch und durch positiv gehaltenen, nicht mehr auf Negation und Krise gerichteten Anläufen geht es darum, die Identität der Kirche in ihrer Bestimmung zum Leibe Christi theologisch durchzuarbeiten, sie verstehbar und anschaulich zu machen. Über diese ihre eigentliche, nämlich in der Christologie verankerte Identität hatte sich Barth ansatzweise bereits in der Barmer Theologischen Erklärung geäußert. Der Weg geht dann weiter über „Christengemeinde und Bürgergemeinde" hin zu den breiten Abhandlungen in den großen Bänden der Versöhnungslehre, die er z.T. als Siebzigjähriger erarbeitet hat. Was ihn dabei vorantreibt, ist offenkundig die Absicht, im Hören auf die Schrift immer besser zu erkennen, zu verstehen und zu vermitteln, was Gott mit der Kirche Jesu Christi vorhat. Denn von Gott her, sozusagen aus einer dritten Dimension gegenüber ihrer Verflechtung in Raum und Zeit, gewinnt die Kirche ihre letzte Bestimmung und ihre Kraft; nur im Glauben erkennt darum der Christ seine Zugehörigkeit zu dieser unsichtbaren Kirche der Gemeinschaft der Heiligen; und im Glauben an diese unsichtbare Kirche, an die ecclesia invisibilis, betritt er, wie Barth sagt, das „Arbeits- und Kampffeld" der ecclesia visibilis, der sichtbaren, der real existierenden Kirche.[80]

Barth hat die unsichtbare Kirche oft in visionärer und in inspirierender Anschauungskraft beschrieben; er hat damit vielen Theologen geholfen, eine eigene theologische Identität zu entwickeln. Mit dieser motivierenden Anschauungskraft verbindet sich oft hohe theologische Komplexität. So heißt es z.B. in einem Leitsatz (des § 67) der KD über diese unsichtbare Kirche: „Von Jesus dem Herrn zu seinem Leibe auferbaut, wird die Gemeinschaft der Heiligen vom Heiligen Geist tauglich gemacht zur vorläufigen Darstellung der in ihm, also in Jesus Christus geschehenen Heiligung der ganzen Menschenwelt".

Man muß die Einzelelemente dieses Satzes jedes für sich wirken lassen, um den Gehalt und die Fülle dieser Formulierung im ganzen aufnehmen zu können, sie sozusagen einzeln buchstabieren: „... - tauglich gemacht werden (wirklich tauglich ... aber eben gemacht ...); - vorläufig; - Darstellung (wirkliche Darstellung); - schon geschehene Heiligung; - ganze Menschenwelt ..." - zweifellos motivierende Assoziationen zur Identität der Kirche!

Die Tendenz der Veränderung zu einer dezidiert positiven Entfaltung klingt bereits an, wenn Barth 1948 zum Kirchenthema sagt: "my mind has changed": ich habe mich tatsächlich geändert. Anlaß dieser Äußerung war seine herausgehobene und maßgebliche Mitarbeit an der Weltkirchenkonferenz von Amsterdam. Früher, unter dem Aspekt einer „Theologie der Krise", waren ihm die Aktivitäten der ökumenischen Bewegung besonders suspekt; sowohl aus den bekannten Gründen prinzipieller Institutionskritik als auch wegen der unklaren theologischen Voraussetzungen des ökumenischen Treibens.

Daß sich seine Meinung nun geändert hat, führt er selbst darauf zurück, daß man ihn in Amsterdam eben in die Verantwortung genommen habe: — de facto habe er dann die Mitarbeit nicht nur als interessant, sondern auch als wichtig empfunden. Barth war, wenn er sich dazu gefordert fühlte, durchaus in der Lage und sogar interessiert, sich auch der Aufgabe einer Umsetzung seiner Ekklesiologie in konkrete kirchliche Aufgabenbereiche, in konkrete Gestaltung zu stellen.

Angedeutet hatte sich das gelegentlich auch früher: eben beispielsweise in der 3. und 4. These der Barmer Theologischen Erklärung von 1934.
Dort heißt es ja, daß sich der Auftrag der Kirche nicht nur in ihrer Botschaft, sondern eben auch in ihrer Ordnung manifestiert — und, so in These 4 ganz konkret, daß für diese Ordnung ein partizipatives, meinetwegen quasidemokratisches, auf Verzicht von Herrschaft der einen über die anderen zielendes Strukturmodell postuliert wird. Mit dieser Aussage, die ja damals als entschiedene Absage gegen das Führerprinzip innerhalb der Kirche gemeint war, ist wiederum ein vergleichsweise hoher Grad an gestaltungsfähiger Konkretion erreicht; offenbar war Barth zu solchen Konkretionen unter den Rahmenbedingungen akuter politischer Herausforderung eher bereit als in der Reflexionsdistanz der Arbeit an der Kirchlichen Dogamtik. Denn dort tritt das Interesse an Gestaltungsproblemen deutlich in den [81] Hintergrund. Überhaupt tritt die sichtbare, die real existierende Kirche, etwa, wie wir heute sagen, die Volkskirche, kaum in Erscheinung. Und wenn sie erwähnt wird, dann geschieht das überwiegend abwertend, pejorativ. Hier bleibt Barth, im Gegensatz zu der so positiven Darstellung der unsichtbaren, der eigentlichen Kirche meist auf der Spur der via negativa. Zwar gelingt es ihm, die Aussagen über das persönliche Glaubensleben so zu formulieren, daß sie auch dem einzelnen Christen helfen können, seine Frömmigkeitspraxis aus einer allgemeinen Religiosität heraus in Gebet und Dank hin auf den Gott Jesu Christi zu beziehen. Doch. vermag er die soge¬nannten volkskirchlichen Funktionen, speziell die Kasualien und Feste, die Bestattungs und Weihnachtsfeiern samt den vaterländischen Bettagen fast nur in eher disqualifizierenden Pauschalisierungen zu erwähnen. Auch ist er überzeugt von der gänzlichen Interesselosigkeit der Namenschristen an der christlichen Botschaft, an der Beziehungslosigkeit ihres Tuns und Treibens zu dem, was die eigentliche Sa-

che der Gemeinde ist. Eberhard Hübner, der diesen Gegensatz und die damit aufgegebene Vermittlungsproblematik in seinem neuen Buch scharf herausgearbeitet hat, fragt darum mit Recht und energisch: „Woher weiß Barth das alles?" (Hübner 94 f). Man kann diese Rückfrage darauf ausweiten, wie Barth selbst denn, weiland in Safenwil, als Pfarrer die volkskirchliche Praxis erlebt hat. In einer soeben erschienenen Untersuchung über Barths Pfarramt von F.W. Marquardt findet sich aber keinerlei Anhalt für eine generelle Negativeinschätzung von Amtshandlungen, Bibelstunden, Konfirmandenunterricht, kurz der volkskirchlichen Praxis. Und einen solchen Anhalt für die Ablehnung der Volkskirche in der Safenwiler Zeit — den hätte sich Marquardt wohl kaum entgehen lassen.

Wichtiger für uns erscheint allerdings eine andere Rückfrage an Barth. Warum, in welcher Absicht stellt Barth die Realität der empirischen Kirche vorwiegend so negativ dar? Was er abqualifiziert, ist ja diejenige Berufswelt, in der seine Schüler und die meisten Leser seiner Schriften arbeiten; — und auf die hin er auch seine Studenten ausbildet. Wie aber kann sich ein Pfarrer oder ein Vikar mit einer Berufsaufgabe identifizieren, wie kann er sie unbefangen und vielleicht fröhlich in Angriff nehmen, wenn sie ihm von kompetenter Seite von vornherein in düsteren Farben und, noch gravierender, theologisch gleichsam als opus alienum, als entfremdete Arbeit dargestellt wird? Und weiter: wer soll denn die Vermittlungsarbeit leisten zwischen dem von Barth so eindrucksvoll in leuchtenden Farben gemalten Bild der Kirche als Leib Christi — und der ebenso intensiv grau in grau gemalten Realität der empirischen Kirche? Ist diese Vermittlungsaufgabe dem einzelnen Vikar oder dem Pfarrer zu überlassen?

Warum also hat Barth das Problem der Vermittlung von Identität und Realität unreflektiert — oder zumindest unexpliziert gelassen? Und warum sind es so düstere und abstoßende Farben, in denen er die Realität der empirischen Kirche darstellt? Ohne uns in psychologische Spekulationen einmischen zu wollen, müssen wir um der Konsequenzen für uns selbst willen [82] doch dieser Frage nachgehen. Vielleicht liegt eine Antwort in folgender Hypothese: Durch die ganze Geschichte hindurch und auch in den Erfahrungen seines eigenen Lebens, so konnte es Barth erscheinen, ist das ohnehin theologisch oft blasse Bild vom Leibe Christi, von der unsichtbaren Kirche immer wieder von den handfesten, eben pragmatisch-positivistischen Interessen der empirisch sichtbaren Kirche, der Landeskirchen und Amtskirchen und mancher hemdsärmeliger Pfarrer überwuchert und verdunkelt worden. Diese Gefahr könnte aber auch seinem eigenen Werk, dem ersten großen Versuch einer christologisch begründeten Ekklesiologie, drohen: die Interessen an Vermittlung, möglichst an pragmatischer Vermittlung könnten allzu schnell die geforderte und durchzuhal-

tende neue theologische Reflexion über Wesen und Auftrag der Kirche ersticken. Vielleicht war es deshalb, daß Barth hier eindeutig Position bezogen hat — und zwar so, daß er seine eigene theologische Energie ganz auf das eine Thema richtete: Was heißt und was bedeutet es, daß die Kirche bestimmt ist, Leib Christi zu sein?
Wenn an dieser Hypothese etwas richtig ist, ergibt sich für uns Heutige allerdings die Frage, ob sich uns das Problem von Identität und Realität und ihrer Vermittlung genauso darstellt wie Barth vor 60 und vor 30 Jahren - oder ob in unserer Zeit dieses thematische Feld von anderen Problemstellungen beeinflußt ist und darum neu strukturiert werden muß.

4. Die erste Dekade nach Barth

Es sind genau diese Fragen der Vermittlung von Identität und Realität, die in der ersten Dekade nach Barth, in den Jahren 1965-1975, die Auseinandersetzung mit seinem Werk beherrschten; zumindest in der Kirche war das so; vielleicht nicht überall an den Theologischen Fakultäten.

Wiederum wurde die Debatte angestoßen durch Frustrationen in der Praxis und mit der Praxis. Gefragt wurde diesmal: Warum gelingt es uns nicht, trotz nunmehr, wie man sagte, „richtiger" Theologie und trotz großer Bemühung, etwas von dem, was wir bei Barth ekklesiologisch gelernt haben, in unsere Gemeinderealität umzusetzen? Oder: Warum sind unsere Kirchenordnungen und ist unsere Kirchenpolitik so autoritär, so herrschaftsstrukturiert und so wenig an Barmen III und IV orientiert, obwohl sich doch unsere Präsides, Oberkirchenräte und sonstigen Einflußpersonen dauernd auf Barth und seine Theologie berufen und sich sogar häufig mit ihm in Basel beraten? Oder: Wie kann es uns gelingen, das Evangelium so zu sagen, daß es die Gemeindeglieder in ihrer Lebenswelt erreicht und wir uns mit unserer barthianischen Eigensprache nicht selbst im Wege stehen? Oder: Wie können wir die in dieser Theologie unbegriffen bleibenden Vorgänge, Interessen und Bedürfnisse, die wir in unserer Gemeinderealitat erleben, besser erfassen und deuten; wie etwa können wir die Kasualien the[83]ologisch so verstehen, daß wir bei ihrem Vollzug kein schlechtes Gewissen haben müssen?

Viele, die so fragten, waren so stark mit der Barthschen Theologie identifiziert, daß eine Antwort auf diese Fragen, abgelöst von dem Barthschen Identitätsbegriff, für sie ganz ausgeschlossen war. Eine zunehmend starke Richtung erklärte jedoch von vornherein, daß die Realität der empirischen Volkskirche von den theologischen Spekulationen Barths aus überhaupt nicht erfaßbar und daß darum von diesen Spekulationen auch nichts zur Bewältigung der wirklichen Praxisprobleme zu erwarten sei. Wolf Dieter Marsch hat diesen Argumentationsgang 1970 folgendermaßen charakterisiert: Die (beispielsweise Barthschen) „... Wesens- und Sollensbestimmungen der Kirche können allzu leicht dazu verführen, das sehr reale Phänomen einer volkskirchlich institutionalisierten, landeskirchlich verfaßten, organisatorisch in Schule und Fürsorge, Massenkommunikation, gesellschaftlicher Diakonie, Erwachsenenbildung und freie politische Aktivitäten ausufernden Kirche in der BRD unbegriffen zu lassen; theologische Wesens- und Sollens-Definitionen sind mit der kirchlichen Wirklichkeit kaum vermittelt" (Marsch, PTH, S. 156 f).

Was insbesondere den sogenannten Barthianern und damit indirekt auch Barth selbst mit Inbrunst zum Vorwurf gemacht wurde, waren die durchweg autoritäre Praxis ihrer Kirchenführung und ein rechthaberischer Dogmatismus in der Lehre. Gerade jüngere, von der kritischen Theorie etwa der Frankfurter Schule beeinflußte Theologen meinten und proklamierten jetzt, daß die Misere der kirchlichen Praxis zum nicht geringen Teil ihre Ursache gerade in dem autoritären Gottes- und Offenbarungsbegriff Barths und in einem über den Kreis theologischer Fachleute hinaus nicht mehr vermittelbaren Grundverständnis von Religion und Glaube habe; kritische Anfragen übrigens, die sich in ihrer Tendenz in den jüngsten Diskussionsbeiträgen zu einer trinitarischen oder einer perichoretischen Theologie etwa bei J. Moltmann, wiederfinden.

Wo man sich angesichts der so empfundenen Misere damals überraschenderweise Hilfe und Anregungen versprach, war der Schritt über die Grenzen der Theologie hinaus: in das interdisziplinäre Gespräch, etwa über Funktion und Praxis der Kirche in der modernen Gesellschaft. Gesucht als Gesprächs- und Kooperationspartner waren speziell die empirischen Handlungswissenschaften Soziologie und Psychologie. Die Erwartungen und Hoffnungen richteten sich beispielsweise darauf, daß die Aufgaben und Alltagsschwierigkeiten des Pfarrerberufs, besonders die Amtshandlungen, hier auf einen plausibleren Begriff gebracht werden konnten als in der vorherrschenden Theologie. Oder darauf, daß die Anwendung neuer Erkenntnisse der Kommunikationswissenschaften für die Gemeindearbeit, für Predigt und Gottesdienst, für das Unterrichten und für die verschiedenen Formen der Gruppenarbeit ganz erhebliche Verbesserungen bringen. [84]

Was sich von diesen Erwartungen erfüllt hat — und was nicht, ist heute im einzelnen nicht zu verfolgen. Doch muß für unsere Fragestellung deutlich zwischen zwei Ebenen der Beziehung zwischen kirchlicher Praxis und Angewandten Handlungswissenschaften unterschieden werden: Zwischen einer Legitimationsebene und einer zweiten Ebene, auf der es um die praktische Umsetzung von Erkenntnissen und Methoden in die einzelnen Teilbereiche des Kirchlichen Handelns geht. Wir müssen diese zweite Ebene hier vernachlässigen, obwohl dort ganz erhebliche Umsetzungsprozesse nach wie vor im Gange sind und obwohl das langfristig zu großen Auswirkungen für Gestalt und Arbeitsformen der Kirche führen wird. Der eigentliche Streit aber hat sich auf der ersten, der Legitimationsebene, abgespielt, und er hat auf weite Strecken das Thema „Identität der Kirche" zum Gegenstand gehabt. Mir scheint im Rückblick auf diese Zeit, daß die häufige Anmahnung der theologischen Identifizierbarkeit der Kirche notwendig war. Tatsächlich bestand damals die Gefahr, daß die kirchliche Identität durch die auseinanderstrebende Vielfalt ihrer Bestimmungen selbst verlorenging. Insbesondere die Barthsche Definition dieser Identität, nämlich ihr die Realität transzendierender Charakter als Leib Christi und Gemeinschaft der Heiligen, ist wohl nicht wenigen aus den Augen geraten.

Offenkundig erschienen vielen Kirchenleuten die Probleme der Praxis und die Möglichkeiten, sie aus der neuen, handlungswissenschaftlichen Sicht und mit den neuen Mitteln anzugehen, so wichtig und dringend, daß dadurch das Interesse an der Identitätsproblematik stark zurückgedrängt wurde. Die Vermittlungsaufgabe zwischen Identität und Realität wurde, wie bei Barth, aber diesmal eben aus der umgekehrten Blickrichtung, weitgehend ignoriert. Vielleicht ist dieser Umschlag der leitenden Tendenzen nicht zuletzt eine Folge des Vermittlungsdefizites bei Barth selbst.

Doch ist mit dieser Feststellung das Problem ja keineswegs erledigt. Die Aufgabe einer Neugestaltung des kirchlichen Lebens und seiner Handlungsfelder steht offensichtlich bald ins Haus. Die Frage nach den Maßstäben dieser Gestaltung steht neu zur Diskussion. Eine neue Generation von Theologen sucht, wenn ich recht sehe, zum großen Teil ihre eigene theologische Identität und ihr Verständnis von Kirche in einem neuen Hören auf Karl Barth zu gewinnen. Sie wird bei ihm wie bei kaum einem anderen Lehrer der Kirche lernen können, woher die Identität der Kirche zu bestimmen ist und wie diese ihre Identität als „Gemeinschaft der Heiligen" überzeugend und motivierend veranschaulicht werden kann. Sie wird bei Barth lernen müssen, daß es gefährlich ist, sich zu schnell, sozusagen aktionistisch und allzu pragmatisch von der Gestaltungsaufgabe einfangen zu lassen. Sie wird lernen müssen, die Handlungsabstinenz zugunsten theologischer Reflexion eine ganze Weile auszuhalten. Sie wird andererseits durch die Begegnung mit Barth aber auch für die Gefahren sensibilisiert, die sich aus der Verweigerung von Vermittlungsbemühungen ergeben können. Und sie wird über Barth hinausfragen müssen. Sie wird nämlich erkennen, daß Maßstäbe der Gestaltung kirchlicher Realität nicht allein mit [85] Hilfe des Analogieprinzips, also sozusagen deduktiv gewonnen werden können. Sie wird sich der großen Anstrengung unterziehen müssen, die Leuchtkraft, die in Barths Bildern von der Kirche als Leib Christi enthalten ist, wie einen Scheinwerfer auf das Potential der empirischen Kirche zu richten, um deren Möglichkeiten zu entdecken und zu nutzen. Sie wird umgekehrt auch die erfahrungswissenschaftlichen Anregungen auf ein von einer Gemeinschaft der Heiligen inspiriertes Bild von Kirche richten, das die heute gegebenen Lebensformen transzendiert. Sie wird den gebotenen Vermittlungsprozeß am ehesten dann bestehen können, wenn es gelingt, einen stärkeren Austausch zwischen Identitätsreflexion und Realitätsanalyse einzuleiten: einen Austausch des kreativen und kritischen Aufeinanderhörens!

Literatur (Auswahl und Zitatnachweis)

Barth, Karl: Die kirchliche Dogmatik, Bände I-IV (1932-1967), insbesondere § 62 (KD IV, 1) und § 67 (KD IV, 3)

Barth, Karl: Der Götze wackelt, Zeitkritische Aufsätze, Reden und Briefe von 1930 bis 1960, hg. von Karl Kupisch, 1961

Barth, Karl: Der Christ in der Gesellschaft (1919) — und andere Arbeiten, in: J. Moltmann, Hg., Anfänge der dialektischen Theologie, Teil 1; Theologische Bücherei 17, 1962

Busch, E.: Karl Barths Lebenslauf, 1975

Dahm, K.-W.: Pfarrer und Politik, 1965

Hübner, E.: Theologie und Empirie der Kirche, 1985

Josuttis, M.: Dogmatische und empirische Ekklesiologie, in: W. Erk und Y. Spiegel (Hg.), Theologie und Kirchenleitung, 1976

Kühn, U.: Kirche, in: Handbuch systematischer Theologie, Bd. 10, 1980

Marquardt, F.-W.: Der Aktuar, Aus Barths Pfarramt, in: Einwürfe, Bd. 3, hg. von F.-W.Marquardt u.a., 1986

Marsch, W.D.: Institution im Übergang, 1970

Marsch, W.D.: Kirche, in: Praktisch-Theologisches Handbuch (Hg. G. Otto), 1970

Neuser, W.H.: Karl Barth in Münster 1925-1930, Theologische Studien, Heft 130, 1985

Rendtorff, T.: Kirche und Theologie, 1966.

Steinacker, P.: Die Kennzeichen der Kirche, 1982

Rechtfertigungslehre und Kirchliche Religiosität*

I

„Meine Herren - Es wackelt alles". Mit diesen berühmten Worten hatte Ernst Troeltsch die kirchliche, die religiöse und die theologische Situation der Zeit vor gut 100 Jahren umrissen: es war 1896, auf einem Kongreß der „Freunde der Christlichen Welt", einer Gruppe liberal denkender Professoren aus allen Fakultäten. Troeltsch hatte dabei beides im Blick; den Zustand der Kirche und die Sache der Theologie. „Es wackelt alles."
Genau diese Empfindung war es, die vielen von uns jüngeren Theologen in den sechziger Jahren des 20. Jahrhunderts zu schaffen machte. Was „wackelte", war zunächst die Sache der Theologie selbst, die damals häufig, beispielsweise auf dem Stuttgarter Kirchentag von 1969, als „Streit um Kaisers Bart" in Frage gestellt und lächerlich gemacht wurde. Und zwar keineswegs von Atheisten oder anderen Gegnern der Kirche, sondern von jungen Theologen, von Studenten und Vikaren. Verunsichert waren sie vor allem durch die Ergebnisse der historisch-kritischen Bibel-Exegese, die gar nicht mit den Ursprungsmotivationen für ihr Theologiestudium zusammenpassen wollten. Verunsichert waren sie zusätzlich durch die marxistische Religionskritik, die damals ihre große Renaissance erlebte. Und „es wackelte" nicht nur die Theologie; sondern es begannen auch die nach 1945 so kräftig restaurierten Funktionen und Rollen der Kirche zu wackeln. Als verunsichernd wurde vor allem die ungewohnte und scharfe (dabei de facto unwissenschaftlich einseitige) sozialkritische Analyse des Handelns der Kirche und seiner Folgen in 2000 Jahren Christentumsgeschichte empfunden. „Vom Elend des Christentums" hieß die polemische Kampfschrift des jungen Marburger Dr. theol. Joachim Kahl. Das kleine Rowohlt-Büchlein fand reißenden Absatz unter den theologischen und nichttheologischen Kritikern der Kirche.
Wer sich mit all dieser Kritik in rationaler Redlichkeit auseinanderzusetzen versuchte, den beunruhigte die Frage, was denn wohl von den Inhalten des Evangeliums diesem Fegefeuer auf Dauer standhalten könne? Wo war die „unstürmbare Festung", innerhalb derer man als Student seine theologische Identität aufbauen konnte? Würde für unsere Generation noch, so wie für unsere Väter und Lehrer, ein exclusives Offenbarungsverständnis der Fixpunkt sein können? Würde es das sogenannte „Kerygma" sein mit seinen schwer nachvollziehbaren Differenzierungen von „existentiell" und „existential" oder mit dem bloßen „Daß des Gekommenseins"? Könnte

---

* Erstveröffentlicht digital in: Journal of Religious Culture (Hg. E. Weber), Heft Nr. 38, 2000, keine Seitenangaben möglich. Ursprünglich: Rede zum 60. Geburtstag von Edmund Weber.

sich zu solch unstürmbarer Festung ein allgemeiner (und gegebenenfalls christlich zu interpretierender oder zu entwickelnder) Gottesbegriff eignen? Oder wäre ein solches Essential noch am ehesten in dem reformatorische Articulus stantis es cadentis ecclesiae zu sehen, der Lehre von der rechtfertigenden Gnade Gottes? - Manche fragten noch rigider: Gibt es überhaupt einen zentralen Inhalt der Christlichen Botschaft, der dem Feuer der historischen oder der Religionskritik standhalten kann? Oder sollte die Sache der Theologie insgesamt eine Fiktion sein, die Spiegelung unerfüllter Sehnsüchte des Menschen; der Überbau materieller Interessen, das Opium des Volkes?

Stärker als zur Zeit von Ernst Troeltsch und stärker auch als in unserer heutigen Gegenwart waren sowohl die allgemeine Religionskritik als auch die interne theologische Kritik auf die empirische Kirche gerichtet. War, so fragten Theologiestudenten und Vikare, war diese Kirche nicht so hoffnungslos in die Legitimation des herrschenden und vermeintlich zutiefst inhumanen Gesellschaftssystems verstrickt, daß man als aufrechter und vielleicht idealistischer Anhänger einer menschenfreundlicheren Gestaltung unserer Lebenswelt entweder überhaupt nicht in der Kirche arbeiten könne oder allenfalls im Sinne des Marsches durch die Institution an der „Aufhebung" dieser repressiven Kirche arbeiten müsse. Jahrelang wurde über diese Fragen insbesondere in den Predigerseminaren erbittert gestritten; mit jedem neuen Kurs auf andere Weise.
Am Herborner Seminar gewannen die damaligen Dozenten und Vikare im Laufe dieser Auseinandersetzungen den Eindruck, daß wir eher zu dem Fragenkomplex der empirischen Kirche als zu dem der Theologischen Inhalte eine vorläufige Antwort finden konnten. Wir wollten, daß man nicht nur guten Gewissens, sondern auch mit theologischem Engagement und Freude in dieser vorfindlichen Kirche arbeiten könne. Stichworte wie „Volkskirche ernstnehmen"„Funktionale Kirchentheorie", ein neues, erfahrungswissenschaftliches Interesse an Lebensformen und Aufgaben der Alltagsreligion zeigten uns dabei die Richtung an. Natürlich sahen auch wir die Ambivalenzen in dem, was sich realiter als Kirche darstellte. Aber wir haben versucht, bei dem anzusetzen, was uns gerade im erfahrbaren Bereich als positiv erschien - und nicht in Kritik und Lamoryanz zu verharren. Fast alle, die damals diesen Versuch wagten, haben in den folgenden mehr als dreißig Jahren Berufstätigkeit in den unterschiedlichen Arbeitsfeldern der Kirche, doch die theologische Grundrichtung dieses Weges eingehalten.

Schwieriger stand und steht es offenbar bis heute um einen angemessenen Umgang mit dem anderen Problemfeld, nämlich dem Fragen nach einer berufsbegründenden Anschlußmöglichkeit an zentrale Inhalte unserer theologischen Tradition. Was wurde dem Feuer der historischen Kritik und der Sozialkritik standhalten - und zugleich anschlußfähig sein an die sogenannten Sinnfragen, an die ethische Orientierung und an die existentiellen Lebensprobleme des neuzeitlichen Mitteleuropäers; anschlußfähig also für unsere künftigen Gemeindeglieder und nicht zuletzt für uns selbst?

II

In der Theologenzunft besteht ersichtlich wenig Einigkeit darüber, wie der Zentralbegriff „Rechtfertigung" zu verstehen und zu konkretisieren sei. Allerdings unterscheidet sich dieser Zentralbegriff darin nicht von anderen Oberbegriffen unserer Zeit: wie „Freiheit", „Verantwortung", „Gerechtigkeit" oder ganz besonders „Soziale Gerechtigkeit". Fast jeder versteht etwas anderes darunter - und trotzdem ist die Funktion solcher Oberbegriffe nicht einfach als Leerformel abzutun. Gerade ihre Offenheit und eine gewisse Flexibilität gibt ihnen ja ihre eigentliche gesellschaftliche Bedeutung: sie sind anschlußfähig für unterschiedliche Ausgangspunkte und Interessen, sie geben aber zugleich eine Grundrichtung an, die diese Unterschiedlichkeiten verbindet and gegen andere Richtungen abgrenzt.
Im Falle der Rechtfertigungsbotschaft lassen sich solche Anschlußversuche an eine ganze Reihe zentraler anthropologischer Aussagen beobachten. Exemplarisch verweise ich auf zwei besonders häufige Tendenzen, die offensichtlich als plausibel und anwendungsfähig empfunden werden.

(1) Es gehört offensichtlich zum Wesen des Menschen, von den Mitmenschen Akzeptanz, Wertschätzung, Liebe zu erhoffen und zu erfahren. Wir möchten geliebt sein. Jeder und jede von uns. Der eine zeigt das eher direkt und unbefangen; der oder die andere eher versteckt und unsicher. Die Rechtfertigungsbotschaft transzendiert dieses „Grundbedürfnis" auf eine andere Ebene; auf die Ebene von Gottesbezug und Religiosität. Auf dieser Ebene heißt es in den biblischen Überlieferungen: Das menschliche Geschöpf ist von seinem Schöpfer akzeptiert und geliebt, es ist vorbehaltlos angenommen. Das menschliche Geschöpf ist geliebt, schon bevor es auf eine umfassende Akzeptanz angewiesen ist. Die Zuwendung des Schöpfers wird ihm im Voraus geschenkt und sie bleibt ihm auch dann erhalten, wenn es sich von seinem Schöpfer entfernt oder dessen Liebe gar nicht mehr wahrnimmt.
Dieses Akzeptiertsein durch den Schöpfer kann und soll Grund und Gleichnis sein für die Zuwendung and Akzeptanz unserer Beziehung zum Mitmenschen. Das große Ja Gottes ist Grund und Gleichnis nicht zuletzt auch für die via positiva im Umgang miteinander: also für eine Wertschätzung, die explicit zum Ausdruck gebracht wird; für eine Zuwendung, die dort noch transparent bleibt, wo Widerstand und Forderung angesagt sind.

(2) Es gehört offensichtlich zum Wesen des Menschseins, nach Sinn im eigenen Leben zu suchen. Dieser Sinn wird von den meisten Menschen in enger Beziehung zu dem gesehen, was man selbst im Leben bewirkt hat, erreicht hat, eingebracht hat an Leistungen für die Nächsten, vor allem zu dem, wofür man Anerkennung und Dank erfahren hat.
Gerade dieser Bezug auf das eigene Bemühen, die eigene Leistung kommt aber in den Augen vieler protestantischer Theologen dem gefährlich nahe, was als eigentliche Sünde des Menschen gilt, nämlich sein Streben, durch eigenes Leisten und Werken sein Heil zu beschaffen, Gottes Gegenleistung erkaufen zu wollen, den Selbstruhm an die Stelle von Dank gegen Gott zu stellen - kurz: das Geschenk der Liebe Gottes auszuschlagen und stattdessen ein kaufmännisches Verhältnis von Leistung und Gegenleistung gegenüber Gott zu entwickeln. Mir selbst, wenn diese persönliche Positionierung hier erlaubt ist, fällt es schwer, der oft schnellen und ungebrochenen Abwertung von eigenem Bemühen, von eigener Leistung, von eigenem Streben zu folgen. Mir scheint es wesentlicher Bestandteil eines sinnerfüllten Lebens zu sein, Akzeptanz zu suchen für das, was man will; sich ernsthaft zu bemühen um das, was man für richtig erkannt hat; nicht zuletzt, sich zu freuen über die Erträge des eigenen Arbeitens und über die Resonanz, die man dabei erfährt. (Das ist gerade auch an einem 60. Geburtstag zu sagen, an dem die Bilanzthematik natürlicherweise eine besondere Rolle spielt).

Es ist meines Erachtens nicht die Abwertung der Alltagsarbeit, der eigenen Leistung, der Freude an Resonanz, die von der Rechtfertigungslehre intendiert wird. Wofür sie den Christen vielmehr sensibilisiert, wenn sie die anthropologischen Gegebenheiten von Arbeit, Leistung und Anerkennung in den Gottesbezug stellt, das ist die Ambivalenz dieser Grunddaten.Es muß nicht sein, aber die Gefahr ist groß, daß Leistung und Erfolg zum eigenen Götzen werden: „Woran du dein Herz hängst, das ist dein Gott" (M. Luther). Es muß nicht, aber es kann leicht geschehen, daß Arbeit und Leistungsstreben uns so in Anspruch nehmen, daß damit die Verantwortung für den Nächsten, besonders für die eigene Familie hintenan gestellt wird, daß Arbeit und Erfolgsstreben zum Sklaventreiber für mich und meine Mitarbeiter werden.
Die Rechtfertigungsbotschaft sagt: Dein eigentliches Heil, Mensch, deine letzte und wichtigste Anerkennung mußt und kannst du dir nicht selbst beschaffen. Sie werden dir geschenkt, sie sind dir schon geschenkt. Aus diesem Geschenk erwachsen Dankbarkeit und Freude; Freude allerdings auch am eigenen Schaffen, an der eigenen Leistung, am eigenen Erfolg.
Neben diesen beiden Anschlußversuchen der Rechtfertigungslehre an anthropologische Grundgegebenheiten läßt sich eine Reihe weiterer Anschlußmöglichkeiten stichwortartig benennen: etwa die Grunderfahrun-

gen von Versagen und Schuld, von Machbarkeit und Ideologie, von Armut und Leiden. Wie in dieser kurzen Aufzählung handelt es sich in der Anwendungsrealität der Rechtfertigungslehre immer um ein Syndrom von heterogenen Bezügen. Das kann durchaus zu Beliebigkeit und Oberflächlichkeit im Umgang mit der Rechtfertigungslehre führen. Auf der anderen Seite aber ist die Kernbotschaft der Rechtfertigung aus Gnaden so stark, daß sie ihre transzendierende und relativierende Kraft auch in scheinbar oberflächlichen Anwendungen zur Geltung bringen wird. Dieser Transzendierungskraft kann und darf der Christenmensch vertrauen.

III

Wer sich mit der Thematik der Rechtfertigungslehre theologisch auseinandersetzt, kann der Frage nicht ausweichen, ob und wie diese Botschaft denn in den reformatorischen Kirchen, deren articulus stantis et cadentis sie ja sein soll, aufgenommen und umgesetzt wurde; insbesondere, ob und wie sie in die protestantische Volksfrömmigkeit eingesickert ist. Wer dem nachgeht, wird nach einer ersten empirischen Bilanz eher nachdenklich und skeptisch gestimmt sein. Schon unter protestantischen Gemeindemitgliedern in Deutschland, dem Ursprungsland der Reformation, scheint nach Umfragen und eigenen Beobachtungen sowohl das Wort wie der theologische Gedanke der Rechtfertigungslehre als eher fremd und bedeutungslos für das, was im Kirchenvolk als christliches Orientierungswissen and als Handlungsanleitung gilt. Unter studierten protestantischen Theologen in Deutschland ist das offenkundig anders. Für viele von ihnen ist die Rechtfertigungslehre weiterhin ein Articulus stantis et cadentis - wenn auch nicht der Kirche, dann doch ihrer eigenen theologischen Identität. Aber ebenso offenkundig ist es ihnen - und ist es uns allen nur wenig oder gar nicht gelungen, in bald 500 Jahren protestantischer Kirchengeschichte, diesen evangelischen Zentralgedanken in die Volksfrömmigkeit umzusetzen und ihn dort zu verankern.

Noch gravierender als in Deutschland erscheint das Defizit an rechtfertigungs-theologischem Bewußtsein unter den Theologen sowie die nahezu gänzliche Abwesenheit einer rechtfertigungs-theologisch beeinflußten Frömmigkeit in den meisten überseeischen protestantischen Kirchen. Für einen Großteil der englischsprachigen Theologen, insbesondere in den USA, ist bereits der Begriff „Doctrine of justification" der Sache nach kaum bekannt und dem Sprachgefühl nach fremdartig. Bei Nachfragen denken manche bei diesem Begriff „Doctrine of justification" eher an die Theorie der Gerechtigkeit von John Rawls - oder an soziale Gerechtigkeit im Sinne der Befreiungstheologie.

Wiederum weit schwieriger als in England oder den USA ist es offenkundig, die Grundintentionen der Rechtfertigungslehre in den Kirchen der Dritten Welt verständlich zu machen. Das gilt besonders für die als „Volkskirchen" im Sinne ihrer ethnischen Prägung bezeichneten kleineren oder größeren kirchlichen Gruppierungen in Asien und Afrika; beispielsweise für die mit über 5 Millionen Mitgliedern zahlenmäßig größte protestantische Kirche der Dritten Welt, nämlich die Toba-Batak-Kirche in Indonesien, die aus der Missionsarbeit der Rheinischen Missionsgesellschaft seit 1860 hervorgegangen ist. Selbst unter den Dozenten dortiger lutherischer Seminare gibt es nicht wenige, die mit dem theologischen Begriff ‚Rechtfertigungslehre" und mit der gemeinten Sache kaum etwas anfangen können. Im Vordergrund ihrer Theologie stehen statt dessen die Vergebung von Tatsünden, der moralische Appell im Sinne der zehn Gebote, die inbrünstige Bitte um Gottes Segen im Alltag, sowie die christianisierte gottesdienstliche Gestaltung ihrer aus vorchristlicher Zeit überkommenen religiösen Familien- und Stammesfeste.
Dort wie in nur wenig modifizierter Weise auf anderen Kontinenten hat sich im Laufe der letzten 150 Jahre eine eigenständige protestantische Religiosität entwickelt und etabliert, für die Rechtfertigungslehre kaum eine Rolle spielt. Den menschlichen Wunsch nach Akzeptanz versteht man im Bezugsrahmen dortiger traditioneller Vorstellungen von sozialem Akzeptiertwerden; Achtung wird dem zuteil, der viele (möglichst männliche) Nachkommen hat, der über Geld verfügen kann, der es selbst zu Macht and Einfluß gebracht hat. In dieser Vorstellungswelt könnte die Rechtfertigungsbotschaft gerade für solche Gemeindeglieder, die all diese Bedingungen nicht erfüllen und darum unter ihrem Nicht-Akzeptiertsein leiden, in besonderem Maße befreiend und ermutigend wirken. Sie würden erfahren, daß ihr Christen-Gott, der für viele in ihrem Alltagsleben eine ganz zentrale Rolle spielt und an dessen Existenz noch kaum aufklärerische Zweifel nagen, dem Evangelium nach gerade die Erfolglosen ohne alle Bedingungen liebt und akzeptiert - und der damit die lastende Wucht der religiösen Leistungserwartungen entmächtigt und relativiert. Doch scheint eben diese Botschaft weder den Gemeindegliedern noch ihren Pfarrern näher bekannt zu sein.

Vor dem Hintergrund ihres Lebensalltags leuchtet den meisten Christen in der Dritten Welt auch wenig ein, was sie gelegentlich von deutschen Theologen über die Kritik am Leistungsprinzip oder an der sogenannten Werkgerechtigkeit hören. Soweit sie sich überhaupt auf das Thema einlassen, betonen die Pfarrer gerne, daß sie ihre Gemeindeglieder doch gerade zu mehr Leistungsbereitschaft, zu mehr Aktivität im Bereich guter Werke motivieren müßten. Deren Kritik würde nämlich eher als Legitimation für Bequemlichkeit und Faulsein verstanden und umgesetzt. Daß die Rechtfertigungsbotschaft im Sinne Luthers gerade das nicht will, daß sie die Menschen vielmehr davon befreien will, das Heil bei Gott und die Akzeptanz bei den Mitmenschen durch eigene Anstrengung verdienen zu müssen, das scheint in diesem kulturellen und religiösen Kontext nur schwer vermittelbar.

Die Abwesenheit des Rechtfertigungsgedankens in vielen überseeischen Kirchen, von den USA über Afrika bis Indonesien, ergänzt und steigert also die empirische Beobachtung von der nur geringen Relevanz dieses Gedankens in der kirchlichen Religiosität unseres eigenen Landes.
Unverkennbar besteht eine weite Kluft zwischen einerseits der Bedeutung, die der Rechtfertigungslehre in der zeitgenössischen deutschsprachigen Theologie zugemessen wird - und wie sie im Streit um die Gemeinsame Erklärung vor kurzem erneut nachdrücklich zum Ausdruck kam, - und andererseits der Alltagsrolle, die sie in der protestantischen Volksfrömmigkeit weltweit tatsächlich spielt.
Wie es zu dieser Kluft gekommen ist, kann hier nicht gründlich erörtert werden. Viele Gründe werden genannt: Die Rechtfertigungslehre sei zu verkopft, zu abgehoben, zu akademisch. Manche erklären, sie sei in ihrem Ursprung so stark mit einer mittelalterlichen Sünden- und Gottesvorstellung verflochten, daß sie nicht modernisierbar sei; sie sei obsolet. 500 Jahre vergeblicher Transfer-Bemühungen seien Anlaß genug, über andere Essentials der Christlichen Religion nachzudenken.

Meinerseits vermag ich dieser resignativen Position nicht zuzustimmen. Der Weg nach vorne liegt m.E. allerdings stärker als das in der bisherigen Diskussion zum Ausdruck kommt, in einer konsequenteren Anknüpfung an menschliche Grunderfahrungen sowie in der Transzendierungskraft, die dem Gottesbezug unablösbar innewohnt. Es gibt Anzeichen, daß die Umsetzung und die Bemühung um Veralltäglichung dieser Tendenz von einer neuen Generation entschiedener als bisher in Angriff genommen wird. Nicht zuletzt im Blick auf die überall zu beobachtende theologische Ausdifferenzierung und praktische Implementierung des interreligiösen Dialogs muß geklärt werden, worin der spezifische Beitrag der protestantischen Theologie liegen kann. Und da scheint das breite Spektrum, das durch die Rechtfertigungslehre im Sinne der Botschaft eines letzten, die menschlichen Möglichkeiten zugleich transzendierenden und begründenden Akzeptiertseins eröffnet wird, noch längst nicht ausgeschöpft.

Traditionsbezug und Systemtranszendierung*

Zur religiösen Dimension der Politiktheorie von Johannes Althusius

Die Bedeutung, die dem Rechtsprofessor an der religionspolitisch einflußreichen Herborner Hohen Schule und späteren Syndicus zu Emden, Johannes Althusius (1575 -1638), für die politische Theoriebildung der Moderne zukommt, ist anscheinend stärker umstritten als es die vorherrschende mainstream-Einschätzung vermuten ließ: Dieser mainstream manifestierte sich etwa auf den neueren Kongressen der Althusiusgesellschaft (1984, 1988 und 2000) oder in der interdisziplinär und international breit angelegten Monographie von Thomas Hüglin (1991). Umstritten ist nicht nur, ob Althusius mit seinem Hauptwerk Politica (1. Aufl. 1603), genuin neue Aspekte in die politiktheoretischen Begründungsdiskussionen des 17. Jahrhunderts bringt oder ob er in mittelalterlich-prämodernen Vorstellungen verharrt. Umstritten ist auch die wirkungsgeschichtliche Reichweite der Althusius-Konzeption bis hin zu der Frage, ob und welchen Einfluß die Politica auf die us-amerikanische Verfassung und auf die politische Mentalität der Vereinigten Staaten hatte - und vielleicht noch hat.
Der Beitrag von Peter Nitschke über "Religion und Politik in der Foederaltheorie des Johannes Althusius", der in diesem Aufsatz kommentiert und ergänzt werden soll, stellt sich in seiner Haupttendenz gegen den Interpretations-mainstream, wie er sich in den letzten 50 Jahren herausgebildet hatte. Dieser mainstream muß zunächst in seinen Grundzügen durch einige exponierte Charakterisierungen des Althusius-Entwurfes skizziert werden.

I

Die Katastrophen von 1945 sind nicht selten u.a. als Krise des von einem omnipotenten Leviathan bestimmten Staatsbegriff interpretiert worden. Statt vom Paradigma des Leviathan sollte, so wurde vielstimmig gefordert, die Politik stärker von Tendenzen bestimmt werden, wie sie Althusius als consociatio symbiotica, als natürliche, nach den Prinzipien einer föderalen Gegenseitigkeit organisierten Lebensgemeinschaft begriffen und entfaltet hat (Hüglin, 1991: 243 - 246 u.ö.). In der Tendenz ähnlich haben Ernst Bloch (1961: 59 ff) und Martin Buber (Hüglin 1991: 252) auf Althusius hingewiesen. In seinem renommierten Standardwerk "A History of Political Theory" charakterisierte der Amerikaner G.H. Sabine (1966: 418 f) die Poli-

* Erstveröffentlicht in: Manfred Walther (Hg.), Religion und Politik - zu Theorie und Praxis des theologisch-politichen Komplexes, Baden-Baden 2004, S. 151-160. Literatur, auch zu den Kurzzitaten, siehe am Ende des Beitrags.

tica als überzeugendste Formulierung der Volkssouveränität ihrer Zeit. Der deutsch-amerikanische Harvard-Professor Carl Joachim Friedrich sieht als wichtiges Ergebnis seiner Jahrzehnte andauernden Bemühungen um eine "Politik als Prozess der Gemeinschaftsbildung" in der Politica das Konstruktionskonzept einer besseren Welt als der gegenwärtigen (Friedrich, 1975: 1 ff und 126). - In der neuesten Diskussion charakterisiert der Rechts- und Verfassungsgeschichtler Dieter Wyduckel die Politica als "wohl bedeutsamstes aus christlich-reformiertem Geist geschriebenes Lehrbuch der Politik" (Wyduckel, 2002: 4); der Historiker Peter Blickle sieht in Althusius' Werk insofern einen "originären Beitrag zur europäischen Politik-Theorie als er die kommunale Erfahrung in einer radikal neuen Weise verarbeitet und sie zu einem Ausgangspunkt seines Denkens macht" (Blickle, 2001: 224 f). [152]
Diesem mainstream einer hoch angesetzten theoretischen und wirkungsgeschichtlichen Bedeutung des Johannes Althusius tritt Peter Nitschke in seinem Beitrag ausdrücklich und sozusagen auf breiter Front entgegen:

"Die traditionelle Sichtweise der neueren politikwissenschaftlichen wie auch juristischen Althusiusforschung, die den innovativ-sakulären Gehalt seiner Lehre aufgrund ihrer so überaus interessanten Versatzstücke für eine Foederalismus-Theorie der Gegenwart als kognitive Herausforderung begreift, muß ... durch eine systematische Hinterfragung der religiösen Dimension erweitert und modifiziert werden. ... Hierdurch läßt sich dann verstehen, warum Althusius gegenüber dem Bodinschen Lösungsansatz scheitert".
Das Ergebnis seines eigenen 'Hinterfragens' liegt für Nitschke darin, dass Johannes Althusius in einem "massiv theopolitischen Strickmuster", in "einer tief mittelalterlich-prämodernen Prägung" befangen und wohl auch eingefangen ist. Seine Konzeption richte sich auf eine theokratisch und im traditionellen Sinne organologisch strukturierte Religionsgemeinschaft, nicht auf einen tendentiell aufgeklärten modernen Staat, dessen Aufbau von Vertrag und Diskurs bestimmt ist. Der Politikbegriff werde so faktisch "retheologisiert". Die Politik sei so stark "normativ" durch die religiösen Kerngedanken, nämlich durch den calvinistischen Gottes- und den entsprechenden Kirchenbegriff konditioniert,

- dass ein "Diskurs im Sinne der Aufklärung" nicht möglich ist,
- dass "Atheisten oder etwa Muslime hiermit' nichts anfangen können",
- und dass "Juden und Katholiken für Althusius nicht gesellschaftsfähig, d.h. zur politischen Partizipation in einem protestantischen Gemeinwesen nicht zugelassen sind."

Peter Nitschke ist nicht der erste, der Abweichungen und Zurückhaltung gegenüber den mainstream-Einschätzungen der Althusius-Konzeption und ihrer Relevanz deutlich äußert. Jürgen Habermas etwa sah in der Politica lediglich eine "Schematisierung zufälliger Verhältnisse" (Habermas, 1965: 167; vgl. Hüglin, 1991: 250). Die Vermutung einer prämodern-theoretischen Tendenz bzw. einer "politischen Theologie ('Theopolitie')" bei Johannes Althusius, hatte zuerst Wilhelm Schmidt-Biggemann 1988 geäußert. Doch steigert Nitschke mit seinem Rekurs auf die Fundamentalität der "religiösen Dimension" die frühen Anfragen zu einer prinzipiellen und umfassenden Infragestellung des vorherrschenden Althusius-Bildes.

Es ist hier nicht möglich, die zahlreichen Teilaspekte der Gedankenführung von Peter Nitschke im einzelnen zu diskutieren. Doch sollen einige grundlegende Rückfragen an seine Interpretation der *religiösen Dimension* aufgeworfen und eine Gegenthese entwickelt werden. Darüber hinaus muß zumindest hingewiesen werden auf das von Nitschke nur marginal behandelte Problem der wirkungsgeschichtlichen Bedeutung des Johannes Althusius, wie sie besonders im Blick auf die us-amerikanische Verfassung und bestimmte Züge der civil-religion-Mentalität diskutiert wird.

Peter Nitschke sieht die *religiöse Dimension* des Althusius-Konzeptes tief im mittelalterlich prämodernen Denken eingefangen und innerhalb dieses Rahmens so stark durch ein calvinistisch-"theopolitisches Strickmuster" bestimmt, daß politiktheoretische Innovationen nicht möglich sind. Mir scheint, daß diese Sicht zu einseitig und gleichsam unterkomplex auf einige der traditionell-mittelalterlichen Komponenten im Werk des Althusius gerichtet und fixiert ist. Die *religiöse Dimension* des Althusius stellt sich m.E. vielmehr dar als ein komplexes Spannungsfeld mit den beiden Brennpunkten einerseits des Traditionsbezugs, beispielsweise in der Gotteslehre, und andererseits dem von tiefgreifenden Innovationen, beispielsweise im Postulat einer gegenüber dem überkommenen theologisch dominierten [153] Wissenschaftskanon eigenständigen Politiktheorie und der damit implizierten Eigenständigkeit politischer Argumentation. Mit beiden Intentionen verbindet Althusius sowohl die Funktion einer hermeneutischen Anschlußfähigkeit an Erfahrung und Denken seiner Adressaten als auch die einer Transzendierung der vorherrschenden Denksysteme. Insgesamt steht dabei der Traditionsbezug eher im Dienste seiner innovativen Absichten als umgekehrt. In Anlehnung an eine wissenssoziologische Arbeitsmethode versuche ich also, die Intentionen des Autors aus dem Zusammenhang seiner "Plausibilitätsstruktur" zu erfassen, nämlich gleichermaßen aus seinem politisch-sozialen und seinem geistig-religiösen Bezugsrahmen.

II

Religionspolitischer und theologisch-philosophischer Bezugsrahmen für Johannes Althusius ist der (später so genannte) "reformierte Protestantismus". Die *Herborner Hohe Schule*, an der der Doctor iuris utriusque als Professor für Rechts- und Staatswissenschaften mit Unterbrechungen 15 Jahre lehrte und seine *Politica* erarbeitete, war 1586 von dem nassauischen Landesherrn Johann VI., dem Bruder des politischen und militärischen Anführers der Reformierten Protestanten, Wilhelm von Oranien, gegründet worden. Sie sollte ausdrücklich zu einem theologisch-philosophischen Zentrum für die Auseinandersetzung mit der katholischen Gegenreformation entwickelt werden und gewann tatsächlich schon bald eine überregionale, ja gesamteuropäische Ausstrahlungskraft. Die für die Herborner Hohe Schule prägenden Theologieprofessoren wie Caspar Olevian und Johannes Piscator standen ebenso wie die Juristen Johannes Althusius und Wilhelm Zepper in der noch jungen, vor allem in der Schweiz ausgebildeten "christlich-reformierten" Tradition, in der verschiedene, zum Teil ziemlich heterogene theologische und gesellschaftstheoretische Vorstellungen zusammenflossen und sich in der einen oder anderen Weise miteinander verbanden. Einflüsse kamen erstens aus dem Umfeld des frühen Reformators Huldrych Zwingli (1484-1531) mit noch stark traditionellen, relativ selbstverständlich an der Einheit des überkommenen corpus christianum orientierten und implicit "theokratischen" Vorstellungen von Politik. Zweitens kamen Einflüsse aus den "zwinglianisch reformierten" oberdeutschen Kommunen mit ihren genossenschaftlichen, frühdemokratischen Traditionen sowie einer häufig humanistischen Weltoffenheit ihrer Städte (vgl. Blickle 2001: 215 ff, Winters 1963: 131 - 262; Walther 1996: 131 - 137).- Drittens kamen die wohl stärksten Einflüsse aus dem frühen Calvinismus im engeren Sinn, so wie er sich, fast 20 Jahre nach den reformatorischen Aktivitäten Zwinglis, im Genfer Umfeld des Johann Calvin (1509-1564) herausgebildet hatte; wichtig für die Herborner Plausibilitätsstruktur waren dabei vor allem die durch die religionspolitische Entwicklung veranlaßten ersten Tendenzen zu einer prinzipiellen Unterscheidung zwischen geistlichem und weltlichem Bereich.

Die Herborner theologische und politische Mentalität war also keineswegs, wie Peter Nitschke es quasi selbstverständlich für die Politica voraussetzt, durch eine fest gefügte Gottes-, Kirchen- und Gesellschaftslehre wie in der calvinistischen Orthodoxie bestimmt. Vielmehr stand gerade die Herborner Hohe Schule vor der Aufgabe, die heterogenen gesellschaftstheoretischen Elemente im christlich-reformierten Denken des ausgehenden 16. Jahrhunderts miteinander zu vermitteln. Sie konnte und wollte dabei offensichtlich die älteren zwinglianischen Traditionen nicht einfach preisgeben. Dazu gehörten nicht zuletzt das genossenschaftliche Denken und die entsprechenden Lebensformen in den oberdeutschen Regionen, wie sie Althusius selbst während seines Studiums in Basel kennengelernt hatte und [154] wie sie sich in gewissen Modifikationen wohl auch im regionalen Umfeld Herborns, in dem übrigens auch Althusius seinerseits aufgewachsen war, vorfanden (vgl. Dahm 1988:27ff). All diese Erfahrungen sind in der *Politica* offensichtlich aufgenommen und als consociatio *symbiotica* konzeptuell weitergeführt und ausgebaut worden. Natürlich wurden damit implicit und explicit auch solche Vorstellungen aus der zwinglianischen Tradition aufgenommen, die den "mittelalterlichen" Begriff des corpus christianum weiter transportierten - und mit ihm erhebliche "theokratische" Implikationen: Aus der vorgegebenen Koinzidenz des bürgerlichen mit dem christlichen Gemeinwesen ergab sich die für Kirche und Welt gemeinsame Aufgabe, unter Anleitung und Anwendung des göttlichen Gesetzes das Zusammenleben der Menschen zu gestalten, es gegebenenfalls ekklesiastisch zu kontrollieren und durch geistliche Sanktionen zu steuern.

Doch bedeutet dieser, schon durch die Herborner Plausibilitätsstruktur geforderte Anschluß an mittelalterliche theokratische oder theozentrische Vorstellungen keineswegs, dass Johannes Althusius, in einem "prämodernen theopolitischen Strickmuster" befangen blieb. Vielmehr ist für die religiöse Dimension des Althusius gerade charakteristisch, dass er gleichzeitig und mit deutlich größerem Nachdruck jene prinzipielle Unterscheidung zwischen "geistlich" und "weltlich" aufnahm, die dem katholischen Mittelalter ebenso fremd war wie den zwinglianischen Reformierten, and zunächst selbst den Genfer Calvinisten und ihnen allen als theologisch unerlaubt erschien. Zu einer solchen Differenzierung sah sich jedoch der junge Calvinismus seit dem Augsburger Religionsfrieden von 1555 immer stärker herausgefordert. Von dessen Prinzip des "cuius regio eius religio" nämlich blieben die calvinistischen Gemeinden (bis 1648) ausgeschlossen und mußten sich deshalb in zunehmendem Maße theologisch, politisch und nicht zuletzt militärisch mit der katholischen Gegenreformation sowie mit politischen Kräften des Katholizismus und gelegentlich sogar mit den Lutheranern auseinandersetzen. Um sich gegen die vielfachen kirchlichen und staatlichen Bevormundungen und Unterdrückungen zu wehren und um ihre Eigenständigkeit auch theologisch zu legitimieren, öffneten sich die calvinistischen Gemeinden in ersten Schritten den inzwischen über 30 Jahre alten Distinctionen Martin Luthers zur Zwei-Reiche-Lehre. Mit den in diesem Prozess aufkommenden Fragen an die bisherige reformierte Theologie sowie an deren Rechts-und Politikverständnis hatten sich die Herborner Theologen und Juristen auftragsgemäß zu befassen.

Johannes Althusius hat die frühcalvinistischen Differenzierungen zwischen Geistlichem und Weltlichem, zwischen Kirche und Staat zweifellos dezidiert und an vielen Stellen der Politica aufgenommen, und zwar offensichtlich in einer doppelten Absicht: Einmal sollten die unter politischen und militärischen Druck geratenen christlich-reformierten Gemeinden in ihren geistlichen und politischen Rechten durch eine theologisch wie juristisch fundierte Argumentation gestützt werden. Zum anderen aber und in erster Linie ging es ihm darum, gleichsam "systemintern", also innerhalb der reformierten Denkweisen und Plausibilitätsstrukturen, das Eigenrecht und die Selbständigkeit einer wissenschaftlichen Disziplin "Politik" gegenüber dem überkommenen theologischen Primat im politischen Denken zu postulieren.- Das alles erfolgte in der *Politica* sowohl grundsätzlich als insbesondere auch in inhaltlich-politischen Konkretionen. Diese konkreten Modelle wie die *Consociato symbiotica*, das *pactum mandati*, das *ius resistentiae* und die tendentielle Ausrichtung auf die Volkssouveranität versuchen sämtlich, sich aus den vorgegebenen mittelalterlichen und sogenannten "theopolitischen" Ordnungssystemen zu lösen und diese gleichsam in eine säkular-naturrechtliche Richtung zu öffnen und damit zu verändern. [155]

III

Diese auf Innovation und Systemtranszendierung gerichteten Intentionen des Johannes Althusius gingen ersichtlich also gerade in die umgekehrte Richtung dessen, was Peter Nitschke für die Gesamttendenz des Althusius statuiert: Nicht um "Retheologisierung" und "Reontologisierung" in ein mittelalterlich theopolitisches Denken ging es dem Verfasser der *Politica*, sondern um die Eigenständigkeit der Politiktheorie gegenüber Theologie und Philosophie sowie, damit verknüpft und teilweise indirekt, um die Eigenständigkeit des Politischen gegenüber traditioneller "Theopolitie" und ekklesiastisch dominierter Steuerung der Gesellschaft. Darüberhinaus zielten seine Konkretionen wie Föderalität, Gegenseitigkeit und Subsidiarität auf ein Modell von Volkssouveränität, das eine Alternative zu der auf die absoluta potestas des Fürsten ausgerichteten Souveränitätstheorie Bodins darstellen sollte.

Mit dieser Absicht dürfte ebenfalls die Hauptfunktion seiner häufigen Verwendung des Gottesgedankens zusammenhängen. Nitschke versteht sie als theokratisch, 'theopolitisch' und enggeführt auf die rechtgläubigen Gemeinden im calvinistischen Sinne bezogen. Tatsächlich geht Althusius von dem Vorgegebensein der absoluten Souveränität Gottes aus, wie sie im Zentrum der calvinistischen Theologie steht. Es gilt jedoch zu sehen, an welchen Stellen und in welchen Anwendungen dieses Theologumenon der absoluten Souveränität Gottes thematisiert wird. In der Regel nämlich geht es darum, die Ansprüche der Fürsten auf eine tendentiell absolute

Souveränität abzuwehren. Das theologische Interesse dabei ist (wie generell im Calvinismus) sicher zu stellen, daß Gott selbst der wahre, einzige und eigentliche Souverän auch der consociatio symbiotica ist und, dass kein Herrscher, kein Magistratus und ebenso keine Theorie des Jean Bodin Gott auch nur ein Stück dieser Souveränität nehmen kann und darf. Politisch bedeutete das zugleich, dass es unter Gesichtspunkten der Souveränität keinen qualitativen Unterschied gibt zwischen Fürsten und Ephoren einerseits und Bürgern wie Magistraten andererseits. Die Bibel zeigt, dass Gott in freier Souveränität und in 'freier Gnade' sein Volk als ganzes zum populus dei, zu seinem Bundespartner gemacht hat - und das gilt, so meint Althusius, auch für Gottes Verhältnis zur consociatio. Der consociatio als ganzer hat Gott das ius majestatis, einen Teil seiner Souveränität anvertraut, nicht irgendeiner Obrigkeit. Damit ist der Gedanke der Volkssouveränität vorformuliert. Wiederum also wird der Traditionsbezug, der unmittelbare Anschluss an biblische, theozentrische Kerngedanken gewendet in eine innovative Öffnung eis allo genos: in die Transzendierung des herrschenden politischen Denkens.

Schließlich gilt ähnliches wie für die Verwendung des Gottesgedankens für die zahlreichen Verwendungen von Bibelzitaten insgesamt. Diese manifestieren keineswegs, wie Nitschke wohl meint, eine biblizistisch-dogmatische Grundeinstellung des Johannes Althusius. Vielmehr weist gerade die eklektische und oft diffuse Verwendung der Bibelzitate auf die Absicht hin, die neuen Ideen soweit als möglich in die von biblischen Argumenten geprägte Plausibilitätsstruktur des zeitgenössischen reformierten Protestantismus hineinzubetten und sie damit für seine Adressaten verständlich und anschlußfähig zu machen.

Gewiss war Johannes Althusius in seinem eigenen Denken von dieser Plausibilitätsstruktur tief geprägt. Er konnte sich wohl auch darum nicht in dem Maße von ihr lösen, wie es seinen, über eine Generation jüngeren Kollegen Hugo Grotius oder Thomas Hobbes möglich war, die aus dem gleichen calvinistischen Umfeld kommend, unter dem Eindruck der begründungstheologischen Aporien der Konfessionskriege, besonders des 30-jährigen [156] Krieges, zu dem revolutionären theoretischen Ansatz des "Etsi deus non daretur" gelangten und unter diesem Aspekt u.a. ihre Vertragstheorie begründeten. Man wird darum Johannes Althusius nicht an dem messen dürfen, was innerhalb der gesellschaftlichen Plausibilitätsstruktur des reformierten Protestantismus erst ein Menschenalter nach dem Erscheinen der Politica an theoretischen Neuansätzen möglich wurde, sondern daran, ob und wie er zu seiner eigenen Zeit und im Rahmen der vorgegebenen *religiösen Dimension* die Möglichkeiten einer auf föderal strukturierten Volkssouveränität zielende innovative politische Theorie entdeckte, nutzte und damit die gegebenen Systemgrenzen öffnete.

IV

Neben dem Fragenkomplex zur religiösen Dimension des Johannes Althusius und ihrer Bedeutung für seine politische Theorie soll abschließend das unerledigte Problem der wirkungsgeschichtlichen Bedeutung der Politica kurz in den Blick genommen werden. Auch dieses Problem ist kaum mit den Einlassungen von Peter Nitschke erledigt, wonach Althusius "theoriegeschichtlich gegenüber dem Bodinschen Lösungsansatz scheitert", dass weiterhin Religion im Unterschied zu "Spinoza oder Rousseau bei Johannes Althusius nicht als Zivilreligion begriffen" wird und, dass letztlich mit seiner Gesellschaftstheorie in der modernen Welt des religiösen Pluralismus (u.a. der "Atheisten und Muslime", der "Juden, Katholiken und Protestanten") „nichts anzufangen sei".

Für das Problem, ob und warum Althusius gegenüber dem Bodinschen Ansatz gescheitert sei, waren sicher andere Aspekte wichtiger als die vermutete "Retheologisierung in ein theopolitisches Strickmuster", beispielsweise solche der machtpolitischen Entwicklungen in Europa. Dass Religion von Althusius noch nicht im Sinne der Jahrzehnte bzw. Jahrhunderte später tätigen Sozialphilosophen Spinoza oder Rousseau als Zivilreligion gedacht und ausdifferenziert werden konnte, dürfte hauptsächlich mit dem beschriebenen Verhältnis zu seiner protestantisch-reformierten Plausibilitätsstruktur zusammenhängen. Althusius will eben unter den Rahmenbedingungen des ausgehenden 16. und nicht denen des ausgehenden 18. oder 19. Jahrhunderts verstanden werden.

Für die Althusius-Relevanz in wirkungsgeschichtlicher Perspektive scheint jedoch ein anderer Aspekt weit gravierender zu sein: Gefragt wurde immer wieder, ob die Politica von direktem oder indirektem Einfluss auf das Denken der Gründerväter der Vereinigten Staaten, auf die amerikanische Verfassung war und vielleicht sogar auf bestimmte, bis heute wirksame quasireligiöse Facetten der gesellschaftspolitischen Mentalität in den USA. In den Vereinigten Staaten selbst scheinen jedenfalls solche Vermutungen nach wie vor virulent zu sein. So kam 1970 eine kleine interdisziplinär zusammengesetzte Gruppe amerikanischer Wissenschaftler unter Führung des theologischen Sozialethikers Charles Mc Coy nach Herborn, um dort, besonders in der gut erhaltenen Bibliothek der alten Hohen Schule, die Rahmenbedingungen für die Entstehung der Politica zu erforschen: Man sah in Althusius einen Ahnherrn und Inspirator der US-Verfassung.

Die zugrunde liegenden Hypothesen gehen dahin, dass die englischen 'pilgrim fathers', die späteren Gründerväter der Vereinigten Staaten, vor ihrer Überfahrt nach Amerika die *Politica* [157] in ihren Kerngedanken kennengelernt und diskutiert hätten. Das soll 1620 während ihres mehrwöchigen Zwischenaufenthaltes in den Niederlanden (Leiden?) geschehen sein. Wie in fast allen protestantisch-reformierten Städten, war die Politica

dort offensichtlich bekannt; Ihre späteren Auflagen waren zum Teil in den Niederlanden erschienen und sie galt nicht zuletzt wegen ihrer Herborner Herkunft als Orientierungshilfe, vielleicht Richtungsangabe für die Politik des Hauses Nassau-Oranien,- von dem im übrigen die pilgrim fathers wesentlich materiell unterstützt wurden. Anlass für diese im einzelnen noch nicht belegten Vermutungen sind vor allem die eklatanten, fast wörtlichen Übereinstimmungen zwischen den Hauptaussagen der Politica und den ersten, in der Neuen Welt verfaßten politischen Dokumenten, etwa dem mayflower compact (vgl. Hüglin, 1991: 42; Mc Coy, 1988).
In der heutigen Diskussion über potentielle Analogien und Genealogien der Politica und der politischen Mentalität in den Vereinigten Staaten geht es um zwei Fragenkomplexe: Einmal wird gefragt, ob und wo damals, im 17. Jahrhundert, implicit oder explicit eine substantielle Nähe zwischen Hauptaussagen der Politica und wichtigen Komponenten der amerikanischen Verfassung gegeben war. Verwiesen wird beispielsweise auf die wörtliche Verwendung des Consociatio-Begriffs in ersten amerikanischen Verfassungsdokumenten (vgl. Hüglin, 1991: 42); verwiesen wird auch auf die Verwandtschaft zwischen den foederalistischen Elementen des Althusius-Konzeptes und dem für das politische Denken der amerikanischen Gründer-Generation grundlegenden Covenant-Gedanken und seinem biblisch-bundestheologischen Hintergrund.
Zum anderen wird gefragt, ob und wie der religiös konnotierte Patriotismus von Teilen der amerikanischen Bevölkerung mit bestimmten Traditionen der calvinistischen Mentalität und vielleicht sogar mit den theokratischen Implikaten des Althusius-Konzeptes zusammenhängen könne. Diese Frage ist neu aufgekommen, als in den Stellungnahmen zum 11. September 2001 (islamistische Flugzeug-Attacken auf das World-Trade-Center in New York) oft äußerst starke religiöse und quasireligiöse Metaphern wie "Heiliger Krieg, Kreuzzug gegen das Böse, Achse des Bösen" usw. verwendet wurden (vgl. etwa die Beiträge von Hermann Lübbe und Manfred Walther in "Religion und Politik. Zu Theorie und Praxis des theologisch-politischen Komplexes" 2001).

Vergleicht man den quasireligiösen Patriotismus in "Gods own country" mit der politischen Mentalität in protestantisch geprägten Regionen Mittel- und Nord-Europas, dann müssen für die evidenten Unterschiede in der Tat wichtige Wurzeln in jenen theologischen Differenzen für das Verhältnis von Religion und Politik zu suchen sein, die sich im Protestantismus des 16. und 17. Jahrhundert entwickelt und verfestigt haben. Diese Differenzen beziehen sich großenteils auf die "Zwei-Reiche-Lehre" generell und speziell auf die Reichweite, die der Eigenständigkeit der "weltlichen Obrigkeit", also von Politik und Staat, gegenüber der "geistlichen Obrigkeit", konkretisiert in Theologie und Kirche, zugeschrieben wird. Unter dem Einfluss des in dieser Frage (zumindest theoretisch) stärker auf Unterscheidung und Trennung von "Geistlichem und Weltlichem" ausgerichteten Luthertum hat sich in Mittel-und Nord-Europa bis in die Bevölkerungsmentalität hinein eine Ablösung des politischen Bereiches von der Religion vollzogen. Von dieser Entwicklung sind auch die ursprünglich calvinistisch geprägten Gebiete Europas wie die Niederlande oder England nicht ausgenommen. Demgegenüber wird in den Vereinigten Staaten, die wohl nachhaltiger von calvinistischen Gesellschaftsvorstellungen beeinflusst wurden, die Trennung zwischen Religion und Politik (im Unterschied zu den deutlichen Kompetenzabgrenzungen zwischen [158] Staat und organisierten Kirchen) weniger stark empfunden und praktiziert. Religiöse Überhöhung des Politischen und Identifizierung zwischen Gottes Sache und Amerikas Interessen werden weit unbefangener traktiert als in Europa. Die Zwei-Reiche-Lehre wird in den meisten protestantisch-theologischen Seminaren Amerikas kaum oder gar nicht behandelt.

Gewiss lässt sich dieses, wenn man so will, Defizit an Unterscheidungsqualität nicht stringent genealogisch auf Althusius und seine *Politica* zurückführen. Doch bleibt bemerkenswert, dass es Althusius seinerseits im Blick auf das Verhältnis von Religion und Politik nicht primär um jene prinzipielle und konsequente Trennung gegangen ist, die sich in der Konsequenz der lutherischen Zwei-Reiche-Lehre ebenso entwickelt hat wie in der Konsequenz des frühaufklärerischen "Etsi Deus non daretur". Althusius ging es vor allem um das, was für seine Theorie der *consociatio symbiotica* an theologischen Distinktionen notwendig und was mit der reformierten Plausibilitätsstruktur vermittelbar erschien; er versuchte sozusagen pragmatisch, die vorgegebenen Denkweisen zu öffnen and innovativ zu erweitern. Dabei blieben gewiss bestimmte traditionelle Vorstellungen von "Herrschaft Gottes" mit den darin implizierten Segens- und auch Strafvorstellungen genauso lebendig wie partielle Identifikationen zwischen Volk Gottes und Nation. Es mag sein, dass diese Komponenten ein Eigenleben entwickelt haben, das von Althusius nicht vorausgesehen werden konnte, das aber durch die Vorstellungen und Distinktionen der Politica auch nicht verhindert werden konnte.

Doch wird man in der Gesamtbeurteilung des Johannes Althusius diese vielleicht problematischen Tendenzen nicht einseitig fokussieren. Man wird vielmehr bei einer solchen Gesamtbeurteilung von dem Spannungsfeld zwischen Traditionsbezug und systemtranszendierender Innovation auszugehen haben -und vor diesem Hintergrund die zukunftsweisenden Konkretionen und Strukturen der consociatio symbiotica mit den diese Entwicklung hemmenden Tendenzen abgleichen und daraus ihre Bedeutung für die Gegenwart bestimmen.

Literatur

Blickle, Peter: Die Consociatio bei Johannes Althusius als Verarbeitung kommunaler Erfahrung, in: ders. u.a. (Hg.), Subsidarität als rechtliches und politisches Ordnungsprinzip in Kirche, Staat und Gesellschaft, Berlin 2002, S. 215-235

Bloch, Ernst: Naturrecht und Menschenwürde, Frankfurt 1961

Dahm, Karl-Wilhelm: Johannes Althusius - Ein Herborner Rechtsgelehrter als Vordenker der Demokratie, in: ders., Politische Theorie, 1988, S. 21-33

Dahm, Karl-Wilhelm u.a. (Hg.): Politische Theorie des Johannes Althusius: Berlin 1988

Friedrich, Carl-Joachim: Johannes Althusius und sein Werk im Rahmen der Entwicklung der Theorie von der Politik, Berlin 1975

Habermas, Jürgen: Technik und Wissenschaft als Ideologie, Frankfurt 1968

Hüglin, Thomas O.: Sozietaler Föderalismus - Die politische Theorie des Johannes Althusius, Berlin 1991

McCoy, Charles: The Centrality of Covenant in the Political Philosophy of Johannes Althusius, in: Dahm (Hg.), Politische Theorie, 1988, S. 187-199

Nitschke, Peter: Religion und Politik in der Förderaltheorie des Johannes Althusius, in: M. Walther (Hg.), Religion und Politik - zu Theorie und Praxis des theologisch-politichen Komplexes, Baden-Baden 2004, S. 141-150

Sabine, Georg H.: A History of Political Theory, New York, 3. Aufl. 1965

Schmidt-Biggemann, Wilhelm: Althusius politische Theorie, in: Dahm (Hg.), Politische Theorie, 1988, S. 213-231

Walther, Manfred: Kommunalismus und Vertragstheorie - Althusius-Hobbes-Spinoza-Rousseau, in: Blickle, Peter (Hg.), Theorien kommunaler Ordnung in Europa, München 1996, S. 127-162

Winters, Peter J.: Die "politica" des Johannes Althusius und ihre zeitgenössischen Quellen - Zur Grundlegung der politischen Wissenschaft im 16. und 17. Jahrhundert, Freiburg, 1964

Wyduckel, Dieter: Recht und Jurispudenz im Bereich des Reformierten Protestantismus, In: Martin Buber und das Recht, hg. von C. Strohm, Tübingen 2002, S. 1-28

Religion und die Ausdifferenzierung von Wohlfahrtssystemen im interkulturellen Vergleich*

Eine zeitgemäße Organisierung von Sozialsystemen, also von Wohlfahrtspflege, von Gesundheitswesen, von Hilfe für Benachteiligte usw. wird im Zuge der tiefgreifenden sozioökonomischen Umbrüche unserer Zeit sowohl in Deutschland wie europa- und weltweit diskutiert und experimentiert. Verglichen werden vor allem Leistungsfähigkeit und Kosten der verschiedenen Systeme; darüberhinaus geht es um ethische Motivation, um die Balance von Eigenverantwortung und Risikoabsicherung durch die Solidargemeinschaft, um die notwendige Reichweite von karitativer Hilfe und um die Aktivierung zur Selbsthilfe.

Eine herausragende Rolle hat für die Sozialsysteme in allen Kulturen die Religion innegehabt; das gilt für deren Entstehung und Geschichte, es gilt auch für die Bereiche Motivation und Commitment. In den letzten Jahrzehnten hat augenscheinlich das öffentliche und auch das wissenschaftliche Interesse an Rolle und Funktion von Religion im gesellschaftlichen Leben generell und im Wohlfahrtsbereich speziell nachgelassen: Das ist in Deutschland, besonders nach der Wiedervereinigung, und das ist noch stärker in Europa, etwa in den Debatten zur EU-Verfassung, zu beobachten. Ein solches Desinteresse am Faktor Religion aber beeinträchtigt ein angemessenes Verständnis für das Gewordensein und damit für die Verschiedenheit nicht nur von Kulturen und Subkulturen — sondern in concreto gerade das der europäischen Sozialeinrichtungen. Weitgehend außer Acht bleiben etwa die Zusammenhänge von religiöser Einstellung und diakonischer Motivation, nicht zuletzt bei der Rekrutierung von Mitarbeitern und der Organisierung von charity-Aktivitäten. Vernachlässigt wird auch, warum religiös orientierten Einrichtungen (z.B. katholische oder evangelische Krankenhäuser oder Altenheime) nicht selten mehr Akzeptanz und Vertrauen entgegengebracht wird als säkularen - oder auch, warum umgekehrt konfessionelle Einrichtungen von anderen Individuen oder Gruppen eher abgelehnt werden.

Zwar wird dem Trend zur Vernachlässigung des „Faktors Religion" im gesellschaftspolitischen Alltag durch eine nachdrückliche Vertretung kirchlicher Interessen oder auch in einer theologischen „Auftrags"-Argumentation entgegenzuwirken versucht. Doch spielen dabei religionssozio-

* Erstveröffentlicht in: THEION - Jahrbuch für Religionskultur, E. Weber (Hg.), Band 14, 2005, S. 167-181. Hervorgegangen aus einem Vortrag auf einem interreligiösen charity-congress in Neu-Dehli, 2004.

logische oder empirisch interkulturelle Gesichtspunkte, beispielsweise vergleichende und verstehende Analysen nur eine untergeordnete Rolle. Das aber ist für eine sachgerechte inhaltliche Debatte über angemessene Sozialeinrichtungen erforderlich und besonders angesichts zunehmender interkultureller Vernetzungen und entsprechender Probleme innerhalb Europas wie in der weltweiten Globalisierung sogar unabdingbar. Mannigfach sind darum die Bestrebungen, dem offenkundigen Defizit entgegenzuwirken und sich dieser Thematik neu zu öffnen; ihnen schließt sich der folgende Beitrag an. Ausgangspunkt [168] ist die doppelte Beobachtung, wie stark und fundamental Religion einerseits in allen Kulturen in die jeweiligen charity-Aktivitäten involviert ist, wie vielfältig und unterschiedlich sich aber andererseits die Formen und Auswirkungen des Faktors Religion darstellen.

Die sich daraus ergebende Frage, ob und wie sich die Fülle von religiösen Implikationen im Bereich der Wohlfahrtssysteme in Vergleichbarkeiten und Ähnlichkeiten strukturieren, soll unter folgenden Gesichtspunkten in Angriff genommen und ansatzweise erörtert werden:

Die Geschichte der charity-Aktivitäten von der spontanen Aktion etwa des barmherzigen Samariters bis hin zum modernen Sozialstaat und zu neuem Engagement in ehrenamtlicher, freiwilliger und unbezahlter Arbeit, kann verstanden werden als ein anhaltender Prozess von Anpassungsversuchen an veränderte gesellschaftliche Realitäten, mit anderen Worten: durch immer neue ‚Ausdifferenzierungen' des Grundimpulses. In Hinsicht auf die impliciten oder expliciten Zusammenhänge mit Religion soll dieser Prozess hier in sechs Stufen solcher Ausdifferenzierungen strukturiert werden:

- Der Grundimpuls aller charity und seine inhaltliche Ausdifferenzierung in unterschiedlichen Motivationsstrukturen
- Universale Entschränkung
- Institutionalisierungen als Ergänzung von spontanem und kontingentem Hilfehandeln
- ‚Hilfe zur Selbsthilfe' ais weiterführender Impuls
- Die Beziehung zum Staat: Kooperation, Subsidiarität oder Verdrängung
- Reaktivierung von voluntary work.

Diese Stufen sollen nicht als einlinige historische Abfolge und auch nicht im Sinne eines Fortschrittsgedankens verstanden werden. Einige dieser Stufen konnten und können gleichzeitig, andere einander überlappend in Erscheinung treten. Sie konnten auch zeitlich versetzt wirksam werden. (Beispielsweise finden sich in den gesellschaftlichen und karitativen Entwicklungen der Zeit von 1825 bis 1875 in Deutschland erstaunliche Ähnlichkeiten mit den Prozessen in mehreren Entwicklungsländern in der

nachkolonialen Zeit von 1950 bis 2000: So verdreifacht sich in diesen vergleichbaren Zeiträumen die Bevölkerungszahl; die Landflucht führt zu Ausuferungen der Großstädte, zum Verlust überkommener familiärer Bindungen und damit häufig zu Verelendung und sozialem Chaos; die Religionssysteme nicht nur der Christen, sondern auch der Moslems und der Hindus sehen sich herausgefordert, neue und unkonventionelle charity-Aktivitäten zu etablieren.)
Im Blick auf Lebensäußerungen der Religion finden sich vergleichbare kulturelle Entwicklungen unseres Erachtens auf allen sechs Differenzierungsstufen. Das soll an Vergleichen zwischen den drei Hochreligionen Christentum, Islam und Hinduismus eklektisch angedeutet werden. Für die anderen Religionen steht uns zur Zeit zu wenig aufbereitetes Material zur Verfügung. Was den Buddhismus angeht, scheinen selbst potentielle Quellen nicht ausreichend erschlossen. Auch für Islam und Hinduismus müssen wir uns gelegentlich auf Primärerfahrungen, Befragungen, Berichte und [169] Sekundär-Literatur beschränken. Für die 4. Stufe von Ausdifferenzierung, nämlich ‚Hilfe zur Selbsthilfe' war auch im Blick auf Islam und Hinduismus kaum verwertbares Material zugängig. Doch kann die inhaltliche Tendenz unserer Hypothesen deutlich werden. Eine realitätsgerechte Verifizierung, Modifizierung oder Falsifizierung dieser zunächst nur skizzierten Hypothesen muss weiterer Forschungsarbeit überlassen bleiben.

1. Der Grundimpuls aller charity und seine inhaltliche Ausdifferenzierung in unterschiedlichen Motivationsstrukturen

Grundimpuls:„Du sollst Deinen Nächsten lieben wie Dich selbst" (Lev.19,18). Inhalt und Intention dieses Grundimpulses von sozialer Ethik in der Bibel finden sich ebenso in allen Religionen und Kulturen dieser Welt. Sie sind allerdings nach Formulierung und religiösem Kontext nicht einfach identisch mit dem biblischen Gebot — und darum in ihrer Gleichheit nicht immer leicht zu erkennen. **Beispiele**:

a) **Christentum**: Als Konkretion (in manchen Folgewirkungen auch als Grenze) dieses Grundimpulses ist in der Christentumsgeschichte immer das Jesus-Wort Matth. 25, 35-36 aufgefaßt worden: nämlich als individuelle Hilfe oder Beistand für den Hungernden, den Durstenden, den Fremden, den Frierenden, den Kranken und den Gefangenen. Die Qualifizierung des Notleidenden durch das Jesuswort „Das habt ihr mir getan" hat in der Geschichte der christlichen Diakonie mehrfach starke Motivationen ausgelöst und bestehende charity-Aktivitäten erneuert und vitalisiert.

b) **Islam**: Sadaqa und Zakat gelten als von Allah angeordnete Pflichtabgabe zu Gunsten der Bedürftigen. Diese Pflichtabgabe erscheint Christen nicht selten als ‚gesetzlich' im theologischen Sinn. Jedoch ist diese Abgabe im ursprünglichen Sinn des Korans wohl nicht als Forderung im ‚gesetzlichen' Sinne gedacht, sondern als Reaktion auf das große Geschenk der Gnade, das Allah den Seinen zuwendet. Der gläubige Muslim schenkt, weil er beschenkt worden ist. Dieses Schenken ist der Liebe vergleichbar, die eine Mutter ihren Kindern zuwendet, ohne den Wunsch nach Gegenleistung zu äußern oder auch nur zu denken. Sadaqa und Zakat können so der Nächstenliebe im biblischen Sinne verglichen werden.

c) **Hinduismus**: Gott kann in allen Lebewesen erscheinen, gerade auch in dem Armen. Für viele gilt darum: Der Arme ist Inkorporation Gottes oder: er ist schlichtweg Gott. Sorge für den Armen ist in diesem Sinn Gottesdienst. ‚Der Arme' kann auch sprachlich bedeuten ‚der Nächste'.
Eine inhaltlich-ethische Nähe zu biblischen Gedanken und speziell zu Matthäus 25 ist naheliegend.

Ausdifferenzierung in vergleichbare Motivationsstrukturen
Wer immer sich mit Gebot und Geschichte der Nächstenliebe beschäftigt, muss auch über die Frage nachdenken, warum Menschen in überwältigenden Zahlen dieses Gebot aufgenommen und in ihrem Leben zu praktizieren versucht haben, also mit Fragen der Motivation. Unter unserem Gesichtspunkt des interkulturellen Vergleichs muss diese Frage dahin weitergeführt werden, ob sich in dem Komplex [170] unterschiedlicher Motivationsmöglichkeiten interkulturell ähnliche Strukturen feststellen lassen. Wir unterscheiden dazu zunächst vier religionspsychologisch unterscheidbare Motivationsbündel.

Erstens: Gehorsam gegenüber dem apodiktischen göttlichen Gebot
Das autoritäre ‚Du sollst' der Zehn Gebote und ähnlicher religiöser Texte fordert einen absoluten Gehorsam, der das Gebot ausführt, ohne nach dem ‚Warum?' zu fragen. Zweifellos war im Judentum, im Christentum und auch im Islam eine solche Haltung des absoluten Gehorsams über viele Jahrhunderte vorrangig verbreitet; sie ist es in einzelnen Regionen aller Religionskulturen sowie in bestimmten fundamentalistischen Kreisen bis heute.

Zweitens: Verehrung des Gottes, der im notleidenden Nächsten dem Gläubigen entgegentritt (bestimmte Hindu-Traditionen, Christusbild aus Mt. 25 ‚Das habt ihr mir getan'.) Nächstenliebe wird als fromme Verehrung oder Anbetung dieses Gottes als unmittelbar sakraler Dienst für diesen Gott, als ‚Gottesdienst' empfunden. Die Argumentationslinie ist mutatis mutandis dem lutherischen Verständnis von ‚Beruf als Gottesdienst' ähnlich. Jedenfalls geht es hier nicht um ein Handeln, das in einem direkten Sinne auf Gegenleistung aus ist. Das Verehrungsmotiv dürfte in manchen römisch-katholischen, sicher auch in hinduistischen Subkulturen eine wichtige Rolle spielen; mit dem islamischen Gottesbegriff dürfte es nur schwer vermittelbar sein.

Drittens: Anspruch auf Gegenleistung

In allen Kulturen zweifellos am weitesten verbreitet ist das wiederum vielschichtige Motivationsbündel, das auf Gegenleistung zielt. Der Gläubige praktiziert Nächstenliebe, um dafür belohnt zu werden: bald oder irgendwann. Die Herausforderung dieser logisch gleichen Struktur von ‚Leistung und Gegenleistung' in vielen dieser Motivationsbündel dürfte jedoch dem qualitativen Differenzierungsbedürfnis vieler religiös engagierter Menschen nicht ausreichen; das Motivbündel ‚Nächstenliebe auf Gegenleistung' soll daher in drei religionspsychologisch eigenbetonte Teilmotivationen gegliedert werden.

1) Nächstenliebe als eine religiöse Leistung, die der Werkgerechtigkeit im theologischen Sinn ähnelt, also quasi-soteriologisch auf Heilserwerb ausgerichtet ist. Ihre Leistungen werden insbesondere und spätestens im Jenseits, ‚im Himmel' belohnt. Sie werden auch im jüngsten Gericht eingefordert. — Charity im Sinne dieses Leistungsgedankens dürfte von allen hier angeführten Motivationskomponenten über Jahrhunderte hin sowohl im Christentum aller Konfessionen als auch im Islam mit Abstand an erster Stelle gestanden haben. Dieses Verständnis hat bis ins 19. und 20. Jahrhundert bei den Einrichtungen von Innerer Mission und Caritas eine vorrangige Rolle innegehabt.

2) Nächstenliebe als religiöse oder profane Leistung, die in erster Linie darauf aus ist, beim Mitmenschen, beim Nächsten, beim Pfarrer...als Gegenleistung Dankbarkeit, Akzeptanz, Anerkennung hervorzurufen. — Religiöse und profane Motivationkomponenten können sich hier auf vielfältige Art mischen. [171]

3) Nächstenliebe als Vorleistung für Gegenseitigkeit im Sinne der Goldenen Regel: ‚Was ihr nun wollt, dass euch die Menschen tun sollen, das tut ihnen zuerst' (Matth. 7,12).

Die Teilmotivationen (2) und (3) scheinen im Zuge von Säkularisierungsprozessen gegenüber der ursprünglich engeren religiösen Motivation in allen Kulturen in den Vordergrund zu treten.

Viertens: Nächstenliebe ohne Bedingungen

Im Mitmenschen (dem ‚Nächsten') das autonome Geschöpf Gottes zu sehen, ihm zu helfen, wo es wirklich nötig ist, und nicht nach Gegenleistung zu fragen, gilt für viele Christen unserer Zeit als ‚richtiges' Verständnis christlicher Nächstenliebe. In der Praxis des Handelns muss sich diese Motivation nicht von vergleichbaren ‚humanistisch-agnostischen' oder

‚sozialistischen` Beweggründen und auch nicht von einer hinduistischen oder buddhistischen Motivation unterscheiden. Unterschieden bleiben freilich die Kraftfelder der Motivationserneuerung wie sie jeder Religionsgemeinschaft je anders zu eigen sind.

2. ‚Universale Entschränkung'

Im Alten Testament ist der ‚Nächste` (Lev. 19,18) offenkundig vorrangig oder ausschließlich auf den israelischen Volksgenossen bezogen; nicht auf Angehörige anderer Stämme, Völker oder Religionsgruppen. Das gilt über viele Jahrhunderte auch für die anderen Religionen: Dienst am Nächsten oder ‚am Armen' ist zunächst überall auf die eigene Familie, die eigene Sippe, das eigene Volk bezogen; anders gesagt: auf den ‚Sozialen Nahbereich' oder die ‚Mikroebene' der gesellschaftlichen Lebenswelt. Die Überschreitung dieses Nahbereiches, d.h. die Ausweitung der Nächstenliebe auch auf Angehörige eines anderen Stammes oder anderer Völker wird theologisch als ‚universale Entschränkung' bezeichnet. Seit der Geschichte vom Barmherzigen Samariter gilt sie vielfach als spezifisch christlich, als zentraler christlicher Impuls für eine weltweite Humanisierung und damit als Indiz für einen höheren humanitären Wert der christlichen Ethik. Inzwischen hat die Ethikforschung aber gezeigt, dass zumindest die Ausweitung des Gebotes der Nächstenliebe auf den ‚Fremden', auf den ‚fernen Nächsten', der nicht zur eigenen Gruppe gehört, durchaus auch im Koran und in den Grundauffassungen des Hinduismus gefordert wird. Allerdings verbirgt sich diese ‚Entschränkung' dort nicht selten in einem semantischen oder sozialen Kontext, der dem westlichen Christen dieses universalisierte Verständnis nicht unmittelbar zugängig macht. Doch gilt diese ‚Entschränkung' als eine der wichtigsten Ausdifferenzierungen der Ethikgeschichte.

a) **Christentum**: Die universale Entschränkung wird unzweideutig durch Jesus selbst proklamiert, besonders deutlich in der erwähnten Geschichte vom barmherzigen Samariter (der ja nicht dem Volke Israel angehört; Luk. 10, 25-36); zentral aber ist auch die Transzendierung der Nächstenliebe über die ‚Fernstenliebe' hinaus bis zur Feindesliebe (Bergpredigt, Matth. 5,43-45). Sie scheint bis heute ein christliches Spezifikum, das sich in anderen Religionen nicht findet.

b) **Islam**: Im ‚Vertrag von Medina' regelt Mohammed das Zusammenleben mit den Juden, also mit einer nichtmuslimischen Religionsgruppe. In der Umma, dem örtlichen Gemeinwesen, hat jede Gruppe [172] ihren gesicherten Lebensraum. Zu dem geregelten Miteinanderleben gehört auch die gegenseitige Hilfe im Sinne der Nächstenliebe. Nach der mainstream-

Tendenz des Koran bejaht Allah die Pluralität religiös unterschiedlich ausgerichteter Subgruppen innerhalb eines Gemeinwesens.

c) **Hinduismus**: Das Dharma (etwa: ‚religiöses Heil') gilt allen Menschen, den Menschen in allen Kasten; ein ethisch relevanter Gegensatz zwischen eigener und fremder (Volks-) Gruppe kommt in der Frühzeit und darum auch in den Büchern wohl schon deshalb nicht vor, weil es, bevor der Islam kam, dieses Problem gar nicht gab: unter dem weiten und sehr dehnbaren Mantel des Hinduismus gab es offensichtlich keine formierten Subgruppen mit anderer Religion oder in tief wurzelnder ethnischer Verschiedenheit.

3. Institutionalisierungen als Ergänzung von spontanem und kontingentem Hilfehandeln

Schon in übersichtlichen Dörfern und Siedlungen des Nahbereiches, wo jeder jeden kennt und entsprechende
soziale Kontrollen auch die Betreuung von Bedürftigen regeln, gab und gibt es Ungleichheiten sowie nicht vorausberechenbare oder zu erwartende Zufälligkeiten (Kontingenzen) in der Versorgung von Kranken und Benachteiligten. Reiche wurden und werden in der Regel besser betreut als Arme; wer früher in einer Großfamilie lebte, hatte mehr Chancen, ausreichend betreut zu werden als Alleinstehende, seien es Singles oder alt gewordene Paare. Die Betreuungsdefizite vergrößerten sich im Zuge von Bevölkerungswachstum und Verstädterung, von Migration und Anonymisierung. Die Gesellschaft reagierte mit der Einrichtung von Hospitälern, Armenhäusern, Suppenküchen für Notleidende. Die charity wurde gleichsam von der üblichen spontanen Kontingenz ausgebaut zu personübergreifenden Regelungen. Sie überschritt damit auch institutionell (nicht nur spontan wie der Barmherzige Samariter) den Nahbereich der face to face relations, öffnete und engagierte sich für die anonyme Beziehungswelt etwa von Verstädterungsregionen. Wiederum waren es religiöe Gruppen oder Initiativen, die diese Institutionalisierung karitativer Einrichtungen organisierten. Die Versorgung Notleidender sollte nicht dem Zufall oder der Willkür überlassen bleiben. Die Einrichtungen, besonders Krankenhäuser waren nicht auf die Enge des sozialen Nahbereichs festgelegt. Sie sind selbst ein Baustein der ‚Meso'-Ebene des gesellschaftlichen Lebens, auf der die Einrichtungen des Nahbereiches übergriffen werden. Der Zugang zu den karitativen Einrichtungen sollte allen Bedürftigen in gleicher Weise offen stehen, die pflegerische und ärztliche Betreuung selbst Schritt um Schritt professionalisiert werden.

a) Christentum: Seit der frühen Christenheit waren es vornehmlich christliche Orden und Klöster, die sich der Notleidenden in Beherbergung und

Krankenversorgung annahmen und spezielle Krankenstationen und Freitische oder Suppenküchen unterhielten und schließlich Hospitäler errichteten.
Im Mittelalter wurden solche kirchlichen Initiativen fortgesetzt, aber zusätzlich ergänzt und ausgeweitet durch Stiftungen, die durchweg von religiös motivierten Laien eingerichtet wurden. [173]
Jahrhunderte später, im Zusammenhang der neuzeitlichen Differenzierungsschübe hat zumindest im Deutschland des 19. Jahrhunderts auch die Ausdifferenzierung des religiösen charity-Impulses ihre stärkste und einflussreichste Manifestation gefunden. Auslöser und Motor dieser Entwicklung waren die Industrialisierung und ein gewaltiges Bevölkerungswachstum (die erwähnte Verdreifachung in den nur 50 Jahren von 1825 bis 1875) und die sich daraus ergebenden gravierenden gesellschaftlichen Veränderungen, vor allem eine ausufernde soziale Verelendung. Wiederum waren es betont christliche Institutionen wie insbesondere die protestantische „Innere Mission" und die katholische Caritas, die sich der aufkommenden neuen ‚Sozialen Frage' mit großem Engagement und weitreichender Wirkung stellten: 1820 wurde bei Bochum das erste ‚Rettungshaus für verwahrloste Kinder und Jugendliche' von einer evangelischen Initiative gegründet, 1832 in Hamburg durch Amalie Sieveking der erste ‚Weibliche Verein für Armen- und Krankenpflege', 1836 die erste ‚Diakonissen-Anstalt` in Kaiserswerth, 1867 Bethel, ‚Die Stadt der Barmherzigkeit. Entsprechende Entwicklungen finden sich zeitlich etwas später im deutschen Katholizismus; sie wurden wesentlich von kirchlich gebundenen Laien getragen. In beiden großen Religionssystemen, dem Protestantismus und dem Katholizismus wuchsen die charity-Institutionen jetzt über die ‚Meso'-Ebene, die Welt der fachspezifischen Organisationen und Institutionen hinaus, viele ihrer Einrichtungen waren auf die Gesamtgesellschaft, die sogenannte ‚Makro'-Ebene ausgerichtet. Beide konfessionell geprägten Großorganisationen ‚Innere Mission' (seit 1848; ab 1966 ‚Diakonisches Werk`) und Caritasverband (seit 1897) gelangten in Deutschland zu gesellschaftspolitisch großem Einfluss und hoher mentaler Bedeutung.; sie haben sich in den folgenden 150 Jahren eklatant weiter ausdifferenziert: 1930 gab es im deutschen Sprachraum über 35.000 Diakonissen, die Betheler Anstalten beschäftigten (1970) ca. 12.000 MitarbeiterInnen. Heute stellen Caritas und Diakonisches Werk die mit Abstand größten ‚freien Wohlfahrtsverbände' in Deutschland dar und beschäftigten im Jahr 2001 jeweils mehr als 400.000 berufliche MitarbeiterInnen. Nicht unwichtig für den interkulturellen Vergleich ist, dass diese beiden großen deutschen charity-Organisationen zwar von ihren Ursprüngen her betont „christlich" im konfessionellen Sinne ausgerichtet, nicht aber Teil der organisierten Amtskirche waren und sind. Im 19. Jahrhundert gab es nicht

seiten konzeptionelle und organisationspolitische Differenzen zwischen den Institutionen der Inneren Mission und der Amtskirche; auch im 20. Jahrhundert wurde bei aller inhaltlichen Konvergenz die jeweilige Selbständigkeit immer betont.

b) Islam: Die islamischen charity-Impulse haben sich ebenso wie die christlichen seit langem und dann besonders stark in den globalen Modernisierungsprozessen zu eigenen Organisationen ausdifferenziert. Die Bezeichnungen und Begriffe der islamischen Einrichtungen erscheinen dem westlichen Beobachter allerdings zunächst fremd und schwer anschlussfähig an westlich-christliche Begrifflichkeit: ‚Zakat' kann wörtlich die jährlich zu zahlende, im Prinzip im Koran geforderte Armensteuer meinen; das Wort kann aber, wie erwähnt, auch im Sinne von ‚Nächstenliebe', nämlich als Dankbarkeit gegenüber Gottes Gnade verwendet werden. ‚Waqf' bedeutet die fromme Stiftung. ‚Qurban' bedeutet ursprünglich Opferfleisch, wird aber später auch als organisierte Spende von Nahrungsmitteln verwendet. Auch der oben vorgestellte theologische Zentralbegriff ‚Sadaqu' (Almosen [174] als göttlich verordnete Pflichtabgabe) kann im Sinne einer selbständigen Institution verstanden werden. Alle 4 Begriffe, Sadaq, Zakat, Qurban und Waqf, können also einerseits auf geforderte individuelle Leistungen hinweisen und andererseits auf einen Institutionalisierungsprozess aufmerksam machen. Mit letzterem deutet sich eine Vergleichbarkeit mit anderen Kulturen auf dieser Stufe der Ausdifferenzierung an, wenngleich eine 1:1-Übertragung auf christlich-westliche Formen der Institutionalisierung bisher wiederum nicht möglich erscheint. Vielleicht finden sich aber in fortschreitender Forschung indices, die auch auf dieser Stufe der Ausdifferenzierung eine genauere Vergleichbarkeit ermöglichen.

c) Hinduismus: Da erfahrungswissenschaftliche Beschreibungen und Analysen uns nicht vorliegen, beschränke ich mich auf Primärbeobachtungen während eines Studienaufenthaltes in Delhi und seiner Umgebung (2002). Diese Primärbeobachtungen haben die in Europa vielfach anzutreffenden Vorstellungen von einem religiös bestimmten Defizit an persönlicher karitativer Einstellung und erst recht an organisierten Institutionen der charity auf das gründlichste widerlegt und korrigiert. Die dem Diakonischen Werk in Deutschland ungefähr vergleichbare karitative Großorganisation SEWA (= ‚Dienst') gründet ihr Selbstverständnis ausdrücklich in der hinduistischen Religion. Sie arbeitet ähnlich differenziert wie das Diakonische Werk in zahlreichen unterschiedlichen Bereichen: während des Studienprogramms konnten wir Kindergarten und Krankenhäuser, Schulen in Slum-Gebieten, Heime für ausgesetzte Kleinstkinder und nicht zuletzt riesige ‚Freitische' (= Suppenküchen) kennenlernen. Auf dem Jahreskongress der Gesamtorganisation des SEWA, an dem ca. 150 Leiter unterschiedlicher

karitativer Einrichtungen teilnahmen, wurden Themen oder die Sorgen der Einrichtungsleiter diskutiert, die weithin dem entsprachen, was auf deutschen Diakonie-Kongressen verhandelt wird. Für interkulturelle Vergleiche relevant ist vor allem, dass sich hier ebenso wie im Islam und in der abendländischen Christenheit ähnlich strukturierte Ausdifferenzierungsmuster vorfinden; sie zeigen unseres Erachtens, dass Reaktion und kreative Anpassung an die neuen sozioökonomischen Herausforderungen durchaus zu einer Nivellierung der religiös-kulturellen Traditionen führen können. Auch hier sind Einzelaspekte in Ähnlichkeit und Unterschied näher zu erforschen.
Ein bemerkenswertes Spezifikum soll bereits hier erwähnt werden: der überaus hohe Anteil von Leistungen, die sowohl im Hinduismus wie im Islam ‚ehrenamtlich', genauer: im Stil eines voluntary commitment ohne Honorar erbracht werden. Konkreter ist darüber weiter unten zu handeln.

4. ‚Hilfe zur Selbsthilfe' als weiterführender Impuls

Die Organisierung von Hilfe zur Selbsthilfe ergänzt das überall vorherrschende Prinzip einer geschenkweisen karitativen Versorgung ohne Erwartung einer Gegenleistung. Auf den ersten Blick erscheint diese Stufe weniger spektakular als die Ausdifferenzierung von so vielen Teilsystemen institutionalisierter charity im 19. und 20. Jahrhundert mit ihren mächtigen Krankenhauskomplexen und Sozialstationen, mit ihren Beratungsstellen und Seniorenheimen in dunklen Arbeitervierteln oder auf Mallorca. Doch ist bei näherem Hinsehen dieser Schritt von der geschenkhaften Betreuung hin zur 'Hilfe zur Selbsthilfe' von großer gesellschaftlicher Tragweite. Er ist nicht nur wirtschaftlich notwendig [175] angesichts leerer (Versicherungs-) Kassen des modernen Wohlfahrtsstaates. Er bezeichnet auch nicht nur den Überschritt von paternalistisch-fürsorglichem Versorgungsdenken zu mündiger Eigenverantwortung. Er ist vielmehr auch und gerade zentral im Grundgedanken der Nächstenliebe angelegt. Denn dieser Grundgedanke kann sich schlechterdings nicht darin erschöpfen, dass Not und Armut durch milde Gaben an Hungernde oder Frierende gemindert werden; seine Logik zielt vielmehr dahin, den Notleidenden aus seiner Not zu befreien, den Armen aus seiner Armut herauszuführen.

a) Christentum

Dass im Sinne dieser Logik unbedingt der Schritt zur Selbsthilfe getan werden muss, hat im Kontext christlich motivierter sozialer Verantwortung als einer der ersten Friedrich Wilhelm Raiffeisen (1818-1888) entdeckt und mit dem von ihm entwickelten Genossenschaftsmodell zu weltweiter Wirkung gebracht. Bundespräsident Lübke hat dieses Modell 1965 als das schlechthin erfolgreichste Exportgut Deutschlands in den letzten 150 Jah-

ren bezeichnet. Friedrich Wilhelm Raiffeisen stammte aus einer pietistisch geprägten Pfarrersfamilie und hat sich zeitlebens gefragt, wie er dem Jesuswort aus Matth. 25 „Was ihr getan habt diesen Ärmsten, das habt ihr mir getan" angesichts des auch ihm bevorstehenden Jüngsten Gerichtes gerecht werden könne. Als langjähriger Dorfbürgermeister in verarmten Gemeinden, deren Bürger zum großen Teil durch Missernten, Wucherzins und Überschuldung ins Elend geraten waren, stellte er immer von neuem fest, dass die überkommene karitative Unterstützung der Notleidenden nicht ausreichte, um die Bauern aus ihrem Elend und besonders aus ihrer Abhängigkeit von zinswuchernden Geldverleihern wirklich herauszuführen. Er erkannte, dass wirksame Hilfe nicht auf Brot oder Kleiderspenden beschränkt bleiben könne, sondern dass ihnen ermöglicht werden müsse, in eigenem Engagement und in eigener Arbeit, also durch Selbsthilfe wieder Boden unter die Füße zu bekommen. Es gelte, dafür die nötigen Rahmenbedingungen zu schaffen. Die besten Rahmenbedingungen sah er nach allerlei oft schwierigen Experimenten, Selbsthilfe zu stimulieren, in Genossenschaften und Darlehenskassen, die örtlich begrenzt, darum überschaubar und in face-to-face-relations sozial kontrollierbar sind. Bei der staatlichen und auch bei den kirchlichen Bürokratien fand er zunächst wenig Resonanz und Rückhalt für seine Ideen; sie sahen in diesen Ideen und Initiativen eher einen sozialrevolutionären Sprengstoff. Er versuchte deshalb, an anderer Stelle anzusetzen, nämlich bei dem meist tief verankerten religiösen Verantwortungsgefühl seiner Mitbürger selbst; er kooperierte dabei organisatorisch wie motovationspsychologisch eng mit den Pfarrern der verschiedenen jeweils experimentierenden Gemeinden. Nach jahrelangen, mehrfach scheiternden Versuchen gelang es schließlich, jenes Regelwerk zu entwickeln, das in seiner jetzt 150 jährigen Erfolgsgeschichte in den Agrarbereichen weltweit und besonders in den Entwicklungsländern in nur kleinen Variationen übernommen werden sollte. Beim Tode Raiffeisens 1888 wurden in Deutschland ca. 200 Genossenschaften gezählt; 40 Jahre später, 1931, bei Gründung einer die deutschen Länder übergreifenden Genossenschafts-Zentralbank in Berlin waren es 40.000 Genossenschaften und wiederum 70 Jahre später, im Jahre 2001 waren es weltweit 450.000, davon fast 80 % in agrarischen Gebieten der Entwicklungsländer. [176]
Das Urteil von Bundespräsident Lübke hat sich auch in Hinsicht auf die quantitative Entwicklung des Raiffeisenmodells bestätigt!

Der Idee einer religiös motivierten Hilfe zur Selbsthilfe folgte 50 Jahre nach Raiffeisen und auf anderen Wegen als dem Genossenschaftsmodell eine ganze Reihe sogenannter ‚Evangelischer Sozialreformer'. Exemplarisch dafür mag der Protagonist der Betheler Anstalten stehen, Pastor Friedrich von Bodelschwingh (1831-1910). Neben den Kranken und Schwerbehinderten, die in Bethel eine menschenwürdige Heimat, die nötige Pflege und karitative Versorgung fanden, wuchs die Zahl derer, die leichter behindert oder sozial desintegriert waren. Dezidiert tat Bodelschwingh hier die entscheidenden Schritte über die karitative Hilfe hinaus zu einer ‚Selbsthilfe', die sowohl der seelischen Gesundheit der oft psychisch kranken Anstaltsbewohner dienen sollte als auch der wirtschaftlichen Existenzsicherung des stadtähnlich angewachsenen Anstaltskomplexes, der ‚irdischen Heimstätte' von zeitweise bis zu 10.000 Patienten plus einer etwa gleich großen Zahl von Pflegekräften und anderen Mitarbeitern.

b) und c) Islam und Hinduismus

In den vor- und außerchristlichen Religionen wie auch im vorneuzeitlichen Christentum gibt es sicher ebenfalls solche kooperativen Organisationsformen, die so etwas wie Selbsthilfe initiieren und stützen (wie etwa das ‚gotong royong' im hindu-malayisch geprägten und Südostasien). Doch ist bisher noch nicht verwertbar erforscht worden, ob und wie sich im Zuge der neuzeitlichen Modernisierungsschübe auch außerhalb Europas vergleichbare Großstrukturen wie die Raiffeisen-Genossenschaften aus der religiösen Grundmotivation von charity ausdifferenziert haben.

5. Die Beziehung zum Staat: Kooperation, Subsidiarität oder Verdrängung

‚Die Soziale Frage lösen kann nur der Staat'. Dieser dezidierte Satz des Reichskanzlers Otto von Bismarck (um 1880) richtete sich u.a. gegen die politische Unterstützung von Projekten der Inneren Mission, insbesondere gegen die von Friedrich von Bodelschwingh und damit indirekt gegen eine gesellschaftlich vorrangige oder dem Staat gegenüber zu mächtige Zuständigkeit des Religionssystems im Bereich von Sozialpolitik und Wohlfahrtspflege. Zwar stand hinter dieser Einstellung Bismarcks ein unmittelbares politisches Interesse: In seiner Auseinandersetzung mit denjenigen politischen Kräften, die wie die damalige Sozialdemokratie die bestehende monarchistisch-patriarchale Gesellschaftsordnung revolutionieren wollte, sollte das ‚Reich als wohltätige Institution` und eine tendentielle Sozialstaatlichkeit als Machtmittel eingesetzt werden und zugleich die bestehende Verfassung als menschenfreundlich legitimieren. Doch geht das Bismarck-Wort in seiner Problemanzeige weit über ein tagespolitisches Interesse hinaus: Es zeigt an, dass sich im Zuge der neuzeitlichen Differenzierungsprozesse insgesamt nicht nur die alte Kongruenz von Flächenstaat und religiöser Konfession, sondern insbesondere die überkommene Vorrangstellung des jeweiligen Religionssystems für Sinnfragen, Ethik und charity langsam auflösen. [177] Gleichzeitig aber erfolgt (gerade im 19.

Jahrhundert) eine weitere Ausdifferenzierung von Institutionen der religiös motivierten charity wie Innere Mission oder Caritas. Diese Institutionen mussten ähnlich wie in Deutschland so in Europa und später weltweit in allen Kulturen ihr Verhältnis zum Staat neu bestimmen; darüber hinaus aber auch ihr Verhältnis zu den sich überall entwickelnden profan ausgerichteten Wohlfahrtsinstitutionen. Der damit angedeutete Prozess verlief schon in Europa überall unterschiedlich, weltweit ist angesichts der unterschiedlichen kulturellen Traditionen die Spannbreite der Möglichkeiten noch weit größer. Sehr grob lassen sich folgende Beziehungsmuster unterscheiden:

5.1. ‚Einfache Identität` von Staat, Religionssystem und Wohlfahrtsinstitutionen. Die religionsnahen Wohlfahrtseinrichtungen sind in die staatliche Organisation eingeordnet. Beispiele: Insbesondere islamische Gottesstaaten wie Saudi-Arabien oder Iran.
Auch im Hinduismus finden sich partielle Identitäten zwischen Religionssystem und Politiksystem. Im Christentum dürfte sich im Prinzip überall eine Art Zwei-Reiche-Lehre durchgesetzt haben, auch wenn sich in der Realität hinsichtlich der Steuerung von Wohlfahrtssystemen gelegentlich Dominanzansprüche zeigen: ebenso seitens des Staates wie seitens der Kirchen, nämlich dann, wenn die grundsätzliche Trennung von Staat und Kirche vorübergehend ignoriert wird und es zu Machtkämpfen im Sozialbereich kommt.

5.2. ‚Partielle Kongruenz`: Das Religionssystem und die ihm nahestehenden Wohlfahrtseinrichtungen sind in Teilbereichen ihres Handelns frei und eigenverantwortlich; in anderen Teilbereichen werden sie bis in Einzelheiten vom Staat gesteuert — sowohl durch ideologische Kontrollen als durch finanzielle Zuwendungen oder Entlastungen. Beispiel: Als Entlastung des Religionssystems könnte etwa der Einzug der religiösen Armensteuer (Zakat) durch staatliche Behörden in einigen islamischen Ländern verstanden werden; das ist im Kern dem in Deutschland üblichen Einzugsverfahren der Kirchensteuer durch staatliche Finanzämter nicht unähnlich. Auch in Indien finden sich ‚partielle Kongruenzen'.

5.3. Subsidiaritätsgesetze zur staatlichen Förderung von religionsnahen Wohlfahrtseinrichtungen. Die religionsnahen Wohlfahrtsinstitutionen sind im Rahmen der staatlichen Verfassung zwar frei und eigenverantwortlich für die Inhalte und die Organisation ihrer charity-Arbeit. Sie werden aber vom Staat in Ausführung des Subsidiaritätsprinzips vorrangig gefördert und geraten damit in eine gewisse Abhängigkeit, zumindest in der Sicht ihrer Klienten und Konkurrenten. Beispiel: Dieses System hat über 6 Jahrzehnte die Sozialpolitik der Bundesrepublik

Deutschland beeinflusst; es findet sich tendentiell aber auch in islamischen und in hinduistischen Ländern.

5.4. **Kooperatives Nebeneinander** von Staat und unabhängigen religionsnahen Wohlfahrtsinstitutionen. ‚Profane', von Staat, Städten oder Landkreisen getragene Wohlfahrtsinstitutionen arbeiten in fairem Wettbewerb unter tendentiell gleichen Bedingungen [178] wie die religionsnahen Wohlfahrtseinrichtungen. Beispiel: Ein solches wettbewerbsorientiertes Nebeneinander findet sich besonders deutlich in den USA, wo übrigens die meisten religionsnahen charity-Aktivitäten bis heute auf der Ebene des sozialen Nahbereiches, etwa der Kirchengemeinde organisiert werden und kaum überregionale Organisationsstrukturen entwickelt sind. Weitere Modelle dieses Nebeneinanders haben sich in Deutschland einerseits im Bismarckreich und andererseits in der Weimarer Republik herausgebildet. Für das Bismarckreich ist besonders charakteristisch, dass es zum großen Teil protestantisch engagierte und kirchlich gebundene Laien waren, die die ‚Sozialen Sicherungssysteme' als Kernstück des späteren Sozialstaats entwickelten, nämlich Gesetze zur Krankenversicherung (1883), zur Unfallversicherung (1884) und zur Alters- und Invalidenversicherung (1899). Exemplarisch genannt für diese Art der Ausdifferenzierung des charity-Impulses sei Theodor Lohmann (1831-1905), der seine sozialethische Prägung unmittelbar, wie er selbst oft betont, im lutherisch-pietistischen Milieu der Inneren Mission erfuhr, sein Lebensthema in der Sozialen Frage sah und als Jurist und Ökonom zum wichtigsten Protagonisten der Versicherungs-Gesetzgebung in der Bismarckzeit wurde. Von ähnlich wichtiger Bedeutung für die Sozialpolitik der Nach-Bismarckzeit sollten die meist auch für die Innere Mission engagierten führenden Repräsentanten der ‚christlich-sozialen Bewegung' (A. Stoecker, F. Naumann u.a.), und ab 1890 des Evangelisch-Sozialen Kongresses werden.

Auf katholischer Seite gab es vergleichbare Entwicklungen. In noch stärkerem Maße als bei den Protestanten waren es Laien, die die katholisch-soziale Bewegung ausbauten; freilich weniger in Kooperation als vielmehr wegen des ‚Kulturkampfes' in ständiger Spannung zum Staat.

5.5. **Staatlich intendierte Nachrangigkeit von religionsnahen gegenüber profanen Wohlfahrtsinstitutionen.** Um eine Gleichheit, besonders in der Versorgung aller Bedürftigen, nämlich sowohl der religiös engagierten Staatsbürger wie der dezidierten Agnostiker, Atheisten oder sonstig motivierten Kirchengegner zu gewährleisten, soll der Einfluss der sogenannten ‚Tendenzbetriebe', bei denen häufig eine direkte oder indirekte missionarische Absicht vermutet wird, gemindert werden. Beispiele: Intentionen dieser und verwandter Art finden sich bereits seit dem 1. Weltkrieg in sozialdemokratisch dominierten Ländern wie den skandinavischen Wohlfahrtsstaaten oder in Großbritannien. Sie finden sich aus machtpolitischen Gründen — wie das Eingangszitat zeigte — selbst bei Bismarck, der sich für seinen Privatbereich stets zu einer bewußten (protestantischen) Religiosität bekannte. Sie spielen im Zuge der je unterschiedlichen Modernisierungsprozesse aber auch in anderen Kulturen, ansatzweise in der Türkei, in Indien oder in Indonesien eine erhebliche Rolle. [179]

5.6. Unterdrückung religionsnaher Wohlfahrtsinstitutionen durch Staaten mit ideologischem Absolutheitsanspruch.
Drastische Beispiele dafür sind der NS-Staat und das Sowjet-Imperium. Charity im Sinne von Nächstenliebe und der Sorge um den Schwachen (Matth. 25) passte weder in das sozialdarwinistische Menschenbild des NS-Staates noch in den religionskritischen Omnipotenz-Anspruch des Staatsozialismus.
In veränderter Form findet sich jedoch eine solche Unterdrückung von religionsnahen charity-Institutionen, insbesondere von christlichen Einrichtungen auch in den Diktaturen der nachkolonialen Dritten Welt: in Südamerika ähnlich wie in Afrika und Südostasien — sei es, dass deren gesellschaftskritische Proteste oder sei es, dass deren westlich-christliche Grundhaltung (in islamistisch dominierten Staaten) abgelehnt werden.

Die damit kurz skizzierten Beziehungsmuster zwischen Staat und religionsnahen Wohlfahrtsinstitutionen deuten an, dass im Zuge der Modernisierungs- und der mit ihnen konstitutiv verwobenen Säkularisierungsprozesse in allen Kulturen neue organisatorische Ausdifferenzierungen des charity-Impulses gerade auch gegenüber dem jeweiligen Politiksystem nötig wurden und werden. Da sich mit dem Modernisierungsprozess auch die Ausformungen des Politiksystems zwischen den Extremen totalitärer Staat, Gottesstaat, konstitutionelle Monarchie und freiheitliche Demokratie fast andauernd änderten, ergab sich für die Ausdifferenzierungen des charity-Impulses auf dieser Stufe eine außerordentliche Vielfalt an Erscheinungsformen. Wiederum sind diese Erscheinungsformen in manchen Kulturen noch kaum wissenschaftlich erhoben und analysiert. Doch verweisen schon die nur angedeuteten Beispiele auf kulturübergreifende strukturelle Ähnlichkeiten. Insgesamt sind diese 6 Beziehungsmuster aus der christlich-abendländischen Sozialgeschichte gewonnen worden. Dort sind alle Muster noch im 20. Jahrhundert deutlich zu beobachten. In Islam und Hinduismus werden Übergangsprozesse zwischen den Mustern 1 und 4 deutlich erkennbar, manchmal freilich nach Art der Springprozession: zwei Schritte vor, einer zurück.

6. Die Reaktivierung von voluntary work

Betrachtet man die verschiedenen Stufen der Ausdifferenzierung des charity-Impulses unter dem Gesichtspunkt geschichtlicher Entwicklung, dann läßt sich für die historiografisch überschaubaren 2.500 Jahre als Haupttrend eine zunehmende Institutionalisierung mit entsprechender Binnendifferenzierung, Professionalisierung und Systemsicherung feststellen. Dieser Haupttrend wird seit einigen wenigen Jahrzehnten ergänzt oder korrigiert durch das Phänomen einer der Institutionalisierung sich entziehenden wachsenden Zahl von sogenannten ‚Ehrenamtlichen`, d.h. von freiwillig, in der Regel unbezahlt und institutionell wenig oder gar nicht verankerten Mitarbeitenden. Die Ursachen dafür sind vielfältig: Auf der einen Seite werden schon wegen der demografischen Veränderungen immer mehr Leistungen angefragt: im Gesundheitswesen, der Altenbetreuung, der Unterstützung von Arbeitslosen, usw.. Gleichzeitig werden die Finanzierungsmöglichkeiten der [180] Gesellschaft im Zuge von Wirtschaftskrisen, wiederum ‚demografischem Faktor' und weltweitem Konkurrenzdruck immer enger. Die Zahl der haupt- und nebenberuflich Mitarbeitenden muss in allen Wohlfahrtsbereichen eingeschränkt werden.
Auf der anderen Seite wächst die Zahl derer, die in der nachberuflichen Lebensphase oder als Nichtberufstätige (etwa Ehepartner) über ein hohes Maß an disponibler Zeit verfügen. Manche von ihnen sind daran interessiert, diese freie Zeit für Tätigkeiten zu nutzen, die sie selbst als sinnvoll empfinden — und die sich nicht im Konsum der vielerlei Freizeitangebote vom Fernsehen über den Fußballplatz bis zum Mallorca-Tourismus erschöpfen soll. Beide Tendenzen: zunehmender Bedarf an Leistungen und ein zunehmendes Potential an verfügbarer Zeit zusammenzufahren, wird darum von den Wohlfahrtsverbänden wie auch von sozial engagierten Privatinitiativen in zunehmender Mühe versucht. Dabei wird häufig gefragt, ob diese Aktivierung weiterhin auf einen religiösen Grundimpuls zurückzuführen ist. Im Sinne einer direkten Deduktion kann das sicher nicht nachgewiesen werden; manchmal wird sogar von ehrenamtlich Aktiven ausdrücklich betont, dass ihr Engagement aus humanitärer, nicht aus kirchlich-religiöser Motivation komme. Trotzdem bestehen unseres Erachtens konstitutive, wenn vielleicht auch verdeckte Zusammenhänge mit dem Grundimpuls religiöser charity. So ist etwa der christliche Grundimpuls der Nächstenliebe vermutlich so tief in unseren abendländischen Wertsystemen internalisiert, dass er auch in Lebensentwürfen, die sich dezidiert als nichtchristlich oder agnostisch verstehen, gleichsam in säkularisierter Form weiterwirkt. Die gleiche Beobachtung kann man im übrigen auch im

Gespräch mit säkularisiert-aufgeklärten Indern im Bezugsrahmen des Hinduismus machen.

Die andere Seite betrifft die Mobilisierungs- und Organisierungsmöglichkeiten der Bereitschaft zum commitment für voluntary work. Offensichtlich bedarf es dazu funktionsfähiger Organisationen im sozialen Nahbereich, also an der Basis der Lebenswelt. Das Beispiel skandinavischer oder angelsächsischer Wohlfahrtsstaaten hat gezeigt, was u.a. schon in den 1970er Jahren von dem schwedischen Gesellschaftskritiker Gunnar Myrdal beklagt wurde, wie schwer es nämlich ist, ‚Ehrenamtliche' zu gewinnen, zu schulen und ihren Einsatz zu organisieren, wenn einmal die nichtstaatlichen, etwa kirchlichen Basisinstitutionen weggefallen sind. In Skandinavien sind tatsächlich durch die Delegation alter Wohlfahrtsaktivitäten an den Staat die Einrichtungen der Kirche zur Gewinnung und Umsetzung von voluntary work fast völlig weggebrochen. Selbst die latente Bereitschaft zu diesem Engagement kann dann nur schwer fruchtbar gemacht werden.

a) **Christentum:** Auf voluntary work aufgebaut ist beispielsweise die in vielen Regionen der USA praktizierte Betreuung von Obdachlosen: mehrere Gemeinden unterschiedlicher Kirchen oder sogar unterschiedlicher Religion (jüdische oder hinduistische) schließen sich zu einem Verbund zusammen und betreuen die Obdachlosen ihrer Region reihum je eine Woche. Ein wichtiger Nebeneffekt dabei ist, dass das diakonische Element des christlichen Glaubens von den Gemeindegliedern selbst und nicht nur gleichsam stellvertretend durch professionell betriebene Einrichtungen wie Diakoniestationen wahrgenommen und damit bewusst gehalten wird. Dabei entwickelt sich beiläufig ein Gemeinschaftsgefühl des Christseins auch über konfessionelle [181] Grenzen hinweg. Im Übrigen bedeutet offenbar gerade die strenge non-profit-Ausrichtung ein stark motivierendes Moment für das voluntary engagement der US-amerikansichen Gemeindeglieder.

b) **Islam:** Angesichts des hohen Anteils von Laien auf allen Ebenen religiöser Organisation ist anzunehmen, dass auch im Islam das voluntary commitment in den Wohlfahrtseinrichtungen eine große Rolle spielt. Genauere Zahlen oder Beispiele liegen uns aber nicht vor.

c) **Hinduismus:** Die der Hindu-Religion eng verbundene ‚Sewa' (=Dienst)-Institution in Indien ist etwa der ‚Inneren Mission' des 19. Jahrhunderts vergleichbar. Sewa betreibt Krankenhäuser und Kinderheime, Suppenküchen und Schulen für die Slum-Bevölkerung. All diese Einrichtungen können allerdings nur existieren, weil die Mehrzahl ihrer Mitarbeiter ‚ehrenamtlich', unbezahlt und freiwillig tätig ist. Mindestens jeder zweite Arzt arbeitet zwei- bis sechs mal monatlich voluntary. Ähnliches gilt für Krankenschwestern oder Lehrer,

> die jeweils aus einem anderen Job ihr Geld beziehen; es gilt insbesondere für die Mitarbeiter in den Verwaltungen, durchweg ehemalige Staatsbeamte, die —früh pensioniert — ihre Arbeitskraft ganztägig und unbezahlt der Sewa zur Verfügung stellen. Schwierigkeiten, jemanden zu solchem Dienst zu motivieren, scheint es kaum zu geben. Die Grundimpulse hängen direkt oder indirekt mit dem religiösen Interesse für das eigene Kharma zusammen — gegebenenfalls auch in säkularisierter Form: ein wohlhabender Kaufmann unterhält auf eigene Kosten ein Dorf für Lepra-Kranke einschließlich der Betreuungspersonen; er selbst arbeitet ein bis zwei mal wöchentlich praktisch mit. Nach seiner Motivation gefragt, antwortet er, dass eine solche karitative Arbeit zu seinem Lebenssinn mehr beitrage als ‚jedes Jahr nach Europa zu reisen'.

Gerade diese Einstellung, die von nicht wenigen Indern in verantwortlicher Position geteilt und praktiziert wird, hat die deutschen Kongressteilnehmer sehr beeindruckt. Sie ist dem oft beklagten Verlust von social responsibility auf den Führungsetagen westlich-christlicher Kulturen entgegengesetzt. Sie kann aber die zahlreichen Initiativen zum voluntary work auf anderen Ebenen des gesellschaftlichen Lebens ermutigen und bestätigen. Sie macht deutlich, dass es sich bei der interkulturellen Einflussnahme von charity-Verständnis und charity-Aktivitäten nicht um Einbahnstraßen, etwa um eine konstitutive Vorreiterrolle des westlichen Christentums handelt, sondern um eine vielfältige Gegenseitigkeit.

Kapitel IV – Wertewandel und christliche Ethik

Zwischen Götzenkritik und Gestaltungsauftrag.*

Die Evangelische Sozialethik im Übergang (1950-1990)

I. Verschiedene Gesichter der evangelischen Sozialethik

Die Evangelische Sozialethik zeigt dem, der sich grob zu orientieren versucht, zu Beginn der neunziger Jahre ganz unterschiedliche Gesichter. Wenn einer von außerhalb der innerkirchlichen Bereiche auf Stichwort oder Thema der Evangelischen Sozialethik aufmerksam wird, geschieht das nicht selten durch eine provokative Äußerung. Aufmerksamkeit in diesem Sinne erregten in den letzten Jahrzehnten vor allem pointiert gesellschaftskritische Stellungnahmen sogenannter linker Pfarrer oder engagierter kirchlicher Gruppen: etwa wenn Pastoren im Talar gegen Atombewaffnung oder Nachrüstung protestierten, gegen atomare Wiederaufbereitung oder Umweltzerstörung, gegen die Ausplünderung der Dritten Welt und die entsprechenden Weltwirtschaftsstrukturen. Theologisch begründeten diese Gruppen ihr politisches Engagement entweder im direkten Rückgriff auf Bibelworte über Armut, Reichtum oder das Gebot »Du sollst nicht töten«, oder aber mit Verweis auf das Stichwort »Sozialethik«. Dieser Begriff erschien so und erscheint manchem bis heute als beinahe auswechselbar mit »gesellschaftskritischem Engagement«, mit »Aktion«, mit jener »Positionalität«, in der man sich betont absetzen will von einem »akademischen« Ethikverständnis, das auf wissenschaftlicher Reflexionsdistanz besteht und darum gerne als direkt oder indirekt status-quo-stabilisierend bezeichnet wurde oder noch wird. Durch solche Provokation oder aus anderen Gründen wird der eine oder andere angeregt, hinter oder neben diesem aktionsgerichteten und positionell geprägten Gesicht protestantischer Sozialethik die theologische Fachdisziplin dieses Namens genauer in den Blick zu nehmen. Er findet dann in Deutschland etwa 15 Hochschulprofessoren sowie eine vergleichbare Anzahl wissenschaftlicher Mitarbeiter, die in diesem Fach ihren Arbeitsschwerpunkt haben, auch wenn sie ihn nicht ausdrücklich als Sozial-Ethik, sondern allgemeiner als Ethik oder als Christliche Gesellschaftswissenschaft [146] bezeichnen. Neben einigen wenigen Universitätsinstituten gibt es verschiedene, personell übrigens meist besser ausgestattete kirchliche Einrichtungen, die teils mit einer theologischen Fakultät verbunden sind (Heidelberg, Bochum), teils auch als kleine wissenschaftliche Arbeitsstellen zur Ausstattung einiger kirchli-

* Erstveröffentlicht in: Franz Furger u.a. (Hg.): Perspektiven christlicher Sozialethik, Münster 1991, S. 145-166

cher Sozialämter, Evangelischer Akademien oder Diakonischer Werke gehören.

Während die inhaltliche Ausrichtung der sozialethischen Arbeitsstellen kirchlicher Einrichtungen häufig eng mit den positionell-politischen Aktivitäten und Manifestationen verflochten ist, hat die im engeren Sinn wissenschaftlich-sozialethische Arbeit an den theologischen Fakultäten in den letzten beiden Jahrzehnten durchweg eher Abstand gesucht gegenüber jenem unmittelbaren gesellschaftspolitischen Aktionismus, der in der Zeit der sogenannten Studentenbewegung seinen Höhepunkt hatte, der aber auch später in sozialkritischen kirchlichen Gruppen und Bewegungen lebendig blieb.

Als symptomatisch für den inzwischen eingetretenen Abstand zwischen den mehr aktionsorientierten Gruppen und Aktivitäten und der akademischen Sozialethik ist 1989 und 1990 mehrfach registriert und diskutiert worden, daß an den zentralen Versammlungen des »Konziliaren Prozesses für Gerechtigkeit, Frieden und Bewahrung der Schöpfung« deutsche wissenschaftliche Vertreter der Evangelischen Ethik kaum, auf der Weltversammlung in Seoul überhaupt nicht beteiligt waren. Das Gesicht dieser zweiten Manifestation Evangelischer Sozialethik, nämlich als wissenschaftlicher Disziplin, ist seinerseits geprägt durch Auseinandersetzungen um die Begründungs- und die Kriterienproblematik einer christlichen Sozialethik sowohl innerhalb der Theologie als auch gegenüber der praktischen Philosophie, sodann durch eine im Dialog mit den Humanwissenschaften erfolgende Ausdifferenzierung aktueller ethischer Problemfelder wie Ökologie, Wirtschaft, moderne Technologien, Medien, Genforschung, Euthanasie, schließlich drittens durch Vorarbeit und Mitarbeit an den Denkschriften, Erklärungen und anderen Verlautbarungen der Evangelischen Kirche zu ethischen Grundfragen unserer Zeit: Diese Denkschriften sollen zu verstärkter ethischer Reflexion, zu christlich-ethischer Orientierung und zur Sensibilisierung von Verantwortung beitragen, ohne unmittelbar in die Eigenkompetenzen des Politiksystems einzugreifen.

Man kann, wenn man von dem ausgeht, was in der Öffentlichkeit wahrgenommen und ansatzweise verarbeitet wird, in diesen Denkschriften und Verlautbarungen der Evangelischen Kirche und in der durch einige von ihnen ausgelösten teils heftigen gesellschaftlichen Diskussion [147] (etwa der »Ostdenkschrift« von 1965, der Friedensdenkschrift von 1981 oder der Landwirtschaftsdenkschrift von 1984) auch eine dritte eigenständige Manifestation, gleichsam ein drittes Gesicht Evangelischer Sozialethik identifizieren. In gewisser Weise und bei Vernachlässigung vieler kirchenrechtlicher und, theologischer Verschiedenheiten läßt sich die gesellschaftliche Funktion der Denkschriften mit derjenigen der in der katholischen Kirche seit über 100 Jahren veröffentlichten Sozialenzykliken und Hirtenbriefe

vergleichen. Zwar wird diesen wie jenen oft zuviel Ausgewogenheit, Unverbindlichkeit, Mangel an Parteilichkeit vorgeworfen; doch gehören diese kirchlichen Verlautbarungen offensichtlich, auch wenn sie nicht alle die gleiche Resonanz erfahren, zu den wenigen ethischen Beiträgen und Gelegenheiten, in deren Zusammenhang unsere Demokratie ihre Wertsysteme und Wertprobleme über den Tag hinaus und meist auch über die parteipolitische Sicht hinaus überprüft und einigermaßen grundsätzlich erörtert.
Neben diesen, von unterschiedlichen Öffentlichkeiten unterschiedlich aufmerksam zur Kenntnis genommenen Manifestationen gibt es endlich eine Reihe von sozialethischen Aktivitäten, die öffentlich weniger deutlich registriert werden, sich etwa in Gremien, Beiräten und Ausschüssen von politischen, gewerkschaftlichen oder Verbandseinrichtungen abspielen und inhaltlich meistens durch sozialreformerisch-pragmatische Züge gekennzeichnet sind.
Diese unterschiedlichen Manifestationen, in denen sich Evangelische Sozialethik heute darstellt, und die Einzelzüge, in denen sie sich von der Katholischen Soziallehre und von anderen gesellschaftsphilosophischen Gesamtentwürfen unterscheidet, sind geprägt sowohl von alten, bis in die Reformation zurückgehenden theologischen Traditionen als auch von den gesellschaftlichen Herausforderungen und schubartigen Entwicklungsimpulsen der Zeit nach dem Zweiten Weltkrieg. Diese Prägungskräfte werden in der einen oder anderen Modifikation weiterwirken. Prospektive Überlegungen zu möglichen Weiterentwicklungen der Sozialethik sowie über künftige Anforderungen an ihre Aufgabe werden von diesen heutigen Manifestationen und den in ihnen wirkenden Bewegungskräften auszugehen haben. Diese Kräfte müssen darum zuerst näher bestimmt werden.
Darüber hinaus können die entwicklungsinternen Tendenzen und Probleme am ehesten erkennbar werden, wenn sie an den in der öffentlichen Wirkung am meisten exponierten Positionen diskutiert werden. Das soll in den beiden Schlußkapiteln in durchaus subjektiver Sicht aufgrund eigener Erfahrungen und Beobachtungen versucht werden. [148]

II. Haupttraditionen

Zwei-Reiche-Lehre und Herrschaft-Christi Konzeption

»Evangelische Sozialethik« gibt es dem Begriff nach seit 1868, eingeführt durch Alexander von Oettingens Buchtitel »Die Moralstatistik und die christliche Sittenlehre, Versuch einer Sozialethik«. Von Sozialethik als selbständigem Fach im Kanon der evangelisch-theologischen Disziplinen wird erst nach 1945 gesprochen. Ihre Gegenstände sind, wie in den katholischen Parallelfeldern »Christliche Soziallehre« oder »Christliche Sozialwissenschaften«, zuerst im Kontext der Sozialen Frage des 19. Jahrhunderts explizit als theologische Aufgaben formuliert worden. Die theologische

Tendenz, die neu aufgekommenen sozialen Probleme im Rahmen des kirchlichen Auftrages zu bearbeiten, war dabei im Protestantismus von Anfang an und blieb bis weit ins 20. Jahrhundert vorwiegend orientiert an einem ordnungstheologischen Verständnis der sogenannten Zwei-Reiche-Lehre: Die bestehenden gesellschaftlichen Ordnungen, der monarchische Staat wie das bestehende Wirtschaftssystem sind so, wie sie sind, zunächst als von Gott gesetzt oder mindestens geduldet zu verstehen und zu akzeptieren; sie eigenmächtig revolutionär zu verändern gilt als usurpatorische Auflehnung gegen Gott, als die Ursünde des »Eritis sicut Deus«. Aufgabe der Kirche kann es deshalb nicht sein, in die Ordnungsstrukturen des »Reiches zur linken Hand Gottes«, also der weltlichen Institutionen direkt oder auch nur durch eine radikale Kritik der Strukturen einzugreifen; diese Ordnungen unterliegen vielmehr ausschließlich der weltlichen Gesetzlichkeit und Zuständigkeit; ein Gedanke, der am Ende des 19. Jahrhunderts bis zur Theorie einer von systemübergreifender Moral abgekoppelten »Eigengesetzlichkeit« des politischen, wirtschaftlichen oder technischen Handelns gesteigert wird. Nicht die Strukturen also, sondern die Menschen sind Gegenstand christlichen Handelns und kirchlicher Intervention, die den besonderen Mitteln des »Reiches zur rechten Hand Gottes«, nämlich der Kirche entsprechen müssen: Den Armen und Notleidenden, den Unterdrückten und Ausgebeuteten ist vor allem karitativ oder diakonisch zu helfen; eine Aufgabe, die dann tatsächlich von den sozialkaritativen kirchlichen Einrichtungen bis hin zu Armenhäusern und dörflichen Diakoniestationen über Jahrzehnte engagiert und eindrucksvoll wahrgenommen wurde. Das sozialethische Engagement blieb auf diese Weise fast 80 Jahre auf den Rahmen individueller Hilfe begrenzt und wurde allenfalls auf Sozialreform im Sinne von Sozialgesetzgebung (Arbeitszeiten, Kranken- und Unfallversicherung) [149] ausgeweitet; nur ganz selten aber wurde es auf prinzipielle Gesellschafts- oder Systemkritik bezogen.
Eine tiefgreifende und immer noch weiterwirkende Wende im Begriff der Sozialethik vollzog sich nach dem Zweiten Weltkrieg. Sie war motiviert vor allem durch die schockartigen Erfahrungen mit den Unmenschlichkeiten des NS-Regimes, in denen das Konzept einer von moralischen Problemen unbehelligten Eigengesetzlichkeit des politischen Handelns unwiderruflich ad absurdum geführt war und in die auch die ordnungstheologisch begründete Obrigkeitsaffirmation schuldhaft verstrickt schien. Theologisch-theoretisch vorbereitet war das allseits als »conditio sine qua non« anerkannte politisch ethische Umdenken im Protestantismus durch Karl Barths massive Kritik der Ordnungstheologie, wie sie bereits in der Barmer Theologischen Erklärung von 1934 im Kern vorgelegt worden war: Nicht primär vom Ersten Artikel des Credo aus, also vom Schöpfertum Gottes her seien weltliche Ordnungen in Politik oder Wirtschaft christlich zu interpretieren

und gegebenenfalls zu kritisieren, sondern vom Zweiten Artikel aus, unter dem Aspekt der schon angebrochenen Königsherrschaft Christi. Unter diesem Aspekt nämlich wird nicht nur die Vorläufigkeit von sozialen Strukturen offenbar und damit ihr geschichtliches Gewordensein, ihre Kritisierbarkeit und ihre Veränderungsbedürftigkeit theologisch akzeptiert; es kann vielmehr auch die latente Tendenz der Sozialstrukturen zur Eigenverabsolutierung, zu metaphysischer Überhöhung und damit letzten Endes zur Selbstvergötzung entlarvt werden. Die Königsherrschaft Jesu Christi wird sich zuletzt als mächtiger erweisen als jeder Machtanspruch politischer oder wirtschaftlicher Systeme; er relativiert diese Systeme auf ihren vorübergehenden Dienst in der Gesellschaft. Gerade das mit der Herrschaft-Christi-Theologie eng verbundene Moment der Götzenkritik ist von der Nachkriegs-Sozialethik mit starker Resonanz aufgenommen worden; es spielt bis heute, neuerdings verstärkt in der Kapitalismuskritik, eine dominierende Rolle. Schwieriger war und ist die Frage zu beantworten, welche positiven Kriterien und konkreten Gestaltungsimpulse sich denn aus der Herrschaft-Christi-Theologie gewinnen lassen. Die von Barth selbst in »Christengemeinde und Bürgergemeinde« (1946) vorgeschlagene Methode, »per analogiam fidei« aus den neutestamentlichen Bestimmungsmerkmalen der Christengemeinde im Sinne von Gleichnissen sozialethische Kriterien für die wesenhaft gleichnisbedürftige Bürgergemeinde, also die menschliche Gesellschaft abzuleiten, hat sich schon wegen der eklektischen Willkür bei der Auswahl gleichnisfähiger Bibelworte nicht bewährt und wird heute kaum noch vertreten. [150] Durch viereinhalb Nachkriegsjahrzehnte hindurch ist der Streit um die theologische Begründung und urn Konkretisierungsmaßstäbe Evangelischer Sozialethik hauptsächlich im Spannungsfeld zwischen lutherischer Zwei-Reiche-Lehre und neoreformierter Herrschaft-Christi-Theologie ausgetragen worden. Die theologischen Argumente in den großen, meist politisch-sozialethischen Kontroversen dieser Jahrzehnte spiegeln fast immer diesen Gegensatz wider. Das gilt bereits für die Auseinandersetzungen über kirchliche Schulderklärungen und die Frage einer Kollektivschuld des deutschen Volkes (1945), über die deutsche Wiederbewaffnung (1949/50) und die Stationierung von Atomwaffen in Deutschland (1957/58); es setzt sich fort im Streit über die Ostdenkschrift (1965), über Gewaltanwendung bei systemkritischen Aktionen im Rahmen von Studentenbewegung und Außerparlamentarischer Opposition (1968ff), über Nachrüstung und Nato-Doppelbeschluß (1981ff), über die Gleichrangigkeit von Sozialismus- und Kapitalismuskritik (1989/90), und schließlich über die richtigen Interventionen im Konziliaren Prozeß für Gerechtigkeit, Frieden und Bewahrung der Schöpfung.
Obwohl beide theologischen Grundrichtungen, die Zwei-Reiche-Lehre und die Herrschaft-Christi-Theologie über die Jahrzehnte hin in einer Vielzahl

von Varianten und Kombinationen mit anderen theologischen Schwerpunkten und außertheologischen Einflüssen (vor allem aus der Existentialphilosophie und der neomarxistischen »Kritischen Theorie« der Frankfurter Schule) diskutiert wurden, kommt in all diesen Kontroversen immer wieder zum Ausdruck, daß die Argumentationen im Umkreis der Zwei-Reiche-Lehre eher zu konservativ-bewahrenden politischen Optionen führen, während die aus dem Umkreis der Herrschaft-Christi-Lehre eher einen sozialkritischen, auf Veränderung der Verhältnisse zielenden Akzent tragen. Dementsprechend treten in der eingangs skizzierten, bis heute nach außen auffälligsten Manifestation Evangelischer Sozialethik, nämlich in ihrem aktionistischen und positionell-gesellschaftskritischen Erscheinungsbild eher die theologischen Elemente der Herrschaft-Christi-Theologie hervor, während andererseits in den letzten zwanzig Jahren die Zahl und der Einfluß von akademischen Vertretern dieser Richtung in den Fakultäten, etwa im Vergleich mit den ersten Nachkriegsjahrzehnten, erheblich zurückgegangen sind.

Insgesamt jedoch hat der christologische Ansatz Karl Barths die Nachkriegsdiskussion der Evangelischen Sozialethik wie im übrigen die protestantische Theologie in weltweitem Horizont auf das stärkste und nachhaltigste beeinflußt. Er hat zweifellos geholfen, überkommene protestantisch-ethische Engführungen, insbesondere die Behauptungen einer [151] ethischen Eigengesetzlichkeit von Politik, Wirtschaft oder Technik, zu überwinden und wirkungskräftige theologische Impulse für die christliche Gemeinde und für den einzelnen Christen gesetzt, gesellschaftliche Verantwortung in einem demokratischen Gemeinwesen wahrzunehmen, sich also, wie man alltagssprachlich sagte, kräftig in das gesellschaftliche Leben einzumischen.

Was in all diesen Jahrzehnten allerdings letztlich ungeklärt und darum immer umstritten blieb, war die richtige Unterscheidung und Kompetenzabgrenzung zwischen Religionssystem einerseits und Politiksystem oder Wirtschaftssystem andererseits. Während in den meisten Fassungen der Zwei-Reiche-Lehre zwischen 1840 und 1940 offensichtlich zu einseitig die Trennung zwischen Religion und Politik, die »Eigengesetzlichkeit« und die Obrigkeitsaffirmation theologisch statuiert und kirchlich praktiziert worden waren, drohte jetzt ein Umschlag in das andere Extrem: Statt Obrigkeitsaffirmation wurde nunmehr für manche Pfarrer die Gesellschaftskritik, die Entlarvung und Entthronung tatsächlicher oder vermeintlicher »Götzen« zum Inbegriff theologisch-ethischer Verantwortung. Aus verschiedenen Gemeinden wurde berichtet, daß der Pfarrer mit Berufung auf seine geistliche Autorität, also sozusagen im Namen Gottes zu konkreten parteipolitisch umstrittenen Fragen der Militär- oder Wirtschaftspolitik Stellung nahm und seine Gemeindeglieder auf eine bestimmte politische

Option »von der Kanzel herunter« und »um unseres Glaubens willen« zu verpflichten suchte. Andersdenkende empfanden das als Kanzelmißbrauch und versuchten, wo die Kirchenordnung dies zuläßt (z.B. in der Schweiz), solche Pfarrer abzuwählen bzw. — wo solche Möglichkeiten nicht bestehen — warfen dem Pfarrer vor, eine politische Macht auszuüben, die weder, durch demokratische Wahl legitimiert sei noch für den Fall des Irrtums oder der mehrheitlichen Ablehnung der betreffenden Meinung das politische Risiko des Abgewähltwerdens trage. Dieser Problemkreis um die Reichweite des »politischen Mandates« von Kirchenleuten und der richtigen Zuordnung von Religionssystem und Politiksystem hat in der protestantischen Sozialethik der Nachkriegszeit keinen Konsens gefunden.

III. Dialog mit den Humanwissenschaften

Neben dem von 1945 bis 1990 andauernden, wenn auch periodisch unterschiedlich starken Haupteinfluß von (modifizierter) Zwei-Reiche-Lehre und Herrschaft-Christi-Konzeption haben natürlich auch andere [152] theologische und praktisch-philosophische Ansätze die Entwicklung der Evangelischen Sozialethik vorangetrieben und sich dabei vielfältig mit den beiden Hauptströmungen verbunden. Im Zusammenhang dieses Überblicks sollen nur die drei unseres Erachtens wirkungsstärksten Einflußbereiche erwähnt werden: der verstärkte Dialog mit den empirischen Humanwissenschaften, die Rezeption und Auseinandersetzung mit der Kritischen Theorie der »Frankfurter Schule« sowie die Impulse und Verknüpfungen mit der Befreiungstheologie. Alle drei Einflußbereiche sind sowohl auf der akademischen Ebene sozialethischer Arbeit als auch auf der Ebene ihrer mehr praktisch-gesellschaftspolitischen, aktionsorientierten Manifestationen deutlich und nachhaltig zur Geltung gekommen.

Der erste Inhaber eines speziell sozialethisch definierten Lehrstuhls und Gründer des Münsteraner Institutes für Christliche Gesellschaftswissenschaften an der Evangelisch-Theologischen Fakultät, Professor Heinz Dietrich Wendland, hatte mit seinem programmatischen Buch »Die Kirche in der modernen Gesellschaft« (1956) zwei Hauptziele einer sachgerechten Weiterentwicklung der Sozialethik im damaligen Kontext angegeben: Einmal müsse eine theologische Neubestimmung von Sozialethik gesucht werden, die unter anderem den schon damals als festgefahren empfundenen Streit zwischen einerseits der überkommenen lutherischen Ordnungstheologie mit ihrer tendenziell dualistischen Trennung zwischen frommer Innerlichkeit des Individuums und eigengesetzlicher Sozialwelt und andererseits den teils schwärmerischen, teils theokratischen Konzepten der Königsherrschaft-Christi-Lehre überwinden könne. Wendland selbst versuchte diese Neubestimmung in einem »universal-eschatologischen« Ansatz, der die Sozialethik vom Kommen des Reiches Gottes her bestimmen,

sie also im Zentrum der biblischen Botschaft verankern will. Dieser Ansatz soll zugleich den Tendenzen einer Marginalisierung theologischer Ethik zum Anhängsel an die Dogmatik oder zur Paraphrase von scheinbar nachrangigen Begriffen der Glaubenslehre wie Heiligung oder Nächstenliebe entgegentreten. Die eschatologische Komponente im Kommen des Reiches Gottes sollte zwar die »Schon-Jetzt«-Übersteigerungen in manchen sozialethischen Anwendungen der Herrschaft-Christi-Lehre relativieren, sollte aber gleichzeitig die gesellschaftliche Orientierung des Christen nach vorne öffnen und zu einem progressiv-reformerischen Handeln in der Gesellschaft anregen.
Der zweite Zielpunkt des Wendlandschen Programms war die dezidierte Forderung nach einem umfassenden Dialog mit den Humanwissenschaften, weil nur so, und nicht einfach in theologischer Deduktion, auch nicht [153] im Analogia-fidei-Konzept Barths, sachgerechte Kriterien und Lösungsmöglichkeiten für die komplizierten ethischen Probleme unserer Zeit gesucht werden könnten. Beide Ziele verbindet und konkretisiert Wendland in vier Schlüsselkategorien seiner Konzeption, nämlich in: »Christliche Humanität« (d.h. »tätige, dem Menschen dienende Erwartung des Reiches Gottes als der endgültigen Befreiung des Menschen«), »gesellschaftliche Diakonie« (anstelle von lediglich individuell-personaler Caritas), »weltliche Christenheit« (als Bestimmung der Gemeinde Jesu in ihrem Dienst an der Welt) sowie »Verantwortliche Gesellschaft« (als Ausrichtung der Sozialethik auf ihre weltweit-ökumenische Dimension). Seine Gesamtkonzeption versteht Wendland im übrigen als »Theologie der Gesellschaft« um damit jedes im Begriff »Evangelische Sozialethik« liegende Mißverständnis eines Randgebietes von Theologie prinzipiell zu überschreiten. Dieses Konzept ist als Ganzes zwar nicht in einem engeren Sinne schulbildend geworden; doch haben sich seine wichtigsten Elemente und Leitbegriffe in der sozialethischen Diskussion der Folgezeit, insbesondere in den Anwendungsfeldern der kirchlichen Praxis als außerordentlich resonanzkräftig und fruchtbar erwiesen. Dazu gehört an hervorragender Stelle die in Wendlands eigenen Arbeiten, in seiner Institutspolitik und in seinem starken Einfluß auf kirchliche Einrichtungen und Arbeitsstellen geltend gemachte Verstärkung des Dialogs mit den empirischen Humanwissenschaften. Nicht zuletzt dieser Impuls hat die neuere Evangelische Sozialethik mitgeformt und ihr einen charakteristischen Zug eingeprägt.
Die entschiedene Hinwendung zu den Humanwissenschaften ist allerdings für die Sozialethik ebenso wie für die Theologie insgesamt in den über 30 Jahren seit Wendlands Impulsen keineswegs frei von Beziehungs und Bestimmungsproblemen geblieben. Bis heute entzünden sich die Probleme einerseits an den innerhalb der Theologie aufkommenden Fragen, ob und wie denn ein christliches Proprium in die ethische Diskussion eingebracht

werden könne; ob die theologischen Ethiker in Sachen Wirtschafts-, Umwelt- oder Bioethik oder auch in der Politik mehr sagen (könnten) als ihre profanen humanwissenschaftlichen Kollegen — und wenn nicht, warum dann Sozialethik überhaupt ein selbständiges theologisches Fach sein müsse und in eine Theologische Fakultät hineingehöre. Umgekehrt wurde damit gern die Frage verknüpft, ob denn die Binnen-Rationalität bestimmter Fächer, insbesondere der Ökonomie, mit dem theologischen Gedanken christlicher Liebe wirklich zu vermitteln sei, ob nicht vielmehr die genuin theologische Sicht gefährdet werde, wenn man sich zu weit auf die Eigenplausibilität der Profanwissenschaften einlasse. [154] Auch von human- oder profanwissenschaftlicher Seite sowie seitens bestimmter parteipolitischer Richtungen ist gelegentlich gefragt worden, worin denn die besondere inhaltliche Kompetenz theologischer Beiträge in den konkreten ethischen Problemfeldern liege und wodurch die selbstverständliche Mitwirkung von Theologen in Ethikkommissionen gerechtfertigt sei.
Der Komplex dieser und anderer prinzipieller Beziehungsprobleme zwischen Sozialethik und Humanwissenschaft gehört sicher zu den Fragen, die für die beteiligten Gesprächspartner bisher noch nicht zureichend geklärt sind, — und die die Evangelische Sozialethik in den kommenden Jahrzehnten weiter beschäftigen werden. Auf einen wichtigen, vor allem auf eine neue Ortsbestimmung von Sozialethik innerhalb des Systems der Evangelischen Theologie zielenden Beitrag soll hier jedoch hingewiesen werden: Trutz Rendtorff, einer der Schüler Wendlands, hat mit seinem Programm einer »Ethischen Theologie« angeregt, den Weg der Ethik ebenso wie den der Dogmatik oder der Exegese als einen je eigenständigen Zugang zur Sache der Theologie zu verstehen; ein Vorschlag, der manche binnentheologischen Probleme, etwa die der Bestimmung und des Geltendmachens eines christlichen Propriums, der Abhängigkeiten im Verhältnis zwischen Dogmatik und Ethik sowie auch den Umgang mit den Humanwissenschaften in eine neue Perspektive rückt.
Doch ist die weitere Durchdringung des Gesamtfeldes dieser Problematik damit erst neu angestoßen und noch keineswegs erledigt.

IV. Verstrickungen mit dem Neomarxismus

Das gilt in einem etwas anderen, theologie- und kirchenpolitisch unmittelbar noch brisanteren Sinne auch für die Arbeit an jenen Folgen, die sich aus einem kräftigen Flirt der Sozialethik mit den (neo-)marxistischen Inhalten und Sichtweisen der sogenannten Studentenbewegung (1968ff) und der Kritischen Theorie der Frankfurter Schule ergeben haben. Präludiert war das neue Interesse an einer radikalen Gesellschaftskritik am westlich-kapitalistischen »System« durch Jürgen Moltmanns »Theologie der Hoffnung« (1964). Inspiriert vor allem durch Ernst Blochs »Prinzip Hoffnung.

(1959) mit seiner theoretischen Wiederbelebung der weltverändernden Kraft der Utopie, hatte Moltmann auch die theologische Eschatologie als »Veränderungswissenschaft« für Gesellschaftskritik und Gesellschaftsreform beansprucht. Wenige Jahre später war ein großer Teil der Theologiestudentenschaft von jener Grundstimmung der Studentenbewegung [155] mit erfaßt, für die sich Worte wie »Veränderung«, »System« und speziell »Kapitalismuskritik« zu zentralen Werten der persönlichen, auch theologischen Identitätsbildung entwickelt hatten, und die dabei bald stärker an Herbert Marcuse und Karl Marx als an Bloch und Moltmann anknüpften. Als positives Zielbild wurde schon auf den berühmt berüchtigten Tagungen der »Celler Konferenz« (Oktober 1968 und März 1969), an denen jeweils über 200 Theologiestudenten und Vikare, gleichsam der Vortrupp der linksradikalen jungen Theologen, teilnahmen, unmißverständlich die sozialistische Gesellschaft proklamiert. Nach Meinung dieses radikalen Flügels der Theologiestudenten mußte die Kirche, soweit sie auf dem Wege zum Sozialismus wegen ihres »emanzipationsfeindlichen Aberglaubens und ihres autoritären Denkens« hinderlich war, von innen heraus bekämpft werden; soweit kirchliche Einrichtungen »bündnisfähig« erschienen, konnte man partiell mit ihnen kooperieren. Zur Erreichung des großen Ziels, mit dem dann auch die Opium-Funktion der Religion endgültig hinfällig sein werde, mußte möglicherweise ein langer und beschwerlicher Marsch durch die Institutionen durchgestanden werden. Von der konventionellen Theologie (»Streit um Kaisers Barth«(!)) versprach man sich für diesen Weg keine positiven Impulse und wollte darum mit ihr möglichst wenig zu tun haben. Als anschlußfähig galten allenfalls bestimmte sozialkritische biblische Traditionen sowie bestimmte linksbarthianische Strömungen. Als »bündnisfähig« galten zudem an einigen Theologischen Fakultäten die Institute für Sozialethik: teils wegen ihres gesellschaftswissenschaftlichen Know how, teils wegen ihrer Bearbeitungsgegenstände aus dem aktuellen gesellschaftlichen Leben; teils vielleicht auch wegen einiger mit den Zielen der Studentenbewegung inhaltlich sympathisierender Lehrer und Assistenten.

Die gesteigerte gesellschaftskritische Sensibilität, die Frage nach den Bedingungen für eine menschengerechtere Welt war freilich nicht auf diesen radikalen Flügel der »engagierten Theologen« beschränkt. Ich selbst habe sie vielmehr als eine Art Grundstimmung in Erinnerung, die in unterschiedlicher Intensität und in unterschiedlichen inhaltlichen Ausrichtungen fast die gesamte Theologiestudentenschaft erfaßt hatte. Diese kritische Bewegtheit blieb nicht ohne Rückwirkung auf die Theoriebildung innerhalb der Sozialethik. Als Gesprächs- und Anknüpfungspartner kam für viele der aus der Generation der Studentenbewegung kommenden sozialethisch interessierten wissenschaftlichen Nachwuchskräfte am ehesten die »Kriti-

sche Theorie« in Frage. Aufgenommen, rezipiert und oft auch tief internalisiert wurden aus deren Paradigmen etwa der [156] Kritikbegriff (Horkheimer: »die Gegebenheiten unter dem Gesichtspunkt ihrer Möglichkeiten sehen«), die Verhältnisbestimmung von »Interesse und Erkenntnis«, aber auch sozioökonomische Analysen »kapitalistischer« Gesellschaften, z.B. »Mehrwert«- und »Imperialismus«-Theorien. Die überkommenen sozialethischen Interpretationsmuster zu Fragen der sozialen Gerechtigkeit, der Menschenrechte oder des Friedens verbanden sich jetzt vielfältig mit diesen (neo-)marxistischen Analyse-, Therapie- und Interventionsmodellen.
Die daraus entwickelten Denkweisen und Ideologien haben m.E. einen Großteil der Pfarrergeneration, die zwischen 1970 und 1985 studiert hat, so stark beeinflußt, daß man ihnen in den sozialethischen Aktivitäten dieser Pfarrer immer wieder als einer Art Glaubensauffassung begegnete und noch begegnet. Sie sind nicht nur im deutschen Sprachraum, sondern, besonders über die Einrichtungen des Genfer Weltkirchenrates, weit darüber hinaus als neue protestantische Sozialethik in der evangelischen Ökumene wirksam geworden — und werden nicht selten geradezu als »Ökumenische Sozialethik« bezeichnet. Der Hauptgrund für diese rapide Ausbreitung einer Verbindung von traditionell christlich-ethischen Impulsen mit marxistischen Analyse- und Gestaltungsvorstellungen liegt wohl in der von vielen Theologen jener Zeit gewonnenen Annahme, daß die marxistisch-gesellschaftskritischen Denkmuster sowohl wegen ihrer (unterstellten) Wissenschaftlichkeit und Realititsnähe als auch wegen der bis vor wenigen Jahren scheinbar ungebrochenen politischen Durchsetzungskraft sozialistischer Staaten am ehesten geeignet seien, die in christlicher Liebe motivierte soziale Verantwortung für notleidende, unterdrückte oder ausgebeutete Mitmenschen in gesellschaftspolitische Maßnahmen und schließlich in eine neue gesellschaftliche Wirklichkeit umzusetzen.
Die Mischung aus christlicher Motivation und marxistischer Gesellschaftsanalyse war für viele Vikare und junge Pfarrer geradezu das konstitutive Merkmal einer praxisgerichteten Evangelischen Sozialethik. Wer den Glauben an die Richtigkeit und die positive Veränderungskraft der marxistischen Sichtweise nicht teilte, dem konnten leicht auch die richtige christliche Motivation und echte solidarische Mitmenschlichkeit abgesprochen werden. Erst die aus der »Basis« des Volkes kommenden spektakulären Auflehnungen gegen den »real existierenden Sozialismus« in Osteuropa haben seit 1989 dazu geführt, auch in diesen Kreisen über die marxistischen Implikationen in diesen sozialethischen Konzepten und ihr Defizit an positiver Gestaltungskraft neu und kritisch nachzudenken. Ähnliche Fragen sind während der letzten Jahrzehnte im Umfeld der [157] Befreiungstheologie gestellt und diskutiert worden. Auch hier war immer von neuem das Verhältnis zu klären zwischen einerseits dem befreiungstheologischen An-

satz bei einer Kontextualität, die die bedrückenden Erfahrungen mit Armut, Unterdrückung und Ausbeutung von Millionen Menschen in der Dritten Welt schonungslos aufdeckte und den Christen aller Konfessionen zum unausweichlichen Problem machte, und andererseits der in diese Beschreibungen und erst recht in die entsprechenden Ursachenanalysen und Schuldzuweisungen bewußt oder unbewußt einfließenden gesellschaftstheoretischen Grundannahmen, sozioökonomischen Vermutungen, vor allem eben (neo-)marxistischen Gesellschaftsanalysen und Veränderungskonzepten.
Parallelentwicklungen zwischen der vorwiegend dem katholischen Umfeld zuzuordnenden Befreiungstheologie und der evangelischen bzw. »ökumenischen« Sozialethik gab es von Anfang an, als sich die Befreiungstheologie nach dem II. Vatikanum theologisch und organisatorisch deutlicher konturierte und dabei in engem Austausch stand mit der »Theologie der Revolution« (Genf 1966). In der Folgezeit kamen eine ganze Reihe wichtiger theologischer Denkanstöße und empirischer Anschauungsmaterialien aus den praktisch-politischen und theoretischen Arbeiten der Befreiungstheologie in den Diskussionsprozeß der Evangelischen Sozialethik: Detaillierte Situationsberichte und -analysen über das soziale Elend in vielen Entwicklungsländern trugen zur differenzierteren Wahrnehmung des gesamten Problemfeldes Dritte Welt als sozialethischer Aufgabe erheblich bei; daneben waren es vor allem der theologisch unbefangene, von exegetischen Skrupeln wenig behelligte Umgang mit Anknüpfungen und Impulsen aus der Bibel, die zumindest in den sozialethisch engagierten protestantischen Gruppen starke Resonanz fanden. Wie die »Leute von Solentiname« suchte man auch hier in spontanen Assoziationen aus biblischen Geschichten und Predigten zu lernen. Kernstücke des Bezugs auf die Bibel waren die Exodustradition, ein prophetisch-sozialkritisches Jesusbild, das »Evangelium der Armen«; dazu neue theologische Begriffe wie »strukturelle Sünde«. Großes Interesse fanden auch die ekklesiologischen Modelle von »Basisgemeinden« als einem »prophetischen Ferment im Schoße des Volkes« (Boff), die häufig zu den Forderungen führte, in Deutschland ähnliches zu versuchen. Nicht zuletzt der vielfältige Austausch mit der Befreiungstheologie hat die Aufmerksamkeit der Evangelischen Sozialethik für den Nord-Süd-Konflikt, für die Weltwirtschaftsordnung, die Schuldenkrise, die Rolle der »Multis« usw. verstärkt und vertieft. Inzwischen dürfte dieser Themenkomplex neben dem der Ökologieproblematik im Vordergrund [158] sozialethisch-theologischer Diskussionen sowie einer offensiven sozialethischen Öffentlichkeitsarbeit stehen, wie sie auf Kirchentagen, in Demonstrationen bis hin zu Bankbesetzungen usw. zum Ausdruck gekommen ist. Auch auf dem Gebiet der Nord-Süd-Probleme erwies und erweist sich freilich immer wieder, daß weder die Betroffenheit vom Leiden

der Mitmenschen und der engagierte Wille, diesen Menschen unbedingt zu helfen, noch die provokativen Appelle an Politik und Wirtschaft, der Ausbeutung und der Ungerechtigkeit doch endlich ein Ende zu machen, die überaus mühsame, oft ernüchternde Suche nach Möglichkeiten langfristig durchgreifender Hilfe ersetzen oder überspringen können, und daß ideologisch-gesellschaftsphilosophisch begründete Rezepte und »Schnellschüsse« eher das Gegenteil von dem bewirken, was eigentlich beabsichtigt war. Diese für zahlreiche gutwillige und engagierte Christen frustrierende Erkenntnis in ein Nachdenken über konstruktive Folgerungen umzusetzen, ist eine Forderung, die zu Beginn der neunziger Jahre von außen wie von innen nachdrücklicher als bisher an die aktionsorientierten Gruppen der Evangelischen Sozialethik wie der Befreiungstheologie gerichtet wird.

V. Ethikbedarf und kirchliche Kompetenz

Vor dem Hintergrund dieser Bestandsaufnahme kann nun nach der voraussichtlichen Entwicklung, nach Aufgaben, Schwerpunkten und erkennbaren Defiziten der Evangelischen Sozialethik über die Jahrtausendwende hinaus gefragt werden.

Dabei ist von den drei wohl wichtigsten Einflußkräften auf diese Entwicklung auszugehen: Erstens von der Frage nach dem Ethik-Bedarf, sozusagen von der Marktlage, und nach der Zuständigkeit christlicher Ethik bei der Bearbeitung dieses Bedarfs; sodann von der Fähigkeit der Sozialethik, die nach unserer Bestandsaufnahme gegenwärtig zu beobachtenden Fehlwege, Gefahren und Defizite schrittweise aufzuarbeiten oder zu überwinden; endlich vom Vertrauen in die Gestaltungskraft der im christlichen Glauben angebotenen ethischen Motive und Perspektiven. Von neuem und unabweisbarem Ethikbedarf ist heute allerorts die Rede. Konrad Lorenz, jeder pro-domo-Haltung für die christliche Ethik durchaus unverdächtig, hat im letzten Interview vor seinem Tod geäußert, daß das Überleben der Menschheit nicht von ihren technischen Fähigkeiten, sondern von ihrer Ethik abhänge. Von Ethik wird hauptsächlich geredet, weil sich der Rahmen dessen, wofür wir Verantwortung tragen, infolge [159] der neuen Reichweite technischer Möglichkeiten fundamental verändert, etwa durch Atomphysik oder Chemie, durch Genforschung oder Kommunikationstechnologien, und erst recht infolge der daraus resultierenden weitreichenden Eingriffe in die Natur. Ebenso wird in fast allen sozialen Lebensbereichen, in der Sexualität, in der Kindererziehung, in den Arbeitstugenden, dem Freizeitverhalten und auch im alltäglichen Umgang mit den Ressourcen der Natur ein tiefgreifender Wertewandel beobachtet und wissenschaftlich problematisiert. Als Kernfragen für das Überleben der Menschheit und für einigermaßen menschengerechte Lebensbedingungen

stehen repräsentativ die Themen des von den christlichen Kirchen initiierten und gestalteten »Konziliaren Prozesses«: Gerechtigkeit; Frieden und Bewahrung derSchöpfung«.
In der Öffentlichkeit werden die Reflexion und womöglich die zielgerichtete Beeinflussung dieser neuen Probleme vornehmlich als Aufgabe von Ethik verstanden. Zwar wird der Begriff Ethik von der Masse derer, die sich in Kommentaren, Forderungen oder Antwortversuchen zum Thema äußern, bei näherem Hinsehen vieldeutig, ja diffus verwendet. Doch kann man wohl in den verschiedenen vorwissenschaftlich-alltagssprachlichen Verwendungen ein gemeinsames Interesse darin erkennen, daß ein solcher Oberbegriff gefunden werden müßte, der die Notwendigkeit erneuter Reflexion unserer überkommenen Wertmaßstäbe mit der Aufforderung verbindet, sich an dem, was eigentlich gut ist, letztlich also am »höchsten Gut« zu orientieren. Diese Anforderung zu erfüllen, wird offenkundig von dem, was man unter Ethik versteht, erwartet.
Andererseits wird von gewichtiger Stelle bezweifelt, daß »Ethik« in ihren überkommenen und gängigen Definitionen und Arbeitsweisen diesem Bedarf überhaupt gerecht werden kann. Mit Niklas Luhmann hat einer der führenden zeitgenössischen Gesellschaftstheoretiker dieser Skepsis nachdrücklich Ausdruck gegeben: Ethik generell, besonders aber die vorfindliche »Christliche Ethik« sei angesichts ihrer inhärenten Inhalte und Strategien, etwa der Überforderung des Individuums durch Moralpredigt, der tendenziellen Isolierung des Guten von der Frage nach seinen Kosten oder, ganz allgemein, wegen ihrer gravierenden theoretischen Defizite nicht in der Lage, die so dramatischen, beispielsweise ökologischen Probleme unserer Zeit steuernd zu regulieren, wie er in seinem Buch »Ökologische Kommunikation« (1985) ausführt. Ohne auf die damit angeschnittenen grundsätzlichen und sicher den Diskussionsprozeß der kommenden Jahre mitbestimmenden Probleme eingehen zu können, muß doch mindestens pragmatisch darauf verwiesen werden, daß offenbar Dinge auch dadurch, daß man sie intensiv diskutiert, wichtig [160] werden — und, daß darum auch gründliche ethische Auseinandersetzungen, Forderungen und Demonstrationen Prozesse des Nachdenkens und gesellschaftspolitischer Interventionen in Gang setzen können; gerade das letzte Jahrzehnt hat in der Friedens- und Ökologiebewegung sowie mit der gewaltlosen Revolution der DDR-Bevölkerung gezeigt, welche Dynamik nach wie vor von der Kraft des Wortes und der Diskussion ausgehen kann.
Am großen gesellschaftlichen Diskurs über Nach- oder Abrüstung, über Ökologie oder über soziale Gerechtigkeit waren innerhalb Deutschlands und fast überall in der von der christlichen Religion geprägten Welt die Kirchen und die mit ihnen verbundene Sozialethik einflußreich beteiligt. Offensichtlich wird ihnen in Hinsicht auf ethische Kompetenz fast überall

ein großer Zuständigkeitsbonus zugeschrieben. Dieser Bonus gründet sich anscheinend keineswegs ausschließlich und nicht einmal primär auf die inhaltliche Qualität oder Tendenz der konkreten kirchlichen Äußerungen von Kanzelpredigten, Denkschriften oder Hirtenbriefen. Er erklärt sich vielmehr in einem erheblichen Maße aus der Gesamtfunktion der Kirche in der betreffenden Gesellschaft. Wegen dieses, im Protestantismus insbesondere auf die Pastoren gerichteten Bonus, konnten und können gesellschaftspolitisch sich exponierende Pfarrer mit größerer öffentlicher Aufmerksamkeit und Resonanz rechnen als etwa Studienräte oder Betriebsingenieure. Zur Gesamtfunktion der Kirche gehört eben, daß die Vermittlung von Wertmaßstäben (»Ethik«) eng verknüpft ist mit den eigentümlich kirchlichen Aufgaben der religiösen Sinngebung, der seelsorgerischen Begleitung, der gemeinschaftsstiftenden gottesdienstlichen Feier sowie der karitativen Hilfe für Arme und Kranke. Diese den Alltag transzendierende Gesamtfunktion der Kirche gibt ersichtlich ihren ethischen Aufklärungen einen besonderen Klang und vielfach auch ein besonderes Gewicht. Der Bonus der Kirche für den ethischen Diskurs bedeutet dabei keineswegs Alleinzuständigkeit, ein oberstes Richteramt in Streitfragen oder ein Wahrheitsmonopol im ethischen Urteil; längst richten sich Erwartungszuschreibungen ähnlicher Art auch an andere Träger weltanschaulicher Überzeugungen und an andere Verbände bis hin zu den Gewerkschaften. Doch wird den Kirchen im Chor derer, die an diesem ethischen Diskurs als Institutionen beteiligt sind, traditionell jene besondere Kompetenz zugeschrieben, die mit ihrer religiösen Aufgabe zusammenhängt und tief in den Strukturen unserer Gesellschaft verankert ist.

Mit einem solchen Bonus besonderer und resonanzstarker Zuständigkeit für ethische Fragen wird die Kirche nach allem, was wir heute sehen [161] können und selbst im Falle weiteren Fortschreitens der Entkirchlichung, auch in den kommenden Jahrzehnten zu rechnen haben. Die mit ihm verknüpften Erwartungen geben der Kirche auch zukünftig gleichsam jenen Aktionsraum vor, für den sie Verantwortung trägt, dessen Aufgaben sie sich nicht entziehen kann und den sie inhaltlich ausfüllen muß. Wenn es darum zwar nicht in erster Linie die Inhalte sind, etwa die konkreten sozialethischen Ausrichtungen der kirchlichen Beiträge, die die herausgehobene Beteiligung der Kirche am ethischen Diskurs konstituieren, so sind diese konkreten Inhalte doch von der größten Bedeutung für die Akzeptanz und die Lernbereitschaft, die die sozialethischen Beiträge der Kirche in der Öffentlichkeit finden; sie dürften darüber hinaus. in zunehmendem Maße auf das Gesamtimage der Kirche und damit indirekt eben auch auf den ihr zugeschriebenen Rahmen sozialethischer Zuständigkeit zurückwirken. Es ist deshalb notwendig, die Gesichtspunkte und Probleme der inhaltlichen Füllung des ethischen Aufgabenfeldes gerade auch durch die

Evangelische Sozialethik vor dem Hintergrund der gesamtgesellschaftlichen Funktionszusammenhänge der Kirche zu bedenken.
In dieser Betrachtungsweise zielt die Arbeit der Kirche und mit ihr die Evangelische Sozialethik auf das Ganze der Gesellschaft ebenso wie auf das einzelne Individuum und, etwa als »Berufsethik« oder »Unternehmensethik«, auf bestimmte Gruppen oder Organisationen. In der Sprache der soziologischen Systemtheorie bedeutet das: Die Sozialethik ist mit allen drei Ebenen des gesellschaftlichen Lebens befaßt: mit der »Makro-Ebene«, auf der gesamtgesellschaftliche Letztzuständigkeiten institutionell wahrgenommen werden (etwa der Außen-, Wirtschafts- oder Umweltpolitik durch staatliche Organe oder gesamtkirchliche Aufgaben durch die EKD); mit der »Meso-Ebene« der sogenannten »organisierten Teilsysteme« wie Wirtschaftsunternehmen, Universitäten, Krankenhäuser, Landeskirchen oder Diözesen; schließlich mit der »Mikro-Ebene« der durch »face-to-face-relations« charakterisierten personalen Nahbereiche wie Familie, Ehe, Nachbarschaft oder Arbeitsteam. Für jede dieser drei Ebenen hat das menschliche Zusammenleben je eigene Formen und Regeln entwickelt und damit je eigene ethische Probleme und Konflikte entstehen lassen, zu denen Sozialethik sich möglichst konkret zu äußern sucht. Im Zuge von weiter voranschreitender gesellschaftlicher Ausdifferenzierung und von zunehmendem interkulturellem Austausch werden gleichzeitig die überkommenen ethischen Integrationskräfte durch pluralistische und relativistische Tendenzen immer mehr zurückgedrängt. [162]
Mit all diesen divergierenden Prozessen unserer Gesellschaft steht die Sozialethik in enger Wechselbeziehung. Sie versucht, sich ihnen zu stellen, wird aber auch ihrerseits in ihrer inhaltlichen Arbeit, in ihrem theologischen Selbstverständnis und damit in ihren internen Auseinandersetzungen auf das stärkste von ihnen beeinflußt. Das tritt etwa in Spannungen zutage, die sich aus einer notwendigen Doppelorientierung ergeben: einerseits an den Interessen des Ganzen der Gesellschaft und andererseits an den Interessen von Problemgruppen (etwa den »Armen«), die in ganz bestimmten Teilsystemen des Ganzen lokalisiert sind. Das tritt ebenso in Spannungen zutage, die aus dem Gegenüber von Geltungs- oder sogar Wahrheitsansprüchen überkommener christlicher Wertmaßstäbe und dem zunehmenden Wertepluralismus resultieren. In den nächsten Jahrzehnten dürften nach allem, was wir sehen können, die Prozesse, die diese Spannungen auslösen, unvermindert andauern oder sich noch verstärken.

VI. Parteilichkeit oder Pluralismus

Während so der Aktionsrahmen für und die Zuständigkeitserwartungen an die Sozialethik sowie ihre in den gesellschaftlichen Differenzierungs- wie Pluralisierungsprozessen liegenden generellen Herausforderungen für die nächsten Jahrzehnte einigermaßen klar bestimmbar sein dürften, sind für die Entwicklung von theologisch-inhaltlichen Begründungs- und Argumentationsmustern sozialethischer Aussagen und für den voraussichtlichen Verlauf der Diskussion darüber m. E. noch kaum generalisierbare Tendenzen und zuverlässige Anhaltspunkte auszumachen. Deutlicher erkennbar erscheint allenfalls, welche der traditionell dominierenden oder während der letzten Jahrzehnte in den Vordergrund getretenen theologisch- bzw. theoretisch-inhaltlichen Ansätze und Argumentationsmuster an-Tragfähigkeit verlieren und an Bedeutung zurücktreten könnten. Zu denken ist zuerst an eine der in der Nachkriegszeit einflußreichsten Konzeptionen, nämlich an Karl Barths christologischen Ansatz. Sowohl wegen seiner nach außen »autoritär« erscheinenden Begründung theologischer Grundannahmen als auch wegen der damit zusammenhängenden Tendenz zur Verabsolutierung von scheinbar theologisch abgeleiteten ethischen Aussagen als schließlich wegen der in alledem höchst schwierigen Kommunikation mit profanen Argumentationsweisen dürfte die Herrschaft-Christi-Konzeption in der Zeit von Pluralismus und von [163] grundlegend notwendigem Dialog mit den Humanwissenschaften in große Schwierigkeiten geraten.

Ebenso wird sich m.E. der »linksbarthianische« Verbund von bestimmten gesellschaftskritischen Elementen aus der Herrschaft-Christi-Konzeption mit marxistischen oder neomarxistischen Analyse- und Therapiemodellen kaum fortschreiben lassen; jedenfalls dann nicht, wenn man ernst nimmt, daß die Krise des Marxismus nicht nur in den eher sekundären Fehlentwicklungen des real existierenden osteuropäischen Sozialismus wurzelt, sondern bereits im Menschenbild, in der Geschichtsphilosophie und in der Wirtschaftstheorie von Marx angelegt ist. Allerdings zeichnet sich zu Beginn der neunziger Jahre ab, daß der gesellschaftspolitisch engagierte Flügel der Sozialethik keineswegs dazu tendiert, die Rolle und Bedeutung der sozialen Marktwirtschaft angesichts des Niederganges des Marxismus neu zu überdenken und ihr bisher sehr negatives Urteil zu modifizieren. Im Gegenteil: Es wird vielfach betont, daß nun, nach dem Scheitern des Sozialismus, die christliche Sozialethik erst recht die Tendenzen einer neuen Vergötzung des Kapitalismus aufdecken, sein brutales Gesicht in der Dritten Welt zu allgemeiner Kenntnis bringen und mithelfen müsse, diesen großen Ersatzgott unserer Zeit möglichst zu zerstören.

Was bei dieser Sichtweise allerdings durchweg fehlt, sind, nachdem die marxistische Option weggefallen ist, Alternativvorschläge zum gegenwärtigen Wirtschaftssystem. Die systemkritisch votierenden Sozialethiker sind großenteils der Meinung, daß die Entwicklung von Alternativen nicht ihre Aufgabe, sondern die der Ökonomen und Wirtschaftspolitiker sei. Man muß jedoch fragen, ob und wie lange die Gesellschaft eine Praxis von Sozialethik akzeptiert, die primär oder ausschließlich auf Kritik, Negation und in manchen Fällen erklärtermaßen auf alternativlose Destruktion eines so wichtigen Gesellschaftsbereiches wie des Wirtschaftssystems aus ist. Jedenfalls zeichnen sich in diesem Fragenkreis für die kommenden Jahre große Konflikte ab.

An Bedeutung verlieren könnte im übrigen auch die klassische Zwei-Reiche-Lehre, weil deren ursprüngliches Interventionsobjekt, nämlich die vielschichtig-verworrenen Verhältnisse zwischen Religionssystem und Politiksystem, durch die neueren Entwicklungen etwa von Demokratisierung und Partizipation sowie durch Maßnahmen zu Entspannung und Abrüstung erheblich an Dynamik und Zündstoff verloren hat. Es könnte allerdings sein, daß ähnliche Fragen der rechten Zuordnung und rechten Abgrenzung in dem derzeit hochsensiblen Verhältnis zwischen [164] Religionssystem und Wirtschaftssystem neu aufbrechen und an einem modifizierten »Zwei-Reiche-Modell« abgearbeitet werden.

Probleme der theologischen Verankerung von Sozialethik wirft schließlich ihre im Zusammenhang mit der Befreiungstheologie häufig ins Spiel gebrachte Bestimmung als Anwalt oder Sprachrohr der »Armen«, also der Benachteiligten, Unterdrückten, Ausgebeuteten, Arbeitslosen oder Hungernden auf. Ohne jede Einschränkung ist es zwar im Sinne der christlichen Liebe und in unmittelbarer Anknüpfung an neutestamentliche Zeugnisse richtig, den Armen die besondere Aufmerksamkeit und Aktivität von Kirche und Sozialethik zuzuwenden. Doch muß das nicht heißen, daß in diesem Anwalt-Sein für die Armen bereits Ansatz und Selbstverständnis von Sozialethik schlechthin und exklusiv lokalisiert werden. Von einem solchen Ansatz aus müßten ja andere, nicht unmittelbar auf Armut oder Ungerechtigkeit bezogene ethische Probleme (wie Abrüstung, Mitbestimmung oder Gentechnologie) als uneigentliche oder zweitrangige Aufgaben der Sozialethik erscheinen. Anders gesagt: Die Sozialethik wurde ihr dem Ganzen des menschlichen Zusammenlebens verpflichtetes Selbstverständnis auf eine zwar wichtige, aber doch partikuläre Ausrichtung reduzieren. Das aber könnte nicht zuletzt dem eigentlichen Ziel ihres Eintretens für die Armen, nämlich die Ursachen der Armut zu beseitigen und die Armut selbst schrittweise aufzuheben, geradezu entgegenstehen. Wer dieses Ziel wirklich anstrebt, kann sich nicht darauf beschränken, die Armut und den dahinter vermuteten »Kapitalismus« und Mammonismus anzuprangern; er muß vielmehr danach fragen, welches Wirtschaftssystem denn in der Lage wäre, Armut zu beseitigen und Wohlstand zu fördern. Da das nach den heutigen Erkenntnissen am ehesten eine sozial verantwortete Marktwirtschaft zu sein scheint, müßten möglicherweise die gegen den »Kapitalismus« pauschal gerichteten Feindbilder, Götzenbilder und Anklagestrategien überprüft und durch andere Interventionen abgelöst werden.

Solche anderen, etwa auf den sozialen Aspekt der Marktwirtschaft oder Ökologiefreundlichere Rahmenbedingungen zielenden Interventionen bedürften jedoch der Einflußmöglichkeiten auf das Politiksystem und auf das Wirtschaftssystem; diese müssen zumindest im Bezugsrahmen ihrer eigenen Rationalität und ihrer eigenen Plausibilitätsstruktur erreicht werden können. Das wiederum vermag die Sozialethik nur, wenn sie mit diesen Systemen dialogfähig bleibt und ihr Eintreten für die Armen mit einer glaubwürdigen Verantwortung für das Ganze der Gesellschaft vermittelt. [165] Im Blick auf dieses, m.E. heute und für absehbare Zeit brisanteste Konfliktfeld der Sozialethik, nämlich der Frage nach sozialer Gerechtigkeit bei uns und weltweit, erscheint es allerdings keineswegs sicher, daß die in der Öffentlichkeit am deutlichsten in Erscheinung tretende sogenannte »engagierte« oder »ökumenische« Sozialethik tatsächlich den Weg einer Entideologisierung und eines eher pragmatischen Dialogs wirklich suchen und gehen wird. Es könnte sein, daß sie ihre christlich motivierte und christlich notwendige Solidarität mit den »Armen« anders zur Geltung bringen will, etwa im Sinne von »Parteilichkeit« und »kompromißloser Positionalität« gegenüber dem »Kapitalismus«, besonders dem in der Dritten Welt; daß sie diese Einstellung darüber hinaus dann auch als Glaubensgehorsam oder als Bekenntnisforderung theologisch überhöht. Eben das aber erscheint vielen Gesprächspartnern aus anderen Lagern als ideologisches Festgelegtsein und als Mangel an rationaler Dialogbereitschaft. Zumal unter Wirtschaftswissenschaftlern und Führungskräften der Wirtschaft ist ein solcher Eindruck nicht selten anzutreffen. Für die zukünftige Rolle gerade auch der »engagierten« oder »ökumenischen« Sozialethik wird entscheidend sein, ob und wie es gelingt, aus dem Image des »Neinsagens« und der mehr fundamentalistisch als konstruktiv angelegten Sozialkritik herauszukommen.

Vor dem Hintergrund dieser bis in Gesellschafts- und Kirchenpolitik hineinwirkenden Positions- und Interventionsprobleme dieser »engagierten« Erscheinungsform von Sozialethik muß m.E. auch die Frage der künftigen Entwicklung der Evangelischen Sozialethik als theologischer Fachdisziplin verhandelt werden. Notwendig erscheint vor allem, daß der theologische und sozialtheoretische Dialog zwischen den beiden Manifestationen von Sozialethik, der gesellschafts- und kirchenpolitisch engagierten und der mehr wissenschaftlich-distanzierten, nachdrücklich verstärkt wird. Die theologischen, ökonomischen oder sozialpolitischen Äußerungen aus dem Umkreis der »Engagierten« bedürfen angesichts einer bis in Kanzelpredigten spürbaren Tendenz zu ideologisch bestimmten Einseitigkeiten oder eklektischer Ad-hoc-Argumentation offenkundig häufig einer stärkeren theoretischen Selbstdisziplinierung; dazu kann die wissenschaftliche Sozialethik durch kritisches Nachfragen oder eigene Reflexionsangebote beitragen, wenn es ihr gelingt, das Problembewußtsein und die theologische Reflexionsebene dieser Zielgruppe zu erreichen. Darüber hinaus wird in besonderem Maße die theologische Begründungsproblematik, sowohl prinzipiell für Evangelische Sozialethik insgesamt als auch konkret für die Stellungnahme zu bestimmten Problemfeldern, für lange Zeit Gegenstand der wissenschaftlichen Sozialethik sein. Bereits [166] in der Diskussion der letzten Jahrzehnte hat sich immer deutlicher gezeigt, daß die theologische Begründung der Ethik nicht mehr zureichend in direkter Ableitung aus bestimmten theologischen Topoi wie »christliche Liebe«, »christliche Freiheit«, Rechtfertigung, Heiligung oder Eschatologie erfolgen kann. Theologischer Ausgangspunkt muß vielmehr die im Glauben geschenkte »christliche Lebenswirklichkeit« als ganze (Trutz Rendtorff) oder die »Erfahrungsgewißheit in Glaube, Hoffnung, Liebe« insgesamt (Arthur Rich) sein, aus der heraus in der Auseinandersetzung mit konkreten ethischen Aufgabenfeldern »Kriterien des Menschengerechten« (Arthur Rich) entwickelt werden können. Solche Kriterien dürfen nicht als »Gesetz« im theologischen Sinne mißverstanden oder mißbraucht werden: weder als Maßstab für gottwohlgefällige Leistungen noch als Anspruch auf Dauergeltung im Sinne der allen ordnungstheologischen Grundaussagen. Sie müssen sich vielmehr dem ethischen Diskurs in einer pluralistischen oder »offenen« Gesellschaft stellen, — ohne doch in bloßer Anpassung das nachzusprechen, was ohnehin alle sagen. Es werden darum durchaus kritische Maßstäbe im Sinne des »Menschengerechten« sein, die aus der generellen Orientierung am christlichen Glauben und an christlicher Lebenswirklichkeit zu entwickeln und Öffentlich auch dort zur Geltung zu bringen sind, wo das unbequem ist oder zu Schwierigkeiten führen kann; doch wird zugleich darauf zu achten sein, daß sich diese Maßstäbe nicht ideologisch verfestigen. In alledem wird sich die Sozialethik wohl stärker als bisher bewußt halten müssen, daß ihre gesellschaftliche Aufgabe sich nicht schon in der Negation von Mißständen oder in Götzenkritik erschöpfen darf. Ihr Auftrag muß primär darin gesehen werden, daß sie, durchaus in einem den Pluralismus akzeptierenden Diskurs, durch biblische Impulse und durch christliche Phantasie, durch Reflexion von Folgen und durch eigenes Beispiel konstruktiv beizutragen sucht zur menschengerechten Gestaltung unseres Zusammenlebens.

Gesellschaftlicher Ethikbedarf und theologisches »Angebot«*

Funktionsprobleme Evangelischer Sozialethik 1950 — 2000

I.

Die zweite Hälfte des 20. Jahrhunderts, also die Jahrzehnte nach dem Zweiten Weltkrieg sind gekennzeichnet von einem ständig virulenten und sich dabei permanent verändernden Ethikbedarf. Fast alle Kernbereiche des gesellschaftlichen Zusammenlebens sind von einem tiefgreifenden Wertewandel erfaßt und fordern ethische Richtungsimpulse, die den Veränderungen und ihren sozio-ökonomischen wie bio-ökologischen Ursachen gerecht werden. Evident betroffen sind die Lebensbereiche der Politik wie der Wirtschaft, der Ehe und der Familie, der »Oben-Unten-Beziehungen« in Erziehung und Arbeitsorganisation, das Gesundheitswesen und die Medizintechnik; betroffen sind der Arbeitsmarkt wie die Altersversorgung und nicht zuletzt die immer neue Frage nach dem Gerechten Krieg und nach der Sicherung des Friedens.

In den Industriegesellschaften ebenso wie, mit zeitlicher Verzögerung, in den Entwicklungsländern, stehen die traditionell zuständigen Institutionen der Wertvermittlung, aber auch manche mit neuen Ansprüchen auftretende Konkurrenten auf dem »Ethik-Markt«, vor der Aufgabe, die Veränderungsprozesse im allgemeinen moralischen Bewußtsein und deren sich langsam herausbildende und verfestigende Trends kritisch zu analysieren und sie, soweit als möglich, durch öffentliche Stellungnahmen oder durch Vorschläge zur Gesetzgebung zu beeinflussen. Zu den klassischen Institutionen der Wertvermittlung gehören im atlantisch-abendländischen Bereich insbesondere die großen christlichen Kirchen. Sie waren über Jahrhunderte die bestimmende Kraft für »Ethik und Moral« und damit für die Entwicklung, Einübung und Kontrolle von Wertsystemen; bis heute gehören sie in ihren Möglichkeiten, in den ihnen zugeschriebenen Aufgaben und wohl auch in der Substanz ihrer Beiträge zu den wichtigsten Ethik-Agenturen; auch in Deutschland. Gefragt werden muß in Bilanzperioden wie der Jahrhundertwende, ob und wie sich die deutsche evangelische Theologie auf die Herausforderungen durch den neuen Ethikbedarf eingelassen hat. Unsere Hypothese ist, daß es ihr nur unzureichend gelungen ist, ihre Antworten als kritisch-konstruktive Beiträge an die Ethiknachfrager in Politik, Wirtschaft oder Naturwissenschaften zu vermitteln; daß also

* Erstveröffentlicht in: ZEE (Zeitschrift für evangelische Ethik), München 2000, S. 172-181

die vergangenen fünf Jahrzehnte eher durch Gegenläufigkeiten und Mißverständnisse zwischen Bedarf und Angebot charakterisiert sind als durch positive Beziehungen. Diese These soll in Manifestationen, Ursachen und Perspektiven zur Debatte gestellt werden. [173]
Das Ende des Zweiten Weltkrieges hatte unmißverständlich den Zusammenbruch von zentralen, bis 1945 quasi selbstverständlich in Geltung stehenden Wertvorstellungen, etwa über Obrigkeit und Demokratie, über Krieg und Frieden, über Nation und Internationalität, über Gehorsam und Partizipation deutlich gemacht. Vor diesem Hintergrund wäre zu vermuten, daß sich die Kirchen und die Theologie intensiv und differenziert in die Diskussion über eine menschengerechte Neubestimmung der grundlegenden politischen und anderen gesell-schaftlichen Wertsysteme eingebracht hatten. Das wäre auch deshalb naheliegend gewesen, weil sich die politischen Verantwortungsträger nicht nur im deutschen Sprachraum, sondern dariiber hinaus im anglo-amerikanischen wie im westeuropäischen Bereich mit hohen Erwartungen an die christlichen Kirchen als einer moralischen Instanz wendeten, die durch NS-Regime und Zweiten Weltkrieg relativ wenig beschädigt war.
Tatsächlich aber hat insbesondere die deutschsprachige protestantische Theologie auf konkrete Anfragen nach christlichen Beiträgen für eine neue Werteordnung sehr zurückhaltend reagiert. In der theologischen Diskussion des gesamten (anwendungs-)ethischen Aufgabenfeldes ging es vielmehr vorwiegend darum, ob die Kirche überhaupt die gesellschaftliche Funktion der Ethikvermittlung wahrnehmen solle — und wenn ja, in welcher Weise das geschehen könne. Anders, nämlich weit unbefangener reagierten die katholische Kirche und die katholische Theologie. Sie engagierten sich nach der Abdankung der NS-Ideologien in dem Vakuum gesellschaftlicher Wertorientierungen auf vielfältige Weise und versuchten auf der Basis ihrer in der Tradition ausgefächerten und immer wieder aktualisierten katholischen Soziallehre Einfluß zu nehmen: auf die Verfassungsbildung und Gesetzeswerke der jungen Bundesrepublik ebenso wie auf die politisch-sozialen Entwicklungen im Nachkriegseuropa insgesamt. Die Evangelische Theologie demgegenüber versagte sich, zumindest in ihrem mainstream, der Aufforderung, zu den anstehenden politischen Fragen »christliche« Vorschläge zu machen. Besonders im Umfeld der über Deutschland hinaus einflußreichen Dialektischen Theologie wurden »christlich-soziale« oder »christlich-demokratische« Programme als irreführende Bindestrich-Vermischungen zwischen prinzipiell unterschiedlichen Wirklichkeiten abgelehnt; als warnendes Beispiel waren die verhängnisvollen »deutsch-christlichen« oder »christlich-nationalen« Verbindungen aus Kaiserreich und NS-Zeit zu frisch im Gedächtnis. »Christlich« wurde seitens der Barth-Schule eher im Sinne einer fundamentalen Gesell-

schaftskritik und als Hinweis auf die notwendige Transzendierung aller menschlich-irdischen Gestaltungsversuche interpretiert. Weniger radikal zwar, aber im Vergleich zur katholischen Soziallehre doch deutlich erkennbar, blieben auch breite Strömungen der lutherischen Theologie nach 1945 eher zurückhaltend gegenüber konkreten »christlichen« Gestaltungsvorschlägen für Politik oder Wirtschaft. Solche zu erarbeiten, betrachtete man gemäß der überkommenen Zwei-Reiche-Lehre als Aufgabe derer, die im weltlichen Reich zur »linken Hand Gottes« in eine mündige Verantwortung berufen waren.

Schon von 1945 an ist also eine Art gegenläufiger Tendenz zu beobachten zwischen einerseits den Anfragen nach ethischer Orientierung aus christlicher Sicht, wie sie sich aus der neuen gesellschaftlichen Situation ergaben und wie sie von kirchlich engagierten Politikern aus fast allen Parteien deutlich ausgesprochen wurden, — und andererseits den Reaktionen im mainstream der Evangelischen Theologie. Beide Seiten redeten offensichtlich aneinander vorbei: Politiker [174] und Administration wollten möglichst konkrete Vorschläge und waren frustriert, daß ihnen mit abstrakt-theologischen Grundsatzerwägungen geantwortet wurde, die sie weithin nicht verstanden (wie mir persönlich anläßlich von Forschungskontakten mit Bundestagsabgeordneten in den 50er Jahren oft berichtet wurde). Den Theologen hingegen ging es darum, das Evangelium nicht für politische Interessen instrumentalisieren oder banalisieren zu lassen.

Solche Gegenläufigkeiten zwischen der Anmeldung eines konkreten Ethikbedarfs und den in der Evangelischen Theologie dominierenden Tendenzen zu unkonkret-prinzipiellen, von den »Nachfragern« als kaum oder gar nicht umsetzbar empfundenen inhaltlichen Reaktionen lassen sich, wenn auch unter anderen gesellschaftlichen Rahmenbedingungen und mit je anderen theologischen Argumenten, in den Jahrzehnten nach 1950 immer wieder beobachten: Im Anschluß an die 68er Studentenrevolte war in der Öffentlichkeit nicht selten von einer »protestantischen Protest- und Demonstrationsethik« die Rede, in der es, diesmal stärker mit neomarxistischen Argumenten als mit solchen der Dialektischen Theologie, um die grundsätzliche Kritik des spätkapitalistischen Systems ging, — und von der diejenigen, die sich in ethischer Begründung und praktischen Vorschlägen an konkretem Reformbedarf statt an den Aufrufen zu einer Revolution des gesamten Systems orientierten, als besonders gefährliche »System-Stabilisierer« bekämpft wurden. Anderthalb Jahrzehnte später sind die Auseinandersetzungen um die Friedensfrage von ähnlichen Gegenläufigkeiten gekennzeichnet; deutlich erkennbar in den Unterschieden der Argumentation zwischen einerseits dem verabsolutierenden Status-confessionis-Postulat gegen die »Nachrüstung«, das in einer »Erklärung des Moderamens des Reformierten Bundes« (1982) vertreten wurde, und andererseits den Bemühungen um konkrete, ethisch begründete Schritte zur »Sicherung des Friedens« etwa in der Friedens-Denkschrift der EKD von 1981. —Vergleichbare Gegenläufigkeiten finden sich schließlich in den über die Gesamtzeit der 90er Jahre und schon länger andauernden Diskussionen um Wirtschafts-, Medizin- und Bioethik. Häufig und vielfältig wurde und wird von Wirtschaftsmanagern oder Ärzten beklagt, daß ihnen die aus Predigten oder Zeitungsberichten bekannt gewordenen Äußerungen evangelischer Theologen zu umstrittenen Problemen ihres Arbeitsfeldes, seien es Atomkraftwerke oder Organtransplantationen, zu abstrakt oder zu realitätsfern, zu negativistisch oder zu wenig umsetzbar erschienen. Im small talk bioethischer Arbeitsgruppen in Brüssel oder Bonn soll es nachgerade gängig (gewesen?) sein, sich über ein »typisch protestantisches Miesmachen« zu mokieren.

Die Reihe von Gegenläufigkeiten zwischen der Nachfrage nach konkreten ethischen Orientierungshilfen und dem häufig als zu abgehoben und zu wenig politikfähig empfundenen response aus der protestantischen Theologie kann für die letzten fünf Jahrzehnte an verschiedenen Beispielen erweitert werden. Doch ist das Fazit deutlich genug: Der durch die Wertewandelsprozesse bei all ihrer Unterschiedlichkeit entstandene Ethikbedarf hat aus dem Bereich der Evangelischen Theologie nur ausnahmsweise Antworten erhalten, die in konkrete Gestaltung umgesetzt werden konnten. Die theologischen Beiträge, selbst wenn sie sich auf konkrete Anfragen aus den Bereichen der Wirtschafts- oder der Bioethik bezogen, entsprachen in ihrem mainstream häufig nicht den Fragen der Forscher oder Manager — und sie wollten es vielleicht auch gar nicht. Doch wurden die freigewordenen Felder eines anwendbaren ethischen Orientierungswissens statt dessen von anderen Ethikagenturen besetzt; teilweise gerade von solchen, denen die Hauptströmungen der Theologie skeptisch oder ganz ablehnend gegenüberstehen; [175] beispielsweise den ethischen Paradigmen des sogenannten Neoliberalismus oder des »Präferenzutilitarismus« von Peter Singer. Darum wird sich die Disziplin der theologischen Ethik fragen müssen, ob sie auch zukünftig auf die konkrete Mitarbeit an den ethisch relevanten Gestaltungsaufgaben unserer Zeit weitgehend verzichten will, — sei es aus prinzipiellen Gründen, sei es aufgrund der Defizite an anwendungsethischer und umsetzungsfähiger Reflexion. Wenn sie das nicht will, muß sie gründlicher darüber nachdenken, wo wichtige Ursachen für die Prozesse der Gegenläufigkeit und für die Defizite an Anschlußfähigkeit zu der Ethiknachfrage liegen. Sie muß sodann konsequent nach Möglichkeiten einer besseren Kompatibilität zwischen »challenge and response«, Nachfrage und Angebot suchen und diese Aufgabe zu einem thematischen Schwerpunkt innerhalb der eigenen Disziplin machen.

II.

Aus dem Syndrom von Ursachen für die angedeuteten Beziehungsschwierigkeiten zwischen Ethikbedarf und theologischem Angebot sollen drei Hauptfaktoren herausgehoben werden, die zwar realiter untereinander vernetzt sind, aber in den unterschiedlichen Blickrichtungen einer soziologischen, einer kirchengeschichtlichen und einer systematisch-theologischen Perspektive in ihrem je eigenen Gewicht deutlich erkennbar werden.

Eine erste Erklärung liefert das soziologische Deutungsschema von einer fortschreitenden funktionalen Differenzierung moderner Gesellschaften. Früher relativ einheitliche und mehrfunktionale gesellschaftliche Gebilde differenzieren sich danach in immer selbständigere Teilsysteme, die jeweils durch eine spezifische gesellschaftliche Funktion konstituiert sind. Auf diese Funktion sind die Lebens- und Überlebensinteressen des Teilsystems, und dementsprechend auch seine Binnenplausibilität und seine Binnensprache ganz vorrangig ausgerichtet. Zu den wichtigsten gesellschaftlichen Teilsystemen gehört neben der Politik, der Wirtschaft, dem Recht und der Bildung in zentraler Bedeutung das Religionssystem; in unserem Fall also das Teilsystem »Evangelische Kirche« mit seiner spezifischen Theologie, dem spezifischen Verständnis seines »Auftrages«, seinen spezifischen inhaltlichen Fragestellungen und Beantwortungsinstrumenten, der von ihm proklamierten Moral — und seinen ihm eigentümlichen Beziehungen zu anderen Teilsystemen. Lebenswichtig für das System ist, daß seine Theologie systemintern kommuniziert werden kann und von seinen Funktionsträgern, besonders den PfarrerInnen, als tragfähig für die eigene Aufgabe (und damit für die eigene Existenz) empfunden wird. Was im Zuge der Neuzeit für Kirchensysteme zunehmend schwieriger wurde, ist ihre ursprüngliche Aufgabe, die eigenen religiösen oder moralischen Auffassungen den Menschen aus anderen Teilsystemen mit den dort dominierenden Sinn- und Wertvorstellungen zu vermitteln. Im Blick auf die Wirtschaftsethik läßt sich diese Schwierigkeit am Verständnis des Marktes exemplifizieren. Die Mehrzahl der dem Wirtschaftssystem zugehörigen Akteure erwartet vom Marktgeschehen nicht nur die effizientesten wirtschaftlichen Leistungen, sondern auch die mittel- und langfristig menschengerechten Lösungen der sozialen Probleme. Demgegenüber ist ein Großteil der dem Kirchensystem zugehörigen Theologen der Meinung, daß das Marktgeschehen mit seinen kontingenten Auswirkungen auf die (ungleiche) Verteilung von Gütern gerade die eigentliche Ursache für die meisten sozialen Konflikte unserer Zeit sei. [176]

Beide Auffassungen, die jeweils in der spezifischen Plausibilitätsstruktur ihres Systems fest verankert sind, können, wie eine jahrzehntelange Diskussion zeigt, nur schwer miteinander vermittelt werden. — Es ist anzu-

nehmen, daß die häufig inkompatiblen Reaktionen der evangelischen Mainstream-Theologie auf den konkreten Ethikbedarf (gerade des Wirtschaftssystems) mit diesen auf systeminterne Stabilität zielenden eigendynamischen theologischen Prozessen zusammenhängen. Solche Stabilisierungstendenzen waren nach 1945 sicher durch die charakterisierten Verunsicherungen durch die traditionelle kirchliche Haltung gegenüber dem Nationalismus und der Sozialen Frage motiviert. Sie können darüber hinaus dadurch angestoßen sein, daß viele protestantische Pfarrer angesichts der Verunsicherungen durch Religionskritik oder Entmythologisierung nach neuen identitätsstiftenden Theologumena suchten, diese in der Dialektischen Theologie fanden und so deren Prozeß einer systeminterneigensprachlichen theologischen Differenzierung weiter vorantrieben.
Die letztgenannten Beweggründe werden in Wissenschaft und kirchlicher Öffentlichkeit eher unabhängig von dem soziologischen Deutungsmuster der Eigendynamik gesellschaftlicher Teilsysteme und deren intersystemischer Kommunikationsprobleme diskutiert. Es wurde schon angedeutet, dass kirchen- und theologiegeschichtlich der Zusammenbruch von 1945 häufig als Entlarvung der Brüchigkeit und Ideologiehaftigkeit von zentralen protestantisch-sozialethischen Leitvorstellungen aus den vorangehenden 150 Jahre apostrophiert worden ist: vor allem in dem (freilich oft unterkomplex analysierten) Versagen vor der Sozialen Frage, der kritiklosen Akzeptanz des Bündnisses von Thron und Altar mit seiner Obrigkeitsmetaphysik und seiner Abwertung der Demokratie, der Kriegsverherrlichung, dem Antisemitismus sowie der Vermischung von völkischem Denken und evangelischem Glauben durch die Deutschen Christen. In alledem sei die Sache des Evangeliums von fremden Interessen in Dienst genommen, instrumentalisiert, mißbraucht worden. Die Kirche habe sich gegen diese Verstrickungen nicht nur ungenügend gewehrt, sondern habe teilweise selbst den Anstoß und die Begründung zu diesen Entwicklungen gegeben.
Damit das alles in Zukunft nicht wieder vorkomme, müsse die Kirche und als ihr geistiges Gewissen die Theologie, den vielfältigen Tendenzen zu Vereinnahmung oder Instrumentalisierung durch politische und ökonomische Interessen bereits in den Anfängen kräftig entgegentreten. Dieses Argument wurde nicht nur in den ersten Nachkriegsjahren, sondern auch später, in der 68er Zeit, dem Streit um die Nachrüstung in den 80ern und in den wirtschaftsethischen Auseinandersetzungen in den 90er Jahren nachdrücklich ins Feld geführt. Wer etwa in der Nachrüstungsfrage anders als das reformierte Moderamen votierte oder wer sich später mit Führungskräften oder Mitarbeitern aus Wirtschaftsbetrieben auf einen unternehmensethischen Dialog über menschenwürdige Führung, über ökologisch verantwortbare Produktion oder über die Bekämpfung von Korruption einließ, der geriet schnell in den Verdacht, das Evangelium und die

kirchliche Reputation zu instrumentalisieren; sie beispielsweise für Wirt schaftsinteressen, für Profitmaximierung oder für Alibi-Veranstaltungen zur Beruhigung eines wirtschaftsethisch schlechten Gewissens zu vereinnahmen.

Das andauemde Mißtrauen, politisch oder ökonomisch instrumentalisiert zu werden, hatte seinen Antrieb sicher nicht allein in den geschichtlichen Erfahrungen mit Sozialer Frage oder bürgerlich-nationaler Obrigkeitsmetaphysik. Es hatte eine starke Wurzel auch in der Bemühung, die eigentliche Sache der Theologie neu zu bestimmen und sie damit abzugrenzen gegen [177] die theologischen Prämissen, die hinter den verhängnisvollen sozialethischen Orientierungsmustern des 19. und 20. Jahrhunderts standen: nämlich gegen die Tendenzen zur Anthropologisierung der Theologie oder zur Verankerung des christlichen Glaubens in einem allgemeinen Religionsbegriff. Statt dessen sollte das »Ganz-anders-sein« Gottes, seine Unverfügbarkeit und seine Offenbarung in Jesus Christus als »dem einen Wort Gottes« zur Richtschnur des theologischen Denkens und dementsprechend auch der theologischen Ethik werden. Das wurde, neben dem Mißbrauch durch Instrumentalisierung zu einem wesentlichen Grund dafür, das konventionelle Verständnis von »christlich« abzulösen von jeder Konnotation mit konservativ, national, bürgerlich, aber dann auch mit demokratisch, sozial usw. Es war dieser Ausgangspunkt, von dem aus konkrete »christliche« Vorschläge zur Gestaltung der Gesellschaft nicht möglich waren. »Christlich« sollte im Sinne von prinzipiell gesellschaftskritisch vielmehr bedeuten, daß die systemegoistischen Tendenzen des politischen Handelns zu entlarven seien und sich die Theologie auseinanderzusetzen habe mit den als pseudo-christlich interpretierten etwa christlich-demokratischen Programmen der Nachkriegszeit; in diesen sah man obsolet gewordene bürgerliche Vorstellungen oder katholische »Abendland-Ideologie« und vermißte man die notwendige gesellschaftskritische Reflexion. Die so begründete kritisch-ablehnende Haltung gegenüber der herrschenden Politik hielt an und verstärkte sich noch im Zuge von Wiederbewaffnung und Nachrüstung, von westeuropäischer Integration und zuletzt selbst der Wiedervereinigung Deutschlands, die von nicht wenigen protestantischen Theologen als Vereinnahmung durch westliche Wirtschaftsinteressen betrachtet wurde. Zunehmend richtete die Kritik sich dann unmittelbar gegen die Wirtschaftspolitik und Wirtschaftspraxis selbst, weil man in der wachsenden Dynamik der Marktkräfte die alten, zeitweilig für überwunden geglaubten kapitalistischen Gefährdungen des sozialen Friedens neu heraufziehen sah und noch sieht.

Dieses Verständnis von einer christlichen Ethik, die vom Ansatz her darauf ausgerichtet ist, die sozioökonomische Wirklichkeit und die gesellschaftspolitischen Programme im grundsätzlichen zu hinterfragen, wurde inner-

halb der Kirche nicht nur seitens der Dialektischen Theologie implementiert. Es wurde und wird vielmehr auch gestützt durch Motivationen, die in einem lutherisch-existentialtheologischen Begriff von christlichem Glauben verankert sind — und in denen ethisch relevante Gestaltungsvorschläge, besonders wenn sie mit »christlichen« Argumenten unterfüttert sind, vorrangig unter den Gesichtspunkten von Gesetzlichkeit und Werkgerechtigkeit, von Selbsterlösung und menschlichem Sondersein beurteilt werden. Gerade diese Argumentation, die in erster Linie die Entlarvung von Hybris und Selbstüberschätzung zum Ziel hat, wurde von kirchlich gebundenen Führungskräften in Politik, Wirtschaft oder Forschung immer wieder als frustrierend und entmutigend charakterisiert; vor allem dann, wenn sie ihre Schwierigkeiten keineswegs im Zeichen von Hybris und securitas zu überwinden versuchten, sondern theologisch gesprochen mit »Zittern und Zagen«, also im Zeichen von Unsicherheit und des Suchens nach dem »kleineren Übel«.
Die an dem Dialog mit Kirche und Theologie interessierten Führungspersonen haben nach eigenen Aussagen ihren Eindruck von dem politikunfähigen oder wirtschaftsfeindlichen Charakter kirchlicher Äußerungen hauptsächlich bei gelegentlichen Predigtbesuchen, durch Zeitungsberichte, durch Kommentare von Arbeitskollegen und durch die small-talk-Meinungstendenzen in der Kantine gewonnen. Offenkundig war dieser Eindruck so stark, daß die [178] differenzierteren, auf konstruktive Kritik und Ermutigung ausgerichteten kirchlichen oder theologischen Äußerungen kaum zur Kenntnis genommen wurden. Das betrifft selbst die großen EKD-Denkschriften (Demokratiedenkschrift, Friedensdenkschrift, Wirtschaftsdenkschrift oder das »Sozialwort« beider großen Kirchen); das betrifft auch eine Reihe von ZEE-Aufsätzen sowie die großen Monographien zur theologischen Ethik aus dieser Zeit (etwa von H.D. Wendland, W. Trillhaas, T. Rendtorff, A. Rich, M. Honecker, E. Herms).
Das Nicht-zur-Kenntnisnehmen dieser konstruktiv ausgerichteten Beiträge hängt offensichtlich jedoch nicht nur mit dem verbreiteten Image von Realitätsferne und Wirtschaftsfeindlichkeit der evangelischen Ethik zusammen, sondern auch damit, daß diese Publikationen den kirchlich engagierten Interessenten durch die kircheneigenen Vermittlungsinstitutionen wie KDA (Kirchlicher Dienst in der Arbeitswelt) oder gemeindenahe Erwachsenenbildung nicht deutlich genug nahe gebracht wurden. So blieb weithin ein Eindruck von entmutigend oder irrelevant vorherrschend.

III.

Wenn die Beobachtung einer gravierenden Inkompatibilitat zwischen konkretem gesellschaftlichem Ethikbedarf und den skizzierten Eindrücken von theologischem Angebot zutreffend ist, dann muß die Disziplin der theologischen Ethik und mit ihr die Theologie insgesamt darüber befinden, wie sie sich zu den gegebenen Tatbeständen verhalten will: Ob sie gleichsam resignativ hinnimmt, daß die Mehrheit theologisch-ethischer Beiträge unter den gesellschaftlichen Entscheidungsträgern zunehmend als irrelevant empfunden und ausdrücklich auch so charakterisiert wird, — oder ob sie diesem Trend mit aller Kraft entgegenwirken will. Letzteres freilich erfordert wohl unausweichlich eine radikale Verlagerung des Schwergewichtes theologisch-ethischer Interessen und wissenschaftlicher Arbeitskapazitäten von der so genannten Begründungsebene, auf die sie bis jetzt vorwiegend konzentriert sind, auf die sogenannte Anwendungsebene. Trotz der bereits seit Jahrzehnten andauernden Diskussion dieses Themas ist unter deutschen Professoren und Studenten, auch über die Theologie hinaus, das Vorurteil verbreitet, daß Anwendungswissenschaft unter Aspekten eines seriösen Wissenschaftsbegriffes von zweitrangiger Bedeutung sei und daß es speziell bei einer anwendungswissenschaftlich ausgerichteten Ethik meistens »doch nur« um pauschale Rezepte, und allgemeine Appelle oder um politisch-positionelle Deklarationen gehe. Der Vorrang von begründungstheoretischen oder theologisch-prinzipiellen vor anwendungsethischen Themen ist schon durch eine Analyse von Titel und Fragestellungen der meisten Publikationen zur theologischen Ethik, nicht zuletzt der Forschungsintentionen von Dissertationen, zu erkennen und zu belegen: Mehr als zwei Drittel dieser Arbeiten dürften an Begründungs- oder fundamentaltheologischen Fragen orientiert sein. Selbst wenn zuzugeben wäre, daß manche Publikationen, die sich als anwendungsethisch ausgeben, tatsächlich dem Vorurteil unzureichender Wissenschaftlichkeit auf dieser Ebene recht geben, müßte doch den generellen Vorbehalten gegenüber derAnwendungsethik nachdrücklich widersprochen werden. Anwendungswissenschaftliches Arbeiten muß auch in der Ethik nicht auf Rezepte und Appelle begrenzt sein. Wie zuerst US-amerikanische Beispiele aus Naturwissenschaften, Verhaltenswissenschaften und business ethics gezeigt haben, [179] ist der Unterschied zwischen Begründungs- und Anwendungsebene keineswegs gleichbedeutend mit dem Unterschied von »theoretisch-anspruchsvoll« und »versimpelnd-rezeptologisch«. Vielmehr gehören zu seriöser Wissenschaftlichkeit auf der Anwendungsebene immer zugleich »theoretische« Komponenten und solche der auf praktisches Handeln zielenden Umsetzung.

Allerdings darf die Komponente »theoretisch« auf der Anwendungsebene eben nicht die erneute Erörterung von Begründungsfragen oder theologischen Prämissen intendieren; theoretisch kompetent muß vielmehr der inhaltlich sachgerechte und fachlich dialogfähige Umgang mit den spezifischen Aufgaben und Denkweisen des jeweiligen Anwendungsfeldes sein, sei es Gentechnik, Unternehmensführung oder Intensivmedizin.

Gegen die Aufforderung, sich fachlich sachkundig und theoretisch adäquat auf die substantiellen Zusammenhänge der Einzelfelder einzulassen, wird von theologischer Seite gern eingewandt, daß Denkweisen und Probleme in jedem der Felder so spezifisch anders und eigengesetzlich seien, daß ein substantieller Vorschlag oder ein sachgerechtes Urteil von theologischer Seite nicht möglich sei. Die Fachvertreter der Einzelfelder sollten daher selbst ihre ethischen Richtlinien entwickeln; von außen allenfalls hingewiesen werden auf Oberwerte wie Menschenwürde, Umweltverträglichkeit, soziale Gerechtigkeit usw. An diesem Einwand ist ersichtlich einleuchtend, daß der theologische Ethiker nicht gleichzeitig Genforscher, Arzt oder Spezialist für finanzwirtschaftliche Fragen sein kann. Anders stellt sich das Problem allerdings dann dar, wenn man es aus der Perspektive des Ethikbedarfs in den einzelnen Anwendungsfeldern zu sehen versucht; beispielsweise aus der von solchen Medizinern oder Managern, die es mit ethisch brisanten Entscheidungen zu tun haben und die sensibel geblieben sind für die moralischen Dilemmata in ihrem Arbeitsfeld. So wie dem Ethiker seine Defizite gegenüber den Sachzusammenhängen in der Medizin oder in der Unternehmensführung rasch bewußt werden, so nehmen umgekehrt Techniker oder Betriebswirte den Bereich der Ethik gewöhnlich als ein Dunkelfeld wahr, mit dessen Arbeitsweisen und Orientierungshilfen sie nur wenig vertraut sind und dem man darum trotz eigener Betroffenheiten und ethischer Fragen ausgesprochen unsicher, zum Teil sogar abwehrend gegenüber steht. Im Dialog mit solchen Gesprächspartnern erfährt der Ethiker, daß sie oft schon nicht wissen, wie man sich mit den Kollegen überhaupt über den »Faktor Ethik« in anstehenden Entscheidungsfragen verständigen könnte; sie erleben, daß dieser Faktor extrem unterschiedlich interpretiert wird; sie entdecken, daß wohl große Verschiedenheiten in der ethischen Sozialisation ihrer Kollegen bestehen und daß sie gewöhnlich von je unterschiedlichen Wertvorstellungen aus handeln und urteilen. Im Nahbereich der meisten Arbeitsfelder ist darum das Thema Ethik tabu. Erst recht wissen sie wenig über die »Handwerkszeuge«, die von einer praxisorientierten Ethik für die Bearbeitung konkreter Probleme angeboten werden. So empfinden viele zwar undeutlich etwas von der »funktionalen Äquivalenz« heterogener Einflußfaktoren in ihren ethisch relevanten Entscheidungsfragen; sie wissen diese aber weder begrifflich zu fassen noch praktisch damit umzugehen; beispielsweise ist den wenigsten die in der unternehmensethischen Theorie gern verwendete Strukturierungshilfe des Stakeholder-Modells bekannt. Die Gesprächspartner berichten weiter, daß sie in ihren beruflichen Kenntnissen nicht darauf »programmiert« seien, die in fast jedem Problem gegebenen Spielräume für ein moralisch verantwortliches Handeln in gezielter Aktivität zu entdecken und zu nutzen. Sie kennen keine methodischen Hilfen, um von irreführenden Ja-

Nein-Alternativen zur Abwägung zwischen »größerem und [180] kleinerem Übel« zu gelangen und haben kaum Erfahrung damit, daß die Übung an Fallbeispielen dazu verhilft, die Unsicherheit gegenüber ethisch schwierigen Entscheidungssituationen zu vermindern und sachgerechter mit den moralisch relevanten Aufgaben des Alltags umzugehen.

Wer als Ethiker in diese Verlegenheiten und Defizite der Praktiker Einblick gewinnt, der muß es als eine (theologisch gesprochen »lieblose«) Überforderung von Medizinern oder Managern empfinden, wenn von ihnen erwartet wird, angesichts der spezifischen »Eigen-gesetzlichkeiten« ihrer Arbeitsbereiche doch die Implementierung von ethischer Sensibilität oder von moralischen Codes in die eigene Hand zu nehmen. Der professionelle Ethiker, ob theologischer oder philosophischer Provenienz, darf darum die Bearbeitung ethisch relevanter fachspezifischer Probleme nicht einfach an die Praktiker des betreffenden Arbeitsbereiches delegieren. Er muß sich vielmehr mit der Notwendigkeit auseinandersetzen, daß er selbst für die anwendungsbezogene Bearbeitung des Ethikbedarfs innerhalb der Problembereiche, etwa der Medizin- oder Unternehmensethik, zur konkreten Mitarbeit aufgefordert ist. Er muß gleichsam in diese Problembereiche persönlich hineingehen und im Dialog mit den bereichsinternen Fachleuten, soweit als möglich in deren Fachsprache, die geforderten Codes oder andere »programs« entwickeln: z.B. die Entwicklung und Bearbeitung von Fallbeispielen, die Operationalisierung von ethisch relevanten Projekten, die Analyse von Wertimplikationen in Führung oder Verkauf, die Durchführung von Ethik-Audits. Um solche programs gemeinsam zu erarbeiten und sie dann gegebenenfalls als Ethik-Berater zu begleiten, bedarf es zuerst der gründlichen Einarbeitung in die jeweilige Fachsprache und in die bereichsspezifischen Probleme; genau das aber ist die eigentlich »theoretische« Aufgabe auf der Anwendungsebene. Diese theoretische Aufgabe ist im letzten Jahrzehnt vielfältig von theologischen Ethikern in Angriff genommen worden—wie beispielsweise ein Blick in die Jahrgänge der ZEE zeigt. Was aber in dieser Zeit kaum und jedenfalls viel zu wenig versucht oder institutionalisiert wurde, ist der unmittelbare Dialog mit den Verantwortlichen und ist die praxisnahe Begleitung der Kooperationswilligen in Betrieben, Forschungsinstituten oder Kliniken. Auch die tatsächlich sachkundigen, zugleich anwendungsorientierten und theoretisch fundierten Aufsätze etwa der ZEE sind denjenigen, die den Ethikbedarf haben und artikulieren, so gut wie nie bekannt; ihre Rezeption oder Diskussion bleibt ebenso wie die der meisten Arbeiten auf der Begründungsebene auf systeminterne Kommunikationszirkel innerhalb der Theologie beschränkt. Auch viele der bewußt anwendungsorientierten Beiträge gehen darum an dem eigentlichen Bedarf vorbei. Damit sie in ihren konstruktiven Anregungen und ihren sachgerechten Richtungsimpulsen aufgenommen und in

Handeln umgesetzt werden können, müssen sie den intendierten und den interessierten Adressaten in face-to-face-Kommunikation nahegebracht werden und in der Kooperation von Ethikern und Anwendern gemeinsam in Handlungspläne umgesetzt werden. Das ist nicht zuletzt in der Konzeption einer modernen Sozialethik schon in den 50er Jahren von Heinz-Dietrich Wendland gefordert und eingeleitet und im letzten Jahrzehnt von einigen (wenigen) theologischen und philosophischen Ethik-Instituten in Zusammenarbeit mit Betrieben bzw. Kliniken engagiert versucht worden. in unternehmensethischen Aktivitäten hervorgetreten sind seit 1990 die sozialethisch-anwendungsorientierten Institute »TTN« in München (Trutz Rendtorff); FEST in Heidelberg (W. Huber u.a); IWS in Rostock und Marburg (W. Nethöfel); BSV in Stuttgart (Alfred Jäger, Bethel); ICG in Münster (K.W. Dahm, J. Wieland). Trotz vieler Schwierigkeiten [181] in Einzelfällen zeigen diese Versuche insgesamt eine verheißungsvolle Tendenz. Sie machen deutlich, daß die "theologischen Angebote« gegenüber dem vorhandenen und vermutlich weiter steigenden gesellschaftlichen Ethikbedarf nur dann wirklich kompatibel und anwendbar werden, wenn sie außer den Ansprüchen auf konstruktiv-inhaltliche Sachgerechtigkeit auch denen des pädagogisch-didaktischen Umsetzungsprozesses in höherem Maße als bisher gerecht werden.

Fünf Essentials der biblischen Ethik*

Ethik und Bibelbezug in den „Kirchen des Südens". Versuch eines Brückenbaus

"Wie ist das biblisch zu begründen?"
Mit dieser Frage wurde ich immer wieder konfrontiert, wenn ich in den letzten fünfzehn Jahren in theologischen Ausbildungsstätten von „Kirchen des Südens" (eine Bezeichnung, die heute die Rede von den „Kirchen der 3. Welt" abgelöst hat) Seminare zu Fragen der christlichen Ethik durchführte.
Ein unmittelbarer Bibelbezug ist für die pastorale Arbeit und ganz allgemein für die christliche Identität der meisten Theologen des Südens offensichtlich von zentraler Bedeutung. Andere Zugänge zum christlichen Glauben und zu christlicher Identität, wie sie in Deutschland gelegentlich formuliert werden (etwa kulturprotestantisch oder in christlicher Humanität) sind ihnen fremd. Der Bezug auf die Bibel bezeichnet neben dem Bezug auf Jesus Christus nicht zuletzt das Spezifikum in der Auseinandersetzung mit den anderen Religionen ihrer Umwelt.

Da die Kirchen des Südens nicht wie die des Westens aus einer Jahrtausende alten Tradition von Christentumsgeschichte und deren Denkstrukturen kommen, ist es vielen Theologen des Südens auch schwer verständlich, welche Bedeutung die im abendländischen Kontext notwendig gewordenen Präzisierungen in den Zentralbegriffen wie *Sola fide, Gesetz und Evangelium* oder *Simul justus et peccator* für die westlichen Kirchen haben. Für sie sind die abendländisch geprägten philosophisch-theologischen Argumentationsweisen weniger nachvollziehbar und überzeugend als biblische Texte mit ihrer Fülle von Assoziationen, auch für ihre eigene moderne Lebenswelt.
Das gilt meiner Beobachtung nach sowohl für Christen in der religiösen Umwelt des Islam (zum Beispiel in Indonesien) als auch für die in der Umweit von hindu-buddhistischen Traditionen im übrigen Südostasien oder in der Umwelt von konfuzianischen Traditionen, etwa in Korea oder China; ebenso für Christen in der Umwelt von Naturreligionen, etwa in vielen Bereichen Afrikas
Dieselben Vorbehalte finden sich auch gegenüber theologischen Begründungsmustern ethischer Themen. Christen in den sudlichen Kirchen greifen offensichtlich lieber unmittelbar auf Botschaft und Bilder der Bibel zurück als auf Denkmuster wie „Zwei-Reiche-Lehre" oder „Königsherrschaft

* Erstveröffentlicht in: Zeitzeichen 8/2010, S. 48-50. Grundlegend überarbeitet.

Christi". Ihr Rückgriff auf die Bibel erfolgt dabei gewöhnlich auf biblizistischem Weg, das heißt, sie verwenden einzelne, thematisch scheinbar passende Bibelverse als biblische Belege für eine bestimmte Meinung, gewöhnlich für die eigene, schon vorher bestehende Meinung.
Dabei haben die meisten (nicht alle!) evangelischen Theologiestudenten auch der Kirchen des Südens gelernt, dass die ethisch-konkreten Aussagen der Bibel durch *Kontextualität* bestimmt sind: dass sie auf ganz verschiedenartige geschichtliche Situationen und Fragen zielen, dass sie darum untereinander in ihren Antworten variieren und nicht einfach als allgemeine, überzeitliche und übersituativ geltende Regeln verstanden werden können. Der Neutestamentler Willi Marxsen hat zugespitzt formuliert, dass für fast jedes zur Legitimation einer konkreten ethischen Position herangezogene Bibelwort auch ein anderes Bibelwort mit gegenteiliger inhaltlicher Tendenz gefunden werden könne.
Paradebeispiel für ein willkürlich aus seinem Zusammenhang gerissenes Bibelzitat ist der weltweit diskutierte Satz aus 1. Korinther 14,34 „Das Weib schweige in der Gemeinde". Ein anderes Beispiel ist Römer 13, 8: „Jedermann sei Untertan der Obrigkeit, die Gewalt über ihn hat." Das damit angezeigte Verhältnis von Christen zur Obrigkeit, insbesondere zu inhumaner Gewaltherrschaft, wird bis in die Gegenwart in vielen Kirchen des Südens erfahrungsnah und strittig diskutiert zum Beispiel in Südafrika, Namibia, Simbabwe, in Indonesien unter Suharto und auf den Philippinen.
Zwar gab es solche und ähnlich willkürliche Verwendungen von Bibelzitaten immer wieder in der Kirchengeschichte; doch haben sie, nicht zuletzt im Deutschland der NS-Zeit, oft eine so verhängnisvolle Rolle gespielt, dass vor ihrem Missbrauch, auch in anderen Kontexten, theologisch nachdrücklich gewarnt wird.
Um den Möglichkeiten von Missverständnissen und Missbräuchen der biblizistischen Argumentation zu entgehen, wurden in der abendländischen Theologie im Laufe der Jahrhunderte die erwähnten systematisch-theologischen Denkmuster gleichsam als Sicherung für einen adäquaten Umgang mit ethisch relevanten Bibeltexten entwickelt. Dazu gehört außer der erwähnten Unterscheidung von Gesetz und Evangelium insbesondere der in den lutherischen Kirchen traditionell besonders herausgehobene [49] Satz des Kirchenvaters Augustin: *Agape et fac quod vis*, das heißt: „Wenn du (im Sinne des christlichen Gebots der Nächstenliebe) richtig liebst, dann weißt du schon, was du zu tun hast." Gerade diese Auffassung wird von vielen Theologen des Südens als unzureichend empfunden: Er könne einem Verständnis von Nächstenliebe Vorschub leisten, das auf Nächstenschaft im Sinne von Familie und Clan reduziert sei und dann oft als Legitimation für Korruption und Nepotismus herangezogen werde. Manche Theologen verweisen auch darauf, dass die kriegerischen Ausei-

nandersetzungen in der Dritten Welt häufig mit einem ethnozentrisch verkürzten Begriff von Nächstenschaft begründet worden seien und noch würden: Sie würden im Sinne von Schutz und Verantwortung für die Nächsten, nämlich den eigenen Clan, das eigene Volk geführt. Aus all diesen Gründen fragen Theologen des Südens nach konkreteren Richtungsangaben der christlichen Ethik, als es das relativ abstrakte Postulat der Nächstenliebe zu geben vermag.

Wenn nun zu solchen konkreteren wie auch zu grundsätzlichen Richtungsangaben für eine christliche Ethik nicht auf so genannte westliche systematisch-theologische Denkmuster zurückgegriffen werden soll, und wenn andererseits die biblizistische Methode des Verweises auf einzelne Bibelverse inzwischen auch als problematisch erkannt worden ist, dann stellt sich umso dringlicher die Frage, wie denn der geforderte Bibelbezug realisiert werden könne.

Angeregt durch manch ähnliche Versuche hat sich für mich in der Praxis von Lehre und Diskussion herausgestellt, dass eine Orientierung an den für die Ethik relevanten Hauptströmungen (*Mainstreams*) oder Kernaussagen (*Essentials*) der Bibel ein fruchtbarer Weg zum Umgang mit dieser Frage sein kann.

Es zeigte sich, dass die folgenden fünf „Essentials biblischer Ethik" als richtungweisend für die christlich-ethische Orientierung, sowohl prinzipiell wie auch gegenüber aktuellen zeitgenössischen Herausforderungen, angesehen werden können:

- Der Mensch als *Imago Dei*, als Bild Gottes;
- das Gebot der Nächstenliebe;
- die Freiheit der mündigen Kinder Gottes;
- die Vergebung von Schuld als Voraussetzung für neue Anfänge;
- das Friedensgebot im Kontext von Gerechtigkeit und Bewahrung der Schöpfung.

Diese fünf Essentials sind nicht als exklusiv geltende Richtungsweiser zu verstehen; sie dürften zwar für die zeitgenössische Diskussion als besonders hilfreich gelten, können im Prinzip aber auch ergänzt oder ersetzt werden. Doch diese Essentials waren einerseits in der Kirchen- und der Theologiegeschichte von großer, je eigener, gelegentlich auch mehrdeutiger Relevanz. Sie sind andererseits vielfach anschlussfähig für den profanen moralphilosophischen Diskurs in der Gegenwart.

Beide Dimensionen der Essentials, die kirchengeschichtliche Bedeutung sowie wichtige Aspekte ihrer profanen Anschlussfähigkeit, sollen hier angedeutet werden.

Der Mensch als Bild Gottes

Theologische Tradition:

- Zentrale Bibelstellen: 1. Mose 1,27; Psalm 8,6 + 7; i. Korinther 11, 7
- Vielfach Hauptansatz der katholischen Ethik, sowohl der Moralphilosophie als auch der katholischen Soziallehre
- Das hier ansetzende Menschenbild geht ethisch stärker aus von den Gaben und positiven Möglichkeiten des Menschen (und nicht vorrangig von Sündenfall und Erlösungsbedürftigkeit)

Anschlussfähigkeit an den profanen Ethik-Diskurs:

- Begründung der Menschenwürde
- Begründung von Menschenrechten
- Gleichheit vor Gott als Basis für die Gleichheit der Menschen untereinander (vgl. auch Galater 3,28)

[50]

Nächstenliebe

Theologische Tradition:

- Zentrale Bibelstellen: 3. Mose 19,18; Matthäus 22,39 und Parallelen
- Hauptansatz der Ethik bei Augustin und Luther
- Häufig zentrale, oft alleiniger Ausgangspunkt der Ethik im Protestantismus

Anschlussfähigkeit an den profanen Ethik-Diskurs

- Goldene Regel (Matthäus 7,12) als Grundregel von Ethik in (fast) allen Kulturen der Welt
- Die vorrangige Option für die Armen
- Transzendierung und Ausweitung der Nächstenliebe auf *Fernstenliebe* in geographischer und generationsbezogener Richtung; damit eine Art von Universalisierung der Nächstenliebe
- Lieben im Verzicht auf Gegenleistung

Freiheit

der „mündigen Kinder Gottes"

Theologische Tradition:

- Zentrale Bibelstellen: Römer 8; Galater 5
- Luthers *Freiheit eines Christenmenschen*
- Kirchentheoretische Diskussionen über die Bedeutung von "Freiheit" innerhalb der Kirchen (z.B.: "Kirche der Freiheit", Zivilreligion, presbyteriale Kirchenorganisation)

Anschlussfähigkeit an den profanen Ethik-Diskurs:

- Eigenverantwortung statt Fatalismus, besonders aktuell für Alltagsleben und Alltagsethik in den Kirchen des Südens
- Balance von Freiheit und Verantwortung

Vergebung
von Schuld als Basis für neue Anfänge

Theologische Tradition:

- Vaterunser (Lukas 11,4; Matthäus 6,12; 2. Korinther 5, 19f)
- Der Zusammenhang von Sündenfall, Erlösung und daraus folgender Dankbarkeit war oft Ansatz der protestantischen Anthropologie und Ethik.
- Versöhnung mit Gott hat Konsequenzen für die Versöhnung von Menschen untereinander.

Anschlussfähigkeit an den profanen Ethik-Diskurs:

- Akzeptanz von Fehlbarkeit
- Schuldbekenntnis als Weg zum Neuanfang von Beziehungen
- Verbreitetes Defizit an Unrechtsbewusstsein

Friedensgebot
im Zusammenhang von Gerechtigkeit und Bewahrung der Schöpfung

Theologische Tradition:

- Zentrale Bibelstelle: Lukas 2 - in der Theologiegeschichte zeitweilig reduziert auf den „inneren Frieden mit Gott"
- Friedensgebot in der ersten ÖRK-Vollversammlung (1948)
- Überkonfessioneller konziliarer Prozess (ab 1983): „Gerechtigkeit, Frieden und Bewahrung der Schöpfung"
- ÖRK-Denkschrift (ÖRK-Vollversammlung 2011 in Kingston, Jamaica): Hauptaufgabe der Kirche sei im Sinne einer neu akzentuierten Missio Dei die Entwicklung von „Frieden auf Erden" (*Peacebuilding*)

Anschlussfähigkeit an den profanen Ethik-Diskurs:

- Gerechter Friede muss entwickelt und eingeübt werden
- „Wer Frieden will, muss die Ursachen von Kriegen bekämpfen"

Alle fünf Essentials bezeichnen meines Erachtens jedes für sich eine ethische Grundtendenz, die sich durch die ganze Bibel zieht: Sie sind nicht auf bestimmte Einzelsituationen zu begrenzen und können auch nicht als will-

kürlich herausgegriffene Einzelverse durch eine andere Bibelstelle konterkariert werden.
Im Blick auf die Anwendung auf konkrete ethische Probleme kann jedes dieser fünf Essentials auch für sich genommen in bestimmten ethischen Einzelfragen richtungsweisend sein. Gleichzeitig bilden alle fünf Essentials einen Gesamtzusammenhang. In den meisten Fällen sollten alle fünf in einer Art von synoptischem Verfahren als Kriterien zu ethischer Entscheidungsfindung herangezogen werden.

Ich habe mit diesem Modell von Bibelbezug in mehreren theologischen Seminaren von unterschiedlichen Kirchen des Südens gearbeitet. Meiner Beobachtung nach findet diese Arbeit positive Resonanz, weil sie den Wunsch nach konkreter Bibelorientierung aufgreift - sowohl mit der Vermeidung von Beliebigkeiten in der Verwendung von Bibelzitaten als auch mit der (vielleicht nur vorläufigen?) Ausklammerung von dogmatischen Denkmustern, die als westlich empfunden, und daher abgelehnt oder doch ignoriert werden.

Im Blick auf westliche Kirchen können ähnlich Beobachtungen in Bibelstunden oder Gemeindekreisen gemacht werden, vor allem dann, wenn ethische Fragen (z.B. Steuergerechtigkeit oder Homosexualität) zur Debatte steht bzw. öffentlich diskutiert werden. Auch in diesen hiesigen Diskussionen wird nicht selten in Bezug auf eine konkreten Streitfrage das eine Bibelzitat dem anderen entgegen gestellt. Zur Klärung hilft dabei der Hinweis, dass ein aus einem Kontext herausgelöstes Bibelzitat nur dann generalisiert und für die Gegenwart richtungsweisend sein kann, wenn es keinem der fünf essentials entgegen steht.

Gehört ‚Soziale Verantwortung' zu den Aufgaben 'Junger Kirchen'? *

Herausforderungen christlicher Ethik im Umbruch der indonesischen Lebenswelt.

I. 'Das ist doch nicht unsere Verantwortung' Hindernisse auf Nordsumatras Strassen - 3 Bilder

Erstes Bild.

Es ist im Jahr 1981. Ich bin mit dem jungen Dozenten Dr. J.R. Hutauruk, dem späteren Bischof der großen Toba-Batak-Kirche auf Sumatra, im Batakland mit dem Auto unterwegs. Quer über einer wichtigen Strasse liegt ein Baumstamm. Die Autos müssen um ihn herumfahren und das ist nicht ungefährlich, weil die Umfahrung knapp an einem Abhang vorbeigeht. Die Fahrer müssen einiges Geschick zeigen, um dort nicht abzurutschen. 20 Dorfbewohner stehen am anderen Strassenrand und begutachten die Fahrer. Manchmal klatschen sie Beifall, wenn einer besonders elegant um das Hindernis herumkommt. Keiner kommt auf die Idee, dass Hindernis wegzuräumen. Ich frage Dr. Hutauruk, warum tun die den Baumstamm nicht einfach da weg? Er: Sie denken alle: ‚Das ist doch nicht unsere Verantwortung — das ist doch Sache des Staates'. Nach einigen Stunden kommen wir die gleiche Strecke zurück. Die Situation hat sich nicht verändert. Wir beschliessen, das Hindernis selbst wegzuräumen. Das ist mühsam, aber es gelingt uns mit der Hilfe unseres Fahrers. Die Dorfbewohner rühren keinen Finger. Sie lächeln amüsiert und kopfschüttelnd.

Zweites Bild.

20 Jahre später bin ich mit einem Geländewagen zu einem Gemeindefest auf der Insel Nias unterwegs. Ein verunglückter Lastwagen versperrt die Durchquerung eines Tales. Oben, auf beiden Rändern des Tales stauen sich die Autos, meist Lastwagen und Kleinbusse. Die Fahrer steigen aus und beobachten interessiert, wie sich unten am Flussübergang 4 Männer vergeblich bemühen, den LKW von der Strasse zu kriegen. Ich frage den mich begleitenden niassischen Pfarrer, warum gehen nicht einige der Männer ins Tal herunter und packen an, das Fahrzeug wegzukriegen; in spätestens einer halben Stunde würden 20 Personen die Durchfahrt da unten frei kriegen. Es sei doch auch ihre eigene Zeit und das Geld ihrer

---

* Original bisher unveröffentlicht. Eine indonesische Ubersetzung wurde in der Festschrift für Bischof Dr. J. r. Hutauruk, 2004, abgedruckt.

Firma, das hier verloren geht. Der Pfarrer sagt, das sehen die nicht als ihre Sache an; dafür würden sie ja nicht bezahlt. Wir hören, wie die Leute aus den Bussen klagen, dass sie ihre Ziele nicht mehr erreichen, und wie die Kinder schreien. Ich frage den Pfarrer, ob er die Männer nicht bitten könne, mitzuhelfen. Alle hier betonen doch gern, dass sie Christen sind, die meisten besuchen jeden Sonntag den Gottesdienst und wissen um die Bedeutung der Nächstenliebe für unseren Glauben. Der Pfarrer antwortet: die Leute würden mich auslachen — und wenn ich drängen sollte, dann würden sie ärgerlich und sagen, das ginge mich nichts an, ich solle mich um meine Kirche kümmern.
Wir können mit unserm Jeep auf einem steilen und schlammigen Feldweg das Tal durchqueren und weiterfahren. Als wir abends zurückkommen, hat sich die Lage erheblich verschlimmert: Die Schlange der wartenden Autos hat sich verdreifacht, die Zahl der Schaulustigen ebenso. Keiner hat unten angepackt. Man wartet jetzt auf einen Abschleppdienst; der wird aber wegen der bald einbrechenden Dunkelheit erst am nächsten Morgen arbeiten können. Die Busreisenden sind verzweifelt oder resigniert; die Lkw-Fahrer bereiten sich vor, in ihren Fahrzeugen zu übernachten. Ich frage meinen Begleiter erneut, ob es nicht unsere Christenpflicht ist, hier in letzter Minute doch noch was zu verändern. Er wehrt, fast unwillig, erneut ab:'Ein Eingreifen von uns würde nicht als Pfarrerverhalten akzeptiert. Und die meisten Pfarrer hier würden genausowenig eingreifen wie ich. Die Lage ist zwar schlimm für die Betroffenen. Aber sie lässt [2] sich nicht ändern'. Mit unguten Gefühlen und einem richtig schlechten Gewissen fahren wir davon. Lange klingt es nach and macht mich hilflos: ‚Das ist doch nicht unsere Verantwortung'.

Drittes Bild.

Die Stichstrasse zu einem abgelegenen grossen Batakdorf ist durch Erdbeben an drei Stellen so aufgerissen, dass jedes durchfahrende Auto mit dem Fahrzeugboden schwer aufschlägt and geschädigt wird. Ich fahre im Privatauto des Ortspfarrers, das er sich in seiner früheren Pfarrei in Medan mühsam erspart hat. Man merkt und er sagt auch, dass sein Auto diese Strecke nicht mehr lange überleben werde. Als ich nach dem relativ kurzen Schlagloch-Abschnitt wieder einsteige, frage ich ihn, warum denn die Leute aus dem Dorf, vor allem die wenigen Autobesitzer nicht selbst aktiv werden? Mit vereinten Kräften könnte man die schlimmsten Felsbrocken wohl wegräumen und die Schlaglöcher notdürftig einebnen. Er selbst, der Pfarrer und die anderen Autobesitzer würden den größten Nutzen davon haben. Wieder kommt die Antwort: ‚Keiner käme hier auf eine solche Idee; Straßen sind eine Angelegenheit des Staates and nicht unsere Sache'. Ich hatte beobachtet, dass der Pfarrer in seinem Dorf sehr beliebt ist und

frage weiter, ob er denn nicht selbst mit einigen Freunden, vielleicht den Presbytem die Reparatur in Angriff nehmen könne. Er antwortet ähnlich wie der Niaspfarrer vor ein paar Tagen: „Man würde eine solche Initiative des Pfarrers nicht akzeptieren; das gehört bier nicht zum Pfarrbild". Und traurig fährt er fort: Mein eigenes Auto wird wohl bald dahin sein...
Bei einem Workshop "Über die Soziale Verantwortung der Kirche hier und heute" berichte ich auf ausdrücklichen Wunsch der Veranstalter von diesen drei Erlebnissen. Der workshop und einige Folgeseminare zu diesem Thema war von einer kleinen Gruppe indonesischer Kirchenleute nach einem Deutschland-Besuch angeregt worden. Der Leiter hatte die Eindrücke der Gruppe mit folgenden Worten zusammengefasst: „Bei Euch in Deutschland sind die Kirchen leer, aber die Sensibilität der Kirchen für ‚Soziale Verantwortung' für alle Ebenen des gesellschaftlichen Lebens ist enorm hoch.- Bei uns ist es genau umgekehrt: Die Kirchen sind voll, oft überfüllt, aber eine ‚Soziale Verantwortung', die über den persönlichen Bereich und eine gewisse karitative Hilfsbereitschaft hinaus geht, ist sowohl den Pfarrern and Presbytem wie den Gemeindegliedern kaum als christlicher Auftrag bewusst". Dieses Thema soll in den indonesischen Kirchen jetzt, einige Jahre nach dem Ende des Suharto-Regimes und in einer Phase allgemeiner gesellschaftlicher Neuorientierung, neu angepackt werden. In workshops mit Seminaren, aber auch darüber hinaus müsse u.a. gründlicher erörtert werden, ob Christen und Kirche eine über die persönlich-familiären und kirchlichen Bereiche hinausgehende Mitverantwortung für öffentliche Einrichtungen und öffentliche Belange haben — oder, ob sich die Kirche im Sinne einer missverstandenen Zwei-Reiche-Lehre da heraushalten solle.
Zunächst bestätigen die an dem workshop teilnehmenden Pfarrer und Presbyter ausdrücklich meine Beobachtungen auf Nordsumatras Strassen und ergänzen sie durch eigene Beispiele: etwa von gescheiterten Selbsthilfe-Initiativen bei der Wiederaufforstung der durch die Papierindustrie geplünderten Wälder, oder von gescheiterten Kredit-Unionen und anderen genossenschaftlichen Einrichtungen. Manche Teilnehmer drücken ihre Frustration oder Resignation aus über die auch in ihren Gemeinden ganz selbstverständliche Einstellung ‚Das ist doch nicht unsere Verantwortung'.

II. Kontrasterfahrungen im persönlichen Nahbereich und mit der traditionellen Batakkultur.

Bald melden sich auch andere Stimmen zu Wort. Sie bestreiten nicht die Richtigkeit der geschilderten Beobachtungen, weisen aber daraufhin, dass man, was Hilfsbereitschaft and Soziale Verantwortung betrifft, auch ganz gegensätzliche Erfahrungen im Batakland machen kann. Besonders her-

ausgestellt werden einerseits der Bereich unmittelbarer persönlicher Kontakte und andererseits die in der traditionellen Batakkultur stark verankerte Verpflichtung zu gegenseitiger Hilfeleistung, etwa nach dem Muster des gotong royong, auf deutsch etwa: einer organisierten freiwilligen Nachbarschaftshilfe (siehe unten, S. 431).
Tatsächlich erfährt der ausländische Gast überall im Batakdand ein hohes Mass an [3] freundlicher Zuwendung und zuvorkommender Aufmerksamkeit, von uneigennütziger Hilfsbereitschaft und Gastfreundschaft - all das oft in höherem Masse als in seiner europäischen Heimat. Und ganz selbstverständlich bedeutet das geschilderte Defizit am Engagement für öffentliche Einrichtungen nicht, dass man dem Verletzten eines Strassen-Unfalls ebenso teilnahmslos zuschauend gegenüberstände wie der Panne eines fremden Lastwagenfahrers oder der Ursache vieler Pannen in den Strassenschäden. Wo ein Fremder verletzt ist oder ein Nachbar plötzlich krank wird, da packt man zu und hilft.

Offensichtlich aber endet diese Bereitschaft meistens da, wo es nicht mehr um Einzelpersonen geht, auch nicht mehr um familiäre Beziehungen, um die eigene Sippe (Marga), um Nachbarschaft oder das Team am Arbeitsplatz; sie endet also da, wo die fremde und anonyme Welt außerhalb des vertrauten eigenen Nahbereiches beginnt, und dazu gehören in besonderem Masse öffentliche Einrichtungen und Belange: Strassen, Wald, und die Reinheit der Flüsse; auch Bahnhöfe, Telefonhäuschen und sogar Krankenhäuser. Den Kontrast im Umgang mit privatem Besitz und mit öffentlichem Eigentum wird ganz unmittelbar augenfällig, wenn man auf miserablen, seit Jahrzehnten nicht gewarteten öffentlichen Wegen durch eine in Privatbesitz befindliche Reisfeld-Region fährt, und den Straßenzustand mit den Feldern vergleicht, die kunstvoll angelegt, vorzüglich bearbeitet und meist richtig schön anzusehen sind.

Nachdrücklich wird von den Teilnehmern des worksops darauf hingewiesen, dass es in der sozusagen vormodernen Zeit der Batakkultur durchaus auch Verpflichtungssysteme zu gegenseitiger Hilfe, also zur ‚Sozialen Verantwortung' gab, die über den überschaubaren Bereich persönlicher Kontakte hinausreichten. Konkret benannt werden insbesondere das ‚gotong royong' und das ‚dalihan na tolu'. Letzteres System, vielfach unter dem Namen seines Teilsystems Hula Hula besser bekannt, ist Bestandteil der tiefeingewurzelten Volkssitte Adat. Es gilt für ein weit ausgefächertes Verwandtschaftssystem und regelt primär (im Sinne von rites de passage) die zentralen Stationen im Leben von Klein- und Großfamilie, also Geburt, Hochzeit und Todesfall. Dabei werden in den letzten Jahren die meist detailistisch vorgegebenen Großveranstaltungen bei Hochzeiten -und Bestattungsfeierlichkeiten (häufig mit über 1000 Gästen) schon wegen ihres im-

mensen Kostenaufwandes zunehmend kritisiert — und längst nicht mehr in allen Familien streng adatgerecht praktiziert. Andererseits haben die im Detail weniger geregelten Aktivitäten gegenseitiger Hilfe für kranke Mitglieder der Großfamilie, insbesondere für finanzielle Hilfe bei teuren Krankenhausaufenthalten und Medikamenten in vielen Großfamilien zugenommen; sie erstrecken sich gelegentlich bis bis hin zur Finanzierung des Auslandsstudium eines Verwandten oder der Anschaffung eines Autos.
Während ‚dalihan na tolu' stärker auf Verwandtschaft und Großfamilie ausgerichtet ist, zielt das ‚gotong royong' direkter auf gegenseitige Nachbarschaftshilfe über die Familie hinaus, besonders in der Landwirtschaft, also auf die Errichtung und Bearbeitung von Reis- und Gemüsefeldern; es wird aber auch beim Hausbau und beim Wegebau für die Landwirtschaft praktiziert. In seinem Ansatz ist es auf die Besitzverhältnisse der vormodernen Zeit bezogen, in der der Großteil von Grund und Boden nicht im Privatbesitz, sondern Gemeinschaftseigentum der Großfamilie oder Sippe (Marga) war. Das ist zwar nicht gleichzusetzen mit öffentlichem Eigentum, verlangt aber doch eine Verantwortung, die über das Denken in Kategorien individuellen Privateigentums herausgeht. Ein Gesetz von 1960, das für Gesamtindonesien das Privateigentum in der Agrarwirtschaft statuiert und Schritt für Schritt umgesetzt wird, hat freilich inzwischen zu erheblichen Verunsicherungen und Auflösungstendenzen auch des gotong royong geführt. Es hat vor allem wesentlich dazu beigetragen, dass viele traditionelle Hilfeleistungen auf Gegenseitigkeit zunehmend verdrängt werden durch Dienstleistungen auf der Basis von finanziellem Entgelt.
Natürlich findet auch die im gotong royong verankerte Verpflichtung zu einer Hilfeleistung, die über die familialeren Bereiche herausgeht, ihre Grenze in dem, was wir heute als Raum des öffentlichen Eigentums oder eines auf die gesamte Republik bezogenen Gemeineigentums ansehen. Das hat sicher einen seiner Gründe bereits darin, dass es ein solches, der Gesamtgesellschaft zugeordnetes Gemeineigentum damals kaum gab — und man sich darum dazu [4] auch nicht verhalten konnte. Heute aber gibt es durchaus eine Hilfsbedürftigkeit, für deren Abhilfe keine marga und auch kein dörfliches gotong royong in Anspruch genommen werden kann, sondern für die die Gesellschaft als Ganze (das ‚Gemeinwohl') zuständig and verantwortlich ist. Sie findet sich vor allem in der anonymen Massenwelt der Urbanisierungs-Regionen, nämlich als *street children* und verstoßene Frauen, verunglückte Arbeiter, vereinsamte Alte, alleinstehende Kranke und Obdachlose.

Da der immer wieder vorgebrachte Ruf nach der Verantwortung des Staates wie in der Strassenreparatur so auch in der Betreuung von hilfsbedürftigen Menschen in Notstandsregionen meistens ohne Resonanz bleibt, hat sich durchaus eine erhebliche Zahl von sowohl religiösen wie anders motivierten Organisationen gebildet, die hier karitativ oder im Sinne von Social (Community-) Development aktiv werden. Eine besondere Rolle dabei spielen die über 1000 NGOs in Indonesien, von denen etwa 250 eng mit der Arbeit der Christlichen Kirchen verbunden sind. Ihre wichtigsten Ziele sind: erstens ,rural development' mit der Schulung in neuen, etwa umweltfreundlichen landwirtschaftlichen Methoden sowie der Hilfe beim Aufbau von Kooperations- oder Kreditgenossenschaften; zweitens ,urban development' mit der Schulung von Arbeitern aus Industrie und Handel im Blick auf ihre Rechte sowie auf die Möglichkeiten zur Organisierung ihrer Interessen and gelegentlich auch für den Aufbau von freiwilligen Unfall- oder Krankenversicherungsvereinen; drittens karitative Hilfe sowohl wie Hilfe zur Selbsthilfe für Einzelpersonen oder Gruppen (street children), die in der anonymen Grossstadtwelt in Not geraten sind.

All diese im einzelnen oft eindrucksvollen Aktivitäten haben zwar bis heute die Zurückhaltung und die Verständnislosigkeit der Bevölkerungsmehrheit gegenüber einer gesellschaftlichen Eigenverantwortung über den persönlichen Nahbereich hinaus kaum reduzieren, geschweige denn beseitigen können. Sie zeigen aber, dass die Aufgaben gesellschaftlicher Verantwortung unter den Bedingungen der Gegenwart von nicht wenigen Einflusspersonen und Multiplikatoren gesehen und in Angriff genommen werden, - und dass man darum auf keinen Fall resignativ von einem sozusagen naturgegebenen Defizit an solcher ,Sozialen Verantwortung' in der Mentalität der Batak oder vergleichbarer Völker sprechen kann.

Doch bleibt die Frage offen, wie denn die tatsächlich bestehenden Defizite in der Bevölkerungsmehrheit Schritt für Schritt abgebaut werden können. Dass Kirche und Pfarrer unter Gesichtspunkten der Christlichen Sozialethik dabei eine wichtige Rolle spielen könnten and wohl auch müssten, wird offenkundig bisher von einem erheblichen Tell der Batakpfarrer (noch) nicht akzeptiert. Immer wieder wird in den Diskussionen energisch und meist unter Beifall die Meinung vertreten, die Pfarrer sollten sich auf die,Verkündigung des Evangeliums' beschränken und die Soziale Verantwortung den dafür zuständigen staatlichen Stellen überlassen. Das neue Nachdenken über eine aus dem Evangelium kommende und vom Evangelium geforderte gesellschaftliche Verantwortung, wie es seit dem Zweiten Weltkrieg die ekklesiologische Diskussion in den europäischen Kirchen und lin Weltkirchenrat bestimmt, ist vielen hiesigen Pfarrer offenbar bisher unbekannt — oder nicht nachvollziehbar.

Andererseits steigt jedoch die Zahl derer, die sich für ein kirchliches Engagement in der Sozialen Frage einsetzen and teilweise mit eindrucksvollen Beispielen einen Weg nach vorne zeigen. So berichtet einer der Seminar-

teilnehmer aus jüngster Vergangenheit von einem Gegenbeispiel zu den eingangs geschilderten Erfahrungen auf Nordsumatras Straßen:
Eine wichtige, aber unbefestigte Durchgangsstraße ist während der Regenzeit so sehr verschlammt, dass an einem verkehrsreichen Tag der gesamte Verkehr zum Erliegen kommt drei Lastwagen sind im Schlamm stecken geblieben und kein Auto kann an ihnen vorbei. In der langen Schlange befindet sich auch ein Kleinbus mit Pastoren. Einer von ihnen ergreift die Initiative: „Die steckengebliebenen Laster können nur von Menschenhand die 200 m durch den Schlamm geschoben werden. Lasst es uns versuchen!" Die andem zögern: „Wir allein schaffen das nicht — und die LKW-Fahrer machen sowieso nicht mit" Der Initiator bleibt hartnäckig: „Wir wollen wenigstens versuchen, die Fahrer durch unser Beispiel zu überzeugen; vielleicht machen ja doch einige mit". Und in der Tat: zuerst sind es nur wenige, dann schließen sich immer mehr der Initiative an bis die Aktion schließlich fast zu einem fröhlichen happening wird. Mit vereinten Kräften gelingt es, den ersten und dann auch die weiteren LKW und PKW [5] freizuschieben. Nach zwei Stunden können alle ihre Fahrt fortsetzen. Der Pfarrer hatte mit seinem unbefangenen Engagement die Mauer der Konvention ‚Das tut man nicht — das ist nicht unsere Verantwortung' ohne große Schwierigkeiten durchbrochen.

III. Vergleichbare Herausforderungen im Westerwald und im Batakland.

In den Seminaren wird immer wieder gefragt: Wie ist denn die deutsche Kirche mit vergleichbaren Problemen in der Zeit von Landflucht, Verarmung und Urbanisierung zurechtgekommen — und können sich daraus Anregungen für uns ergeben? Einen gemeinsamen Nenner für die ja ihrem jeweiligen Kontext nach vielfältig verschiedenen Herausforderungen kann man in dem schon erwähnten klassischen Modell des Überganges heraus aus einem übersichtlichen Sozialen Nahbereich und vertrauten persönlichen Beziehungen mit eindeutigen Regeln gegenseitiger Hilfeleistung hinüber in eine unübersichtliche und anonyme, durch fremde und beliebige Beziehungsmuster und oft durch Elend geprägte urbane Massenwelt. Diese Gegensätze und entsprechende Schwierigkeiten finden sich nicht nur in allen Entwicklungsländern. Sie haben gewisse Parallelen schon in den ersten, hauptsächlich durch die Industrialisierung ausgelösten und vorangetriebenen Modernisierungsvorgängen im Europa des 19.Jahrhunderts. Vergleichbar erscheinen unter diesem Gesichtspunkt die heutigen Erfahrungen eines jungen Batak, wenn er seine dörfliche Heimat wegen aussichtsloser Armut verlässt und in Grosstadtregionen wie Medan oder Jakarta bessere Lebensmöglichkeiten sucht, mit denjenigen Erfahrungen, die

vor 150 Jahren ein deutscher Altersgenosse machte, wenn er sein ebenso abgelegenes und verarmtes Dorf auf dem Westerwald verliess, um im Ruhrgebiet eine bessere Existenz zu finden. Beide, der Batak und der Westerwälder könnten Glück haben und, mit Hilfe von Freunden oder Verwandten bald eine sichere Unterkunft und einen Arbeitsplatz finden. Häufiger aber ist, dass der junge Landflüchtling keinen Job und keinen sozialen Anschluss findet, dass er sich in der urbanen Anonymität verlassen vorkommt und um sein nacktes Überleben kämpfen muss. Da in seinem Heimatdorf, ob im Batakland oder auf dem Westerwald, der Lebensunterhalt noch weitgehend durch Warentausch geregelt war, ist er nicht gewohnt, mit Geld in rationaler und langfristiger Planung umzugehen. Er kann darum mit seinem schmalen Gelegenheitsverdienst leicht den überall anzutreffenden Betrügern und Wucherern zum Opfer fallen. Wenn er den Anschluss an Familie oder seriöse Freunde, die ihn in Krankheit oder sonstiger Not auffangen und stützen, verliert,dann kann er schnell in ein schlimmeres Elend geraten als er es aus seinem Heimatdorf kannte und endgültig hinter sich lassen wollte.
Was die beiden Landflüchtigen aus dem Westerwald oder aus dem Batakdorf als Individuen erleben, ist in vieler Hinsicht ein Spiegelbild der Tendenzen, die über Jahrzehnte hin die Entwicklung der jeweiligen Heimatregionen beeinflusst haben und noch beeinflussen. Dazu gehören die Anonymisierung der Beziehungen durch ein rapides Anwachsen der Bevölkerung (jeweils im Abstand von 100 Jahren eine Verdreifachung der Bevölkerung innerhalb einer Generation - infolge des medizinischen Fortschrittes) sowie durch die Ausweitung ‚kurzhubiger Kontakte' aufgrund neuer Möglichkeiten der Mobilität. Wo früher jeder jeden kannte und wusste, wie er mit Ihm umzugehen hatte, da entwickelten sich mit der Zahl fremder Gesichter auch Vorsicht und Zurückhaltung. Der rapiden Ausweitung des Geldverkehrs anstelle des vorher noch teilweise praktizierten subsistenzwirtschaftlichen Warentausches folgte nicht nur ein Ansteigen von Betrug, Wucher und Ausbeutung und damit von Misstrauen und Pessimismus, sondern auch die Entstehung einer ökonomistischen, auf Kosten-Nutzen-Relationen reduzierten Mentalität, die die traditionellen, auf spontaner Sympathie oder Liebe basierenden Beziehungen Stück um Stück überwuchern.

Wo die sozialen Beziehungen unpersönlicher und distanzierter, ökonomistischer und abstrakter werden, da muss sich auch die Einstellung zur Verantwortung für die Gemeinschaft ändern. Was sich früher gleichsam naturwüchsig und in face to-face-relations an gegenseitiger Hilfsbereitschaft und selbstverständlicher Kooperation entwickelte, das wird jetzt zunehmend [6] durch Geld geregelt. Es wächst die Befürchtung, ausgenutzt oder übervorteilt zu werden; und sie richtet sich bald nicht mehr nur auf unbekannte auswärtige Händler, sondern, wo es um landwirtschaftliche Kooperation geht, zunehmend auch auf die eigenen Dorfgenossen. — Auch die Schaulustigen aus dem Niasdorf fühlen sich ausgenutzt, wenn sie dem mit Motorschaden liegengebliebenen Lastwagenfahrer freiwillig helfen; er ist ihnen fremd and vermutlich verfügt er selbst, vor allem aber verfügt seine Firma über erheblich mehr Geld als sie selbst, die Dorfbewohner.

IV. Haben die Missionare nur eine verkürzte christliche Ethik vermittelt?

Das klassische sozialpädagogische Erklärungsmodell für die Schwierigkeiten beim Übergang aus dem Sozialen Nahbereich mit seinen tief eingelebten Mustern sozialer Verantwortung hinüber in die neue Welt der distanzierteren und abstrakteren Sozialbeziehungen mit ihren ganz anderen ethischen Herausforderungen wird von den Teilnehmem der Pfarrerseminare sowohl bestätigt und in immer neuen Beispielen konkretisiert als auch modifiziert und ergänzt. Dabei wurden folgende zusätzliche Erklärungsaspekte für die Zurückhaltung gegenüber einem Engagement der Kirche für Soziale Verantwortung besonders oft ins Spiel gebracht:

1. Von den Missionaren sei zwar Nächstenliebe im Sinne individueller Hilfe für Arme und Kranke überzeugend praktiziert und gelehrt worden, nicht aber eine über die dörfliche Welt hinausgehende Verantwortung für den politischen Bereich oder für übergreifende gesellschaftliche Missstände, wie sie heute etwa in Strassenschäden oder in gefährlichen Defiziten bei der Wiederaufforstung beklagt werden, - wie sie aber fast 100 Jahre lang in kolonialer Unterdrückung, in menschenunwürdiger Behandlung von Kulis und Plantagenarbeitern sowie in der wirtschaftlichen Ausbeutung des Landes durch Europäer auch für Missionare unübersehbar waren.- Wie die meisten Missionare gehe bis heute ein großer Teil von Pfarrern von einer latenten Zwei-Reiche-Lehre aus, in der die Zuständigkeiten für die Kirche und den persönlichen Nahbereich (,Individualethik) einerseits und für Staat, Gesellschaft und Wirtschaft andererseits deutlich und oft verhängnisvoll getrennt werden.

   Wer unter Pfarrern und anderen kirchlichen Einflusspersonen die traditionelle Zwei-Reiche Lehre nicht kennt, auch nicht auf die Missionsgeschichte zurückgreifen, sondem in gleicher Tendenz ,direkt biblisch' argumentieren will, beruft sich meist auf 1. Kor 12, das Paulus-Kapitel über die Verschiedenheit der Ämter, und folgert daraus, dass das Amt von Kirche und Pfarrer ausschließlich für die Verkündigung des Evangeliums bestimmt sei — und diese Aufgabe müsse all ihre Kraft in Anspruch nehmen. Da bleibe weder Zeit noch gebe es eine klare biblische Weisung zum Engagement für ‚Soziale Verantwortung'.

2. Die niederländische Kolonialmacht habe ebenso wie die Suharto-Regierungen (1965-1998) eine über karitative Hilfe hinausgehende soziale Zuständigkeit von Kirche und Pfarrern sowie von religiösen und anderen NGOs immer abgelehnt, zurückgewiesen und gegebenenfalls sogar bestraft. In weiten Kreisen der Bevölkerung habe sich daher eine differenzierte Wahrnehmung von ‚Sozialer Verantwortung', vor allem was das öffentliche Eigentum angehe, nie richtig entwickeln können.

3. Der bis vor kurzem herrschenden paternalistisch-autoritären Gesellschaftspolitik entspreche ein bis heute weiterwirkendes Verständnis von Erziehung und Mitarbeiterführung, das nur wenig auf Partizipation, Mitsprache und Eigenverantwortung von Schülern oder Mitarbeitenden (subordinates) ausgerichtet ist. Solange man aber die von oben erfolgende Regelung der öffentlichen Angelegenheiten eher passiv hinnehmen muss und keine Möglichkeit hat, eigene Vorschläge und Wünsche einzubringen, bestehe auch kein Anreiz, Eigenverantwortung einzuüben.- Auch in der Kirche werde bis heute trotz demokratischer und synodaler Strukturen und trotz allen guten Willens von der Kirchenleitung über die Kirchenkreise und die Gemeindepfarrer bis bin zu den guru jemaat (Gemeindehelfern) weithin ein paternalistisches Führungsdenken praktiziert, der die Mitarbeiter nicht genügend in die sie betreffenden Entscheidungen einbezieht und der darum Eigeninitiativen, Eigenverantwortung und Arbeitsmotivation eher bremst als fördert.

4. Die ethische Konzentration auf den überschaubaren Sozialen Nahbereich habe eine gewisse Parallele zur Ausrichtung des zeitlichen Denkens und in der Zeit- und Lebensplanung auf nahe oder kurze überschaubare Distanzen. Letztere Tendenz habe vielleicht etwas damit zu tun, dass es im äquatornahen Indonesien die vier Jahreszeiten der nördlichen Hemisphäre nicht gibt. Man braucht in Nahrung, Kleidung und Heizung nicht für einen kalten langen Winter vorauszuplanen und vorzusorgen; die Natur liefert das ganze Jahr über genügend unmittelbar erreichbare Güter, sodass kein Indonesier hungern oder frieren muss. Die in den nördlichen Ländern in Jahrhunderten eingelebte Mentalität mittel- und langfristiger Planung sei daher den meisten Indonesiern fremd. Ihre grundsätzlich eher auf kurze Distanzen eingestellte Mentalität wirke sich vermutlich auch in den sozialen Bereichen aus, beispielsweise als Zurückhaltung gegenüber unbekannten Lebensweisen und Bedürftigkeiten.

5. Neuerdings werden gerne Aspekte der Globalisierung ins Feld geführt:

- So verstärke das westliche Fernsehen durch seine latente Propagierung von Individualismus, von freizügiger Partnerschaftsmoral, von ökonomistischem Kosten-Nutzendenken nicht nur die Tendenzen zur Auflösung traditioneller Werte und Moralvorstellungen; es vernachlässige auch eine ausdrückliche Wertschätzung von uneigennütziger ‚Sozialer Verantwortung' und stelle statt dessen den individuellen oder egoistischen Lustgewinn in den Vordergrund.
- So verursache auch die eklatante Ausbeutung des eigenen rohstoffreichen Landes und die ökonomische Abhängigkeit von fremden Konzernen ein Gefühl von sozialer Ohnmacht; das habe bei vielen zu Skepsis und Resignation gegenüber den eigenen Möglichkeiten geführt.

Diese zur Erklärung der Kontrasterfahrungen häufig vorgebrachten Argumente können hier nicht im Einzelnen auf ihr für und wider untersucht oder gegeneinander abgewogen werden. Sie alle dürften ein Stück Realität widerspiegeln und müssten je nach Situation und Kontext einzeln untersucht und aufgearbeitet werden. In den Seminaren wurde jedoch auch häufig die Gefahr erörtert, dass sich die Diskussion dieser Thematik gern auf die Ursachen-Analysen beschränke und dass die Frage nach den Möglichkeiten, wie Kirche und Pfarrer denn die nun einmal gegebene Situation heute verändern könnten, zu selten ernsthaft in Angriff genommen werde. Schuldzuweisungen an vergangene Zeiten oder unerreichbare Institutionen aber können leicht als Legitimierung für eigene Inaktivität missbraucht werden. Einem Teil der Seminarteilnehmer geht es jedoch darum, dass sich tatsächlich etwas ändert. Von einem deutschen Beitrag wird dann zuerst erwartet, die Reaktion der Kirchen in Deutschland auf die im 19 Jahrhundert immer neuen Herausforderungen der ‚Sozialen Frage' darzustellen. Diskutiert werden soll dann, welche Anregungen sich daraus für vergleichbare Herausforderungen im gegenwärtigen Indonesien ergeben können.

V. Evangelische Christen reorganisieren im 19. Jahrhunderts die soziale Nächstenliebe auf drei Stufen.

Man kann drei Stufen unterscheiden, auf denen deutsche Protestanten im 19. Jahrhundert ihre ‚Soziale Verantwortung' im Sinne christlicher Ethik gegenüber den Opfern der gesellschaftlichen Veränderungen durch Industrialisierung, wirtschaftliche Expansion oder anders verursachte Verarmung wahrzunehmen suchten:

Auf einer ersten Stufe ging es um die konventionelle karitative Hilfe für hilfsbedürftige Individuen oder Gruppen (beispielsweise Obdachlose oder

Behinderte), die freilich seit den 1830er Jahren in bisher unbekanntem Masse ausgebaut wurde; es entstanden ganze Dörfer der christlichen Nächstenliebe mit Häusern für Kranke, [8] Waisen, Obdachlose, geistig Behinderte usw. Das Motto für all diese Aktivitäten war durch die Jesusworte aus Matth.25 bestimmt ‚Was Ihr getan habt einem unter diesen meinen geringsten Brüdern, das habt Ihr mir getan'. Von diesem Verständnis christlicher charity waren auch die Missionare erfüllt, die übrigens teilweise in engem räumlichen Zusammenhang mit den karitativen Einrichtungen (Bethel oder Neuendettelsau) ausgebildet wurden. Dieses Verständnis haben sie auch ins Batakland gebracht und es ist dort bis heute wirksam.

Auf einer zweiten Stufe fragte man bald, ob diese karitative Hilfe für ein zeitgerechtes Verständnis von christlicher Nächstenliebe ausreichend sei; ob man sich nicht stärker dafür einsetzen müsse, dass die Menschen gar nicht erst in solche individuelle Hilfsbedürftigkeit hereingerieten, und wie man dazu beitragen könne, dass sie aus ihrer Notlage wieder herauskämen. Das Konzept einer ‚Hilfe zur Selbsthilfe' anstelle karitativer Zuwendungen wurde diskutiert, in unterschiedlichen Formen praktiziert und schließlich in einigen Organisationen etabliert. In Experimenten und Auseinandersetzungen hat sich dafür im Bereich der ländlich-agrarischen Bevölkerung nach 25 Jahren deutschlandweit und später auch darüberhinaus das Modell der ‚Raiffeisen-Genossenschaften' durchgesetzt. Dieses Modell soll im nächsten Abschnitt konkreter dargestellt werden, da es auch für Indonesiern und speziell für Nordsumatra zu grosser Bedeutung gelangt ist und gegenwärtig neue Aufmerksamkeit findet.

Das Verständnis von Nächstenliebe, wie es auf einer dritten Stufe intendiert und diskutiert wurde, sollte noch einen Schritt weitergehen als das Modell der ‚Hilfe zur Selbsthilfe': Für die Gesamtheit der Bevölkerung sollten die unwägbaren Lebensrisiken der aufkommenden Industrie- und Massengesellschaft sozial aufgefangen und so die extreme Notsituation von individuellen Opfern soweit als möglich vermieden werden. Verwirklicht werden sollte diese Absicht durch Versicherungssysteme (Assekuranzen) auf Gegenseitigkeit. Seit den 1880er Jahren wurden zuerst eine Unfall- and eine Kranken-Versicherung durch staatliche Gesetzgebung eingeführt, später Versicherungen gegen die Verelendung durch Arbeitslosigkeit and durch Altersarmut. Sie waren fuer jeden Arbeitnehmer verpflichtend, halfen dazu, dass tatsächlich (fast) kein Deutscher mehr durch eine Notlage in tödliches Elend geriet und wurden später zu einer tragenden Säule des ‚Sozialstaataes' (der deutschen Variante des ‚welfare state'). Auf dieser dritten Stufe war damit die Begrenzung von ‚Sozialer Verantwortung' auf den ‚Sozialen Nahbereich übersichtlicher face to face relations' endgültig aufgehoben und auf gesamtgesellschaftiche Dimensionen von Hilfsbedürftigkeit ausgeweitet.

Auf allen drei Stufen ging es ausdrücklich and vorrangig darum, das christliche Gebot der Nächstenliebe hinter den veränderten lebensweltlichen Bedingungen neu und zeitgerecht zur Geltung zu bringen. Doch waren es keineswegs die landeskirchlichen Institutionen (die sogenannte Amtskirche), sondern es waren einzelne Pfarrer und Laien, die die Initiative ergriffen und mit oft unscheinbaren, kleinen Aktivitäten anfingen, aus denen sich manchmal in wenigen Jahren eindrucksvolle Großorganisationen entwickelten. Auf der zweiten Stufe war es an erster Stelle der Dorfbürgermeister F.W. Raiffeisen, der als entschiedener evangelischer Christ und in engem Zusammenwirken mit den jeweiligen Dorfpfarrern seine Genossenschaften auf- and ausbaute. Auf der dritten Stufe waren es vor allem kleine Gruppen von Professoren und hohen Staatsbeamten im Umkreis des (theologisch and kirchenpolitisch liberalen) Evangelisch-Sozialen Kongresses, die sich der christlichen Nächstenliebe dezidiert verpflichtet wussten und in dieser Verantwortung die Pläne für ein deutschlandweites Versicherungssystem ausarbeiteten.

Es war keineswegs so (wie es in Sumatra machmal vermutet wird), dass die unterschiedlichen Aktivitäten auf den drei Stufen von vorneherein die politische and finanzielle Unterstützung des Staates oder der Kirche hatten and vor allem darum erfolgreich sein konnten. Im Gegenteil: die meisten Aktivitäten fanden zunächst kaum die Akeptanz, geschweige denn eine Unterstützung durch staatliche und kirchliche Behörden. Fast alle Protagonisten des neuen evangelisch-sozialen Engagements mussten sich vielmehr mit Widerständen auseinandersetzen, die teils theologisch begründet wurden, teils aus politischen oder wirtschaftlichen Interessen zu erkären sind. Besonders heftig war ab der Mitte des 19. Jahrhunderts die Gegnerschaft zu den damals marxistischen Sozialdemokraten, die in den christlich-sozialen Einrichtungen und Programmen nicht nur eine Konkurrenz sahen, sondern auch eine Art Stabilisierungshilfe für das ihres Erachtens morsche und zum Umsturz reife gesellschaftliche Bündnis von ‚Krone, Kirche und Kapital'. Aber auch die konservativen politischen Kräfte selbst blieben großenteils skeptisch gegenüber dem neuen sozialen Engagement der Christen. Sie befürchteten teils eine Art latenter Sozialdemokratisierung der Kirche und damit eine erhebliche Ausweitung der überall aufkommenden gesellschaftskritischen Strömungen, teils auch sahen die Grossgrundbesitzer in den Genossenschaften und die Fabrikbesitzer in potentiellen christlichen Gewerkschaften eine Gefährdung ihrer jeweiligen Interessen. Die Widerstände aus konservativ kirchlichen und theologischen Kreisen kamen hauptsächlich aus der Befürchtung, dass man mit Sozialreformen die nun einmal von Gott gegebene staatliche Ordnung selbstmächtig ‚verbessern' und damit Gott ins Handwerk pfuschen wolle.

VI. Weg und Konzept F. W. Raiffeisens: ‚Hilfe zur Selbsthilfe' statt karitativer Linderung der Not.

Im Lebensweg und in den sozialdiakonischen Initiativen von Friedrich Wilhelm Raiffeisen (1818-1888) wird wie durch ein Brennglas verdeutlicht, wo und wie sich im 19.Jahrhundert die sozialen Notstände und Bedarfslagen verschärften oder veränderten - und welche Versuche unternommen wurden, diesen Notlagen entgegenzuwirken. Schon in seiner ersten Stelle war der 28 jährige Bürgermeister in dem Westerwalddorf Weyerbusch mit Hungersnot und mit einer zunehmenden Verarmung konfrontiert, die ausser durch Missernten auch durch die Wucherzinsen der Geldverleiher verursacht war. Da eine einmalige Mehl-Spende des Staates von den Hungernden bald aufgebraucht war, die Ursachen der Not aber unvermindert wirksam blieben, suchte Raiffeisen einer weiteren Verelendung durch eine erste Selbsthilfe-Aktion, der Gründung eines ‚Brotvereins', entgegenzuwirken. Er überzeugt die Mehrheit derjenigen Dorfbewohner, die noch über eine finanzielle Rücklage verfügten, einen Teil ihres Geldes einer gemeinsamen Kasse auf Darlehensbasis zur Verfügung zu stellen; über dieses Geld sollten sie in ca.einem Jahr wieder frei verfügen können. Er wirbt intensiv um gegenseitiges Vertrauen als ‚Fundament meines Planes'. Über 60 Bürger folgen ihm, an der Spitze die Gemeindevertreter; er selbst bringt sein gesamtes ererbtes Vermögen ein. Im Großeinkauf wird günstig Mehl erworben; ein arbeitsloser Bäcker wird für geringes Entgelt angestellt und backt zusammen mit einigen Freiwilligen das nötige Brot im örtlichen Backhaus. Es ist um 30% preisgünstiger als das Brot im Bäckerladen. Die wirklich Notleidenden können das Brot auf Kredit zu einem unvergleichlich günstigeren Zins als beim Wucherer erhalten. Da noch Geld übrig ist, kauft der ‚Brotverein' außerdem hochwertiges Saatgut für die verarmten Bauern, die bisher nur das billigste Saatgut bezahlen konnten. Keiner der Dorfbewohner muss hinfort noch hungern. Als Raiffeisen nach 3 Jahren (1848) als Bürgermeister in die größere Gemeinde Flammersfeld wechselt, sind alle Sonderkredite zurückgezahlt; der Verein ist schuldenfrei. Bald gründet Raiffeisen auch in F. einen ‚Hilfsverein für die Unterstützung unbemittelter Landwirte'; dieser Verein engagiert sich nicht mehr primär für preiswertes Brot, sondern für fast alle Bereiche des landwirtschaftlichen Bedarfs. Insbesondere will der Verein die Landwirte aus ihrer Abhängigkeit „von den gewissenlosen und habgierigen Blutsaugern, den Wucherern, der Hauptursache der gegenwärtigen Not" (R.1849) befreien und legt darum seinen Schwerpunkt auf die Darlehensgewährung. Diesen Flammers-

felder Hilfsverein von 1849 bezeichnet R. später als Anfang des ländlichen Genossenschaftswesens. Bald wird er überall im Lande zur Mithilfe beim Aufbau ähnlicher genossenschaftlicher Hilfsvereine eingeladen.
Zwar nehmen die Widerstände und Schwierigkeiten zu: u.a. mit der von H. Schultze-Delitzsch gegründeten und in Konzeptionsfragen teilweise heftig konkurrierenden Organisation gewerblicher Genossenschaften; aber auch mit den konventionellen Sparkassen und manchen staatlichen Behörden,- doch wächst die Raiffeisen-Bewegung unaufhörlich. Bald können die Risiken wie Missernte oder Brandkatastrophen, die unvorhersehbar den einen oder anderen der je selbständigen Orsvereine treffen, weiter ausbalanciert werden. Nachdem R. 1865 wegen zunehmender Erblindung seinen Abschied aus dem Staatsdienst genommen hat, entwirft er ein ausgefächertes Balance System seines Gesamtkonzeptes und setzt es zielgerichtet um. Die neue Struktur unterscheidet 3 Ebenen: Auf einer ersten Ebene sind es die ‚Primärgenossenschaften', die selbständig and eigenverantwortlich auf örtlicher Ebene arbeiten und sowohl den eigentlichen Zweck des Ganzen, die ‚Hilfe zur Selbsthilfe' organisieren als auch die Basis der Gesamtorganisation darstellen. Im Todesjahr Raiffeisens, 1888, gibt es in Deutschland fast 200 solcher Basisvereine, hauptsächlich im Rheinland und im benachbarten Hessen. Auf der zweiten Ebene sollen die ‚Sekundärgenossenschaften' oder ‚Regionale Zentralkassen' auf Provinzebene u.a. die Risiken ihrer Mitgieder, der einzelnen örtlichen Genossenschaften absichern- Auf einer tertiären Ebene ist eine ‚Deutsche Landwirtschaftliche Generalbank' in Berlin vorgesehen, die nach mehreren Zwischenstationen freilich erst 1930 in Berlin ihre endgültige Gestalt findet. Sie hat u.a. die Aufgabe, Zielrichtung und Politik der inzwischen zahlreich gewordenen regionalen Zentralbanken zu koordinieren.

Als die Generalbank sich 1930, gut 40 Jahre nach dem Tod von F.W. Raiffeisen, in Berlin etabliert, gehören dem gesamten Werk allein deutschlandweit fast 40.000 Genossenschaften an, eine schier unglaubliche Zahl!- Aber auch über Deutschland hinaus hat sich inzwischen das Raiffeisen-Konzept rapide und in allen Erdteilen ausgedehnt. Nach dem Zweiten Weltkriege soll es vor allem in zahlreichen Entwicklungsländern zur (land-)wirtschaftlichen Stabilisierung beitragen.Vor dem Zusammenbruch des sozialistischen Ostblocks, in dem etwas anderes unter ‚Genossenschaft' verstanden wurde, also etwa 1988, sind es weltweit 350.000 Genossenschaften in etwa 100 Ländern, die sich nach Raiffeisens Namen nennen und, mit regionalen Anpassungen, nach seinem Konzept arbeiten. Bundespräsident H. Lübke äußert in den 1960er Jahren seine Überzeugung, dass sich die Raiffeisen-Genossenschaften als bester Export-Artikel der Bundesrepublik Deutschland erwiesen hätten. (Zu den Daten vgl.: Fritz H. Lamparter: Friedrich Wilhelm Raiffeisen, 1996).

Im heutigen Indonesien wurden durch die holländische Kolonialverwaltung schon um 1890 erste Kooperationsversuche nach dem Raiffeisenmodell in Java durchgeführt. M. Hatta und A.Sukarno verbanden seit den 20er Jahren die 'Kooperasi-Idee' mit ihrer politischen Befreiungsbewegung. 25 Jahre nach Gründung der Republik Indonesien wurde (um 1970) durch Initiativen aus der katholischen Kirche eine neue, von der politischen Bewegung unabhängige Genossenschaftsarbeit im Sinne Raiffeisens in Gang gesetzt. Um Missverständnisse wegen des inzwischen politisch besetzten Begriff ,kooperasi' zu vermeiden, wurde jetzt nur noch von ,credit union' (cu) gesprochen. Gegenwärtig, 2004, gehören zu dieser neuen aus der Entwicklungsarbeit der Katholischen Kirche hervorgegangenen indonesischen Raiffeisen-Organisation mehr als 200 Primärgenossenschaften und 26 Sekundärgenossenschaften (,Provinzialbanken'). Ihr erfolgreicher Vorreiter sind die CUs in der Region Norsumatra, also im Batakland, mit dem Zentralsitz in Pematang Siantar.

VII. Folgerungen and Anregungen für die gegenwärtige kirchliche Diskussion

Die inhaltlichen, rechtlichen und ethischen Prinzipien des Raiffeisen-Konzeptes haben sich seit dem Brotverein von 1845 nur wenig geändert; sie sind neben dem offenbar unstillbaren weltweiten Bedarf an neuen und geregelten Formen landwirtschaftlicher Zusammenarbeit die Basis für den außerordentlichen Erfolg dieses Modells. Aus den inhaltlichen essentials des Raiffeisen-Modells können sich ebenso wie aus Raiffeisens persönlichen Umgang mit den kontextualen Rahmenbedingungen seiner Arbeit einige wichtige Anregungen für die gegenwärtige Diskussion über die ,Soziale Verantwortung' der indonesischen Kirchen heute ergeben.

1. Raiffeisen war selbst im Staatsdienst; aber er hat nicht gewartet, ob und wann sich ,der Staat', d.h. genauer die jeweils zuständige staatliche Bürokratie der Hungersnot and der Verarmung der Menschen infolge von Wucherzins- und anderer Ausbeutung endlich annimmt. Er war und blieb skeptisch gegenüber einer sozialen Sensibilität der staatlichen Bürokratie. Er wusste, dass die Motivation zu einem effektiven humanitären Handeln (fast) immer aus anderen Quellen gekommen ist als aus bürokratischen Zuständigkeiten. Er hat darum in vielen eigenen Initiativen, mit und ohne die Genehmigung oder Unterstützung seiner vorgesetzten Behörde die nach seinem Verständnis von Nächstenliebe notwendige Hilfeleistung für die Notleidenden in Angriff genommen.

   Aktualisierung: Nach den Darstellungen unserer Seminarteilnehmer ist das ,Schielen nach dem Staat' sowohl in der Zuschreibung von Verantwortung wie auch in der resignativen Frustration über staatliche Misswirtschaft, Korruption und Inaktivität in der Bevölkerung so tief eingelebt, dass auch die Pfarrer Schwierigkeiten haben, sich diesem Denken zu entziehen und erst recht damit, ihre Gemeindeglieder zu eigener sozialer Verantwortung zu motivieren.

2. Raiffeisen war ein in seinem Glauben tief verankerter evangelischer Christ. In seinen Schriften hat er stets die christliche Nächstenliebe und die Jesusworte aus Mt.25 als Motivation und Richtschnur seines Handelns angegeben. Nicht von vornherein, aber immer stärker zunehmend erkannte er im Gebot der Nächstenliebe auch die Aufforderung zu einer ‚Hilfe zur Selbsthilfe'. Er sah, dass eine karitative Hilfe als Geschenk ohne eigene Folgeleistung fast nie ausreichte, um den Menschen aus ihrem Elend herauszuhelfen, wollte sie aber keinesfalls als sozusagen passive Dauerkunden von karitativen Almosen in ihrem Elend belassen. Er glaubte, dass zumindest in der landwirtschaftlich tätigen Bevölkerung der wichtigste Beitrag zur Verbesserung ihrer Lage von den Betroffenen selbst bewirkt werden müsse.

   Aktualisierung: Dass das Gebot der Nächstenliebe über die auch von den Missionaren gelehrte ‚rein karitative' Hilfe hinausweisen kann auf Selbsthilfe, evtl. auf genossenschaftliches, vielleicht sogar gesellschaftskritisches Denken, insgesamt also auf ‚Soziale Verantwortung', und dass auch Kirche und Pfarrerschaft sich darum für diesen Gedanken einsetzen sollten, - das ist bisher offensichtlich vielen Batakpfarrern noch schwer nachvollziehbar. Gerade hier muss m.E. die Diskussion intensiv weitergeführt werden.

3. Zu der von Raiffeisen intendierten Selbsthilfe war kaum ein Landwirt für sich allein in der Lage. Es ging nur, wenn man sich gegenseitig half und die Unwägbarkeiten von Missernten oder Arbeitsausfall durch Krankheit in einer Gemeinschaft gegenseitig ausbalanciert wurden. ‚Einer für alle — alle für einen' wurde das Motto der auf dieser Basis entwickelten Genossenschaften.

   Aktualisierung: Dieser Gedanke ist, schon weil gotong royong dem Großteil der Batak positiv im Bewusstsein ist, leicht zu. vermitteln. Weniger Einverständnis herrscht darüber, ob notfalls auch der Pfarrer oder die Kirchengemeinde eine solche Genossenschaft anregen oder selbst organisieren solle. Viele Pfarrer lehnen das ab, entweder, weil sie ohnehin mit ihren großen Gemeinden arbeitsmäßig überlastet sind, - oder, weil das nicht dem hiesigen Pfarrbild entspreche und darum von der Bevölkerung nicht akzeptiert werde. Einzelbeispiele der Seminarteilnehmer zeigen jedoch, dass ein tatsächlich praktiziertes soziales Engagement von Pfarrern durchaus mehr Zustimmung finden kann als es heute von den meisten vermutet wird.

4. Wer Unterstützung zur Selbsthilfe sucht, muss Mitglied der Genossenschaft sein. Auch die Notleidenden und Ärmsten müssen einen angemessenen eigenen Anteil zahlen, vor allem um dadurch selbst in die Verantwortung einbezogen zu sein und sich nicht als passive Almosen-Empfänger zu verstehen und zu verhalten. Es geht Raiffeisen, wie er in zahlreichen schriftlichen Äußerungen betont, ganz entschieden um diesen Zusammenhang von eigener Partizipation und eigener Verantwortung.

   Aktualisierung: Offensichtlich steht auch dieses Thema jetzt, einige Jahre nach dem Ende der Suharto-Diktatur, in den Kirchen neu auf der Tagesordnung. Da jahrzehntelang, möglicherweise (einschließlich der Kolonialverwaltung) über Jahrhunderte hin demokratische und partizipatorische Bestrebungen immer unterdrückt waren, konnten sich die Eigenverantwortung wie auch die Fähigkeit zur Einbeziehung von Mitarbeitern sowohl in der Gesellschaft wie auch im kirchlichen Führungsstil kaum entwickeln. In zahlreichen Rollenspielen etwa zeigte sich, wie schwer es bei allerbestem Willen vielen Pfarrern fällt, wenn sie einen Presbyter oder einen Gemeindelehrer (guru jemaat) für eine bestimmte Aktivität zu überzeugen versuchen, von dem gewohnten paternalistisch-wohlwollenden und keineswegs autoritär-unterdrückenden Stil zu einem partizipativ involvierenden Stil zu gelangen, also den Gesprächspartner in die Entscheidung oder in die Problemlösung aktiv einzubeziehen. Es fehlen dazu einfach Gesprächstechniken und Anschauungsmaterial aus dem Alltag.

5. Nach dem Raiffeisenmodell sollen, abgesehen von einem als Darlehen aufgenommenen Startkapital die Projekte der Genossenschaft in der Regel aus eigenen Mitteln finanziert werden; die Mitglieder sollen stets im Bewusstsein haben, dass es um ihr eigenes Geld geht und nicht um manipulierbare Mittel von außen. Das fördert sowohl einen verantwortlichen Umgang mit dem Geld als auch die Bereitschaft zu erfolgsorientierter eigener Mitarbeit an den Projekten.

   Aktualisierung: Auch dieses essential der Genossenschaftsbewegung könnte für manche Kirchen in einer Zeit beispielgebend werden, in der der Umgang mit dem Geld aus überseeischen Partnerkirchen gerade auch von den Pfarrern selbst oft heftig kritisiert wird. Manche sagen, dass diejenigen indonesischen Kirchen, die nicht über solche Partnerschaftskontakte und Subsidien verfügen, oft weniger interne Probleme haben und ein stärkeres Engagement für die kirchliche Sache aufweisen.

6. Schon Raiffeisen selbst hatte angesichts seiner Erfahrungen mit Wucherern und Betrügern außerordentlichen Wert darauf gelegt, dass Verwaltung und Verwendung der genossenschaftlichen Gelder genau kontrolliert werden; jede Art von Korruption ist verboten und wird streng geahndet. Jedes Mitglied muss schon ein Eigeninteresse daran haben, dass sein Geld effektiv eingesetzt wird und nicht in dunklen Kanälen verschwindet. Bei den ersten Basisvereinen legte er grossen Wert darauf, dass Vorstand und Mitglieder ehrenamtlich, d.h. ohne Vergütung mitarbeiten. Er selbst hat zeitlebens keinen Pfennig für all seinen Einsatz im Dienste der Genossenschaftsidee genommen, sondern seinen Lebenstunterhalt aus dem bescheidenen Bügermeistergehalt finanziert. Bis heute dürfte der Korruptionsgrad der Raiffeisengenossenschaften zumindest in den nordeuropäischen Ländern äußerst gering sein.

   Aktualisierung: Für die Korruptionsdiskussion in den indonesischen Kirchen dürfte zumindest interessant sein, dass es, wie die Raiffeisen-Genossenschaften zeigen, tatsächlich möglich ist, ohne Korruption zu überleben und noch dazu wirtschaftlich erfolgreich zu sein. Ob und wie das zur Zeit in Indonesien möglich ist, kann von uns nicht beurteilt werden. Jedenfalls könnte das Engagement Raiffeisens gegen die Korruption seiner eigenen Zeit, nämlich gegen Wucher, Betrug und Bestechung ein Anstoß dafür sein, diesem gewaltigen Problem gegenüber nicht in der Resignation zu verharren, dass das, was man im Westen Korruption nenne, hier ein integraler Bestandteil der eigenen Kultur sei and nicht zu hoch gehängt werden solle; — eine Meinung, die man gelegentlich auch von Pfarrern hören kann. Ausser Acht könnte bei dieser ziemlich verbreiteten Einstellung bleiben, dass Korruption immer auf Kosten der Armen geht, also zu Lasten derjenigen, die Jesus der besonderen ‚Sozialen Verantwortung' seiner Jünger anbefohlen hat.

Globalization, participation and the meaning of leadership

In honor to my friend, Rev Willem Simarmata, Bishop HKBP*

Globalization has many faces: it has positive and negative effects and side effects. In nearly all areas of our daily life, in our economy and mentality, in our political systems and in our social values, but also in our religious life and in our principles of leadership we are confronted with the new worldwide phenomenon which we call 'globalization'. Usually many people at first experience and realize the negative effects of this phenomenon, especially in the wide field of economics. People in Western Europe must recognize that labourers from Eastern Europe or from China produce the same goods with much lower costs and especially with much lower wages than western labourers would get in Europe. They know: in the long run their competitors from Poland or China will win the battle for Jobs. Therefore the Western Europeans are afraid to loose both Jobs and prosperity as a result of globalization. On the other hand people in the Eastern and Southern parts of our world, not at least in Indonesia, feel themselves as being exploited as far as their natural resources and the benefits of their hard work are concerned. But in spite of all these fears and aversions against globalization many professors of economics teach us that both the Westerners as well as the people of the ‚developing countries', have more profit from globalization than disadvantage. Be that as it may — I am not competent enough to prove, whether such assertions of worldwide economy are true or not. Anyway: already here we see, how manyfold and even contradictory globalization is unterstood and experienced.
The same complexity we find in many other and parallel appearances of globalization all over the world. At first it is conspicious that there are similar processes of change and of global standardization in fhe field of political structures and political mentality in many cultures. Particulary we discover transitions from a dictatorial government (may it be by presidents or by military) towards more democratic and participative structures in several so called developing countries in [2] Asia, Africa and South America. Again everywhere people experience positive and negative effects in this transition. They experience more freedom and less supression by government; but at the same time they also experience increasing acts

* Original bisher unveröffentlicht. Eine indonesische Übersetzung wurde in der Festschrift für Bischof Simarmata, 2005, abgedruckt.

of violence in the streets or suburbs because of a lack of security-measures.

One of the most important aspects of rapid social change in so many fields is the urgent demand for more participation and for more joint responsibility. These demands refer to the main areas of social relations: they refer to the relationship between men and women ('women's liberation movement'), the relationship between young and old, the relationship between superiors and subordinates ('workers codetermination'), and not in the least in the relationship between bishops and pastors, between clergy and church members. The realization of these demands for more participation may be either fast or slow depending on the respective country; but the demand itself obviously cannot be stopped.

It is true: for a long time in the history of mankind, the principles of participation and joint responsibility were overgrown by patriarchal interests and authoritarian government; often they were oppressed by violance and exploitation. The enormous change towards more democracy, more participation and more personal responsibility in Europe was prepared and initiated by a combination of on the one hand impulses going out from Martin Luther's reformation in the 16th century („Freedom of a Christian", following St.Paul in „the glorious liberty of the children of God", see Romans 8:21, cf.Gal.5:13 etc.) and, on the other hand of the European Enlightenment in the 18th century. However, it took several centuries before this process became dominant in European political thinking and in understanding humanity.

During this long time there had been ongoing conflicts and struggles between two driving forces: namely between the ideas and ideals of the Enlightenment, including participation and democratization, and fundamentalist religious thinking, including patriarchal interests and authoritarian government. In our time, at the beginning of the 21st century there are similar conflicts in a number of 'developing countries' and churches, included Indonesia. In Europe we still have such conflicts in many places. It is not yet undoubtably evident that the processes towards an ‚enlightened' [3] understanding of humanity and the basic value of participation will come out on top in all these conflicts. But it is my opinion that modernization and social progress is not possible without this fundamental transition from the former patriarchal patterns, both in society as in the heads of the people towards more participation and joint responsibility.

In our present times, in the wave of globalization, the demands for participation and democracy grow sometimes suddenly and unprepared in countries with a still authoritarian or at least paternalistic political and social culture.

Therefore, people in Asia and Africa sometimes perceive these demands and democratic initiatives as some kind of westernization or even as a new kind of neo-colonialism. Maybe they are right in their suspicion: A dangerous combination between modernization and western egotistical interests indeed happens sometimes. In this case it is necessary to get an awareness of the fundamental difference, which exists between misusing modern Western ideas of social emancipation for egocentric purposes on the one hand and the deeper understanding of freedom, participation and joint responsibility on the other hand.
We must remember: these principles of humanity are based in the so called natural law — and I think, they also are deeply rooted in human nature. Human talents and human creativity seldom develop optimally under conditions of servility or oppression; people need freedom for developing themselves and whatever they want to realize. They have to have the chance to be involved in the decision making processes, as well as to participate in the realization of these decisions. But above all: for Christians this meaning of participation and of responsibility for our neighbours is founded in the central principles of the Bible (e.g. 'You shall love your neighbour as yourself', Mark 12:3 etc; 'Bear one anothers burdens', Gal.6:2; 'Everybody has received special gifts, use them to serve each other!', 1Peter 4:10). Of course: similar appeals have roots in other religions — in Islam as well as in Buddhism.
We all do not yet know, whether the complex process of globalization will help every country to develop itself — or will hamper the attempts towards more participation and democracy. But, following the globalized public discussion, which is disseminated by TV and internet, the meaning of participation and its putting into [4] practice get more and more transparent in all parts of the world, including in those countries, which still are shaped and dominated by patriarchal structures.
In my eyes, it is a central duty of Christian churches to contribute to this developing process of participation; in concrete terms: to contribute towards the explanation and towards the dissemination of this central truth of Christian anthropology. Obviously religions and churches already are deeply involved in globalization and in the transition processes. The structures of many religious institutions at present show a tendency towards more participation of its members. While in some churches these processes are going on very fast and sometimes with surprising side effects, in other churches we recognize reserve or even resistance.
In those churches which explicitely agree to the demand for participation and its putting into practice, often questions are raised about the specific and precise contribution which churches can provide to this process. One of the crucial answers for these urgent questions relates to the dimension

of leadership. In fact, it relates to three important aspects of this dimension: (1) to the hierarchical structure of the concrete institutions, (2) to the behaviour and style of the leaders, (3) to formation and training of leadership. - It is evident that the reality of leadership and all its relations to the reality of church-life on all its levels is quite different from church to church. Therefore, we can only deal with all these urgent aspects carefully, if we look at the special situation of every concrete church, at its problems as well as at its possibilities. Also we have to recognize that in the present time of transition the styles of leadership often depend to a great degree on the personality and the character of the leader as a person.
Although, since 25 years I myself have had many cooperation-contacts with HKBP and other Batak-Churches, there are a lot of gaps in my knowledge of their concrete realities in modern leaderhip. Therefore, my indications and considerations can only relate to my own limited observations and impressions.
Under the above mentioned first aspect of participation in leadership, we must pay attention to the close connection between the spiritual and the organizational spheres of responsible leadership; e.g.we must ask: what is the extend of the [5] authority of bishops and headquarters, of ministers and parish-staff, of synod and presbyteries? What role does the brotherly codetermination between these levels play? Should and could it be developed into the canon law (church law) and church structures as well as in the behaviour of the pastors? My impression is: there are some rules, which are felt and described as authoritarian and coming from patriarchal past times, probably from the times of the missionaries. Particulary I often heard complaints about the practice of the transfer of pastors (from one position to another) by the headquarters or even by the bishop himself. The subordinate pastor has very few chances to determine his own career. My question to the HKBP must be, whether it can change this „authoritarian" rule without endangering its traditions and its identity.
In history personal qualities for a successful leadership always were understood as inborn talents. In my youth we often were told: either a person has got a genetic gift for leadership — or he never will learn it. Christians often say that this gift is coming from God and is like a predetermination. Therefore, it would be quite difficult to learn the art of leadership in school or even in 'learning by doing'. But such an opinion must be considered as close to a fatalistic philosophy. However, since about 50 years the psychological research on behaviour and success of leadership teaches us that this nearly fatalistic opinion is wrong. Though obviously some people may have a gifted special talent for leadership in a certain situation or at a certain point of time, we must learn that the majority of human beings is able to learn and to internalize a lot of instruments, skills and tools to be-

come efficient leaders in their position. Also we learned from modern psychology that the specific style of someones leadership-behaviour is strongly depending on his or her type of personality-structure. Therefore every leader should have to discover his or her special personality and then to learn, which additional skills or tools they need to develop and improve the leadership which is asked in their job.
Both, for discovering ones personality-structure and personal gifts and for developing ones' style of leadership special courses of training are needed. Normally it is not possible to improve your leadership qualities by reading books or learning by heart in your study. The training-courses offer life-communication in a group, exercising case [6] studies in roleplays and in group discussions. The evaluation for the participants takes place through feedback and dealing with theoretical findings.
Most of modern corporations and organizations in Europe since about 25 years have institutionalized such courses (as 'management training'). Also in most German churches courses for developing partcipative leadership are given to the ministers. - For a long time I myself have had the privileg to offer a number of leadership Seminars for pastors in the HKBP. For the future It seems to be necessary that the churches in developing countries, including Indonesia, also institutionalize the training for participatory leadership in the face of globalization.

Entwicklungshilfe, Korruption und Kirche*

I

„Das deutsche (Unterstützungs-)Geld macht die indonesischen Kirchen kaputt. —In denjenigen Kirchen, die keinerlei finanzielle Hilfe aus Europa oder Amerika erhalten, ist der Korruptionsgrad bei weitem geringer und spielen geistliche Aspekte in der Leitung der Kirche eine weit stärkere Rolle". So hieß es schon vor 15 Jahren in Indonesien (beispielsweise durch den langjährigen Rektor der wohl renommiertesten evangelischen Theologischen Hochschule in Indonesien, der duta wayana in Yogyakarta).
Eine solche Auffassung galt damals, wenn sie in Deutschland zur Sprache gebracht wurde, als zynisch oder neokolonialistisch. Kritik an der Entwicklungshilfe galt als westlich-arrogant.
Inzwischen sind Fragen zu Entwicklungshilfe und Entwicklungspolitik gang und gäbe; an der staatlichen Entwicklungshilfe noch mehr als an der kirchlichen. Zur Zeit der Abfassung dieses Beitrages, im Sommer 2005, scheint die Kritik einen Höhepunkt erreicht zu haben: Anlass ist u.a. die Verwendung und Verwaltung der in hunderteMillionen Euro reichenden Spenden für die Erdbeben- und Tsunami-Opfer in Südostasien; die angesehene indonesische Zeitung „Koran Tempo" berichtet (2. Juli 2005), dass allein 100 Millionen der Hilfsgelder für die stark betroffene Provinz Aceh" spurlos verschwunden" sind. Nicht in gleicher aber anteilgemäß ebenfalls beträchtlich sind „deutsche" Missionskirchen auf Sumatra und Nias der Korruption verdächtig.

Ein anderer Anlass der Diskussion ist der „G-8-Gipfel" der großen Industriestaaten im schottischen Gleneagle, auf dem u.a. über Schuldenerlass und andere „milliardenschwere Hilfsprogramme" für Afrika diskutiert wurde und in dessen Vorfeld sich der „Spiegel" und andere einflussreiche Medien ausführlich mit den Themen Entwicklungshilfe, Korruption oder Effizienz von Schuldenerlass beschäftigten. Zu Schlagzeilen wurden Formulierungen wie: „Die Hilfe lähmt mehr als sie nutzt", „Entwicklungshilfe verhindert Entwicklung", „Die Staaten, die am meisten Almosen bekommen, stecken am tiefsten in der [86] Misere", „Die Entwicklungshilfe dient nur der Günstlingswirtschaft und der Korruption, schwächt den Handel, degradiert und reduziert Afrikaner oder Indonesier zu bloßen Almosenempfängern" (Der Spiegel 27, 2005, S. 100 bis 107). Der schwarzafrikanische Wirtschafts- und Entwicklungsexperte J. Shikwati aus Nairobi, Kenia, for-

* Erstveröffentlicht in: Auf dem Weg der Gerechtigkeit ist Leben. Sozialethische Anmerkungen (Skizzen) zur Sozialen Gerechtigkeit heute. Festschrift für Wolfgang Belitz zum 65. Geburtstag. Jürgen Klute, Hans-Udo Schneider (Hg), Münster 2005, S. 85-98.

dert dementsprechend: „Streicht endlich diese furchtbare Hilfe; widersteht dem verheerenden europäischen Drang, Gutes zu tun" (Der Spiegel, a.a.O. S. 106 f.).

Konkrete Beispiele machen die Gründe für die abstrakte Kritik anschaulich: Eine deutsche kirchliche Hilfsorganisation überwies in den 1990-er Jahren monatlich 10.000.- DM zum Unterhalt des Waisenhauses einer kleinen indonesischen Kirche. Damals wurden wie vielfach bis heute die meisten kirchlichen Hilfsgelder an die jeweilige Kirchenleitung zur Weitergabe an die konkreten Projekte (u.a. Krankenhäuser, landwirtschaftliche Lehrbetriebe, Blindenheime usw.) überwiesen; man ging davon aus, dass die Kirchenleitung verantwortlicher, also eher seriös und auftragsgemäß mit den Geldern umgehen würde als möglicherweise die Verwalter oder Leiter der Einzelprojekte. Im Falle unseres Waisenhauses behielt jedoch der Bischof der betreffenden Kirche genau 50% der 10.000.- DM für seine eigenen Zwecke und gab nur die übrigen 5.000.- DM an das Waisenhaus weiter. Die Kinder konnten von diesem Geld nicht zureichend ernährt werden, mussten hungern und erkrankten teilweise an Unterernährung. Der Bischof verwendete die Hälfte des von ihm einbehaltenen Geldes für sich selbst oder die eigene Familie (etwa Hausbau). Der Rest ging an seine Vertrauenspersonen, die schon wegen der nächsten Wahlen „bei Laune gehalten" werden mußten; häufig wurden beispielsweise Sonderzuschüsse zum Kauf eines Motorrades gewährt. Die kirchlichen Hilfswerke scheuten sich, den Bischof zur Rechenschaft zu ziehen, weil sie sich nicht dem Vorwurf des Neokolonialismus oder dem eines kontrollierenden Paternalismus aussetzen wollten. — Ähnliche Beispiele finden sich zuhauf. Sie können in ihren Folgewirkungen, den Entwicklungsruinen von Krankenhäusern, Musterfarmen oder Schulen auch von landfremden Touristen leicht identifiziert werden.

Schlimmer noch als mit der Entwicklungshilfe der Kirchen steht es mit vielen Entwicklungsprojekten der staatlichen Entwicklungshilfe; selbst denen der internationalen Großorganisationen wie UN oder Weltbank mit ihren Spezialorganisationen wie „Asiatische Entwicklungsbank" o.ä. Anstößig ist dabei nicht nur das Verschwinden riesiger Geldbeträge, von denen ohnehin außer den insidern die einfache Bevölkerung kaum etwas weiß. Anstößig für [87] diese ist eher der Lebensstil vieler (weißer wie eingeborener) Entwicklungsbeamter, die ebenso wie die weißen Industriefachleute (oder schwarze Manager) oft in abgesicherten „Reservaten" leben, die den Eingeborenen, die davon durch Putzfrauen, Chauffeure oder Bauarbeiter wissen, wie ein ihnen verschlossenes Paradies für Privilegierte vorkommen; letzteres allerdings betrifft nicht oder kaum die kirchlichen Entwicklungsdienste.

Auf der anderen Seite sind Armut und Elend in der Dritten oder Vierten Welt tatsächlich nach wie vor von bedrückendem und durch die anhaltende Bevölkerungsexplosion noch steigendem Ausmaß. Jedes Jahr verhungern Millionen Menschen; man spricht von täglich 25.000 Toten. Viele Menschen in der westlichen Welt fühlen sich durch diese, durch das Fernsehen konkret veranschaulichte Not erschüttert und sind zu ehrlicher Hilfe, auch zu persönlichem Opfer bereit. Die EKD hat im Juli 2005 erneut an die Bundesregierung appeliert, erheblich mehr Haushaltsmittel als bisher für die Milleniumsziele der UN zur Bekämpfung der Armut oder zur Senkung der Kinder- und Muttersterblichkeit bereitzustellen.

Die Aporien sind also in ihren großen und globalen Dimensionen unübersehbar. Dabei überschneiden sich verschiedene Schichten der Problematik: zuerst das Dilemma zwischen einerseits grenzenloser, andauernder, teilweise steigender Not in der Dritten Welt und andererseits einer eindrucksvollen, aber anscheinend wirkungslosen oder sogar kontraproduktiven Hilfs- und Opferbereitschaft vieler Menschen in den Industrieländern. Und quer dazu: das Dilemma zwischen einerseits immer neuen Apellen, entschieden größere Summen an Entwicklungshilfe oder Schuldenerlass zur Verfügung zu stellen (mögen sie aus dem politischen Raum wie G-8-Gipfel, UN-Milleniumsziele) oder dem kirchlichen Bereich kommen — und demgegenüber andrerseits der evidenten Misswirtschaft, der horrenden Korruption, den Entwicklungsruinen und der aus alledem abgeleiteten fundamentalen Kritik, prominenter Fachleute, Entwicklungshilfe sei eher kontraproduktiv und solle am besten ganz abgeschafft werden.

II.

Wie kann diesem Komplex von Aporien begegnet und abgeholfen werden? Die nicht selten und nicht zuletzt in den Entwicklungsländern selbst geäußerten Forderungen, die Entwicklungshilfe völlig zu stornieren und die armen Länder sich selbst zu überlassen, weil sie dann am ehesten eigene Sanierungskräfte [88] freisetzen würden, - diese Meinung ist kaum vereinbar mit den vorherrschenden christlich-abendländischen Wertvorstellungen; weder mit denen der individuellen Hilfe für auch den „fernen Nächsten" (wie im Gleichnis vom Barmherzigen Samariter, Luk 10), noch mit denen einer globalen „Sozialen Gerechtigkeit".
Doch die Fragen, „wie" denn Entwicklungshilfe sinnvoll zu organisieren und zu vermitteln sei, ist mit den Postulaten einer christlichen Ethik noch längst nicht beantwortet. Eine monostrukturelle oder gar einfache Lösung ist offenkundig nicht möglich. Auch hilft der pure Protest gegen Globalisierung, Ungerechtigkeit oder „Kapitalismus" ersichtlich nicht weiter. Wie fast allen komplexen Sozialproblemen wird man sich darum der Aufgabe einer nachhaltigen Entwicklungspolitik vielmehr in einem multiplen Apro-

ach zu nähern haben. Die ökonomischen Aspekte wie Schuldenerlass, Tobinsteuer, Aufhebung von Zollschranken, gerechte Handelsbeziehungen, Ausbau der Infrastruktur spielen dafür eine wichtige Rolle, sind aber eben nur Teilaspekte des Gesamtkomplexes. Andere ebenso wichtige Aspekte sind Bildung und Erziehung sowie Frauen-Emanzipation etc. In einem wieder anderen Bündel relevanter Aspekte geht es um Mentalität, um tief eingelebte Wertvorstellungen, um die mit der Religion eng vernetzte Sitte. Jeder dieser Aspekte hat sein eigenes Recht und bedarf seriöser und wissenschaftlich begleiteter Bearbeitung.
Die bisherigen Erfahrungen mit den verschiedenen Maßnahmen für Entwicklungshilfe zeigen, dass eigentlich jeder politische Ansatz, jeder Versuch, jedes Projekt so ausgewertet und analysiert werden muss, dass daraus Hinweise für veränderte oder neue Versuchsanordnungen und neue Projektmuster gewonnen werden können. Das jedoch geschieht bisher offenbar noch zu selten. So ist etwa allen kirchlichen Verantwortungsträgern seit 20 Jahren bekannt, dass die übliche Vergabepraxis über die Kirchenleitungen schnell zu Günstlingswirtschaft, Korruption usw. führen kann. Dieses Wissen hat aber kaum zu durchgreifenden Veränderungen und grundlegend neuen Handlungsmustern der Vergabepraxis geführt.

Es ist evident, dass wir in diesem Beitrag nicht alle Teilaspekte der komplen Problematik einer heute sinnvollen und wirklich effektiven, nachhaltigen Entwicklungshilfe diskutieren können. Wir beschränken uns darum auf nur einen dieser Aspekte, und zwar einen solchen, bei dem eigene Primärerfahrungen in 25 Jahren ehrenamtlicher (Fortbildungs-)Tätigkeit mit indonesischen Pfarrern verarbeitet werden konnten. Es handelt sich um den ebenfalls vielschichtigen Zusammenhang von Korruption und dem alteingelebten Verständnis von „sozialer [89] Verantwortung". Auch bei nur sporadischen Begegnungen mit anderen Entwicklungsländern in Asien und Afrika lassen sich durchaus ähnliche Mentalitäten im Verständnis von „Korruption" beobachten.

III.

Was dem westlich geprägten Christen zuerst auffällt, ist der gänzliche Mangel an Unrechtbewußtsein bei der „korrupten" Verwendung von zweckgebundenen karitativen Spenden aus dem Ausland für andere, manchmal höchst private Zwecke durch Bischöfe und andere kirchliche Funktionsträger. Sucht man diesen Mangel an Unrechtbewußtsein zu analysieren und vielleicht zu verstehen, so ist einerseits auf den Unterschied zwischen Scham- und Schuldkultur hinzuweisen; andererseits spielt die in allen vorneuzeitlichen oder „gesellschaftlich wenig differenzierten" Kulturen zu beobachtende vorrangige ethische Orientierung auf den „Sozialen Nahbereich" von Familie, Nachbarschaft und Sippe eine zentrale Rolle.

Letzteres läßt sich relativ gut an dem systematisch-soziologischen Unterscheidungsmodell von drei konzentrischen Ringen oder Ebenen der Wahrnehmung gesellschaftlicher Wirklichkeit veranschaulichen: Die drei Ringe markieren dann jeweils eine bestimmte Ebene unserer alltäglichen Lebenswelt:

a. Als „Mikro-Ebene" oder als Innenkreis wird der soziale Nahbereich von face-to-face-relations, vor allem von Verwandtschaftsbeziehungen bezeichnet.
b. Zur „Meso-Ebene" oder einem Zwischenkreis gehören Institutionen und Organisationen mittlerer Reichweite: u.a. Landeskirchen, Krankenhäuser, Industrie- Unternehmen, Städte, Gewerkschaften oder Schulen.
c. Der Außenkreis oder die „Makro-Ebene" umfasst die Gesamtgesellschaft mit ihren öffentlichen Einrichtungen wie die Infrastruktur von Straßen oder Eisenbahnen; die Medien, die Gesetze, den Staat selbst.

Das Bewußtsein für eine eigene Soziale Verantwortung ist also in fast allen Entwicklungsländern ganz vorrangig auf den „Nahbereich" gerichtet, auf Leute, die man kennt; auf Hungernde oder Notleidende, die einem unmittelbar vor Augen sind; auch auf die Zukunftssicherung der eigenen Kinder. Theologisch denken viele, dass Gott uns in erster Linie für die Menschen, die in diesem sozialen Nahbereich mit uns zusammenleben, in Verantwortung gestellt hat. Wenn Gott uns also die Verfügung über große Geldmittel gibt, dann will er, dass wir damit zuerst diesen unseren „Nächsten" (im Sinne von Nahestehenden) [90] helfen, - egal, was der Geldgeber seinerseits mit dem Geld gewollt oder gemeint hat. Die zweite und erst gar die dritte Ebene spielen dann nur eine ganz nachgeordnete Rolle: Die Kirche etwa wird als eine Organisation betrachtet, deren Mitglieder dem einzelnen Individuum, selbst dem Bischof größtenteils unbekannt sind und die ihm zumindest ferner stehen als Familienangehörige und Verwandte. Das gilt selbst für Waisenkinder und Krankenhaus-Patienten: sie mögen hilfsbedürftig sein und Mitleid erregen — aber die eigenen Angehörigen stehen einem doch noch näher, für sie ist man in erster Linie verantwortlich. ,,Soziale Verantwortung" ist für die Meso-Ebene also weit weniger ausgeprägt als für den Sozialen Nahbereich.

Das Verantwortungsgefühl wird noch weit geringer, wenn es auf der Makro-Ebene um die abstrakte „Allgemeinheit" geht, um Einrichtungen des Staates, um Straßenschäden, um zerstörte Bahnhöfe, um Gesetze im Straßenverkehr. Wenn beispielsweise nach einem Erdbeben Geld für eine Straßenreparatur von der Regierung kommt, werden gewöhnlich zunächst durch die zuständigen Beamten allerlei Beträge „abgeschöpft" und den ei-

genen Verwandten zugewendet. Wer in der Lage ist, über die Verwendung solcher Gelder zu entscheiden, wer also genügend Einfluss und Macht hat, Gelder für sich abzuzweigen, der wird hinter vorgehaltener Hand bewundert oder beneidet; nur selten wird Korruption intern kritisiert.
Die Konzentration des Gefühls „sozialer Verantwortung" auf den Nahbereich ist keineswegs beschränkt auf den Umgang mit Geld, speziell mit Geldern der Entwicklungshilfe. Es erstreckt sich auch auf freiwillige Gemeinschaftsarbeit, beispielsweise beim Bau von Reisfeldern oder von Gemüsegärten. Es richtet sich schon weniger auf die Aktivitäten von Kirchenkreisen, Industriefirmen oder der eigenen politischen Gruppe. Und noch weit geringer wird so etwas wie „Soziale Verantwortung" empfunden für die Sauberkeit von Straßen oder Flüssen, für die Beseitigung von Erdbeben-Schäden, soweit sie nicht das eigene Grundstück betreffen, oder für die Funktionsfähigkeit staatlicher Einrichtungen wie Schulen oder Krankenhäuser.

IV.

Diese ethische Konzentration auf den sozialen Nahbereich findet sich in allen uns bekannten „vorneuzeitlichen" Gesellschaften. Offensichtlich erfüllte sie überaus wichtige Funktionen für das Zusammenleben der Menschen in der noch wenig differenzierten Gesellschaft. Als immer problematischer muss sie jedoch [91] in jenem Prozess erfahren werden, in dem sich die Lebenswelt zunehmend stärker, zunächst auf der Meso-Ebene (vor allem durch Industriearbeit) und dann noch mehr auf der Makro-Ebene ausdifferenziert, beispielsweise durch Verkehrsmobilität, durch Fernsehen oder elektronische Medien. Die Übergänge in diese neuen und anderen Ebenen der Lebenswelt sind in allen Kulturen schwierig gewesen und sind es noch: für Europa ist etwa an Industrialisierung und Bevölkerungsexplosion im 19. Jahrhundert zu erinnern und an die daraus resultierende tiefgreifende „ soziale Frage". In der Ethik und im „sozialer Verantwortung" müssen für diese neue Welt neue Denk- und Verhaltensmuster entwickelt werden, was sich oft in zähen Auseinandersetzungen vollzogen hat. Gelungene Beispiele dafür sind die Erweiterung der traditionellen Individualethik zur Sozialethik oder die Ablösung hierarchischer und autoritärer Strukturen durch Demokratie und Partizipation.

In solchen Übergangsprozessen aus einer Lebenswelt, die sich fast ausschließlich auf der Ebene des Sozialen Nahbereichs abspielte, hin zu Verhältnissen, die weit stärker durch Aktivitäten der Meso- und der Makro-Ebene bestimmt sind, findet sich die Bevölkerung vieler Entwicklungsländer vor. Von den damit gleichzeitig notwendigen Änderungen in Verhalten und Ethik ist auch das Verständnis von sozialer Verantwortung und von Korruption auf das stärkste betroffen. Viele Menschen tun sich damit offensichtlich schwer. Auch viele Christen sind von diesem Wertewandel betroffen und tun sich ebenso schwer, unter anderem mit ihrem traditionell paternalistischen Bild der Rolle von Pfarrern, Bischöfen und anderen Führungspersonen — und deren Privilegien im Umgang mit Geld.

Was die Grundtendenzen der „Jungen Kirchen" im Blick auf das Verständnis von „sozialer Verantwortung als Aufgabe der Kirche" angeht, so lassen sich zwei Hauptrichtungen unterscheiden: einmal ist eine relativ kleine Zahl von Kirchen von der Befreiungstheologie beeinflusst, darunter in Südostasien besonders die philippinische UCCP; andrerseits wird in der großen Mehrheit afrikanischer und asiatischer Kirchen eine „social respo-nibility" als besonderer Auftrag der Kirche relativiert oder sogar abgelehnt, insbesondere von vielen evangelischen Kirchen in Indonesien. Wir gehen hier exemplarisch wiederum von den indonesischen Kirchen aus, genauer gesagt von den durch die Rheinische Missionsgesellschaft ab 1860 zum Christentum missionierten Batak-Kirchen auf Sumatra. Von nicht wenigen indonesischen Kirchenleuten, die Europa besuchen, wird als eine der wichtigsten Beobachtungen angegeben: „Bei Euch [92] wird soziale Verantwortung als äußerst wichtig angesehen, aber die Gottesdienste sind leer und die Menschen treten aus der Kirche aus. Bei uns dagegen sind die Gottesdienste voll und lebendig, aber das Bewußtsein für gesellschaftliche Verantwortung ist eher gering." Manche äußern sogar die Vermutung: beides könnte miteinander zusammenhängen.

Wiederum muss darauf hingewiesen werden, dass es in dem dabei gemeinten Verständnis von „social responsibility" normalerweise nicht um den Nahbereich geht, sondern eher um Gesellschaftspolitik— in unserem Modell gesprochen: um die Meso- und die Makro-Ebene. Denn im sozialen Nahbereich der Verwandtschaft oder der dörflichen Nachbarschaft gibt es gerade auch in den indonesichen Kirchen ein sehr ausgeprägtes Gefühl von gegenseitiger Verantwortung.

Fragt man indonesische Pfarrer, worauf die theologische Zurückhaltung gegenüber einem gesellschaftlichem Engagement der Christen und der Kirche zurückzuführen sei, so wird außer auf die Tradition der eigenen Volkssitte („Adat") einerseits gerne auf die Theologie der Missionare in der Gründungsphase der Kirche (ca. 1860-1940) hingewiesen sowie andrerseits auf die Politik der holländischen Kolonialmacht.

a. Von den Missionaren sei zwar Nächstenliebe im Sinne individueller Hilfe für Arme und Kranke überzeugend praktiziert und gelehrt worden, nicht aber eine über die dörfliche Welt hinausgehende Verantwortung für den politischen Bereich oder für übergreifende gesellschaftliche Mißstände, wie sie heute etwa in Straßenschäden oder in gefährlichen Defiziten bei der Wiederaufforstung beklagt werden. Dazu gehöre auch, dass viele Missionare fast 100 Jahre lang die koloniale Unterdrückung und die menschenunwürdige Behandlung von Kulis und Plantagenarbeitern sowie die wirtschaftliche Ausbeutung des Landes durch Europäer geflissentlich übersehen hätten, sie jedenfalls nicht als ein gesellschaftliches Strukturproblem in christlicher Verantwortung öffentlich kritisiert oder moniert hätten. — Wie die meisten Missionare damals gehe in deren Tradition bis heute ein großer Teil von Pfarrern von einer latenten Zwei-Reich-Lehre aus, in der die Zuständigkeiten für die Kirche und für den persönlichen Nahbereich („Individualethik") einerseits und für Staat, Gesellschaft und Wirtschaft andererseits deutlich und oft verhängnisvoll getrennt werden. Wer unter Pfarrern und anderen kirchlichen Einflusspersonen die traditionelle Zwei-Reiche-Lehre nicht kennt, auch nicht auf die Missionsgeschichte zurückgreifen, sondern in gleicher Tendenz „direkt biblisch" argumentieren [93] will, beruft sich dann meist auf 1. Kor. 12, das Paulus-Kapitel über die Verschiedenheit der Ämter, und folgert daraus, dass das Amt von Kirche und Pfarrer ausschließlich für die Verkündigung des Evangeliums bestimmt sei - und diese Aufgabe müsse all ihre Kraft in Ansprach nehmen. Da bleibe weder Zeit noch gebe es eine klare biblische Weisung zum Engagement für „soziale Verantwortung".

b. Die niederländische Kolonialmacht habe ebenso wie die Suharto-Regierungen (1965-1998) eine über karitative Hilfe hinausgehende soziale Zuständigkeit von Kirche und Pfarrern sowie von religiösen und anderen NGO's immer abgelehnt, zurückgewiesen und gegebenenfalls sogar bestraft. In weiten Kreisen der Bevölkerung habe sich daher eine differenzierte Wahrnehmung von „sozialer Verantwortung", vor allem was das öffentliche Eigentum angehe, nie richtig entwickeln können.

c. Darüber hinaus entspreche der bis vor kurzem vorherrschenden paternalistisch autoritären Gesellschaftspolitik ein bis heute weiterwirkendes Verständnis von Erziehung und Mitarbeiterführung, das nur wenig auf Partizipation, Mitsprache und Eigenverantwortung von Schülern oder Mitarbeitenden (subordinates) ausgerichtet ist. Solange man aber die von oben erfolgende Regelung der öffentlichen Angelegenheiten eher passiv hinnehmen muss und keine Möglichkeit hat, eigene Vorschläge und Wünsche einzubringen, bestehe auch kein Anreiz, eine Verantwortung für die öffentlichen Dinge einzuüben. Auch in der Kirche werde bis heute trotz demokratischer und synodaler Strukturen und trotz allen guten Willens von der Kirchenleitung, von den Kirchenkreisen, von den

Gemeindepfarrern und selbst von den Presbytern weithin ein paternalistisches Führungsdenken praktiziert.

V.

Wir können die Relevanz und die Reichweite dieser Erklärungsversuche für die Zurückhaltung vieler indonesischer und anderer asiatischer und afrikanischer Junger Kirchen gegenüber „social responsibility" hier nicht im einzelnen untersuchen. Wir müssen uns vielmehr abschließend fragen, was zu tun wäre, wenn man und wie man in diesen Kirchen zumindest das Thema der Korruption, vielleicht aber auch das Gesamtproblem von Sozialethik und von gesellschaftlicher Verantwortung als Aufgabe der Kirche stärker in Angriff nehmen will.
Reflexionsanregungen dazu könnten bei aller gebotenen Berücksichtigung von Unterschieden der Ausgangssituation und bei möglichster Vermeidung von [94] westlichem „Kulturimperialismus" vielleicht doch aus der europäischen Sozialgeschichte gewonnen werden.
So kann man drei Stufen unterscheiden, auf denen europäische Christen im 19. Jahrhundert ihre „soziale Verantwortung" im Sinne christlicher Ethik gegenüber den Opfern von gesellschaftlichen Veränderungen durch Industrialisierung und Kapitalismus oder von anders verursachter Verarmung wahrzunehmen suchten: Auf einer ersten Stufe ging es um die konventionelle karitative Hilfe für hilfsbedürftige Individuen oder Gruppen (wie Obdachlose oder Behinderte), die freilich seit den 1830er Jahren in bisher unbekanntem Maße ausgebaut wurde; es entstanden ganze Dörfer der christlichen Nächstenliebe mit Häusern für Kranke, Waisen, Obdachlose, geistig Behinderte usw. Das Motto für all diese Aktivitäten war durch die Jesusworte aus Matth. 25 bestimmt: „Was Ihr getan habt einem unter diesen meinen geringsten Brüdern, das habt Ihr mir getan." Von diesem Verständnis christlicher charity waren auch die Missionare erfüllt, die übrigens teilweise in engem räumlichen Zusammenhang mit den karitativen Einrichtungen in Deutschland (Bethel oder Neuendettelsau), in England oder Holland ihre eigene Ausbildung erfahren hatten.
Dieses Verständnis haben sie auch in ihr Missionsgebiet gebracht und es ist dort bis heute wirksam geblieben.
Auf einer zweiten Stufe fragte man bald, ob diese karitative Hilfe für ein zeitgerechtes Verständnis von christlicher Nächstenliebe ausreichend sei, ob man sich nicht stärker dafür einsetzen müsse, dass die Menschen gar nicht erst in solche individuelle Hilfsbedürftigkeit hereingerieten, und wie man dazu betragen könne, dass sie aus ihrer Notlage wieder herauskamen. Das Konzept einer „Hilfe zur Selbsthilfe" anstelle karitativer Zuwendungen wurde diskutiert, in unterschiedlichen Formen praktiziert und schließlich in einigen Organisationen etabliert. In Experimenten und Aus-

einandersetzungen hat sich dafür im Bereich der ländlich-agrarischen Bevölkerung nach 25 Jahren deutschlandweit und später auch darüber hinaus das Modell der „Raiffeisen-Genossenschaften" durchgesetzt, das in vielen Ländern der "Dritten Welt" und nicht zuletzt an zahlreichen Orten in Indonesien erfolgreich praktiziert wird.

Das Verständnis von Nächstenliebe, wie es auf einer dritten Stufe intendiert und diskutiert wurde, sollte noch einen Schritt weitergehen als das Modell der „Hilfe zur Selbsthilfe". Für die Gesamtheit der Bevölkerung sollten die unwägbaren Lebensrisiken der aufkommenden Industrie- und Massengesellschaft [95] sozial aufgefangen und so die extreme Notsituation von individuellen Opfern soweit als möglich vermieden werden. Verwirklicht werden sollte diese Absicht u.a. durch Versicherungssysteme auf Gegenseitigkeit. Seit den 1880er Jahren wurden in Deutschland zuerst eine Unfall- und eine Kranken-Versicherung durch staatliche Gesetzgebung eingeführt, später Versicherungen gegen die Verelendung durch Arbeitslosigkeit und durch Altersarmut. Sie waren für jeden Arbeitnehmer verpflichtend, halfen langfristig dazu, dass tatsächlich inzwischen (fast) kein Mittel- oder Nordeuropäer mehr durch eine Notlage in tödliches Elend geriet; sie wurden zu einer tragenden Säule des „Sozialstaates" (der deutschen Variante des „welfare state"). Auf dieser dritten Stufe war damit die Begrenzung von „sozialer Verantwortung" auf den „Sozialen Nahbereich übersichtlicher face-to-face-relations" mindestens theoretisch aufgehoben und auf gesamtgesellschaftliche Dimensionen von Hilfsbedürftigkeit ausgeweitet.

Auf allen drei Stufen ging es ganz ausdrücklich und vorrangig darum, das christliche Gebot der Nächstenliebe unter den veränderten lebensweltlichen Bedingungen neu und zeitgerecht zur Geltung zu bringen. Doch waren es keineswegs die landeskirchlichen Institutionen, die sogenannte Amtskirche, sondern es waren einzelne Pfarrer und Laien, die die Initiative ergriffen und mit oft unscheinbaren, kleinen Aktivitäten anfingen, aus denen sich manchmal in wenigen Jahren eindrucksvolle Großorganisationen entwickelten. Auf der zweiten Stufe war es an erster Stelle der Dorfbürgermeister F.W. Raiffeisen, der als entschiedener evangelischer Christ und in engem Zusammenwirken mit den jeweiligen Dorfpfarrern seine Genossenschaften beispielgebend auf- und ausbaute. Auf der dritten Stufe waren es vor allem kleine Gruppen von Professoren und hohen Staatsbeamten im Umkreis des (theologisch und kirchenpolitisch liberalen) Evangelisch-Sozialen Kongresses, die sich der christlichen Nächstenliebe dezidiert verpflichtet wußten und in dieser Verantwortung die Pläne für ein deutschlandweites Versicherungssystem ausarbeiteten.

Keineswegs also hatten die unterschiedlichen Aktivitäten auf den drei Stufen von vorneherein die politische und finanzielle Unterstützung des Staates oder der Kirche, und keineswegs konnten sie nur deshalb erfolgreich sein (wie man in den Entwicklungsländern häufig meint). Im Gegenteil: die meisten Aktivitäten fanden zunächst kaum die Akzeptanz, geschweige denn eine Unterstützung der staatlichen und kirchlichen Behörden. Fast alle Protagonisten des neuen christlich-sozialen Engagements mußten sich vielmehr mit Widerständen auseinandersetzen, die teils theologisch begründet wurden, teils aus politischen oder wirtschaftlichen Interessen zu erklären sind.

VI.

Diese kurzen Reflexionsanregungen aus der europäischen Sozialgeschichte und insbesondere aus dem Genossenschaftswesen können für den Umgang mit Entwicklungshilfe und mit Korruption in den Drittwelt-Ländern etwa in folgenden vier Punkten zusammengefasst werden:

a. Die sozialen Initiativen kamen in der Regel von Einzelpersonen, die nicht warten wollten, ob sich die jeweils zuständige staatliche Bürokratie der Hungersnot und der Verarmung der Menschen infolge von Ausbeutung annahm. Man wußte und sah, dass die Motivation zu einem effektiven humanitären Handeln (fast) immer aus anderen Quellen gekommen ist als aus bürokratischen Zuständigkeiten. Nach den Darstellungen indonesischer Pfarrer ist das „Schielen nach dem Staat" sowohl in der Zuschreibung von Verantwortung wie auch in der resignativen Frustration über staatliche Misswirtschaft, Korruption und Inaktivität in der Bevölkerung so tief eingelebt, dass auch die Pfarrer Schwierigkeiten haben, sich diesem Denken zu entziehen und erst recht damit, ihre Gemeindeglieder zu eigener sozialer Verantwortung zu motivieren. Längerfristig wird es jedoch darum gehen müssen, von dieser Fixierung auf den Staat loszukommen und in genossenschaftlichen, gewerkschaftlichen oder unternehmerischen Initiativen eigenständige Aktivitäten für den großen Bereich sozialer Verantwortung zu entwickeln. Vielerorts leisten NGO-Gruppen oder „Credit Unions" (nach dem Raiffeisen-Muster) wichtige Pionierarbeit dafür.

b. Die europäischen Protagonisten einer christlich begründeten „Sozialen Verantwortung" haben stets die Nächstenliebe und die Jesuworte aus Mt. 25 als Motivation und Richtschnur ihres Handelns angegeben. Nicht von vornherein, aber immer stärker zunehmend erkannten sie im Gebot der Nächstenliebe die Aufforderung zu einer „Hilfe zur Selbsthilfe". Sie sahen, dass eine karitative Hilfe als Geschenk ohne eigene Folgeleistung fast nie ausreichte, um den Menschen aus ihrem Elend herauszuhelfen, wollten sie aber keinesfalls als sozusagen passive Dauerkunden von karitativen Almosen in ihrem Elend belassen. Sie glaubten, dass zumindest in der landwirtschaftlich tätigen Bevölkerung der wichtigste Beitrag zur Verbesserung ihrer Lage von den Betroffenen selbst bewirkt werden müsse. Dass das Gebot der Nächstenliebe so über eine „rein karitative" Hilfe hinausweisen kann auf „Selbsthilfe", evtl. auf genossenschaftliche [97] Organisation, vielleicht auch auf gesellschaftskritisches Denken und, dass sich Kirche und Pfarrerschaft für diesen Gedanken öffnen müssen, das ist bisher offensichtlich für einen Großteil der indonesischen Pfarrer noch schwer nachvollziehbar. Dabei wären es gerade die Pfarrer, die Kraft ihrer meist ungebrochenen Autorität in ihren Predigten und anderen Kommunikationsmöglichkeiten die überkommenen Fixierungen auf den Sozialen Nahbereich und auf die fast ausschließliche Verantwortung des Staates lockern- und zu einem mehr partizipativ-initiativen statt eines rein karitativen Verständnisses von Nächstenliebe anleiten könnten.

c. Wer in den damals in Europa entstehenden Genossenschaften Unterstützung zur Selbsthilfe suchte, musste Mitglied der Genossenschaft werden. Auch die Notleidenden und Ärmsten mussten einen angemessenen Anteil zahlen, vor allem, um dadurch selbst in die Verantwortung einbezogen zu sein und sich nicht als passive Almosenempfänger zu verstehen und zu verhalten. Für die damit eng verflochtene Korruptionsthematik ist von zentraler Bedeutung, dass die Projekte der Genossenschaft nach dem Raiffeisen Modell ursprünglich aus eigenen Mitteln finanziert wurde; die Mitglieder sollten stets im Bewusstsein haben, dass es um ihr eigenes Geld geht und nicht um frei verfügbare oder manipulierbare Mittel, die von außen gegeben werden. Auch dieses essential der Genossenschaftsbewegung könnte manche Kirchen in einer Zeit nachdenklich machen, in der der Umgang mit dem Geld aus überseeischen Partnerkirchen gerade auch von den Pfarrern selbst oft heftig kritisiert wird. Wie eingangs erwähnt, sollen diejenigen indonesischen Kirchen, die nicht über europäische Partnerschaftskontakte und Subsidien verfügen, weit weniger von den Viren der Korruption befallen sein. Gewiss ist die Forderung unrealistisch, die vorwiegend durch Entwicklungshilfe finanzierten Projekte fortzuführen, wenn gleichzeitig die Finanzierung abrupt auf eine Eigenleistung indonesischer Genossenschafts-Beteiligter oder sonstiger indonesischer Geldgeber umzustellen ist. Doch könnte unserer Beobachtung nach die Zahl der Projekte mit einer Mischfinanzierung teils von außen und teils von innen kommender Gelder erheblich gesteigert werden. Jedenfalls wäre dann das Eigeninteresse der indonesischen Beteiligten an einer transparenten Rechenschaftslegung (accountability) und einer Kontrolle des jeweiligen Haushaltes weit stärker, als wenn es „nur“ um anonyme Gelder „aus dem Westen" geht. Auch im Blick auf solche [98] Mischfinanzierungen bieten manche NGO's eine hoffnunggebende, zukunftsweisende Perspektive.

d. Im Konzept ihrer ersten Genossenschaften legten Raiffeisen und seine Mitstreiter großen Wert darauf, dass möglichst die Leitung, in jedem Fall aber die Aufsichtsgremien ehrenamtlich, d.h. ohne finanzielle Vergütung tätig waren. Schon deshalb konnten Kontrollen und Rechenschaftslegungen sehr viel objektiver durchgeführt werden als bei einer gegenseitigen Abhängigkeit nach dem Motto „Eine Hand wäscht die andere." Offensichtlich hat sich daraus eine Anti-Korruptions-Mentalität entwickelt, die zumindest im ersten Jahrhundert des Genossenschaftswesens in Nord- und Mitteleuropa eine vergleichsweise hohe Resistenz gegen Bestechlichkeit aufweist. Für die Korruptions-Diskussion in den indonesischen Kirchen ist dieses Beispiel vor allem deshalb von Bedeutung, weil es zeigt, dass es tatsächlich möglich ist, ohne Korruption wirtschaftlich erfolgreich zu sein. Ob und wie das zur Zeit in Indonesien oder anderen Entwicklungsländern möglich ist, kann hier und heute nicht pauschal beurteilt werden. Jedenfalls aber könnte die frühe Erfolgsgeschichte des genossenschaftlichen Engagements ein Anstoß dafür sein, den gewaltigen Problemen der Korruptionsverstrickungen gegenüber nicht in der Resignation zu verharren, dass das, was man im Westen Korruption nennt, hier doch ein integraler Bestandteil der eigenen Kultur sei und darum ethisch und kirchenpolitisch nicht zu eng gesehen werden dürfte; - eine Meinung, die man gelegentlich selbst von Pfarrern hören kann. Außer Acht nämlich bleibt bei dieser ziemlich verbreiteten Einstellung, dass Korruption nicht nur eine Frage der moralischen Integrität von Führungspersonen oder Projektverwaltern ist; sondern, dass Korruption letzten Endes immer auf Kosten der Armen geht, also zu Lasten derjenigen, die Jesus der besonderen „sozialen Verantwortung" seiner Jünger anbefohlen hat.

Ambivalenz und Gestaltung[1]

Erfahrungen im Spannungsfeld von Kirche, Gesellschaft und Theologie

Zusammenfassung: Es wird für einen angemessenen Umgang mit Ambivalenzen plädiert. In Anlehnung an Hegels Postulat, das Vernünftige im Wirklichen zu suchen, zielt ethisches Nachdenken darauf, Spielräume verantwortlichen Handelns zu entdecken. Dafür ist eine Vernunft des Ethischen notwendig, die zwischen Positivitäts- und Kritikorientierung auf interdisziplinäre Kooperation mit den Sozialwissenschaften ausgerichtet ist. Eine dadurch erzielte Perspektivenerweiterung verhindert, daß sich christliche Sozialethik in theologischer Nabelschau erschöpft. Im Begriff ,Integrative Sozialtheologie' wird die Zielrichtung christlicher Sozialethik zum Ausdruck gebracht. Soziologische und theologische Gesichtspunkte sollen so integriert werden, daß sie helfen, die Praxisprobleme der real existierenden Kirche ebenso wie die Aufgabenfelder der angewandten Ethik aufzuklären und realistische, d.h. den Handlungsspiehäumen der Kirche angemessene Richtungsimpulse zu formulieren. Dies wird an den drei Themenfeldern Volkskirche, Gruppendynamik und Marktwirtschaft näher veranschaulicht.

Als eine besondere Schwierigkeit für die wissenschaftliche Arbeit im Spannungsfeld zwischen Kirche und Gesellschaft habe ich immer die Frage empfunden, wie man theologisch und wie man speziell sozial-ethisch angemessen mit der sogenannten Ambivalenz von gesellschaftlichen Realitäten, mit der Doppelgesichtigkeit von Situationen und Institutionen umgehen kann.
Daß jedes Ding seine zwei Seiten hat, etwa die eine zum Guten hin, die andere zum Unguten, das weiß jeder und von Ambivalenz wird deshalb auch bei jeder Gelegenheit gesprochen. Aber was ist mit einer solchen Feststellung gewonnen? Welche Folgerungen sind zu ziehen? Wir reden heute, genauer und besorgter noch als vor fünfzig Jahren, über die Ambivalenz des technischen Fortschritts. Wir beobachten, in welchem Umfang moderne Maschinen die Arbeit erleichtern und das ermöglichen, was ganze Generationen von körperlich überforderten Handarbeitern lebenslang ersehnt haben. Wir wissen aber auch, daß fast jede neue Maschine, daß fast jeder neue Computer weitere Arbeitsplätze kostet und damit zum immer bedrohlicher werdenden Problem der Arbeitslosigkeit beiträgt. In Deutschland haben wir zur Zeit 11 %, in Spanien über 25 %, in Indonesien gar über 60 % Arbeitslose; ganze Heerscharen von vitalen, aber beschäfti-

---

1 Erstveröffentlicht in: Wege zum Menschen, 1/19997, 49. Jg., S. 17-37. Abschiedsvorlesung an der Evangelisch-Theologischen Fakultät der Universität Münster, Juli 1996.

gungslosen und frustrierten Jugendlichen bevölkern die Ballungsräume der Entwicklungsländer — ohne sinnvolle Lebensperspektive. [18] Ambivalenz des technischen Fortschritts! Wir beobachten, daß einerseits durch Chemie und Genmanipulation die Reisproduktion so gesteigert werden konnte, daß ganze Regionen vom Hunger erlöst sind und heute zu den Überschuß- und Exportgebieten der Erde gehören; daß dieser Segen aber auch durch den Fluch einer Landflucht verarmter Kleinbauern konterkariert ist und zu dem ausufernden Bevölkerungswachstum in den neuen Megastädten massiv beiträgt. Erst kürzlich hat die Habitat II-Konferenz der UNO vor dem hochexplosiven Gemisch sozialer Spannungen in diesen Megastädten gewarnt und in ihnen noch größere Risiken für das Überleben der Menschheit gesehen als in Umweltzerstörung und Atomkraftwerken. — Wir alle wissen um diese steten Ambivalenzen des technischen Fortschritts — und fragen uns, wie wir persönlich und wie wir sozialethisch wissenschaftlich mit diesem Wissen umgehen können.

Wenn es heute um eine Rückschau auf fast vierzig Jahre der Beschäftigung mit dem Fach „Christliche Gesellschaftswissenschaften", also mit Religionssoziologie, Kirchenforschung und Sozialethik gehen soll, dann ist es naheliegend zu fragen, wie man denn de facto in den letzten Jahrzehnten mit vergleichbaren, wenn auch kleiner dimensionierten Ambivalenzen seitens der evangelischen Theologie umgegangen ist. Zu überlegen wäre, welche Folgerungen daraus für die Arbeit in der Sozialethik zu ziehen sind. Ich möchte diese Fragen nicht am Beispiel der ganz großen Menschheitsprobleme wie weltweiter Arbeitslosigkeit oder Überbevölkerung erörtern, obwohl auch dafür einige Hinweise erkennbar werden sollen. Ich möchte vielmehr exemplarisch drei Themen herausgreifen, über die in der kirchlichen und sozialethischen Diskussion der letzten vierzig Jahre tatsächlich auf das heftigste gestritten wurde und in die ich auch mit meiner eigenen Arbeit stark involviert war.

- Ich meine erstens die Diskussion über die *Volkskirche* in der Ambivalenz von ‚Religionsbetrieb' einerseits und Institution einer menschengerechten religiösen Dienstleistung andererseits;
- ich meine zweitens die Diskussion über die *Gruppendynamik* in der Ambivalenz von psychosozialer Selbsterlösung und Lernweg zu freier menschlicher Kommunikation;
- und ich meine drittens die immer von neuem aufbrechende Diskussion darüber, ob die *Marktwirtschaft* eher als Motor Ökonomischer Leistungskraft und damit unseres Wohlstands oder ob sie eher als Ursache einer Zerstörung unserer Solidargemeinschaft zu sehen ist.

Bevor ich mich diesen drei Themenfeldern zuwende, muß ich in einem ersten Teil einige grundsätzliche Überlegungen und theoretische Eingrenzungen vorausschicken.

I. Grunderfahrungen

1. Die Erfahrungen, die meine heutigen Überlegungen leiten, sollen vorweg dahin pointiert werden, daß in der theologischen Diskussion aller drei Themenbereiche die angedeuteten Ambivalenzen nicht angemessen [19] realisiert und ausgehalten, daß sie vielmehr immer relativ schnell außer Acht gelassen wurden und, daß sich statt dessen die Aufmerksamkeit in zunehmender Intensität jeweils auf die eine von beiden Seiten richtete. Meistens auf die Seite der Kritik, auf das, was in theologischen Augen bedenklich erschien und negativ bewertet wurde: Also im Themenbereich Volkskirche auf die negative, oft pejorative, abwertende Einschätzung von ‚Religion', von ‚religiösen Bedürfnissen' und religiösen Institutionen; zweitens im Themenfeld Gruppendynamik auf die anscheinend egozentrischen Wege von Selbsterlösung und Selbstverwirklichung und drittens im Themenbereich Marktwirtschaft, auf den Aspekt sozialer Entsolidarisierung durch Verdrängungs- oder Vernichtungswettbewerb.
Die Psychoanalyse hat darauf aufmerksam gemacht, daß zu gesunden menschlichen Beziehungen das Aushalten von gefühlsmäßigen Ambivalenzen, wie Nähe und Distanz, oder wie Liebe und Haß konstitutiv dazugehört. Wo das nicht der Fall ist, wo gleichsam die eine Seite von der anderen aufgesogen oder ‚aufgefressen' wird, da ist die Beziehung gestört, da werden Persönlichkeiten psychisch krank, da droht fortschreitender Realitätsverlust.
Manchmal schien es mir ähnlich zu sein, wenn sich der theologische oder der kirchenpolitische Blick auf die nur eine, die als negativ empfundene Seite in unseren Themenfeldern gerichtet hat, Denn solche Verkürzungen verstellen den Blick auf die Doppel- und Vielgesichtigkeit der Realität, was schon für sich genommen, etwa im Blick auf die Vielfalt möglicher Handlungskonzepte, verhängnisvoll sein kann. Sie führt erst recht dann zu falschen Frontstellungen, wenn die eigene Perspektive ideologisiert oder für sie allein der Wahrheitsanspruch erhoben wird. Die in der entsprechenden Auseinandersetzung eingeforderte Verbindlichkeit zielt dann eher auf eine bekenntnishafte Positionalität als auf die gründliche Bemühung um realitätsgerechte Analysen und auf das Suchen nach echten Handlungsoptionen, um die bestehenden Mißstände abzustellen.

2. Solche Tendenzen sind m.E. während der letzten dreißig Jahre im deutschen Protestanismus innerhalb bestimmter theologischer Richtungen ebenso wie in bestimmten sozialethisch engagierten kirchlichen Gruppen

deutlich in Erscheinung getreten; weit stärker jedenfalls als etwa im angelsächsischen oder im amerikanischen Protestantismus; stärker auch als im deutschen Katholizismus. Fragt man nach der Ursache für diese Tendenzen, so sind dafür mehrere und ganz unterschiedliche Einflüsse namhaft zu machen.

Ich erwähne zunächst die tief in die Traditionen evangelischer Theologie hinabreichenden Grundauffassungen über Menschenbild, Sünden und Erlösungslehre. Charakteristisch dafür ist die kritische Sensibilität gegenüber allen Versuchen des Menschen, sich sein eigenes Heil selbst zu beschaffen, die Welt nach dem eigenen statt nach dem Willen Gottes zu gestalten. Der ewige Lockruf der Schlange ‚Ihr werdet sein wie Gott' hat diese Sensibilität gegenüber allen, auch den unbewußten modernen Versuchen von Selbsterlösung und Selbstapotheose in unseren Themenfeldern [20] der ‚Religiösen Dienstleistung', der Gruppendynamik und auch der Marktkritik immer wach gehalten. Nun gehört der Zusammenhang zwischen Sündenlehre und Moralität zwar zu den grundlegenden Essentials der Evangelischen Theologie[2], doch darf darum der kritische Hinweis nicht unterbleiben, daß durch ein einseitig akzentuiertes oder sogar ausschließliches Interesse an der Entlarvung von Sünde und Selbsterlösungsstreben, die andere Seite, also das biblische Mandat Gottes zur Gestaltung von Welt und Gesellschaft, allzu schnell überwuchert und verdrängt werden kann. Gerade die Gestaltungsaufgabe aber gehört m.E. zu den vornehmsten Aufgaben jeder christlichen Sozialethik; zumindest in dem Sinne, daß sie positive Richtungsimpulse und substantielle sogenannte „Kriterien des Menschengerechten" (Artur Rich[3]) und der Sozialverträglichkeit benennt und im gesellschaftlichen Diskurs zur Geltung bringt.

Ein zweites Ursachenbündel für die in einigen kirchlichen Richtungen so kräftigen Tendenzen zu positioneller Einseitigkeit sehe ich in den tiefen sozialethischen Schockerlebnissen des deutschen Protestantismus in unserem nun zu Ende gehenden Jahrhundert: ich denke an die Ereignisse von 1918, die das so vertraut gewordene Bündnis von Thron und Altar zerbrachen und in deren Folge besonders der gesellschaftlich affirmative Charakter der traditionellen Ordnungstheologie schmerzhaft entlarvt sowie das Versagen der Kirche gegenüber der Sozialen Frage und gegenüber der imperialistischen Kriegspolitik unmißverständlich angeklagt wurde[4]. Ich denke auch an den Schock von 1945, durch den die Verstrickungen des Protestantismus mit dem Nationalismus und Zug um Zug auch die mit dem Antisemitismus aufgedeckt wurden. Die schmerzhafte Einsicht in ihr viel-

---

2 Vgl. Dazu D. Lange, Ethik in evangelischer Perspektive, 1992.

3 A. Rich, Wirtschaftsethik Bd. I, 1984.

4 Vgl. K.W. Dahm, Pfarrer und Politik, 1965.

schichtiges gesellschaftspolitisches Versagen hat Kirche und Theologie nach 1945 in zunehmendem Maße zu dem festen Vorsatz geführt, vergleichbare Entwicklungen künftig unter allen Umständen zu vermeiden und sie schon im Keim zu ersticken. Dieser Vorsatz war durchaus schon vor 1968, erst recht aber im Gefolge der 68er Umbrüche Anlaß dafür, daß nunmehr der prophetische Auftrag der Kirche und damit eine dezidiert gesellschaftskritische Haltung, später in vielfältiger Verknüpfung mit befreiungstheologischen, teils auch mit sozialistischen Ansätzen zum Zentrum dessen wurde, was unter Sozialethik zu verstehen sei[5]. Diese m.E.im Ansatz verständliche und notwendige Sensibilität gegenüber politischen Fehlentwicklungen, also die Option für Sozialkritik, die gezielte Aufmerksamkeit auf das, was als ungerecht erschien — all das hat auf der anderen Seite aber dazu beigetragen, dass die gesellschaftlichen und selbst die kirchlichen Entwicklungen oft einseitig unter den Gesichtspunkten dessen, was kritisierbar ist, oder [21] schärfer: dessen, was denn kritisierbar sein könnte, gesehen und gegebenenfalls attackiert wurden.

Eine dritte und langfristig wohl wichtigste Einflußkraft für die oft rasche Vereinseitigung von ambivalenten gesellschaftlichen Zuständen auf das, was an ihnen kritisierbar erscheint, sehe ich in einem erkenntnistheoretischen Faktor. Seit langem ist in der wissenschaftlichen Alltagskommunikation bekannt, daß es wegen der hohen und immer noch zunehmenden Komplexität unserer modernen Lebenswelt kaum möglich ist, deren ebenfalls hoch komplexe Einzelphänomene und Einzelprobleme aus nur einer einzigen, d.h. einer notgedrungen begrenzten wissenschaftlichen Perspektive angemessen zu erkennen und zu bewerten. Verlangt wird darum überall wissenschaftliche Mehrperspektivität und Interdisziplinarität[6]. Nun habe ich den Eindruck, daß speziell in unseren Themenfeldern ‚Volkskirche', ‚Gruppendynamik' und ‚Marktwirtschaft' diese Bemühung um eine Synthese zwischen theologischen und profanwissenschaftlichen Betrachtungsweisen, also zwischen Theologie und Soziologie, zwischen Theologie und Psychologie, zwischen Theologie und Ökonomik, keineswegs immer und gerne akzeptiert wurden. Anders ist das offensichtlich in anderen Disziplinen der Theologie: in der biblischen Exegese und in der Kirchengeschichte, wo seit langem philologische und historische Methoden nichttheologischer Provenienz aufgenommen und mit der Theologie verschmolzen sind. In der systematischen Theologie jedoch und teilweise

5 Vgl. K. W. Dahm, Von der Götzenkritik zum Gestaltungsauftrag, In: F. Furger/A. Lienkamp/K. W. Dahm (Hrsg.) Einführung in die Sozialethik, 1996.

6 Vg. N. Luhmann, Die Wissenschaft der Gesellschaft, 1990 v.a. 446ff.; ders., Soziale Systeme, 1984, v. a. 647ff.; E. Richter, Der Zerfall der Welteinheit. Vernunft und Globalisierung in der Moderne, 1992; R. Münch, Die Struktur der Moderne; 1992; P. L. Berger/T. Luckmann, Die gesellschaftliche Konstruktion der Wirklichkeit, I970.

auch in der Praktischen Theologie waren die Bedenken und Sperren gegenüber einer solchen integrativen Interdisziplinarität während meiner Zeit deutlich größer. Wahrscheinlich wurde befürchtet, daß mit den Denkmustern und Sprachspielen der Soziologie oder der Psychologie eine Denkweise in die Theologie hineinkomme, die der eigentlich theologischen Sache im tiefsten fremd sei; daß also letzten Endes durch soziologische und psychologische Vorstellungen der christliche Glaube und die christlichen Lebensformen überfremdet und verfälscht werden könnten. Sicher hat es für solche Befürchtungen manchen Anlaß gegeben. Allerdings kann ich an dieser Stelle solchen Anlässen nicht nachgehen und weder die Berechtigung noch die Übertreibung solcher Befürchtungen (hier) gründlicher diskutieren.
Auf der anderen Seite soll nachdrücklich die Frage gestellt werden, ob nicht durch die Behinderungen von Interdisziplinarität oder durch die Immunisierungsversuche gegenüber der interdisziplinären Kooperation mindestens ebenso große Probleme entstehen müssen wie durch die Überfremdungsgefahr. Durch die in den letzten Jahren häufig konstatierten und diskutierten Defizite an echter Interdisziplinarität auf der sogenannten ‚Begründungsebene` theologischer Aussagen kann die Systematische Theologie leicht in die Gefahr einer Isolierung geraten; in die Gefahr [22] einer immer stärkeren Introversion in die eigenen Plausibilitätssysteme. Die Folge wäre u.a., daß theologische Beiträge zum interdisziplinären Diskurs über die Sinnorientierung oder über die ethischen Grundfragen unserer Zeit auch von den vielberufenen und gesprächsbereiten ‚gebildeten Laien' kaum noch zu verstehen sind. Ebenso gravierend, und für die Aufgabe eines Instituts für Christliche Gesellschaftswissenschaften noch wichtiger, erscheinen die Probleme auf der sogenannten Anwendungs- oder Handlungsebene: Durch die Vernachlässigung oder durch einen unsachgemäßen Umgang mit der geforderten Perspektivenvielfalt wird eben auch die kirchliche Wirklichkeit verkürzt wahrgenommen und kommen dadurch Chancen wie Gefahren etwa des pastoralen Handelns nur in dieser Verkürzung in den kritischen Blick. Anders gesagt: Es werden gerade jene im Vorhandenen gewöhnlich mitgegebenen Ambivalenzen nicht realisiert, aus denen heraus sich am ehesten die Optionen oder Spielräume für ein verändertes und weiterführendes Handeln ableiten lassen. Wo aber die Ambivalenzen außer Acht bleiben und die Kritik auf das Phänomen als Ganzes generalisiert wird, auf ‚die' Gruppendynamik oder auf ‚die' Marktwirtschaft, da bleiben keine Spielräume für Reform und Korrektur.
Manchmal befürchte ich, daß in einigen Forderungen unserer Zeit, sich wieder verstärkt auf die eigentliche Sache der Theologie zu konzentrieren, auch der Wunsch mitschwingt, von den vielfältigen Bemühungen um Interdisziplinarität in den letzten Jahren etwas Abstand zu gewinnen. Viel-

leicht hat man sich hier und da von der interdisziplinären Kooperation für die Praxisprobleme der Kirche mehr versprochen als dann tatsächlich erreicht wurde. Sicher gibt es auch, wie gerade angedeutet, einen tatsächlichen Mißbrauch in der Anwendung von humanwissenschaftlichen Denkweisen und Konzepten auf kirchliche Praxisfelder. Doch darf das m.E. auf gar keinen Fall dazu führen, die Bemühungen um Interdisziplinarität generell in Frage zu stellen. Ich meine, daß das, was christliche Verkündigung ist, sich auch heute in der Sprache des interdisziplinären Diskurses über die Sinnfragen unserer Zeit zum Ausdruck und zur Geltung bringen lassen muß. Dazu aber muß es Theologen geben, die mit der Sprache und dem Denken der heute meinungsbildenden Theorien, etwa der Systemtheorie, der Theorie des kommunikativen-Handelns oder auch der Chaostheorie, von Grund auf vertraut sind und nicht nur den einen oder anderen Leitbegriff aufgenommen haben. Ich finde es, ehrlich gesagt, höchst erschreckend, daß die Zahl derjenigen Theologiestudenten, die ein Zweitstudium in den Erfahrungswissenschaften bis zur Promotion bringen, sich gegenüber meiner eigenen Assistentenzeit vor 35 Jahren in ganz Deutschland um mehr als die Hälfte vermindert hat und anscheinend immer noch weiter zurückgeht.

3. Unter den vielfältigen Begründungsmöglichkeiten für die eigene wissenschaftliche Arbeit habe ich mich am stärksten angesprochen gefühlt und zu orientieren versucht an dem Hegelschen Postulat, das Vernünftige im Wirklichen zu suchen, zu entdecken, daran anzuknüpfen und weiterführend aufzubauen. Manche nennen dieses Konzept Positivismus; [23] besser wäre vielleicht: ‚Orientierung an Positivität'[7]. Dieses Konzept steht in einem gewissen Gegensatz zu denjenigen, die den Akzent stärker auf Kritik setzen, wie die sogenannte Kritische Theorie, oder wie das Konzept einer prinzipiellen Systemkritik, wie es von Teilen der 68er-Bewegung vertreten wurde. Wiederum kann ich diese beiden bis heute konkurrierenden wissenschaftstheoretischen Grundkonzepte, die Positivitätsorientierung und die Kritikorientierung hier nicht in ihren philosophischen und vielleicht auch theologischen Prämissen und Weiterungen diskutieren. Doch möchte ich, in gebotener biografischer Abkürzung, auf eigene Beobachtungen und Erfahrungen hinweisen, die immer neu gezeigt haben, wie schwer es für die Vertreter einer prinzipiellen Systemkritik ist, konkrete Möglichkeiten für notwendige Verbesserungen, sei es im Bereich von Kirchenreform[8], sei es im Bereich des wirtschaftlichen Handelns zu entdecken und zu organisieren. Der permanente Verdacht der Systemsta-

7 Vgl. T.W. Adorno u. a. (Hrsg.), Der Positivismusstreit in der deutschen Soziologie, 1969.

8 Vgl. K. W. Dahm, Reform und Realität, in: ders., Beruf Pfarrer, 1974, 157-176. Wiederabdruck in diesem Sammelband, oben S. 163ff.

bilisierung, dem sie, wenn sie ehrlich sind, auch ihre eigenen Reformvorstellungen aussetzen müssen, nimmt ihnen die innere Kraft, die oft nur kleinen Spielräume für solche Verbesserungen in Angriff zu nehmen. Als Alternative blieb dann immer nur, das System als ganzes in Frage zu stellen, auf eine Revolution zu hoffen oder subversiv darauf hinzuarbeiten. Das aber war im Rahmen des Theologiestudiums leichter zu postulieren als im Rahmen kirchlicher Berufsaufgaben umzusetzen. Systemkritik als Berufsaufgabe ist keine ernstzunehmende Option für kirchliche Mitarbeiter. Ich selber war, insbesondere während meiner kirchlichen Tätigkeit bis 1975, aber auch darüberhinaus in die Auseinandersetzungen zwischen einer pragmatischen Positivitätsorientierung und einer grundsätzlichen Systemkritik vielfältig involviert. Die dabei gemachten Erfahrungen haben mich darin bestärkt, auch in meiner späteren Arbeit primär nach dem ‚Vernünftigen im Wirklichen', einfacher gesagt, nach Spielräumen der Verbesserung, nach Spielräumen ethisch verantwortlichen Handelns zu suchen.

4. Zum Schluß dieses mehr grundsätzlichen Teils muß die Frage aufgenommen werden, wie denn im Rahmen eines solchen auf Positivität gerichteten Ansatzes die interdisziplinäre Kooperation zwischen Theologie und Sozialwissenschaften zu denken und zu organisieren ist. Angeklungen ist schon, wann und wo eine solche Kooperation nicht gelingen kann; nämlich dann, wenn soziologisches oder psychologisches Denken tatsächlich die Eigenplausibilität und die eigene Dignität der theologischen Sache verdunkelt, sozusagen die Sinnformel des ‚Systems Kirche', nämlich das Evangelium Gottes, verdrängt oder sogar ersetzen will. Interdisziplinarität wäre aber auch in umgekehrter Richtung unmöglich, nämlich dann, wenn ein monopolistischer theologischer Deutungsanspruch die Perspektivenvielfalt, die Ambivalenzen oder die Polykausalität [24] kirchlicher oder gesellschaftlicher Erscheinungsformen abwehren oder ersticken würde. Glücklicherweise ging es im Alltagsbetrieb unseres Instituts nicht nur und nicht einmal primär um solche theoriepolitischen oder theologiepolitischen Richtungskämpfe, etwa zwischen Positivismus und Kritizismus, oder zwischen Dialektischer Theologie und Funktionaler Kirchentheorie. Sondern in Forschung und Lehre unseres Institutes ging und geht es eher darum, wie die aus der methodischen Perspektivenvielfalt für unsere Forschungsgegenstände gewonnenen Daten einander konstruktiv zugeordnet und in praktischer Absicht ausgewertet werden können. Wir wollen theologisches und sozialwissenschaftliches Denken trotz aller systemischen Eigendynamik beieinander halten, wollen die gewonnenen Ergebnisse anwendungsbezogen integrieren. Der Name unseres Instituts „Christliche Gesellschaftswissenschaften" bringt zwar unseren Arbeitsbereich, nicht aber diese intentionale Zielrichtung unserer Arbeit zum Ausdruck. Diese Ziel-

richtung bezeichnen wir deshalb intern gerne als ,Integrative Sozialtheologie'. Soziologische und theologische Gesichtspunkte sollen so integriert werden, daß sie helfen, die Praxisprobleme der real existierenden Kirche ebenso wie die Aufgabenfelder der angewandten Ethik aufzuklären und realistische, d.h. den Handlungsspielräumen der Kirche angemessene Richtungsimpulse zu formulieren.

Dies nun möchte ich jetzt, im zweiten Teil dieser Vorlesung, an den mehrfach erwähnten drei Themenfeldern näher veranschaulichen. Ich hoffe, daß diese Konkretionen auch für diejenigen Hörer nachvollziehbar sind, für die manche bisherige Überlegung etwas fremd und wegen der Eigensprache des Faches Theologie ungewohnt war.

II. Anwendungsfelder

I. Volkskirche — Religionsbetrieb oder menschengerechte religiöse Dienstleistung?

Von 1967 bis 1975 war ich als Professor am Theologischen Seminar der Evang. Kirche von Hessen und Nassau in Herborn tätig. Die dort studierenden Vikare hatten im Zuge der Ausbildungsreform darauf gedrängt, bei ihrer Einarbeitung in die kirchliche Praxis, insbesondere in die Ortsgemeinden, wissenschaftlich im Sinne der aus Amerika bekanntgewordenen ,Angewandten Handlungswissenschaften' begleitet zu werden. Das geschah beispielsweise im Wege von Gemeindeanalysen, Erfahrungsberichten, Zielvereinbarungen mit methodisch kontrollierter Auswertung, Gesprächsprotokollen und der dann anschließenden theologischen Reflexion all der Primärerfahrungen vor Ort. Im Ansatz ging es um ähnliche Methoden der Schulung von Führungskräften, wie sie heute in Großorganisationen und Wirtschaftsunternehmen unter der Überschrift ,Quality Management' praktiziert werden. Für die Vikare waren diese Arbeitsformen neu und interessant; sie haben sich mit großem Engagement darauf eingelassen. [25] Unser gemeinsames Hauptproblem war aber, wie das, was die Vikare im volkskirchlichen Gemeindealltag erlebten, mit dem, was sie im Theologiestudium über das Wesen der Kirche gelernt hatten, in Beziehung zu setzen sei.

Viele erlebten beides als ein mehr oder weniger beziehungsloses Nebeneinander. Im Bilde gesprochen: Hier stand ein Glockenturm, in dem das Wissen darüber, was Kirche im theologischen Sinne sein soll und sein will, ,aufgehoben' wird: Sie ist Volk Gottes, Leib Christi; der Ort, wo das Evangelium richtig gepredigt und die Sakramente evangeliumsgemäß verwaltet werden, Gemeinschaft der Heiligen, oder mit Worten Karl Barths in

seiner Dogmatik[9]: Kirche soll Beispiel dafür sein, wozu Gott die Menschheit eigentlich und endgültig berufen hat. Der von Helmut Gollwitzer im Barthschen Sinne gewählte Buchtitel „Vortrupp des Lebens" galt anfangs der siebziger Jahre vielen Studenten als ihr eigenes, ihr motivierendes und identitätsstiftendes Verständnis von Kirche[10].
In einigem Abstand zu diesem ‚Campanile ecclesiasticus' stand dann das Kirchenschiff. Dort spielte und spielt sich all das ab, was man alltäglich - und gleichsam vortheologisch als Kirche erfährt: Pastorale Dienstleistungen bei Beerdigungen oder Trauungen, im Religions- und Konfirmandenunterricht, in der Gruppenarbeit mit Jugendlichen oder mit Senioren; bei Geburtstags- und Krankenbesuchen; darüber hinaus Kindergarten und Diakoniestation, Gemeindebrief und Gremiensitzungen; Reisen nach Bethel, nach Wittenberg oder nach Israel. — Anders gesagt: Kirche als Körperschaft des Öffentlichen Rechts und Subsidiaritätssystem[11].
Ist das alles eigentlich Kirche, so wie sie in diesem Glockenturm definiert ist, so fragten sich die Vikare und fragen wir uns selbst. Brennend wurde die Frage vor allem dann, wenn sie zum ersten Mal gründlich mit dem Binnenleben der Gemeinde in Kontakt kamen. Oder handelt es sich hier eher um ‚Religionsbetrieb'. Das Etikett Religion und alles, was damit zusammenhing, die sogenannten ‚religiösen Bedürfnisse' oder ‚religiösen Erwartungen', all das war damals ja theologisch suspekt. Religion galt in der Dialektischen Theologie weithin als anthropozentrischer, als eigenwilliger und oft anmaßender Weg zur Selbsterlösung; letzten Endes als Weigerung, sich auf die Zuwendung Gottes in Jesus Christus einzulassen. Strikt wurde deshalb zwischen christlichem Glauben und menschlicher Religiosität unterschieden: und diese Unterscheidung war von den meisten Vikaren tief verinnerlicht. Unter einem solchen religionskritischen Blickwinkel aber erschien die kirchliche Alltagsarbeit eines Gemeindepfarrers leicht als etwas im theologischen Sinne ‚Uneigentliches', als pure Geschäftigkeit eines religiösen Zeremonienmeisters. Mitglieder, deren Einstellung später als ‚distanzierte Volkskirchlichkeit' beschrieben wurde und deren Anteil damals wie heute über 75 % aller Kirchenmitglieder ausmacht, konnten umstandslos als Karteileichen abgetan werden.
[26] Wie also sollte man sich als Vikar mit der Arbeit in einem solchen Religionsbetrieb identifizieren; wie in der gespaltenen kirchlichen Wirklichkeit zwischen Campanile und Kirchenschiff redlich und in Selbstachtung tätig sein?

---

9 Vgl. K. Barth, Kirchliche Dogmatik, IV, 2; § 67, Leitsatz S.695, 1995.

10 Vgl. H. Gollwitzer, Vortrupp des Lebens, 1975.

11 Vgl. W.D. Marsch, Institution im Übergang, 1970.

Was uns damals geholfen hat, war ein neues Nachdenken über den Religionsbegriff[12]. Die vorherrschende theologische Perspektive erfagte, so schien es uns, nur eine bestimrnte Seite des Phänomens Religion, nicht aber dessen Mehrschichtigkeit; nicht, um es mit unserem Leitwort zu sagen: (nicht) dessen Ambivalenz. Wir meinten darum, daß die theologische Perspektive ergänzt oder angereichert werden müßte durch andere wissenschaftliche Herangehensweisen, in unserem Falle durch eine religionssoziologische.
In religionssoziologischer Blickrichtung findet sich fast überall auf der Welt, in allen Kulturen, jene eigentümliche Verbindung von überindividueller Sinnorientierung mit persönlicher seelsorgerlicher Begleitung, mit Spiritualität und stellenweise mit gesellschaftskritischem profetischen Engagement, die man zusammenfassend als Religion bezeichnet.
Lässt man sich auf diesen erfahrungswissenschaftlichen Hinblick unbefangen ein, dann wird man sich fragen müssen, ob denn das, was hier als ursprüngliche und allgemeinmenschliche Lebensäußerung in den Blick kommt, von der Religionskritik der Dialektischen Theologie gemeint sein kann. Zunächst handelt es sich ja um nichts anderes als um Formen, Aufgaben, Zusammenhang, sozusagen um leere Gefäße, die mit theologischen oder ersatztheologischen Inhalten allererst gefüllt werden müssen. Auf die Inhalte, vielleicht auch auf die Vollzüge kann und muß sich die theologische Kritik richten, aber doch kaum auf die Tatsache, daß religiöse Lebensäußerungen offenbar zum Menschen und seiner Welt dazugehören. In dieser Betrachtung erscheint das Phänomen Religion als ambivalent in der Weise, daß man damit einerseits durchaus im theologischen Sinn verantwortlich umgehen kann, etwa dadurch, daß das Gefäß mit Inhalten des christlichen Glaubens gefüllt wird; daß man aber andererseits mit Religion auch ganz unverantwortlich umgehen kann: etwa im Sinne der von der Dialektischen Theologie kritisierten Oberflächlichkeiten oder der vergeblichen Bemühungen um Selbsterlösung. Um beide Seiten der Ambivalenz klar erkennen, einordnen und gewichten zu können, so schien es uns schon damals, bedarf es einer wissenschaftlich reflektierten Doppelperspektive, also dessen, was wir hier als integrative Sozialtheologie bezeichnen und zu praktizieren versuchen; es bedarf der sich gegenseitig ergänzenden theologischen und sozialwissenschaftlichen Betrachtung.
Im Sinne unseres Bildes ändert sich also weder die theologische Basis des Campanile ecclesiasticus noch das als Religionsgemeinschaft zu beschreibende Kirchenschiff. Was sich ändert, ist die Hinzufügung einer [27]

12 Vgl. K. W. Dahm, Religiöse Kommunikation und kirchliche Institution; in: K. W. Dahm/N. Luhmann/D. Stoodt, System und Sozialisation, 1972; vgl. auch K. W. Dahm/V. Drehsen/G. Kehrer, Das Jenseits der Gesellschaft. Religion im Prozeß sozialwissenschaftlicher Kritik, 1975.

Plattform, auf der unsere sich gegenseitig ergänzende Doppelperspektive wissenschaftlich institutionalisiert ist.
In der Vikarausbildung hat sich diese Doppelperspektive damals sehr bewährt. Sie hat mitgeholfen, das pejorative, das abwertende Vorzeichen von denjenigen kirchlichen Aufgaben wegzunehmen, deren tiefe menschliche Sinnhaftigkeit durch das disqualifizierende Etikett des Religionsbetriebes verdeckt oder überwuchert war. Wo aber die einseitige Fixierung auf den Religionsverdacht im pejorativen Sinne weggenommen ist, da bieten die Aufgaben der Sinnorientierung, der helfenden Begleitung, der Einübung einer menschenfreundlichen Ethik oder der gesellschaftlichen Gestaltung ein Betätigungsfeld, mit dem sich ein Vikar ebenso wie ein Pfarrer positiv identifizieren und das er dann im Sinne seiner eigenen theologischen Vorstellungen gestalten kann.
Es soll am heutigen Tage nicht verschwiegen werden, daß dieser Ansatz bei einer integrativen theologisch-sozialwissenschaftlichen Doppelperspektive keineswegs überall akzeptiert, sondern im Gegenteil jahrelang auf das heftigste attackiert wurde. Denn wer an der vorrangigen oder sogar alleinigen Gültigkeit der theologisch-religionskritischen Perspektive festhielt, für den blieb der Gegensatz zwischen christlichem Glauben und religiösen Erwartungen weiterhin unüberbrückbar. Für ihn mußten auch die aus unserer Doppelperspektive abgeleiteten Gestaltungsvorstellungen, wie sie etwa in dem in Auseinandersetzung und Zusammenarbeit mit den Vikaren entstandenen Buch „Beruf Pfarrer"[13] versucht wurden, schlechterdings inakzeptabel bleiben. In einer Rezension dieses Buches im Deutschen Pfarrerblatt wurde dementsprechend unser Versuch, die ‚religiösen' Erwartungen und Interessen der Gemeindemitglieder ernstzunehmen und daran positiv anzuknüpfen, schon in der Überschrift mit fetten Lettern disqualifiziert. „Der Pfarrer, der den Leuten nach dem Mund reden soll", so hieß es. Offenkundig war der Rezensent so stark von der alleinigen Richtigkeit seiner theologischen Perspektive überzeugt, daß er weder verstehen wollte noch verstehen konnte, was ein Praxisansatz, der die Koordination von theologischer und sozialwissenschaftlicher Perspektive versucht, leisten kann — und wo seine tatsächlichen Grenzen liegen.
Heute, 25 Jahre später, wird im Blick auf die empirische Kirche kaum noch über das Thema Religion oder über religiöse Bedürfnisse gestritten. Heute geht es vorrangig um den Verlust von kirchlichem Ansehen und kirchlichem Einfluß in der Öffentlichkeit, um den Verlust von Kirchenmitgliedern und von Kirchensteuern. Dabei gewinnt man gelegentlich den Eindruck, daß die kaum zu bestreitenden tatsächlichen Dilemmata wiederum nicht selten in einer einseitigen Weise theologisiert, beispielsweise auf eine an-

---

13 Vgl. K.W.Dahm, Beruf Pfarrer, 1975.

geblich schlechte Theologie oder auf schlechtes Predigen zurückgeführt und damit hauptsächlich den amtierenden Theologen angelastet werden. Nun möchte ich das Problem heutiger Verkündigungsinhalte keineswegs herunterspielen. Doch macht die Doppelperspektive aus unserem ‚Campanile Ecclesiasticus' auch hier darauf aufmerksam, [28]daß die Situation mehrdeutig und vielfach ambivalent ist, und daß wiederum Chancen gerade in dieser Ambivalenz zu suchen und zu finden sind. Ich kann nur wenige Aspekte andeutungsweise benennen: Zunächst werden wir uns auf die gravierende Tatsache einstellen müssen, daß der Schrumpfungsprozeß der evangelischen Kirche in den kommenden Jahrzehnten noch stärker voranschreiten wird als bisher: Fachleute sprechen von 50 % Schrumpfung in den nächsten fünfzig Jahren. Das aber liegt weniger an den Verkündigungsinhalten oder am Streit der kirchenpolitischen Richtungen und nicht einmal primär an den Kirchenaustritten, sondern das liegt vorrangig daran, daß der evangelische Bevölkerungsanteil stark rückläufig ist: Protestanten haben deutlich weniger Kinder als Katholiken oder gar Muslime. Im gleichen Prozeß wie die Mitgliedschaft aber geht das Aufkommen an Kirchensteuern zurück. Schon in weniger als fünfzig Jahren wird das Kirchensteuer Aufkommen gegenüber heute halbiert sein und wird die Kirche vermutlich nicht mehr in der Lage sein, aus diesen Mitteln sowohl ihre Mitarbeiter zu finanzieren als auch die oft äußerst kostenaufwendigen Gebäude zu erhalten. Positiv gewendet: Die Kirche wird bald andere Quellen erschließen müssen und darum, wie man heute sagt, ihre Kundenorientierung, anders gesagt: ihre Mitglieder-Orientierung verstärken. Zwei für das gewohnte kirchliche Leben einschneidende Tendenzen sind dabei abzusehen: Einmal die weitere Differenzierung des Angebotes kirchlicher Dienstleistungen, wobei ich exemplarisch die am stärksten in die Tradition eingreifende Diversifizierung des gottesdienstlichen Angebots herausgreifen möchte. Warum, so wird mit Recht gefragt, müssen alle 25 Sonntagsgottesdienste in Münster nach dem mehr oder weniger gleichen Muster der klassischen Gottesdienstordnung gestaltet sein? Könnten nicht mindestens ein Drittel davon als überparochiale Schwerpunktgottesdienste angeboten werden: Genannt werden Familien- und Jugendgottesdienste, musikalisch breit ausgestaltete Gottesdienste oder rein liturgische Abläufe, dogmatisch oder exegetisch besonders anspruchsvolle Predigtgottesdienste und solche, die gedanklich bewußt einfach gehalten sind: Rock- und Evangelisationsgottesdienste usw. Die Kirchenbesucher könnten dann dahin gehen, wo sie sich am meisten angesprochen fühlen. Das traditionelle Ortsgemeindeprinzip würde in seinem Kern, nämlich dem gemeinsamen Gottesdienst der Gemeinde, zwar verändert; doch würde nach bisherigen Erfahrungen die Zahl der Gottesdienstbesucher nicht unerheblich steigen. Ohnehin wird man sich darauf einstellen müssen, daß das Parochi-

alprinzip immer durchlässiger wird. Die Differenzierung der gottesdienstlichen Angebote wird sich wohl in absehbarer Zeit erheblich verstärken.
Als eine zweite absehbare Tendenz neuer Mitgliederorientierung erwähne ich die Rolle der ehrenamtlichen Mitarbeiterinnen, die sich offensichtlich zunehmend verändert. In den langen Jahren großer finanzieller Möglichkeiten konnten die deutschen Kirchen ihren Stab an professionellen theologischen und nichttheologischen Mitarbeitern breit ausbauen. Heute wird vielfach gefragt, ob das wirklich zu der angestrebten Vertiefung und Verbreiterung des kirchlichen Lebens, zur sogenannten [29] Verlebendigung der Gemeinden in dem erwarteten Maße beigetragen hat. Wie aber auch die Antwort darauf ausfallen mag: sicher ist, daß dies künftig in bisherigem Ausmaß schon aus Finanzgründen nicht mehr möglich sein wird. — Sicher scheint auch, daß die Zahl und der Kompetenzanspruch der Professionellen, ob Theologen oder Nichttheologen, das große und wichtige Potential an Bereitschaft zu ehrenamtlicher Mitarbeit oft eher gebremst und erstickt als gefördert hat. Gerade das ehrenamtliche Engagement aber bildet häufig die Zelle dessen, was wir lebendige Gemeinde nennen. Ich denke, daß sich in diesem Bereich in den nächsten Jahren viel bewegen muß und bewegen wird. Beides aber, die neue, stärker auf die Ehrenamtlichen ausgerichtete Orientierung wie die Bemühung um differenziertere Gottesdienstangebote ist für eine sachgemäße Praxisbegleitung auf Analysen und Impulse angewiesen, die im Zusammenwirken von theologischen und erfahrungswissenschaftlichen Gesichtspunkten gewonnen werden müssen.

2. Gruppendynamik — Weg zur Selbsterlösung oder Lernweg freier menschlicher Kommunikation?

Gruppendynamik war eines der Zauberworte der siebziger Jahre! Was aber hinter diesem Zauberwort an Eigenerfahrung und an methodischen Möglichkeiten stand, das war schon früh Gegenstand von einerseits Verklärungen und von andererseits dezidierter Ablehnung, — und zwar nicht nur im Bereich von Theologie und Kirche[14]. In das kirchliche Leben in Deutschland war Gruppendynamik aus den Vereinigten Staaten zuerst im Wege der Seelsorge-Ausbildung gekommen. Das Ziel war, die Teilnehmer in Kleingruppen für ihr eigenes Gesprächsverhalten zu sensibilisieren und dabei insbesondere die Wahrnehmungsfähigkeit für Signale des Gesprächspartners zu schärfen. Die dabei verwendeten Möglichkeiten eines differenzierten Feedbacks und die Erfahrungen mit dem gleichzeitig reflektierten Gruppenprozeß haben mich, seit ich sie im zwölf-wöchigen deut-

14 Vgl. k.W. Dahm/H. Stenger (Hrsg.), Gruppendynamik in der kirchlichen Praxis, 1974.

schen Pilotkurs des CPT (,Clinical Pastoral Training') ab 1969 kennenlernte, persönlich stark und nachhaltig beeindruckt. Die alte pädagogische Einsicht, daß das verstandesmäßige Lernen viel mit gefühlsmäßiger Bereitschaft und Motivation zu tun hat, das war hier so unmittelbar und so intensiv zu erleben, wie es uns allen bis dahin ganz unbekannt war[15]. Die einfachen Symbole für einen solchen Lernprozeß sind den meisten von uns inzwischen vertraut:
Aus der sogenannten Gefühls- und Beziehungsebene kommen die relevanten Impulse, kommen aber auch die stärksten Widerstände für das Erkennen und Verstehen auf der Sachebene.
Wenn etwa ein Lehrer in der Seminarsitzung einen schlecht vorbereiteten Studenten öffentlich blamiert oder ,vorführt', dann wird sich bei dem Studenten eine solche emotionale Blockade aufbauen, daß er die noch so klugen oder nachdrücklichen Informationen des Lehrers nicht [30] mehr aufzunehmen in der Lage ist. Im Bilde gesprochen: die gern als ,blaue Wägelchen' charakterisierten Informationseinheiten fahren gegen eine Wand von Abwehrgefühlen und können die Zielstation ihrer Reise, nämlich den, der informiert werden soll, nicht erreichen.
Ein anderer Lernpunkt gruppendynamischer Seminare ist die notwendige Balance zwischen Autoritätsorientierung und sogenannter Peer-Group-Orientierung. Innerhalb der Familie stehen beispielsweise Vater oder Mutter für die Autoritätsorientierung und stehen die Geschwister für die Peer-Orientierung. Im Betrieb geht es normalerweise um das Verhalten von Vorgesetzten und Kollegen; heute, im Zuge von überall laufenden Prozessen der Organisationsentwicklung geht es oft um die starken Spannungen zwischen der hierarchisierten Fachkompetenz des Vorgesetzten und der angestrebten Selbstbestimmung von gleichrangigen Arbeitsteams. Der gruppendynamische Prozeß soll erfahrbar machen und zur Reflexion darüber anhalten, welche sachbedingten und welche emotionalen Störungen ein solches Verhältnis belasten können und wie man damit umgeht. Die Beziehung zwischen der Fachautorität des Professors und der Peergroup von Studenten ist ebenfalls für die Hochschuldidaktik und die Erwachsenenbildung von großer Bedeutung. Insbesondere die Aneignung und Verarbeitung von Information im Diskursprozeß der Gruppe wird oft unterschätzt. Meines Erachtens trifft das leider nach wie vor insbesondere auf unsere Hochschuldidaktik zu. Demgegenüber werden die unterschiedlichen Arbeitsformen von Gruppenpädagogik und Gruppendynamik in den Bildungs- und Fortbildungseinrichtungen der Kirche und der Wirtschaft meiner Erfahrung nach gezielter und bewußter angewendet. All solche Vorgänge und Gesetzmäßigkeiten im Vollzug mitzuerleben und zu reflek-

15 Vgl. T. Brocher, Gruppendynamik und Erwachsenenbildung, 1967.

tieren ist etwas anderes als sich in Lehrbüchern darüber informieren zu lassen. Es erscheint mir darum nach wie vor unverzichtbar, daß PfarrerInnen ebenso wie die Angehörigen anderer Kommunikationsberufe im Wege von Gruppendynamik ihr Kommunikationsverhalten reflektieren und entwickeln lernen.
Nun kann es aber kaum dieser Lernweg für Kommunikationsverhalten gewesen sein, der die massive und immer noch anhaltende theologische Kritik an ‚der' Gruppendynamik ausgelöst hat. De facto hat sich diese Kritik auch auf einen anderen Aspekt gerichtet[16]. Im gruppendynamischen Prozeß wird ja durch bestimmte methodische Verfahren gefordert, daß die Teilnehmer einander aufmerksam zuhören, einander ernstnehmen, aufeinander zugehen, einander annehmen. Das hat in der Regel neue und ungewohnte Erfahrungen von Zuwendung, von Akzeptiertwerden, von Bejahtsein zur Folge; bei manchen ein Freiheitsgefühl und ein so tiefes Sichwohlfühlen, wie es ihnen aus ihrem bisherigen Leben unbekannt war. Nicht selten wurden diese Erfahrungen in religiösen Metaphern beschrieben; wie etwa: „ich fühle mich erlöst von meinen tief eingerasteten Abhängigkeiten". Oder: „weil ich von der Gruppe so, wie ich bin, akzeptiert werde, darum kann ich jetzt auch zu mir selber ‚Ja' sagen". [31] Oder, noch weiter zugespitzt: „die Gruppe ist mein Hirte, mir mangelt nichts mehr!"
Unüberhörbar ist das religiöse Moment, das in diesen Metaphern zum Ausdruck kommt. Damit aber muß unvermeidlich Reibung oder sogar Konkurrenz zu dem entstehen, was wir Glauben nennen und was bei vielen Christen von ähnlich starker emotionaler Intensität ist. Bestimmte gruppendynamische Methoden oder Prozesse können dementsprechend als Selbsterlösung im theologischen Sinne erscheinen. Wo aber Selbsterlösung versucht wird, da kommt es schnell auch zu Enttäuschungen, zum Scheitern, ja zur Selbstzerstörung. De facto ist nicht selten von solchen Erfahrungen aus gruppendynamischen Veranstaltungen berichtet worden: von einengenden Gruppenzwängen, von verletzenden Feedback-Formulierungen, Verlassenheitsgefühlen, Beschädigungen der persönlichen Integrität.
So gab es berechtigte Ansatzpunkte für die Kritik ‚der' Gruppendynamik durch eine Theologie, die ihre besondere Aufmerksamkeit auf das richtet, was nach quasireligiöser Selbsterlösung oder nach deren Kehrseite, also nach Selbstzerstörung aussieht; anders gesagt: es gab durchaus Anlaß für den ‚Soteriologieverdacht'. Zum Problem wurde aber wiederum, daß dieser Soteriologieverdacht schnell zum dominierenden, zum einzigen, zum absolut gesetzten Kriterium für die theologische Beurteilung all dessen

16 Vgl. K.W. Dahm, Feindbild Gruppendynamik, in: Evangelische Kommentare 1979, Sp. 149ff.

gemacht wurde, was unter Gruppendynamik firmierte. Bis hin in die Diskussion von Presbyterien oder Kreissynoden war die Rede von diesem ‚neumodischen Teufelszeug'. Je mehr sich aber die Rabies theologorum, die Kampfeslust der Theologen auf dieses schillernde Phänomen ‚Gruppendynamik' richtete, desto weiter mußte dessen Ambivalenz aus dem Blick geraten.
Die sozusagen andere Seite von Gruppendynamik, die vielfältig positiven und keineswegs religiös überhöhten Eigenerfahrungen, die Lernmöglichkeiten für das Kommunikationsverhalten wurden verdunkelt oder als psychotechnische Manipulation verdächtigt. Die Wogen der Auseinandersetzungen gingen hoch und haben manche positive Erfahrung und manchen Blütentraum von einem neuen, unbefangenen, ansatzweise vielleicht herrschaftsfreien Umgang miteinander überflutet.
Inzwischen ist der Sturm abgeflaut; positive Anwendungen von Gruppendynamik sind hier mehr und dort weniger in die vielfältigen kirchlichen Arbeitsformen aufgenommen worden. Sogar das mit der gruppendynamischen Bewegung oft verknüpfte Reizwort der Selbstverwirklichung wird heute nüchterner und sozusagen ambivalenzbewußter diskutiert. Doch bleibt das Thema insgesamt ein Lehrstück dafür, wie fruchtbar für die Beurteilung von neuen, komplexen und auch brisanten Entwicklungen in der kirchlichen Praxis eine methodisch reflektierte Doppelperspektive von theologischen und erfahrungswissenschaftlichen Gesichtspunkten sein kann. Durch Gruppendynamik hätte mancher in ideologisierter Einseitigkeit entstandene, sachlich unfruchtbare, persönlich aber verletzende und einander ausgrenzende Streit vermieden werden können. Künftig wird sich die theologische Bemühung in Kooperation mit der sie ergänzenden humanwissenschaftlichen Betrachtung [32] hauptsächlich darauf richten müssen, wie Gruppendynamik über ihre vielerlei zufälligen und eklektischen Anwendungen hinaus in ein Gesamtkonzept zukunftsweisender kirchlicher Kommunikation einzubinden ist.

3. Marktwirtschaft — Motor der Produktivität oder Zerstörer der Solidargemeinschaft?

Heftiger als über Religionsbetrieb oder Gruppendynamik wird gegenwärtig über die wirtschaftliche und soziale Lage unseres Landes diskutiert: nicht nur generell in der Öffentlichkeit, sondern auch speziell in der Theologie und Kirche. Es geht um Arbeitslosigkeit und um unsere sozialen Sicherungssysteme, um Wettbewerbsfähigkeit und um die rapide Zunahme von Korruption. Bei der Analyse von Ursachen für die sozioökonomischen Krisen wird in Teilen unserer Gesellschaft nachdrücklich auf das Marktprinzip verwiesen. Mit seiner auf Egoismus basierenden Grundidee durchdringe und dehumanisiere der Markt-Ökonomismus wichtige Bereiche un-

seres gesellschaftlichen Zusammenlebens: die persönliche Lebenswelt durch Mammonismus und seelenloses Kosten-Nutzen-Denken; die Ebene der Unternehmen durch Verdrängungswettbewerb und Bestechung; die Ebene der Gesamtgesellschaft durch zunehmende soziale Ungerechtigkeit und Entsolidarisierung, schließlich führe der Markt-Ökonomismus zur Zerstörung der natürlichen Umwelt durch ungebremstes Wachstum. Eine solche grundsätzlich marktkritische Einstellung ist nach Umfragen besonders im Bereich der sozialen Berufe und im Bildungssystem verbreitet; es ist auch unter PfarrerInnen und kirchlichen MitarbeiterInnen häufig anzutreffen[17]. Dementsprechend wird dort gern gefordert, daß, sich die theologische Sozialethik unzweideutig auf die Seite der Armen und damit, wie man meint, auf die Seite der Marktkritik zu stellen habe.
Dieser marktkritischen Grundeinstellung diametral entgegengesetzt ist das, was eine neuere Studie als ‚Ökonomismus' oder ‚Hintergrund-Ökonomismus' bezeichnet. Gemeint ist ein ungebrochenes Grundvertrauen in die Steuerungskraft des Marktes; nicht nur in seine Leistung als Motor von Produktivität und Wohlstand, sondern auch in seine Leistung für die Verteilung der Güter und für soziale Gerechtigkeit. Staatliche Interventionen in das Marktsystem, so glaubt man hier, verursachen in der Regel mehr sozialpolitische Probleme als sie lösen[18]. Die erwähnte Studie gibt an, daß 75 % aller deutschen Führungskräfte und aller Hierarchiestufen diesem marktoptimistischen Ökonomismus anhängen. Unsere Gesellschaft ist also, was die Einstellung zum Marktprinzip angeht, deutlich gespalten: in die Marktkritiker aus dem Bildungssystem, dem Sozialsystem und der Kirche — und die Marktanhänger oder Hintergrundökonomisten, die vor allem im Wirtschaftssystem anzutreffen sind.
[33] Vor dem Hintergrund dieser gesellschaftlichen Spaltung sowie der gegenwärtigen sozioökonomischen Krisen ist die Sozialethik gefordert, ihre Einstellung zu den gesellschaftlich diskutierten Problemen der Marktwirtschaft zu benennen und zu begründen. Meine eigenen Gesichtspunkte dazu deute ich im Rahmen der uns in diesem Vortrag insgesamt leitenden Fragestellungen an.
Auffällig ist zunächst, daß wir es nicht nur in der kirchlichen, sondern in der öffentlichen Diskussion insgesamt wiederum mit ähnlichen Vereinseitigungen und Verabsolutierungen zu tun haben wie bei den Themenfeldern ‚Religionsbetrieb' und Gruppendynamik. Das Marktprinzip wird von den einen, nämlich von den Vertretern des Hintergrundökonomismus verklärt und zu einem sakrosankten ‚Wert an sich' stilisiert; und es

17 Vgl. K.W. Dahm, Wenn der Markt zum Sündenbock wird; in: Zeitschrift für Evangelische Ethik 1992, 276-290.

18 Vgl. P Ulrich/U. Thielemann, Wie denken Manager über Markt und Moral; in: J. Wieland (Hrsg.), Wirtschaftsethik und Theorie der Gesellschaft, 1993, 54-91.

wird von den anderen, den Marktkritikern, zum Sündenbock für fast alle sozialen Krisen gemacht. Solche Vereinseitigungen und Ideologisierungen begegnen mir primär in Alltagsdiskussionen mit PfarrerInnen oder kirchlichen MitarbeiterInnen, sowie auf der anderen Seite mit Leuten aus dem Wirtschaftssystem; sie finden sich in dieser Vergröberung nicht in kirchlichen Verlautbarungen oder theologischen Aufsätzen, obwohl sie dort gelegentlich implizit in den angezeigten Tendenzen erkennbar sind. Gleichzeitig fällt auf, daß in diesen Diskussionen zwischen dem Marktprinzip als solchem und seinen Auswirkungen im gesellschaftlichen Leben nicht deutlich genug unterschieden wird: Nicht zuletzt und wiederum fällt auf, daß die ja auch in den gesellschaftlichen Auswirkungen der Marktwirtschaft erkennbaren Ambivalenzen selten eine grundlegende Rolle für die Analysen und die Therapievorstellungen spielen. Man tendiert eben auch als Wirtschafts- oder Sozialwissenschaftler in entweder die eine oder die andere Richtung.

Die Sozialethik muß m.E. aber gerade solche Differenzierungen wie zwischen Marktprinzip auf der einen und der Ambivalenz seiner Auswirkungen auf der anderen Seite ernstnehmen und in ihren eigenen Kommentaren und Handlungsentwürfen grundlegend berücksichtigen. Dabei wird man sich zuerst bewußt machen müssen, daß das Marktprinzip der effektivste uns bekannte Motor für wirtschaftliche Produktivität ist. Wer Marktwirtschaft ab ovo kritisiert und ablehnt, der muß sagen, welches Wirtschaftsprinzip denn ein gleiches oder sogar ein höheres Maß an Gütern für unsere überbevölkerte Welt zu erwirtschaften vermag - und er muß auch sagen, was er selbst an die Stelle des Marktprinzips setzen will. Gelegentlich wird vorgebracht, dies zu sagen sei nicht Aufgabe der Sozialethik; deren Sache sei es vielmehr, Ungerechtigkeiten aufzuzeigen und eine gerechtere Verteilung einzufordern: Mir leuchtet diese Position nicht ein. Produktivität und Verteilung stehen m.E. in einer so unauflösbaren Wechselbeziehung, daß das eine vom anderen gerade in der ethischen Reflexion auf keinen Fall getrennt werden darf.

Da das Marktprinzip nach menschlichem Ermessen auf absehbare Zeit nicht zu ersetzen ist, gehört es zur genuinen Aufgabe von Sozialethik, die Diskussion über die Leistungsgrenzen der Marktsteuerung und über die gegebenenfalls notwendigen Korrekturen freizuhalten oder allererst frei zu machen von all den Ideologisierungen und religiösen Überhöhungen, [31] die die marktpolitische Debatte beherrschen. Die Sozialethik muß freilich auch, theologisch gesprochen, in einer dem Soteriologieverdacht vergleichbaren Weise aufzeigen, was passiert, wenn das, was von Menschen gemacht ist, zu einem sakrosankten Oberwert überhöht und damit unangreifbar wird. Weil es von Menschen gemacht ist, muß das Marktprinzip kritisierbar bleiben; seine internen oder externen Steuerungen müssen

korrigiert werden können, wenn das aufgrund von Auswirkungen des Marktprinzips nötig erscheint; so etwa wie es vor fünfzig Jahren mit dem Konzept der Sozialen Marktwirtschaft geschehen ist.
Die Aufgabe der Sozialethik wie überhaupt die der theologischen Ethik darf sich aber, wie in diesen Überlegungen immer wieder ausgeführt wurde, keinesfalls darin erschöpfen, die Überhöhungen und Mythenbildungen wie unser Phänomen des Markt-Mythos (trage es nun ein positives oder ein negatives Vorzeichen) zu entlarven und gleichsam zu entmythologisieren. Sozialethik muß immer auch, und muß sogar in erster Linie, Orientierung anbieten und inhaltliche Gestaltungsimpulse geben. Richtungsangaben dafür haben wir für unsere Zeit in den Leitbegriffen der ‚Menschengerechtigkeit' oder der Sozialverträglichkeit bereits angedeutet. Im Sinne dieser Orientierungsaufgabe hat die Sozialethik eben auch die wechselseitigen Abhängigkeiten zwischen Marktprinzip und Sozialverträglichkeit bewußt zu machen und bewußt zu halten.
Wenn es aber zur immer vorrangigeren Aufgabe von Sozialethik wird, ihre inhaltlichen Vorstellungen in der gesellschaftlichen Praxis umzusetzen, dann muß sie ein Konzept dafür haben, welchen Adressaten sie auf welcher Ebene unserer Lebenswelt ansprechen will. Sie wird die politische Öffentlichkeit, etwa in den kirchlichen Denkschriften, anders ansprechen als die Glieder einer Kirchengemeinde, wenn ein sozialethisches Aktionsprogramm mit Arbeitslosen geplant ist. Sie wird ihre Aufmerksamkeit und ihre Aktivitäten immer stärker aber auf diejenige Handlungsebene richten, die als Ebene der ‚organisierten Teilsysteme' zwischen den persönlichen Nahbereichen, der ‚Face-to-face-Relations' und den anonymen Makrosystemen des Staates oder der EU lokalisiert ist, nämlich auf die Ebene des Management in Unternehmungen, Verwaltungen oder staatlichen Organisationen. Denn hier, so scheint es, fallen in zunehmendem Maße Entscheidungen, die für den gesamten Gesellschaftsprozeß von richtungsweisender Bedeutung und von unmittelbarem Einfluß sind.
Ich möchte abschließend ein paar Erfahrungen und Vermutungen benennen, wie auf dieser Ebene sozialethisch gearbeitet werden kann. Zunächst ist davon auszugehen, daß die Bereitschaft zu ethisch verantwortlichem Handeln, auch zum Nachdenken über die Sozialverträglichkeit der eigenen Entscheidungen, grundsätzlich bei den meisten Führungskräften vorhanden ist. Sie ist oft überwuchert oder verdrängt durch vermeintliche oder tatsächliche Sachzwänge; auch dadurch, daß sich der Einzelne oft nicht gegen das vorherrschende Denken in seiner Gruppen-Plausibilität durchzusetzen vermag. Aber die Bereitschaft, im ethischen Sinn verantwortlich zu handeln, ist prinzipiell vorhanden — und sie ist abrufbar. [35]
Andererseits freilich sind Führungskräfte der Wirtschaft ebenso wie die der Verwaltung oder anderer Organisationen in der Regel ungewohnt und

ungeübt, diese ihre ethische Motivation im Rahmen ihrer Alltagsarbeit angemessen umzusetzen. Sie denken gewöhnlich in ökonomischen Kategorien und haben Schwierigkeiten, ökonomisches und ,ethisches' Denken produktiv miteinander zu vermitteln. Oft fragen sie ganz direkt nach Arbeitshilfen, praktisch bewährten Modellen und hantierbaren Methoden für ihr eigenes ,Management of values'.
Wer sich im gemeinsamen Suchprozeß auf diese Fragestellung der Praxis einläßt, der stellt fest, daß es zunächst darum gehen muß, die vorhandenen Spielräume für ein stärker reflektiertes Handeln als es im Alltagsbetrieb üblich ist, entdecken und nutzen zu lernen. Das gilt sowohl für die individuellen Spielräume der meisten Verantwortungsträger als auch für diejenigen Freiheitsräume, die ein Betrieb, eine Abteilung, ein Unternehmen als ganzes hat und gewöhnlich unbeachtet und ungenutzt läßt. Immer wieder habe ich von betroffenen Führungskräften gehört, daß es tatsächlich mehr an solchen Spielräumen gibt, als man sich im Streß des Wettbewerbs bewußt macht.
Eine wichtige und bewährte Hilfe, solche Spielräume zu entdecken, ist meiner Erfahrung nach wiederum die Anknüpfung an vorhandene Ambivalenzerfahrungen. Schon auf die unbefangene Frage danach, wie er die Beziehung zu seinen Mitarbeitern oder zum Kunden oder zum Gewinnprinzip sieht, antwortet fast jeder Gesprächspartner ganz selbstverständlich und ganz von sich aus mit Ambivalenzerfahrungen: es gibt positives und weniger gutes zu berichten. Fragt man weiter nach, dann ergibt sich, daß die Situationen und Beziehungen keineswegs so einseitig determiniert sind, wie man beim ersten Hinschauen gemeint hat, sondern daß es ganz unterschiedliche Möglichkeiten gibt, sie zu gestalten.
Der ernsthafte und geordnete Diskurs über solche Ambivalenzerfahrungen und die in ihnen implizierten Wertvorstellungen führt in der Regel dazu, daß der Verantwortungsträger selbst durch die veränderte Perspektivität seine Spielräume neu zu sehen lernt und daß er vielleicht auch über ihre bessere Nutzung im ethischen Sinne nachzudenken beginnt. Diesen Prozeß kann man veranschaulichen an der Einstellung gegenüber allen relevanten Bezugsgrößen einer Führungskraft, nämlich gegenüber dem Kunden, dem Mitarbeiter, der ökologischen Umwelt, dem Zulieferer und dem ,share-holder (-value)'. Exemplarisch können wir in dieser Vorlesung nur eine dieser Bezugsgrößen herausgreifen und ins Auge fassen, nämlich die Einstellung gegenüber dem Mitarbeiter.
Jeder Mitarbeiter kann im Wettbewerbsalltag schnell auf seine Rolle als Kostenfaktor reduziert werden. Er kann aber auch unter dem Gesichtspunkt von Wertschätzung oder dem seiner kreativen Fähigkeiten gesehen werden. Beide Perspektiven kommen zunächst aus unterschiedlichen Wertsystemen. Sie werden im übergreifenden Wertehaushalt der betref-

fenden Führungskraft aber miteinander vermischt: Ein Mitarbeiter, der Wertschätzung und Förderung erfährt, ist stärker leistungsmotiviert und damit auch im Kostensinne ‚produktiver' als einer, der nur ‚als anonyme Nummer geführt wird. Beide Perspektiven aber, die der persönlichen [36] Wertschätzung oder die als ‚Kostenfaktor', haben je für sich genommen, ein unterschiedliches Verhalten gegenüber dem Mitarbeiter zur Folge. Das Aufmerksamwerden auf die mögliche Doppelperspektivität eröffnet gleichsam den Zugang zu den real existierenden Freiräumen für Handlungsalternativen, beispielsweise für den Einsatzplan oder für eine gezielte Förderungsmaßnahme zugunsten des Mitarbeiters. All das bedeutet, daß das Verhalten sich tatsächlich stärker an Kriterien des Menschengerechten orientieren kann als man sich das im Wettbewerbsalltag bewußt macht.

Was an diesem stark vereinfachenden Beispiel veranschaulicht werden sollte, gilt analog für die Beziehung zum Kunden, zur Umwelt, und in entsprechender Modifikation auch für die Gewinnorientierung.

Wichtig ist, daß die Gesprächsanstöße zu entsprechendem Nachdenken nicht als notwendige Appelle oder Forderungen auf die Führungskraft eindringen, sondern die Motivation in den Eigenerfahrungen, den Ambivalenzerfahrungen und den eigenen Wertvorstellungen des Gesprächspartners suchen.

Gewiß ist eine solche methodische Kombination von einer alltagspraktisch ausgerichteten Diskursethik mit der Verarbeitung von Ambivalenzerfahrungen und eigenen Wertvorstellungen kein sozialethisches Wundermittel. Sozialethisches Lernen braucht gerade auch auf der Handlungsebene von Verantwortungsträgern Geduld, das anhaltende Suchen nach neuen Möglichkeiten, veränderten Perspektiven, ungenutzten Spielräumen — und es braucht ein geregeltes Feedback; wie übrigens jeder Lernprozeß in Universität, Wirtschaft oder Kirche. — Möglicherweise erscheint dieser Weg dem einen oder anderen als mühsam, zu spektakulär oder als zu bescheiden. Doch sei solchem Eindruck entgegengehalten, daß ich, nach einer ganzen Reihe unterschiedlicher Versuche, keinen anderen Weg wüßte, auf dem sozialethische Sensibilisierung, Motivation und insbesondere Eigeninitiative besser erreicht werden könnte. Doch sind andererseits dem Einfallsreichtum der nach uns Kommenden auch keine Grenzen gesetzt.

Wir haben die Fragen eines angemessenen Umgehens mit der Ambivalenz gesellschaftlicher Gegebenheiten und persönlicher Erfahrungen in unterschiedlichen, vielleicht heterogenen Annäherungen bearbeitet.

Unser Eindruck und unsere Meinung ist, daß es der christlichen Sozialethik wenig hilft, wenn von ihrer Seite aus steile, ‚hochethische' Forderungen mit dem Anspruch verbindlicher Positionalität erhoben und dabei die Ambivalenzen der Realität übersprungen werden.

Es reicht auch nicht aus; daß die Verkürzung von Ambivalenz durch einseitige Überhöhungen, durch Verklärung oder Verdammung aufgedeckt und etwaige Mythenbildungen aufgeklärt werden — so unverzichtbar diese Aufgabe für eine theologische Sozialethik ist und bleibt.
Der theologisch begründete Gestaltungswille evangelischer Sozialethik aber wird bei derjenigen Realität ansetzen, die durch vielfache Ambivalenzen bestimmt ist, deren Freiräume aber gerade in solchen Ambivalenzen erkennbar werden. Mitzuhelfen, solche Freiräume zu entdecken [37] und sie für ein ethisch verantwortetes Handeln nutzbar zu machen, ist eine Aufgabe für Sozialethik und pastorales Handeln insgesamt, die zwar erst wenig in Angriff genommen wird, auf der jedoch aber viel Verheißung ruht.

Kapitel V – Evangelische Verantwortung in der Wirtschaft

Der Boom der Wirtschaftsethik und die Ausdifferenzierung von Unternehmensbezogener Ethikvermittlung*

Über Jahrzehnte war Wirtschaftsethik kein Thema von großer Resonanz in Theologie und Sozialwissenschaften, schon gar nicht in den Wirtschaftswissenschaften oder in der Wirtschaft selbst.
In der Evangelischen Theologie klafft zwischen den beiden ausdrücklich diesem Thema gewidmeten konzeptionellen Monographien von G. Wünsch (1927)[1] und A. Rich (1984)[2] eine Lücke von 57 Jahren. Während dieser Zeit wurde Wirtschaftsethik zwar in Aufsätzen[3] und als zugehöriges Teilstück neuer Entwürfe und Lehrbücher zur Theologischen Ethik behandelt, doch geschah das in der Regel eher beiläufig. Die wichtigsten Tendenzen der bis zum Ende der sechziger Jahre veröffentlichten Arbeiten sind in der Monographie von H. Weber (1970)[4] dargestellt und analysiert worden; eine vergleichbare wirtschaftsethisch-systematisierende Auswertung der seitdem vorgelegten Konzeptionen theologischer Ethik[5] liegt bisher nicht vor.

Ein ähnliches Bild ergibt sich für die (praktische) Philosophie und auch für die Wirtschaftswissenschaften: Bis in die Mitte der achtziger Jahre widmen sieh nur wenige Monographien dem Thema Wirtschaftsethik[6]. Charakteristisch für die über lange Zeit vorherrschende Einschätzung dieses Themas mag der in den wirtschaftswissenschaftlichen Fachbereichen gerne kolportierte Ratschlag für einen an Wirtschaftsethik interessierten Studenten sein: Er möge sich doch entweder für Wirtschaftswissenschaft oder für Ethik entscheiden; beides zusammen gehe nicht[7]. — Auch innerhalb der Katholischen Theologie und selbst im Gebiet der (katholischen) Christlichen Sozialwissenschaften stand unser Thema keineswegs im Vordergrund, wenngleich es insbesondere durch Arbeiten von Oswald von Nell-Breuning[8] und Joseph Kardinal Höffner[9], durch eine Reihe von Beiträgen im Jahrbuch für Christliche Sozialwissenschaften[10] sowie durch die Zusammenhänge zwischen Befreiungstheologie und sozioökonomischer Kontextualität[11] stärker in die Öffentlichkeit von Wirtschaft und Gesellschaft hineingetragen und dort diskutiert wurde als das von anderen Ansätzen aus geschah.

---

* Erstveröffentlicht in: ZEE, 33. Jg., 1989, S. 121-147 unter dem Titel "Unternehmensbezogene Ethikvermittlung - Literaturbericht: Zur neueren Entwicklung der Wirtschaftsethik". Der Artikel wurde für den Wiederabdruck leicht überarbeitet.
Fußnoten am Ende des Artikels. Die weiterführende Literatur der Erstveröffentlichung (S. 141-147) wurde hier nicht nochmals abgedruckt.

Insgesamt aber ist all das, was bis ca. 1985 in Deutschland (und darüber hinaus in Europa) zur Wirtschaftsethik publiziert und diskutiert wurde, an Quantität, inhaltlicher Vielfalt, Differenziertheit und nicht zuletzt an öffentlicher Resonanz kaum vergleichbar mit dem, was sich seitdem in unserem thematischen Feld abspielt: mit einer fast explosionsartig sich ausweitenden und schon jetzt kaum noch übersehbaren Fülle von wissenschaftlichen und popularwissenschaftlichen Veröffentlichungen, von Tagungen, Kongressen und Symposien, und nicht zuletzt von unternehmensbezogenen Bildungs- und Erziehungsmaßnahmen innerhalb der großen Firmen. Vergleichbar ist diese Entwicklung allenfalls mit der Intensität und Vielfalt der seit über einem Jahrzehnt andauernden US-amerikanischen Business-Ethics-Bewegung[12], die ihrerseits offensichtlich in vielfacher Weise auf die deutsche Szene einwirkt.
Um sich mit der Fülle neuer Impulse, Publikationen und Veranstaltungen zur Wirtschaftsethik innerhalb des deutschen Sprachraumes im ganzen oder in Einzelzügen auseinandersetzen zu können, bedarf es zunächst einer groben Gesamtübersicht. Schon um der Fülle und der Heterogenität des Materiales willen müßte eine solche erste Gliederung gründlich unterscheiden zwischen

- begründungs-, anwendungs- und popularwissenschaftlichen Absichten,
- theologischen, praktisch-philosophischen und wirtschaftswissenschaftlichen Ansätzen, wobei der wissenschaftli[122]chen Gestaltung der vielbeschworenen Interdisziplinarität besondere Aufmerksamkeit zukäme,
- den externen Ursachen (der »Katastrophen und Skandale« in Umwelt- und Finanzwirtschaft) und den wirtschaftswissenschaftlich-internen Interessen an einer Weiterentwicklung der Wirtschaftstheorie,
- Einstellungen und Vorgängen in den USA und in der Bundesrepublik Deutschland.

Um all diesen Aspekten angesichts ihres Gewichtes in der gegenwärtigen Diskussion und angesichts ihrer substantiellen Eigenproblematik einigermaßen gerecht zu werden, bedürften sie einer jeweils eigenständigen Thematisierung, mindestens aber einer dieser Gesamtheit gewidmeten breiten Review. Beides kann hier nicht in extenso geschehen. Der Focus dieses Berichtes ist vielmehr auf einen Teilbereich des Gesamtphänomens ausgerichtet, nämlich auf die in der deutschen wirtschaftsethischen Debatte noch kaum systematisch erörterte, in der Wirtschaft selbst allerdings durchaus vielfältig versuchte Bemühung um eine *unternehmensbezogene Ethikvermittlung an Führungskräfte*, also auf das, was von den Amerika-

nern »Corporate-Ethics-Programs« genannt wird, was bei ihnen ein zentrales Kernstück der gesamten *Business-Ethics-Bewegung* darstellt und selbst in wissenschaftlichen Publikationen[13] mehr Raum und mehr Aufmerksamkeit beansprucht als die philosophisch-theoretischen Bemühungen um eine zeitgerechte Problematisierung und Reformulierung wirtschaftsethischer Normen; (von den Äußerungen zur Normenfrage dürfte übrigens der auch in Deutschland vieldiskutierte US Bishops Pastoral Letter »Economic Justice for All«, 1986[14], die gesellschaftlichen Schallmauern begründungswissenschaftlicher oder kirchlicher Äußerungen[15] in den USA am stärksten durchbrochen haben).
Das Interesse daran, ethische Fragen gezielt auf die Unternehmensebene und auf die dort handelnden Menschen, insbesondere auf die Manager zu beziehen, hat in der BRD, wie später zu zeigen ist, zu ersten Distinktionen in der wirtschafts- und sozialwissenschaftlichen Diskussion geführt[16]. Das praktische Interesse an »Ethikvermittlung«, bezogen auf das Unternehmen, äußert sich in zahlreichen Vortragsveranstaltungen, zunehmend auch in »Ethikseminaren», die entweder firmenintern oder extern von selbständigen Bildungseinrichtungen angeboten werden[17]. Manche Firmen vermeiden zwar (noch?) die explizite Verwendung des als zu beladen empfundenen Terminus »Ethik«, führen aber ähnliche Aktivitäten unter dem Oberbegriff »Unternehmenskultur« durch und verwenden diesen ebenfalls aus dem amerikanischen Sprachgebrauch (Corporate Culture)[18] übernommenen Begriff in inhaltlicher Nähe zu »Wirtschaftsethik«. Gemeint ist unter Unternehmenskultur etwa die »Gesamtheit von Normen, Wertvorstellungen und Denkhaltungen, die das Verhalten der Mitarbeiter aller Stufen und somit das Erscheinungsbild des Unternehmens prägen«[19]. Bevor wir uns jedoch der Unternehmensebene und speziell dem, was unter »unternehmensbezogener Ethikvermittlung« inhaltlich und methodisch zu verstehen ist, gezielt zuwenden, müssen in knapper Markierung das Gesamtfeld des wirtschafts ethischen Neuaufbruches abgesteckt und seine wichtigsten theologisch-ethischen Strukturmomente kenntlich gemacht werden.

I.

(1) "Temporäre AG Wirtschaftswissenschaft und Ethik" (1984)

Als eine ebenso symptomatische wie folgenreiche Initiative *am Beginn des neuen und breiten wissenschaftlichen Engagements für Wirtschaftsethik ist die im September 1984 erfolgte Einrichtung einer »Temporären Arbeitsgruppe Wirtschaftswissenschaft und Ethik« durch den namhaften »Verein für Socialpolitik«*[20] anzusehen. Ca. 20 Gelehrte aus Volkswirtschaft und Betriebswirtschaft, aus Philosophie und Theologie sollten in »fächerübergreifendem Gespräch eine Standortbestimmung der Wirtschaftsethik in der heutigen Zeit vornehmen.« Inzwischen sind sowohl die Referate einer diese temporäre Arbeitsgruppe vorbereitenden Tagung[21] als auch die Beiträge dieser Arbeitsgruppe selbst publiziert; letztere zusammen mit einem »gemeinsamen Papier«, das schon um der von den Mitgliedern der Arbeitsgruppe gemeinsam vertretenen Sicht wirtschaftsethischer Herausforderungen und Aufgaben willen geradezu als eine Art Manifest zum Thema »Wirtschaftswissenschaft und Ethik« erscheinen kann". Als Grund der »verstärkten Aufmerksamkeit« für das Verhältnis von Wirtschaft und Moral wird die Vorstellung vieler Menschen angeführt, daß angesichts von »verbreiteter Armut in der Welt, Massenassenarbeitslosigkeit, Umweltzerstörung, Verwendung knapper Ressourcen für den Aufbau riesiger militärischer Vernichtungspotentiale das wirtschaftliche Handeln fehlgerichtet sein müsse und daß die bestehenden nationalen Wirtschaftssysteme und [123] die gegenwärtig herrschende Weltwirtschaftsordnung moralischen Ansprüchen nicht genügen« würden. In diesem Zusammenhang werde »bedauert, daß die Wirtschaftswissenschaft ohne Not die früher als selbstverständlich geltende systematische Zusammengehörigkeit von Ökonomie und Ethik verlassen, sich auf durch Eigennutz angetriebenes wirtschaftliches Handeln konzentriert und so die Totalität menschlichen Handelns aus dem Blick verloren habe«[23]. Aus dieser Herausforderung ergibt sich die Hauptaufgabe einer neuen grundlegenden Klärung des Verhältnisses von Wirtschaftswissenschaft und Ethik, wobei »Wirtschaftsethik keine regionalisierte Disziplin neben anderen wirtschaftswissenschaftlichen Disziplinen, sondern Grundlagenreflexion sein muß«[24]. Eine der dabei anstehenden vordringlichen systematischen Fragen betrifft das Verhältnis von Individualethik und Sozialethik, bzw. Institutionenethik; die Frage also, ob Moralität des wirtschaftlichen Handelns eher durch eine Reform der Gesinnung oder durch eine Reform der rechtlichen und institutionellen Rahmenbedingungen gefördert werden solle. In der Sicht des »Manifestes« sollen beide ethischen Ansätze einander komplementär ergänzen; die Dominanz des individualethischen Paradigmas in der Wirtschaftsethik sei dementsprechend zwar abzulösen, nicht aber einfach durch eine »Dominanz der Sozialethik mit subsidiärer Stellung der Individualethik zu ersetzen«.[25] Dieses Postulat im Rahmen einer umfassenden Neubestimmung von Wirtschaftsethik zu konkretisieren bedarf es umfassender Forschungsarbeiten; der Vielschichtigkeit des Gegenstandes müssen multiple Annäherungen entsprechen, für die eine interdisziplinäre Typologie von zehn verschiedenen Forschungsansätzen vorgestellt wird. Abgesehen von den nachdrücklichen, jedoch untereinander keineswegs durchgängig homogen erscheinenden Anregungen, äußert sich das »Manifest«-Papier der Temporären Arbeitsgruppe auch zu unserem engeren Interessengebiet, der Ethikvermittlung: Gefordert wird nämlich, daß »die wirtschaftswissenschaftlichen Fachbereiche in größerem Ausmaße als bisher prüfungsrelevante wirtschaftsethische Lehrveranstaltungen anbieten«[26]. Dem Vernehmen nach ist ein Arbeitsausschuß im Anschluß an die Temporäre Arbeitsgruppe bereits mit der Ausarbeitung von Curriculum-Vorschlägen für ein wirtschaftsethisches Studium von Volks- und Betriebswirten beschäftigt. Auch hier folgt offensichtlich, bewußt oder zufällig die deutsche Entwicklung der us-amerikanischen: dort ist zwischen 1975 und 1985 in ca. zwei Dritteln der Business Schools das vorher ignorierte oder abgelehnte Fach Business Ethics als Pflichtkurs eingeführt worden" und hat sich gleichzeitig die Zahl wirtschaftsethischer Lehrbuch-Titel mehr als verzehnfacht[27].

(2) Kolloquium "Theologische Aspekte der Wirtschaftsethik" (ab 1986)

Neben der vom Verein für Socialpolitik eingerichteten Temporären Arbeitsgruppe »Wirtschaftswissenschaft und Ethik« ist seit 1986 das interdisziplinäre *Kolloquium »Theologische Aspekte der Wirtschaftsethik«, das halbjährlich in der Evangelischen Akademie Loccum* tagt und an dem etwa 30 Wissenschaftler aus verschiedenen Fachrichtungen teilnehmen, durch einen breiten Fächer von Diskussionsbeiträgen zu den Begründungsproblemen der Wirtschaftsethik und insbesondere zu den latenten und den potentiellen Begründungsleistungen der Theologie hervorgetreten. Das Kolloquium wird moderiert von Prof. Eilert Herms, der auch der Temporären Arbeitsgruppe angehörte, das Kolloquium mit einem Grundsatzreferat über »Aufgaben und Probleme einer theologisch begründeten Wirtschaftsethik« eingeleitet und die bisher erschienenen vier Dokumentationsbände der Beiträge und Tagungsdiskussionen herausgegeben hat[29]. In den bisher durchgeführten Klausurtagungen ging es zuerst darum, Voraussetzungen, Inhalte und Formen eines interdisziplinären Gespräches über Ökonomie, Ethik und Theologie zu erkunden und ein gemeinsames Arbeitsfeld abzustecken. Die zweite und dritte Tagung widmeten sich der Frage nach dem ethischen Charakter des Wirtschaftens und dessen Reflexion innerhalb der Wirtschaftswissenschaften, konkretisiert vor allem in der Wirklichkeitswahrnehmung und dem Menschenbild verschiedener ökonomischer Theoriekonzepte (J. M. Keynes, A. Müller-Armack, F. Taylor und J. M. Buchanan). Die vierte und fünfte Tagung gingen gleichsam umgekehrt von der Theologie aus, vor allem von ihren möglichen Beiträgen für Letztbegründungen ethischen Handelns in der Wirtschaft, wobei als wichtigste »Schnittstelle« des Gesprächs zwischen Ökonomie und Theologie das »handelnde Subjekt« definiert und in seinen Beziehungen zur »Kommunikationsgemeinschaft« mit anderen Subjekten und zu Institutionen generell problematisiert wurde. Gerade der letzte Gesichtspunkt ist äußerst relevant für die unseres Erachtens notwendige eigen [124] ständige Ausdifferenzierung von »Unternehmensethik«, unternehmensbezogener ethischer Gruppenplausibilität und entsprechender Aufgaben der Ethikvermittlung. Er wird aber in den mehr grundsätzlichen theologischen Beiträgen kaum noch in dieser Blickrichtung entfaltet (die Ansätze von Falk Wagner werden bereits in dem Kommentar von Gerd Fleischmann als problematisch und als empirisch kaum haltbar kritisiert)[30]. Von den nicht-theologischen Referenten ist »Unternehmensethik« durch die Betriebswirtschaftler Horst Steinmann und Albert Löhr auf der zweiten Tagung des Kolloquiums in einer für den deutschen Sprachraum besonders differenzierten, hinsichtlich der internationalen Literatur breit dokumentierten Arbeit behandelt worden: Am Beispiel der Konfliktgeschichte des »Falles Nestle» (Vermarktung von gesundheitlich problematischer Babykost in der Dritten Welt) wird so etwas wie Unternehmensethik im Praxisvollzug analysiert und werden daraus Kriterien und eine Definition von Unternehmensethik abgeleitet[31]; die Definition selbst scheint allerdings zu stark auf den diskursiven Prozeß der Normenbegründung eingeengt zu sein und darum die vorher durchaus beobachteten Probleme unternehmensethischer Entscheidungsfindung angesichts divergierender Interessenkonstellation zu vernachlässigen.

(3) Interdisziplinäre Konferenzen (ab 1987)

Außer der Temporären Arbeitsgruppe des Vereins für Socialpolitik und dem Loccumer Kolloquium »Theologische Aspekte der Wirtschaftsethik« sind *vier weitere*, teils mehrfach zusammengetretene *interdisziplinäre Konferenzen zur Grundlagenreflexion von Wirtschaftsethik* hier zu erwähnen: Ein von der Evangelischen Akademie Tutzing bisher zweimal im März 1987 sowie im März 1988 veranstaltetes Kolloquium über Ethische Grundannahmen in den verschiedenen Traditionen der Wirtschaftstheorie; die Beiträge von dessen erster Tagung sind unter dem Titel »Ökonomische Theorie und Ethik« von Bernd Biervert und Martin Held herausgegeben worden[32]. Gegenstand eines von der Wissenschaftlichen Gesellschaft für Marketing und Unternehmensführung im Zusammenwirken mit der Universität- Münster im September 1987 veranstalteten internationalen Symposiums war »Verantwortung und Ethik im Management«. Das von einer privaten Stiftung getragene Institut für Ökologische Wirtschaftsforschung in Berlin führte im Dezember 1987 eine Konferenz durch mit dem Ziele einer Ausweitung des Gespräches zwischen Ökonomie und Ethik hinein in Naturwissenschaft und Technik.

Alle fünf bisher erwähnten oder ausführlicher dargestellten wissenschaftlichen Veranstaltungen zu Grundproblemen der Wirtschaftsethik sind datenmäßig registriert und stichwortartig charakterisiert im »European Business Ethics Newsletter«[33]. Diese neue Zeitschrift wird herausgegeben von der Internationalen Gesellschaft »European Business Ethics Network« (EBEN), die bei Gelegenheit der First mayor European Conference on Busi-

ness Ethics in Brüssel im November 1987 gegründet wurde[34]. Die Zeitschrift berichtet über Forschung, Lehre und andere wissenschaftliche Aktivitäten im Rahmen von Business Ethics aus allen europäischen Ländern. Sie annonciert einen zweiten großen europäischen Kongreß, den EBEN vom 27. bis 29. September 1989 in Barcelona unter dem Thema »People in the Organization, their moral roles and rights« durchführt. In der öffentlichen Diskussion häufig erwähnt ist das Colloquium »Ethik der Leistung«, das von dem der katholischen Soziallehre nahestehenden Kölner Lindenthal-Institut 1987 durchgeführt wurde und die wirtschaftsethische Diskussion über den sozusagen atlantischen Plausibilitätsrahmen hinaus in einen interkulturellen Dialog über ethisch-religiöse Implikationen von Leistung und Wirtschaftsverhalten durch Beiträge aus der Dritten Welt, der Sowjetunion und aus Südeuropa ausgeweitet hat[35].
Offenkundig manifestieren sich Aktualität und Vitalität der gegenwärtigen Thematisierung von Wirtschaftsethik selbst im Bereich der im klassischen Sinne wissenschaftlichen Arbeit, also abgesehen von anwendungs- und popularwissenschaftlichen Intentionen, zur Zeit eher in interdisziplinären Kolloquien und deren Dokumentation, sowie in Aufsätzen und Sammelbänden als in größeren Monographien. Zu den wenigen mit konzeptionellem Anspruch vorgelegten Buchpublikationen gehört die auch über den Bereich der Theologie hinaus vielzitierte Wirtschaftsethik von Arthur Rich (vgl. Anm. 2), die gleichsam an der Schwelle der anders gewordenen Diskussionslage steht und von deren inhaltlichen Hauptaussagen durch viele Autoren die Unterscheidung zwischen »sachgemäß und menschengerecht« teils zustimmend aufgenom[124]men, teils kritisch hinterfragt oder energisch abgelehnt wird.

(4) Neuere wirtschaftswissenschaftliche Entwürfe

Von wirtschaftswissenschaftlicher Seite ist der umfassendste und auch im Anspruch, dezidiert neue Wege zu gehen, exponierteste Versuch von *Peter Ulrich, dem Inhaber des neu errichteten Lehrstuhls für Wirtschaftsethik an der Universität St. Gallen*, mit seinem breit ausgeführten Werk *»Transformation der ökonomischen Vernunft« 1986* vorgelegt worden[36]. Neu sein will dieser Entwurf einerseits durch die deutliche Abkehr von alten, bisher in der Wirtschaftsphilosophie weitgehend vorherrschenden Paradigmen sowohl der neoklassischen Lehre, der Ulrich die Abkoppelung einer sich autonom verstehenden Ökonomik von den »lebenspraktischen Problemen der Wirtschaftswelt« zum Vorwurf macht, als auch vom Paradigma eines auf Zweckrationalität verkürzten Verständnisses von utilitaristischer Ethik, das der neoklassischen Lehre zugrunde liegt[37]. Infragegestellt wird gerade von Ulrich ebenfalls das von Arthur Rich verwendete Grundmodell der Unterscheidung zwischen »sachgemäß und menschengerecht«; Ulrich sieht darin eine irreführende und überholte »Zwei-Welten-Konzeption«: »Einen

solchen, in der Natur der Sache liegenden Gegensatz zwischen ökonomischer Rationalität (Sachgerechtigkeit) und ethischer Betrachtungsweise (Menschengerechtigkeit) kann es gar nicht geben, da die Konzeption einer gegenüber der ethisch-praktischen Problematik eigenständigen ökonomischen Problematik bloßer Ökonomismus ist. Wirtschaftsethische Postulate, die eine Moralität jenseits der betriebswirtschaftlichen Rationalität fordern, ... begnügen sich mit einem oberflächlichen Moralismus, der wirtschaftswissenschaftlich so irrelevant wie praktisch wirkungslos bleibt.«[38] Ulrich seinerseits will ökonomische Rationalität im Bezugsrahmen der »kommunikativen Ethik« statt in dem der utilitaristischen begründen und sucht dabei vor allem die Entwürfe von Jürgen Habermas und Karl-Otto Apel für die Wirtschaftsethik fruchtbar zu machen[39]. Er ordnet also den von ihm angestrebten realen sozialökonomischen Transformationsprozeß ein in die von Apel gemeinte »große Transformation«, in deren Zielbildern er eine tragfähige Fortschrittsperspektive für die moderne Industriegesellschaft insgesamt sieht, und in deren Rahmen die lebenspraktische mit der wirtschaftswissenschaftlichen Rationalitätsproblematik vermittelt werden soll[40]. Ökonomische Rationalität soll deutlicher in die gesellschaftlichen Verständigungsprozesse eingebettet werden.
In einer Reihe von Veröffentlichungen hat sich auch *Peter Koslowski* mit dem »mechanistischen Modell« der Neoklassik und mit einem Utilitarismus, der alle Handlungsmotive auf die »Leerformel Nutzen« reduziere, kritisch auseinandergesetzt. Die »im Kapitalismus« heute verbreitete Trennung zwischen ökonomischem Rechnen und ethischen Werten sei schon deshalb kurzschlüssig, weil Aufgabe und Problem des Wertens in der Wahl der Präferenzen immer mitgesetzt sei, dabei aber in der Marktwirtschaft unausdrücklich dem Individuum überlassen bleibe. Eine saubere Trennung von Ökonomie und Ethik sei nicht durchführbar, der Markt keine ethisch neutrale Zone. Andererseits sei der Markt die freie Form gesellschaftlicher und wirtschaftlicher Koordination; die anderen Koordinationsformen wie Planwirtschaft oder Abstimmung überlegen ist und dem eine Verbindung von wirtschaftlichem Eigeninteresse und Moralität keineswegs prinzipiell fremd sei. Die Beachtung ethischer Normen müsse das Marktresultat nicht notwendigerweise verschlechtern; sie könne es durchaus verbessern. »Gut Wirtschaften heißt, Effizienz und Verwirklichung des menschlichen Potentials, das Überleben und das gute Leben zu sichern ... Darum bedarf es einer Ethik des wirtschaftlichen Handelns ..., die das Effiziente und das Gute zugleich anstrebt.« Deshalb brauche der Kapitalismus als ökonomische Theorie des Tausches eine Ergänzung u. a. durch eine empirisch wie normativ begründete Sozialtheorie der Präferenzbildung einschließlich gesellschaftlicher Kontroll- und Korrekturmöglichkeiten seiner Mängel[41]. In der Betonung positiver Entwicklungsmöglichkeiten des Kapitalismus im Sinne

einer stärkeren Beachtung des ethischen Faktors kommt Koslowski dem Grundaxiom der amerikanischen Business-Ethics-Bewegung nahe, in dem leidenschaftlich bestritten wird, daß es sich zwischen Ethik und Profit um einen prinzipiellen Widerspruch handele[42]. Mit Recht hat Koslowski weiterhin darauf aufmerksam gemacht, daß die Gründe für das stark angewachsene Interesse an Wirtschaftsethik nicht allein in der Zunahme von »nichtintendierten Nebenwirkungen (Externalitäten)« angesichts immer neuer technischer Produktionen, etwa von nicht vorhergesehenen Umwelt- oder Sozialproblemen liegen; sie liegen vielmehr in zunehmendem Maße in der »Wiederentdeckung des Menschen« [125] innerhalb der Wirtschaft gegen die oft überschätzten Eigengesetzlichkeiten von Technik und Ökonomie sowohl, aufgrund wachsender Bedeutung des »Faktors Mensch« innerhalb der modernen Produktionsprozesse als in den damit zusammenhängenden gesamtgesellschaftlichen Entwicklungen, etwa zur Dienstleistungsgesellschaft.

(5) Neuere evangelisch-theologische Beiträge zur Wirtschaftsethik

Innerhalb des mehr theoretischen, auf Grundlagenreflexion gerichteten neueren interdisziplinären Gesprächs über Wirtschaftsethik sind *explizit theologische Beiträge* bisher relativ selten geblieben. Auf evangelischer Seite bieten, abgesehen von der Wirtschaftsethik von *Arthur Rich*, die bisher vorliegenden Dokumentationsbände der Loccumer Kolloquien, vor allem der vierten Tagung, einen ersten Überblick über gegenwärtige theologische Annäherungen an unser Thema. Besonders hervorgetreten ist hier wie an anderer Stelle *Eilert Herms* mit einer Reihe von Beiträgen, teils über Anthropologie und Wirklichkeitsverständnis bei Wirtschaftstheoretikern wie F. A. v. Hayek[43] und J. M. Buchanan[44], teils über spezifische theologische Annäherungsweisen an die Ethik sozialer Systeme. Sein Einführungsreferat in das Loccumer Kolloqium über »Aufgaben und Probleme einer theologisch begründeten Wirtschaftsethik« (1986) versucht[45], mit der Frage nach den letzten irdischen Zwecken menschlichen Handelns und damit nach dem Höchsten Gut eine Verständigungsebene zu eröffnen gerade auch mit solchen Wirtschaftsethikern, die ihr eigenes philosophisch-rationales Ethik-Verständnis als dezidiert nicht-theologisch ausgeben. Ob das von Herms intendierte Ziel durch, wie Horst Steinmann in Loccum fragte, den »Rekurs auf das eschatologische Geschick, auf die zeitjenseitige Vollendungsgestalt der geschöpflichen Existenz« für den intendierten Dialog bereits ausreichend zu verdeutlichen ist - oder ob im augenblicklichen Stand der begrifflichen Paradigmata die Gemeinsamkeiten eher auf nachgeordneten Ebenen gesucht werden müssen - oder am Ende der christliche Beitrag nur darin bestehen kann, durch »Appelle die Menschen in der Wirtschaft für ethische Fragen zu sensibilisieren und die Akzeptanz ethischen Denkens fördern«[46], das alles bleibt in den ersten beiden Gesprächsgängen (1986) noch offen. Zwei Jahre später hat Herms auf der 4. Tagung seinen Ansatz unter dem Thema »Grundzüge eines theologischen Begriffes sozialer Ordnung«[47] in der Ausrichtung auf die sozialwissenschaftlichen Gesprächspartner breiter fundiert und in drei »Zumutungen« fokussiert: Erstens müßte sich die Wirtschaftstheorie stärker als es im Alltagsbetrieb geschieht bewußt halten, daß sie nicht weltanschauungsfrei, sondern immer durch eine bestimmte Sicht der Wirklichkeit von Mensch und Welt geleitet ist; diesem Postulat stimmt der Kommentar des Volkswirtschaftlers Hermann Sautter[48] sowohl im Prinzip wie in exemplarischen Veranschaulichungen ausdrücklich zu. Zweitens besitze jede Sozial- und Wirtschaftsordnung eine moralische Qualität, die durch das von den relevanten Interaktionspartnern zur Geltung gebrachte Lebensgefühl und Lebensinteresse konstituiert wird; hier fragt Sautter zurück, wie weit dabei die degenerativen Tendenzen von Ordnungen, etwa durch Aktivitäten von »Trittbrettfahrern« zureichend berücksichtigt seien. Drittens sei es die Aufgabe der Ethik als der deskriptiven Theorie des moralischen Charakters sozialer Ordnungen, den Inhalt eben dieses gegebenen Lebensgefühls und Lebensinteresses genau zu erfassen und daraus handlungsleitende Orientierungskraft zu gewinnen; der Kommentar Sautters registriert dazu positiv, daß in Herms' Verständnis von theologischer Ethik keine moralischen Forderungen von außen her an die Ökonomie herangetragen werden sollen, sondern daß bei der in der Ökonomie immer schon enthaltenen ethischen Qualität angesetzt wird; noch unerledigt ist für ihn jedoch die Frage, was dann geschieht, wenn die Interaktionssysteme Wirtschaft und Ethik nicht übereinstimmen, anders gefragt: wie die ökonomische Vernunft so in eine Metaordnung eingebettet werden kann, daß der einzelne nicht dauernd in unzumutbare Konflikte gerät. Die Theologizität theologischer Beiträge zur Ethik besteht für Herms also nicht darin, substantielle Normen aus biblischen oder dogmatischen Vorgaben zu deduzieren und öffentlich einzufordern, sondern darin, gewissermaßen unabhängig von Teilinteressen das Lebensgefühl und Lebensinteresse der Gesamtheit der an der Wirtschaft beteiligten Interaktionspartner zu erheben und im Bewußtsein geschöpflicher, d. h, endlicher Freiheit geltend zu machen.

Ebenso wie Herms hält es auch Falk Wagner[49] (in einem anderen, breit ausholenden und hochabstrakten theologischen Beitrag auf dem gleichen Kolloquium) nicht für möglich, theologische Aussagen direkt auf ökonomische Zusammenhänge anzuwenden. Im Unterschied zu Herms expliziert er jedoch die Ableitung seines auch für das wirtschaftliche Handeln des freien menschlichen Subjekts ausschlaggebenden Prinzips der »vermittelten Selbstbestimmung« ausdrücklich aus dogmatischen Konstitutionen, nämlich aus dem trinitarischen Gottesgedanken und der Christologie. Dieses Prinzip wird dann kritisch auf Unternehmen, privaten Haushalt und Markt

unter den Rahmenbedingungen des Kapitalismus angewendet; seine These ist, daß jede Form des Kapitalismus mit ihrem je einzigen Zweck der Gewinnerzielung durch das Prinzip unmittelbarer Selbstbestimmung charakterisiert sei und so dem Prinzip der vermittelten Selbstbestimmung entgegenstehe. Der Kommentator des Referates, der Wirtschaftswissenschaftler Gerd Fleischmann[50], hält diese These für nicht überzeugend, weil die Grundannahme, daß sich jedes Unternehmen letztlich ausschließlich an der Gewinnmaximierung orientiere, unrichtig ist. Zentrale Orientierungen insbesondere der Großunternehmen seien vielmehr auf die Kunden, die Mitarbeiter oder den Umweltschutz gerichtet, so daß von einer zwingenden Verpflichtung kapitalistischer Unternehmen auf das Prinzip unmittelbarer Selbstbestimmung keineswegs die Rede sein könne. Es sind übrigens genau die Fragen nach dem Gewicht solcher Orientierungen neben denen der Gewinnmaximierung und nach dem Verhältnis beider Einflußkräfte zueinander, die in der Praxis der amerikanischen Corporate-Ethics-Programs unter dem Kennwort »Stakeholder Modell« (d.h.: Welche Hölzchen sind im Spiel ...?) eine schlechthin dominierende Rolle spielt[51].
Ebenfalls innerhalb der Loccumer Kolloquienreihe mit Beiträgen sowohl zur theologischen Begründungsproblematik der Wirtschaftsethik, schon früher aber in gleichsam umgekehrter Richtung, nämlich mit der Anwendung wirtschaftstheoretischer Betrachtungsweisen auf kirchliche, speziell auf diakonische Institutionen und »Unternehmen« ist Alfred Jäger mit einer großen Arbeit hervorgetreten, die zur Verständigung zwischen Theologischer Ethik und Ökonomie anhand von Aufgaben und Problemen aus der Praxis beitragen soll[52].
Nicht unerwähnt bleiben darf endlich eine Einrichtung, die sich seit Jahren das Gespräch über christlichen Glauben und Wirtschaft zur Aufgabe gesetzt hat: die aus einer pietistischen Wurzel hervorgegangene Vereinigung »Christen in der Wirtschaft - Verband christlicher Kaufleute e. V.«[53].

(b) Neuere katholisch-theologische Beiträge zur Wirtschaftsethik

Von katholischer Seite hat *Franz Böckle* als Mitglied der Temporären Arbeitsgruppe des Vereins für Socialpolitik und damit im Rahmen der neueren Fragestellungen eine Verhältnisbestimmung von Moraltheologie und Wirtschaftsethik vorgelegt, die aber im wesentlichen auf die Begründung der Ethikbedürftigkeit von Wirtschaft und Wirtschaftswissenschaften begrenzt bleibt und keine inhaltlichen Aspekte eines Beitrages der Katholischen Soziallehre zur modernen Wirtschaftsethik behandelt[54]. Der Nachfolger von O. von Nell-Breuning an der Jesuiten-Hochschule in St. Georgen bei Frankfurt, *Friedhelm Hengsbach*, hat im Jahrbuch für Christliche Sozialwissenschaften 1981 unter dem Titel »Interesse an Wirtschaftsethik« einen fundiert-informativen und eigenwillig-konstruktiv systematisierenden Aufsatz (mit der Einteilung des Gesamtphänomens Wirtschaftsethik nach

»drei Arten ethischer Reflexion« in Unternehmensethik, Systemethik, Bewegungsethik) veröffentlicht; auch er verharrt jedoch eher in Darstellung und Analyse und weist weder den theologischen Hintergrund seiner Bewertungen noch den potentiellen Beitrag der Katholischen Soziallehre explizit aus[55]. Mit einem besonders in der amerikanischen Business Ethics vieldiskutierten Zentralproblem, nämlich mit der Rolle des Staates in der Wirtschaft, hat sich aus der Sicht der Katholischen Soziallehre der neue Direktor des Münsteraner (katholischen) Instituts für Christliche Sozialwissenschaften *Franz Furger* unter dem signifikanten Titel »Weniger Staat - mehr Verantwortung« auseinandergesetzt. Furger warnt vor der Tendenz einer Überschätzung der Einflußmöglichkeiten des Staates sowohl generell als speziell im Blick auf die »humane Dynamik« heutiger industriewirtschaftlicher Prozesse, etwa der Flexibilisierung oder Partizipation, und plädiert dafür, der originellen Einzelidee und Einzelinitiative »den nötigen Freiheitsspielraum im Sinne des klassischen Subsidiaritätsprinzips offenzuhalten«[56].

(7) Öffentlich-gesellschaftliche Diskussion

Die bisher angeführten oder kurz charakterisierten, in unserer Sicht für die gegenwärtige wirtschaftsethische Diskussion im akademischen Bereich symptomatischen Beiträge haben sich in erster Linie mit den anthropologischen, philosophischen und soziokulturellen Grundannahmen der heutigen Wirtschaftsverfassung sowie mit Überlegungen darüber beschäftigt, wie deren Defizite zu überwinden seien. Sie erreichen damit sicher die tieferen Ursachen für das seit einigen Jahren neu in [128] Gang gekommene Interesse an Wirtschaftsethik. Doch kann bei solcher Grundlagenreflexion dem Außenstehenden leicht aus dem Blick geraten, was *in der öffentlichen Meinung* als unmittelbare und eigentliche Anlässe des verbreiteten Unbehagens an der konventionellen Wirtschaftsmoral, der gesellschaftlichen Akzeptanzprobleme beispielsweise der chemischen, der Auto- oder der Atomindustrie und damit der externen Impulse auch der wissenschaftlichen Problematisierung von Wirtschaftsethik angesehen wird: nämlich ökologische Katastrophen wie Tschernobyl, Bhopal, Sandaa, Nordsee und entsprechende Zukunftsängste; Hunger in der Dritten Welt und Arbeitslosigkeit dort wie hier; finanzwirtschaftliche Skandale, etwa kriminelle Formen des Insider-Trading an den Börsen, die übrigens in der us-amerikanischen Business Ethics eine größere Rolle spielen als ökologische Umweltprobleme. Jedenfalls werden in der in den USA weitverbreiteten handlichen Broschüre »What you should know about Business Ethics«[57] solche Skandale und Katastrophen als erste Ursache für den Vertrauensverlust in Business und Management und damit als Hauptmovens für die Business-Ethics-Bewegung angegeben.

Ähnliches gilt zweifellos für die vorherrschenden Stimmungen in der europäischen, besonders der deutschen Öffentlichkeit. Fast wöchentlich wird gegenwärtig in den Medien über neue Störfälle im Chemie- oder Atombereich aus dem Inland oder dem Ausland berichtet; fast in jeder Ausgabe der Wochenmagazine und Zeitschriften, vom »Spiegel« bis zu den »Evangelischen Kommentaren« finden sich entsprechende Kommentare, Interviews, Hintergrundgeschichten zur Wirtschafts- oder Umweltmoral. Um das Gewicht der Dauerkonfrontation mit Berichten, die vom Bürger unmittelbar mit Problemen der Wirtschaftsmacht und der Wirtschaftsmoral assoziiert werden, zu veranschaulichen, seien einige Zufallsbeispiele vom Dezember 1988 angeführt: Das Nachrichtenmagazin Der Spiegel befaßte sich in seiner Ausgabe vom 19.12.1988 unter den beiden Sparten »Deutschland« und »Wirtschaft« (S. 18-89) in 13 von insgesamt 23 Artikeln mit Gegenständen unmittelbarer wirtschaftsethischer Relevanz: in einem sechsseitigen »Spiegel-Gespräch« mit dem Vorstandsvorsitzenden des Chemiekonzerns Bayer, Hermann J. Strenger, geht es um die »Gefährdung der Umwelt und die Herausforderung der Chemie«; in vier Berichten geht es um bedenkliche Entwicklungen in Firmenfusion und Kartellbildung,. in anderen vier Berichten um Störfälle und Transportprobleme der Atomindustrie (Biblis, Wackersdorf, Atommüll-Verschiffung u. a.), in weiteren Artikeln um die Diskussion innerhalb der SPD und in der DDR über Effektivität und Menschlichkeit der heutigen Wirtschaftssysteme[58]. Der Wochenzeitung »Die Zeit« war der Themenkomplex Umwelt, Weltwirtschaft, Ethik wichtig genug, ihn auf den ersten Platz der ersten Seite des neuen Jahres zu setzen und so gleichsam zum Leitartikel des Jahres 1989 zu machen[59]. Die Dezembernummer 1988 der Monatsschrift »Management-Wissen« setzte sich in ihrer 13seitigen Titelgeschichte mit der Frage auseinander »Warum alle über Ethik reden. Die Moral der Manager»[60]. Wenige Wochen vorher hatte das der New-Age-Bewegung nahestehende aufwendig gestylte Magazin »Esotera« seinen Titel, das Editorial und mehrere Artikel dem Thema »Sinn und Gewinn. Das neue Denken in der Wirtschaft« gewidmet[61]. Das Deutsche Allgemeine Sonntagsblatt nahm in seiner Ausgabe vom 11.12.1988 die neue, von Gerhard Schmittchen im Auftrag der Stiftung Wirtschaft und Wissenschaft durchgeführte Untersuchung »Pfarrer und Wirtschaft«, zum Anlaß, die Schwierigkeiten im Dialog zwischen Kirche und Wirtschaft drastisch zu veranschaulichen und zu meditieren[62].

(8) Eine neue Gattung wirtschaftsethischer Literatur

Im Zusammenhang mit der in unserer Öffentlichkeit verbreiteten kritischen Grundstimmung gegenüber der Wirtschaft und den daraus erwachsenden Informations-, Vertiefungs- oder Legitimierungsbedürfnissen hat sich, gleichsam zwischen magazinjournalistischem und grundlagentheoretischem Veröffentlichungsniveau auch für die Wirtschaftsethik eine literarische Gattung entwickelt, die zugleich wissenschaftlich seriös informieren und zu anwendungsbezogener Reflexion oder entsprechendem Handeln anregen will. Zu dieser Gattung gehört ein Großteil der amerikanischen Literatur zur Corporate Ethics. Dort wie hier gibt es darunter viele Veröffentlichungen, die von Wirtschaftsverbänden oder Firmengruppen gesponsert sind und darum leicht in den Verdacht geraten, deren Interessen zu dienen und bestimmte Probleme zu verharmlosen. So wichtig aber Aufmerksamkeit auch an diesem Punkte ist, so abwegig erscheint es, diese Literatur ausschließlich oder vorrangig unter dem Aspekt des Ideologieverdachtes zu beurteilen und ihre beispielsweise [129] umweltethisch konstruktiven Absichten und Wirkungen zu ignorieren. Im übrigen gibt es natürlich auch in dieser Gattung zahlreiche Publikationen, die sich von vornherein von solchen potentiellen Interessenkonflikten freihalten.

(9) Wirtschaftsethik: Brückenschlag zwischen Theorie und Praxis

Von den Bemühungen um einen fundierten Brückenschlag zwischen, Theorie und Praxis, zwischen analytisch-reflexiven und informativ-handlungsanleitenden Intentionen haben zwei neuere Veröffentlichungen Aufmerksamkeit erregt, die aus dezidiert christlicher Sicht die Widersprüche zwischen Ökologie und Ökonomie erörtern und Wege zu ihrer Lösung aufzeigen wollen: *Hartmut Kreikebaum*, Professor für Industriebetriebslehre in Frankfurt, geht in seinem Buch »Kehrtwende zur Zukunft« davon aus, daß »eine geistige und geistliche Umorientierung der erste Schritt zur Bewältigung der anstehenden Probleme sein muß«[63]. Die Umorientierung vor allem unserer Einstellung zur Natur wird sozusagen schöpfungstheologisch, im Anschluß an G. Altner[64] als Mitkreatürlichkeit und als Haushalterschaft entfaltet und bis in Konsequenzen unseres ökonomischen Handelns konkretisiert: Für die individuelle Lebensführung wird über die allgemeineren Forderungen »kreatürlicher Bescheidenheit« und einer »asketischen Kultur« hinaus ein detailliertes Programm für kritisches Konsumentenverhalten entwickelt; von den Unternehmen wird eine Integrierung ökologischer Bedingungen in ihre wirtschaftliche Planung erwartet, die zur Ausweitung der Überlappungsflächen von ökologischen und ökonomischen Interessen im Unternehmen führen soll und wiederum bis in eine Tabelle über die Möglichkeiten der Ersetzung von umweltschädlichen durch umweltfreundliche Stoffe konkretisiert wird; gesamtwirtschaftlich schließlich wird der Staat zu gezielter Förderung von Umwelttechnik und Umweltschutzindustrie durch Gesetzgebung und Steuerpolitik aufgefordert.

Geht es Kreikebaum vor allem um die praktische Anwendbarkeit von wirtschaftsethischen Forderungen, die für ihn schlüssig aus vor allem theologischen Letztbegründungen abzuleiten sind, so will *Klaus Lefringhausen* mit seiner »Wirtschaftsethik im Dialog«[65] die Komplexität und die daraus resultierende Vieldeutigkeit, ja scheinbare Widersprüchlichkeit theologisch-ethischer Begründungsmuster für diejenigen aufklären, die sich auf die eine oder andere Weise mit diesen konfrontiert sehen: sei es als Unternehmer oder Manager »von rechts« her, sei es als Angehöriger kritischer Protestbewegungen, etwa Dritte-Welt-Gruppen oder Anti-Kernenergie-Initiativen »von links« her. Er will damit zugleich die ideologischen Verkrustungen und Verhärtungen in der Auseinandersetzung zwischen Marktwirtschaftlern und deren radikalen Kritikern aufbrechen. Seine theologischen Erklärungsabsichten orientieren sich hauptsächlich an dem ÖRK-Programm der » Verantwortlichen Gesellschaft« von 1948, an Karl Barths Modell der analogia fidei, das am Beispiel »Christengemeinde und Bürgergemeinde« veranschaulicht wird, sowie an Dietrich Bonhoeffers These, daß es spezifisch »christliche Normen und Prinzipien sittlicher Art nicht geben kann«". Die Essentials evangelischer Wirtschaftsethik sieht er danach in der Relativierung der Verabsolutierungstendenzen wirtschaftlicher Konzepte und Ordnungen, in der Ausrichtung der verschiedenen Teilinteressen am Gemeinwohl (»Globalisierung des Gewissens bei Differenzierung der Verantwortungsebenen«) sowie in Aufforderung und Einübung eines »Denkens vom anderen her und der Bereitschaft zu einem Perspektivenwechsel, der vor ideologischer Hörigkeit und egozentrischer Verhärtung bewahrt«[67]. Mögen diese eingeflochtenen Teilstücke einer Einführung in die evangelische Sozialethik für die meisten Manager kaum ausreichend verständlich und umsetzbar sein, so erscheint andererseits der im Buch selbst praktizierte ständige Perspektiventausch in Form eines Briefwechsels zwischen Unternehmer (Großvater), Pfarrer (Vater) und radikal gesellschaftskritischem Studenten (Sohn) als eine anregende Methode, aus Ideologisierung und Verhärtung der eigenen Position herauszugelangen und die Position des Gegenübers Schritt um Schritt besser zu verstehen.

Mit diesem Blick auf konkrete Anwendungen von Ethik im Wirtschaftsalltag, auf die Lefringhausen und Kreikebaum vorrangig abzielen, soll unser grober Überblick über das vielgestaltige und weite Feld der Wirtschaftsethik beendet sein. Beider Autoren Art von Ethikvermittlung geht, mit dem Briefwechsel als Mittel des Perspektiventausches und den Tabellen zur Handlungsanleitung, zwar relativ selten genutzte didaktische Wege, verbleibt aber in der vergleichsweise konventionellen Methode literarischer Information. In den Corporate Ethics Programs der amerikanischen Business-Ethics-Bewegung und den auch in Deutschland stark aufkommenden Ethik-Semina[130]ren[68] sollen aber gerade die Grenzen dieser einbahnigen Kommunikationsform überschritten werden, um ethische Bewußtseinsbildung und ethische Reflexivität der Manager zu intensivieren: Einmal durch die Verwendung vielfältiger interaktionspädagogischer Arbeitsformen;

zum anderen durch eine klare Ausrichtung auf die Unternehmensebene und die konkreten Unternehmensaufgaben. Dem können wir uns jetzt genauer zuwenden.

II.

Eine entschiedene *wissenschaftliche Hinwendung zur Ethikvermittlung in den Alltag der Wirtschaft*, die in den Vereinigten Staaten das eigentliche Herzstück der Business-Ethics-Bewegung ausmacht[69], wird neuerdings auch in Deutschland immer stärker gefordert: »Die Aufgabe der Praktischen Philosophie kann nicht nur die Begründung oder gar Letztbegründung von Normen, sondern muß ebenso die Vermittlung von wohlbegründeten Normen in die konkrete Lebens- und Handlungswelt sein ...«, postuliert der wirtschaftsethisch vielfach hervorgetretene Wittener Sozialphilosoph Peter Koslowski in seinem neuen Buch »Prinzipien der ethischen Ökonomie« (1988)[70]. Schon erwähnt wurde, daß die Temporäre Arbeitsgruppe des einflußreichen Vereins für Socialpolitik in ähnlicher Richtung vorgeschlagen hat, 'prüfungsrelevante wirtschaftsethische Lehrveranstaltungen für die künftigen Führungskräfte der Wirtschaft einzurichten'[71]. Im Unterschied zu den USA stecken die praktischen und erst recht die wissenschaftlichen Bemühungen, diesen Postulaten nachzukommen, bei uns noch in den Anfängen. Offenkundig sind dabei erhebliche und unterschiedliche Barrieren zu überwinden: etwa die Skepsis, erwachsene Menschen und insbesondere Führungskräfte überhaupt ethisch erziehen zu können, oder der Verdacht, hier werde Ethik zum höheren Ruhme des Unternehmens und letztlich zu größerem Profit instrumentalisiert und mißbraucht (so selbst die offenbar vorherrschende Meinung auf dem 2. Loccumer Kolloquium 1987)[72], oder auch und wahrscheinlich am häufigsten, das Mißtrauen von Unternehmern und Managern, durch zuviel ethische Reflexion würden die Mitarbeiter verunsichert und Sand ins Getriebe der ökonomischen Rationalität gestreut. Trotz dieser Barrieren haben in den Jahren 1987 und 1988 die unternehmensbezogenen Maßnahmen rapide zugenommen[73]. Größer als die Bedenken sind zumindest in einer Reihe von Firmen offensichtlich die Experimentierbereitschaft und der Orientierungsbedarf von Managern. Da die unternehmensbezogene Ethikvermittlung stark von Impulsen aus den USA angeregt ist, sich bisher auch in Methoden und Inhalten an amerikanischen Erfahrungen orientiert und da deutsche Erfahrungen bisher kaum wissenschaftlich ausgewertet sind, empfiehlt es sich, dieses Feld vor dem Hintergrund der amerikanischen Diskussion zu strukturieren.

(1) Ethik der Individuen oder Ethik sozialer Systeme?

In der deutschen Diskussion wird oft gefragt, ob es so etwas wie »Unternehmensethik« oder »*Ethik sozialer Systeme« überhaupt geben könne*, ob Ethik nicht immer auf Einzelpersonen bezogen sei und ob, wie Dietz Lange in Loccum meinte, »kollektive Handlungssubjekte allein dadurch ethisch qualifiziert seien, daß sie durch verantwortliche Individuen konstituiert sind«[74]. Auch von deutschen Wirtschaftsführern wird häufig die Meinung vertreten, für die Ethik eines Unternehmens komme es primär oder ausschließlich darauf an, daß die entscheidenden Manager »anständig« und »sauber« seien; dies aber hänge in erster Linie von »der Kinderstube ab«. Die Praxis von Ethikvermittlung ergibt demgegenüber schnell und bei fast jeder Veranstaltung, daß diese Perspektive auf das Individuum nicht ausreicht. Offenkundig handeln Individuen und handeln auch Manager in unterschiedlichen Rollen und unter Bedingungen unterschiedlicher Gruppenplausibilität häufig nach je anderen ethischen Maßstäben. Ohne Scheu erklären viele, daß es nicht selten zu Konflikten zwischen ihren persönlichen ethischen Auffassungen und den Entscheidungsmaßstäben in der Firma kommt, und daß diese überwunden werden müssen. Wer zu Hause streng auf eine umweltfreundliche Müllentsorgung achtet, wird im Betrieb noch keineswegs mit gleichem Nachdruck gegen die Verwendung von umweltschädlichem PCB-Öl oder Titan-Kronos Farben protestieren, wenn die herrschende Gruppen- (oder Vorgesetzten-) Meinung das Problem herunterspielt und »erst die staatliche Gesetzgebung in Aktion treten« lassen will. Er weiß, daß er sich durch einen Dauerprotest isolieren und die eigenen Einflußmöglichkeiten noch weiter reduzieren würde. Das Beispiel läßt sich leicht und realitätsnah auf komplexere, etwa Finanz- oder weltwirtschaftliche Entscheidungsprobleme steigern. Was im Betrieb in solchen Fällen nötig ist, ist [132; auf S. 131 der Erstveröffentlichung befindet sich die Tabelle der folgenden Seite] die Veränderung der Gruppenplausibilität — und dazu reicht in der Regel die Beeinflussung einzelner Individuen nicht aus.

Was so jeder, der sich in der Praxis von Organisationen um Ethikvermittlung bemüht, als Problem erfährt, das wird in der amerikanischen Diskussion seit längerem unter dem Stichwort »Ethics of Organizations« theoretisch erörtert[75]: In Prozessen der Entscheidungsbildung werden »Organizations«, Gruppen, Institutionen zu »moral agents« eigener Art und eigenständiger Einflußkraft. Sie werden zu ethischen Subjekten, und zwar in drei Hinsichten: Sie können (juristisch) zur Verantwortung gezogen werden; sie entwickeln (soziologisch gesehen) eine eigene, über die Individuen hinausgehende Institutionen-Plausibilität; sie entwickeln (ethisch gesehen) eine ebenfalls die Summe der individuellen Einzelmoralen überschreitende und integrierende Gruppenmoralität. Dementsprechend kommt es darauf

an, Corporate Ethics durch einen Policy Process in den Strukturen und Operationen des Unternehmens zu institutionalisieren (Charles McCoy)[76].
Um den Ort von »Unternehmensethik« (ethics of organizations) näher zu bestimmen, soll hier das in der sozialwissenschaftlichen Systemtheorie verbreitete Modell dreier Ebenen von sozialen Systemen und sozialem Handeln in Beziehung gesetzt werden zu typischen ethischen Konflikten und möglichen ethikpädagogischen Interventionen[77].
Eine solche Differenzierung zwischen Ebenen des ethischen Handelns beinhaltet zwei Gefahren: sie kann dazu verleiten, jeder dieser Ebenen in ihrer Eigensystematik und in ihrer Eigendynamik eine so starke Aufmerksamkeit zuzuwenden, daß die für das Ganze konstitutiven Wechselbeziehungen aus dem Blick geraten. Dies scheint in der amerikanischen Corporate-Ethics-Diskussion der Fall zu sein, wo die globale Systemebene etwa der weltwirtschaftlichen Verflechtungen von Großunternehmen (»Multis«) in deren Ethics-Programs oft gar keine und in der theoretischen Debatte darüber, wie selbst von amerikanischen Moralphilosophen festgestellt wird[78], eine nur untergeordnete Rolle spielt. Umgekehrt kann jedoch auch der ständige Verweis auf die Determiniertheit etwa der Unternehmensebene durch Gesellschaftssysteme (»kapitalistisch«) und Weltwirtschaft einerseits oder durch den einseitigen Rekurs auf die Individualmoral von Managern und Mitarbeitern andererseits dazu führen, daß es erst gar nicht zu einer konzentrierten wissenschaftlichen Thematisierung von Unternehmensethik kommen kann. Die letztere Tendenz scheint uns zum gegenwärtigen Zeitpunkt die größere Gefahr in der deutschen Diskussion zu sein. Das mag damit zusammenhängen, daß traditionell über Jahrhunderte hin eine sogenannte Individualethik in Theologie, Philosophie und Alltagswelt dominierte, und daß andererseits in der marxistischen und neomarxistischen Theorie wie in der theologischen Sozialethik nach dem Zweiten Weltkrieg die ethikwissenschaftliche Aufmerksamkeit ganz überwiegend auf Probleme und Strukturen der gesamtgesellschaftlichen oder globalen Ebene gerichtet war, und daß sich dementsprechend eine »Ethics of Organizations« oder »Institutionenethik« im deutschsprachigen Raum kaum entwickelte. Man darf gespannt sein, ob sich das durch den im Zuge der unternehmensbezogenen Ethikaktivitäten zweifellos wachsenden Theoriebedarf ändern wird.

Soziales System	Werte	Ethische Konflikte	Interventionen zur Bearbeitung oder Vermeidung ethischer Konflikte
		MAKRO-EBENE	
Gesamtgesellschaftlich Tendenziell: - weltgesellschaftlich (UNO, EU; BRD, USA) Christentum, Islam	Frieden Menschenrechte Grundwerte: Solidarität, Freiheit, Gerechtigkeit (10 Gebote) Naturverträglichkeit Kulturverträglichkeit Sozialverträglichkeit	Freiheit versus Gerechtigkeit Markt versus Staatsregulationen Ökonomie versus Ökologie Angebots- versus Nachfragewirtschaft Fossile versus Kernenergie	Äußerungen und Kampagnen in der öffentlichen Meinung Gesetzgebung, Rechtsprechung Demonstrationen (Denkschriften)
		MESO-EBENE	
>Organisierte Sozialsysteme< - Unternehmen - Universitäten - Landeskirchen - ...	(Unternehmen) Gewinne erzielen Produktivität Öffentliche Akzeptanz positiver Firmenzwang Arbeitsmöglichkeiten schaffen und anbieten Bestand langsfristig sichern	Umwetbelastungen <> Kosten Arbeitsplätze <> Kosten Produktsicherheit <> Kosten Arbeitssicherheit <> Nachlässigkeit Befehlsstruktur <> Partizipation Abteilungsegoismus <> Gesamtinteresse Gruppenplausibilität <> individuelle Moralität	Durchführung von Maßnahmen zur Ethikvermittlung: (Corporate-Ethics-Programs) - Entwicklung von Codes - Screening (Durchleuchten) des firmenspezifischen Ethik-Profils - Interaktionspädagogische Aktivitäten - Gratifikationssysteme - Einübung von "strategic" (proaktivem) Managment bezogen auf Gruppenplausibilität
		MIKRO-EBENE	
Unmittelbare personale Interaktion (>face to face<) - Familie - Verein - Arbeitsgruppe	(in Bezug auf Unternehmen) Loyalität Leistungsbereitschaft Pflichterfüllung Ehrlichkeit Fairness Kreativität Hilfsbereitschaft Beachtung der Interessen anderer	Schuldzuweisungen statt Problemananlyse ("Schwarzer Peter") Durchsetzung und Profilierung auf Kosten anderer Abstumpfung und Verantwortungsbewusstsein versus Sicherheitsauftrag Loyalität versus kritische Redlichkeit	- Aussprache mit externem Moderator ("Ethik-Ombudsmann") - Kooperationstraining - Vernetzung von Personal Growth und Corporate Growth - Einübung in Perspektivenwechsel und Alterozentrierung

(2) USA

In den Vereinigten Staaten ist ersichtlich das wissenschaftliche Engagement nicht vorrangig gerichtet oder begrenzt auf die theoretisch-systematische Ortsbestimmung von Unternehmensethik[79], sondern es gilt primär der Reflexion dessen, was man zur Ethikvermittlung praktisch machen kann und welche Ergebnisse dabei herauskommen. Die Lehr- und Studienbücher von Kenneth E. Goodpaster (Harvard), Kirk O. Hanson (Stanford), Charles S. McCoy (Berkeley) und Manuel G. Velasquez (Los Angeles), um nur die m. E. meistgenannten Veröffentlichungen zu erwähnen, sind voll von Fallbeispielen, methodischen Überlegungen, Reflexion der didaktisch relevanten philosophischen oder wirtschaftstheoretischen Implikationem[80]. Einen guten Überblick über die Vielfalt der Programs und zugleich eine erste Zwischenbilanz der Auftraggeber der betroffenen Manager und der mit der Durchführung von Programs beauftragten Wissenschaftler gibt die 1988 herausgekommene, von Business Roundtable[81], der wohl einflußreichsten Vereinigung amerikanischer Wirtschaftsführer, in Auftrag gegebene erste umfassende Untersuchung über die Corporate-Ethics-Programs in zehn bedeutenden Großunternehmen. Von ihnen sind einer breiten deutschen Öffentlichkeit bekannt die Flugzeugbauer Boeing (»eine der drei bestgeführten Gesellschaften der Vereinigten Staaten«) und McDonnel Douglas, der Chemiekonzern Johnson und Johnson, die Chemical Bank, Hewlett-Packard und Xerox. [133]

Welche konkreten Maßnahmen sich hinter dem Titel Corporate-Ethics-Programs verbergen und neuerdings ähnlich bei uns versucht werden, läßt sich unter einerseits mehr formal-arbeitsmethodischen und andererseits unter intentional-inhaltlichen Gesichtspunkten aufschlüsseln. Unter den Arbeitsformen steht sachlich und zeitlich an erster Stelle die Ausarbeitung von »Codes« oder »Statements of values« (=Unternehmens-Leitlinien, Grundsätzen, Codices), in denen Selbstverständnis, Aufgaben und gleichsam Arbeitsstil des Hauses definiert werden. Ihre Erarbeitung in einem langen Prozeß unter Beteiligung aller relevanten Gruppen der Firma wird oft selbst schon als ein »Ethics-Program« aufgefaßt und gestaltet. Dabei sollen auch die in der Führungsmannschaft vieler Firmen erstaunlich und bedrohlich divergenten ethischen Maßstäbe näher aneinander herangeführt werden. Die Wirkungen der Codes sollen sicher einerseits im Sinne eines imponierenden Firmenethos, gleichsam als Aushängeschild, nach außen zielen; sie sind aber auch intern von erheblicher Konsequenz: Man kann sich in Streitfällen an ihnen orientieren, kann die Mitarbeiter auf sie verpflichten und kann sich im Konfliktfall einem andersdenkenden Vorgesetzten gegenüber auf sie berufen. Die Erstellung oder Erneuerung solcher Leitlinien ist inzwischen auch in zahlreichen deutschen Firmen durchgeführt[82] oder im Gange; immer häufiger wird betont, daß »die Führungskonzeptionen der 60er und 70er Jahre nicht mehr greifen« (so Ludwig Reichart, Leiter der Personalentwicklung bei BMW)[83].

Eine zweite Gruppe der Programs betrifft das Ethics-Screening (»Durchleuchten« des Unternehmens). Es kann auf der Basis von Ethik-Interviews am Arbeitsplatz durchgeführt werden, in denen die Beziehungen zu Vorgesetzten, Kollegen, Mitarbeitern und Kunden unter ethischen Fragestellungen erhoben, dann zu einem »Ethik-Profil« des Unternehmens zusammengefaßt werden, über dessen Konsequenzen, etwa der Aufarbeitung persönlicher oder sachlicher Probleme oder der Veränderung bestimmter Verfahren, von den Betroffenen selbst entschieden wird. Es kann auch in einem Workshop als Erhebung und Diskussion vorherrschender Wertvorstellungen in einer Gruppe von (bis zu 15) Managern erfolgen. Viele Arbeitsformen dienen drittens dem Lernen an Fallbeispielen mit ethischem Inhalt, insbesondere an Entscheidungsaufgaben im Widerspiel ethisch relevanter Interessen; etwa das Rollenspiel, die Problemlösung in Arbeitsgruppen, der Einsatz von Videogeräten etc. Gerade dabei können Manager und Firmenleitung erleben, welch unterschiedliche, ja gegensätzliche Entscheidungsvorschläge bei ethisch sensiblen Problemstellungen von den Führungskräften ihres eigenen Unternehmens gemacht werden, und wie divegent die in ihrem Betrieb geltenden Wertsysteme sein können; diese Erkenntnis übrigens hat nicht selten zur Bejahung der Notwendigkeit solcher Ethics-Programs beigetragen. Am Ende eines der Programs kann im Idealfall als letzter Schritt die wiederum kooperativ zu entwickelnde Umsetzung der Ergebnisse von Erhebungen und Diskusskion in neue »incentives« (Anreiz- und Gratifikationssysteme) erfolgen.

(3) Sensibilisierung der Manager

Zielrichtung der Corporate-Ethics-Programs ist primär die Sensibilisierung der Manager für die große Bedeutung und auch für die Konsequenzen der ethischen Implikationen im alltäglichen Entscheidungsprozeß: Sie gleichen »boomerangs that return with credit or blame« (McCoy)[84]. Zurückschlagen kann eine ethische Fehlentscheidung auf das Unternehmen sowohl direkt, etwa auf Produktivität und Zukunftsaussichten, als auch indirekt über ihre negative Wirkung im sozialen oder ökologischen Umfeld. Als didaktisches Hilfsmittel zur Sensibilisierung für die Vielfalt solcher Implikationen dient Lehrbüchern wie Programs, aber auch Statements und Codes das sogenannte *Stakeholder-Modell*[85]. »Stakes« sind die Hölzchen, die einer beim Glücksspiel »im Spiel hat«; sie stehen für die unterschiedlichen Interessen und Einflußkräfte, die bei jeder Unternehmensentscheidung »im Spiel sind«, sie stehen also für die »multiple responsibility« des Managers:

Möglicherweise ist für die ökonomische Rationalität einer angemessenen Berücksichtigung von Randbedingungen dieses Modell weniger neu als McCoy im Anschluß an dessen Erfinder Edward Freeman meint: »The stakeholder concept provides a new way of thinking about strategic management«[86]. Doch fördert es zweifellos die Bewußtmachung und Abwägung des ethischen Aspektes der einzelnen Einflußkräfte und deren Spannung zueinander. Das Modell wird auch in deutschen unternehmensbezogenen Ethikseminaren als erhellend und stimulierend beurteilt. Eng zusammengehörig mit dem Stakeholder-Modell sind die Einübung von »proaktivem« (statt »reaktivem«) Den[134]ken und von partizipativem Management in den Corporate-Ethics-Programs[87].

Für die Theoriebildung und für die didaktische Praxis der Programs sind diese Ziele im Zusammenhang mit dem »management of values« insbesondere in der von McCoy und seinem Team durchgeführten und literarisch dokumentierten »Vanguard Case Study« (1986)[88] ausdifferenziert und elementarisiert. Insbesondere die Unterscheidung von »Wertgruppen«, der »goal related values«, »operational values« und »fundamental core values«, die sich jeweils aus mehreren Einzelwerten (goal related z. B.: competition, innovation, creativity, risk taking, planning and survival) konstituieren, erweisen sich in der Seminarpraxis als anregend und förderlich für die Entwicklung eines ethischen Problembewußtseins.

(4) Ethik als Reflexionsaufgabe für die Managementebene
Das Ziel der Sensibilisierung für ethische Implikationen und eines bewußt und verantwortlich durchgeführten »Management of Values« erfordert,

daß man ethische Sachverhalte nicht nur entdecken, sondern auch sprachlich ausdrücken kann. Damit sind Manager in der Regel nicht vertraut; sie müssen es gleichsam erst lernen[89]. Außer der Methode des learning by doing mit Hilfe der skizzierten Modelle werden in den *Lehrbüchern und Programs der mit Ethikvermittlung befaßten Wissenschaftler* immer auch Kurzeinführungen in die Strukturen ethischen Denkens, in die Geschichte oder in die gegenwärtige Diskussion ethischer Konzeptionen angeboten. So versucht der Harvardprofessor und Management-Ethics Pionier Kenneth E. Goodpaster den Managern deutlich zu machen, daß gerade das, was den sonst so gegensätzlichen Wirtschaftskonzeptionen von Milton Friedman (»neoliberalistisch«: the business of business is business) und John K. Galbraith (»staatsinterventionistisch«: the invisible hand of the market place must be the hand of government) gemeinsam ist, überwunden werden muß, nämlich der Verzicht darauf, die Ethik aus dem Unternehmen herauszuhalten, und stattdessen Verantwortung bewußt innerhalb der Management-Funktionen zu reflektieren. Als drei dahin führende »Avenues of Critical Thinking« erläutert er den »utilitarianism« (den er im Sinne von »Verantwortungsethik« interpretiert und bevorzugt), den »contractarianism« (durch mündige Individuen geschlossene Ethikverträge) und den »pluralism« (das freie Spiel individuell eingebrachter ethischer Kräfte)[90]. Der Berkeley-Professor für Theologische Ethik Charles McCoy verknüpft in seinen Programs verschiedene theoretische Ansatzpunkte: Zunächst bezieht er sich auf die von vielen Managern beklagte Kluft zwischen ihren persönlich-privaten Normvorstellungen und den faktisch von ihnen angewandten Entscheidungsmaßstäben im wirtschaftlichen Handeln, die sie nicht selten als schwere Belastung empfanden. Er hat den Eindruck, daß sich die akademische Ethik der überindividuell-strukturellen Dimension dieser Problematik nicht zureichend stelle und überhaupt der Organisations[135]ebene als eigenständigem mroral agent zu wenig Aufmerksamkeit zuwende. An diesem Defizit will er zusammen mit den Managern in seinen EthicsPrograms arbeiten. Ein wichtiger Ausgangspunkt dafür ist ihm, daß er die verbreitete Annahme, »that there is a contradiction between ethics and profits«, für einen »myth« hält; das Verhältnis von Ethik und Profit gilt es vielmehr zu entmythologisieren und ethisch in seinen verschiedenen Zuordnungsmöglichkeiten zu differenzieren. Sowohl für seine eigene Kooperation mit den Managern als auch für sein Konzept von partizipativem Management und überhaupt für sein Verständnis von Ethik knüpft er sehr dezidiert an bundestheologische Traditionen an, übernimmt daraus die Paradigmata von contract und Austausch im Sinne gegenseitigen Aufeinanderangewiesenseins (mutuality) und konstruiert einen »triadic approach to Policy Ethics« für die Zusammenarbeit von policymakers (Managern), empirischen Sozialwissenschaftlern und Ethikwis-

senschaftlern (z. B. Theologen), die gemeinsam für die Implementierung von Ethics in der Corporate Culture zuständig sind[91].
Manuel G. Velasquez, ehemaliger katholischer Theologe und jetzt Philosophie-Professor in Santa Clara, geht in seinem zum meistverkauften Standardwerk gewordenen Lehrbuch über Business Ethics aus von der durch T. Hobbes geschilderten und in der gegenwärtigen Wirtschaftssituation akuten Gefahr des Kampfes »jeder gegen jeden« und identifiziert drei klassische Strategien, dieser Gefahr entgegenzuwirken: den utilitarianism, der aber in all seinen Spielarten »problems with Right and Justice« habe; die an »moral rights« orientierten Konzepte, die in ihrer Leistung und in ihren Grenzen teilweise auf Kant, teilweise auf die libertarian objection von Nozick zurückgeführt werden; endlich die Prinzipien »Justice and Fairness«, deren am meisten entwickelte Form er an John Rawls, »A Theory of Justice« erläutert[92]. Die Bedeutung dieser hier nur knapp gekennzeichneten Ansätze liegt nicht so sehr in ihrem theoretischen Anspruch, obwohl sich auch da aus dem pragmatisch-didaktischen approach originelle Perspektiven ergeben; sie liegt vielmehr in ihrer anschaulichen, vor allem bei Velasquez eindrucksvoll durchgeführten Anwendung auf Fallbeispiele aus dem Wirtschaftsleben. Auf diese Weise lassen sich ersichtlich auch geistesgeschichtlich wenig geschulte und interessierte Manager für eine engagierte Diskussion über ethische Konzeptionen gewinnen.
In deutschen Ethik-Seminaren hat sich ein Dreistufen-Schema ethischer Orientierung bewährt, das sich lose an das Konzept einer »Entwicklungslogik der Moral nach Piaget, Kohlberg und Habermas« anlehnt[93].

1. Stufe: »Moralischer Realismus«, der sich an Belohnung und Strafe orientiert und darauf quasi-mechanisch, d. h. ohne eigene Reflexion reagiert.

2. Stufe: Einsicht in die gegenseitige Abhängigkeit sittlichen Verhaltens. Bereitschaft zur Reflexion der eigenen Verantwortung im Sinne der Goldenen Regel. Bewußte Korrelation von Eigennutz und Gemeinnutz.

3. Stufe: Bereitschaft zum Verzicht auf Eigennutz zugunsten »des Nächsten« (etwa auch als Kollektiv der nächsten Generation). Fähigkeit zum Perspektivenwechsel, zu Erkenntnis und Berücksichtigung der Interessenlage des Partners (oder Gegners).

Dieses Schema eignet sich insofern für die Analyse von ethischen Implikationen in praktischen Entscheidungssituationen, weil es zureichend elementarisiert und transparent ist, gleichzeitig ein breites Spektrum von Assoziationsmöglichkeiten für ethische Reflexionen erster Hand bietet. So enthält es eine Art von immanentem Aufforderungscharakter, sozusagen einen »Appell nach oben« (H. Schelsky), im Sinne der Frage, wie denn ein

Handeln auf der nächsthöheren Stufe aussehen müßte. Eine solche Tendenz des Aufforderungscharakters und des Appells nach oben ist dem deutschsprachigen Ethikverständnis anscheinend konstitutiv zugehörig. Auch der amerikanische Sprachgebrauch von »ethics« impliziert etwas von einem solchen »Appell nach oben«, wenngleich der dominierende Grundton dort weit stärker pragmatisch-technisch und bei uns in Deutschland eher emphatisch-anspruchsvoll klingt. So tun sich deutsche Firmenleitungen und Manager schon um dieses im Deutschen fast religiösen Klanges des Wortes willen mit allem, was unternehmensbezogen als Ethik firmiert, zunächst deutlich schwerer als die meisten Amerikaner, für die »Ethics« immer einen vorherrschend technisch-pragmatischen Klang behält, etwa als Frage danach, welche Werte in Institutionen vorkommen, wie sie gebildet und wie sie weiterentwickelt werden können. McCoy weist jedoch darauf hin, daß auch bei einer Reihe von amerikanischen Managern große Reserven gegenüber Ethics Programs anzutreffen waren oder sind; etwa aus der Sorge, es gehe um die [136] Durchsetzung eines starren Moralkodexes oder aber um abgehobene akademische Abstraktionen. Oder wegen der Vorstellung, Ethik sei »Gutes tun« und habe mit dem harten Rechnen des Geschäftslebens nichts zu tun, oder Ethik sei "letzten Endes doch auf die Individualmoral" begrenzt. Es ist freilich in den amerikanischen Programs meistens gelungen, diese Reserven abzubauen und, wie die Beurteilung der Corporate-Ethics-Maßnahmen zeigt, den angestrebten Reflexionsprozeß vielerorts in Gang zu setzen.

(5) Bedeutung von Werten in Unternehmen

Über den *tatsächlichen Ertrag von Ethics Programs* innerhalb der Unternehmen wird unter allen Beteiligten nach wie vor heftig diskutiert und gestritten. Bis vor kurzem gab es kaum verallgemeinerungsfähige Daten dazu; die Urteile kamen je aus der subjektiven Sicht Einzelner aufgrund persönlicher Erfahrungen. Darüber hinaus muß man sich bewußt halten, daß in der Masse der amerikanischen Unternehmen und Manager bis zum Beginn der 80er Jahre eine ausgesprochene Aversion gegenüber der Thematisierung von Ethik und Wertvorstellungen im Sinne der von McCoy aufgeführten Argumente verbreitet war. Thomas J. Peters und Robert H. Watermann, die mit ihrem Bestseller »In Search of Excellence« und seiner sensationellen Auflage[95] einen gewaltigen Schub von Reflexionen und Aktivitäten zur Unternehmenskultur in den USA und auch in Europa und Ostasien auslösten, notieren 1981: »Über Wertsysteme zu schreiben, zu sprechen und sie ernst zu nehmen, scheint den meisten Unternehmen ein Greuel. Nüchterne Manager und Unternehmensberater schenken dem Wertsystem einer Organisation nur selten wirklich Beachtung. Werte sind keine harten Fakten...« Daß das in Amerika in kürzester Zeit rapide anders wurde, dazu hat gerade ihr Buch »In Search of Excellence« selbst beigetragen: Es wies u. a. nach, daß zu den acht Merkmalen, in denen sich die »excellenten« vom Gros der guten und mittelmäßigen Firmen unterscheiden, das »sichtbar gelebte Wertsystem« an vorderer Stelle gehört: »Welchen Rat für Manager, welche Haupterkenntnis ziehen wir aus unserer Forschungsarbeit über die excellenten Unternehmen? Auf eine solche Frage würden wir antworten: Machen Sie sich Gedanken über Ihr Wertsystem.«[96]

Inzwischen ist das vielfach erfolgt; man geht davon aus, daß mindestens ein Drittel der mittleren und größeren US-amerikanischen Unternehmen der Business-Ethics-Bewegung nahesteht und eigene Programs durchgeführt hat. Seit 1988 liegen in dem erwähnten Business-Roundtable-Report erste verallgemeinerungsfähige Aussagen vor[97]: Außer den gründlichen Untersuchungen von zehn Großunternehmen, die von je zwei Ethikwissenschaftlern durchgeführt wurden, liegen diesem Report die Informationen von einhundert Firmen zugrunde, die in einer Umfrage über deren Erfahrungen mit Ethics-Programs gewonnen wurden. In einheitlichem Grundton werden die Programs von den Beteiligten überwiegend positiv beurteilt. Topmanagement und Unternehmensleitungen betonen, daß die Verantwortungsbereitschaft, die Berücksichtigung langfristiger Folgen des eigenen Handelns und die Bemühung um Orientierung an gemeinsamen Werten gefördert werde. Generell hätten sich die Programs günstig auch auf die Leistungskraft des Unternehmens ausgewirkt. Es findet sich kein Hinweis darauf, daß die Thematisierung firmenspezifischer Spannungen etwa zwischen Ökologie und Ökonomie zu Konflikten innerhalb des Unternehmens oder zur Minderung der Leistungskraft geführt hätten. Die an den Programs teilnehmenden Manager empfinden die meisten Arbeitsformen als anregend für ein gezieltes Nachdenken über Probleme, die man bisher eher vernachlässigt habe. Man erfahre, wie die Kollegen in ethischen Fragen denken und (mindestens im Rollenspiel) handeln und mit wem man gegebenenfalls in ethisch relevanten Problemen zusammenarbeiten könne. Als besonders wichtig wird empfunden, daß die Vorgesetzten durch die Programs dazu gebracht werden, sich mit mehr Zeit und Gründlichkeit als sonst üblich auf die Fragen und Vorschläge ihrer Mitarbeiter einzulassen. Seitens der mit der Durchführung beauftragten Trainer und Dozenten, meist Mitarbeiter der zahlreich entstandenen Centers für Ethics und nicht selten Theologen, wird gerne hervorgehoben, daß im Zuge der Programs die ethische Subkultur derjenigen, die ethisch verantwortungsvoller denken als andere, gestärkt und ausgeweitet, gewissermaßen also die Gruppenplausibilität verändert werde. Offenkundig stumpfe die eigene ethische Sensibilität und persönliche Moralität der Führungskräfte wie aller Menschen in Alltagsroutine und unter dem Druck unethischer Bezugsgruppen leicht ab und bedürfe darum einer Reaktivierung und Erneuerung, für die ethikpädagogische Maßnahmen eines der wirksamsten Mittel sei". [136]

(6) Kirchenengagement in Wirtschaftsethik und Seelsorge für Manager

Von Beginn an waren in den USA einige christliche Kirchen, jüdische Gruppen und theologische Einrichtungen initiativ und unterstützend an der Business-Ethics-Bewegung beteiligt. Bereits Mitte der 70er Jahre hatte Charles McCoy als Professor für theologische Sozialethik an der Graduate Theological Union in Berkeley und Leiter des dortigen »Center for Ethics and Social Policy« eines der ersten-Ethics-Programs (bei der Wells Fargo Bank in San Francisco) durchgeführt und dokumentiert[99]. Die von ihm mitgegründeten kirchlich getragenen Centers für »Ethics and Corporate Policy« an der Trinity-Parish in New York und, interdenominational, in Chicago sind mit einigen bekannt gewordenen Programs, beispielsweise bei Champion International[100] hervorgetreten.

Inzwischen ist angesichts der Fülle neu gegründeter Centers (=Institute) der Anteil der kirchlich getragenen oder gebundenen zurückgegangen. Doch ist die Zahl von Theologen sowohl in den Gremien zur Implementierung von »Ethics in Organizations«, speziell in Wirtschaftsunternehmen, als auch Dozenten für Business Ethics im Vergleich zu Ökonomen oder Moralphilosophen weiterhin überdurchschnittlich hoch. Für das starke kirchliche Engagement in dieser Bewegung werden folgende Argumente in der Diskussion angeführt[101]:

- Den Kirchen und Religionsgemeinschaften wird ganz selbstverständlich, auch seitens nichtkirchlicher Gruppen und Personen eine vorrangige Zuständigkeit für Ethics und für die Wertvermittlung im gesellschaftlichen Leben der USA zugeschrieben. Diese Erwartungen werden seitens der Kirchen ebenso selbstverständlich aufgenommen und pragmatisch in kirchliches Handeln umgesetzt.
- In der gesamtgesellschaftlichen Funktion von »Civil Religion« (quasi »volkskirchlich«) sehen es engagierte christliche oder jüdische Gruppen als eine Art »gesellschaftsdiakonische Aufgabe« an, sich an dem Kampf der »voluntary associations« (etwa Bürgerinitiativen in vergrößerter Dimension) gegen die moralischen Ausfallerscheinungen in der Wirtschaft aktiv zu beteiligen. Manche amerikanische Theologen sehen in der Wahrnehmung von Gesellschaftsdiakonie im Rahmen der »Ethics of Organizations«, speziell in der Unternehmensethik die gleiche Dringlichkeit und theologische Dignität wie in den Einrichtungen kirchlicher Caritas und Sozialhilfe zu Beginn unseres Jahrhunders oder in den Einrichtungen der Urban and Industrial Mission in den zwanziger und dreißiger Jahren. — Einige Theologen meinen sogar, daß das neue kirchlich-gesellschaftsdiakonische Engagement in den »Organizations«, besonders im Rahmen der Corporate Ethics heute von größerem Gewicht

sei als die Fortführung der überkommenen sozialkaritativen und sozialfürsorgerischen Aktivitäten der Kirche.

Ein weiteres Argument für kirchliches Engagement in Corporate Ethics leitet sich aus dem Seelsorge-Auftrag der Kirche ab. Amerikanische Manager, insbesondere Topmanager haben zum nicht geringen Teil eine betont religiöse Erziehung erfahren und sind vielfach aktive Mitglieder ihrer Kirchengemeinden, Synoden oder Synagogen. In der in ihrer Berufswelt vorherrschenden Moral stellen sie nun Diskrepanzen oder erhebliche Schwierigkeiten in bezug auf die von ihnen verinnerlichte Ethik fest. Zur Bewältigung dieser Spannung erwarten sie ausdrücklich oder unausdrücklich die seelsorgerliche Aussprache und die fachkundige Anregung zu ethischen Fragen seitens ihrer Religionsgemeinschaft. Diese sieht sich demgemäß gefordert, ihre Mitglieder bis in deren unternehmensethische Aufgaben hinein zu begleiten.
Endlich sehen sowohl evangelisch-reformierte wie auch jüdische Gemeinschaften darin, daß die US-amerikanische politisch-gesellschaftliche Mentalität auf das stärkste von den alttestamentlich vorgebildeten und im reformierten Protestantismus durchgebildeten förderal-theologischen Grundvorstellungen wie Vertragsdenken, Vereinbarung, gegenseitige Verpflichtung, wechselseitige Abhängigkeit und so weiter geprägt ist, ein Argument für ihre unternehmensethischen Aktivitäten. Nicht zuletzt die auf Gegenseitigkeit verpflichtete Eigenverantwortung der voluntary associations, also einer der Lebenszentren der amerikanischen Gesellschaft, hat hier ihre Wurzel. Für die Religionsgemeinschaften ergibt sich aus dieser Tradition die Verpflichtung, mit den bewährten Mitteln der Väter auch den neuen, die Gesellschaft bedrohenden Gefahren des moralischen Verfalls entgegenzutreten.
Solchen Implikationen und Zusammenhängen mit Theologie im engeren Sinne wird man in der Regel nur bei ausdrücklicher Nachfrage begegnen. Direkt, sozusagen offensiv theologisch, wie etwa [138] von sozialethisch-gesellschaftskritisch engagierten Gruppen in Deutschland, wird zumindest im Umkreis der Corporate-Ethics selten argumentiert. Weder werden normalerweise für die konkreten inhaltlichen Einzelaspekte der Programs biblische oder systematisch-theologische Einzelbelege angerührt, noch kann man von einer allgemeinen, etwa literarisch geführten Debatte über die theologische Begründungsproblematik kirchlichen Handelns im Rahmen von Unternehmensethik sprechen.
Was die Nichtthematisierung der theologischen Legitimität von kirchlichen Engagements und von speziellen christlichen Maßstäben in der Unternehmensethik betrifft, so scheint man, ähnlich wie unter dem Aspekt der institutionellen Zuständigkeit der Kirche, auch inhaltlich vorauszusetzen, daß wahrhaft ethisches Handeln von vornherein den Wertsystemen christ-

licher Ethik entspricht und daß diese Entsprechung nicht erst explizit gemacht werden muß.

Anmerkungen

1. G. Wünsch: Evangelische Wirtschaftsethik, 1927.
2. A. Rich: Wirtschaftsethik, 3. Aufl., 1987. Vgl. dazu die Rez. von C. Frey in: ZEE 29 (1985), S. 465-474 sowie E. Amelung: Arthur Rich's >Wirtschaftsethik<, 1988.
3. Vgl. besonders H.-D. Wendland: Über den gegenwärtigen Stand der Sozialethik, in: Sozialethik im Umbruch der Gesellschaft, hg. von H.-D. Wendland, 1969: T. Rendtorff/ A. Rich (Hg.): Humane Gesellschaft (Festschrift für H.-D. Wendland), 1970; T. Strohm (Hg.): Christliche Wirtschaftsethik vor neuen Aufgaben (Festgabe für Arthur Rich), 1980; Handbuch der Christlichen Ethik, 3 Bde., 1978-1982.
4. H. Weber: Theologie - Gesellschaft - Wirtschaft, 1970.
5. Verwiesen sei insbesondere auf die Entwürfe von M. Honecker: Konzept einer sozialethischen Theorie, 1971; E. Wolf: Sozialethik, 1975; W. Kreck: Grundfragen christlicher Ethik, 1975; H. Gollwitzer: Forderungen der Umkehr, 1976; G. Brakelmann: Abschied vom Unverbindlichen, 1976; H. Schulze: Theologische Sozialethik, 1979; Y. Spiegel: Hinwegzunehmen die Last der Beladenen, 1979; T. Rendtorff: Ethik, 2 Bde. 1980f.; 0. Bayer: Zugesagte Freiheit, 1980; J. Wiebering: Handeln aus Glauben, 1981; W. Huber: Folgen christlicher Freiheit, 1983; U. Duchrow: Weltwirtschaft heute, 1986.
6. Hingewiesen sei insbesondere auf A. Müller-Armack: Religion und Wirtschaft, 1959; S. Katterle: Sozialwissenschaft und Sozialethik, 1972; G. Weisser: Beiträge zur Gesellschaftspolitik, 1978. Darüber hinaus vgl. A. Rich (1987), aaO., S. 64.
7. Ähnliches berichtet 0. v. Nell-Breuning, vgl. G. Enderle: Wirtschaftsethik im Werden, 1988, S. 16.
8. Z. B.: 0. v. Nell-Breuning: Gerechtigkeit und Freiheit, 1980.
9. Z. B.: J. Kardinal Höffner: Weltwirtschaftsordnung und Wirtschaftsethik, 1985.
10. Jahrbuch für Christliche Sozialwissenschaften, hg. bis 1984 von W. Weber, von 1985 bis 1987 von A. Rauscher und ab 1988 von F. Furger.
11. Grundlegend G. Gutiérrez: Theologie der Befreiung, 1973. Weiterführend H. Assmann u. a.: Die Götzen der Unterdrückung und der befreiende Gott, 1984; F.J. Hinkelammert: Die ideologischen Waffen des Todes, 1985; E. Dussel: Ethik der Gemeinschaft, 1988; A. Lienkamp: Sozialethische Aspekte der christlichen Befreiungsethik Lateinamerikas, (im Erscheinen). Kritisch dazu M. Spieker: Politik und Ökonomie in der Theologie der Befreiung, in: J. Em/ M. Spangenberger (Hg.): Theologien der Befreiung, 1985, S. 35-52.
12. Zur ersten Orientierung über Anfänge und Ziele der Business Ethics Bewegung in den USA vgl. R. T. De-George: Business Ethics, 1982; ders.: The Status of Business Ethics: Past and Future, in: JBE 6 (1987), S. 201-211. - Eigene Erfahrungen bei C. McCoy: Management of Values, 1985, insbesondere Vorwort S. VIII-XI; M. G. Velasquez: Business Ethics, 2. Aufl, 1988, Vorwort S. IX; P. Hencke u. a.: What you should know about Business -Ethics, 1987, S. 1-5; J. Keogh (Hg.): The Business Roundtable, 1988, S. 1-10. - Vgl. auch die Kurzübersicht von E. M. Epstein (Berkeley): Business Ethics, Corporate Good Citizenship, 1987, in dem noch unveröffentlichten Manuskript des Brüsseler Kongresses über Business Ethics im November 1987 (vgl. G. Enderle: Wirtschaftsethik im Werden, 1988, S. 45 und 82-84). - Ferner dazu E. M. Epstein: The Corporate Social Policy

Process. Beyond Business Ethics, in: California Management Review 29 (1987), S. 99-114.

13. Einen Gesamtüberblick über die amerikanische Literatur geben D. J. Jones und H. Troy, A Bibliography of Business Ethics, 1982; sowie D. J. Jones, A Bibliography of Business Ethics, 1981-1985, 1986. Empfehlenswerte anwendungsbezogene Aufarbeitungen der theoretischen Literatur finden sich bei M. G. Velasquez, aaO., S. 1-141; bei C. McCoy, aaO., S. 29-124; einen kurzen, auch tabellarischen Überblick gibt K. O. Hanson, Ethics and Business, A [138] Progress Report, 1983; abgedruckt bei C. McCoy, aaO., S. 280-288.
14. Economic Justice for All. Pastoral Letter on Catholic Social Teaching and the U.S. Economy, Washington, D. C.: National Conference of Catholic Bishops, 1986. In deutscher Übersetzung liegt der Hirtenbrief der US-Bischöfe in verschiedenen inhaltlich leicht variierenden Fassungen vor: Wirtschaftliche Gerechtigkeit für alle, in: Die neue Ordnung, Sonderausgabe Februar 1987; Publik-Forum (Hg.): Wirtschaftliche Gerechtigkeit für alle; Katholische Soziallehre und die US-Wirtschaft, Hirtenbrief der katholischen Bischofskonferenz der USA, Publik-Forum-Dokumentation, 1987; Gegen Unmenschlichkeit in der Wirtschaft, Der Hirtenbrief der katholischen Bischöfe der USA »Wirtschaftliche Gerechtigkeit für alle« - aus deutscher Sicht kommentiert von F. Hengsbach, 1987; Zu diesem Hirtenbrief vgl. auch W. Huber, in: ZEE 31 (1987), S. 365-371.
15. Das in Deutschland (besonders in der EKU) ebenfalls diskutierte sogenannte UCC-Papier »Der christliche Glaube und das Wirtschaftsleben«, hg. von der »Economics and Theology Covenant Group« der United Church of Christ, 1987; deutsch in: EPD Dokumentation Nr. 13 (1988); hat meinem Eindruck nach in den USA bisher außer in der UCC und in kirchlichen Fachkreisen weit weniger Resonanz gefunden als etwa der katholische Hirtenbrief.
16. Vgl. G. Enderle: Wirtschaftsethik im Werden, 1988, S. 55-59 und S. 69, dort (S. 70) weitere Literatur; H. Steinmann, A. Löhr: Unternehmensethik, in: E. Herms/W. Greive (Hg.): Loccum II, 1987, S. 21-92 [Lit.].
17. Vgl. etwa den Bericht »Auf der Suche nach dem ruhigen Gewissen. Warum alle über Ethik reden«, von C. Wittenzeller, in: Management-Wissen Nr. 12 (1988), S. 52--65; darin Hinweise auf Maßnahmen zur Ethikvermittlung bei BMW, S. 54 und S. 59, bei Daimler-Benz, S. 54f., in der chemischen Industrie wie BASF oder Henkel, S. 55; Hinweise auf externe Institute zur Durchführung von Ethikseminaren, z. B. auf die Hildesheimer Gesellschaft für Ethik, Bildung und Management, S. 56. - Darüber hinaus werden »Ethikseminare« von einer ganzen Reihe unabhängiger Bildungseinrichtungen angeboten, z. B. von der Deutschen Gesellschaft für Personalführung in Düsseldorf; von der Metaplan-GmbH in Quickborn; vom Forum für Philosophie Bad Homburg GmbH.
18. C. McCoy: Management of Values, 1985, sieht in der Corporate Culture die siebte Quelle der Produktivität neben labour, raw materials, managerial ideas and energy; vgl. aaO., S. 10.
19. So H. Jürgens: Unternehmenskultur in internationalen Unternehmen, in: Arbeitsgemeinschaft zur Förderung der Partnerschaft in der Wirtschaft (AGP) u. a. (Hg.): Unternehmenskultur in Deutschland, Menschen machen Wirtschaft, 1986, S. 83-87. In diesem Sammelband finden sich weitere wichtige Aufsätze zur Unternehmenskultur; kurz informiert z. B. E. Zander: Unternehmenskultur in Großunternehmen, in: Unternehmenskultur in Deutschland, aaO., S. 103-105. - Dazu eher popularwissenschaftlich, aber in Managerkreisen weitverbreitet P. Zürn: Vom Geist und Stil des Hauses, 1985.
20. Eine exklusive, auf 1550 persönliche Mitglieder begrenzte Vereinigung deutschsprachiger Wirtschaftswissenschaftler.
21. G. Enderle (Hg.): Ethik und Wirtschaftswissenschaft, 1985.

22. H. Hesse (Hg.): Wirtschaftswissenschaft und Ethik, 1988. - Zitat aus dem Vorwort, S. 5.
23. AaO., S. 10f.
24. AaO., S. 12.
25. AaO., S. 15 und S. 19-26; Zitat S. 19f.
26. AaO., S. 11.
27. Vgl. Ethics Resource Center (1025 Connecticut Avenue NW Washington D.C. 20036) (Hg.): Ethics Education in American Business Schools, 1988 (mir noch als Manuskript vorliegend).
28. Nach M. G. Velasquez, aaO., S. IX (Vorwort), gab es noch 1982 erst zwei auf ein Studium angelegte Lehrbücher für Wirtschaftsethik im englischen Sprachraum, 1988 bereits aber deren zwanzig oder mehr.
29. E. Herms, J. Jarre (Hg.): Loccum I, 1986.- Darin der einleitende Aufsatz von E. Herms: Aufgaben und Probleme einer theologisch begründeten Wirtschaftsethik, aaO., S. 2-49; Weiter: E. Herms, W. Greive (Hg.): Loccum II, 1987; E. Herms. H. May (Hg.): Loccum III, 1987; E. Herms, S. Habicht-Erenler (Hg.): Loccum IV, 1988.
30. F. Wagner: Religionssoziologisch-theologische Rahmenbedingungen und theologisch-sozialethische Prinzipien und Kriterien für die Konstitution und Beurteilung sozialer, insbesondere sozio-ökonomischer Verhältnisse, in: E. Herms, S. Habicht-Erenler (Hg.): Loccum IV, 1988, S. 73-129, insbesondere S. 111--116. Dazu G. Fleischmann: Theologisch-ethische Beurteilung von Wirtschaftsordnungen mit dem Prinzip vermittelter Selbstbestimmung, aaO., S. 130-136.
31. H. Steinmann, A. Löhr: Unternehmensethik, in: E. Herms, W. Greive (Hg.): Loccum II, S. 21-92; Definition Unternehmensethik vgl. S. 41.
32. B. Biervert, M. Held (Hg.): Ökonomische Theorie und Ethik, 1987.
33. A. Löhr: Many Business Ethics Activities in Germany, in: European Business Ethics Newsletter, published by European Ethics Network, c/o European Foundation for Management Development, 40 rue Washington, B-1050 Brussels, Belgium, 2 (1988), Heft 2, S. 6f.
34. Siehe auch G. Enderle: Wirtschaftssethik im Werden, 1988, S. 44f. [139]
35. H. Thomas (Hg.): Ethik der Leistung, Lindenthal-Institut Colloqium, Köln 1987, veröffentlicht 1988. Zur Resonanz vgl. M. Siemons: Markt ohne Moral, in: Frankfurter Allgemeine Zeitung vom 11.6.1988.
36. P. Ulrich: Transformation der ökonomischen Vernunft, 2. Aufl., 1987.
37. AaO., S. 173-195.
38. AaO., S. 343.
39. P. Ulrich beruft sich besonders auf K.-O. Apel: Transformation der Philosophie, 1973; sowie auf J. Habermas: Theorie des kommunikativen Handelns, 1981.
40. P. Ulrich, aaO., S. 13-18 sowie S. 269-340.
41. P. Koslowski: Ethik des Kapitalismus, 3. Aufl., 1986; ders., Wirtschaftsethik in der marktwirtschaftlichen Ordnung, in: E. Herms, W. Greive (Hg.): Loccum II, 1987, S. 5-19, dort weitere Literaturhinweise.
42. Vgl. etwa den Kernsatz des »Business Roundtable-Report«: "One of the myths about business is that there is a contradiction between ethics and profits", in: J. Keogh (Hg.): The Business Roundtable, 1988.
43. E. Herms: Theoretische Voraussetzungen einer Ethik des wirtschaftlichen Handelns, in: H. Hesse (Hg.): Wirtschaftswissenschaft und Ethik, 1988, S. 131-195.
44. E. Herms.: Beobachtungen und Erwägungen zu J. M. Buchanans vertragstheoretischer Sozialphilosophie, in: E. Herms, 5. Habicht-Erenler (Hg.): Loccum 1987, S. 168-186.

45. E. Herms in: ders., J. Jarre (Hg.): Loccum I, 1986, S. 2-49.
46. So fragte mit einem eher skeptischen Unterton Horst Steinmann auf dem 2. Loccumer Kolloquium. Horst Steinmann, aaO., in: E. Herms, W. Greive (Hg.): Loccum II, 1987, S. 82.
47. In: E. Herms, S. Habicht-Erenler (Hg.): Loccum IV, 1988, S. 30-64.
48. H. Sautter: Zumutungen an den Wirtschaftswissenschaftler, aaO., S. 65-72.
49. F. Wagner: Religionssoziologisch-theologische Rahmenbedingungen und theologisch-sozialethische Prinzipien und Kriterien für die Konstitution und Beurteilung sozialer, insbesondere sozio-ökonomischer Verhältnisse, aaO., S. 73-129.
50. G. Fleischmann: Theologisch-ethische Beurteilung von Wirtschaftsordnungen mit dem Prinzip vermittelter Selbstbestimmung, aaO., S. 130-136.
51. Genaueres dazu unten, Abschnitt II, 3., exemplarisch vgl: The Business Roundtable Statement on Corporate Responsibility, 1981; ferner die empirische Untersuchung der »Programs« von 10 Großunternehmen, in: J. Keogh (Hg.): The Business Roundtable, 1988.
52. A. Jäger: Chancen und Grenzen einer künftigen Wirtschaftsethik, in: ThZ 44 (1988), S. 239-250; 140 ders.: Diakonie als christliches Unternehmen, 1986.
53. Quartalszeitschrift >Christen in der Wirtschaft<, Erkrath.
54. F. Böckle: Moraltheologie und Wirtschaftsethik, in: H. Hesse (Hg.): Wirtschaftswissenschaft und Ethik, 1988, 5. 35-45.
55. F. Hengsbach, SJ: Interesse an Wirtschaftsethik, in: Jahrbuch für Christliche Sozialwissenschaften, 1988, S. 127-150; vgl. darüber hinaus den an gleicher Stelle veröffentlichten Literaturbericht von J. Wiemeyer: Neuere Literatur zur Wirtschaftsethik, aaO., S. 213-226.
56. F. Furger: Weniger Staat - mehr Verantwortung, in: Orientierungen zur Wirtschafts- und Gesellschaftspolitik 34 (1987), Heft 4, S. 3-7; vgl. auch F. Furger: Was Ethik begründet, 1984.
57. P. Hencke u. a. (Hg.): What you should know about Business Ethics, 1987.
58. Der Spiegel, Nr. 51, 1988 (vom 19.12.1988).
59. H. Bieber: Ein Platz noch für die Hoffnung, in: Die Zeit, Nr. 2 vom 6.1.1989, S. 1.
60. C. Wittenzeller: Auf der Suche nach dem ruhigen Gewissen, 1988.
61. Esotera, Nr. 9 (1988).
62. K. Lefringhausen: Wo der Markt zum Gott wird, in: Deutsches Allgemeines Sonntagsblatt, Nr. 50 vom 11. 12. 1988; dazu: G. Schmidtchen: Pfarrer und Wirtschaft, 1988.
63. H. Kreikebaum: Kehrtwende zur Zukunft, 1987: Zitate S. 13, 60, 82, 92ff, 105f, 115, 120.
64. G. Ahner: Schöpfung am Abgrund, 1977.
65. K. Lefringhausen: Wirtschaftsethik im Dialog, 1988.
66. AaO., S. 64-76.
67. AaO., S. 8 und 193 f.
68. Siehe oben Anm. 17; dazu: G. Enderle: Wirtschaftsethik im Werden, 1988, S. 48.
69. Vgl. z. B. C. McCoy: Management of Values, 1985, S. 22f. und S. 41-47; außerdem M. G. Velasquez: Business Ethics, 1988, S. 22.
70. P. Koslowski: Prinzipien der ethischen Ökonomie, 1988, S. 6.
71. Vgl. Anm. 26.
72. Vgl. den Bericht von E. Stock über die Tagung, in: E. Herms, W. Greive (Hg.): Loccum II, 1987, S. 151 ff.
73. Vgl. Anm. 17 und 68.

74. D. Lange: Zur theologischen Interpretation des ethischen Subjekts im Blick auf Probleme der Wirtschaftsethik, in: E. Herms, S. Habicht-Erenler (Hg.): Loccum IV, 1988, S. 12; Zum Problem auch: E. Herms: Grundzüge eines theologischen Begriffs sozialer Ordnung, aaO., S. 59 f.; sowie E. Stock: Bericht über die 4. Tagung ..., aaO., S. 163.
75. C. McCoy: Management of Values, 1985, Kap. 3, S. 53-73, sowie S. 346 (Lit.). [141]
76. AaO., S. 130-138.
77. Zur Notwendigkeit der Ebenen-Unterscheidung vgl. G. Enderle: Wirtschaftsethik im Werden, 1988, S. 55ff. Das Modell von G. Enderle geht ebenfalls aus von drei Handlungsebenen, die auf die klassische Differenzierung sozialer Systeme bezogen sind: sein Diagramm hebt allerdings nicht ab auf Ethikvermittlung und deren Interventionsmöglichkeiten.
78. Vgl. insbesondere den Aufsatz des Chicagoer (Loyola-)Philosophen und vormaligen Präsidenten der Society for Business Ethics, T. Donahlson: Multinational Decision Making, in: Journal of Business Ethics 4 (1985), S. 357 -366; eine andere Sicht wird vertreten in dem Standardwerk der New Yorker Wirtschaftswissenschaftler Th. N. Gladwin und J. Walter: Multinationals under Fire, 1980.
79. Vgl. auch G. Enderle: Wirtschaftsethik im Werden, 1988, S. 37.
80. K. E. Goodpaster: Ethics in Management, 1984, C. McCoy: Management of Values, 1985: M. G. Velasquez: Business Ethics, 1988.
81. Dieser exklusiven Gruppe gehören nur die »CEOs« (Chief executive officers = Vorstandsvorsitzende) der jeweils 250 umsatzstärksten amerikanischen Unternehmen an. Sekretariat: 200 Park Avenue, New York, NY. J. Keogh: The Business Roundtable, 1988.
82. In der Öffentlichkeit von Management-Tagungen haben besondere Aufmerksamkeit gefunden etwa die Leitlinien der Chemiekonzerne Hoechst-Frankfurt »Unser Selbstverständnis« und Henkel-Düsseldorf; sowie die Unternehmensgrundsätze des Warenhauses Hertie oder, in Anlehnung an die amerikanische Mutterfirma, die des Stuttgarter EDV-Unternehmen Hewlett-Packard.
83. In: Management-Wissen 12, 1988, S. 60ff.
84. C. McCoy: AaO., S. 135.
85. Im Begriff bei C. McCoy: AaO., S. 110: der Sache nach wurde das ganze Denken in diesem Modell schon ins Gespräch gebracht durch das die ganze Business-Ethics-Bewegung vorantreibende »Statement on Corporate Responsibility«, das 1981 vom Business Roundtable herausgegeben und an alle Unternehmen gerichtet wurde.
86. C. McCoy: aaO., S. 110; dazu R. E. Freeman: Strategie Management. A Stakeholder Approach, 1984, S. IV.
87. C. McCoy, aaO., S. 110, 137, 217-222.
88. Center for Ethics and Social Policy, Berkely (Hg.): The Vanguard Resources Company, 1986.
89. C. McCoy, aaO., S. 39 ff.
90. K. E. Goodpaster: Ethics in Management, 1984, S. 77ff. und 145-154.
91. C. McCoy, aaO. S. 5, 15, 22 ff. und 222-230.
92. M. G. Velasquez: Business Ethics, 1988, S. X und S. 65-140.
93. Vgl. Deutsches Institut für Fernstudien (Hg.): Funkkolleg Praktische Philosophie/Ethik, Studienbegleitbrief 1, 1980, S. 53-60.
94. C. McCoy, aaO., S. 35 f.
95. T. J. Peters, R. H. Waterman jun.: Auf der Suche nach Spitzenleistungen, Landsberg am Lech 1983, 10. Aufl. 1984; von dem Buch sind in Deutschland innerhalb eines Jahres über eine Million Exemplare verkauft worden; die Weltauflage liegt bei 25 Millionen

und gilt als größer als die gesamte übrige Managementliteratur der 80er Jahre zusammengenommen.

96. AaO., S. 321-334.
97. Vgl. J. Keogh (Hg.): Corporate Ethics, 1988. - Außerdem: R. E. Berenbeim: Corporate Ethics, 1987.
98. Vgl. K.-W. Dahm: Ethische Erziehung von Führungskräften, 1988, S. 10 ff.
99. C. McCoy, M. Juergensmeyer, P. Twining: Ethics in the Corporate Policy Process, 1975.
100. Vgl. J. Keogh (Hg.): Corporate Ethics, 1988, S. 22-30.
101. Über die Rolle von Kirche und Theologie in der Business-Ethics-Bewegung vgl. Journal of Business Ethics, 5 (1986), Heft 6. Darin insbesondere: R. T. DeGeorge: Theological Ethics and Business Ethics, aaO., S. 421-432; ders.: Replies and Reflections on Theology and Business Ethics, aa0., S. 521-524; O. F. Williams, C.S.C.: Can Business Ethics Be Theological?, in: aaO., S. 473-484; außerdem: D. A. Krueger (Hg.): Proceedings of the First National Consultation an Corporate Ethics, darin insbesondere: T. Smith: The Church and the Corporation, aaO., S. 29-36.

Weitere Literatur siehe Erstveröffentlichung in: ZEE 1989 (141-147)

Audiatur et altera pars!*

Verständigungsprobleme zwischen „parteilicher" kirchlicher Sozialkritik und dem Wirtschaftssystem

Je deutlicher die Phänomene einer weitreichenden wirtschaftlich-sozialen Krise in Deutschland hervortreten, je auswegloser die Probleme der Arbeitslosigkeit, der Finanzierung von Staatshaushalt und von sozialstaatlichen Einrichtungen erscheinen, desto häufiger und zum Teil auch radikaler melden sich kirchlich-sozialethische Stimmen zur gesellschaftspolitischen Situation in Deutschland zu Wort. Unter diesen Stimmen finden sich fundierte and differenzierte Stellungnahmen wie das sogenannte Sozialwort von katholischer Bischofskonferenz und EKD-Rat; es finden sich auch, und zwar anscheinend mit zunehmender Resonanz unter Theologiestudenten und Vikaren, entschieden antikapitalistisch-sozialistische Äußerungen, die die Forderung nach Abschaffung des Privateigentums an Produktionsmitteln erneuern[1]; es finden sich nicht zuletzt Hypothesen, nach denen die sozioökonomische Krise von seiten interessierter Kreise aus Regierung und Wirtschaft bewußt und gezielt eskaliert werde, um so die Idee des Sozialstaats deutscher Tradition ad absurdum zu führen.[2]

Nun ist theologisch-ethisch unbestritten, daß die Kirche sich nachdrücklich zu Wort melden muß, wenn der Eindruck entsteht, daß durch Sparmaßnahmen oder andere gesellschaftspolitische Umstrukturierungen die Schwachen und Schwächsten im Lande einseitig benachteiligt werden. In solchem Falle sind Solidarität and Protest angesagt und werden auch energisch praktiziert. Weniger Einigkeit besteht darüber, von welchen Zielvorstellungen solche kirchlichen Stellungnahmen bestimmt [439] sein sollen, und darüber, welche wirtschaftsethischen und generell sozialethischen Argumentationsinhalte ihnen angemessen sind. Grundsätzlich kann man ja gute Gründe dafür anführen, daß die Kirche sich darauf beschränken soll, evidente oder entstehende Ungerechtigkeiten deutlich aufzuweisen, notfalls anzuprangern, jedenfalls die politisch oder wirtschaftlich Verantwortlichen zu mahnen und zu drängen, ihre soziale Pflicht bewußter und besser wahrzunehmen: Die verbreitete Kritik kirchlicher Stellungnahmen geht nicht zuletzt davon aus, daß kirchliche Amtsträger in der Regel

---

* Veröffentlicht in: Arnd Götzelmann, Volker Herrmann und Jürgen Stein: Diakonie der Versöhnung, Festschrift für Theoder Strohm, Stuttgart 1998, S. 438-450

1 Vgl. die Vorläufigen Leitsätze für die Arbeit des Bundes der Religiösen Sozialistinnen and Sozialisten Deutschlands e. V., 1997

2 Diese These wurde z.B. vorgetragen und diskutiert etwa auf der Jahrestagung 1997 der Solidarischen Kirche Westfalen-Lippe in Bielefeld; vgl. den Bericht in „Unsere Kirche" Nr. 24/1997.

über zu wenig spezifische sozio-ökonomische Sachkenntnis verfügen und, daß inhaltlich konkrete und daher meist strittige Forderungen von kirchlicher Seite keinem demokratischen Test, beispielsweise durch Wahlen, ausgesetzt sind. Tatsächlich allerdings ist in Deutschland seit längerem nicht dieser Betrachtungsansatz, sondern die Auffassung vorherrschend, daß die Kirche sich nicht nur mahnend, sondern „positionell" oder „parteilich", also mit eigener Sachkritik und mit eigenen Vorschlägen in den Gesellschaftsprozeß aktiv „einzumischen" habe. Wo das aber proklamiert und praktiziert wird, da müssen sich die kirchlichen Stellungnahmen der kritischen, auch der aggressiv-kritischen Analyse der eigenen Argumentation stellen und in den Streit mit anderen inhaltlichen Positionen hereinziehen lassen. Sie können nicht davon ausgehen, daß ihre Optionen wegen eines expliziten oder impliziten theologischen Wahrheitsanspruchs politisch richtiger, ökonomisch plausibler oder langfristig tragfähiger sind als die von anderer Seite vertretenen Auffassungen. Sie müssen sich die Frage gefallen lassen, ob ihre Konzepte zur Verminderung der Arbeitslosigkeit oder zur mittelfristigen politischen Absicherung unserer sozialen Sicherungssysteme möglicherweise gar das Gegenteil von dem bewirken, was sie, bei bester theologischer Motivation für die Betroffenen, eigentlich erreichen wollten. Insbesondere werden sie der kritischen Diskussion über die ökonomische Rationalität ihrer Optionen nicht ausweichen können.
Seit einigen Jahren werden die positionell-inhaltlichen Einmischungen kirchlicher Kreise in Hinsicht auf den Mainstream ihrer wirtschaftspolitischen Aussagen in zunehmendem Maße kritisiert, insbesondere seitens exponierter Angehöriger aus dem sogenannten Wirtschaftssystem, teilweise auch solcher aus dem Politiksystem. Andererseits trifft derselbe Mainstream, bleibt man bei der systembezogenen Differenzierung der Gesellschaft, im „Sozialsystem" und weithin auch im „Bildungssystem" unseres Landes großenteils auf Zustimmung. Seinen inhaltlichen Tendenzen nach manifestiert sich dieser Mainstream in nicht wenigen Kanzelpredigten, [440] auf Akademietagungen, in zahlreichen broschierten „Diskussionspapieren" von kirchlichen Ämtern, „Diensten" und Ausschüssen; er ist unüberhörbar auch als Mainstream der Diskussionsbeiträge auf den Kirchentagen. Nicht ohne weiteres darunter zu verrechnen sind die differenzierteren offiziellen Erklärungen der Kirche, in denen, wie in dem „Sozialwort" der beiden Großkirchen von 1997, deutlicher die Ambivalenzen in der Ursachenanalyse unserer sozioökonomischen Krise und in den Optionen zu ihrer Überwindung in den Blick gerückt werden.
Was Kritik und Widerspruch gegenüber diesem Mainstream betrifft, so richten sie sich besonders deutlich an einige bestimmte, häufig wiederkehrende Grundauffassungen. Wir wollen vier solcher umstrittenen Denkmuster herausheben und diskutieren. Zwar hängen diese Auffassungen viel-

fach miteinander zusammen, doch haben sie in der Diskussion einen je eigenständigen Problemgehalt gewonnen.

I.

Charakteristisch für den Mainstream ist es an erster Stelle, den sogenannten Neoliberalismus zu einem Feindbild schlechthin zu stilisieren. In den wirtschaftsphilosophischen Grundannahmen des Neoliberalismus sieht man die eigentliche Ursache für Arbeitslosigkeit, für Staatsverschuldung, für „Sozialabbau" und für eine weltweit zunehmende soziale Ungerechtigkeit. Als Synonym für schrankenlosen Kapitalismus und kaltherzige Wirtschaftspolitik wird „der" Neoliberalismus schnell zum Sündenbock für die sozialen Probleme unserer Zeit.
Diese vereinfachende Reduktion erscheint theologisch und generell wissenschaftsethisch schon deshalb problematisch, weil solche zur Verteufelung neigenden Beurteilungen geschichtlich immer eher zu Glaubenskriegen geführt haben als daß sie halfen, schwierige Sachfragen angemessen zu bearbeiten. So wird von vornherein bereits übersehen oder vernachlässigt, daß es „den" Neoliberalismus als einheitliches wirtschaftspolitisches Konzept gar nicht gibt und, daß er auch in der ihm zugeschriebenen Rigidität in der deutschen Wirtschaftspolitik kaum oder gar nicht in Erscheinung tritt. Inhaltlich subsumiert werden unter „dem" Neoliberalismus eine Reihe von teils verwandten, teils erheblich voneinander abweichenden Vorstellungen, die ihre Gemeinsamkeit darin haben, für eine „liberale", nämlich von direkten Staatsinterventionen freie Marktwirtschaft einzutreten. Einig ist man sich darin, daß eine solche freie Marktwirtschaft nicht nur die besten Bedingungen für hohe Produktivität, [441] sondern längerfristig auch die besten Chancen zur Lösung der sozialen (Sicherungs-)Probleme einer Gesellschaft erbringt. Die Eigenerfahrung gesellschaftlicher Ungleichheit gilt den neoliberalen Konzepten als entscheidender Anreiz für Leistungsbereitschaft, Produktivität und Zukunftssicherung
Der Gesamtheit neoliberaler Konzepte wird nun seitens ihrer kirchlichen Kritiker vorgeworfen, daß die unkontrollierte Dynamik der Marktkräfte in der Realität eher soziale Ungerechtigkeit und ökologische Zerstörung als lebensdienlichen Wohlstand hervorbrächte und, daß sie deshalb durch staatliche Interventionen gebändigt und gleichsam sozialverträglich kanalisiert werden müsse. Man meint, daß sich für diese Sicht nicht wenige Indizien angeben lassen: für Umweltschäden ebenso wie für die wachsende Kluft zwischen Reich und Arm, in Deutschland wie weltweit. Die Gegenkritik verweist darauf, daß man, wenn auf dieser grundsätzlichen Ebene der Oberbegriffe diskutiert wird, die neoliberalen Grundannahmen mit den entsprechenden Gegenmodellen und deren sozialen Wirkungen vergleichen müsse. Soweit diese Gegenmodelle auf Staatsintervention zielen,

hätten sie in den meisten ihrer Varianten, vor allem in den radikal staatssozialistischen Konzepten, an keinem Orte erwiesen, daß sie langfristig zu humaneren Sozialverhältnissen als die Marktwirtschaft führen können, sondern, daß sie, selbst in ihren abgeschwächten Formen, fast immer die Produktivität als die eigentliche Quelle des Wohlstandes gravierend beeinträchtigt haben und von ihnen so der Teufelskreis von zunehmender Staatsverschuldung und zunehmender Arbeitslosigkeit meist angestoßen oder vorangetrieben worden sei.
Für uns ist daraus zu folgern, daß, wer sich mit „der" Ideologie des Neoliberalismus kritisch auseinandersetzen will, in wissenschaftlicher Redlichkeit unterscheiden muß zwischen philosphisch-anthropologischen Grundannahmen und faktischen Wirkungsproblemen und, daß er dann beides mit den möglichen Alternativmodellen zu vergleichen hat. Dabei werden auch die heutigen Folgeprobleme eines sich durch viele Jahrzehnte so positiv darstellenden Modells wie dem der Sozialen Marktwirtschaft zu überprüfen sein: sowohl hinsichtlich ihrer historischen Voraussetzungen als auch ihrer anthropologischen Grundannahmen und ihrer heutigen sozioökonomischen Eckdaten. Das muß gerade dann geschehen, wenn sich abzeichnet, daß in der Grundidee der Sozialen Marktwirtschaft die bisher einzige realitätsnahe Verknüpfung von Produktivität und Sozialverträglichkeit und damit ein zukunftsfähiges Alternativmodell zu strikt „neoliberaler" Wirtschaftspolitik liegt. [442] Solange jedoch anstatt der Bemühung um solche kritischen und wohl schmerzhaften Überprüfungen und Modifikationsversuche „der" Neoliberalismus pauschal disqualifiziert wird, muß eher der Glaubenskrieg zwischen Wirtschaftssystem und Sozialsystem einschließlich kirchlichem Mainstream gesteigert werden, als daß es zu unkonventionellen Kompromissen im Sinne einer auf die veränderte Situation bezogenen neuen Sozialen Marktwirtschaft und deren Erprobung kommt.

II.

Zur prinzipiellen Attacke auf den Neoliberalismus gehört die ebenso heftige Ablehnung jener Konkretionen, die unter Begriffen wie „Deregulierung", „Thatcherismus" und „Reagonomics" zusammengefaßt werden. Deren rigorose Anwendung habe, so heißt es auch im kirchlich sozialkritischen Mainstream, in den USA, in Großbritannien, in Neuseeland und selbst in skandinavischen Ländern zu eklatanten Negativwirkungen geführt: zur Verarmung und Verelendung ganzer Bevölkerungsgruppen, zur weiteren Öffnung der Schere zwischen Arm und Reich, zu immer weiter steigender sozialer Ungerechtigkeit. Entschlossene Deregulierung sei darum, ethisch betrachtet, Teufelszeug und für die Lösung der tiefgreifenden Sozialprobleme in Deutschland ganz ungeeignet.

Sicher kann sich auch diese Sichtweise auf einige nachweisbare Entwicklungen berufen. Was gewöhnlich aber ungesagt bleibt, sind die ebenso unverkennbaren Positivwirkungen vieler Deregulierungsmaßnahmen in den genannten Staaten: etwa die erhebliche Verringerung von Staatsschulden und von Arbeitslosigkeit (in den USA z.B. auf unter 5 Prozent jährlich, ähnlich in Großbritannien, Neuseeland, den Niederlanden usw.). Auch die häufig vorgebrachte Befürchtung, bei den neuen Arbeitsstellen handele es sich primär um unterbezahlte und ausbeuterische „Mac-Jobs" ist irreführend! „Der Spiegel" (17/97) dokumentiert, daß das Einkommen von 70 Prozent (!) der neuen Arbeitsplätze in den USA über dem dortigen Durchschnittseinkommen liegt; für Großbritannien gilt ähnliches. Auf der anderen Seite darf wiederum nicht verschleiert werden, daß tatsächlich rund 20 Prozent der Neueinstellungen auf Billigarbeiter mit Löhnen nahe der Armutsgrenze oder darunter fallen. Doch ist vielen Amerikanern ein schlechter Job (mit erhofften Aufstiegschancen) offenbar lieber als andauernde Arbeitslosigkeit bei den dort schlechten Bedingungen einer Sozialfürsorge. In der deutschen Diskussion mit diesen Zahlen und mit den Ambivalenzen der Entwicklungen in [443] den USA, in Großbritannien oder Neuseeland offener, das heißt empirisch-redlich und weniger interessegeleitet-eklektisch im Sinne einer Bestätigung von negativen Vorurteilen umzugehen, kann dazu helfen, das Thema Deregulierung zu enttabuisieren.
Zur empirischen Redlichkeit gehört in diesem Zusammenhang auch, die deutsche Entwicklung nicht pauschal an die Behauptungen eines fortschreitenden Sozialabbaus und einer fortschreitenden „Umverteilung von unten nach oben" zu reduzieren. Das als offiziös und seriös geltende „Taschenbuch der Statistik"[3] zeigt jedenfalls für die letzten zwanzig Jahre, daß die Sozialbeiträge kontinuierlich stärker angestiegen sind als das Brutto-Inlandsprodukt; es zeigt auch, daß sich die Sozialleistungen in der volkswirtschaftlichen Gesamtrechnung gemessen am Bruttosozialprodukt von 20 Prozent in 1972 auf 30 Prozent in 1997 um 50 Prozent erhöht haben. Es liegt auf der Hand, daß die dieser Tendenz entsprechende Höhe der Lohn-Nebenkosten die Arbeitskosten und damit letztlich die Arbeitslosenzahl hoch treibt.
Nicht wenige Beobachter der Ökonomischen Szene, und keineswegs nur solche aus dem Wirtschaftssystem, weisen darum nachdrücklich darauf hin, daß aus den anglo-amerikanischen Erfahrungen eine ganze Reihe partielle und modifizierte Übertragbarkeiten in die deutsche Situation möglich sind, ohne, daß damit gleich unsere Gesamtausrichtung auf Sozialverträglichkeit in Frage gestellt sein muß. Im gleichen Atemzug muß freilich gefordert und gesichert werden, daß die De- oder Neuregulierungen tat-

3 Hg. vom Bundesministerium für Arbeit und Sozialordnung, 1996.

sächlich den Investitionen und damit dem Arbeitsmarkt zugute kommen und nicht, was die skeptische Sozialkritik als immerwährende Gefahr herausstellt, lediglich eine neue Möglichkeit zur Steigerung von Unternehmergewinn intendieren.

III.

Der bedrohlichen, anhaltend hohen Arbeitslosigkeit entspricht das emotionale Engagement in den tiefgreifenden Auseinandersetzungen über die möglichen Auswege aus dieser Krise. Geht man wieder vom Mainstream der kirchlichen Diskussion aus, so entsprechen einige der gängigen, scheinbar einleuchtenden und mit hohem Wahrheitsanspruch vorgebrachten Erklärungsmuster keineswegs den komplizierten Kausalzusammenhängen — und tragen darum kaum etwas bei für erfolgversprechende [444] Lösungsansätze unseres gesellschaftlichen Zentralproblems. Zu diesen zu einfachen und darum irreführenden Betrachtungsmustern gehört das in kirchlichen Kreisen gern kritisierte Phänomen, daß bei zahlreichen deutschen Unternehmen immer mehr Arbeitsplätze abgebaut werden, obwohl (oder damit?) die Gewinne ganz erheblich steigen. Charakteristisch dafür sei, daß, wenn heute die Streichung einer größeren Zahl von Arbeitsplätzen bekanntgegeben werde, morgen der Aktienkurs der betreffenden Firma deutlich ansteigen.
In der Tat bedroht der immer noch fortschreitende Abbau von Arbeitsplätzen die Fundamente von menschenwürdigem Zusammenleben in der Industriegesellschaft. Während die steigenden, unter anderem durch automatisierte Produktionstechniken erwirtschafteten Gewinne hauptsächlich einer Teilgruppe der Gesellschaft zugute kommen, führt auf der anderen Seite die steigende Arbeitslosigkeit bei den Betroffenen zu Verarmung, zur Verunsicherung von Selbstwertgefühl und Lebenssinn und darüber hinaus zu schweren Spannungen in den menschlichen Gemeinschaften: in der Familie, der Nachbarschaft, der Gesellschaft. Diese Entwicklung führt darüber hinaus zu kaum zu lösenden Finanzierungsproblemen bei den großen sozialen Sicherungssystemen. Der Teufelskreis lautet: je mehr Arbeitslosigkeit, desto größer die Löcher in den Kassen der Arbeitslosenversicherung, desto mehr Staatszuschüsse, Staatsschulden, Steuererhöhungen und daraufhin wieder mehr Arbeitslosigkeit. Diesem Teufelskreis müssen alle Beteiligten — Gewerkschaften, Arbeitgeber und insbesondere die Politik — mit ihrer stärksten Kraft entgegenwirken. Da offensichtlich den nationalstaatlichen Steuerungsmöglichkeiten zunehmend engere Grenzen gesetzt sind, muß vor allem die Bemühung um international vergleichbare Rahmenbedingungen eines künftigen menschengerechten Wirtschaftens energisch verstärkt werden; neben der Globalisierung der Wirtschaft muß

jetzt aller Nachdruck auf die Europäisierung und im Fernziel auf eine Globalisierung der Sozialordnung gelegt werden.
Allerdings kann diese, auf der politischen Makroebene dringend anstehende Aufgabe, nicht ungebrochen auf die Ebene der Unternehmenspolitik übertragen werden, etwa in dem Sinne, daß die erzielten Gewinne nur in neue Arbeitsplätze umgesetzt werden müßten, um dem Dilemma entgegenzuwirken. Dann nämlich, so können die meisten Unternehmen leicht nachweisen, seien sie nicht mehr wettbewerbs- und damit überlebensfähig; überleben können sie nur, wenn sie ihre Arbeitskosten spürbar senken, und das sei in der Regel hauptsächlich im Wege von Entlassungen [445] zu erreichen. Ein steigender Aktienkurs sei unter diesem Gesichtspunkt nichts anderes als das Indiz dafür, daß die Börse einem Unternehmen nach der entsprechenden Senkung der Arbeitskosten bessere Wettbewerbs- und Überlebenschancen einräumt, als das vorher der Fall war. In dem Maße aber, so sagen sie, in dem sie ihre Gewinne, die wesentlich durch den Abbau von Personal neu erzielt wurden, wiederum in neue Arbeitsplätze investieren, müßten ihre Wettbewerbs- und Überlebenschancen erneut und rapide sinken; dann aber sei auch die große Zahl der noch verbliebenen Arbeitsplätze auf das höchste gefährdet.
Dieser Zusammenhang wird an vielen Beispielen empirisch evident und ist sozialethisch unbedingt ernstzunehmen. Ob und wie weit dieses skizzierte Argumentationsmuster unternehmensegoistisch mißbraucht wird und ob es nicht zahlreiche Firmen gibt, die ihre Möglichkeiten und Spielräume zur Erhaltung von Arbeitsplätzen in ihrem Prozeß der „Verschlankung" längst nicht kreativ genug genutzt haben, das muß sicher gefragt, kann aber hier nicht zureichend beurteilt werden; das Problem selbst darf jedoch nicht als Sozialromantik bagatellisiert werden. Andererseits wird sich die sozialethische Diskussion der Zusammenhänge von Gewinnsteigerung und Mitarbeiterentlassung nicht darauf beschränken dürfen, einen solchen Abusus aufzuweisen und zu problematisieren. Sie wird vielmehr die skizzierte Relation zwischen Wettbewerbsfähigkeit und Arbeitskosten auch denen nüchtern und vielleicht desillusionierend deutlich machen müssen, die der scheinbar so einfachen und einleuchtenden Vorstellung folgen, daß durch den Abbau von Arbeitsplätzen letztlich ausschließlich der Gewinn der Aktionäre, notfalls ohne Rücksicht auf die Schwächeren, nämlich der Arbeitnehmer, gesteigert werden solle. Erst wenn die Zusammenhänge zwischen der wirtschaftlichen Lebensfähigkeit eines Unternehmens und seiner Arbeitsplatzverminderung redlich berücksichtigt und erkennbar gemacht werden, wird auch die Kritik an den tatsächlich vorhandenen Mißständen glaubwürdig und wirksam.
Das in allen Absichtserklärungen durchaus erkennbare Bestreben, der Arbeitslosigkeit energisch entgegenzuwirken und neue Arbeitsplätze zu

schaffen, stellt sich in den konkreten Vorschlägen der Parteien und Gruppen gewöhnlich als Streit zwischen verschiedenen Richtungen dar. „Neoliberale" und andere marktorientierte Konzepte setzen vorrangig auf die erwähnten Deregulierungen, unter anderern von „unzeitgemäßen", wie man sagt, tariflichen Regelungen, mit dem Ziel einer Flexibilisierung und langsamen Angleichung (de facto Absenkung) der [446] Löhne auf das Niveau von benachbarten, mit Deutschland im Wettbewerb stehenden Industrieländern. Immer wieder wird darauf hingewiesen, daß eine Arbeitsstunde für vergleichbare Leistungen in Deutschland 50,— DM, in England 35,— DM, in Portugal 10,— DM und in Tschechien 5,— DM kostet (Sommer 1997). So aber sei auf die Dauer Wettbewerbsfähigkeit nicht möglich.
Doch erwarten sich diese marktorientierten (auch „angebots-orientiert" genannten) Gruppen von ihren Deregulierungsvorschlägen nicht nur eine bessere Wettbewerbsfähigkeit mit benachbarten Ländern und dort stationierten Unternehmen und damit Aufträge und Arbeitsplätze. Sie erhoffen sich zugleich bessere Chancen für diejenigen, die bisher arbeitslos sind; sie erwarten einen fairen Wettbewerb zwischen Arbeitslosen und Arbeitsplatzbesitzern. Letztere nämlich seien zusammen mit ihren politischen und gewerkschaftlichen Repräsentanten, wie jeder andere Interessenverband, zunächst einmal um die Verteidigung ihrer Besitzstände besorgt, auf die die bestehenden sozialpolitischen Regulierungen ja vielfach ausgerichtet sind. Umgekehrt sehen Arbeitnehmer und Gewerkschaftsvertreter in den Deregulierungsvorschlägen eben den Angriff auf ihre von der Arbeiterbewegung in Jahrzehnten erkämpften sozialpolitischen Rechte. Zur Bekämpfung der Arbeitslosigkeit setzen sie auf „nachfrageorientierte" Konzepte, also auf höhere, notfalls durch staatliche Kredite zu ermöglichende Löhne, die die Kaufkraft steigern und damit über einen erhöhten Konsum die Wirtschaft ankurbeln und so letztlich neue Arbeitsplätze schaffen können.
Aus dem Wirtschaftssystem und auch seitens zahlreicher Wirtschaftswissenschaftler wird solchen „keynesianischen" Konzepten[4] entgegengehalten, daß höhere Löhne nicht nur die Wettbewerbsfähigkeit gegenüber Unternehmen mit geringeren Arbeitskosten vermindern, sondern, daß sie darüber hinaus durch die unvermeidlich gleichzeitig steigenden Produktions- und Verkaufspreise eine inflationäre Entwicklung in Gang setzen müßten, die für die wirtschaftliche Gesamtentwicklung, nicht zuletzt für die Werterhaltung von Spar- und (Alters-)versicherungen höchst gefährlich wäre.
In ihrem oben definierten Mainstream tendieren die kirchlich-sozialen Äußerungen also einerseits in die Richtung gewerkschaftsnaher „keynesianischer“ Vorstellungen, zum andern sind sie in der Öffentlichkeit mehrfach

4 Nach dem britischen Volkswirtschaftler J. M. Keynes, 1883-1946, dem führenden Vertreter„nachfrage-orientierter“ Wirtschaftstheorien.

fur eine Erhaltung von bestehenden, auch von unwirtschaftlichen [447] und stark subventionierten Arbeitsplätzen eingetreten: Von ihren Kritikern aus Wirtschaft, Wissenschaft oder Politik wird diesen Äußerungen weniger zum Vorwurf gemacht, daß sie eine bestimmte Position präferieren, sondern, daß sie das, vor dem Hintergrund des grundsätzlichen Feindbildes „Neoliberalismus", mit hohem kirchlichen und humanitären Richtigkeitsanspruch tun, daß sie dabei aber die Schattenseiten und Probleme von keynesianischer Sozialpolitik and von unbedingter Erhaltung auch unwirtschaftlicher Arbeitsplätze außer acht lassen oder bestreiten — und so im pro und contra zu einer Art Glaubensentscheidung auffordern. Das aber verhindert das experimentierende Suchen nach Kompromissen und neuen Wegen, die angesichts der unübersichtlichen, durch qualitativ neue und vorerst kaum berechenbare Konstellationen etwa im Globalisierungsprozeß unabdingbar notwendig sind.

IV.

Ein weiteres Thema, das mit den bisher diskutierten Fragen vielfach verflochten ist, aber auch als Eigenthema von hohem Gewicht heftig diskutiert wird, ist das Phänomen der Globalisierung. Im Mainstream der kirchlichen Sozialkritik wird es im Unterschied zu den anderen genannten Schlüsselproblemen uneinheitlich beurteilt. Den einen gilt es als Inbild der Machtergreifung eines neoliberalen Ökonomismus, der die schwierigen Bemühungen um eine humane, umwelt- und sozialverträgliche Ökumenizität konterkariert und zerstört. Andere versuchen, das Phänomen zu einer im Unternehmerinteresse der Legitimation niedrigerer Löhne entfachten „Phantom-Debatte"[5] zu bagatellisieren. Viele halten den Begriff für ein Modewort, hinter dem sich allerdings ein weithin undurchschaubares und vielleicht bedrohliches Dunkelfeld verbirgt.

- Bevor die Ambivalenzen in den Auswirkungen dieses Phänomens auf die deutschen Verhältnisse diskutiert werden können, muß darum kurz charakterisiert werden, was unter dem schillernden Begriff Globalisierung hier verstanden werden soll und welche Eckdaten Ausgangspunkt unserer Überlegungen sind. Als die wichtigsten Kennzeichen für die gerade im letzten Jahrzehnt rapide voranschreitende Integration der Weltwirtschaft und ihrer Märkte betrachten wir
- die wegen der Aufhebung wichtiger bisheriger Schranken weltweit enorm gestiegene Mobilität von Arbeit und Kapital, [448]
- die Beschleunigung von raumubergreifendem Informationsaustausch und Materialtransport,

5 So der katholische Sozialethiker Hengsbach, in: Der Spiegel, 10/1997.

- die weltweite Vereinheitlichung von wirtschaftspolitischer Mentalität und Praxis durch marktorientierten Wettbewerb.

Der Dynamik dieser zusammenwirkenden Kräfte können sich die Wirtschaftspolitik der traditionellen Nationalstaaten und insbesondere die Wettbewerbsfähigkeit ihrer Unternehmen nicht entziehen. Die Rendite und damit die Arbeits- und Lohnkosten von miteinander konkurrierenden Firmen etwa in England und Deutschland werden sich annähern und schließlich angleichen müssen, wenn die Unternehmen überleben wollen. Anlagegelder vom weltweiten Kapitalmarkt fließen dahin, wo sich die größte Rendite bietet.

Ein in letzter Zeit oft zitiertes Beispiel ist, daß von 1990 bis 1995 eine fünfmal größere Kapitalsumme (jährlich ca. 20 Mrd. DM) in englische als in deutsche Firmen investiert wurde, weil dort u.a. wegen geringerer Arbeitskosten und weniger bürokratischen Regulierungen eine erheblich höhere Rendite zu erwarten war. Nicht wenige Ökonomen und Publizisten halten gerade dieses eklatante Datum für das schlechthin unübersehbare Zeichen an der Wand des Wirtschaftsstandortes Deutschland: Wo nicht investiert wird, können die Produktionsanlagen nicht zukunftsfähig erneuert oder ausgebaut werden; die Produktivität und Wettbewerbsfähigkeit der Unternehmen muß weiter zurückgehen, die Zahl der Arbeitslosen steigt, die Prognosen für die wirtschaftliche Situation der kommenden Generation werden düsterer.

Es ist schwer zu verstehen, daß gerade dieses vieldiskutierte Eckdatum und seine Folgeprobleme von der deutschen, gerade auch der kirchlich engagierten Sozialkritik kaum aufgenommen oder in seiner Aussagekraft widerlegt wurde. So mag sich der Eindruck aufdrängen, daß der Mainstream dieser Kritik die bedrängende Reichweite der Globalisierung nicht recht ernst nimmt und unsere sozialstaatlichen und arbeitsmarktpolitischen Probleme durch nationalstaatliche Interventionen lösen zu können meint. Gegen eine solche Vernachlässigung des globalen Wettbewerbs und gegen die statt dessen forcierte Hoffnung, durch nationale Interventionen unser gegenwärtiges Sozialniveau aufrecht erhalten zu können, wird nicht selten der Vorwurf erhoben, daß hier zugunsten von Besitzstandswahrungen für die heutige Generation die Lebens- und Wohlstandsbedingungen für die kommenden Generationen überlagert und letzten Endes erstickt würden.

Ein anderer, im Mainstream kirchlicher Sozialkritik vielleicht verdrängter, [449] vielleicht aber auch bewußt vernachlässigter Aspekt der Globalisierung sind deren Impulse zu einem wirtschaftlich-sozialen Aufschwung in Teilen der Dritten Welt. Er ist etwa in Südostasien, in Indien und neuer-

dings in Lateinamerika[6] von erheblicher Kraft. Zwar vermögen diese Aufschwünge die überall große Kluft zwischen Arm und Reich bei weitem (noch) nicht auszugleichen, doch sind zumindest große Gruppen von Armen in die ersten Schritte einer Verbesserung ihrer sozialen Situation einbezogen; OECD-weit sind in den Entwicklungsländern seit 1980 zum Beispiel über 100 Millionen neue Arbeitsplätze geschaffen worden. In die wirtschaftlich zunehmend wettbewerbsfähigen Schwellenländer fließt ein Kapitalstrom, der ein Vielfaches alter Entwicklungshilfe-Gelder ausmacht; er trägt dazu bei, daß die Kapitalsummen, die in diese Länder gehen, größer sind und immer größer werden als jener Kapitalrückfluß in die erste Welt, der sich aus der Tilgung von Krediten und deren Zinsen zusammensetzt and der die Entwicklungsländer lange Zeit finanziell einschnürte.
Mit diesen Hinweisen sollen die anderen, die problematischen Seiten der Globalisierung, sollen insbesondere die ökologischen Folgeprobleme bei uns und weltweit sowie die weiterbestehenden Arm-Reich-Spannungen, der Wettbewerbsdruck, der Streß der Verantwortungsträger und die alles bedrohende Arbeitslosigkeit in den klassischen Industrieländern nicht verwischt oder beschönigt werden. Worum es vielmehr auch hier gehen muß, ist, die Ambivalenzen genauer wahrzunehmen und redlich zu benennen und dann auf diesem Hintergrund die Spielräume des wirtschaftlichen Handelns für mehr Sozial- und Umweltverträglichkeit zu nutzen. Das aber ist kaum möglich, wenn die Globalisierung als ganze innerlich abgelehnt oder nach außen auf ihre Defizite reduziert wird.
Die Diskussion der besonders umstrittenen sozio-ökonomischen Paradigmen unserer Zeit, also des Neoliberalismus, der Deregulierung, der Arbeitsmarktpolitik oder der Globalisierung hat tiefgehende Differenzen in den Grundannahmen und Plausibilitätsstrukturen zwischen einerseits dem Wirtschaftssystem und andererseits dem Sozialsystem (einschließlich des Mainstream kirchlicher Sozialkritik) aufgewiesen. Den kirchlichen Sozialkritikern wird von Exponenten des Wirtschaftssystems insbesondere vorgeworfen, daß ihre Forderungen nach mehr sozialer Gerechtigkeit und nach Stabilisierung unserer sozialen Sicherungs- [450] Systeme weitgehend losgelöst seien von deren grundlegendem Zusammenhang mit der Erwirtschaftung[7] dessen, was erhalten oder anders verteilt werden soll, also von den ökonomischen Rahmenbedingungen unserer gegenwärtigen Lage. Was den notwendigen Umbau des Sozialstaates betrifft, wird den Kritikern vorgeworfen, daß sie fast ausschließlich die Verantwortung und die Pflich-

---

6 Vgl. J. v. Thadden, Stichwort: Globalisierung der Weltwirtschaft, in: ZEE 41. 1997, 34-40

7 Vgl. dazu Theodor Strohm, Das System sozialer Sicherheit darf nicht isoliert betrachtet werden, sondern basiert auf einer leistungsfähigen „Sozialen Marktwirtschaft", in: ZEE 40. 1996, 188.

ten des Staates anmahnen, kaum aber die Eigenverantwortung der Bürger thematisieren oder mobilisieren. Von derb argumentierenden Wirtschaftsleuten werden diese Defizite und kritischen Stoßrichtungen gerne unter dem polemischen Etikett einer moralistischen Sozialromantik zusammengefaßt. Umgekehrt äußern die Vertreter der kirchlich firmierten Sozialkritik häufig den Eindruck, daß der alles dominierende Aspekt der Wettbewerbsfähigkeit den Vertretern des Wirtschaftssystems einen realistischen Blick für die Ökologie- und die Sozialverträglichkeit ihres Handelns verdunkele und sie sich der Reichweite der entstehenden Probleme nicht zureichend bewußt seien - und diese sich auch nicht bewußt machen wollten. So scheinen die Fronten festgefahren, die eingeschliffenen Argumentationsmuster wiederholen sich und die gegenseitigen Vorurteile werden bestätigt. Dem unbezweifelbar gebotenen Suchen nach Wegen, die aus unserer gefährlichen sozioökonomischen Lage herausführen können, stehen solche gegenseitigen Verketzerungen und polemischen Polarisierungen als schwere Hindernisse entgegen. In dieser Situation wird neu nach der Aufgabe evangelischer Sozialethik und gesellschaftspolitischer Äußerungen im kirchlichen Namen zu fragen sein. Sollen sie „parteilich" die kritischen Stimmen aus dem Sozialsystem verstärken? Oder müssen evangelische Sozialethik und kirchliche Sozialarbeit dazu mithelfen, im Sinne von „runden Tischen" besser aufeinander zu hören, Feindbilder abzubauen, die Ambivalenz von Konzepten und von deren Realisierungen zu erkennen und gemeinsam nach Kompromissen für eine experimentierende Gestaltung zu suchen? Wenn sie in einer solchen Verständigungsorientierung ihre wahrscheinlich unverzichtbare Aufgabe sehen, werden sie sich insbesondere unterhalb der Ebene ausgewogener kirchlicher Verlautbarungen, nämlich in der Diskussion im kirchlichen Alltag, offener als bisher den Sachargumenten aus dem Wirtschaftssystem stellen müssen.

Gesellschaftliche Verantwortung der unternehmerischen Personalpolitik.*

Der Terminus „gesellschaftliche Verantwortung" hat seit vielen Jahren und auch heute hohe Konjunktur; er ist außerdem durchweg positiv besetzt. Das ist auffällig, weil vergleichbare Begriffe wie "Moral"("sauertöpfisch"), Ethik (zu abgehoben) oder „Menschlichkeit"(„naiver Gutmensch") gewöhnlich eher negativ besetzt sind und pejorativ verwendet werden. Dass „Verantwortung" in Sache und Wort seinen guten Klang behalten hat, deutet darauf hin, dass hier ein grundlegender Bedarf besteht. Ein mit der wirtschaftlichen Globalisierung einhergehender „rapid social change" und der damit verbundene tiefgreifende Wertewandel lässt viele Menschen erahnen, dass ohne die verlässliche Orientierung an Werten, die über das isolierte Eigeninteresse hinausgehen, also ohne eine ernst genommene „soziale Verantwortung" menschliches Zusammenleben nicht möglich ist und, dass ohne diese Orientierung an Gemeinschaftswerten auch ein geordnetes und erfolgreiches Wirtschaftsleben nicht stattfinden kann.
Andrerseits wird der Terminus „Soziale Verantwortung" vieldeutig und dehnbar, oft geradezu diffus verwendet. Es ist darum erforderlich, dass, wer über soziale Verantwortung spricht, sagen muss, was damit gemeint sein soll. Wir lehnen uns in unserem eigenen Verständnis an an die inhaltlichen Tendenzen des von der EU proklamierten Programmbegriffs „Corporate Social Responsibility" („Die soziale Verantwortung von Unternehmen"), wie sie in dem Grünbuch der EU von 2001 entfaltet sind.

Meines Erachtens muss soziale Verantwortung für alle drei Ebenen („MAKRO, MESO, MIKRO") unserer gesellschaftlichen Lebenswelt spezifisch formuliert werden. Auf der MAKRO-Ebene von Gesamtgesellschaft, Staat und europäischen Institutionen erweist sich soziale Verantwortung von Unternehmen (SVU) etwa in der Arbeitsmarktpolitik, also auch im Blick auf die Erhaltung oder Schaffung von Arbeitsplätzen; sie erweist sich ebenso in der Wahrnehmung ökologischer Interessen; und sie erweist sich nicht zuletzt in der Vorbildfunktion von den in der Öffentlichkeit bekannten Spitzenmanagern, u.a. in der Kritik ihres viel diskutierten und oft als anstößig empfundenen Gehaltsniveaus.
Auf der MESO-Ebene geht es um relativ selbständige gesellschaftliche Organisationen wie Kirchen, Universitäten — und insbesondere Wirtschaftsunternehmen. Eine der zentralen Fragen für die SVU auf dieser Ebene ist

* Bisher unveröffentlichtes Vortragsmanuskript, 2005.

die Balance von Shareholder Value und Stakeholder Value. Vereinfacht gesagt widerspricht die seit ca. 1985 lebhaft diskutierte Stakeholder-Theorie dem bis dahin vorherrschenden Konzept des „managerial capitalism". Dem letzteren gemäß sei eine Unternehmensführung primär oder ausschließlich den Anteilseignern (Shareholdern, Investoren) verantwortlich. Die anderen vertraglichen Beziehungen des Unternehmens (wie MitarbeiterInnen, Kunden, Zulieferer, städtisches Umfeld usw.), d.h. die „Stakeholder" hätten dieser Primärverantwortung zu dienen. Diesem auch als [2] Shareholder-Value-Theorie verbreiteten Konzept setzt die Stakeholder-Theorie eine Relativierung der Position der Anteilseigner und gleichzeitig eine Aufwertung der Position der Stakeholder entgegen. Dabei beruft sich die Stakeholder-Theorie nicht vorrangig auf eine moralische Mitverantwortung als abstraktes Postulat, sondern sie nimmt durchaus auch das Eigeninteresse des Unternehmens in ihren Blick. Dessen langfristiges Überleben nämlich sei, so sagt diese Theorie, nicht zuletzt angewiesen auf oder sogar abhängig von der konstruktiven Beziehung zu den Stakeholdern. Ein überaus erfolgreicher Unternehmer sagte mir einmal: Wenn ich strikt und ausschließlich nach einem verabsolutierten, vielleicht kurzfristigen Gewinnprinzip und damit gegebenenfalls auf Kosten der Interessen von Kunden, MitarbeiterInnen oder Zulieferern arbeiten würde, dann hätte ich wahrscheinlich zuerst die anderen stakeholder, damit aber auch meine eigenen Beziehungspartner, meine eigenen Ressourcen, meine eigenen Möglichkeiten und damit mein Unternehmen zerstört. Ich bin am besten mit der Devise der Goldenen Regel gefahren: „Behandle Deinen Kunden so, wie Du selbst als Kunde behandelt sein möchtest!", „Behandle Deinen Mitarbeiter so, wie Du selbst als Mitarbeiter behandelt werden möchtest" etc.

Noch ist die Debatte darüber nicht zu Ende geführt, wie die Balance von Investoreninteresse einschließlich Gewinnmaximierung einerseits und Stakeholderinteresse einschließlich Zukunftsfähigkeit des Unternehmens andererseits auch wirtschaftstheoretisch ausbalanciert werden könne. Der Verlauf der letzten 10 Jahre, in denen das Shareholder-Value-Prinzip in der Regel über das Stakeholder-Prinzip dominiert hat, zeigt jedoch auch, wohin die Vernachlässigung der Stakeholder-Interessen führen kann. Das Scheitern mancher Projekte oder gar der Niedergang eines ganzen Unternehmens, angefangen bei den interkontinentalen Fusionsprojekten einiger Konzerne bis hin zur Insolvenz mancher mittelständischen Unternehmen war offenkundig großenteils darauf zurückzuführen, dass Interessen, Mentalitäten und Kenntnisse der jeweiligen Stakeholder, beispielsweise der MitarbeiterInnen oder der Kunden, nicht ausreichend berücksichtigt worden waren.

Zur gesellschaftlichen Verantwortung von Unternehmen gehört auf der MESO (=Organisationen)- Ebene über die Shareholder-Stakeholder-

Balance weiterhin und zunehmend der firmenspezifische Umgang mit den im Zuge der Globalisierung immer akuter werdenden Korruptionsproblemen, die inzwischen auch in mehreren europäischen Ländern zu Beeinträchtigungen des Bruttosozialprodukts geworden sind.
Wieder anders stellen sich die Fragen der gesellschaftlichen Verantwortung auf der sogenannten MIKRO-Ebene des Unternehmens dar, also in den Bereichen, die durch face-to-face-relations durch unmittelbare Kontakte im Arbeitsfeld charakterisiert sind. Von dieser Ebene aus gehen Auswirkungen über das Unternehmen hinaus in die Familie oder andere Gesellschaftsbereiche: u.a. die Sicherheitsverhältnisse am Arbeitsplatz oder die vielerörterte family-job-balance. Hierher gehört auch der Führungsstil der Vorgesetzten im Umgang mit den Mitarbeitenden, für den anstelle des überkommenen manchmal bis heute praktizierten autoritären Tons ein partizipativer, den [3] Mitarbeitenden einbeziehender Stil gefordert ist. Um „soziale Verantwortung" handelt es sich hier nicht nur aus Gründen von Menschenwürde und dem Führungsgrundsatz der Wertschätzung, sondern es geht auch um die Kompatibilität mit jenen gesamtgesellschaftlichen Prozessen, die auf eine Steigerung von Eigenverantwortung, das sogenannte „Sich-Einmischen" und entsprechende Mitsprachemöglichkeiten ausgerichtet sind und die am Arbeitsplatz exemplarisch für andere gesellschaftliche Bereiche, etwa das politische Leben, eingeübt und verinnerlicht werden können.
Der allgemeine und grundsätzliche Ruf nach gesellschaftlicher Verantwortung der unternehmerischen Personalpolitik müßte - berücksichtigt man die eben skizzierte Differenziertheit von Relevanzbereichen der SVU - darin bestehen, auch unter diesen Gesichtspunkten von sozialer Verantwortung dafür zu sorgen, dass „der richtige Mann auf den richtigen Platz" kommt. Es muss also m.E. zu dieser „Richtigkeit" gehören, dass der Mitarbeiter nicht nur kompetent in seinem Fach als Techniker, Chemiker oder Kaufmann ist, sondern dass er die für seinen Zuständigkeitsbereich relevanten Aspekte von gesellschaftlicher Verantwortung zu erkennen, zu beurteilen und umzusetzen vermag. Die Personalpolitik muss m.E. sowohl in der Auswahl wie in der Schulung ihrer Führungskräfte diese Dimension von Verantwortung gezielt zur Geltung bringen.

In meiner inzwischen 35-jährigen Erfahrung mit und in unternehmerischen Führungsseminaren, hauptsächlich in großen, aber auch in mittelständischen Unternehmungen sind mir im Blick auf diese Aufgabe zwei Phänomene besonders aufgefallen:
Einmal sind es die Unterschiede in der Bedeutung von Bewußtseinsstand und Engagement, die unserem Thema von den verschiedenen Firmenleitungen zugemessen werden und die sich ganz unmittelbar im Interesse des breiten Führungspersonals widerspiegeln; dabei dürfen allerdings in-

dividuelle Unterschiede, wie es sie in allen Organisationen gibt, nicht außer Acht bleiben. Das zweite für mich auffällige Phänomen ist eine zeitbezogene Veränderung in der Relevanz-Zuschreibung für gesellschaftliche Verantwortung in den Führungsetagen und wahrscheinlich im gesamten Führungspersonal. Meinem Eindruck nach war „gesellschaftliche Verantwortung", wenn nicht unter diesem Namen, so doch in der Sache bis ca. 1995 stärker und selbstverständlicher in der Mentalität von Führungskräften verankert als heute. Als ein Beispiel für diese Veränderung der unternehmensethischen Sensibilität mag die Verschlechterung der Position Deutschlands auf dem Korruptionsindex von Transparency International herangezogen werden. Von 150 Industrienationen stand Deutschland im Jahre 1992 noch auf dem 5. Platz niedriger Korruption (hinter den skandinavischen Ländern); inzwischen (2005) ist Deutschland auf Platz 17 (hinter den USA und Großbritannien, aber vor den romanischen Ländern) zurückgefallen. Ohne das Ursachensyndrom dafür im einzelnen analysieren zu können, sollen doch die drei m.E. wichtigsten Faktoren für diesen Rückgang kurz erwähnt werden:

(1) Mit der Globalisierung hat sich offenbar eine Art „Shareholder-Ökonomismus" verbreitet, dem sich einzelne Volkswirtschaften und nationale Manager-Mentalitäten nur schwer entziehen können. So gelten Kosten und Kostendruck oft als einzig relevanter Faktor, gegenüber dem die Faktoren [4] „Arbeitsplätze" oder „Umweltauflagen" zurückstehen müssen — und gegen den gelegentlich auch korruptionsähnliche Handlungen (vermeintlich) helfen oder helfen sollen. (Dass das auch anders sein kann, zeigen die skandinavischen Länder oder Singapur.)

(2) Mit der Öffnung der Ost- und West-Grenzen (1989) konnten anscheinend sowohl aus dem Osten wie aus dem Süden maffiöse Wirtschaftspraktiken nach Deutschland einsickern und langsam die zumindest latent geltende Maxime „das tut man nicht" untergraben.

(3) Teils seit der 1968er „Kulturrevolution", sehr verstärkt dann seit der Wiedervereinigung mit einer atheistisch gewordenen DDR, aber wohl auch im Zuge einer Globalisierung von Bildern a-religiöser Lebensführung durch das TV haben sich offenbar auch viele traditionell religiös (-kirchliche) Bindungen in den Kreisen westdeutscher Führungskräfte aufgelöst — und mit dem allgemeinen Wertewandel auch zu einem teilweisen Verlust dessen geführt, was hier als gesellschaftliche Verantwortung verstanden wird.

Mit diesem und ähnlichem Verlust von bewährten Verantwortungsmustern sieht sich die unternehmerische Personalpolitik in steigendem Maße konfrontiert und ihm wird sie entgegenwirken müssen, wenn dieser Verlust nicht auch die auf das Unternehmen selbst bezogene Moral und Verantwortung gefährlich beeinträchtigen soll. (Es gibt inzwischen Untersuchungen darüber, dass Unternehmen, die etwa gegenüber Kunden oder Zulieferern korruptionsähnliche Praktiken anwenden, auch innerhalb ihres eigenen Unternehmens sehr viel stärker durch Wirtschaftskriminalität gefährdet sind als strikt korruptionsresistente Firmen).

Gefragt werden muss zum Schluss, ob, inwieweit und wie die unternehmerische Personalpolitik ihrer neuen Herausforderung der „gesellschaftlichen Verantwortung" Rechnung tragen kann. Sicher kann sie den Prozess der Veränderung der wirtschaftsethischen Mentalität in der Bevölkerung wie in ihrer Mitarbeiterschaft nicht zurückschrauben oder in eine grundsätzlich andere Richtung lenken. Es ist wohl auch von nur begrenzter Wirkung, wenn diese durch Vorträge oder die Versendung von Aufsatzliteratur auf die neuen Probleme hingewiesen werden.
Was nach meiner Erfahrung am ehesten Erfolg verspricht, sind:

Erstens feste und kontrollierbare Vereinbarungen mit den Repräsentanten bestimmter Bereiche von gesellschaftlicher Verantwortung, beispielsweise mit den Vertretern der eigenen Stakeholder, in der Korruptionsbekämpfung etwa mit den Zulieferern oder dem externen Einkauf; aber auch Vereinbarungen in der eigenen Branche, wie sie etwa die bayrische Bauwirtschaft zur Korruptionsbekämpfung getroffen hat.

Zweitens kann m.E. das Bewußtsein für konkrete Aufgaben der gesellschaftlichen Verantwortung bei den MitarbeiterInnen am ehesten durch Schulungsseminare nach der Methode des interaktiven Lernens gefördert werden. Es sind dabei möglichst realitätsnahe Fallbeispiele, für die entweder in der Kleingruppe (Max. 4-5 Personen) oder, oft noch wirksamer, im Rollenspiel Lösungen für das jeweils anstehende Problem gesucht werden müssen. Die Teilnehmer, ob Führungskräfte oder Sachbearbeiter, müssen entdecken, dass es (fast) in jedem Problemfall mehr Optionen oder [5] „Spielräume" gibt, als es den gewohnten Standards und Lösungsinstrumenten der im Alltag mit ähnlichen Problemen befassten Teilnehmern bewußt ist. Zur weiteren Vertiefung des „Lernprozesses" ist es günstig, dass an derselben Aufgabe zwei bis drei Teilgruppen arbeiten und dann ihre Lösungen sowie die Teilschritte zu ihrer jeweiligen Problemlösung intensiv zwischen den Gruppen diskutiert werden. Die oft streitbare Diskussion um die richtige Lösung, die aktive Verteidigung des eigenen Weges, insbesondere aber das Erfolgserlebnis bei der Entdeckung einer neuen

Möglichkeit bleiben in der Regel weit stärker und länger im Gedächtnis der Seminarteilnehmer als ein Vortrag oder ein Aufsatz.
Gewiss hat die Personalpolitik noch weitere Möglichkeiten, ein stärkeres Bewußtsein für die verschiedenen Bereiche von gesellschaftlicher Verantwortung im Unternehmen zu fördern: dazu gehören etwa die Einsetzung von Ombudsleuten ebenso wie die partizipative Erarbeitung von codes oder Unternehmensleitlinien, die freilich auch am ehesten in interaktiven Lernprozessen angeeignet werden. Wahrscheinlich wird man unternehmensbezogen die eine wie die andere Methode ausprobieren müssen und dann beobachten, welche zum stärksten Effekt für die Aneignung und für eine Umsetzung in das eigene Verhalten bei den Mitarbeitern führt.

Eine „gesellschaftliche Verantwortung der unternehmerischen Personalpolitik" hat also in erster Linie die Aufgabe, dafür zu sorgen, dass die Führungskräfte und die Mitarbeitenden ihrerseits wissen, was „SVU" heute bedeutet und, dass sie lernen können, wie diese Verantwortung in ihrem jeweiligen konkreten betrieblichen Aufgabenfeld umgesetzt werden kann. Die methodischen Möglichkeiten dieser Lernprozesse zu nutzen und den Prozess zu organisieren, ist m.E. die wichtigste Verantwortung derjenigen, die für die unternehmerische Personalpolitik verantwortlich sind.

Korruptions-Mentalität und Protestantischer Faktor *

9 Thesen

These 1

Seit den Anfängen seiner Erhebung zu Beginn der 1990er Jahre zeigt der Corruption Perceptions Index (CPI) an, dass die nordischen Länder (Skandinavien und Island) in der Rangliste von ca. 130 weltweit erfaßten Staaten den geringsten Korruptionsgrad aufweisen. In der beispielsweise im Oktober 2003 vorgelegten CPI-Liste gehören zu den ersten 12 am wenigsten korrupten Ländern: 1.Finnland, 2. Island, 3. Dänemark,4. Neuseeland, 5. Singapur, 6. Schweden, 7. Niederlande, 8. Australien, 9. Norwegen, 10. Schweiz, 11. Canada, 12. United Kingdom (England usw.)

Es handelt sich einschließlich England und den Niederlanden um 7 nordeuropäische Gesellschaften; drei weitere sind stark von nordeuropäischen Einflüssen geprägt (Canada, Australien, Neuseeland). Nur Singapur fällt aus diesem Rahmen heraus.
Es ist oft aufgefallen und diskutiert worden, dass es sich — nimmt man die Schweiz hinzu — um 11 von 12 Ländern handelt, die über Jahrhunderte hin auf das stärkste durch den Protestantismus geprägt wurden. Man spricht deshalb in der Diskussion über die Ursachen dieses Phänomens gerne von einem **‚Protestantischen Faktor'**. Es wird jedoch nicht immer deutlich, was unter diesem Begriff inhaltlich zu verstehen sein soll. Eine mögliche Bedeutung des ‚Protestantischen Faktors' im Blick auf Korruption soll darum hier in wenigen Thesen versucht werden.

Unsere Hypothese ist, dass bei diesem Faktor an erster Stelle hinzuweisen ist auf eine internalisierte, genuin **lutherisch geprägte Gewissensreligion**, wie sie sich am deutlichsten in den skandinavischen Ländern herausgebildet hat. Darüberhinaus muss gefragt werden, ob über das konfessionelle Luthertum hinaus weitere als ‚protestantisch' geltende Momente der reformatorischen Ethik eine Rolle für die Korruptionsthematik spielen könnten.

These 2

Es geht bei diesem Gegenstand um eine der klassischen religionssoziologischen Fragestellungen der letzten 150 Jahre, in denen die Wechselbeziehungen zwischen Religion und Gesellschaft, Religion und Wirtschaft sowie

* Erstveröffentlicht 2004 in: D. Aufderheide u.a. (Hg.): Corporate Governance und Korruption - Volkswirtschafliche Studien, Heft 544, Berlin 2005, S. 41-47

Religion und Sozialverhalten unter verschiedenen Aspekten thematisiert worden sind.
Für alle diese **Wechselbeziehungen** gilt, was Max Weber in seinem methodisch wegweisenden Aufsatz über „Die protestantische Ethik und der Geist des Kapitalismus" (zuerst 1905) zur Prämisse gemacht hat:
Sie sind fast **nie monokausal** aufzufassen. Jeder Deutungsversuch muss darum bewußt machen, dass immer zugleich eine Reihe von weiteren Faktoren die jeweiligen Wechselbeziehungen beeinflussen: [42] solche der Geografie wie des Klimas, der politischen wie der Kriegsgeschichte, der Wirtschafts- wie der Sozialordnung, der Aufklärung wie des Bildungsstandes.

Wenn darum hier im Anschluss an neuere Kongress-Diskussionen ein Protestantischer Faktor focussiert werden soll, so müssen dabei ebenfalls andere Einflussfaktoren vernachlässigt werden; damit soll aber nicht gesagt werden, dass diese anderen Faktoren unwichtig sind. Der mehrdeutige Begriff ‚Protestantischer Faktor' soll vielmehr isoliert betrachtet werden, um ihn in seinen ethischen Komponenten für die Korruptionsthematik genauer zu differenzieren.

These 3

In den Diskussionen über unser Thema wird der Begriff ‚protestantisch' gerne nahe an das Max-Webersche Verständnis von ‚protestantischer Ethik' herangerückt: In diesem Verständnis geht es vorwiegend um eine Einstellung, die in calvinistisch stark beeinflussten Gesellschaften (etwa in England oder Westdeutschland, den Niederlanden oder den Vereinigten Staaten) entwickelt und praktiziert wurde: Fleiß, Leistungswilie, Sparsamkeit, Verzicht auf den Konsum von Luxusgütern sowie geschäftliche Redlichkeit werden als ‚innerweltliche Askese' auf eine zentrale religiöse Motivation von Calvinisten, insbesondere von Puritanern zurückgeführt. Schon beim ersten Blick auf die CPJ-Liste fällt jedoch auf, dass die Länder mit dem anscheinend geringsten Korruptionsgrad, besonders die skandinavischen Staaten zwar protestantisch, nicht aber durch den Calvinismus, sondern durch ein genuin **lutherisches Volkskirchentum** geprägt sind. Es muss darum zuerst gefragt werden, welche anderen Bestandteile außer oder neben den in der Max-Weber-These erörterten Merkmalen, insbesondere der innerweltlichen Askese für einen 'protestantischen Faktor' charakteristisch sein könnten; im Blick auf unser Phänomen also: welchen Einfluss die lutherische Ethik auf die soziopolitische und wirtschaftliche Mentalität der Skandinavier genommen haben könnte. Es muss auch gefragt werden, warum vergleichbare Wirkungen in anderen lutherischen Ländern weniger deutlich sind. Weiter ist zu fragen, welche ähnlichen oder anderen theologisch-ethischen Momente diejenigen Länder mit einem niedrigen Korruptionsgrad beeinflusst haben könnten, die stärker calvinistisch geprägt sind.

These 4

Ausgangspunkt und theologisches Kriterium aller protestantischen Glaubenslehre, der lutherischen ebenso wie der calvinistischen und der anglikanischen ist, dass die Gnade Gottes und damit das ewige Heil des Menschen nicht durch sogenannte fromme ‚Werke' (wie Fasten, Ablasszahlung oder auch karitative Aktivitäten) erworben, sozusagen erkauft werden kann. Die Gnade Gottes wird den Menschen vielmehr als Geschenk, eben als „Gnade" zugewandt, nämlich dann, wenn er dem im Evangelium bezeugten Christusgeschehen glaubt. Allein in der Begegnung mit diesem Evangelium, dem „Wort Gottes" wird dem Menschen diese Gnadenzuwendung nicht nur bewusst gemacht — sondern sie wird ihm dadurch auch zuteil. Dieses Evangelium richtig zu verkündigen und den Menschen damit zu konfrontieren, ist im Kern der eigentliche und einzige Auftrag von Kirche und Priester. Es ist nicht deren Aufgabe, durch einen sakramentalen Mittlerdienst das Verhältnis zwischen Gott und den Menschen in Ordnung zu bringen, wie es zumindest in der Reformationszeit durch die katholische Kirche praktiziert wurde. Das Verhältnis zwischen Gott und Mensch ist für den [43] Protestanten vielmehr durch und in Unmittelbarkeit konstituiert. Die lutherischen wie die calvinistischen Christen leben in der Gewissheit, dass sie in jedem Augenblick ihres Lebens **unmittelbar vor Gott gestellt** sind, dass sie diesem Gott direkt (und nicht im ‚katholischen Umweg` über Priester und Beichtstuhl) Rechenschaft schulden für all ihr Tun und Unterlassen: in religiöser wie in profaner Hinsicht. Sie wissen, dass ihnen ihre Schuld nicht wiederum im ‚katholischen Umweg` über die vom Priester verordneten Buß- oder Kompensationsleistungen (gute Werke) erlassen werden kann. Sie gehen vielmehr davon aus, dass ihnen nur durch ein aufrichtiges Schuldbekenntnis Gott selbst gegenüber diese Schuld vergeben werden kann. Sie wissen zugleich, dass sie sich zu jeder Zeit in der Nähe Gottes und in der von ihm geschenkten Liebe geborgen und aufgehoben fühlen dürfen.

These 5

Es ist diese Unmittelbarkeit der Gottesbeziehung, das Wissen, sich Gott gegenüber direkt verantworten zu müssen, aus denen heraus jene **Eigenverantwortung** und **Gewissenssensibilität** des Individuums entstehen, die in ihren Anfängen hinter die Reformationszeit zurückgehen und durch die reformatorische Theologie einen nachhaltigen Entwicklungsschub erfuhren. Die sich in allen Lebensbereichen auswirkende individuelle Eigenverantwortung hat sich freilich nicht in allen Regionen des Protestantismus gleichmäßig stark entwickelt und ungebrochen erhalten. Die Verschiedenheiten könnten insbesondere durch die unterschiedliche Ausformung und Durchsetzung der Lehre von einer ethischen **‚Eigengesetzlichkeit`** wichtiger profaner Lebensbereiche wie Staat oder Wirtschaft verursacht sein. Diese im Ansatz auf Luther zurückgehende Lehre betont ursprünglich die Selbständigkeit und eigene Würde dieser Lebensbereiche gegen kirchlich-klerikale Übergriffe, hat sich aber dann in verschiedenen gesellschaftlichen Umwelten unterschiedlich entwickelt. Im wilhelminischen Deutschland kann Eigengesetzlichkeit (etwa von Bismarck) so verstanden und praktiziert werden, dass zwar für den Bereich der frommen Innerlichkeit oder der Familie die christlichen Gebote der Nächstenliebe, der Vergebung, der Friedensstiftung uneingeschränkt gelten, dass aber für den Bereich von Staat und Politik die Rationalität von Blut und Eisen zu gelten habe. (Der Theologe Karl Barth spricht im Zusammenhang dieser Entwicklung von einer Abkopplung der Politik von der Moral). Ähnliches gilt für den Bereich der Wirtschaft mit der Auffassung, dass Gewinnmaximierung einer ethischen Eigengesetzlichkeit zu folgen habe — oder dass Ethik und Wirtschaft(swissenschaft) inkompatible Größen seien.

Offenbar hat sich in Skandinavien die These von den ethischen Eigengesetzlichkeiten profaner Bereiche weder in derselben Ausrichtung noch im gleichen Ausmaße entwickelt wie im deutschsprachigen Raum. In einem theologischen Klassiker der protestantischen Sozialgeschichte ist unter diesem Aspekt für Schweden und Finnland geradezu von einem ‚autochthonen` Luthertum die Rede. Exemplarisch dafür erscheint folgende in Finnland gewonnene, aber wohl darüber hinaus reichende Beobachtung: ‚Das fromme Leben ist nicht ein abgesonderter Bezirk, sauber abgegrenzt von den Dingen dieser Welt. Es ist vielmehr deren volle Bejahung, aber unter beständiger Verantwortung vor Gott (so Werner Elert schon 1931 in: Morphologie des Luthertums, Bd. 2, S. 216 und S. 223).[44]

These 6

In den skandinavischen Ländern konnten sich in einer nun bald 500 Jahre andauernden Tradition ungebrochener lutherischer Frömmigkeit und in einem langen Erziehungsprozess die aus der Unmittelbarkeit der Gottesbeziehung erwachsenen Formen von Eigenverantwortung und Gewissenssensibilität anscheinend so nachhaltig entwickeln, dass sie auch dann und da wirksam blieben, wenn und wo ihr religiöser Grundimpuls langsam verblasste und seine Erneuerungskraft teilweise einbüßte. Man kann darum von der Herausbildung einer **säkularisierten Gewissensreligion** sprechen, von einer sich verselbständigenden weiterwirkenden Kraft der Eigenverantwortung oder anders, mit Max Weber, von der ,Veralltäglichung der religiösen Grundmotivation` einer unmittelbaren Verantwortung gegenüber Gott.

Die wichtigste Hypothese dieser theologischen Differenzierung lautet also: es ist die säkularisierte Gewissensreligion mit ihren Grundbestandteilen einerseits von Eigenverantwortung sowie von tiefsitzenden Hemmungen, das eigene Schuldigwerden im Alltag (gerade auch im Wirtschaftsgeschehen) durch Wiedergutmachungs(-Buß)leistungen zu kompensieren, die auch die Grundeinstellung zu Korruption und Bestechlichkeit geprägt hat und weiterhin beeinflusst.

Den meisten Menschen in Skandinavien wird diese Prägung kaum mehr bewußt sein und nur wenige werden ihre heutige Einstellung zur Korruption in einen unmittelbaren Zusammenhang mit ihrer Religion bringen. Doch widerspricht diese Haltung kaum der These von einem Ursprungszusammenhang. Unseres Erachtens wird diese These auch nicht dadurch widerlegt, dass in jüngster Zeit (im Jahr 2004) von erheblichen Korruptionsfällen in Skandinavien berichtet wurde. Was die Masse der Bevölkerung angeht, scheint die skizzierte Grundmentalität nach wie vor in Geltung zu sein; kaum beantwortet werden kann freilich die Frage, ob die jüngsten Korruptionsfälle als Ausnahmen von der Regel oder eher als Anzeichen eines Erosionsprozesses der überkommenen Mentalität zu interpretieren sind.

These 7

Wie oben (These 1) angedeutet, sind es nicht nur die genuin lutherisch geprägten skandinavischen Gesellschaften, die einen auffällig geringen Korruptionsgrad aufweisen, sondern auch einige der eher calvinistisch-,reformiert' geprägten Länder Westeuropas mit ihren religiös-mentalen Ausstrahlungen auf Canada, Australien und Neuseeland. In den calvinistisch-,reformierten' Gebieten Westeuropas hat Max Weber das Begründungs- und Anschauungsmaterial seines auf religiös motivierte ,innerweltliche Askese' zurückgeführten Idealtypos ,Geist des Kapitalismus' gewonnen. Auf diese sogenannte Max-Weber-These wurde und wird in popularwissenschaftlichen Diskussionen gerne das Etikett ,protestantischer Faktor' angewendet und reduziert. Gefragt werden muss darum im Blick auf das korruptionsbezogene Wirtschaftsverhalten, wie sich die aus der calvinistischen Ethik abgeleitete ,innerweltliche Askese` zu einer genuin lutherischen Ethik verhält, aus der einerseits die Ablehnung

von ‚Werkerei', also von eigener auf den Erwerb von Gnade ausgerichteten religiösen Leistung (u.a. Askese) [45] abgeleitet wurde und aus der sich andererseits die Vorstellung von einer Eigengesetzlichkeit der profanen Lebensbereiche wie Staat und Wirtschaft entwickelte.
Um diese in der inner-protestantischen Sozialgeschichte mehrfach diskutierte Frage besser zu verstehen, muss das Erklärungsmuster ‚innerweltliche Askese' kurz im Zusammenhang der sogenannten **Max-Weber-These über ‚Die protestantische Ethik und den Geist des Kapitalismus'** rekapituliert werden.

Weber geht aus von einer Angst des (calvinistischen) Gläubigen, durch die Prädestination Gottes statt erwählt von vornherein verworfen sein zu können. Um dieser Angst entgegen zu wirken, haben sowohl die pastorale Seelsorge wie auch die Dordrechter Synode (1618) mit ihrer Anerkennung eines Syllogismus practicus darauf verwiesen, dass, wo Segen Gottes im eigenen Alltagsleben erkennbar sei, man nicht von einer prädestinatio zum Bösen ausgehen könne, sonst würde Gott sich selbst widersprechen. Im Bemühen und Suchen nach Zeichen des Segens im eigenen Leben erkennt der Gläubige bald, dass man solchen Zeichen des Segens gleichsam nachhelfen kann: durch Fleiß, Sparsamkeit, Verzicht auf Luxusgüter, Reinvestition des erarbeiteten und ersparten Gewinnes in das eigene Geschäft oder den eigenen Bauernhof. All dies, was von Max Weber dann unter den Begriff ‚innerweltliche Askese' gefaßt wird, ist nach Herkunft und Prinzip durchaus kompatibel mit dem von Martin Luther selbst formulierten Postulat, alle eigene Berufsarbeit, ob die der Magd oder die des Kaufmanns, als ‚Gottesdienst' aufzufassen, darum in und mit dem eigenen Beruf Gott zu dienen und sozusagen die Berufsarbeit zum eigenen Herzensanliegen zu machen.
Im Zuge der Weiterentwicklung dieses Gedankens entsteht offenbar die Vorstellung, dass auch oder sogar an herausgehobener Stelle die Investition des in innerweltlicher Askese erwirtschafteten Arbeitsertrages, also des ‚Gewinns', in das eigene Geschäft als Gottesdienst zu verstehen sei. ‚Investition als Gottesdienst' oder in später säkularisierter Vorstellung ‚Investition als Eigenzweck' - das ist für Max Weber der eigentliche ‚Geist des Kapitalismus'.
Offenkundig hat dieses Denken — in vielerlei Modifikationen im calvinistischen Protestantismus einen fruchtbaren Boden gefunden. Nicht so im Luthertum (vgl. Elert, Morphologie, S. 492), wahrscheinlich vor allem deshalb, weil nicht wenige Theologen in der innerweltlichen Askese eine neue Art von ‚Werkgerechtigkeit', also eine Vergewisserung des Heils durch eigene Leistung und darum eine Abwertung des ‚sola gratia' erkannten und bekämpften.

These 8

Unabhängig von der Praxismoral der innerweltlichen Askese mit ihrem theologischen Für und Wider dürfte jedoch auch in den calvinistischen Kirchen der protestantische Grundgedanke der Unmittelbarkeit zu Gott und damit eines hohen Anspruchs an die Eigenverantwortung ähnlich lebendig und wirksam geblieben sein wie im Luthertum. Das **Leitprinzip von Eigenverantwortung und die Moral der innerweltlichen Askese** müssen einander nicht ausschließen.

Zwar wird auch die in weiten calvinistisch geprägten Regionen erkennbare Hochschätzung des geschäftlichen Erfolgs für die Einstellung zur Korruption eine wichtige Rolle gespielt haben, weil Korruptionsverhalten zumindest in diesen Regionen den Geschäftserfolg oft genug beeinträchtigt oder geschädigt hat. Doch steht dahinter eine Mentalität, in der die Verantwortung vor Gott und ihr säkularisiertes Derviat der Gewissensensibilität tief internalisiert sind.[46]

These 9

Zusammenfassung: Der protestantische Faktor im Blick auf eine geringere Korruptionsanfälligkeit protestantisch geprägter Gesellschaften insbesondere in Nord-, Mittel- und Westeuropa, hat, offenbar einen wichtigen Ur sprung in der genuin reformatorischen, die protestantischen Konfessionsunterschiede übergreifenden Grundvorstellung einer Unmittelbarkeit zu Gott, die sich im Lauf der Jahrhunderte weithin zu einer säkularisierten Moral der Eigenverantwortung und der Gewissenssensibilität modifiziert hat. Diese Grundeinstellung hat sich durchaus mit anderen und unterschiedlichen protestantisch-ethischen Grundmustern des Wirtschaftsverhaltens verbinden können: sowohl mit einem puritanisch motivierten Gewinnstreben als auch mit einem (etwa skandinavischen) Luthertum, das der Moral einer innerweltlichen Askese und deren Derivat, Investition als Gottesdienst aufzufassen, eher distanziert gegenübersteht.

Gemeinsam bleibt die protestantische Mentalität einerseits die verinnerlichte Kritik gegenüber der Bagatellisierung von unmoralischem Alltagshandeln und deren kompensatorischer Wiedergutmachung sowie andererseits eine Ethik individualistischer Verantwortung. Diese Komponenten bilden den Kern eines ‚Protestantischen Faktors' auch in der Einstellung gegenüber Korruption.

Kapitel VI – Kurzvita

Karl-Wilhelm Dahm – Vita

Geboren am 3. August 1931 in Kirchen (Sieg), ist ein evangelischer Theologe und Soziologe. Er ist verwitwet und hat drei Kinder.

Leben

Dahms Berufsinteressen sind stark beeinflusst vom Engagement seines elterlichen Pfarrhauses für die Bekennende Kirche in der Opposition gegen das NS-System sowie durch den Zweiten Weltkrieg. Er schloss das Realgymnasium Dillenburg 1951 mit dem Abitur ab. Das Studium der evangelischen Theologie, Soziologie und Geschichte in Wuppertal, Tübingen, Göttingen, Hamburg, Münster beendete er mit dem Ersten Theologischen Examen 1957 und dem Zweiten Theologisches Examen 1962. 1963 promovierte er mit der sozialwissenschaftlichen Dissertation *Pfarrer und Politik – Studie zur sozialen Position und politischen Mentalität der deutschen evangelischen Pfarrer zwischen 1918 und 1933* in Münster zum Dr. phil.
Nach einer wissenschaftlichen Assistenz am Institut für Christliche Gesellschaftswissenschaften in Münster wurde er 1967 Professor am Theologischen Seminar Herborn. 1975 folgte die Ernennung zum ordentlichen Professor für Christliche Gesellschaftswissenschaften an der Theologischen Fakultät der Westfälischen Wilhelms-Universität in Münster. 1996 wurde Dahm emeritiert.

Wirken

In seiner wissenschaftlichen Arbeit bemüht sich Dahm um die Verbindung unterschiedlicher Wissenschaftsgebiete, etwa der empirischen Sozialforschung und der Soziologie mit theologischen und kirchlichen Fragestellungen. Als Leiter des Instituts für Christliche Gesellschaftswissenschaften galten seine Forschungsinteressen schwerpunktmäßig der Politischen Ethik, der Wirtschafts- und Unternehmensethik sowie den Zusammenhängen zwischen Religion und Globalisierung. Als Professor am Theologischen Seminar Herborn/Mittelhessen (1967-1975) war seine Arbeit vorrangig ausgerichtet auf Fragen der kirchlichen Praxis, insbesondere auf den Wandel und die gesellschaftlichen Funktionen des Pfarrberufes sowie auf die Verknüpfung von empirischer Kirchenforschung und theologisch reflektierter Kirchentheorie.
Ein anderer Arbeitsschwerpunkt Dahms liegt in den Themenbereichen der Angewandten Ethik, u.a. der Führungsethik und dem Führungsverhalten in gesellschaftlichen Großorganisationen.

Kirchentheorie, volkskirchliche Religiosität und Pfarrberuf

Dahms 1971 erschienenes Werk *Beruf: Pfarrer* fand in den 1970er Jahren in mehreren Auflagen weite Verbreitung. Dahm begründete hier eine „Funktionale Theorie des kirchlichen Handelns“. Er will damit den Blick der

Theologen stärker auf die innerweltliche Dimension der Aufgaben von Kirche und Pfarrberuf richten und so einer weitverbreiteten Engführung entgegenwirken, die die Kirche vorrangig oder ausschließlich von ihrem Gegenüber zur Gesellschaft her bestimmt. Die zentralen innerweltlich-gesellschaftlichen Aufgaben von Kirche und Pfarrberuf sieht Dahm in den beiden Funktionsbereichen „Wertvermittlung" (Ethik) und „helfende Begleitung in Lebenskrisen" (Seelsorge). Die zur Erfüllung der Aufgaben in diesen beiden Funktionsbereichen notwendigen Kenntnisse etwa der Sozial- oder Individualpsychologie sowie der Erwachsenenbildung wollte Dahm in der theologischen Ausbildung stärker verankert wissen.
Ein theologisches Ziel seiner Arbeit sah Dahm in einer Neubewertung volkskirchlich-religiöser Lebensformen der Kirche und damit einer Befreiung sowohl der Kirche als Institution als auch der Berufspraxis evangelischer Pfarrer von dogmatisch überhöhten Ansprüchen, wie sie Dahms Meinung nach etwa durch die Theologie Karl Barths und einiger seiner Schüler in der Nachkriegszeit entstanden waren.

Ethikseminare in den „Kirchen des Südens"

Seit 1980, vermehrt aber seit seiner Emeritierung (1996) ist Dahm regelmäßig für einige Wochen in Universitäten und kirchlichen Ausbildungsstätten Südostasiens, besonders in Indonesien und auf den Philippinen tätig. Als „Adjunct Professor for Ethics" nimmt er jährlich einen mehrwöchigen Lehrauftrag an der Philippine Christian University in Manila wahr.
Während der 1970er und 1980er Jahre war er mehrfach als „visiting lecturer" oder Gastprofessor in Berkeley – Californien tätig.

Mitgliedschaften

Dahm war langjährig Mitglied in den Synoden der EKD und der EKU.
In mehreren wissenschaftlichen Organisationen wie der Althusius-Gesellschaft, der Societas Ethica, der Deutschen Gesellschaft für Pastoralpsychologie und des Deutschen Netzwerkes Wirtschaftsethik war er Gründungs- oder zeitweilig Vorstandsmitglied.

Herausgeberschaften

- „Empirie und Kirchliche Praxis" (EuKP); gemeinsam mit Dieter Becker und Peter Höhmann
- „Entwürfe zur christlichen Gesellschaftswissenschaft"; gemeinsam mit G. Brakelmann, T. Jähnichen und H.R. Reuther

Bibliografie

Siehe in: Dieter Becker, Peter Höhmann: Kirche zwischen Theorie, Praxis und Ethik - Festschrift zum 80. Geburtstag von Karl-Wilhelm Dahm, Frankfurt 2011, S. 458-471

Reihe: Empirie und Kirchliche Praxis (EuKP); hg. von Prof. Dr. Karl-Wilhelm Dahm, Dr. Peter Höhmann, Dr. Dieter Becker (leitend)

Band 1

Dieter Becker, Richard Dautermann (hg.): Berufszufriedenheit im heutigen Pfarrberuf – Ergebnisse der ersten Pfarrzufriedenheitsbefragung in Korrelation zu anderen berufssoziologischen Daten, 340 Seiten / 2. Aufl. / ISBN 978-3-936985-04- / 28,90 Euro

Briefing: *Wie zufrieden sind die heutigen Pfarrerinnen und Pfarrer mit ihrem Beruf, ihrer Kirche und den Arbeitsbedingungen? Der Band 1 der Reihe EuKP wertet die Daten der ersten Vollerhebung unter 1800 Pfarrpersonen einer Landeskirche aus und stellt die Ergebnisse in Korrelation zu anderen vorliegenden Daten. Die Ergebnisse sind verblüffend und herausfordernd zugleich. Denn sie fordern dazu auf, den heutigen Pfarrberuf gänzlich neu zu bewerten und auszurichten.*

Band 2

Matthias Welsch: Öffentliche Wortverkündigung – Ergebnisse einer Mitgliederbefragung und die Folgen für die Gemeindepraxis, 204 Seiten, ISBN 978-3-936985-23-8 / 2. Aufl. / 19,80 Euro

Briefing: *Wie können die Bedürfnisse der Gemeindeglieder in die praktische Arbeit der Gemeinde eingebracht und umgesetzt werden?*

Das Buch von Matthias Welsch zeigt die konkrete Anwendung einer Mitgliederbefragung und die daraus resultierenden „neuen“ Angebote der Kirchengemeinde für ihre Mitglieder. Dieses Buch will sich als anregendes Arbeits- und Anleitungsbuch für die Gemeindepraxis verstanden wissen.

Band 3

Dieter Becker: Pfarrberufe zwischen Praxis und Theorie – Personalplanung in theologisch-kirchlicher und organisationsstrategischer Sicht, 368 Seiten, ISBN 978-3-936985-07-8 / 36,90 Euro

Briefing: *Den Pfarrberuf gibt es nicht mehr. Er hat sich in eine Vielzahl pastoraler Berufe diversifiziert. Die aktuellen Theoriemodelle, die der Autor ausführlich darstellt, bilden aber diese Anforderungen nicht ab.*

Dr. Dieter Becker, Pfarrer und Geschäftsführer einer Beratungsfirma für Wirtschaftsunternehmen, entwickelt u. a. im Rückgriff auf Luthers „Personalstrategie“ und auf die heutigen pastoralen Berufstheorien sowie auf aktuelle empirische Daten zum Pfarrberuf eine tragfähige Personalstrategie für die Pfarrberufe von morgen.

Band 4

Edgar Machel: Pastoraler Führungsstil und Gemeindewachstum, deutsch/engl. 248 Seiten, ISBN 978-3-936985-09-2 / 32,80 Euro

Briefing: *Fördert oder hindert das Profil des Pastors das Gemeindewachs-tum? Welches pastorale Selbstverständnis ist entscheidend?*
Mit diesen Fragestellungen beschäftigt sich der Theologe Edgar Machel, Ph. D., der bis 2007 als Dozent für Gemeindeaufbau lehrte und heute als Unternehmensberater tätig ist. Anhand des "Bochumer Inventars zur berufsbezogenen Persönlichkeitsbeschreibung" (BIP), analysiert Machel, Persönlichkeitsaspekte der befragten 1100 Pfarrer und setzt diese in Bezug zu der Gemeindeentwicklung. Wachstum wird – so ein Ergebnis der Untersuchung – wesentlich bestimmt durch das Selbstverständnis zu Mission und Verkündigung.

Bestellen Sie direkt beim Verlag. Wir liefern portofrei zum Endkunden.
E-Mail: bestellung@aim-verlagshaus.de.

Band 5

Dieter Becker, Karl-Wilhelm Dahm, Friederike Erichsen-Wendt: Arbeitszeiten im heutigen Pfarrberuf – Empirische Ergebnisse und Analysen zur Gestaltung pastoraler Arbeit
352 Seiten, ISBN 978-3-936985-06-1 / 35,80 Euro

Briefing: *Diesem Band liegt die Arbeitszeitstudie in einem Kirchenkreis zugrunde. Die pastoralen Arbeitszeiten wurden in 15 Minuten-Takten über drei Wochen detailliert erfasst. Sie werden in diesem Band umfassend ausgewertet. Themen wie Gottesdienstvorbereitung, Seelsorge, Schulzeiten, Verwaltung, pastorale Betreuungszeiten in der Fläche Ost-Deutschlands und viele andere Aspekte werden hinsichtlich pastoraler Arbeitszeit ausgewertet und beschrieben sowie Wege zur Gestaltung pastoraler Arbeit aufgezeigt.*

Band 6

Andreas Rohnke: Pfarrberufe heute – Typologien pastoraler Berufsgestaltung. Eine empirisch-theologische Studie zur Ausdifferenzierung des Pfarrberufs
244 Seiten, ISBN 978-3-936985-12-2 / 24,80 Euro

Briefing: *Der evangelische Pfarrberuf differenziert sich hinsichtlich seiner Anforderungen und Ausprägungen. Eine Homogenität, die auf ein konsistentes pastoraler Berufsbild verweist, kann in der Berufspraxis heute kaum noch nachgewiesen werden. Auf der Basis der zweiten empirischen Vollerhebung einer Landeskirche wertet Andreas Rohnke diese Daten aus. Er unterscheidet dabei verschiedene Typologien von Pfarrberufen und definiert deren Spezifika.*

Band 7

Peter Höhmann: Kirchenmitgliedschaft im gesellschaftlichen Wandel - Eine empirische Untersuchung pluraler Bindungsmuster von Kirchenmitgliedern, 228 Seiten, ISBN 978-3-936985-21-4 / 25,80 Euro

Briefing: *Höhmann analysiert die Entwicklungen der Bindung von Mitglieder an ihre Kirche über einen Zeitraum von 1950 bis heute. Er kommt zu verblüffenden Ergebnissen. Die Kirchenbindung ist nahezu unverändert. Je nach regionaler Prägung entstehen aber grundlegend unterschiedliche Anforderungen. Sie bilden keinen Verfallsprozess der Kirchenbindung wie gerne von Kirchen prognostiziert, sondern prägen eine Spezialisierung von Kirchen in den jeweiligen Regionen aus.*

Band 8

Seung-Jin Kim: Zwischen Kritik und Gestaltung. Die Bedeutung der Wirtschaftsethik von Arthur Rich für das heutige Südkorea – Eine Transformation in die kirchliche Praxis / 256 Seiten / ISBN 978-3-936985-22-1 / 27,80 Euro

Briefing: *Die Untersuchung stellt die gesellschaftlichen und die theologischen Anforderungen des heutigen Südkoreas auf dem Hintergrund der wirtschaftlichen Ereignisse dar. Das Ziel Kims ist dabei, einen Transformationsprozess wirtschaftsethischer Hilfestellungen für die Kirche und die kirchliche Praxis zu ermöglichen. Ausgangspunkt ist das Modell von Arthur Rich, dessen Teilaspekte scheinbar ideale Grundlage für eine kirchliche Adaption in Südkorea ermöglichen.*

Band 9

Clemens Strehl: Steuerung und Controlling in der Kirche – Chancen und Grenzen betriebswirtschaftlicher Steuerung

180 Seiten / ISBN 978-3-936985-24-5 / 19,80 Euro

Briefing: *Das Buch beschäftigt sich mit der Transformation betriebswirtschaftlicher Methoden auf kirchliche Bereiche. Kaufmännisches Denken einerseits und Ekklesiologie andererseits bilden die beiden zu verbindenden Elemente der Untersuchung. Nicht den Widerstreit, sondern den Ausgleich gilt es zu finden. Das Buch legt die wesentlichen Erfolgsfaktoren für die Anwendung der untersuchten betriebswirtschaftlichen Instrumente offen und ermöglicht so deren kirchlich-adäquate Einführung. Die gesamte Untersuchung greift auf Praxisbeispiele, Experteninterviews und Vor-Ort-Analysen zurück. So wird sichergestellt, dass eine Umsetzung in die jeweiligen kirchlichen Organisationseinheiten wie Kirchengemeinden oder Kirchenkreisen bzw. Dekanate machbar ist.*

Die vorliegende Untersuchung wurde 2010 mit dem Pricewaterhouse-Coopers-Preis im Bereich Rechnungswesen an der Universität Dortmund ausgezeichnet.

Band 10

Steen Marqvard Rasmussen: Pastorale Berufstypologien in der Dänischen Volkskirche – Empirische Durchschnittstypologien und Idealtypen im Sinne von Max Weber

189 Seiten / ISBN 978-3-936985-26-9 / 22,80 Euro

Briefing: *Neue Bilder des Pfarrberufs werden gegenwärtig überall entwickelt – so auch in Dänemark, wo Steen M. Rasmussen im Århus-Stift, einem evangelischen Bistum in Mittel-Jütland, eine Befragung fast aller 279 Pfarrerinnen und Pfarrer durchgeführt hat. Rasmussen stellt die Ergebnisse und deren Typologien auch in Auseinandersetzung mit ähnlichen Berufsstudien in Deutschland vor. Die vorliegende Untersuchung schließt eine Lücke in der empirisch-pastoraler Berufsforschung. Sie verdeutlicht einmal mehr, dass der Beruf der Pfarrerin und des Pfarrers sich gegenwärtig – in Abhängigkeit von einer Vielzahl von beeinflussenden Faktoren – heterogen ausdifferenziert hat und sich theoretischen Zugängen eher verschließt. Vielmehr: Der Pfarrberuf erfindet sich je neu für die jeweilige Pfarrperson in der jeweiligen Berufsanforderung.*

Band 11

Dieter Becker, Peter Höhmann (Hg.): Kirche zwischen Theorie, Praxis und Ethik – Festschrift zum 80. Geburtstag von Prof. Dr. Karl-Wilhelm Dahm, Mit einem Grußwort von Präses Nikolaus Schneider,

480 Seiten / ISBN 978-3-936985-27-9 / 39,80 € Paperback

480 Seiten / ISBN 978-3-936985-29-0 / 49,80 € Gebunden

Briefing: *Dahm, der Senior der drei Herausgeber der Reihe, hat als Forscher und Praktiker eine Fülle von Anregungen für mehr als nur eine Generation von Theologen und Ethikern gegeben. Die Verbindung von Lehrtätigkeit einerseits und der Praxisausbildung in Kirche, Gesellschaft und Wirtschaft andererseits zeichnet sein Denken und Wirken aus.*

Die Autoren des Festbandes sind überwiegend Freunde, Kollegen, ehemalige Mitarbeiter Dahms oder von seinen Theorie- und Praxismodellen beeinflusst. Sie wollen in ihren Einzelbeiträgen an zentrale Themen (Theorie, Praxis, Ethik) erinnern, zu denen sich Karl-Wilhelm Dahm kompetent geäußert und zu denen er ein nachhaltiges Echo weit über den deutschsprachigen Raum hinaus bewirkt hat.